袁州年鉴

2023

宜春市袁州区人民政府　主办

《袁州年鉴》编辑委员会　编

方志出版社
Publishing House of Local Records

图书在版编目（CIP）数据

袁州年鉴. 2023 /《袁州年鉴》编辑委员会编.
北京：方志出版社，2023.12
ISBN 978-7-5144-6185-5

Ⅰ. ①袁… Ⅱ. ①袁… Ⅲ. ①区(城市)—宜春—2023—年鉴Ⅳ. ①Z525.64

中国国家版本馆CIP数据核字(2023)第253106号

责任编辑：王海荣
责任校对：张玉霞
责任印制：梅中英
出 版 者：方志出版社
地　　址：北京市朝阳区潘家园东里 9 号（国家方志馆4层）
邮　　编：100021
网　　址：http://www.zgfzcb.cn
发　　行：方志出版社图书营销中心（010-67110500）
印　　刷：宜春市同茂印务有限公司
开　　本：889毫米 × 1194毫米 1/16
印　　张：24.25
字　　数：724千字
版　　次：2023年12月第1版
印　　次：2023年12月第1次印刷
定　　价：198.00元

编 辑 说 明

一、《袁州年鉴》以马克思列宁主义、毛泽东思想、邓小平理论、“三个代表”重要思想、科学发展观、习近平新时代中国特色社会主义思想为指导，坚持辩证唯物主义和历史唯物主义的立场、观点和方法，实事求是，逐年记录袁州经济建设和社会发展的基本情况，每年出版一卷，为加快袁州发展服务。

二、《袁州年鉴（2023）》是宜春市袁州区人民政府主办的综合年鉴，由《袁州年鉴》编辑委员会组织实施，《袁州年鉴》编辑部负责编辑。稿件由区委各部门、区直各单位、各乡镇街道、中央和省市驻袁州单位提供。各撰稿单位撰稿人署名于条目之后“（ ）”内。

三、《袁州年鉴（2023）》着重记载袁州区 2022 年内容。设类目、分目、条目，条目为年鉴内容的基本记述单位，其标题用黑体字加“【 】”标示。

四、《袁州年鉴（2023）》分为综合情况、动态信息和辅助资料三大部分。综合情况设特载、专记、大事记、袁州概览。动态信息设中国共产党宜春市袁州区委员会、宜春市袁州区人民代表大会、宜春市袁州区人民政府、中国人民政治协商会议宜春市袁州区委员会、纪检监察、民主党派、群众团体、军事、法治、社会生活、经济管理与监督、农业、工业 信息、商务、城乡建设 交通运输、财政 税务 金融、教育、科技 文化 体育、卫生健康、旅游、街道 乡镇、人物 荣誉。辅助资料设统计资料和索引。

五、《袁州年鉴（2023）》内容层次设置是为方便分类编辑和读者系统阅读，不反映严格的科学分类体系，机关、企业、事业单位等排序和层次并不表示其地位和规模。所载袁州区区级领导机构、区委各部门、区直各单位、街道乡镇及中央、省市驻袁州单位领导人信息截至 2022 年 12 月 31 日，并设专栏，便于系统查阅。

六、《袁州年鉴（2023）》所载数据由于统计数据的来源、口径、方式、时间的不同存在不一致，请读者以袁州区统计局公布的数据为准。

七、《袁州年鉴（2023）》数字用法、标点符号用法分别采用国家标准《出版物上数字用法》（GB/T 15835—2011）、《标点符号用法》（GB/T 15834—2011），计量单位采用国家技术监督局 1993 年 12 月发布的《量和单位》系列国家标准，考虑到社会使用习惯，亩不作统一换算。

2022年1月25日，区委六届三次全体（扩大）会议暨区委经济工作会议召开

2022年3月1日，宜春市袁州区第六届人民代表大会第二次会议召开

2022年2月28日，政协宜春市袁州区第六届委员会第二次会议开幕大会举行

2002年2月11日，全区抓落实活动年“三拼三促”工作动员大会召开

2022年8月29日，区委党建工作领导小组全体（扩大）会议暨城市基层党建引领基层治理工作领导小组会议召开

2022年3月4日，全区“强攻工业、招大引强、大干项目”动员大会召开

2022年6月30日，袁州区“七一”表彰大会召开

2022年6月3日，袁州区举行“光荣在党50年”纪念章颁发仪式

2022年7月1日，“携手喜迎二十大 首府同声颂党恩”袁州区庆七一·喜迎党的二十大歌咏比赛举行

2022年8月25日，“巾帼心向党·喜迎二十大”袁州区女干部联谊会情景诗朗诵表演比赛举行

2022年9月8日，袁州区“喜迎二十大·书香润芳华——我的读书故事”演讲比赛举行

2022年3月9日，“袁州人民爱袁州 携手共创文明城”原创广场舞展演举行

2022年4月6日，袁州区志愿者创建文明城市在行动

2022年7月26日，新康府街道进行垃圾分类

2022年，袁州区以项目为抓手，以产业为动力，成功引进吉利科技、融合实业、光声国际制药等一大批投资规模大、科技含量高、市场前景广阔的大项目好项目。全年新签约引进亿元以上项目74个，其中“5020”项目6个，20亿元以上项目总数较2021年实现翻番。

2022年4月7日，江西融合实业发展有限公司投资50亿元的磷酸铁锂建设项目签约

2022年11月18日，世界500强吉利科技集团投资25亿元的磷酸铁锂材料及电池回收综合利用项目签约

袁州区深入实施“开放创新、强攻工业”战略，不遗余力地培育专精特新企业，2022年，袁州区江西省航宇新材料股份有限公司、江西新龙生物科技股份有限公司被认定为国家级专精特新“小巨人”企业。截至年底，袁州区已有国家级“小巨人”企业2家、省级“小巨人”企业4家，省级专精特新中小企业42家。

江西省航宇新材料股份有限公司

江西新龙生物科技股份有限公司

2022年，袁州区围绕“文旅活区”战略，制定出台了《关于推进旅游业高质量发展的实施意见》，精心打造环中心城30分钟乡村旅游圈精品点5个，新增国家AAA级旅游景区1个。

袁州园

田小狗餐饮店成为新晋网红餐厅

2022年，袁州区依托区域生态特色，加快林业、生态农业、乡村旅游规划“三规合一”，做到有机融合、整体推进，带动周边村民深度参与产业发展，走出了一条生态富民的乡村振兴发展新路。

秀美乡村彬江镇

彬江霞塘村油菜花

西村镇分界村

柏木乡果业基地

辽市镇稻田

金瑞镇

天台镇村间小公园

2022年，袁州区通过对中心城区9个农贸市场进行改造提升，不断提升农贸市场管理水平和服务水平，进一步增强全区农贸市场环境，提高市民购物幸福感，让菜篮子工程真正惠民利民。

新建的珠泉农贸市场（外景）

新东门菜市场

新建的珠泉农贸市场（内景）

商城市场

2022年，袁州区投入资金7.4亿元，持续推动教育资源扩容提质，完成4所公办幼儿园改造装修，新增托幼园位近2000个；完成6所义务教育学校新（迁、改、扩）建，提供各类教育学位15000余个，大班额问题得到有效化解。启动7所农村义务教育学校迁、改、扩建；赣西中等职业技术学校、宜春十中新校区顺利开学，提供学位9300个，实现优质教育资源共享。

宜春市实验小学

袁州区文笔峰小学崇文校区

2022年，袁州区倾听群众心声，用心规划设计安置房，回应群众诉求，用情解决施工问题，全力维护工程建设领域安全稳定大局，强力推进项目建设，科学调度协调配合，确保项目保质保量如期安全完工。2022年开工项目5个，完工5个，交房3724套，分房1561套，群众获得感持续增强。

湛郎街道东园小区

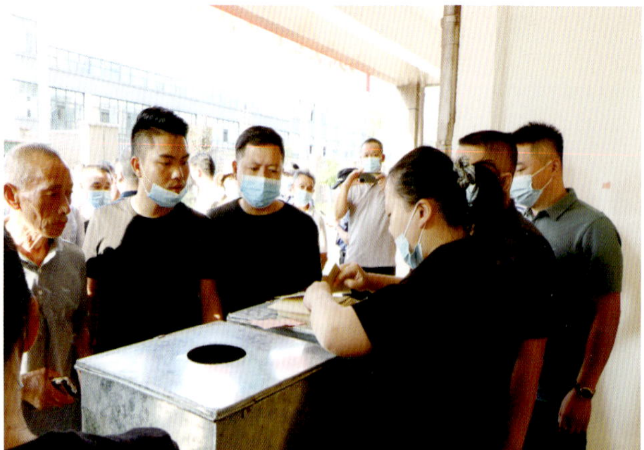

嘉豪花苑小区收房现场

2022年春节期间，袁州区楠木乡新时代文明实践所里的志愿者们精心组织当地的15名留守儿童，陪伴他们过新春、庆团圆

2022年6月1日，志愿者到袁州区柏木乡柏木村“童心港湾”与留守儿童开展快乐游戏等活动

2022年9月5日，爱心企业进校园捐赠助学

2022年12月19日，袁州区应急办给困难群众送温暖

目　录

中国共产党宜春市袁州区委员会

宜春市袁州区人民代表大会

宜春市袁州区人民政府

中国人民政治协商会议
宜春市袁州区委员会

纪检监察

民主党派

群众团体

军 事

法 治

社会生活

经济管理与监督

农　业

工业　信息

商　务

城乡建设　交通运输

财政　税务　金融

教　育

科技　文化　体育

卫生健康

旅　游

街道　乡镇

人物　荣誉

统计资料

索　引

特　　载

在区委六届四次全体(扩大)会议暨区委经济工作会议上的工作报告

中共宜春市袁州区委书记　江伟斌

(2023 年 1 月 16 日)

2022 年是党的二十大召开之年,是袁州奋力拼搏全国县区经济百强的重要之年。面对错综复杂的外部形势,区委常委会坚持以习近平新时代中国特色社会主义思想为指导,紧紧围绕迎接学习宣传贯彻党的二十大主题主线,坚持稳中求进工作总基调,认真贯彻落实省、市党代会精神,聚焦"作示范、勇争先"目标定位,坚定不移落实疫情要防住、经济要稳住、发展要安全的重要要求,完整准确全面贯彻新发展理念,高效统筹疫情防控和经济社会发展,统筹发展和安全,团结带领全区干部群众扎实做好抗旱情、抓发展、促改革、保民生、护稳定等各项工作,全区上下精气神进一步提振、正能量进一步汇聚,首府担当进一步展现,在拼搏全国县区经济百强征程中迈出坚实有力的步伐。

这一年,是袁州发展史上极不寻常、殊为不易的一年,也是全区上下知难而进、负重前行的一年,更是取得重大突破、收获满满自信的一年。

一年来,我们始终坚持发展第一要务,全力跑出"袁州新速度"。以项目为抓手,成功引进吉利科技、融合实业、光声国际制药等一大批投资规模大、科技含量高、市场前景广阔的大项目好项目,全年新签约引进亿元以上项目 79 个,其中"5020"项目 7 个,20 亿元以上项目总数较去年实现翻番。大力推动锂电新能源主导产业做大做强,实现主营业务收入过百亿元,同比增长 181%,利润增长 496.6%,工业税收增长 820.2%。项目的纷至沓来、产业的突飞猛进带动经济社会加速发展,预计全年 GDP 增长 6%,1—11 月,全区固定资产投资同比增长 19%,规上工业增加值增长 9.6%、营业收入增长 37.2%、利润总额增长 169.8%,增速均列全市第 1,争先进位势头强劲,成功入选全国投资潜力百强区、全国县市绿色高质量发展百佳样本第 13 位,首府首位度进一步提升。

一年来,我们充分激发创新第一动力,奋力挖掘"袁州新优势"。R&D 经费投入强度提升至 1.92%,研发费用增量和总量均跃升全市第 1;新认定国家专精特新"小巨人"企业 2 家,入库科技型中小企业净增 99 家,获批省级企业技术中心 5 家、市级企业技术中心 9 家,数量均列全市第 1。成功创建全国科普示范区,为全市唯一;大海龟生命科技创新项目列入国家科技奖后备培育项目库,为全省唯一,选送的创业项目荣获第五届"中国创翼"创业创新大赛全国总决赛一等奖,创新"活水"在袁州大地翻涌成潮,首府标识度进一步彰显。

一年来,我们深入践行为民第一宗旨,努力打造“袁州新口碑”。坚持财力向基层倾斜、向民生倾斜,民生领域支出占一般公共预算支出达80.7%。整合近10亿元资金改造提升252个老旧小区、74条背街小巷,城市功能短板进一步补齐,助力全市创文考核全省第一。大力破解乡村出行难题,推动城乡客运公交实现1元化,真正把工作做到了群众心坎上。坚持教育优先发展不动摇,学位供给持续增加,办学条件不断优化,教学质量显著提升,在全省高质量发展“教育发展”考核中位列第一方阵,首获全省县级党政领导干部履行教育职责评价“优秀”等次。坚持生命至上,快速打赢疫情防控阻击战,群众获得感、幸福感、安全感更加充实、更有保障、更可持续,首府满意度进一步拉升。

一年来,我们坚决扛牢稳定第一责任,着力展现“袁州新形象”。持续深入开展风险隐患大排查、大整治行动,积极探索构建“六治融合”基层治理体系,有效化解了一批影响安全稳定的重大风险。强力拔除河道非法采砂毒瘤,困扰多年的难题得到根本性解决,袁州生态系统更加优良。全力攻坚信访难题,化解各类信访问题543件,化解率达93.6%;信访积案416件,化解率达97.2%,全年信访总量、进京、赴省、到市、来区上访量大幅下降,为高质量发展奠定了坚实基础。党的二十大等重要敏感时期社会大局持续稳定,市委主要领导高度评价我区从“最不放心的地方”成为“可放心的地方”,袁州干部不怕吃苦、敢打硬仗、能打胜仗的形象充分展现,首府认可度进一步增强。

区委常委会主要抓实了以下重点工作:

一、强化党的政治建设,以坚定态度和实际行动忠诚捍卫“两个确立”。区委常委会始终坚持以习近平新时代中国特色社会主义思想为指导,把政治建设摆在首位,坚持和加强党的全面领导,引导全区广大党员干部坚决拥护和捍卫“两个确立”,做到“两个维护”,在思想上政治上行动上同以习近平同志为核心的党中央保持高度一致,确保党中央决策部署和省委、市委工作要求在袁州落地落实。

*一是在深学深悟中把准政治方向。*把牢思想认识“总开关”,围绕学习宣传贯彻党的二十大主线,开办“袁州大讲堂”,邀请国内知名专家学者进行授课,党员干部理论素养和能力素质不断提高。创新开展每日一学、每周一悟、每月一考,推动理论学习入脑入心。围绕党的二十大精神和《习近平谈治国理政》第四卷进行宣传阐释,组织“七团七进”主题宣讲7500余场,推动党的创新理论在基层落地生根。召开区委常委会会议26次、区委理论中心组集中学习会11次,深入学习习近平总书记系列重要讲话,真正用于武装头脑、指导实践、推动工作。先后举办全区科级干部深入学习党的十九届六中全会精神暨“三拼三促”抓落实能力提升培训班,乡镇(街道)党政正职、村(社区)书记培训班和优秀中青年干部政治理论培训班,引导各级党员干部深入系统学习领会习近平新时代中国特色社会主义思想,引导全区上下凝心聚力、真抓实干。党的二十大召开后,及时召开区委常委会会议、领导干部会议、区委理论学习中心组集体学习会传达学习,组织区委宣讲团深入企业、社区、乡村、学校开展宣讲,区委常委班子身体力行、以上率下,带头推动党的二十大精神在袁州走深走实。

*二是在对标对表中强化政治建设。*坚持以党的政治建设为统领,对标对表新时代党的政治建设新要求,强化政治教育和政治训练,不断提高党员干部政治判断力、政治领悟力、政治执行力。扎实开展新一轮政治谈话,实现全覆盖,管党治党政治责任进一步压实。聚焦“三新一高”、疫情防控、生态环保、粮食安全等“国之大者”开展常态化政治监督,确保党中央重大决策部署落到实处。紧盯“关键少数”,制定出台《关于进一步加强对“一把手”和领导班子监督的二十八条措施》,落实监督直报、“廉情抄告”等举措,有效强化对重点领域、关键岗位的日常监督。举一反三做好中央纪委国家监委关于“肖某案”“龚某某案”纪检监察建议整改工作,高质量召开全面从严治党形势分析会,坚决防范和纠治违背新发展理念、破坏民主集中制、搞“七个有之”等问题,推动讲政治具体化。

*三是在落细落实中彰显政治担当。*坚持学在先、做在前,发挥以上率下示范引领作用,带动广大党员干部深入基层、深入群众,在经济发展主战场、疫情防控第一线、攻坚克难最前沿服务群众、锤炼作风。高标准严要求落实省委全面建设“六个江西”决策部署,由区委常委同志担任专项工作组组长,细化145项具体目标任务,建立工作台账,压实工作责任,相关做法被《当代江西》杂志报道。全面开展“三拼

三促”抓落实活动，制定164项重点任务清单，明确具体责任压茬推进，全力营造抓落实、强实干、勇争先的浓厚氛围。树牢大局意识，全力支持、主动靠前、积极配合市委部署要求，高效率完成2600余亩项目用地征收，拆除用地内建筑15万余平方米，为国轩高科、比亚迪等重大项目开工建设打下坚实基础。

二、完整准确全面贯彻新发展理念，强力推动经济高质量发展。区委常委会始终坚持高质量跨越式发展首要战略不动摇，聚焦“作示范、勇争先”目标定位，扎实做好“六稳”“六保”工作，推动经济社会更高质量、更高效率、更可持续发展。

一是工业经济提档升级。深入实施工业强区战略，开展产业转型升级攻坚战，推动工业经济稳中有进、进中向好，连续两年获评“全省工业高质量发展先进县（市、区）”，成功获评2019—2021年全省工业崛起奖表彰县（市、区），袁州产业园在2022年度全市开发区半年评估中获A类评价，获批省级两化融合示范园区、省级绿色园区。抢抓发展机遇，培育壮大优势主导产业，大力发展战略性新兴产业，1—11月，全区锂电新能源、生物医药产业规上工业营收分别增长181%、17.3%，战略性新兴产业增加值占规上工业比重达51.1%，为高质量发展注入强劲动能。坚持把发展着力点放在实体经济上，大力推进龙头企业、骨干企业做大做强，新增国家专精特新“小巨人”企业2家，省专业化“小巨人”企业2家，新认定省专精特新中小企业36家，新获批省级两化融合示范企业14家，济民可信获评全省优强企业专项奖，百神药业已向中国证监会递交上市材料，金辉再生、荣兴药业、科伦医药等本土企业与鞍重股份、葫芦娃、中红普林等上市企业合作不断深化。全面推进工业园区基础设施和功能品质提升工程，整合资金13.6亿元，推动园区道路、标准厂房建设、绿化、亮化、排水等配套设施得到显著提升，园区形象大为改观。

二是优势农业稳步推进。坚决落实最严格的耕地保护制度，完成粮食播种面积超94万亩，粮食总产量稳定在7.1亿斤以上。以农业供给侧结构性改革为主线，大力发展富硒农产品、中药材、油茶等现代农业产业，全区富硒基地面积33万余亩，富硒产业综合产值达85亿元，成功获批全省富硒农业发展先行示范区，宜春大米、袁州富硒脐橙、袁州富硒红薯三项标准在全国团体标准信息平台公开发布。稳步推进扩油增油，完成油菜种植16.8万亩，成功获批全国有机农产品（茶籽）基地。大力推动油茶全产业链发展，完成高产油茶林新造1.8万亩，改造6.1万亩，总面积达29万亩，总产量继续位居全省第一、全国前列，“袁州茶油”获评世界地理标志“文化传承价值品牌”。现代农业示范园成功创建省级农村产业融合发展示范园，入选国家级农村产业融合发展示范区创建名单。

三是现代服务业加速发展。大力发展假日和夜间经济，全面开展“百城百夜”文旅消费季活动，发行节假日消费券250万元，促进消费潜力加快释放。1—11月，区本级限上消费品零售额完成80.3亿元，同比增长12.5%；网络零售额超39.2亿元，同比增长37.2%，总量居全市第一。线下消费市场逐渐回暖，润达、万达购物中心客流量突破3200万人次、年营业额超过17亿元，有效助推区域消费中心城市建设。制定出台推进旅游业高质量发展实施意见，精心打造环中心城区30分钟乡村旅游圈精品点5个，新增国家3A级旅游景区1个。深入实施城乡高效配送专项行动，乡镇配送站点实现全覆盖，物流配送体系日趋完善。

三、坚持改革创新不动摇，发展活力动力更加充沛。区委常委会坚持把改革创新作为推动高质量发展动力引擎，持续深化创新驱动、改革攻坚、开放提升，不断彰显引领未来发展的新优势。

一是大力推进科技创新。深入实施创新驱动发展战略，以前所未有的力度和超常规举措推动科技创新，专门列支1亿元财政资金，R&D经费占GDP比重大幅提高，产业创新优势、人才引领优势和创新生态优势充分释放。强化企业主体地位，不遗余力支持企业创新，帮助企业申报“科贷通”贷款8700万元，切实解决企业融资难题。成功推荐6家企业申报省级“揭榜挂帅”项目、1家企业（江西缔缘康生物科技有限公司）申报国家级“揭榜挂帅”项目。修订出台《袁州区人才引进培养办法》，新建人才公寓100套，新引进培养省级以上人才工程人数15人，兑现人才政策资金3500余万元，科技创新正成为袁州的主打“名片”。

二是扎实推进深层次改革。大力实施全面深化改革十大攻坚行动，瞄准制约高质量发展的重点难点堵点，深入推进市域社会治理、农业农村、生态文明等重点领域改革，全区深改工作纵深推进。创新建立信访化解机制经验做法在《中国纪检监察报》刊登，得到省纪委省监委主要领导批示肯定，在全省宣传推广；深入推进诉源治理经验做法在中央政法委《长安》杂志刊登推介，获省委政法委主要领导批示肯定，被省高院推荐参加最高法改革典型案例评选；探索建立粮食收储检验检测前移机制经验做法在全省推广应用。积极推进书香袁州建设、“六治融合”等一批“微改革”项目，探索构建“袁小红”网格服务管理新体系、行政复议改革等经验做法在省市改革专题会议上作重点推介，全区改革经验做法在省市改革动态采用数量列全市第1。

三是深入推进全方位对外开放。坚定不移实施开放升级战略，深入实施产业链链长制，围绕锂电新能源、生物医药、电子信息、智能装备制造等主导产业，优化整合8条重点产业链，完善“四图五清单”，不断拓宽招商渠道，全区新签约亿元以上项目79个，签约金额超315亿元，其中20亿元以上项目7个，项目数量和质量均大幅提升。坚持“项目为先、项目为王”，加快推进重大项目建设，全区117个列入清单调度的重大建设项目完成投资302.4亿元，年计划投资超额完成。深入推进营商环境优化升级“一号改革工程”，常态化做好领导挂点帮扶、政企圆桌会议、驻企特派员、“亲”“清”早餐会等机制，在第三季度全市营商环境指标优化提升评比中，8项一级指标排名前3，总数列全市第一；在全市营商环境满意度提升工作访问评测中，总体评价为很满意。全面开展优化营商环境大讨论大排查大整治大提升活动，建立营商环境网格化管理机制，收集企业群众意见建议242条，自查发现问题421个，完成整改396个。特别是严肃查处“小鬼难缠”“中梗阻”等营商环境领域腐败和作风问题，共组织处理205人，推动营商环境全面优化升级。落实落细惠企纾困政策措施，大力实施组合式退税减税降费政策，兑现惠企资金达9.2亿元，惠及市场主体6.8万余户次，企业获得感、满意度不断提升。

四、树牢以人民为中心的发展思想，民生幸福指数持续提升。区委常委会始终坚持民心是最大的政治，把实现好、维护好、发展好最广大人民的根本利益作为一切工作的出发点和落脚点，用实际行动保民生、护民利、解民忧、暖民心。

一是扎实做好基本民生保障。持续巩固脱贫攻坚成果，构建“四项机制”织密防返贫监测网，消除风险监测户135户491人，实现无人返贫。坚持就业是最大的民生，新增城镇就业8261人，就业形势总体稳定。织牢织密社会保障网，城乡医疗保险、养老保险覆盖面进一步扩大，分层分类社会救助体系更加完善。聚焦“一老一小”，大力发展基本养老和普惠托育服务，完成8个敬老院、258户适老化改造，11个公办托育中心建设，提供普惠性托位800余个，未成年人关爱保护工作站实现乡镇街道全覆盖，推动“老有所养”“幼有所育”向“老有颐养”“幼有优育”转变。坚持人防、物防、技防相结合，高位推动“全民防溺水”和学校安防工作，完成468所学校安防“八个一”工程建设，建成防溺水“四个一”工程点位1700处，构筑起全民防溺水的坚实防线。落实落细各项抗旱应急响应举措，投入抗旱资金5000余万元，有效保障群众生活生产用水安全。

二是全力办好民生实事。坚持尽力而为、量力而行，各项民生实事稳步推进。结合全国文明城市创建，加快补齐农贸市场、老旧小区、背街小巷、城乡接合部等短板弱项，城乡面貌焕然一新、城市品质大幅提升。不遗余力推动教育事业发展，投入资金7亿余元优化教育资源和增强教育供给，新增各类教育学位1.7万个，“大班额”问题得到有效化解。扎实推进健康袁州行动，居民健康素养持续提升，金瑞镇、南庙镇获评“江西省卫生乡镇”。加快推进棚改项目建设，5个安置房项目顺利完工，交房3718套、分房1561套，群众获得感持续增强。大力推进书香袁州建设，建成区、街、居三级城市书角100个，完成“1个区总馆+28个乡镇街道分馆”文化馆图书馆服务体系建设，袁州读书氛围日益浓厚，正加快成为人人向往的书香之地。

五、全力以赴防风险保安全，持续巩固和谐稳定社会局面。区委常委会坚持统筹发展和安全，将安全稳定作为一切工作的基础和前提，强化忧患意识，坚持底线思维，以“时时放心不下”的责任感，坚决维护政治安全、社会安定、人民安宁。

一是着力防范化解重大风险。牢固树立总体国家安全观，把维护国家政治安全，特别是政权安全、制度安全放在第一位，加大对邪教和非法宗教的打击力度，有效防范暴力恐怖现实威胁、网络安全严重威胁。严格落实意识形态工作责任制，健全意识形态研判机制，牢牢掌握意识形态工作主动权。稳步推进土地存量消化、耕地图斑整改、矿山复绿等工作，批而未用土地消化完成率居全市第一，恢复耕地5900余亩，顺利完成耕地流出排查整改任务。严厉打击非法集资、金融诈骗等违法犯罪活动，加快推动政府融资平台优化升级，妥善化解政府隐性债务存量，政府债务率预计降至208%左右，牢牢守住不发生系统性金融风险底线。

二是切实维护社会和谐稳定。紧盯基层治理薄弱环节，创新探索"六治融合"基层治理模式，扎实推进443个城市网格管理服务工作，充分激活基层治理"末梢神经"。稳步推进平安袁州建设，深入开展市域社会治理现代化试点工作，投入1.8亿元建设智能安防小区和电子围栏，群众安全感明显提高。在全市率先建设区乡村三级矛盾纠纷多元化解中心，探索建设9个社区开放式居民区"围合管理"示范点，首创组建千人"袁州义警"志愿服务队，整合调解力量开展"组团式"志愿服务，开辟群防群治新路径。推动常态化扫黑除恶斗争向纵深发展，组织开展重点领域专项整治，大力推进夏季治安打击整治"百日行动"和"见底行动"，刑事案件发案数同比下降18.4%。采取雷霆举措，对非法采砂犯罪团伙开展集中收网行动，依法处置犯罪嫌疑人17人，形成强大震慑作用。强力打击治理电信网络诈骗和养老诈骗，持续推进反电诈"敲门行动"，成功捣毁"7·14"电诈案犯罪团伙。深入开展风险隐患大排查、大整治行动，排查各类风险隐患2282件，完成整治2097件，整治率达92%，从源头上遏制重大事故发生。扎实推进法治袁州建设，统筹推进严格执法、公正司法、全民守法，持续深化司法体制综合配套改革，加强执法司法制约监督，全力支持法院、检察院依法开展工作，累计培育法律明白人8.7万人、法律明白人骨干1.7万人，良法善治的社会氛围加快形成。稳步推进专项整治三年行动，加快应急体系和应急能力建设，坚决守牢安全生产底线，各类生产安全事故起数、死亡人数分别下降80%、62.5%。深入开展"集中治理重复信访、化解信访积案"专项工作和"百日攻坚行动"，创新探索"民呼我应""屋场调解会""民情议事会""夜话蓝图"等特色做法，加强初信初访办理，党的二十大、冬奥会、全国两会等时期实现了"双零"和"三个未发生"工作目标。

三是坚定不移严守生态红线。深入贯彻习近平生态文明思想，扎实推进蓝天、碧水、净土提升攻坚战，全面抓好中央、省生态环保督察反馈问题整改，解决了一大批群众反映强烈的突出环境问题，生态环境治理成效明显。全区PM2.5平均浓度28微克/立方米，空气优良天数比例达94%，空气质量优于国家二级标准；国考、省控、县界断面水质均达到Ⅲ类及以上，集中式饮用水源地水质100%达标；受污染耕地、污染地块安全利用率达100%。启用卫星航拍技术全覆盖开展森林图斑变化核查，森林督查变化图斑数同比减少50%。扎实推进碳达峰碳中和，制定出台"双碳"实施意见，对"两高"项目实行清单管理，获批省级林业森林固碳增汇试点和CCER（国家核证自愿减排量）林业碳汇开发试点县，绿色发展水平不断提高。大力实施生态家园创建工程，完成17个农环项目点位建设，申报创建6个省级生态乡镇和28个市级生态村。成功承办全省松材线虫病防控暨造林绿化现场会，持续擦亮绿色生态名片。

六、深化民主法治和思想文化建设，最大范围凝聚合力。 区委常委会坚持总揽全局、协调各方，不断凝聚各方面智慧和力量，推动形成齐心协力、团结奋进、共谋发展生动局面。

一是深入推进全过程人民民主。全面贯彻习近平总书记关于坚持和完善人民代表大会制度的重要思想，支持和保障人大依法行使职权，做好重大民生实事项目人大代表票决制工作。开展"我为选民说事"主题活动，拓宽社情民意表达渠道，办理活动意见建议66件。推动"一府一委两院"自觉接受人大监督，听取和审议"一府一委两院"专项工作报告15项，组织代表视察、专题调研20次。认真贯彻落实习近平总书记关于加强和改进人民政协工作的重要思想，全力支持政协聚焦民生实事、项目建设等工作开展视察调研、议政建言等协商活动。创建政协委员基层协商议事平台，开展协商议事活动88场，形成30篇调研协商报告等一批具有政协特点的履职成果，展现了"赣事好商量，画好同心'袁'"的协商品牌作用。创新开展"入千企、访万家、暖民心"社情民意大调查工作，形成11个群体分报告和总报告，客观反映了社会舆论和民意动向，为区委倾听民意、改善民生、科学决策提供依据。坚持制度治党、依规治党，不断推进党内法规制度体系建设。

*二是扎实做好宣传思想文化工作。*聚焦“举旗帜、聚民心、育新人、兴文化、展形象”使命任务，对意识形态工作实行量化考核，强化追责问责，全年共函询单位6个、个人3人，提出暂缓提拔（晋级）3人。扎实推进全国文明实践试点县建设，累计建成标准化新时代文明实践中心（站、所）373个，开展活动3.5万余场，将宣讲、文艺、科普、移风易俗等10大类近7300个项目上线互联网点单系统，构建点、派、接、评单志愿服务闭环，新时代文明实践中心（所、站）正逐渐成为群众走顺脚、常来往、宣传党的政策方针首选之地。强化新闻外宣工作，在中央、省级主流新闻媒体用稿数居全市第一，“袁州发布”App活跃度稳居全省第一，“袁州发布”抖音号传播力稳居全省前五，秀江微语视频号传播力稳居全国前二十。在全省率先创建“志愿者之城”，通过“积分兑换服务、服务换取积分”的方式，调动群众参与志愿服务积极性，打造“人人争当志愿者、有困难找志愿者”的袁州城市形象品牌。深入开展袁州文化研究，推动袁州故事创作，组织袁州精神挖掘，鼓励袁州文艺繁荣，本土音乐人周兵作词歌曲《你笑起来真好看》获中宣部精神文明建设“五个一工程”奖。

*三是广泛凝聚社会各界力量。*坚持和加强党对统战工作的集中统一领导，精心组织统战系统“个十百千万”喜迎党的二十大系列活动，推动江西国轩、宜春时代等45家民营企业参与“万企兴万村”助力乡村振兴行动，洪塘镇商会获评全国“四好”商会。全面贯彻党的民族政策，灵泉街道少数民族服务中心被省政府批准申报全国少数民族团结进步示范点，高标准推进“五好”宗教活动场所建设，民族宗教工作实现更高质量发展。加强和改进对群团工作领导，充分发挥工会、共青团、妇联、文联、残联、侨联、红十字会等群团组织联系群众的桥梁纽带作用，引导广大人民群众坚定不移跟党走。坚持党管武装、练兵备战和动员准备有效落实，在全市群众性练兵比武中总分位列第一，征兵质量继续居省市前列，基层武装部全面建设星级达标经验在全市推广。大力推行“尊崇工作法”，深化双拥共建，军政军民团结的良好局面持续巩固。

七、全面贯彻新时代党的建设总要求，政治生态持续向上向好。区委常委会坚决扛起全面从严治党主体责任，加快推进勤廉袁州建设，全面提升党的建设质量和水平，全区政治生态更加风清气正、持续向上向好。

*一是建强夯实基层战斗堡垒。*全面推进基层党建信息化建设，信息化平台全面上线，覆盖1000多个基层党组织、3.3万余名党员，“一张网络联整体”的目标初步实现。分八大领域打造一批党建示范点，选派党建指导员对示范点定期开展一对一业务指导，以点带面推动基层党建工作水平提升，南庙镇白马村党支部获评全省乡村振兴模范党组织，湛郎街道文笔峰社区嘉晨党支部、化成街道江轴东区党支部多次得到省、市领导调研肯定。坚持党建引领，依托区域特色、资源优势，发展壮大村级集体经济，所有行政村集体经济经营性收入均突破10万元，超过15万元的村217个，占比超80%。深化“党建＋和谐小区”建设，建立“街道—社区—网格—楼栋—党员（志愿者）”五级联动机制，实行干部联网格、党小组长联栋、党员联户，城市基层党建引领基层治理经验做法在央视新闻频道刊播。制定出台《选派“五个一批”助力乡村振兴的意见》，精心选派退出领导岗位干部、优秀年轻干部、大学生到村工作，选派专家教授担任乡村振兴指导员，动员企业与村结对，为乡村振兴注入强大生机和活力。

*二是着重强化干部培养锻炼。*坚持知事识人、依事择人、人岗相适，大力选拔使用政治过硬、责任过硬、作风过硬、纪律过硬的干部，着力营造干部想干事、会干事、干成事浓厚氛围。积极开展“流动党校进机关”活动，乡镇街道实现基层党校全覆盖。探索实行“错峰”培训模式，创新开展封闭式军训，坚持教与学互动，着力培养一支堪当时代重任的优秀年轻干部队伍。健全动态跟踪培养、及时选拔使用常态化机制，选派30人次优秀年轻干部到招商引资、项目建设等一线跟班学习，推荐7名优秀年轻干部参加全市乡镇交叉挂职，倾力搭建“实干者的平台、会干者的奖台、勇干者的擂台”。坚持引育并举、开拓创新，紧扣发展需要精准引才聚才，公开引进硕士研究生以上学历人才70余人。对标省委、市委要求调整优化考核体系，全面实行高质量跨越式发展成效、加强党的建设成效、满意度评价“三张考卷”大统考，最大限度发挥综合考核“指挥棒”作用，激励干部争先创优。

*三是纵深推进全面从严治党。*不断增强全面从严治党永远在路上的政治自觉，充分发挥巡

视巡察利剑作用，扎实开展机动式专项巡察，及时发现政治问题，纠正政治偏差。坚持严的主基调不动摇，以零容忍态度惩治腐败，全年立案490件503人，给予党纪政务处分491人。持续做好“码”上监督文章，把整治群众身边的不正之风和腐败问题作为重中之重，将民生资金、组级公账、重点项目、政策文件等信息定期在平台公开晾晒，平台受理群众举报56件，查处问题50件，给予党纪政务处分13人、组织处理2人、问责党组织1个，打通群众监督“最后一公里”。驰而不息改进作风，高标准完成中央八项规定精神“十周年”活动任务，从严查处顶风违纪问题，坚决防范隐性变异回潮，查处违反中央八项规定精神问题132件，给予党纪政务处分130人。深入推进以案促改，越来越多问题干部选择相信组织、依靠组织，45人主动投案或主动交代问题，人数同比上升15.4%。强化监督执纪问责，多措并举做好纪检监察信访监督工作，严查快办侵害群众切身利益问题，受理群众检举控告信访件262件，同比下降38.1%，群众满意度明显提升。

一年来，区委常委会高度重视加强自身建设，带头深学细悟笃行习近平新时代中国特色社会主义思想，更深一层领悟“两个确立”决定性意义，增强“四个意识”、坚定“四个自信”、做到“两个维护”，不折不扣抓好党中央和省委、市委重大决策部署贯彻落实。带头严肃党内政治生活，严守党的政治纪律和政治规矩，加强党性分析，认真开展批评和自我批评。带头认真贯彻执行民主集中制，提高科学决策、民主决策、依法决策水平。带头贯彻落实中央八项规定及实施细则精神，严格遵守廉洁自律准则，深入践行新时代党的群众路线，主动接受各方面监督，营造干事创业浓厚氛围。

我们深知，以上成绩的取得，根本在于以习近平同志为核心的党中央举旗定向、领航掌舵，得益于省委、市委的坚强领导和深切关怀，是区委把握区情、与时俱进，坚持正确发展思路的结果；是区四套班子和各民主党派精诚团结、共同奋斗的结果；是全区各级党组织和广大干部群众凝心聚力、合力攻坚的结果。在此，我代表区委常委会，向全区广大党员干部群众，向所有关心和支持袁州发展的各界人士和朋友，表示衷心感谢和诚挚敬意！

同时，我们也清醒地认识到袁州发展仍面临不少困难和问题，主要表现在：经济总量不大，人均水平偏低；工业基础薄弱，产业层次不高，缺乏大块头项目；农业产业聚焦不够精准，特色农业、品牌农业较少；部分干部担当意识、进取精神不强，工作理念、能力和作风等跟不上高质量跨越式发展的要求，等等。对此，区委常委会将时刻保持清醒认识，坚持问题导向，团结带领全区广大干部群众，深入贯彻党的二十大精神，加快补齐短板弱项，努力把各项工作做得更好，奋力拼搏全国县区经济百强，加快全面建设社会主义现代化袁州，为争取袁州区应有地位和应得荣誉而团结奋斗。

在全区“强攻工业、招大引强、大干项目”动员大会上的讲话

中共宜春市袁州区委书记　江伟斌

(2022年3月4日)

今天的“强攻工业、招大引强、大干项目”动员大会,目标很明确,导向很鲜明,就是动员全区上下聚焦“作示范、勇争先”目标定位,牢固树立“项目为王”的理念,对标先进找差距,学习先进促提升,在全区范围内掀起新一轮强攻工业、大抓招商、大干项目、大优环境的热潮,为冲刺全国县区经济百强打下坚实的基础。

去年换届以来,在全区上下的共同努力下,在社会各界的关心支持下,我们紧紧围绕高质量跨越式发展主题,完整准确全面贯彻新发展理念,积极服务和融入新发展格局,全面打响产业招商升级战,持续打造“四最”一流营商环境,全区产业发展、项目建设、开放创新和营商环境建设等工作取得了重大突破,实现了“十四五”开局良好。

*一是产业发展跃上新台阶。*战略性新兴产业工业增加值同比增长23.97%,锂电新能源、电子信息产业营业收入分别增长113.5%、81.9%,规上工业企业新增38家,实现营业收入200.24亿元,同比增长33%。

*二是招商引资积蓄新动能。*新签约项目43个,其中亿元项目37个,20亿元项目6个,50亿元项目1个。

*三是科技创新迈出新步伐。*新认定高新技术企业14家,新增省级企业技术中心1家、市级4家,入选第三批省“双千计划”项目10个,实现入选国家级人才工程“零”的突破。入围市“揭榜挂帅”榜单4个,获批省“揭榜挂帅”项目1个。获批2021—2025年度全国科普示范县(市、区)创建单位,为全市唯一。

*四是营商环境得到新提升。*创新开展“亲清”早餐会,常态化开展政企圆桌会,扎实推进“降成本、优环境”专项行动,为企业减税降费11.2亿元,发放“财园信贷通”贷款4.65亿元。成绩来之不易,凝聚着大家的智慧和汗水。在此,我代表区委向大家表示衷心的感谢和诚挚的慰问!

当然,在看到成绩的同时,我们必须清醒地认识到,与贯彻新发展理念、构建新发展格局的要求相比,与各地大干快上、激烈比拼的发展态势相比,与全区干部群众加快发展、渴望赶超的迫切愿望相比,我们的工作还存在不少突出问题。比如,工业短板突出、产业层次不高,营商环境有待提升,特别是大项目、好项目太少,等等,这些都是我们的硬伤。况且,我们取得的成绩都是和以前工作的纵向比较,和兄弟县市区之间的横向比较,我们还存在很大的差距。昨天我们到丰樟高三地看的项目,以及等下会后去经开区看的项目,都是大块头,都是高科技,这些项目可以说代表了全市的最高水平。全区各地各部门必须保持清醒头脑,认清形势、正视差距,把招商引资、项目建设、营商环境摆在更加突出的位置,以项目的大突破、环境的大优化赢得经济的大发展。下面,我强调四点意见。

一、集结更强力量,推动招商引资实现大突破。发展根基在产业,产业后劲靠招商。千快、万快,招商引资来得最快;千路、万路,招商引资唯一出路。当前,区域间的竞争越发激烈,各地都在千方百计招项目、引项目,特别是对大项目、好项目更是如饥似渴、虎视眈眈,这种拼抢可以说已经到了短兵相接、白刃激战的

地步。各地各部门务必要集结更强的力量大抓招商，切实抓出气势、抓出成效。

*一是要围绕目标任务抓推进。*人无压力轻飘飘，井无压力不出油。区委将今年定为"三拼三促"抓落实活动年，就是要激励大家敢于把红旗插在山顶上，激发"狼性"精神，扛起首府担当，奋勇争先。今年，我们要确保收集有效招商引资信息500条以上，力争全年新引进亿元以上项目58个以上，20亿元以上项目12个以上，这是硬任务、硬指标。要紧盯世界500强、国内500强、央企、国企、上市公司以及民营百强企业，着力引进一批科技含量高、成长性好、爆发力强的"链主"企业和"小巨人""独角兽""瞪羚""专精特新" 企业，确保今年目标任务全面完成，力争超额完成。今天我在这里给大家表个态，区委今年将会大张旗鼓地奖励招商引资先进集体和个人，不管是在精神上还是物质上，都会重奖、重赏，希望重赏之下有勇夫，明年的这个时候有更多的同志能光荣地站上领奖台。

*二是要围绕招商方式抓创新。*招商引资，方式方法很重要。要善于借势造势，充分利用进博会、粤港澳大湾区经贸活动、VR产业大会等国家、省重大经贸活动平台的信息、资源优势，集中对接一批知名企业和重点客商。要善于以商招商，积极搭建自身招商推介平台，超前谋划自主招商活动，确保全年至少举办1次省内外重点产业专题招商推介会，持续开展"三请三回"活动，营造出招商引资的强大声势。要善于以资引资。现在很多项目的招引，都要求产业基金的配套。要善用投行思维，加强资本招商，以市场化模式引进知名基金公司、风投机构、创业投融资等专业机构，成立产业引导基金和投融资平台，利用金融资本撬动产业招商，着力孵化一批高精尖的产业前沿项目，用资本的力量打开招商引资的新局面。

*三是要围绕招商队伍抓提升。*行军打仗兵在精而不在多，将在谋而不在勇，招商引资同样如此。应对当前激烈的招商引资竞争，最需要的就是一支精干专业、能打善战的招商队伍，只有专业懂行，才能说服人、打动人。市委秀明书记曾生动地形容招商引资，他指出"招商引资就好比谈恋爱，不能指望一时冲动、一见钟情，只有真正知根知底、互敬互信，才能赢得长久的爱情。"今年，我们既要面向区内外广泛招揽专业人才，也要着力培养一批懂大局趋势、懂专业知识、懂产业政策、懂审批流程、懂企业运营的招商引资干部人才，着力打造一支"专业、专职、专人、专注"的招商队伍，做到外行面前是内行、内行面前是同行。对这支队伍，区委区政府将给予最大的支持、最大的信任、最大的关爱，让他们安心干事、专心成事。

二、集中更多精力，推动产业发展实现大升级。产业只有集群集聚发展，才能形成规模优势，才能不断提升竞争力和影响力。在区域竞争日益激烈的背景下，袁州要实现高质量发展，就必须集中更多资源、集中更多精力，以坐不住的紧迫感、慢不得的危机感、等不起的责任感全力以赴推进产业转型升级。

*一是要着力培育产业集群发展新优势。*当前，我区生物医药、锂电新能源、装备制造（电子信息）等主导产业已经有了较为扎实的基础，但对标"全国县区经济百强"标准，还有很大的差距。要进一步完善产业链链长制，坚持强链补链壮链延链，做到一个产业一个链条一套分析，确保每个产业都有明确的定位目标和发展路径，全方位打造优势明显、特色鲜明的主导产业集群。生物医药产业要充分发挥济民可信、百神药业等医药龙头企业的引领作用，加快丹康制药、麦迪康等项目建设，力争实现生物医药产业集群营收突破500亿元，推动医药产业集群创建全省四星级，全力打造生物医药核心区；锂电新能源产业要加快资源优势向产业优势转化，围绕宜春时代、江西国轩上下游发展配套企业，做强做优产业链条，实现产业集群营收突破80亿元；装备制造（电子信息）产业要依托智能装备制造省级重点工业产业集群优势，以智能制造、服务型制造、绿色制造为主攻方向，做优做强优势产业，推动驰同达、元基机电等重点项目达产，培育一批特色企业，实现产业集群营收突破110亿元。此外，要积极布局新兴产业，开展制造业基础再造专项行动，确保新引进重点项目中，高新技术项目、战略性新兴产业项目占比不低于三分之一，力争高新技术产业、战略性新兴产业产值占工业总产值比重分别达35%、40%，并形成若干个小而精、特而强的专精特新产业集群。

*二是要全力抢占数字经济发展新高地。*数字经济无处不在，当前，谁抓住数字经济时代先机、抢占未来发展制高点，谁就能实现变道超车、换挡提速、跨越赶超；谁不把握机遇、顺势

而为，谁就有可能被时代所淘汰。要积极探索布局“元宇宙”。现在世界各国都在积极布局元宇宙，我国不少城市也提出加快元宇宙产业发展的规划，如上海已经提出“要加强元宇宙底层核心技术基础能力的前瞻研发”；贵州已经建立了元宇宙专家库，并联合国内外元宇宙产业知名专家、教授，组建专业人才培养委员会；成都、武汉、合肥等地均在政府工作报告中积极表态主动抢占元宇宙未来赛道。要敢于先行先试，在众多“元宇宙城市”中，率先打造“元宇宙工厂”“元宇宙相亲平台”“元宇宙政务服务中心”“元宇宙景区”等具有标志性的示范场景，让袁州和元宇宙进一步碰撞，擦出火花。要选准发力点，锚定主攻赛道，争取“国字号”数字经济平台落地我区，不断做大电子信息、智能装备、移动物联网、人工智能、区块链等数字产业，大力实施中小企业数字化转型促进行动，努力提升我区产业数字化、数字产业化水平。同时，积极引导企业充分认识开展数字化、智能化转型的巨大价值，转变把数字化转型简单视为“机器换人”或“技改升级”的观念，对设备和生产线进行智能化改造升级，开发具有自主知识产权、技术含量高、信息化和智能化深度融合的装备类产品，不断提升在数字经济领域的竞争力。

三是要充分激发创新创造新活力。创新投入不足、创新资源偏少、科技人才短缺，一直以来都是我区高质量发展的短板弱项。必须坚定不移增加创新投入，用科技创新激活高质量发展引擎。要加速科技成果转化。目前，我区拥有国家级创新载体3个、省市技术创新中心近40家，这些平台用好了、成果落地了，全区工业创新发展就有了“源头活水”。要以建设科普城、科创城为抓手，坚持“走出去”“请进来”，加强与“大院大所”“名校名企”的科技合作，与企业共建新型高端研发机构、科技服务公共平台，促进科技成果转化，赋能高质量发展。要强化企业主体地位。抓好科技企业梯度培育，力争今年专精特新企业总数突破30家，培育5家以上“小巨人”企业，并推动“小巨人”企业加速向单项冠军企业、瞪羚企业、独角兽企业发展。区财政预算将拿出1个亿的真金白银来支持科技创新，实施关键重点科技创新技术“揭榜挂帅”，鼓励企业搞出更多独门绝技、掌握更多核心技术，不断提高行业竞争力。要筑牢产业人才支撑。加快完善修订现有的人才引进办法，着重体现人才所关注、所看重的发展待遇、生活配套设施、政策倾斜度等干货、实货，吸引人才甘愿来袁扎根发展。同时，结合产业发展实际、企业需求，深化校企协同、产教融合，支持宜春学院、职业技术学院、赣西中等职业技术学校同企业深度合作，定向培养更多蓝领人才、技术工匠。

四是要不断拓宽园区发展新空间。园区是产业发展的主阵地。昨天我们参观的丰城高新技术产业园，已经形成了以循环经济产业为首位产业，机械电子、生物食品、新能源新材料为主导产业的产业集群，去年实现工业总产值940亿元。要坚持“亩产论英雄”导向，深入开展“节地增效”“满园扩园”行动，向土地要效益，通过“腾笼换鸟”盘活闲置、低效用地，加快推进“批而未用”土地消化，为重大优质项目、基础设施和民生工程建设留足空间，用实际行动响亮而有底气地喊出口号：只要有大项目好项目来，工业园区不缺地！要以国家级高新技术开发区为标杆，按照“产城融合、宜居宜业”的发展路子，在加快园区基础设施建设的同时，不断完善学校、医院、银行、商超等生活配套设施，形成“以产业发展推进园区建设，以园区建设促进产业发展”的良性互动。要加快推动园区产业集聚，对标福建省新罗区龙州工业园，引导园外企业整合提升向园内聚集，力争袁州产业园保持在全省A类行列，首位产业聚集度达70%以上。

五是要强力推进项目建设新突破。项目兴，则产业兴、发展兴。对项目工作的重要性，怎么强调都不为过。要研判大势谋项目。深入研究宏观政策走向和市场投资走势，抓紧谋划储备、包装生成一批重大产业升级项目、重大基础设施项目、重大战略支撑项目，争取获得更多的上级资金政策支持。对疫情背景下的新经济、新业态，要认真研究其发展变化，想方设法引进一批平台经济、共享经济、直播经济项目，增添经济社会发展活力。要挂图作战推项目。项目建设，最怕的是“合同满天飞、就是不落地”“签约红红火火、推进冷冷清清”。今后，凡是推进的项目都要挂起两张图：一张是项目落地流程图，根据签约落户项目的产业类别、不同规模、不同特点，明确一张个性化落地流程图，梳理出每个项目立项需要的时间、审批要走的环节、开工要做的准备，对前期的关键步骤、关键环节都做到心中有数。在这方面，各职能部门要在依法依规办事的前提下，最大限度压缩审批时限，在立项、土地、规划、环评、安评等方面提供最优服务；对重大项目，要开通绿色通道，开展并联审批，第一时间进行办理。另一张是项目建设推进图，针对开工项目的建设体量、建设标准、建设周期，细化一张建设推进图，明确时间表、责任人，倒排工期，全力抓好进度。要强化要素保障落项目。坚持“要素跟着项目走”的原则，推动劳动力、资金、能耗等要素资源保障项目建设。比如能耗保障方面，中央提出碳达峰、碳中和的目标，能耗指标的争取越来越难，高耗能企业理论上可以通过碳交易平台购买指标，但现在国内碳交易的市场环境并不成熟，存在市场标准不统一、缺乏透明度等问题，实现的难度很大，当下的关键还是拉长产业链，提高附加值，以低能耗甚至零能耗，提升产业发展水平。高安的济民可信清洁能源有限公司，通过供应清洁工业燃气，替代生产企业内的小煤气发生炉，为高安每年减少约 26.3 万吨标煤消耗，减少 70.7 万吨二氧化碳排放。这也是我们要积极探索谋划的方向。

三、集成更优要素，推动营商环境实现大提升。营商环境是一个地方发展的基础，企业的壮大，创新创业的活跃，都离不开良好的营商环境。今年，省委省政府将深入推进营商环境优化升级列为“一号改革工程”，致力打响“江西办事不用求人、江西办事依法依规、江西办事便捷高效、江西办事暖心爽心”营商环境品牌。各地各部门要对标对表，坚持把优化营商环境作为基础性战略性工程来抓，集成更优要素，切实解决企业和群众反映的各类痛点、难点、堵点问题，努力建设全省营商环境一等区。

*一是要努力提升效能，让行政审批有速度。*营商环境改革是一项基础性、战略性、系统性工程。丰城市在今年元旦启用了新的市民中心，将工程建设项目审批全流程事项精简到 72 项，申请材料减少到 76 个，相关规费减少到 4 项，节约了 3 至 6 个月开工手续办理时间，真正做到“拿地即开工”。要学会“拿来主义”，坚持向好的学、与强的比，逐条逐项分析与先进地区的差距、下大力气学习改进，做到只要实施有效的，积极大胆借鉴；只要政策法规没有明令禁止的，积极大胆试行，用最实举措推动全区营商环境优化升级。要围绕一个“快”字，紧扣一个“顺”字，建立通用综合窗口，实施“一网、一门、一窗、一次”改革，推动全流程的场景再造、业务再造、管理再造、服务再造，变“微更新”为“大重构”。要全面推行“马上办、网上办、就近办、一次办”，系统集成惠企信息和帮扶政策，形成专业化政务知识库，制定标准化的政务服务事项清单、简洁明了的办事流程图表，让企业和群众“一看就明白、一来就能办、一次就办好”，真正按下优化营商环境“快捷键”，跑出政务服务“加速度”。

*二是要着力转变作风，让服务企业有温度。*营商环境好不好，企业家最有发言权。2020 年我区在全省营商环境评价中排名全省第 55，全市倒数第 3，很重要的一个因素是在企业评价方面，排在全省第 73，全市倒数第 1。这份成绩单很刺眼，也很真实，充分暴露出我们在服务企业方面还存在很大问题。在市、区两会分组讨论期间，我听到企业家反映最强烈的就是营商环境问题，最希望解决的还是营商环境问题。要切实转变工作作风，牢固树立“企业就是衣食父母”理念，群策群力为企业发展、项目建设提供集成式服务，让“事事马上办、人人钉钉子、个个敢担当”成为袁州营商环境建设领域的常态，变“企业找上门”为“服务送上门”，当好“有求必应、无事不扰”的“店小二”，用自己的“辛苦指数”换取市场主体的“满意指数”。项目推动过程中，不可避免会碰到这样那样的问题，要加强政企常态化沟通，持续深化领导干部挂点联企、政企圆桌会议、“亲清”早餐会等机制，多听企业意见、市场主体意见，设身处地为企业排忧解难，聚焦他们的所急所需所盼，从登记注册、项目代办、建设协调、资金扶持、融资服务等方面入手，加快打造企业“全生命周期”服务链条，把招商引资的高昂热情延伸到项目开工、建设、运营的全过程。

*三是要坚持刚柔并济，让企业权益保护有力度。*优化营商环境，根本目的就是推动经济发展、企业壮大、群众满意。要高度重视保护广大企业的合法权益，聚焦公职人员不作为乱作为、干部违规插手工程等具体问题，以铁心硬手的举措，清除营商环境中存在的各类顽瘴痼疾，加快打造公平正义的法治环境。要坚持包容审慎执法，精准把握执法司法尺度和温度，寓管理于服务之中，将“首次不罚、首次轻罚”拓展到更多执法领域，慎用查封、扣押等措施，严禁出现监管执法以罚代管、一罚了之的情况。上

次全会，我提出要探索设立企业家“宁静日”制度，要抓紧出台政策并加快落实，让企业在“宁静日”期间，能够安心生产、放心经营。这里特别强调，我们在招商引资过程中，一定要注重诚信原则，不能开“空头支票”，更不能搞“新官不理旧账”，对因规划调整、政策变化等原因造成企业合法权益受损的，要做好解释工作，并视情况给予补偿，让每一位在袁州投资的企业家都能吃下定心丸、获得好预期、安心谋发展。

四、集聚更大合力，推动各项工作实现大跨越。无论是抓招商、推项目，还是优环境，都不是一两个职能部门的事，每一名党员干部都不能置身事外，各个部门、各条战线、各方力量、各行各业必须团结一致、合力共为，切实形成上下互通、齐抓共管的强大合力，推动“强攻工业、招大引强、大干项目”取得实效。

一是要打开解放思想的天窗。“志之难也，不在胜人，在自胜”。破解发展困境，靠天靠地不如靠自己。要解放思想、更新观念，树立践行正确政绩观，坚决摒弃小成即满的心态，主动把自己放到全省、全国甚至全球的大舞台上比一比、看一看，与强者赛、向高处攀，以“作示范、勇争先”的昂扬姿态干大事业、求大发展。要用好“奇思妙想法”，敢想别人不敢想的事，敢做别人不敢做的事，在差距中找到潜力、在压力中激发动力、在挑战中抢抓机遇，以思想的破冰引领发展的突围。要不甘人后、奋勇争先，盯着排头干、朝着先进赶，用每个单位的“小进步”，推动袁州发展的“大提速”。

二是要迈出创新机制的步伐。制度是管根本、管长远的。要建立综合协调推进机制，明确任务、压实责任，对重大事项、难点问题实行区乡联动、提级办理、顶格协调。完善领导帮包机制，包乡镇街道、包项目、包企业、包安全生产，帮就帮到位、包就包到底。要建立健全调度督查机制，按照月度监测、季度通报、年度考核的方式进行调度督促，对考核排名靠前的单位激励表彰，排名靠后的单位通报约谈。区委也将持续强化“实干者实惠、有为者有位”的鲜明导向，制定科学务实的个人考核指标体系，对在工业一线表现突出的干部高看一眼、厚爱一分，不忽视、不埋没各地方各领域各部门各单位各年龄段的优秀干部，不亏待、不冷落孺子牛、拓荒牛、老黄牛“三牛”型干部，倾力搭建“实干者的平台、会干者的奖台”。

三是要争当狠抓落实的表率。习近平总书记在今年春季学期中央党校（国家行政学院）中青年干部培训班开班式上强调，“业绩都是干出来的，真干才能真出业绩、出真业绩”。要争当求真务实的表率，用脚印丈量短板，以实抓确保抓实。争当攻坚克难的表率，以“逢山开路、遇水搭桥”的勇气和劲头，变不可能为可能，变可能为现实。争当担当作为的表率，鼓励创新、允许试错、宽容失败，引导广大党员群众积极投身“强攻工业、招大引强、大干项目”的火热实践中。

四是要扛稳组织领导的责任。为统筹推进“强攻工业、招大引强、大干项目”各项工作，区委区政府成立了以我任组长，胡勇同志任第一副组长的工业强区领导小组，领导小组办公室要加强统筹协调、督导指导，及时研判分析工业运行情况。各地各单位要各司其职、密切配合，推动“强攻工业、招大引强、大干项目”取得实实在在的成效。全区各级领导干部要发挥“关键少数”作用，把该担的责任担起来，该做的工作做到位。袁州的发展没有局外人，全区上下要齐心协力、共同发力，推动袁州工业更强、产业更旺、未来更可期。

同志们，无数的事实告诉我们，唯有以狭路相逢勇者胜的气概，勇于攻坚、敢于担当、善于作为，才能赢得主动、赢得胜利、赢得尊严。让我们拿出拼的勇气、闯的劲头、争的意识，付出“人一之我十之、人十之我百之”的努力，咬定目标、狠抓落实，奋力冲刺全国县区经济百强，以优异成绩迎接党的二十大胜利召开！

政府工作报告
——在袁州区第六届人民代表大会第三次会议上

宜春市袁州区人民政府区长　胡　勇

（2023 年 2 月 2 日）

一、回眸 2022 年，我们勇毅笃行赢得新的精彩

2022 年是党的二十大胜利召开之年，是全面落实区第六次党代会决策部署的起始之年。一年来，面对错综复杂的国内外形势和超出预期的困难挑战，在市委、市政府和区委的坚强领导下，在区人大、区政协的监督支持下，全区上下聚焦“作示范、勇争先”定位，围绕“冲刺全国县区经济百强”目标，扎实推进抓落实活动年“三拚三促”工作，统筹疫情防控、经济发展和社会安全，团结奋进、拼搏进取，实现了经济社会平稳发展，较好地完成了主要目标任务。全年实现地区生产总值 560.42 亿元，增长 5.6%；一般公共预算收入完成 26.43 亿元，增长 4.8%，税占比 62.7%；区属规模以上工业增加值增长 9.3%；固定资产投资增长 19.4%；社会消费品零售总额 351.57 亿元，增长 5.6%；实际利用省外资金增长 9.64%；预计城镇居民人均可支配收入 46609 元，农村居民人均可支配收入 19952 元，分别增长 5.8% 和 7%。举全区之力推进政府债务化解，克服了房地产市场低迷、平台信用受限等重重困难，牢牢守住了风险底线，圆满完成全年化债任务，有效保障了全区基本民生和运转支出。

——这一年，我们唱响了有高度有热度的袁州品牌。冲刺全国县区经济百强有新进展，获评全国县市绿色高质量发展百佳样本第十三位、全国投资潜力百强区、全国科普示范区、全省加快工业发展加速工业崛起先进单位。歌曲《你笑起来真好看》入选中宣部“五个一工程”①，江特文创园获评省级历史文化街区。成功申报全省森林固碳增汇和 CCER 林业碳汇②试点县、省级农村产业融合发展示范园，承办全省松材线虫病防治暨造林绿化现场会，获评全国有机农产品（茶籽）基地、全省富硒农业发展先行示范区，“袁州茶油”在 2022 年世界地理标志品牌展中被评为“文化传承价值品牌”。

——这一年，我们创造了有力度有速度的袁州效率。招大引强提质提速，以最快的速度成功牵手鑫合实业、吉利科技等重点项目。以极短时间完成征地 2609 亩、拆除建筑 15 万余平方米，为宜春时代、国轩高科、比亚迪等重大项目顺利开工建设打下坚实基础，得到市委、市政府主要领导的高度肯定。

——这一年，我们书写了有温度有厚度的袁州答卷。集中有限财力倾向重点民生领域，全年民生支出完成 71.65 亿元，占一般公共预算支出的 80.7%。教育高质量发展考核连续五年列全省第一方阵，首获全省县级党政领导干部履行教育职责督导评价优秀，获评全市教育体育工作综合先进。全力以赴抗击历史罕见干旱，累计投入抗旱资金 5000 万余元，人畜饮水及灌溉得到有效保障。年初确定的 10 项民生实事全部兑现，城乡公交正式迈入“1 元时代”。

一年来，我们重点做了以下工作：

（一）把强产业作为当务之急，坚定不移调结构、促转型，综合实力稳步增强

1.推动工业转型升级。坚持强攻工业不动摇，工业经济持续攀升，新增规上工业企业 44 家，实现营业收入 270.8 亿元，同比增长 31.3%，规上工业增加值、营业收入、利润总额等指标增速均列全市首位。推动主导产业升级，新能源新材料、生物医药规上企业营业收入分别增长 145.3%、15.4%。航宇新材、新龙生物获评国家专精特新“小巨人”企业，九鼎动力、环锂新能源进入省级专业化“小巨人”企业

公示环节，济民可信获评全省优强企业专项奖，英大生物、汉尧富锂获评省级瞪羚企业，百神药业向中国证监会递交材料，上市驶入“快车道”。袁州产业园获评省级两化融合示范园区、绿色园区，化工集中区建设顺利，年底评估列全省第五、全市第一。

2.提升现代农业质效。完成高标准农田10万亩，粮食面积达94.2万亩、产量达6.92亿斤，油菜种植16.8万亩，粮食安全根基更加稳固。富硒农产品基地、高产油茶林、绿色食品和有机农产品认证面积分别达33万亩、29.1万亩、25.6万亩、14.9万亩，富硒产业居全市前列。“米果药茶”③等特色产业不断壮大，“宜春大米”年销售额超10亿元，“袁州硒橙”打响品牌，中药材种植面积超10万亩，“袁州油茶”总产居全国前列、全省第一。

3.做活做旺第三产业。电商产业蓬勃发展，全区网络零售额同比增长28%，总量排名全市第一。健全“互联网＋第四方物流”供销配送网络，建成乡镇配送站20个、村级末端配送网点131个。新型业态多点迸发，赣西首家大型华为智能生活馆成功落户，润达、万达客流量突破3200万人次，年营业额达17亿元，赣西农批市场交易额达108亿元。打造环中心城精品旅游点5个，明月花溪谷获评国家3A级旅游景区。策划举办“百城百夜”等文旅消费季活动33场，带动文旅消费5000余万元。

（二）把谋发展作为关键之举，全力以赴求创新、攻项目，发展引擎动力强劲

1.坚持创新驱动发展。研发费用增量和总量跃居全市第一，技改投资、战略性新兴产业总产值占比达40%，备案项目40个。青龙高科1.1类创新药④进入三期临床实验，大海龟入选国家科技奖后备培育项目库，打造省级企业技术中心5家、市级9家，“赣出精品”3个，新增省级专精特新中小企业36家、省“双千计划”项目10个。新增发明及实用新型专利1041件，同比增长176.13%。建成5G基站1947个，千兆宽带用户达6万户，新增企业上云数量1730个，数字经济规上企业达41家。完成人才公寓建设100套，新引进培养省级以上人才15人，正高级人才评审创五年来新高。

2.狠抓重大项目建设。坚持“项目为王”理念，招大引强呈现井喷态势，成功推动中广核集团、华电集团、水发集团、京能电力、明冠新材、中红普林、鞍重股份、吉利科技等央国企、上市公司投资项目落户袁州，累计新签约项目92个，总投资315.1亿元，其中亿元以上项目79个，“5020”项目7个。推进省、市调度重大项目97个，完成投资285.6亿元。“四争”工作卓有成效，成功向上争资29.2亿元，同比增长8.7%。

3.深化重点领域改革。企业纠纷“红橙黄绿码”分级化解机制和诉源治理改革得到最高人民法院认可推广。在全省率先建立粮食收储检验检测前移机制，实现粮食“收烘储销”⑤一体化服务。在全市首创生态环境损害赔偿机制，入选省生态环境损害赔偿磋商十大典型案例2例，“一园一图”⑥环境应急管理经验在全省推广。景区跨域诉讼协作机制等9项改革经验做法在江西改革专栏上刊登推广。国防动员体制改革扎实推进，基层武装和民兵建设高质量发展，全民国防教育深入人心。

（三）把抓生态作为发展之要，坚持不懈提品质、重治理，城乡面貌日益改善

1.扮靓中心城区面貌。大力实施城市更新行动，全面完成74条背街小巷、252个老旧小区、447个弱电管线点位提升改造。新增充电车位223个、泊车位4067个，新建和改造城市公厕14座、路灯850盏，完成16处公园、广场、园林景观品质提升改造。新增垃圾分类亭116个，可回收垃圾利用率达到国标。排查自建房27.6万栋，整治城市内涝隐患点19个。推进城南截污干管工程，袁河水质污水处理提质增效获全市表彰。

2.做美农村人居环境。强力推进农村人居环境整治，完成新农村建设点333个、户厕改造4700户，拆除破旧房23.5万平方米。推进省定重点帮扶村建设17个，高标准完成实用性村庄规划编制，村集体收入超过15万元。完成“四好农村路”140公里、病险水库除险加固133座。成功创建市级以上森林乡村15个、乡村森林公园8个、小微湿地2个，农村更加美丽宜居。

3.筑牢绿色生态屏障。深入打好污染防治攻坚战，空气优良天数比达94%，空气质量优于国家二级标准，集中式饮用水源地水质100%达标，受污染耕地、污染地块安全利用率达100%。扎实推动森林违法图斑整改，创建绿色矿山5座，修复废弃矿山1479.35亩，完成矿山生态问题销号237个，整治机制砂企业55家，绿水青山得到有效守护。完成农环项目点位建设17个，成功创建6个省级生态乡镇和

28个市级生态村。中央及省生态环保督察问题整改全部销号或达到时序进度,解决了一批群众反映强烈的环境问题。

(四)把惠民生作为施政之本,持之以恒办实事、增福祉,人民群众更加幸福

1.凝心聚力保障民生。完成校园安防设施468个,建成全民防溺水点位1699个。新增城镇就业6952人,城镇就业任务完成率达100%。持续开展根治欠薪专项行动,追讨农民工工资5363万元。严格落实"四个不摘"要求,消除风险监测户137户499人。发放各类社会救助资金2.1亿元,城乡居民保险实现应保尽保、应发尽发。

2.用情用力办好实事。深入开展"一老一小"工程建设,完成8个敬老院、258户适老化改造,新增居家养老服务中心4个、嵌入式养老院2个。投入7亿余元,改造公办幼儿园4所、新改扩建学校8所,共提供园位、学位1.65万个。建设公办托育中心11个,提供普惠性托位800个。建成区农村医疗应急中心,金瑞、南庙获评"江西省卫生乡镇"。志愿者注册达19.4万人,"袁小红"等品牌深入人心。建成城市书角100个、"阅美空间"1个,"书香袁州"氛围日渐浓厚。

3.尽心尽力维护稳定。在全市首推开放式居民区围合服务管理试点,投入1.14亿元建设农村"雪亮工程"、智能安防小区和电子围栏,常态化开展扫黑除恶,严打电信网络诈骗、养老诈骗等犯罪行为,公众安全感不断提升。抓牢抓实安全生产,安全生产事故起数、死亡人数分别下降80%、62.5%。首创区乡村三级矛盾纠纷多元化解中心,信访积案化解率达96.9%,为党的二十大胜利召开营造了安全稳定的社会环境,得到了市委、市政府的高度肯定。

(五)把讲忠诚作为立信之基,久久为功转作风、提效能,政府形象不断提升

1.履职尽责依法行政。自觉维护宪法权威,依法履行职责,主动接受人大法律监督、工作监督和政协民主监督,高质量办理各级人大代表建议224件、政协委员提案290件。深入实施法治政府建设,公布行政规范性文件制定主体清单66个。在全市率先完成行政复议规范化建设,获评全省行政复议"三进"工作先进县市区。彬江、湛郎入选全省政务公开"十县百乡"示范创建点,三阳获评全省"五型"政府建设示范镇。

2.驰而不息改进作风。扎实推进政府系统党风廉政建设和反腐败斗争,持续整治"怕慢假庸散"作风顽疾,共查处违反中央八项规定问题132件,给予党纪政务处分130人。深入开展公共资源交易领域突出问题专项整治行动,立案查处10起。严格把关财政资金,一般性支出预算压减10.24%,完成各类审计项目50个,节约项目资金2.6亿元,用政府的"紧日子"换来群众的"好日子"。

3.坚持不懈优化环境。开展优化营商环境大讨论大排查大整治大提升活动,整改"小鬼难缠""中梗阻"等问题421个,解决企业和群众诉求396条。实现营商环境网格化管理服务全覆盖,招标投标、知识产权等多项指标进入省市前列。完成政务服务中心改造升级,真正实现"大一窗"受理。严格落实"四减一优化",提供"帮代办"1.96万件,办理"一次不跑""一次办好"事项13万件,营商环境便利度不断提升。累计减税降费9.2亿元,惠及企业6.8万户,制定轻违、首违不罚事项清单351项,营商环境持续向好。

此外,民族宗教、外事侨务、退役军人事务等工作取得了新进展,消防、工青妇、文联、科协、社联、残联、防震减灾、史志、档案、统计、机关事务、工商联等事业都取得了新成效。

各位代表,以上成绩的取得,是市委、市政府和区委正确领导的结果,是区人大和区政协监督、支持的结果,更是全区人民齐心协力、奋力拼搏的结果。在此,我代表区人民政府,向人大代表、政协委员和全区人民,向离退休老同志、各民主党派、工商联、无党派人士、人民团体、驻区部队官兵、政法干警,向所有关心、支持和参与袁州发展的各界人士,致以崇高的敬意和衷心的感谢!

在看到成绩的同时,我们也清醒地认识到袁州发展存在的困难和问题:经济总量偏小,财税来源比较单一,政府偿债能力较弱;工业产业层级不高,农业特色亮点较少,城区消费不旺;信访矛盾交织,稳定压力较大;区域发展不平衡,城乡基础设施、民生保障等历史欠账较多等等。对此,我们一定采取有力措施,竭尽全力做好各项工作,绝不辜负百万袁州人民的期待!

二、展望2023年,我们蓄势待发共筑新的未来

2023年是全面贯彻党的二十大精神的开局之年,是落实"十四五"发展规划承上启下的关键一年,也是全面落实区第六

次党代会决策部署的重要一年，做好今年的工作使命光荣、责任重大。

今年政府工作的总体要求是：坚持以习近平新时代中国特色社会主义思想为指导，深入贯彻党的二十大和中央经济工作会议精神，全面落实习近平总书记视察江西重要讲话精神，认真落实省、市委全会和经济工作会议部署，聚焦“作示范，勇争先”目标定位，坚持稳中求进工作总基调，完整准确全面贯彻新发展理念，加快融入新发展格局，更好统筹发展和安全，深入实施“强首府”战略，强力推进工业高质量发展“千百十”工程和“创新倍增五年行动”，全力筑牢安全稳定底板、补齐民生保障短板、拉长产业发展长板、打造科技创新样板，树牢“开放大气、开明包容、开拓进取、开朗健康”的袁州干部新形象，扛起首府担当、展现首位作为，敢于争先创优，奋力打造体现时代特征、袁州特点的产业集群特色区、开放创新示范区、幸福宜居样板区、文明善治先行区、勤廉担当标杆区，推动袁州实现高质量跨越式发展，凝心聚力全面建设社会主义现代化袁州。

围绕上述要求，综合研判形势，2023年全区的目标是：地区生产总值增长7.8%以上，一般公共预算收入增长6.5%，区属固定资产投资增长11%以上，规模以上工业增加值增长9.0%以上，社会消费品零售总额增长9.2%，外贸出口稳质提升，实际利用省外资金增长7.5%；城镇、农村居民人均可支配收入分别增长6.5%、7.5%，居民消费价格总水平涨幅控制在3%左右，城镇调查失业率控制在5.5%以内。完成节能减排降碳任务。

重点是做好以下七个方面工作：

（一）聚焦工业倍增升级，在培育活力奔涌的工业产业上争先奋进

扎实推进工业发展“千百十”工程[7]，力争全省工业高质量发展先进，排名进入全省前20名，全市前2名。

1.壮大产业集群培优势。抢抓锂电新能源产业发展风口，主动融入中心城区首位产业体系，加快推进袁州锂电交易平台建设，打造省级锂电材料基地，推动鑫合实业、吉利科技等“5020”项目早日建成投产，力争新能源新材料产业集群营收突破200亿元。聚焦医药产业“12310工程”[8]，发挥医药科创园功能优势，鼓励海尔思、荣兴药业等企业创新发展，加快青龙高科创新药等项目投产，实现生物医药产业集群营收突破550亿元。助力电子信息和智能装备产业焕发新活力，力争产值超80亿元。强力推进项目入统，加快天联科技、中广核、彩鸿纺织等20亿元以上项目开工建设，力争新增规上工业企业40家，规上工业总产值增速达30%以上。深入推动企业上市“映山红行动”，加快百神药业、航宇新材等上市进程，完成金地锂业、大海龟等企业股改，巩固和扩大上市企业入库数在全市的领先优势。

2.持续招大引强激活力。围绕“高大上、链群配”[9]思路，服务“五基地一中心”[10]目标，持续引进锂电新能源产业链条中的国内著名龙头企业。加强与全国工商联医药协会、未来健康协会的联系与合作，重点布局生物医药、医疗保健、医疗设备、兽用医疗等领域，着力引进带动力强的头部企业和链主企业。深入开展“三请三回”和“三企”入赣，积极参与国家、省、市重大经贸活动，每季度策划组织一次招商引资主题活动。抢抓苏区振兴、中部崛起、赣湘边区域合作及国家稳增长促投资等政策窗口期，统筹谋划和包装推介一批大项目。以大气魄推进“5020”项目攻坚行动，完善招商指挥服务中心协调机制，优化招商引资管理办法，创新资本招商和股权投资，力争全年引进“5020”项目10个，央(国)企、民营100强企业、世界500强企业5家，亿元以上项目突破100个，总投资360亿元。

3.聚力科技创新赋动能。继续实施研发投入攻坚行动，财政预算安排科技创新资金1亿元，R&D占GDP比重保持全市前三。加大对高新技术企业培育力度，引导企业与科研机构、高校院所加深“产学研用”合作，力争新批高新技术企业30家，新入库科技型中小企业160家，新增省级以上专精特新、“小巨人”、单项冠军企业20家，市级以上研发平台3家。加强知识产权创造、保护和应用，力争新增发明专利授权60个。发挥省市科技特派员等人才创新核心作用，组织实施“三区人才”专项计划[11]。

4.提升园区平台强支撑。赋予园区更大权限，优化园区管理架构和协调议事机制，促进人财物向园区集中。积极拓展化工区边界，强化“亩产论英雄”，最大限度发挥化工园区作用。强化用地要素保障，建设1300亩“标准地”、35万平方米标准厂房，盘活1000亩低效用地。对接中心城区产城融合计划，完善园区空间规划、一体化智慧管理和高质

量就业服务平台，加快推进锂电新能源产业园二期、迎宾路、220千伏变电站等项目建设，逐步完善商超、银行、学校、医院、酒店等配套设施，增强园区对农村转移人口和产业工人的吸附力。支持锦源新区深度参与赣湘边区域经贸合作，积极申报赣湘边高速等基础设施项目。

（二）聚焦“双一号工程”，在抢占改革创新的发展高地上争先奋进

持续优化营商环境，深耕数字经济赛道，推动营商环境、数字经济进入省市前列，以更多的改革创新成果支撑高质量发展。

1.倾力而为优化营商环境。纵深推进营商环境大讨论活动，在全社会营造重商尊企的浓厚氛围，着力提升市场主体的获得感和满意度。全面开展营商环境14个指标对标提升行动，提升政务服务时效，加快推动“跨省通办”“跨市通办”，打造一批营商环境先进典型案例。优化营商环境网格化服务，完善政企圆桌会、议事会、驻企特派员、“白名单”等企业帮扶制度，搭建营商环境诉求收集、办理、调度平台，提高诉求办理实效。加快推进“惠企通”平台建设，推动各项惠企政策精准投放。深入开展营商环境四大专项治理，强化执法监督和办事流程管理，着力解决一批企业反映强烈的痛点难点堵点问题。

2.乘势而上发展数字经济。大力实施数字产业赶超工程，强攻锂离子、电子信息、智能装备制造等基础赛道，深入打好新基建领域“项目大会战”，争创省级数字经济集聚区。鼓励短视频、直播、跨境电商等新业态发展，建设数字电商产群基地。深化数字经济与实体经济融合，推动医药、建材、化工等传统产业数字化改造升级。加快工业互联网建设，提升“入网上云”创新、应用及普及，打造一批数字车间、智能工厂、示范场景，新增省级两化融合示范及贯标企业15家。推进数字经济重点项目建设，力争数字经济规上企业突破60家，实现营收62亿元。

3.排难而进深化体制改革。加快国资国企改革，加强国有资产监管和数字化管理，推进融资平台优化升级，提升国资平台市场化经营能力和水平。深化“放管服”改革，优化纳税服务布局，实现政务服务“一窗受理”延伸到乡镇街道和园区。稳妥推进财税金融改革，强化现代金融监管，坚决守住不发生系统性、区域性金融风险底线。深入开展农村土地产权制度改革，实施新型经营主体培育工程，支持发展适度规模经营。深化国防动员体制改革，强化动员准备和民兵建设，开创武装工作新局面。

（三）聚焦提升城市能级，在建设精致繁华的中心城区上争先奋进

着力提升中心城区的首位度，强化城市体检成果应用，真正实现“城市，让生活更美好”。

1.着力提升城市功能品质。以创建全国文明城市为抓手，持续开展城市更新行动，交付棚改安置房1030套，改造老旧小区34个、背街小巷18条，新建改造城市公厕12座，有序推进农贸市场、城区规划道路等城市更新项目，支持配合宜春大道南延、袁山二桥、飞剑潭备用水源等项目建设。科学谋划厚田片区开发，合理规划金融科创、商贸文旅、游园绿化等布局。加强城市围合建设，优化开放小区物业管理服务，建设高品质智慧社区、绿色社区、完整居住社区。推动数字城管二级平台建设，完善违法建设防控网络，积极治理露天烧烤、渣土抛撒、占道经营等涉及民生的热点问题。

2. 大力促进服务业迭代升级。以宜春建设区域性消费中心城市为契机，大力发展城市经济，促进新业态与传统消费深度融合。提振发展餐饮、零售、文化、旅游等服务业，社会消费品零售总额突破381亿元，电子商务网络零售额增长30%以上，新增规上服务业企业40家。引进中高端知名品牌，支持本土企业创建老字号品牌。推进城市商圈建设，打造润达省级商业街区，繁荣万达夜市，支持鼓楼步行街、青龙商厦、江特文创园提档升级。强化政银企对接，积极引进金融机构入驻，鼓励引导个性化金融产品和服务。大力发展现代物流，力争国内物流头部企业在区设立分拨中心，支持农产品冷链物流发展。健全农村商业体系，支持乡镇商贸中心建设，发展新型乡村便利店。

3.全力加速文旅融合发展。抢抓后疫情时代旅游发展机遇，加快完善旅游基础设施，依托农业产业发展乡村旅游，创建省4A级乡村旅游点。推动旅游创品提质，打造松鼠部落、禅农庄园等一批文旅项目品牌。充分挖掘红色、绿色、古色文化和生态资源潜力，打造5个环中心城精品旅游点、2个森林避暑胜地、4条赣湘边区域红色研学旅游线路。组织开展消费节、网货节、美食节等丰富多彩的文旅消费活动，引导商家开展节庆促销。深入推进“书香袁州”建设，强化城

市书角建管运营，打造狮子山、昌黎书院、难禅阁等城市书房，努力将袁州打造成没有围墙的图书馆。

（四）聚焦推进乡村振兴，在打造美丽宜居的现代乡村上争先奋进

坚持农业农村优先发展，扎实推进农业农村现代化，让农业更强、农村更美、农民更富。

1.多措并举保障粮食安全。坚决扛稳粮食安全重任，严格落实耕地保有量，新建高标准农田7万亩，确保粮食面积94万亩，总产稳定在7亿斤左右。全力保障重要农产品供给，保持生猪供应稳定，完成油菜种植任务，力争蔬菜播种面超18万亩。加强油茶种植全过程管理服务，新建、改造油茶林7万亩，全力打造国家级油茶产业基地。

2.多点突破做强特色农业。以工业化的理念发展农业，积极引进农业领域头部企业和高附加值农业加工企业，促进农业一二三产融合发展，力争引进省级龙头企业5家以上。放大富硒资源优势，建设富硒食品加工园，深入创建全省富硒农业发展先行示范区。做大做强油茶、脐橙、中药材、大米等特色产业，形成“山挂果、地有花、田制种”的产业兴旺之路，力争新增1~2个全国区域品牌。加强本土特色种质资源保护和开发利用，支持天稻粮安、炳晨科技等种业龙头企业做强做大，打造种质资源保护基地。

3.多管齐下建设和美乡村。有序推进“多规合一”⑫实用性村庄规划编制。持续完善路网、水利、电讯等基础设施建设，完成“四好农村路”及防护工程85公里，改造危桥3座。稳慎推进农村宅基地改革，加强农村农民建房管理。大力实施农村人居环境整治提升五年行动，完成农村户厕改造、建制村污水整治任务，打造一批乡村振兴示范村。

4.多点发力带动农民致富。巩固拓展脱贫攻坚成果，坚决守住不发生规模性返贫底线，确保脱贫群众收入增速高于当地农民收入增速。发展壮大村集体经济，支持17个省定重点帮扶村优先发展。强化产业帮扶和就业培训，推进乡村旅游富民工程。培育“企业+合作社+基地+农户”的产业化联合体，打造高质量农机服务平台，促进小农户与现代农业有机衔接。

（五）聚焦“减污降碳”，在构建绿色低碳的生态环境上争先奋进

坚定不移走生态优先、绿色发展道路，加强生态环境共保联治、推动减污降碳协同增效，促进经济社会发展全面绿色转型。

1. 坚决打好污染防治攻坚战。持续抓好中央、省环保督察反馈问题整改，确保问题销号清零。大力开展“四尘三烟三气”污染防治，力争空气质量优良天数比例达96%。开展锂电新能源行业专项排查整治，确保国控断面监测水质稳定达标。加快环境信息平台、矿山智能监管系统建设，加强“水陆空”污染源监测。

2.加快推动绿色低碳发展。稳步推进碳达峰碳中和，稳慎推进森林固碳增汇和CCER林业碳汇开发试点，有序开展重点行业领域减污降碳行动，完善能耗“双控”制度和节能监察体系，遏制“两高”项目盲目发展。推进绿色产业致富工程，扩大绿色生态产品和服务供给，促进绿色生产和消费。优化垃圾分类管理，做好垃圾分类后半篇文章。

3. 持续推进生态保护和修复。深入实施山水林田湖草沙一体化生态保护和修复治理，持续落实河湖长制、林长制。全面加强林业资源管护，确保森林覆盖率不低于63.1%。扎实推进市级绿色矿业示范区建设，严格落实矿山“督察长”制，深入开展矿山生态环境整治攻坚行动，探索市场化方式引入社会资本，全面开展159座废弃矿山生态修复。

（六）聚焦“民生关切”，在提升普惠共享的民生福祉上争先奋进

坚持在发展中保障和改善民生，办好民生实事，着力提高人民群众生活品质，让“民生愿景”变为“幸福实景”。

1.兜住风险底线稳民心。统筹经济发展和社会安全稳定，扎实开展第五次全国经济普查。盘活土地、林业、矿产等有效资源，拓宽资产、资源处置增收渠道，提高资本运作水平。加大财政统筹力度，稳妥推进政府债务化解，着力消存量、控增量，全力争取上级政策支持，严控非必要项目支出，确保不发生系统性风险。完善乡镇财税体制，做大地方财力。调动民间投资积极性，稳住市场主体，持续助企纾困。积极开展跑项争资，力促“四争”工作实现新的更大突破。

2.强化民生保障暖民心。因时因势调整疫情防控措施，提高疫情防控收治水平。深入开展爱国卫生运动，提升居民自我健康管理能力，建设更高水平的健康袁州。强化食品药品监管，让人民群众吃上放心食品、用上放心药。大力实施就业优先政策，健全就业创业服务体系。做好社会保险扩面征缴工作，扎实推进建

筑工程等行业领域参加工伤保险。加强劳动保障监察，坚决整治拖欠农民工工资问题。加快推进分层分类社会救助体系建设，提高城乡低保、特困供养、孤儿等保障标准，健全社会救助监督检查长效机制。

3.优化民生供给舒民心。坚持教育优先发展战略，加快学前教育普及普惠，启动化成幼儿园，完成第二幼儿园、凤凰幼儿园建设，提供园位 1415 个。优化学校布局，加快推进三小、十中等 10 所学校改造、扩建。推动特殊教育向初高中延伸，全面完成赣西中等职业技术学校建设。着力提升养老托育普惠水平，完成 6 个敬老院、258 户特殊困难家庭适老化改造；建成公办托育服务中心 10 个，提供托位数 800 个。完成湘赣边应急医疗救治中心、渥江卫生院等改建，新增省级示范中医馆 3 家。

4.维护社会和谐安民心。深入推进诉源治理，持续开展"治重化积"[13]专项工作，推动矛盾纠纷化解在基层。加强基层网格化管理，提升社会治理效能。严厉打击电信网络诈骗、非法集资等突出犯罪，强化"两卡"线索核查打击，加大劝返管控力度，深化金融、房地产等重点领域遗留问题处置攻坚。严格规范文明公正执法，完善基层综合执法体制机制。深化重点行业领域专项整治和打非治违，建立健全防灾减灾救灾体系，确保实现安全生产"两下降、两杜绝"[14]。

各位代表！新的一年，我们将继续聚焦群众关切，坚持尽力而为、量力而行，遴选了 12 项民生实事，提交各位代表审议票决，确定重点实施 10 项民生实事。区政府将加强组织领导、严格考核督促、强化协同落实，并接受区人大代表和社会各界监督检查，确保把实事办好、好事办实。

（七）聚焦"五型"政府建设，在锻造执政为民的勤廉袁州上争先奋进

新阶段、新征程对政府工作提出了新的更高要求。我们将继续坚持以人民为中心的发展思想，恪尽职守，臻于至善，深入推进"五型"政府建设，全面提升政府治理能力和水平，打造人民满意政府。

1.恪守一心向党的忠心。旗帜鲜明讲政治、抓落实，把党的领导贯穿政府工作全过程，坚定捍卫"两个确立"，不断增强"四个意识"、坚定"四个自信"、做到"两个维护"。深刻学习领会新时代党的创新理论，切实做好党的二十大精神学习宣传贯彻工作，确保中央省市党委、政府和区委的各项决策部署在袁州落地生根、见行见效。

2.坚守为民服务的初心。把人民至上作为一切工作的出发点和落脚点。牢固树立"过紧日子"思想，厉行勤俭节约，反对铺张浪费，严控"三公"经费和一般性支出，最大限度提升财政资金使用绩效，有效降低政府治理成本，提高政府服务效率。树立群众过"好日子"思想，持续加大民生保障投入，提高民生支出总量和占比，努力办好民生实事，增进民生福祉。

3.永葆勤廉务实的公心。认真落实中央八项规定精神，严格履行全面从严治党主体责任和党风廉政建设责任制，主动接受人大、政协、监察、社会、舆论等各方面监督。聚焦重大工程、重点领域和关键岗位，强化财政资金审核支付、权力运行制约和监督，让权力在阳光下运行。始终保持惩治腐败高压态势，严肃整治懒政怠政、为官不为的行为，巩固发展干事创业、风清气正的良好政治生态。

各位代表！风劲潮涌，自当扬帆破浪；任重道远，更需策马扬鞭！迈入新征程，让我们更加紧密地团结在以习近平同志为核心的党中央周围，在省委省政府、市委市政府和袁州区委的坚强领导下，对标先进、扛牢责任、笃行不怠、奋楫争先，奋力冲刺全国县区经济百强，为争取袁州区应有地位和应得荣誉展现首府担当！

名词注释

①"五个一工程"：由中共中央宣传部组织评选，"五个一"分别是：一部好的戏剧作品，一部好的电视剧（片）作品，一部好的电影作品，一部好的图书（限社会科学方面），一部好的理论文章（限社会科学方面）。后一首好歌、一部好的广播剧也被列入评选范围。

②CCER 林业碳汇：通过实施造林再造林和森林经营、灾害防治等活动，吸收大气中的二氧化碳并与碳汇交易结合的过程、活动或机制。

③"米果药茶"：宜春大米、袁州硒橙、富硒中药材、袁州油茶。

④1.1 类创新药：未在国内外上市销售的药品，通过合成或者半合成的方法制得的原料药及其制剂。

⑤"收烘储销"：为粮农提供代收割、代烘干、代储存、代销售等一系列服务。

⑥“一园一图”:一个工业园一张环境应急信息图（涵盖园区企业分布、园区地表径流、雨污水管网、大气敏感点等关键信息)。

⑦“千百十”工程:即力争到2027年,“千”:全区规上工业总产值突破1000亿元，上市公司总市值突破1000亿元。“百”:每年开竣工工业项目100个,全区规上工业企业突破500家,营收100亿元企业突破5家,高新技术企业突破200家,市级(含)以上各类创新平台达200个。“十”:营收超10亿元企业达20家,税收超亿元企业10家,全区上市企业达10家，每年引进“5020”工业项目超10个。

⑧“12310工程”：力争用5年时间,打造千亿医药产业集群1个，努力实现营业收入破百亿医药产业企业2个，扶持医药产业企业上市3个,培育营收超10亿元的支柱医药产业企业10个。

⑨“高大上、链群配”:“高大上”指高质量、高科技、高环保、高端化的项目,大投资、大规模、大牵引的项目,上档次、上层次、上效益的项目。“链群配”指产业链上下游、集群化、配套化的项目。

⑩“五基地一中心”：碳酸锂、正极材料、负极材料、锂电池、锂电应用五大基地,锂产品交易中心。

⑪“三区人才”专项计划:加快建设边远贫困地区、边疆民族地区和革命老区(简称“三区”)本土科技人才和农村科技创业人才队伍。

⑫“多规合一”:将国民经济和社会发展规划、城乡规划、土地利用规划、生态环境保护规划等多个规划融合到一个区域上,实现一个市县一本规划、一张蓝图，解决现有各类规划自成体系、内容冲突、缺乏衔接等问题。

⑬“治重化积”:治理重复信访,化解信访积案专项工作。

⑭“两下降、两杜绝”:“两下降”指死亡人数、事故起数双下降,“两杜绝”指杜绝较大及以上事故、杜绝敏感时段发生事故。

宜春市袁州区人民代表大会常务委员会工作报告

——在袁州区第六届人民代表大会第三次会议上

宜春市袁州区人大常委会主任　陈彬

（2023 年 2 月 2 日）

2022 年工作回顾

2022 年，是党的二十大胜利召开之年，也是区六届人大常委会全面履职的开局之年。区人大常委会在区委的坚强领导下，紧紧围绕区委决策部署，紧扣监督工作计划，紧盯重点民生实事，全面履行宪法和法律赋予的职责，不断以创新思维推动各项工作，为推进社会主义民主法治建设，保障和促进全区经济社会发展作出了积极贡献。2022 年召开常委会主任会议 14 次，常委会会议 9 次；听取审议"一府一委两院"工作报告 15 项，组织开展代表视察、调研 20 次，开展专题询问 1 次、满意度测评 3 次；办理代表建议 272 件；依法任免国家机关工作人员 65 人次。

——一年来，我们牢牢把准政治方向，持续强化理论武装，在坚持党的全面领导上有新境界。坚持做到学思践悟，知行合一，在全区人大系统迅速掀起学习宣传贯彻党的二十大精神热潮。高规格召开区委深入贯彻落实中央人大工作会议精神推进会，全面推进会议精神落细落实。

——一年来，我们紧紧围绕中心大局，不断创新监督方式，在提升监督质效和广度上有新突破。首次探索市、区两级人大联动监督，与市人大常委会联合开展"做强中心城，提升首位度"专题询问，经验做法被中国人大网刊发推介。首次听取审议区监委专项工作报告、国有自然资源资产管理情况报告等。精准定位工作评议重点方向，优化创新评议方式。

——一年来，我们坚持以人民为中心，深深厚植为民情怀，在助推民生实事落地上有新成效。积极践行全过程人民民主，把群众满意作为人大工作的价值追求，深入推进重大民生实事项目人大代表票决制，实现区、乡两级全覆盖。持续聚焦生态环保、安全生产、教育医疗、乡村振兴等重点民生领域开展监督、调研。《袁州区人大：助推办好人民满意教育》经验做法文章在中国人大网刊发，被人民代表网、乌鲁木齐人大网等多家网站转载。

——一年来，我们持续改进代表工作，发挥代表主体作用，在服务保障代表履职上有新举措。扎实开展"我为选民说事"和"坚持六心、争当六表率"两项主题活动，创新搭建代表履职平台，有效激发代表履职活力，工作成效和经验做法得到了省人大常委会领导的肯定。

——一年来，我们全面加强自身建设，"三拼三促"狠抓落实，在展现人大担当作为上有新形象。全面、准确落实"四个机关"定位要求，大力开展"三拼三促三提升"活动，全力打造让党放心、人民满意的模范机关。《袁州区人大：以"四紧"之力打造"四个机关"》经验做法文章在中国人大网刊发。

一、坚持党的全面领导，让政治站位更有"高度"

牢牢把握党的全面领导这一最高政治原则，始终把政治建设摆在首位，确保全区人大工作沿着正确政治方向前进。

持续强化创新理论武装。坚持把深入学习贯彻习近平新时代中国特色社会主义思想作为首要政治任务，把学习贯彻习近平法治思想、习近平总书记关于坚持和完善人民代表大会制度的重要思想作为基本功和必修课，严格落实"第一议题"制度，深入学习宣传贯彻党的二十大精神以及中央人大工作会议精神，及时跟进学习习近平总书记最新重要讲话精神，推动学习往深里走、往实里走、往心里走，切实增强捍卫"两个确立"的思想自觉和行动自觉。今年共开展常委会党组专题学习17次、常委会机关党组集中学习18次。

坚决贯彻区委决策部署。紧紧围绕全区发展战略,做到区委工作中心在哪里,人大工作就跟进到哪里,力量就汇聚到哪里,作用就发挥到哪里,确保区委的决策和主张通过法定程序转化为全区人民的共同意志。协助区委召开深入贯彻中央人大工作会议精神推进会,严格执行重大事项请示报告制度,全年共提请区委常委会会议研究重要事项5项,以工作专报形式向区委请示报告12次,切实把党的领导贯穿人大工作全过程、各方面。

充分发挥党组领导作用。全面落实新时代党的建设新要求,突出常委会党组把方向、管大局、保落实的政治功能,加强对常委会工作的组织领导和统筹协调,深入推进党建工作与依法履职工作有机融合,确保工作“方向明”、干部“能扛事”、履职“精准实”。严格落实党组会议制度和民主集中制,坚持“三重一大”事项必须党组先行研究,保障常委会各项决策更科学、更民主。认真落实全面从严治党主体责任,结合开展落实中央八项规定精神十周年“回头看”活动,实现全区人大系统政治谈话全覆盖。

二、坚持服务中心大局,让履职监督更有“力度”

聚焦区委确定的大事、改革发展的难事,找准依法履职切入点、抓实担当作为着力点,充分用好宪法赋予人大的监督权,实行正确监督、有效监督、依法监督。

强化法律监督“促公平”。以推进依法治区为己任,深入践行习近平法治思想,坚决维护宪法和法律法规权威。组织开展《中华人民共和国公共文化服务保障法》《江西省公共文化服务保障条例》执法检查,积极配合省、市人大开展《中华人民共和国环境保护法》执法检查;听取审议区监察委员会专项工作报告、区人民检察院关于未成年人检察工作情况的报告等,推动各项法律、法规在我区有效落实。加强规范性文件备案审查工作,坚决做到“有件必备、有备必审、有错必纠”,全年共上报市人大常委会规范性文件7件,审查乡镇规范性文件78件。

强化经济监督“稳运行”。把握稳中求进工作总基调,听取审议国民经济和社会发展计划执行情况报告、科技成果转化工作情况专项报告等,推动政府坚决落实“疫情要防住、经济要稳住、发展要安全”的要求。听取审议财政预决算和审计工作等报告,审查批准地方政府债务限额及预算调整方案,强化地方政府债务风险防控。听取审议国有资产管理综合报告,首次审议国有自然资源资产管理专项报告,推进国有资产管理“综合报告+专项报告”全覆盖。抓实人大预算联网监督工作,建好、用好预算审查监督咨询专家库,实现预算审查监督信息化和网络化。

强化重点监督“提质效”。紧盯重大项目,由常委会主要领导任总督查,对120个项目的落地、推进、入统情况进行督查,推进重大项目建设提速提质提效。聚焦营商环境优化升级“一号改革工程”,深入开展专题调研,广泛征求意见建议,及时向政府反馈问题清单并督促整改落实。选定6个政府工作部门开展工作评议,督促提高工作效率、破解发展难题,助推区委、区政府工作要求落地见效。与市人大常委会联合开展“做强中心城　提升首位度”专题询问,坚持实事求是、直击问题痛点,取得较好效果。

三、坚持以人民为中心,让人大工作更有“温度”

牢固树立以人民为中心的发展思想,顺应人民对美好生活的向往,着力推动解决群众的急难愁盼问题,不断增强人民群众的获得感、幸福感、安全感。

人民获得感更加充实。坚持问需于民、问计于民、问效于民,扎实推进重大民生实事项目人大代表票决制,共票决出优化基础教育资源配置、老旧小区改造、“四好农村路”、棚改安置房建设等10件重大民生实事项目。积极指导乡镇人大通过群众“点单”、代表“票决”,实施了一批重大民生实事项目。成立专项监督小组常态化开展专项监督,组织代表集中视察,形成年初票决定项目、年中督查有力度、年底交账代表评的监督“闭环”,推动重大民生实事项目从“办得了”向“办得好”转变。

人民幸福感更可持续。围绕贯彻落实教育优先发展战略和国家“双减”教育政策,对城乡义务教育均衡发展、职业教育高质量发展、非教学任务进校等情况开展专题调研,助推办好人民满意教育。听取审议巩固拓展脱贫攻坚成果同乡村振兴有效衔接情况报告,推动脱贫成效更可持续、振兴基础更加稳固。听取审议退役军人工作情况报告,提升退役军人服务保障水平。听取审议医疗保障工作情况报告,切实提升医保基金的管理水平和使用效益,守护人民生命健康。

人民安全感更有保障。开展安全生产工作情况“回头看”专项督查,堵塞盲区漏洞,加强风险监测预警,守住不发生安全生产事故的底线,更好地维护人民群众生命财产安全。听取审议2021年度全区环境状况和环境保护目标完成情况报告,聚焦影响群众生产生活的"身边、周边、路边"生态环境问题,依法开展暗访调研和检查督查,巩固蓝天、碧水、净土保卫战成果,持续改善生态环境质量,推动美丽袁州建设成色更好、质量更优。全年累计受理信访件30件50人次,督促解决群众合理合法诉求,推动社会矛盾问题有效解决。

四、坚持代表主体地位,让代表履职更有"厚度"

尊重代表主体地位,紧紧依靠代表、自觉服务代表、密切联系代表,使发挥人大代表作用成为人民当家作主的重要体现。

服务保障更有力。加强代表履职学习培训,举办区六届人大代表全员履职培训班,邀请代表列席常委会会议、参加视察调研等,提升代表履职能力。稳步推进代表联络工作站常态化管理、规范化运行、信息化引领,依托江西数字人大,实现网上建站全覆盖。认真落实常委会组成人员联系代表、代表联系选民的"双联系"制度,做到常委会组成人员至少联系2名代表,每名代表至少联系选民5人,充分吸纳民意、汇集民智。

履职活动更多彩。扎实开展"我为选民说事"和"坚持六心、争当六表率"主题活动,组织各级人大代表深入选区,与选民交朋友、话家常、问民生、听真话、察实情,为选民"说事",为群众办事。主题活动开展以来,全区1700余名各级人大代表接待选民7800余人次,收集梳理有效意见598件,已解决587件,推动解决群众身边小事320余件。"我为选民说事"主题活动经验做法新闻宣传片在宜春新闻头条播出。

建议办理更有效。始终把办好议案建议作为保障代表执行职务的重要内容,全力做好代表议案建议办理、督办、测评等工作,对一批重点代表建议由常委会领导领衔督办,着力构建交办高效率、承办高标准、督办高水平的全链条办理模式。注重跟踪落实,接受社会监督,着力提高代表参与率、问题解决率、群众满意率,让代表的"好建议"变成政府部门的"真行动",推动代表建议办理工作由"答复满意"向"结果满意"转变。今年共办理区六届人大一、二次会议期间代表建议206件,主题活动期间代表建议66件,办复率、满意率均达100%。

五、坚持加强自身建设,让人大队伍更有"硬度"

坚持以党的政治建设为统领,对标"四个机关"定位要求,全面加强自身建设,努力打造让党放心、人民满意的模范机关。

强化政治引领。始终把政治建设摆在首位,深化政治机关意识教育和党员干部对党忠诚教育,与市人大常委会机关联合开展"喜迎二十大　奋进新征程"主题演讲活动,抓实常态化政治理论学习,不断提高政治判断力、政治领悟力、政治执行力。深入推进全面从严治党,持续强化以案为鉴、以案促改警示教育,严肃党内政治生活,定期开展谈心谈话和政治谈话,让"讲规矩、守纪律、受监督"成为人大干部新常态。加强人大新闻宣传工作,筑牢意识形态安全防线,传播人大声音、讲好民主故事。全年在中国人大网、江西人大新闻网等省级及以上媒体上稿20余篇,实现国家级平台上稿新的突破,让袁州人大工作在全国有声音、全省有影响、全市有地位。

提升履职能力。深化学习型机关建设,落实周三集中学习制度,充分调动机关干部的学习主动性、积极性,变被动为主动,提高自主"加油""充电"的意识。采取"走出去""请进来"等方式,紧盯知识的弱项、能力的短板、经验的盲区,针对性开展专题讲座和业务培训,全年共组织"三拼三促"抓落实能力、办公软件操作、公文写作专题培训班3期,着力打造一支立场坚定、素质过硬、作风优良、业务精湛的人大工作队伍。

锤炼过硬作风。大力开展"三拼三促三提升"活动,大兴狠抓落实之风,用好一线工作法、清单工作法、闭环工作法、奇思妙想法等,确保全区重点工作、人大常委会议定事项、群众反映突出问题,一抓到底、抓出成效。大兴调查研究之风,选定20个调研课题,深入基层开展专题性、经常化、有深度的调查研究,为科学决策、依法决策提供依据。大兴求真务实之风,积极参与产业链招商、乡村振兴、文明城市创建、信访维稳等工作,在攻坚克难中见真章。

各位代表,同志们,这些成绩的取得,最根本是在习近平新时代中国特色社会主义思想的指引下,区委高度重视、坚强领导的结果,是全体人大代表、常委会组成人员和人大干部依法履职、扎实工作的结果,是"一府一委两院"和乡镇(街道)人大密切配合、大力支持的结果,是全区人民和社会各界积极参与、充分信任的结果。在此,我代表区人大常委会,表示崇高的敬意和衷心的感谢!

同时,我们也清醒地认识到,常委会的工作还存在一些不足,主要是:监督整改跟踪问效不够及时、有效;人大干部和人大代表履职能力还有待提升;工作创特色、出亮点还有欠缺。对于以上问题,我们将虚心听取代表和各方面意见建议,切实加以改进。

2023年主要任务

2023年是全面贯彻党的二十大精神的起步之年,也是深入贯彻落实中央人大工作会议精神的攻坚之年,区人大常委会工作的总体要求是:坚持以习近平新时代中国特色社会主义思想为指导,全面贯彻落实党的二十大精神以及中央人大工作会议精神,深入落实习近平总书记视察江西重要讲话精神,大力弘扬和贯彻习近平法治思想、习近平总书记关于坚持和完善人民代表大会制度的重要思想,准确把握新时代人大工作新形势、新任务,积极发展和践行全过程人民民主,聚焦"作示范、勇争先"目标定位,围绕拼搏全国县区经济百强,全力助推"强首府"战略,努力探索"人大监督""人大协商"有效途径,着力推动"四个机关"建设争一流、走前列,奋力开创新时代袁州人大工作新局面,为全面建设社会主义现代化袁州贡献人大智慧和力量。

一、持续强化理论武装,不断强化"政治机关"意识,牢牢把握正确政治方向。把学习宣传贯彻党的二十大精神作为首要政治任务,充分发挥常委会党组示范引领作用,坚持以上率下,时时对标对表,持续在全区人大系统掀起学习贯彻热潮,引导全区人大系统自觉用党的最新理论武装头脑、指导实践、推动工作。持续强化"政治机关"意识,始终做到旗帜鲜明讲政治,把坚持党的全面领导贯穿于人大工作全过程、各方面,坚持服从服务区委总体工作部署安排,聚焦事关袁州发展的关键性、紧迫性问题,精选议题、精准发力,重大事项、重要工作及时向区委请示报告,确保在区委的坚强领导下谋划、推动工作,全力保障区委意图通过法定程序得到及时、有效落实。

二、持续增强监督质效,认真履行"工作机关"职责,全力以赴助推高质量发展。坚持全面担负起宪法法律赋予的各项职责,紧扣法治袁州建设目标要求,深入开展好宪法宣传,配合做好"八五"普法等工作。增强监督刚性和质效,提高监督工作的针对性、连续性和实效性,持续关注全区经济运行、国有资产管理、教育医疗、生态环境、乡村振兴、旅游产业发展、重大民生实事等重点领域,统筹运用视察、专题调研、专题询问、执法检查、工作评议等监督方式,为推动全区经济社会高质量发展提供坚实保障。深化拓展工作评议,优化评议方式,坚持问题导向,注重工作实效。

三、持续优化代表工作,充分发挥"代表机关"优势,有效凝聚发挥代表力量。拓宽代表履职平台,推进代表联络工作站建设,深化拓展"我为选民说事"和"坚持六心、争当六表率"主题活动,密切人大代表同人民群众的联系,推动在全区人大系统形成"履职主题明、活动内容实、特色亮点新"的良好局面。强化代表履职服务保障,切实加强代表履职能力建设,加强代表履职经费保障,制定出台代表履职管理办法,探索将"双联系"制度落实情况纳入常委会组成人员(主席团成员)、区乡代表履职管理体系。继续加大代表意见建议督办力度,完善代表建议重点督办机制,优化办理评价机制,促进办理质效提升,不断激发代表履职新动能。

四、持续强化自身建设,严格落实"权力机关"要求,打造勤廉务实高效机关。深入落实"四个机关"定位要求,全面加强新时代人大机关党的建设,压实常委会党组、机关党组全面从严治党主体责任,加强党风廉政建设,深化党内监督方式,持续强化以案为鉴、以案促改警示教育,深化落实政治谈话等制度,严肃党内政治生活,推动政治监督具体化、精准化、常态化。巩固深化抓落实活动年"三拼三促"工作成果,坚持以学促干、真抓实干,着力打造新时代忠诚实干担当有为的人大工作队伍,为打造保证人民当家作主的国家权力机关筑牢坚实作风基础和提供坚强组织保障。

各位代表!奋进新征程,建功新时代。让我们更加紧密地团结在以习近平同志为核心的党中央周围,坚持以习近平新时代中国特色社会主义思想为指导,深入学习宣传贯彻党的二十大精神,在中共袁州区委的坚强领导下,牢记初心、服务中心、紧贴民心、凝聚人心,奋力谱写新时代袁州人大工作新篇章,为袁州拼搏全国县区经济百强作出新的更大贡献。

政协袁州区第六届委员会常务委员会工作报告

——在政协袁州区第六届委员会第三次会议上

宜春市袁州区政协主席　熊爱国

（2023 年 2 月 1 日）

2022 年工作回顾

2022 年是中共二十大召开之年，是袁州区委、区政府团结带领全区人民历经风雨、战胜磨难，团结拼搏、锐意进取，推动抓落实活动年“三拼三促”工作取得明显成效的一年，也是六届区政协全面履职的第一年。一年来，在市政协的精心指导和区委的坚强领导下，以加强和改进新时代市县政协工作为契机，高举民主和团结两大旗帜，以“作示范、勇争先”的昂扬斗志，积极履行政治协商、民主监督、参政议政职能，充分发挥专门协商机构作用和委员主体作用，在建言献策、凝聚共识、服务大局上善作善成，为实现袁州区“奋力冲刺全国县区经济百强”的目标作出了积极贡献。

一年来，我们坚持党的领导，政治素质全面过硬

1.强化思想引领，把准政治方向。始终坚持区委对政协工作的全面领导，积极落实区委重大决策部署和对政协工作的各项要求。召开了区委政协工作会议，认真贯彻执行中央、省委、市委、区委关于加强和改进市县政协工作要求，出台《贯彻落实〈关于加强和改进新时代市县政协工作的二十条措施〉主要任务责任分工方案》，确保市县政协工作在袁州落地见效。探索成立中共宜春市袁州区政协委员联合委员会，设立功能型党支部。建立党组成员联系党员委员，党员委员联系党外委员工作机制，推动实现“两个全覆盖”。严格执行重大事项请示报告制度，研究解决“两个薄弱”问题，增设人口资源环境委员会及委员联络和协商议事服务中心 2 个机构，增加了 7 个职位，确保区政协始终在党的领导下务实高效地开展工作。

2.强化理论武装，坚定政治信仰。坚持以理论滋养初心，以理论引领使命。全体机关干部职工和全区政协委员认真学习习近平新时代中国特色社会主义思想、中共二十大精神、《习近平谈治国理政》第四卷以及习近平总书记系列重要讲话精神，深刻领悟贯彻习近平总书记关于加强和改进人民政协工作的重要思想。区委常委会组织学习政协有关工作内容 6 次，研究解决政协事项 4 次，区政协党组、机关党组理论中心组进行专题学习 12 次，区政协常委会组织集中学习、专家授课共 6 次，以理论武装坚定政治信仰、增进思想共识、引领履职实践。

3.强化党建示范，夯实政治基础。充分发挥政协党组领导作用、政协党员委员模范带头作用、政协机关党组战斗堡垒作用，以加强党的建设，示范带动政协各项重点工作的落实。一年来，召开政协党组（扩大）会、党风廉政建设专题研判会共 13 次，组织党员干部学习廉政党课、观看警示教育片共 11 次，开展“读一本好书”“每月一歌”等实践活动 24 次，建立党员委员联系群众制度，引导全体委员和政协各参加单位坚决捍卫“两个确立”、树牢“四个意识”、坚定“四个自信”、做到“两个维护”，夯实了团结奋斗的共同思想政治基础。

一年来，我们注重守正创新，工作质效持续提升

1.政治协商谋发展。健全以全委会议为龙头、常委会专题协商为重点、界别协商和对口协商为常态的协商议政格局。重点围绕“关于如何优化园区要素保障，提高综合竞争力”“袁州工业园区闲置土地清理盘活”“现代农业园提升发展”“推进养老事业健康发展”“公务员晋升职级”等协商事项进行专题调研,形成一批高质量的协商成果和调研报告。其中5篇报告得到区委、区政府主要领导的批示,尤其是有关公务员晋升职级的调研报告,区委主要领导签批180余字意见建议,区政府主要领导也给予了肯定和点赞,相关建议已经得到转化,正在落实。此外,报送给市委办的《精准定位 剖析短板 助推袁州生物医药产业提质升级——关于我区生物医药产业发展的调研报告》被评为二等奖,另有4篇被评为三等奖;报送给市政协的《关于袁州区工业园区闲置和低效土地清理盘活情况调研报告》被评为一等奖,另有2篇被评为三等奖。

2.民主监督促整改。启动了对区发改委、区商务局2个单位的民主监督评议,对区农业园办、区水利局、区融媒体中心、区司法局4个单位委派民主监督员的工作,积极收集意见建议,剖析问题成因,提出改进措施,形成了专题工作报告,促进相关部门工作效能不断提升。同时,积极开展视察监督,组织政协委员参与干部作风建设评议、行风政风评议、优化营商环境测评等监督议政活动,既反映群众呼声,又助推营造良好行风政风。

3.参政议政助转化。为更好发挥委员主体作用,推动基层协商,创新建立区政协委员基层协商议事平台。一年来,共开展平台活动120场,委员参与率达80%以上,形成调研协商报告40篇、社情民意信息35条、意见建议46篇、提案6件等一批具有政协特点的履职成果。认真开展重点提案督办工作,由区党政主要领导、联系领导以及区政协主席会成员各领衔督办1件重点提案,区政府联系领导开展常委会提案办理协商,引领和推动了一大批惠及群众切身利益的提案得到办理落实。政协袁州区六届一次、二次会议期间的277件提案均已办结,达到了办复率和满意率双百的良好效果。区政协年初提出的城乡“一元公交”的建议案被区委、区政府采纳,并于2022年12月9日正式开通,全区上下欢欣鼓舞,群众好评如潮。

一年来,我们致力团结奋进,共识共为更加广泛

1.凝心聚力卓有成效。始终把团结民主作为政协工作的主题,把协调关系、凝聚共识贯穿于履行职能的各个环节。明确区政协领导班子成员联系界别工作分工,出台《走访政协委员活动工作方案》,确保联系委员全覆盖、走访委员全覆盖、了解委员全覆盖。全年共走访委员337名(含常委50名),收集有效信息200余条。加强联系界别群众工作,开展界别活动20余次,努力凝聚思想上的最大公约数。以中共二十大胜利召开为契机,开展培训、宣讲系列活动,引导各党派团体和各族各界人士深刻领悟中国共产党领导和中国特色社会主义制度的显著优势,切实增进“四个认同”,将社会各界人士紧密团结在党的周围。

2.宣传报道有声有色。把强化履职宣传,作为增进各方对政协工作的理解、凝聚各界共识的抓手。及时宣传报道典型人物、典型事例和经验做法,创新工作方法,调动委员履职积极性、主动性和创造性。2022年在《人民政协报》等国家级刊物报道区政协特色亮点工作20篇(条),省级刊物报道30篇(条),市级发稿210余篇(条),区级发稿500余条。荣获“2021年度全市政协宣传报道工作三等奖”,政协委员基层协商议事平台有关经验做法被江西卫视《社会传真》栏目组专题报道,《有事好商量 聚力促发展——袁州区政协建言“创建赣湘边区域美丽园区”》获评2022年度《江西政协报》十佳新闻作品。

3.文史工作稳步推进。积极开展政协文史馆建设筹备工作,先后到南昌市和上饶市广丰区政协文史馆专程实地考察学习,对文史馆的规划设计、建设运维、展陈内容、特色亮点和史料编辑出版等方面进行了深入探讨,并结合袁州实际,吸收转化成功经验做法,通过文史馆建设,持续推动文史资料工作创新发展,不断强化思想政治引领,广泛凝聚共识,努力打造具有袁州特色的文化亮点。

一年来,我们融入中心大局,服务发展成果丰硕

1.助力经济高质量发展。围绕中心,服务大局。积极融入双“一号工程”,主动投身经济发展工作。班子成员坚持以上率下,带头开展专题调研,对企业反映的实际困难和问题努力帮助协调解决,助力优化营商环境,积极为我区招商引资、项目建设等方面献计出力。区政协共接待客商100余人次,外出招商10余次,召开招商座谈会20余次,收集招商信息16条,已开工项目1个,签约项目1个,正在洽谈项目2个。

2.致力改善民生福祉。充分发挥协商、提案、社情民意等优势，围绕基层治理、网格管理、背街小巷改造、停车难、村集体经济发展等民生关切，积极建言献策，助推民生改善、乡村振兴，破解城市管理等难题。区政协牵头抓总开展了为期两个月的“入千企、访万家、暖民心”社情民意大调查活动，形成调查报告和数据汇总表各44份、群体分报告和总报告11个，供区委、区政府决策参考。疫情防控期间，区政协组织委员、委员企业和政协各参加单位奉献爱心、捐款捐物，积极参与防疫志愿服务，用心用情用力支援疫情防控工作，累计参与防疫志愿服务活动2100余人次，捐款捐物折合人民币146万余元，彰显了委员履职为民的使命担当。

3.全力助推重点工作。紧紧围绕区委、区政府重点工作和抓落实活动年“三拼三促”工作安排，做到挂图作战，精准发力，圆满完成了年度各项目标任务。一年来，区政协领导班子成员共督导创建文明城、抗旱和森林防火、防溺水工作160余次，开展安全生产督导2轮，专题调研工作13次，化解积案30余件。区政协机关分阶段完成“三拼三促”工作65项，为推进全区重点工作作出了积极贡献。

一年来，我们注重强基固本，履职能力不断提升

1. 领导班子凝聚力持续提升。区政协按照习近平总书记“信念过硬、政治过硬、责任过硬、能力过硬、作风过硬”的要求，扎实推进领导班子建设。一是强化政治建设，严格落实“一岗双责”，坚持民主集中制，认真开好党史学习教育专题民主生活会。二是加强作风建设，以政协党组会议为抓手，系统学习习近平总书记关于作风建设的重要论述，深入查摆问题不足，全面落实问题整改。三是增进履职能力建设，坚持把政治理论学习摆在首要位置，定期开展党组理论中心组专题学习，举办学习座谈、邀请专家授课，切实增强班子履职能力。

2. 委员队伍战斗力不断增强。一是建立委员管理制度。制定了《区政协委员履行职责与管理工作暂行办法》等7项工作制度，实现委员履职有记录、管理有档案、考核有依据。二是建立委员联络活动平台。搭建了25个政协委员联络“微平台”和4个党员委员工作站，扩大了委员工作和活动的覆盖面，让委员与委员之间，与乡镇街道、部门单位、界别活动组之间互动起来，更好地服务群众。三是建立“智慧政协”管理平台。在全省县(市、区)政协中率先依托省政协已研发的委员履职“智慧平台”，结合袁州区政协实际，建立集委员信息、委员履职、会议活动、提案、社情民意五个管理系统和委员履职App为一体的信息化平台，让委员履职和管理更加规范化、科学化、智能化。

3. 政协机关执行力更为高效。政协机关是整个政协工作的枢纽，是政协活力的根本所在。制定了《区政协机关工作人员考核评比办法》等7项机关管理办法，切实履行“一岗双责”制度，积极倡导“干好每件事，过好每一天，忙并快乐着”的工作理念。一是建立半月工作调度制，定期调度上半月工作和部署下半月工作，让工作按时有序推进。二是建立挂图作战制，按照“责任人、任务书、时间表”的要求，明确牵头委办、责任委办、责任领导以及完成时限，按照施工图内容按时按质按量完成工作任务。三是建立协商成果图文记载制，统一使用图文并茂的方式记录各项工作开展情况和成效，并编制成册，有效呈现工作成果。

各位委员、同志们，过去一年成绩的取得，是深入贯彻习近平总书记关于加强和改进人民政协工作的重要思想的结果，是市政协精心指导、区委坚强领导和区政府大力支持的结果，也是区政协各参加单位和全体委员团结奋斗、拼搏进取的结果。在此，我谨代表六届区政协常委会，向所有关心、支持政协工作的各级领导、各级组织和各界人士致以崇高的敬意和衷心的感谢！

在总结成绩的同时，我们也清醒地看到，有些工作同新时代新任务的要求相比、同人民群众的期待相比，还有一定差距，比如，区政协机关“两个薄弱”问题仍然存在，创新思维、履职成效仍需加强，协商议政成果转化率仍不够高，委员主体作用发挥仍需努力，事业心、进取心、责任心、凝聚力、执行力、好评率均有待提高，等等。这些问题我们将采取有力措施，切实加以解决。

2023年工作安排

坚持以习近平新时代中国特色社会主义思想为指导，以中共二十大精神为指引，全面落实中央、省委、市委、区委政协工作会议精神，坚持人民政协的初心和使命，认真践行全过程人民民主，在中共袁州区委的坚强领导下，踔厉奋发、担当作为，在建言资政和凝聚共识上双向发力，以忠诚坚定的使命信仰，求实攻坚的奋斗姿态，根植人民的崇高情怀，坚毅笃行三大职能，用心做好政协文章,为推进袁州区高质量跨越式发展贡献政协智慧和力量。

一、以二十大精神为指引,在加强党的领导上有新高度

成立中共宜春市袁州区政协委员联合委员会,设立功能型党支部,不断加强“两个全覆盖”,实现党的组织对党员委员全覆盖和党的工作对政协委员全覆盖。健全习近平新时代中国特色社会主义思想学习座谈小组制度,完善以党组理论学习中心组为主导的学习制度体系,把中共二十大精神作为全年政治理论学习的重点,做好学习、宣传和贯彻工作,坚定不移把中共二十大精神落到实处。不断巩固拓展党史学习教育成果,高质量开展“书香政协”、委员培训等学习活动,用党的创新理论凝聚共识,筑牢团结奋斗的共同思想政治基础。

二、以人民至上为根本,在践行履职为民上有新作为

不断发展全过程人民民主,坚持全心全意为人民服务的宗旨。进一步健全政协协商民主体系和委员联系界别群众制度,增进界别与群众之间的了解和感情,拓宽群众反映诉求的渠道。做优“赣事好商量　画好同心‘袁’”协商品牌,完善基层协商议事平台建设,协商解决群众生产生活中的实际问题,让群众感受到政协为民就在身边。持续改进调查研究工作,深入基层,聚焦社会关注的焦点和群众关切的热点问题,广泛征求社会各界意见,加强社情民意信息的征集、整理和报送,助力经济发展、社会稳定、改革创新和民生改善,协助党委政府把难事办成,把好事办好,努力成为人民群众的贴心人和知心人,真正体现人民政协为人民。

三、以增进团结为主题,在广泛凝聚共识上有新成效

充分发挥“重要阵地、重要平台、重要渠道”作用,凝聚最大共识,汇聚最大力量。健全领导班子走访委员单位和走访政协委员制度,完善专门委员会联系界别委员制度,建立委员学习制度,依托“智慧政协”和政协文史馆平台,充分发挥政协组织的统战功能,引导委员自我教育、自我提高,增进共识、形成合力。强化联合调研视察和专题议政,及时收集和反映各党派团体的看法和主张。开展团结联谊活动,搭建交流合作平台,加强与全区各民主党派、工商联、无党派人士的沟通联系。充分利用公众号等新媒体资源,拓展传播共识渠道。

四、以高质量发展为主线,在服务中心大局上有新贡献

自觉把政协工作放到全区“一盘棋”中去谋划和推进,融入区委、区政府中心工作,督导推进涉及全区改革发展稳定的“六个一线”“三比三争”等重点工作,主要围绕产业发展、乡村振兴、营商环境等方面开展专题协商,组织调研视察和常委会视察工作,努力提出一批具有针对性、建设性和可操作性的意见建议供区委、区政府参考。认真开展民主评议监督工作,继续强化提案办理工作。持续深化其他主题活动,积极鼓励政协委员参与公益事业,开展多途径、多形式的活动,引导政协委员奉献爱心、履职建功。

五、以务实创新为导向,在自身建设和工作成效上有新突破

一是创新工作机制。紧紧围绕工作闭环制、图文记载制、调度公示制、教育追责制四个方面健全机制,强化管理,推动政协工作提质增效。二是争创特色亮点。争取在调研出精品、协商树品牌、提案重品质、转化提品位、发展有品次五个方面打造工作亮点,推动政协工作从注重“做了什么”“做了多少”向“做成了什么”“取得了什么成效”转变。三是加强队伍建设。着力抓好班子建设、机关建设、常委会建设、委员队伍建设,全面提升政治把握能力、调查研究能力、联系群众能力、合作共事能力,积极推进政协工作迈上新台阶。

各位委员、同志们!迈进新征程,建功新时代,做好区政协各项工作,需要在座的委员们凝心聚力、同心同德、团结奋斗,让我们在区委的正确领导下,脚踏实地、开拓进取,紧紧围绕习近平总书记“懂政协、会协商、善议政”“守纪律、讲规矩、重品行”的十八字重要指示,勇敢发出首府“政协声音”、勇于展现首府“政协担当”,努力开创袁州区政协工作的新局面,为袁州区加快冲刺全国县区经济百强作出新的更大贡献!

专　记

关于全面深化网格化服务管理构建“六治融合”治理体系的实施意见

为深入贯彻党中央、省委、市委关于社会治理现代化的决策部署，根据《中共中央、国务院关于加强基层治理体系和治理能力现代化建设的意见》要求，进一步加强和创新社会治理，深化网格化服务管理，探索建立政治、法治、德治、自治、智治、心治“六治融合”治理模式，构建共建共治共享的基层社会治理新格局，现制定如下实施意见。

一、指导思想

以习近平新时代中国特色社会主义思想为指导，全面贯彻落实党的十九大和十九届历次全会精神，牢固树立以人民为中心的发展思想，坚持和加强党的领导，以打造“全要素”“全覆盖”网格为抓手，充分调动各方力量，着力构建“政治引领、法治保障、德治教化、自治强基、智治支撑、心治助推”的社会治理体系，使网格成为保障民安、服务民生的第一道防线，不断增加人民群众获得感、幸福感、安全感，为冲刺全国县区经济百强创造良好的社会环境。

二、基本原则

（一）坚持党建引领。坚持党组织领导核心作用，以“网格+党建”模式，将党支部（党小组）建在网格上，充分发挥基层党组织战斗堡垒和党员先锋模范作用。通过党群联动，引导群团组织、社会组织和广大群众参与全科网格管理，把党的领导充分体现在基层社会治理的最末梢。积极探索城市基层党建引领基层治理，提升社区精细化治理、精准化服务水平，壮大基层治理力量，夯实实体化支撑。

（二）坚持资源整合。依托区级、镇街、村居网格化服务管理中心与网格实行“四级联动”。通过组织保障和制度建设，有效整合网格党建、行政、社会、行业等各种资源，构建“网格长、网格指导员、网格管理员、网格法治员、网格信息员、N名志愿者”组成的“5+N”网格管理体系。

（三）坚持力量下沉。在纳入网格常态化服务管理部门单位力量下沉基础上，人大代表、政协委员驻格联系群众，聚集以党建力量为主的“党建红”和以社会治理力量为主“网格蓝”力量，统筹在职党员、群众代表、志愿组织、社会组织、联创联建和辖区单位等部门资源和服务力量下沉到各个网格，推动组织共建、资源共享、服务共为，合力推进网格化服务管理。

（四）坚持人民满意。牢固树立以人民为中心的发展思想，坚持好、贯彻好党的群众路线，把服务群众、造福群众作为网格化服务管理的出发点和落脚点，从体制设置上畅通服务渠道，从管理效能上强化服务功能，落实社情民意收集报送、事件联动响应、分析研判、考核评价等机制，形成“事件收集—网格吹哨—分级响应—部门报到—协同处置—答复反馈—群众评价”闭环管理。

三、目标要求

（一）政治引领，凝聚基层治理合力。做大做强以村（社区）党组织为核心的“1+N”党建综合体，吸纳市区联创联建单位、辖区单位、“两新”组织、业委会、物业公司等党组织。将党支部（党小组)建在网格上,网格党支部书记(党小组长)原则上由村居干部、在职党员担任,支部委员(党小组成员)由热心网格工作的党员担任。推行党员分类管理,将网格内的在职党员、退休党员、流动党员纳入网格党组织管理,创新党员参与社会治理、服务群众的工作载体,充分发挥党员先锋模范作用。实行党员包户,建立常态走访机制,架起党群"连心桥"。

(二)法治保障,夯实基层治理能力。强化阵地建设,建立区、乡、村三级公共法律服务平台,落实一村(居)一法律顾问制度,打通法律服务"最后一公里";强化宣传引导,开展多种形式的法治宣传活动,建立"屋场恳谈室""农家(网格)法治讲堂",定期开展"你点单,我来讲"普法宣传活动;强化人才培养,全力推行一村(居)一警(辅警)建设,大力实施"法律明白人"培养工程,加大对人民调解的指导和管理;强化平台建设,依托综治中心建设"矛盾纠纷多元化解中心",建立多元解纷机制,积极推进矛盾纠纷化解"最多跑一地";开展"民主法治示范村(社区)"创建活动,不断提高基层民主法治化决策水平。

(三)德治教化,增强基层治理内力。全面梳理和完善村规民约、居民公约、职业规范、行业守则,并通过墙绘、展板、广播等进行广泛宣传。开展"大爱袁州好人之城"创建活动,擦亮袁州名片,将身边好人培育、好人精神宣传弘扬与新时代文明实践活动紧密结合,让群众在活动中有感悟、受教育、得熏陶,营造浓厚的"学好人、做好人"社会新风正气。传承和谐家风,开展"好婆媳互夸、弘扬好家风"等系列活动,营造相亲相爱、和睦友善的和谐氛围,形成良好的示范带动效应。扎实推进"志愿者之城"建设,建立覆盖全区的志愿服务体系、管理体系和项目体系。志愿服务精神成为袁州首府和文明风尚的重要组成部分。

(四)自治强基,激发基层治理活力。健全民主管理制度,对现有基层公共服务阵地资源进行整合提升,打造具有品牌效应的网格工作室,建立网格微信群,落实"四议两公开"制度,形成民事民议、民事民办、民事民管的基础协商治理格局。充分调动共青团、妇女联合会等群团组织联系群众、团结群众、组织群众参与民主管理和民主监督的作用。创新村(社区)与社会组织、社会工作者、社区志愿者、社会慈善资源的联动机制,推动志愿服务。广泛发动楼栋长、居民小组长、五老人员、平安志愿者、热心群众等,开展常态化走访巡逻和矛盾纠纷排查化解工作。

(五)智治支撑,提高网格治理效力。大力夯实社会治安防控体系基础性工程,推进完善"雪亮工程""智能安防小区"整体建设,推动"二三类"等公共安全视频联网运用。依托基层党建信息化平台和江西大数据信息平台等,融合社会治理相关部门数据,打通部门单位间信息壁垒,实行工作联动,严格落实分办、督办、回访,实现事件全程流转。加快推进"放管服"以及"12345"、"赣服通"等平台的融合应用,探索建立网格代办业务,实现群众服务"零距离"。

(六)心治助推,提升网格治理助力。党员干部、人大代表、政协委员要广泛深入群众,开展"聚人心、暖人心、稳人心、得人心"系列工作和行动,做好服务群众、释疑解惑、理顺情绪、协调关系、化解矛盾等工作,及时受理群众需求,及时回应群众关切,赢得信任支持,凝聚强大合力。建立党委领导、政府主导、部门负责、社会协同、公众参与的社会心理服务体系和服务网络。整合卫健、教育、团委、妇联等部门心理服务资源,在区、镇、村三级综治中心设立心理服务功能区,开展心理健康科普知识进网格、进机关、进学校、进企业、进家庭"五进"活动。对社区矫正对象、刑释解教、留守儿童、空巢老人等特殊群体有针对性地进行筛查评估、心理援助、检测预警、危机干预和服务管控为广大群众提供心理服务。

四、工作任务

结合各乡镇街道实际,围绕"党组织引领、扁平化管理、精准化服务、社会化参与"的"一村(社区)多格、一格多员、一员多职、多职齐管"的治理模式,实施"五个一"工程推进网格化管理。

(一)建立一个网格体系。根据人口数量、人员分布、地域面积、治安状况、消防隐患、组织体系等基本要素划分,规模一般为300~500户、1000人左右,对现有党建、政法、消防安全、城市管理、市场监管、安全生产监管、环境监管执法等网格进行整合,实现基层社会治理"一张网"全覆盖。以楼栋、村(居)民小组为单位划分"小"网格,以10~20户为单位再细分"微"网格。

(二)采集一本信息档案。全面开展网格基础信息摸排,动态掌握网格内人、地、物、事、党员、组织等基础信息数据,为基层管理工作奠定数据基础。准确掌握网格内常住居民基本信息,了解党员户情况,动态掌握外出务工人员基本信息,建立重点关爱人员和特殊关注群体信息档案,建立房屋基本情况档案和社会组织信息档案。

(三)健全一格统揽机制。建立网格事项准入和退出机制,统一网格化服务管理的事项清单,动态调整、科学界定网格事项清单和网格员工作职责,实现"人在网中走,事在格中办"。建立网格事件流转处置机制,通过"网格吹哨、镇街报到,镇街吹哨、部门报到",确保网格事件"报得上来、派得出去、反馈回来"。建立部门信息共享联动机制,以江西省社会治理现代化大数据信息平台为依托,负有行政调解职能部门网上进驻,实现"一张网"流转督办。建立全过程督导评价机制,实行"镇街评网格、部门评镇街、区委评部门"。建立网格员差异化考核机制,实行工资与绩效挂钩,以奖勤罚懒、奖优罚劣。

(四)统一一套网格标配。在全区统一网格工作的标准配置和规范化服务,增强网格员的工作认同感和责任感,提高广大群众对网格员的信任和认可。打造"袁小红"网格员队伍,为网格工作者配齐包含印有统一标识的工作服、公文包、工作证、工作日志、工作手册和工作手机"七件套",树立袁州网格品牌形象,提高网格队伍辨识度,向群众表身份、展形象、亮职责。

(五)实行一线闭环处置。对于收集到社情民意,简易问题由网格员自办自结,一天内办结;自身不能解决的问题,可以在两个工作日内通过大数据平台推送至村居、镇街或者公安、城管、市监、住建、环保等部门进行办理,五个工作日内办结;重点难点问题启动"吹哨"机制,由乡镇街道报送区委政法委启动部门会商机制,原则上十个工作日内办结。办结完与当事人进行答复反馈,区网格化管理服务中心适时进行回访。通过闭环处理,实现"微事不出网格,小事不出村居,大事不出镇街"。

五、实施步骤

(一)科学划分网格。按照"路巷为界、规模适中、便于管理"的原则,以居民小组或住宅小区、楼院为中心,以社会治理基础网格为框架,优化整合统一现有网格。网格整合后各职能部门不再另行单独划定网格,确需依托网格开展的业务工作,纳入已有网格进行管理。

(二)建立基层组织。构建"区—乡镇(街道)—村(社区)—网格党支部(党小组)"四级组织体系。原则上一个网格或相邻网格设立1个党支部(党小组),网格党支部书记、党小组组长由村(社区)党组织成员或党员骨干担任,支部委员(党小组成员)由网格管理员或热心网格工作的党员担任。网格党支部要与网格内的辖区单位、"两新" 组织、行业协会等党组织融合共建,在职党员原则上进居住地网格党组织报到。有条件的可以在网格内建楼栋党支部(党小组)。

(三)融合阵地建设。将党群服务中心、新时代文明实践中心(站、所)、便民服务中心、综治中心(矛盾多元化解中心)实行"四心合一", 在网格打造 "红色驿站",整合各类中心、平台资源力量,做到人力共用、资源共享、事务共议、难题共解、工作共推,将服务群众的效能最大化,实现群众诉求"一平台受理、一站式服务、一张网共治、一揽子解决"。

(四)建强基层队伍。网格党支部书记(党小组长)兼任网格长;网格指导员由乡镇(街道)干部担任;网格管理员(党情连心网格员)一般由村(居)干部或居民小组长兼任,城市社区逐步实现专职专任;网格法治员由政法干警(辅警)、法律顾问、法律明白人骨干、人民调解员担任;网格信息员由业主委员会成员、楼栋长、单元长、垃圾分类工作人员和物业、便利店、快递物流等从业人员担任;N名志愿者由社会志愿者和热心群众组成。人大代表、政协委员进格联系群众,心理咨询师入格提供心理服务。政法部门和城管、市监、环保、消防等与群众生产生活紧密相关的社会治理单位要主动与乡镇街道对接,派员进驻网格。在城市社区,要积极创造条件,培育、引入、扶持生活服务类、慈善类社会组织和志愿者组织, 选优、引导、鼓励楼栋长、单元长,建立以网格员为中心, 业主委员会、物业服务企业、楼栋长、单元长、社会组织、志愿者共同参与的网格服务力量。

(五)建立网格运行机制。建立职能部门常态化参与网格治理工作机制,每周至少召开1次网格工作联席会,对网格工作进行安排布置、研判分析、点评总结。全面实施"12345热线+网格化"制度,推行"一线工作法""闭环工作法",做到"小事不出网格、大事不出村居、问题矛盾不上交"。社会治理职能单位要对网格员常态化进行业务培训,提升网格员业务技能。

袁州区深入推进数字经济做优做强“一号发展工程”实施方案

为深入贯彻习近平总书记在中央政治局第三十四次集体学习时的重要讲话精神,全面落实国家数字经济发展战略纲要和省、市、区党代会部署要求,牢牢抓住数字经济发展时代机遇,以更大决心、更实举措、更强保障在全区范围内坚定不移实施数字经济“一号发展工程”,推动经济社会高质量跨越式发展,并使之成为培育壮大发展新动能、构建富有袁州特色现代化产业体系的“主引擎”。

一、总体要求

力争用5年左右时间,推动我区数字经济发展迈向新台阶。全区数字经济创新发展基础进一步夯实,数字基础设施不断完善,数字产业加速发展,产业数字化加快推进,数字公共服务能力大幅提升。数字经济增加值增速迈入全市第一方阵,核心产业增加值占地区生产总值比重突破10%。努力将我区打造成数字经济发展集聚区、产业数字化效率提升活跃区、数字经济治理示范区。力争全省一流水平,加快冲刺全国县区经济百强,以高质量跨越式发展的优异成绩迎接党的二十大胜利召开。

——数字经济发展集聚区。积极推动大数据、云计算、5G、物联网等新一代数字技术应用和集成创新,加大招商引资力度,形成一批具有核心竞争力的骨干企业。持续优化营商环境,数字经济相关政策更加完善,服务体系更加健全,实现适宜数字经济成长的一流生态。

——产业数字化效率提升活跃区。深入推进工业强基专项行动,深入开展智能制造、数字车间、数字工厂建设专项行动,工业企业信息化改造“两化融合”专项行动,制造业数字化效能明显提升,“两化”融合示范企业数稳居全市前列。农业数字化转型加速推进,大力推动“互联网+农业”,开展电商进农村,直播经济进农村的专项行动,农业物联网示范基地(企业)数保持全市领先。智慧物流、智慧医药、智慧交通、智慧物业、电子商务等生产性服务业和生活性服务业加快发展。

——数字经济治理示范区。提升数字效率,打造智慧政务,突出数字创新,打造智慧产业,强化数字联动,打造智慧民生,推动数字赋能,打造智慧平台。通过加大新型智慧城市建设,城市治理水平达到全市领先,重点打造数据集成平台、业务协同平台,进一步形成公共治理的合力,不断提高城市治理体系和治理能力现代化水平。

二、重点任务

(一)夯实基础设施建设

1.推动光纤网络建设。推进骨干网、城域网、接入网、内容分发网络新建和扩容项目建设,推进互联网协议第6版(IPv6)规模部署。配合宜春市加快千兆光网建设,城市10G-PON端口占比、10G-PON端口占比、500Mbps及以上宽带接入用户占比均超过30%。

2.推动5G网络建设。顺应5G智能时代需求趋势,科学规划站点定位,坚持共建共享原则,引导企事业单位与铁塔公司开展互利合作,推进5G基础设施建设,2025年建成5G基站900个以上,实现主城区、产业园区等重点应用场景5G网络深度覆盖,每万人(常住人口)拥有5G基站数超过12个,5G用户占比超过25%。每年新增双千兆应用创新数量3个,5G规模化应用1个。

3.推动物联网建设。加快全域覆盖的窄带物联网(NB-IoT)部署,着力推进车联网等基础设施建设,支持区内建设物联网示范项目,移动物联网用户数突破40万户。

4.发展数字基础平台。结合自身特点优势选择主导产业,依托医药工业园和机电产业基地,培育数字经济与优势主导产业深度融合的特色产业集聚区，力争2022年打造1个数字经济集聚区，示范带动全区数字经济发展。着力建设数字经济园区及相关配套载体，全力打造具有一定影响力的数字经济园区，驱动数字经济与城市品质提升双向融合，实现园区、城区集聚联动的发展目标。培育一批电商重点企业，积极引进跨境电商龙头企业，着力引进网红经济、直播电商、社群电商等新业态新模式。

（二）加快发展数字产业

5.发展电子信息产业。完善电子信息产业服务生态，使产业基础实现新提升，产业链达到新水平，围绕电子信息产业链补短板、优服务。面向印刷电路板、移动智能终端、互联网、虚拟现实、5G、大数据等领域，引进和培育一批信息传输、软件和信息技术服务业企业，力争2022年新增省级和市级技术创新中心（重点实验室）4个，新增发明专利和实用新型专利800件，实现规上主营业务收入20亿元以上，完成“5020”项目招商3个。随着电子信息、软件和信息技术加快发展，力争到2025年新增工程研究中心2个，新增规上企业8家以上，力争实现主营业务收入50亿元以上，增速保持全省前列。

6.发展智能装备产业。坚持以智能制造为主攻方向，大力发展智能装备产业，不断提升工业企业智能化水平。推动行业优化升级，支持高新技术企业加大科研投入力度，力争在数字经济领域孵化潜在瞪羚企业1个。综合采取财政奖补、基金引导、股权投资等方式培育优质中小企业，培育数字经济领域制造业单项冠军企业1个、专精特新企业4个、科技型中小企业4个。力争2022年实现主营业务收入22亿元以上，完成“5020”项目招商3个。力争到2025年规上智能装备产业实现主营业务收入50亿元以上。

7.持续推进电商产业。加大电商企业招商力度，积极引进传统B2B、B2C、C2C电商，网红经济，直播电商，社群电商等企业，促进电商产业多元化发展。大力推进新零售、跨境电子商务新业态发展，加快布局新零售市场，积极引进新零售及跨境电商头部企业。鼓励电商企业、电商园区示范创建，申报市级、省级、国家级电商示范企业或电商示范基地，提升电商产业发展质量和环境。力争到2025年，网上营业额达到45亿元。

（三）赋能产业转型升级

8. 推进农业与数字技术深度融合。深入实施数字乡村发展战略，全力打造数字农业发展新优势，培育数字农业新动能。建立网络化数字农业技术平台，推进农业电子商务、食品溯源防伪、农业休闲旅游、农业信息服务，合理利用农业资源，提高农业生产经营效率，降低生产成本。加快实施“互联网+现代农业”行动，推动大数据、云计算、物联网、遥感等数字技术在农业中的应用。做好农业数据云、智慧农业天气预报系统、农业物联网、无人机智慧播种—智慧农药喷洒—智慧施肥、农产品质量安全追溯、农产品电子商务等平台建设和推广，形成数字农业综合信息服务体系。继续推进农村电子商务建设，引导新型农业经营主体与知名电商企业对接，健全农产品网络销售体系。积极发展智慧农业，创新发展农村直播等新业态，多方拓展农产品销售渠道，推进物联网等数字技术在农业生产、经营、管理和服务等环节的集成应用，推动“互联网+”农产品出村进城。

9. 推进工业与数字技术深度融合。抓好省制造业数字化转型实施意见的细化落实，深化“互联网+先进制造业”，大力推进数字技术与制造技术深度融合，推动工业加速向数字化、网络化、智能化转型。普及推广两化融合管理体系贯标，培育一批示范企业，重点建设两化深度融合示范园区。积极推动建设工业互联网标识解析二级节点，并接入国家顶级节点的建设单位。加快企业“上云用数赋智”，推动智能制造工程，每年新增2家两化融合管理体系贯标数或示范企业，1家省级智能制造标杆企业，1家“小巨人”企业。力争到2025年建成20个以上数字化车间或智能工厂，企业上云数累计达1000家，新增1家新型工业化产业示范基地，建设形成智能制造基地，探索形成一批比较成熟、可复制、可推广的智能制造新模式。

10.推进服务业与数字技术深度融合。一是发展电子商务。推动传统商贸企业、特色街区商圈实现数字化升级，推动“直播经济、网红经济、特色文旅”等新形式电子商务的发展，打造一批电子商务示范企业。发展线下线上结合的跨界业务融合模式，开展餐饮、零售等智慧服务新场景。二是发展智慧物流。加强物联网、无人机等技术在物流行业的应用，推进智慧物流园区、智能仓储建设，推广智能货车，推广车联网项目建设，争取获得国家或省级物联网（车联网）示范项目1项以上。三是发展数字文创。加强数字化技术在文化领域应用,提升数字文化场馆的展示体验服务,实施数字文化创意设计项目扶持计划,打造现代化数字经济与传统文化融合发展项目,发展一批具有袁州区本地特色的数字文创产品,培育一批动漫、影视、游戏、创意设计等领军企业。四是发展数字金融。完善一站式金融综合服务平台,为金融机构和企业提供筹融资信息发布、企业信用画像、金融资源对接等服务。积极开展数据化普惠金融试点,完善普惠金融服务体系。

11. 推动产业园数字化转型。加快产业园数字基础设施建设,增强信息网络综合承载能力。建设全区统一的智慧园区平台,打造"数字产业园"标杆,探索发展跨越物理边界的"虚拟"产业园区和产业集群,加快产业资源虚拟化集聚、平台化运营和网络化协同。

(四)聚焦重点产业赛道

12.布局一批产业赛道。结合袁州实际,深入研究数字产业细分赛道,聚焦全区医药、锂电新能源、电子信息、智能装备等主导产业,在先进电池材料、电路类元器件、LED封装等领域打造一批基础赛道。聚焦交叉创新产业,在元宇宙及数字孪生、信息安全、物联网等领域打造一批新兴赛道。在工业互联网、数字文创、智慧旅游等领域打造一批融合赛道。对赛道布局进行适时调整、动态更新。

13.发展5G融合产业。鼓励开展5G应用试点示范,推进5G应用示范与工业制造、车联网、无人机、养老服务等技术结合,培育一批5G+智慧医疗,5G+智慧养老,5G+智慧农业,5G+智慧生态,5G+工业互联网等5G示范应用场景3个,建立袁州区"5G+"示范项目库。

14.推进智慧旅游产业。通过数字化方式,开辟新的旅游场景、打造了新的旅游体验,全力为"飞剑潭风景名胜区""酌江风景区""袁州古城"等热门景区实现"短视频""直播"云旅游提供技术支撑。进一步解决因信息不对称而带来的旅游体验差的问题,打破时间与空间的限制,增加旅游的广度和深度,提升旅游体验,将"流量"变"留量"。整合旅游资源,建立旅游公共服务平台,加快文化和旅游科技化、信息化、智慧化进程,多角度展示袁州特色、传播袁州声音、讲好袁州故事,推动全区文化和旅游进入智慧化发展新时代。

15.探索推进元宇宙及数字孪生产业。关注"元宇宙"发展趋势,统筹推进DT、VR、AR、MR等发展,关注基础支撑、数据互动、模型构建、仿真分析、共性应用、行业应用等环节做大产业链条,鼓励从文化等领域打造元宇宙内容产品。积极推动数字孪生在建筑、工业、医疗、环保、城市治理等方面的推广应用,通过全生命周期过程的孪生演化,提升全社会生产、生活和资源分配效率。

(五)提升数字治理水平

16.推动数据共享开放。进一步推动非涉密政务信息系统迁网上云工作,实现平台实时对接、数据按需调用。推动人口、法人、自然资源与空间地理、电子证照等高频数据共享库实时更新,统一提供数据共享服务。梳理各部门数字化应用场景建设需求,对数字经济企业数字化产品和服务进行梳理,形成"机会清单""产品清单"并向社会公开发布,将应用场景转化为市场机会。探索推进数据要素流通,规范数据交易。定期参加数据创新应用大赛,推广一批数据应用场景和解决方案。

17.推动"互联网+政务服务"。进一步完善"江西政务服务网袁州分厅"平台功能,按照"应上尽上"原则将政务服务事项部署上网,拓展网上办事广度和深度,延长网上办事链条,打造"不打烊"在线服务大厅。推动网上办理事项标准化,实现企业和群众办事线上"一网通办"、线下"只进一扇门",实现"一机在手、办事无忧"。大力推广和应用"赣服通""赣政通",推进政务流程再造,全面打通政务数据资源。

18. 推动公共服务数字化。一是智慧教育。用好教育城域网和学校校园网,构建教育教学云,推动教育数据接入终身学习电子卡管理平台,推进各级各类学校"智慧(数字)校园"建设,加大教育信息化应用典型示范创建力度,智慧作业3~9年级应用覆盖率95%以上。二是智慧医疗。加快建设区域全民健康信息平台,探索健康医疗大数据融合共享开放应用。加强互联网医院和远程医疗建设,提高优质医疗资源可及性和整体效率。三是智慧人社。加快推进人社一体化系统建设和推广应用,提升劳动就业、人事人才、社会保险等综合服务水平。大力推进社会保障卡(含电子社会保障卡)居民服务"一卡通"应用工作,电子社保卡覆盖率50%以上,为群众提供更加便捷、高效的政务服务。通过政府主导、市场运作、政企协同的方式,打造我区"一卡通"数字产业。四是智慧养老。实施智慧养老机构创建工程，建成一批线上线下互动的智慧养老项目，探索推行基于互联网的医养结合服务新模式。五是智慧交通。建成袁州区智慧出行及公共交通智能化应用、基于5G的车路协同智慧物流示范区、智慧道路示范、智慧停车示范等智慧交通基础设施项目。

19.推动政府治理创新。深度推进智慧城市、数字政府等建设，形成高效、联动、共享的现代化数字治理格局。围绕城市功能与品质提升，加强城市智能化、精细化管理，实现城市管理一网统管，打造新型智慧城市。支持推动城市公用设施、建筑、电网应用智能化改造，构建覆盖城乡的智能感知体系。加快推进公共安全视频监控建设联网应用，构建立体化社会治安防控体系。完善公共信用信息平台，推动市场监管、税务、法院、生态环境、应急管理等部门社会信用信息共享，综合分析市场主体的各类行为数据，提高政府事中事后监管水平。

（六）强化要素支撑保障

20.强化政策要素支撑。完善财政投入机制，统筹各类财政资金，加大对数字经济重点发展领域、重点场景、重大平台、重大项目及试点示范等支持力度。强化对数字经济新技术、新产品应用试点示范的扶持，引导社会资本成立数字经济细分领域基金。强化规划引导，推进土地、能源等各类资源要素向数字经济建设重点领域倾斜。区财政对企业智能化技术、工业互联网改造、数字化车间建设、智能工厂建设项目给予贷款贴息支持，单个项目最高额度不超过200万元。优先支持数字经济领域骨干企业申报国家高新技术企业，落实高新技术企业、科技型中小企业等税收扶持政策。充分运用政府采购政策支持数字经济创新成果，推动数字经济新技术新产品新服务应用推广。

21.强化人才要素支撑。积极对接省“双千计划”、急需紧缺高层次人才引进计划，根据我区数字经济发展规划、重点产业招商计划和重大项目建设需要，制定数字经济人才需求目录，力争引进5名以上数字经济领域急需紧缺高层次人才。支持袁州籍优秀数字经济高层次人才通过总部回迁、项目回移、资金回流、技术回乡等方式回袁创新创业，积极举办企业家数字素养提升培训与研讨活动，努力提升企业家和企业高层次管理人才数字化思维和数字经济知识应用、管理水平，引进培养5名以上数字经济领域企业家、创投家。鼓励企业与高校（院所）在园区联合开办人才培养基地，引进培养200名以上数字经济人才。

三、组织保障

（一）加强统筹协调

成立由区委书记、区长任双组长，分管领导为副组长，区级数字经济相关职能部门主要领导任成员的袁州区数字经济建设工作领导小组，统筹协调数字经济产业发展、日常工作调度、重点工作推进、重大项目建设和监督检查。领导小组下设办公室，办公室设在区发改委，负责统筹推进日常工作，牵头推进数字经济发展相关工作，以弥补体制机制短板、形成数字经济发展合力。各部门要围绕本实施意见制定政策措施，细化落实各项重点任务。加强数字经济领域财政资金管理，出台切实可行的资金申报流程和管理办法。

（二）完善推进机制

强化目标任务分解，按照部门工作职责，落实工作任务，明确单位责任，确保工作落到实处。建立数字经济工作推进考核机制，建立健全年度目标考核体系和激励机制。加强数字产业统计体系建设，建立数字产业企业统计监测目录，推动产业动态监测评估与发展引导。

（三）营造浓厚氛围

鼓励先行先试，将数字经济作为产业园区发展重点，探索适应数字经济特点的政策措施，建立体制机制完善、产业要素齐备、辐射带动力强的数字经济集聚区。积极举办数字经济项目推介会、先进经验交流会、创新创业活动等，营造发展数字经济的浓厚氛围。

袁州区“三拼三促”抓落实工作纪实

2022年,全市“三拼三促”抓落实活动启动以来,袁州区聚焦“作示范、勇争先”目标定位,对标对表省第十五次党代会、市第五次党代会、区第六次党代会既定目标任务,周密部署,责任化落实、节点化推进、常态化督导,以“超常规”的力度、“白加黑”的强度、“冲刺跑”的速度,推动各项工作最快速度启动、最高效率推进、最好效果呈现。现将开展情况总结如下。

一、工作成效

(一)坚持高位推动,部署有力

一是认识到位。从讲政治的高度认真领会市委的深刻用意和坚定决心,充分认清抓落实活动年的重大意义,闻令而动,第一时间召开动员大会,提高认识、凝聚共识。区委常委会多次研究部署抓落实活动工作,区委、区政府主要领导多次作出批示,每季度主持召开一次“三拼三促”重点工作推进会,做到以月保季、以季保年。

二是责任到位。成立了由区委书记、区长任组长的抓落实活动年领导小组,抽调20余名人员组建工作专班,下设综合组、宣传组和督查组,明确职责分工,统筹抓好活动的日常工作。成立专班临时党支部,印发活动方案,明确164项重点任务清单。

三是机制到位。建立了信息报送、新闻宣传、督查落实、分工联系等任务推进落实机制,坚持组长周例会、专班月例会等调度机制,制作施工图、作战图、计划表,实行挂图作战,倒排工期。

(二)坚持宣传发动,氛围浓厚

一是新闻宣传有声有色。共在市级以上媒体刊发稿件1681篇,其中中央级刊发稿件304篇,省级1008篇,市级369篇,微信公众号“秀江微语”“袁州发布”等区级融媒体平台共刊发稿件559篇。新闻用稿在全市排名第一。

二是社会宣传入脑入心。围绕“三拼三促”、防溺水、党的二十大精神等,制定宣传方案,强化社会宣传氛围营造,据不完全统计共制作大型广告牌92处,横幅、标语1861条,宣传广告栏617处,电子显示屏359个。

三是简报宣传可圈可点。坚持“每天一专报、每周一简报、每月一通报”。共编发简报67期,上报信息专报366期,被市简报用稿39篇,其中《袁州区:六治融合破解基层治理难题》、《袁州区:聚力四新勇争获贷“排头兵”》、《袁州区:构建财政“云端”服务体系》、西村镇“33456”工作法、渥江镇五措并举防溺水等经验做法在市简报专刊刊登,简报投稿量、用稿量均在全市排名第一。

(三)坚持统筹联动,突出重点

一是在比学赶超中拼出新理念。对标先进,紧紧围绕“冲刺全国县区经济百强”目标,选定四川省绵阳市涪城区为对标先进区,各地各单位分别选定对标单位。袁州区成功进入《中国小康网2022年县市绿色高质量发展百佳样本榜单》,排在第13位;成功进入2022年度全国投资潜力百强区,排在第95位。彬江镇对标南昌县向塘镇的思路在《江西省第十五次党代会确保目标落实任务工作简报》第36期上刊登。以学促行,创新“每日一学、每周一悟、每月一考”制度,刊播“三拼三促”视频访谈56个。创新开展“入千企、访万家、暖民心”社情民意大调查活动,全区共征集调研课题212个。提升干部素质,坚持“走出去、请进来”,组织学习考察团外出学习考察,依托袁州大讲堂,邀请专家学者到袁州就“双一号”工程等内容进行专题辅导,举办党的十九届六中全会暨“三拼三促”能力提升培训班和“三拼三促”优秀中青年干部政治理论培训班,建立112个专题课程培训师资库,开展“流动党校进机关”活动,共组织培训600余场。抽调15名干部到经济一线跟班学习,选派“五个一批”助力乡村振兴。

二是在担当实干中拼出新作风。全面整治作风顽疾，深入开展“怕慢假庸散”五治行动，受理“五治”问题线索116条，查处形式主义、官僚主义问题59起，处理人员64人。共开展“四风”督查7轮，下发督查通报19期。全面厘清责任清单，出台《袁州区全面理顺职责边界理清责任清单工作实施方案》，将97项区级审批、服务、执法权力赋予乡镇街道。全面深化“六比六赛”，对“四争”工作、营商环境、机关效能、重点任务进行评价排队，梳理全区重点工作任务，每月对乡镇街道重点任务完成情况进行排名通报，每季召开一次会议通过报考核结果。2022年以来，全区争取上级无偿资金1.73亿元，列全市第2。全面实行闭环管理，严格落实“13710”工作机制，共督办区委、区政府主要领导批示527件，下发黄牌督办2次。全面激励担当作为，推荐8名干部全市乡镇交叉任职，报送担当作为正面典型2人，制定区直部门单位和乡镇（街道）干部职级晋升原则及操作办法，共晋升3批164人次。

三是在争先创优中拼出新效能。坚持项目为王，开展重大项目建设攻坚行动和产业转型升级攻坚行动，成功推动中广核集团、华电集团等央（国）企，以及吉利科技等一批上市公司投资项目落户袁州。坚持改革为要，全面深化改革，探索建成全省首个VR沉浸式智慧矫正室等7项改革经验做法在《江西改革》动态专栏上刊登推广。坚持防范为先，大力实施风险隐患化解攻坚行动，制定化债方案，定期调度化债进度，开展政府融资平台优化升级行动。加快推进陈案积案消化处置。开展信访积案大化解专项行动，推行“乡镇（街道）吹哨、部门报到、专家会诊”闭环管理机制，化解国家信访局交办的重复信访治理事项和“百日攻坚行动”交办的信访突出问题共318件，化解率达97.8%。坚持民生为重，开展城乡美好生活品质提升攻坚行动，融合近10亿元资金全面升级改造252个老旧小区、64条背街小巷、3个农贸市场，扛牢文明创建首府担当，在2022年省检期间，考核排名全省第一。

（四）坚持督导促动，从严从实

一是线上常态督。做到牵头单位每月一评、专班人员每日一看，对质量不高、进度落后的进行提醒。截至2023年1月4日，全区纳入平台部门总计99个，其中部门71个，乡镇28个；录入事项2710项，事项总体进度99.64%，高于全市平均水平1.3个百分点，完成事项2606件。

二是线下实地督。对15项重点任务、164项任务清单等进展情况开展督查。对各乡镇（街道）、区直部门单位开展全覆盖督查。共下发工作提示20次，下发督办通报6期、提醒督办函14次。

三是防溺水专项督。对照市“十八条”，制定操作细则和督查方案，成立28个督查组，先后对28个乡镇（街道）开展8轮督导，下发8期督查通报。

二、特色亮点

（一）对标先进出色

袁州区成功进入《中国小康网2022年县市绿色高质量发展百佳样本榜单》，排在第13位，成功进入2022年度全国投资潜力百强区，排在第95位。袁州产业园被确定为全省两化融合示范园区、全省绿色园区。彬江镇对标南昌县向塘镇的思路在《江西省第十五次党代会确保目标落实任务工作简报》第36期上刊登。袁州区人民检察院被最高人民检察院评为2022年度全国检察宣传先进单位。

（二）制度机制出新

以学促行方面，创新“每日一学、每周一悟、每月一考”制度，截至年底共发布每日学习金句190余条，征集每周一悟60余篇，组织每月一考10次。干部锻炼方面，出台《关于选派“五个一批”助力乡村振兴的意见》，选派一批退出领导岗位干部到村担任乡村振兴特派员、一批优秀年轻干部到村担任乡村振兴助理员，选聘一批大学生到村担任乡村振兴工作专员、一批专家教授到村担任乡村振兴指导员，动员一批企业到村结对，为乡村振兴提供人才保障和发展动能。评价排队方面，出台《袁州区“四争”工作考核办法》，在全区广泛开展争政策、争项目、争资金、争荣誉“四争”活动，充分激发各级干部“见第一就争、见奖杯就夺、见红旗就扛”的精气神；重点任务实行“每月一排名、每季一点评、半年一评估、全年一总结”动态督查机制。每月一排名，对排名靠前和落后的通过“红黑榜”在区行政中心大楼和袁州大厦的电子显示屏上“张榜公示”，每季一点评，相继召开一季度工作点评会、半年工作推进会暨“拼搏三季度、奠定全年胜”工作部署会、重点工作推进会暨“决战四季度、确保全年胜”工作部署会，做到以月保季、以季保年。整治作风方面，建立年度“政治体检”机制，制定《关于对全区各基层党组织开展重点专项监督调研工作方案》，每年选取部分未列入年度巡察计划的基层党组织开展1个月的进驻式专项监督调研,已完成第一轮对8个乡镇的专项监督调研，发现普遍性、倾向性问题276个,发现问题线索16条。

(三)产业发展出众

全力以赴服务市级重大项目建设，在服务保障宜春时代、国轩高科、比亚迪等重大项目征地拆迁上,不讲条件,迎难而上,以最短时间完成6000余亩项目用地征收工作,拆除用地内建筑10万余平方米，为项目顺利开工建设打下坚实基础，赢得市委、市政府肯定。紧盯项目“四率”,实行重大项目“周调度、月通报、季督查、年考核”制度,开展工业强区“六抓六促”活动,区本级规模以上工业增加值、营业收入、利润总额增速均位列全市第1,4家企业入选省企业上市“映山红行动”,占全市总数的三分之一,实现了“零”的突破;富硒龙头企业数、富硒示范基地数、富硒认证产品数均居全市第1;9家企业获批市级技术中心，列全市第1;36家企业被新认定为省专精特新中小企业,较2021年增加30家,列全市第2。

(四)改革攻坚出彩

创新建立信访化解机制,经验做法在《江西纪检监察信息》上刊登,得到省委常委、省纪委书记、省监委主任马森述的肯定性批示,并在全省宣传推广。深入推进诉源治理,经验做法在最高人民法院《工作动态》上刊登推介,被省高级人民法院推荐参加最高人民法院改革典型案例评选。创新开展“无讼企业”创建活动，打造企业纠纷“绿码、黄码、橙码、红码”分级化解机制，经验做法相继得到省法院、最高人民法院的认可。深入推进行政复议改革,在全省行政复议与应诉工作推进会上作典型发言,袁州区司法局被确定为第一批“全省行政复议工作规范化示范化单位”。成功办理全省首例委托第三方服务机构处置破产资产案件,溢价幅度高达41.25%,实现了债权人利益最大化。创新“六治融合”社会治理模式,破解了基层治理难题。

(宜春市袁州区抓落实办供稿)

袁州区创建全国文明城市纪实

袁州区作为宜春市创建全国文明城市的主战场、主阵地，自“创文”以来，始终与市委、市政府思想同心、目标同向、行动同力，自觉树牢首府意识、主动扛起首府担当、注重打造首府形象、从严锻造首府队伍，在改善人民生活、提升人居环境、完善基础设施、倡导文明新风等方面取得了可喜成果，让群众连连点赞、幸福感满满。

强基建、惠民生，城市环境新风貌。习近平总书记强调：“城市是人民的，城市建设要贯彻以人民为中心的发展思想，让人民群众生活更幸福。”干净整洁的卫生环境，不仅能衡量一座城市的文明程度，也是市民建设舒适温馨家园的要求。自2021年启动第七届创建全国文明城市以来，袁州区始终坚持“精准创建、创建为民”的工作理念，把“创文”作为进入新发展阶段、贯彻新发展理念、融入新发展格局，打造“大宜春核心区”、冲刺全国县区经济百强的重要抓手，将“创文”作为一项倒逼经济发展、城市功能修复、环境面貌改善的系统工程来具体抓、细致抓。通过开展基础设施改造提升行动、环境卫生整治活动、“五勤联动”执法行动，全力打造“净、绿、亮、齐、便、美、通、平、清”的城市环境。2022年，全区共投入5亿余元用于基础设施建设，改造提升老旧小区202个、背街小巷64条、农贸市场3个、公共厕所12个；针对道路破损、墙面污损、绿化缺失、线路凌乱等问题，安排8670万元资金用于各地常态化“小修小补”；积极和市交警部门协调车辆执法放权赋能事宜，由区综合行政执法局牵头，联合交警、公安、市监、交通四家部门，开展“五勤联动”联合执法，综合整治中心城区乱停乱放、乱搭乱建、乱摆乱卖、乱堆乱占、乱拉乱挂、乱贴乱画、乱扔乱吐、乱排乱倒等“八乱”现象，全面改善中心城区市容市貌。自2021年以来，累计新增硬化路面10.3万平方米，清理楼道2万个，复绿补绿9万平方米，规整线路1.6万处，填补坑洼3.2万平方米，粉刷墙面15.4万平方米，施画非机动车停车位2.3万个，施画机动车停车位1.9万个，拆除乱搭乱建3.3万余处，整治流动摊点3.9万余处、出店占道经营2.7万余处、乱停乱放2.4万余处。2022年新增硬化路面2150平方米，清理楼道3435个，复绿补绿2800平方米，规整线路860处，填补坑洼4500平方米，粉刷墙面6700平方米，施画非机动车停车位220个，施画机动车停车位183个，拆除乱搭乱建1200余处，整治流动摊点3980余处、出店占道经营1500万余处、乱停乱放2800处。

现在，原本小区里破烂的路面重新铺设了水泥，破旧的楼宇外墙被粉刷一新，裸露的黄土进行了复绿补绿，公共区域增设了凉亭和健身器材，多个老旧小区经过改造提升后，面貌焕然一新；非机动车停车位、机动车泊位、行人等候区、非机动车左转导流线等一批交通标志标线清晰可见，市民文明出行好习惯正在悄然养成，老百姓出行更加便利，居住环境更加优美，生活条件明显改善，群众满意度进一步提升。

促文明、树新风，市民素养再提升。习近平总书记在讲话中提到：“要持之以恒抓好理想信念教育，培育和弘扬社会主义核心价值观，广泛开展群众性精神文明创建活动，不断提升人民文明素养和社会文明程度。要加强诚信建设，倡导遵纪守法、诚实守信的社会风尚。”市民文明素质是一个城市文明形象、精神风貌的综合反映，提高市民文明素质，是城市现代化的内在需要和遵循城市发展规律的具体体现。为此，袁州区全面规范新时代文明实践站所建设，积极发动各机关单位的党员干部及各群团组织、志愿协会的热心人士加入志愿服务队，采取“群众点单—中心派单—志愿者接单—群众评单”的模式,通过理论宣讲、教育服务、文化服务、科普服务等形式,聚焦群众细微、急难、疑惑问题,组织开展“每周志愿服务日”常态化志愿服务,着力实现“群众在哪里,文明实践就延伸到哪里”,不断提升市民道德素质,为创建文明城市提供强大的精神动力和道德滋养。

2021年以来,全区共开展志愿服务活动1.2万余场次,参与人群达30万人次。2022年,各地各相关部门紧扣“雷锋月”“三八妇女节”“清明节文明祭扫”“国家安全日”等主题,组织开展了各种各样、各具特色的文明实践活动。如,区委宣传部、区妇联、区文联联合主办了以“巾帼喜迎二十大·文明袁州舞起来”为主题的广场舞比赛,将“创文”意义和知识内容融入舞蹈当中,在丰富广大群众的文化生活的同时,也倡导文明健康的生活方式,激发广大群众积极投身宜春市创建全国文明城市的热情和斗志;区教体局组织师生开展“万师访万家”、“小手拉大手”、国旗下讲话、主题班会等活动,利用家长和教师日常联动的优势,通过校园文明创建,达到学校带动家庭、家庭撬动社会的蝴蝶效应;区文联组织开展了创建文明城市摄影展,通过记录袁州城市面貌、社会精神风貌和群众行为习惯的变化,彰显了“崇德向善、文化厚重、和谐宜居、人民满意”的文明城市风采;区红十字会开展了“袁州一起红·聚人心·共善举”红十字文化传播设计征集活动,通过征集各类绘画、漫画、海报、概念设计图等各类作品,充分展现红十字会在全区创建全国文明城市进程中,服务于民、造福于民的担当作为和奉献精神;各乡镇街道依托新时代文明实践所(站)组织群众开展了做艾粑、插花等文明实践活动;各联创联建单位也积极深入挂点网格,协助社区开展文明祭扫宣传、植树补绿等志愿服务活动。一场场精彩绝伦的展演活动,既丰富了老百姓的精神生活,也在潜移默化中起到了宣传教育的作用,推动了市民的思想观念、生活习惯、行为方式与现代化文明社会的融合。

现在,市民乱扔垃圾、随地吐痰、随意穿行、损害花木的不文明现象日益减少,大声喧哗、污言秽语的行为也逐渐销声匿迹,文明出行、文明驾车、文明购物、文明社交、文明赏景,市民文明素质得到了有效提升,城市“主人翁”意识明显增强。

*解难题、办实事,干群关系有温度。*习近平总书记指出:“要坚持从群众中来、到群众中去,真正成为群众的贴心人。要心中有群众,时刻把群众安危冷暖放在心上,认真落实党中央各项惠民政策,把小事当作大事来办,切实解决群众急难愁盼的问题。”网格是深入推动基层治理的有效手段,也是“创文”中了解群众诉求,解决群众急难愁盼问题,促进干群关系的桥梁。自“创文”开展以来,袁州区一直致力于探索网格化管理,通过精划细化创文网格,将机关单位、领导干部的责任落实下去,将热心人士找出来,将志愿者发动起来,并充分整合干部、党员、社会人士各方工作力量,形成“处处有人管、事事有人办”的精细化基层治理模式,打通创文网格化管理“最后一公里”。经过和区委组织部、区委政法委等单位多次研究探讨,当前,袁州区在市级大网格的基础上,结合地方实际,共划出一级网格30个、二级网格65个、三级网格434个、四级网格3394个,每一个网格设立一名网格长,每一栋楼设一名楼栋长,每一条路设一名路长,确保每栋楼、每条路、每件事都有人管,每个问题都有人解决。将“创文”三级网格和政法综治网格实现了对应统一,打造了可集“创文”、防疫、综治于一体的基层治理体系。四级网格体系建立后,区四套班子领导坚持下沉挂点网格,督促街道、社区落实“创文”任务,解决网格创建日常问题;各联创联建单位积极协助街道社区开展各类“创文”工作,组织发动市民群众广泛参与各类志愿活动,并力所能及地提供人、财、物等方面支持,推动了部门单位与街道社区联创联建新格局的形成。截至年底,全区共有志愿者(微网格长)5660名党员干部、志愿者对74511户居民进行了上户宣传,收集问题2800余个,解决问题2630余个,做到了“小事不出村(社区)、大事不出区”,群众矛盾及反映的问题在基层就能化解。

针对当前全区无物业小区管理难题,印发了《关于加强全区无物业小区自治管理的倡议书》,旨在通过干群合作、自治自管,逐步让无物业小区管理规范起来、环境卫生好起来、市民素养提升起来、文化活动丰富起来,让群众在自治中感受“创文”带来的变化。其中,灵泉街道灵泉社区崇儒小区和新康府街道仙台社区先后多次召开了无物业小区自治管理意见征求会议,党员志愿者和居民代表踊跃发言、献计献策,为袁州区无物业小区的自治自管探索迈出了重要一步。

同时，严格对照最新的《全国文明城市创建实地考察点位标准》，继续在全区实行“主要领导重点督查，区级领导包片督查，创文办专项督查，纪委作风督查”的四级全程督查机制，全面查找各网格内存在的问题，对问题实行“日常督查、问题通报、跟踪问效、成效反馈”的督查闭环管理，确保能在网格内解决的及时解决，需要市、区领导协调解决的，及时呈送工作提示函和问题报告，形成了“工作闭环、信息闭环、责任闭环、效果闭环”四个维度的有效闭环，确保问题及时整改、情况客观真实、成效奖惩分明，全面提升全区的“创文”工作效率。自2021年以来，袁州区共发现问题4809个，解决问题4703个，问题解决率为97%。其中2022年4月初国调队反馈的测评点位存在问题及整改责单位清单304个问题，需4月15日之前整改到位的92个，已整改89个，整改率91%；需4月30日之前整改到位的212个，已整改59个，剩余都在有序推进中。

现在，老百姓主动参加志愿活动，劝导不文明行为；志愿者自觉为城市奉献付出，帮忙整治环境卫生；社区“五老”等热心人士主动参与基层治理，小区实现自治自管，老百姓身边急难愁盼的问题得到有效解决，干群关系进一步融洽，“全民参与、共建共享”的良好风尚逐渐形成。

*精制作、展特色，文明袁州扬美名。*紧紧围绕“袁州人民爱袁州　携手共创文明城”主题，结合袁州特色，凸显袁州元素，策划制作了一批接地气、聚人气、有生气的“创文”视频，在新华社、人民网等主流媒体发表多篇有影响力的文章，让袁州“创文”的好声音、好做法在全国各地美名远扬，各兄弟县市争相来取经交流。

制作精品作品。围绕群众“身边的‘人’、眼前的‘事’、脑中的‘想’、心中的‘情’”，创作推出了文艺类、工作类、内涵类“创文”短视频300多个，利用电视广播、网页头条、快手抖音、手机彩铃、交通广播、微信朋友圈等线上渠道，坚持党员干部带头转发，引导亲属、朋友、群众参与转发，在全区范围内掀起铺天盖地的宣传氛围。截至年底，视频累计播放量已突破2亿次，点赞量突破1000万次，分享量突破2000万次，《袁州创文一起来》《病毒走开》《你缓回》《袁份之州最清明》等多个短视频播放量超1000万次，《爱你袁州》《共建共享文明城》两首“创文”歌曲通过香港卫视文旅台向157个国家播放，成为“创文”短视频中的爆款作品。《文明之花绚烂绽放　袁州大地蓬勃万象》《“绣”出文明新画卷　提升群众幸福感》等新闻稿先后被新华社、新浪网、江西新闻等主流媒体刊登报道，一天之内浏览量就突破百万次。同时，结合袁州历史人文和地方特色，启动了《袁州故事》系列短剧制作工作，已拍摄了《有样学样》《小铃铛》《袁州缘》3集视频；以2022年打造“志愿之城”主题，创作了《志愿之城炫起来》主题歌曲（两个版本）。

宣传无处不在。充分启用应急广播、流动宣传车、小喇叭，积极发动政务机关、沿街店面、大型商超的电子横幅、LED显示屏等线下载体，每天在人流量密集的地方循环播放“创文”歌曲，宣传“创文”内容，推动“创文”入脑入心。为全区所有科级干部、中心城区所有教师开通袁州“创文”视频彩铃，让上级领导、外来客商、学生家长只要拨打袁州干部、教师的电话，就能领略到袁州浓厚的“创文”氛围，体验到充满袁州元素的风土人情；创新运用交通广播频道FM101.1、FM87.9错时播放袁州创文歌曲，让袁州市民在上下班期间，让外地游客在乘车观赏时，均能感受到袁州热情洋溢的创文气息。由区文化宫制作的以《袁州“创文”一起来》为背景音乐的工间操，让党员干部在工作闲暇之余进行锻炼，既外健于形，又内涵于心；组织全区11万余名学生开展了“文明小卫士”评选活动，制作“创文”横幅、标语2.4万余条、广告栏3万余处，发放倡议书、宣传单100万余份，赠送印有“袁州”元素的“创文”小礼品30余万份，多渠道、多角度扩大“创文”知识普及范围。如今居民小区、大街小巷、建筑工地、公园广场、隔离栏杆上到处都贴有“创文”宣传标语，“社会主义核心价值观”“创建全国文明城市”等宣传画随处可见。

开辟“创文”专栏。一是在秀江微语设立了“创文我先行”专栏，鼓励各地各部门、党员干部、教师医生、志愿者结合本职工作，谈心得、谈体会、谈感受，为如何做好“创文”工作积极建言献策，以进一步总结全区各行各业“创文”工作经验，在全区上下形成强大的“袁州人民爱袁州　携手共创文明城”的声势。截至年底，已在“创文我先行”专栏推送“创文”心得体会9篇。二是在秀江微语设立了“创文红黑板”专栏，印发了《关于鼓励文明创建随手拍的倡议书》，在全区范围内开展“文明创建”随手拍网络宣传活动，活动鼓励广大市民随手拍摄身边的文明故事、感人瞬间，用镜头记录下身边的不文明现象，劝导、纠正不文明行为，规范自身行为，改善市容市貌，让城市文明之光更加闪耀。截至年底已发出“红黑榜”4期，上榜情况将作为各单位年终考核依据，黑榜反映的相关问题也及时纳入了全区问题的整改台账，达到以监促改的目的。

经过一年多的创建，昔日的袁州古郡已然发生华丽的蝶变。2022年是全国文明城市三年创建攻坚期承上启下之年，也是至关重要的一年，袁州区正乘着“三拼三促”的强劲东风，动员全区上下拿出“拼命三郎”的精神，鼓足虎虎生威的斗志，坚持“敢教日月换新天”的必胜信念，聚焦提升群众文明素养全面发力，以绘就袁州环境更美、秩序更好、人心更齐，人民生活品质提升、精神富足的新画卷，让处处绿意、处处文明、处处暖心成为袁州的生动标识。

大事记

1月

4日　教育部教育装备研究与发展中心主办的2021年全国中小学优秀自制教具展评活动评选结果公布，袁州学校易宇欢、万芬丑等教师的教具作品《多功能数字动能演示》、宜春市特殊教育学校教师黄蓓的教具作品《寻找五彩森林》先后通过区、市、省的层层选拔，分获全国一等奖、二等奖。同时，教师易宇欢还被授予“全国自制教具能手”称号，全省仅2人获此殊荣。

10日　小康杂志社事业发展总监李志怡一行到袁州调研指导。

21日　市关工委主任任桃英一行到袁州区寨下镇、竹亭镇、天台镇帮扶学生家里走访慰问。

24日　袁州区召开2022年军事工作会议。会议指出，过去一年，在市委和市军分区的坚强领导下，全区军事工作水平明显提升，军事训练和征兵工作获评全省先进。同时，2022年是党的二十大召开之年，也是深化国防动员体制改革落地实施的关键之年，做好2022年武装工作使命光荣、任务艰巨。会议为4个受市表彰的“先进基层人民武装部”、6名区表彰的“党管武装好书记”和12名市表彰的“优秀专武干部”代表进行了颁奖。会议还听取了军事工作报告，传达学习了上级党委全体（扩大）会议精神。

25日　中共袁州区委第六届委员会第三次全体（扩大）会议暨区委经济工作会议召开。全会听取和审议了区委书记江伟斌受区委常委会委托作的工作报告，传达学习了中央、省委、市委经济工作会议精神和中央、省委、市委党史学习教育总结会议精神；部署了2022年全区营商环境建设工作；就《袁州区“入千企、访万家、暖民心”社情民意大调查活动方案》作了起草说明。全会充分肯定了一年来区委常委会的工作。一致认为，一年来，区委常委会高举习近平新时代中国特色社会主义思想伟大旗帜，深入学习贯彻党的十九大和十九届历次全会，以及省第十五次党代会和市第五次党代会精神，立足新发展阶段，贯彻新发展理念，全力融入新发展格局，按照区第六次党代会决定的发展目标、思路和举措，团结带领全区广大干部群众感恩奋进、担当实干，聚焦“作示范、勇争先”目标定位，围绕“冲刺全国县区经济百强”目标，统筹发展和安全，扎实做好“六稳”工作，全面落实“六保”任务，坚定不移推动高质量跨越式发展，顺利实现了“十四五”开局良好、起步稳健。全会提出了2022年全区经济工作的总体要求是：坚持以习近平新时代中国特色社会主义思想为指导，全面贯彻党的十九大和十九届历次全会以及中央经济工作会议精神，深入贯彻习近平总书记视察江西重要讲话精神，全面落实省、市党代会和经济工作会议精神，按照区第六次党代会部署要求，大力弘扬伟大建党精神，坚持稳字当头、稳中求进，完整、准确、全面贯彻新发展理念，加快融入新发展格局，以供给侧结构性改革为主线，统筹疫情防控和经济社会发展，统筹发展和安全，继续做好“六稳”“六保”工作，着力稳定经济发展基本盘，着力畅通经济循环，着力强化科技创新支撑，着力全面深化改革开放，着力保障和改善民生，着力保持社会大局稳定，以“作示范、勇争先”的昂扬斗志，坚定不移推进高质量跨越式发展，推动全区经济总量、经济发展态势和成效处于全市前列、力争全省一流水平，加快冲刺全国县区经济百强，以优异成绩迎接党的二十大胜利召开。

2月

8日　中国共产党宜春市袁州区第六届纪律检查委员会第二次全体会议召开。会议指出要紧密地团结在以习近平同志为核心的党中央周围，更加坚定地拥护“两个确立”，更加坚决地做到“两个维护”，发扬自我革命精神，以永远在路上的坚定执着，继续打好党风廉政建设和反腐败斗争攻坚战持久战，为冲刺全国县区经济百强提供坚强的纪律保障，以优异成绩迎接党的二十大的胜利召开。会议还传达学习了十九届中央纪委六次全会、省纪委十五届二次全会、市纪委五届二次全会精神。会议通报4起粮食购销领域典型案例，并审议通过工作报告和全会公报。会上，与会人员还现场观看警示教育片。

11日下午　区委理论学习中心组召开专题学习（扩大）会议，邀请高级工程师、中国移动雄安产业研究院规划技术部总监、主任研究员陈志刚教授作《加速数字新基建，推动数字经济高质量发展》辅导报告。区委理论学习中心组全体成员，区委办、区政府办主任、副主任，各乡镇、街道党政主要负责人，区委各部门、区直各单位主要负责人，袁州医药工业园、区机电产业基地、区发改委、区工信局、区国投集团全体班子成员参加学习。授课中，教授陈志刚围绕“十四五”期间数字经济发展主要趋势、数字技术和数据要素发展趋势和应用场景、数字经济推动产业发展成功经验等方面进行了全面深入的讲解，为大家上了生动精彩的一课。

11日下午　全区抓落实活动年“三拼三促”工作动员大会召开。会议号召，全区上下要树立顶格标准、保持满格状态、采取真格措施，务实笃行、担当尽责、克难攻坚、勇创一流，推动全区经济社会发展态势和成效处于全市前列、力争全省一流，加快冲刺全国县区经济百强，以高质量跨越式发展的优异成绩迎接党的二十大胜利召开。会议解读了《袁州区抓落实活动年“三拼三促”工作方案》。

28日　中国人民政治协商会议宜春市袁州区第六届委员会第二次会议在区行政中心大会堂开幕。来自社会各界的政协委员齐聚一堂，认真履行政治协商、民主监督、参政议政职能，为袁州冲刺全国县区经济百强献智献力。江伟斌代表中共宜春市袁州区委向大会的召开表示热烈祝贺，指出，一年来，区政协和广大政协委员牢牢把握团结和民主两大主题，始终坚持围绕中心、服务大局，充分发挥专门协商机构职能作用，履职尽责、主动作为，在建言资政、凝聚共识、民主监督和服务发展等各方面，为袁州全面冲刺全国县区经济百强、加快推动高质量跨越式发展作出了积极贡献。特别是2021年换届以来，新一届区政协班子守正创新、接续奋斗、履职为民，政治引领有成效、服务大局有担当、建言资政有深度、自身建设有活力，展现出新风貌新形象。受政协袁州区第六届委员会常务委员会的委托，区政协主席熊爱国向大会作工作报告。

3月

1—2日　宜春市袁州区第六届人民代表大会第二次会议在区行政中心大会堂召开。来自袁州区各行各业、各条战线的人大代表肩负人民重托，认真履行宪法和法律赋予的神圣职责，共聚一堂，为袁州挺进全国县区经济百强出谋献策。大会应到代表368人，实到336人，符合法定人数。宜春市袁州区第六届人民代表大会第二次会议听取和审议了区长胡勇所作的《政府工作报告》。会议认为，2021年是中国共产党成立一百周年，是“十四五”规划的开局之年，是奋力冲刺全国县区经济百强的起步之年。过去一年，在市委、市政府和区委的坚强领导下，全区上下聚焦“作示范、勇争先”定位，围绕“冲刺全国县区经济百强”目标，统筹疫情防控和经济社会发展，迎难而上、乘势而为，实现了经济社会平稳发展，较好地完成了主要目标任务。会议充分肯定了区人民政府过去一年的工作，同意报告提出的2022年袁州区经济社会发展的预期目标、主要任务和工作举措，决定批准这个报告。会议要求，全区上下要坚持以习近平新时代中国特色社会主义思想为指导，全面贯彻党的十九大和十九届历次全会以及中央经济工作会议精神，深入贯彻习近平总书记视察江西重要讲话精神，全面落实省、市党代会和经济工作会议精神，按照区第六次党代会部署要求，大力弘扬伟大建党精神，坚持稳字当头、稳中求进，完整、准确、全面贯彻新发展理念，加快融入新发展格局，以供给侧结构性改革为主线，统筹发展和安全，继续做好“六稳”“六保”工作，着力稳住经济发展基本盘，着力畅通经济循环，着力强化科技创新支撑，着力全面深化改革开放，着力保障和改善民生，着力保持社会大局稳定，以“作示范、勇争先”的昂扬斗志，坚定不移推进高质量跨越式发展，推动全区经济总量、经济发展态势和成效处于全市前列、力争全省一流水平，加快冲刺全国县区经济百强。会议审查并批准了《关于袁州区2021年国民经济和社会发展计划执行情况与2022年国民经济和社会发展计划草案的报告》《关于袁州区2021年全区和区级预算执行情况及2022年全区和区级预算草案的报告》《宜春市袁州区人民代表大会常务委员会工作报告》《宜春市袁州区法院工作报告》《宜春市袁州区检察院工作报告》《关于袁州区生态文明建设情况的报告》。

2日 袁州区医保局发出《致全区脱贫户和监测对象的一封信》。

2日 袁州区召开创建全国文明城市工作推进会。会议指出,2022年是区委、区政府抓落实活动年,也是全区创建全国文明城市提标提质、进位赶超的关键之年。全区上下要主动适应城市发展的新形势、新要求,以归零的心态、拼搏的状态、奋斗的姿态,重整行装再出发,推动袁州"创文"工作向高而攀、向前而行,促进城市品质更加提升、功能更加完善、环境更加优美、治理更加科学。同时强调,思想上要再动员,营造更加浓厚的"创文"思想氛围。要强化宣传力度,创新宣传形式,提升"创文"宣传质量,推动文明理念内化于心、外践于行。要树牢"创文为民"理念,从群众的需求出发,以人民群众身边的急难愁盼问题为导向,查漏补缺再完善、细化管理促实效。行动上要再加力,确保各项工作抢抓时间有序推进。要把握时间节点,加快推进老旧小区、背街小巷和农贸市场改造提升。积极动员更多社会力量参与城市管理,着力打造志愿者之城。要层层压实责任,落实闭环管理,强化督查考核,确保各项工作落地落实。会议表彰了2021年全区创建全国文明城市工作先进集体和先进个人,总结部署了"创文"工作。秀江街道、西村镇、区住建局等单位作经验发言。区委、区政府主要领导及各乡镇、街道党委(党工委)书记、分管负责人,区委各部门、区直各单位主要负责人,宜春学院、宜春职业技术学院、袁州区微爱公益志愿者协会、袁州区希望之家志愿者协会相关人员,区创文办全体干部参加会议。

4日 袁州区"12345"政府服务热线工作部署与业务培训会召开。"12345"热线各成员单位分管领导及联络员共计150余人参加培训。会议指出,各成员单位要充分认识热线工作的重要性,充分发挥"12345"热线政群"连心桥"、民意"晴雨表"、矛盾"减压阀"、政府形象"展示窗"的作用;各成员单位主要领导要强化责任意识,分管领导要负责跟踪督办,落实"一线工作法",首接负责制、单位主要领导调度机制、督办工作制度,努力发挥"12345"热线为党委政府听民情、解民忧、顺民意的桥梁作用。

培训中,工作人员就系统操作流程、热线处理规则,以及提高办件质量、提高群众满意度等方面向大家传授了经验及方法技巧。此次培训,进一步明确了热线办理工作规范及有关要求,为有效提升袁州区热线工作队伍的理论素养和业务能力水平、全面提升热线工作效率和质量打下了良好基础。

7日 宜春市政府副市长、高安市委书记郑绍,高安市委副书记、市政府市长康健率党政代表团一行到袁州区参观考察。区领导江伟斌、胡勇、李云平、熊爱国等陪同考察。代表团一行先后到江西济民可信药业有限公司、宜春银锂新能源有限责任公司和珠泉街道一机小区,进车间、看现场、听介绍,详细了解袁州区在发展生物医药、锂电新能源产业以及破解老旧小区治理难题、改善人居环境等方面的经验做法。

高安代表团高度肯定了袁州区经济社会发展方面取得的成绩,认为袁州区处处彰显首府意识和担当,在发展特色优势产业、改善城乡环境、提升城市文明形象等方面的经验和做法,值得学习和借鉴。双方表示将进一步加强沟通、增进友谊、谋求合作,在全市"三拼三促"抓落实活动年中展现两地风采,共同为宜春实现江西综合实力强市贡献力量。

7日下午 区委常委、宣传部部长傅鹏带领区融媒体中心一行到宜春学院,在文学与新闻传播学院召开了媒体融合发展座谈会,并洽谈校地合作事宜。宜春学院党委委员、副校长罗政,地方发展研究中心主任邓彦以及文学与新闻传播学院党委书记刘建平等出席座谈会。会议由该院党委副书记、院长冷瑾主持。会上,罗政对区委宣传部一行的到来表示欢迎,并介绍了宜春学院的发展历史和办学情况。罗政指出,宜春学院具有丰富的人力资源和智力资源,多年来,学院为社会尤其是宜春输送了大量签得下、用得好、留得住的优秀人才,体现了立德树人的初心和回报社会的担当。文学与新闻传播学院的汉语言文学专业是省级一流本科专业,融合发展座谈仅仅是一个良好的开始,希望双方的合作能够真抓实干、落地见效、长远融合、共同发展,通过建基地、搭平台、增人气、聚才气,取得1+1>2的效果。傅鹏对双方未来的合作充满期待。他说,宜春学院是袁州区家门口的综合型本科院校,培养的莘莘学子具有较高的理论水平和较强的动手能力。朝气蓬勃的大学生是一群充满奇思妙想的新时代青年,袁州区委宣传部与宜春学院的合作,一方面可以吸收新鲜血液、增添队伍活力,另一方面可以提供社会实践平台,激发学生学习热情,实现多方合作共赢。

8日　袁州区举办“三八妇女节”广场舞比赛,吸引了全区30支队伍360余人参赛。此次广场舞比赛以“巾帼喜迎二十大·文明袁州舞起来”为主题,旨在活跃和丰富妇女文化生活,引领广大袁州妇女群众唱响祖国、跳出美好生活,为建设美丽袁州、助推文明城创建工作添砖加瓦。经过一天的激烈角逐,比赛决出一等奖1名、二等奖3名、三等奖5名。其中,一等奖是三阳镇代表队带来的《小洞门口送红军》。

10日　区委农村工作会召开。会议强调,要深学笃行习近平总书记关于“三农”工作重要论述,坚持和加强党对农村工作的全面领导,牢牢守住保障粮食安全和不发生规模性返贫两条底线,扎实有序推进粮食安全、产业发展、乡村建设、基层治理等关键重点工作,全面推进乡村振兴取得新进展、农业农村现代化迈出新步伐,为冲刺全国县区经济百强奠定坚实基础。会议通报表彰了2021年度全区农业农村工作先进单位和先进个人,并部署了2022年农业农村工作的重点任务。

10日　全区党务工作会议召开。会议强调,全区各级党组织要坚持以习近平新时代中国特色社会主义思想为指导,树牢抓好党建就是最大政绩的理念,以更加负责的态度、更加有效的措施、更加务实的作风,真抓实干、奋勇争先,推动全区组织、宣传、统战等党务工作再创新业绩、再上新台阶。会议尤其强调,要提高政治站位,清醒认识到旗帜鲜明讲政治是做好党务工作的根本前提、服务大局显担当是做好党务工作的价值体现、坚持走群众路线是做好党务工作的基本方法,厘清党建和党务的基本概念,捋清党建和党务的业务关系,切实增强做好党务工作的责任感和使命感;要紧扣中心大局,全面提高党务工作的针对性和实效性,着力夯实基层党建根基,切实唱响主旋律,最大限度汇聚各方合力;要狠抓工作落实,在组织引领、善作善成、队伍建设上见实效,持续提升党务工作凝聚力和战斗力。

15日　袁州区召开宜春市第38届谷雨诗会暨“书香袁州”读书节活动协调会。会议强调:一要高度重视。谷雨诗会自1962年4月诞生以来,便成了江西省文艺界和群众以吟诗的形式歌颂春天、赞美生活的一项传统文学活动,是中国诗坛独特而持久的文学景观,在国内具有广泛的影响,是江西的文化品牌,宜春市第38届谷雨诗会2022年将在袁州区举办,要把握活动内涵,展示袁州风采。谷雨诗会也是“书香袁州”读书节活动的启动仪式,要抓好读书节活动的具体落实。二要加强保障。加大经费保障,学习借鉴其他县区的预算,灵活把握;做好人力保障,各责任单位、文艺家协会要全力支持。三要做好配合。区委宣传部和区文联作为承办单位,要相互协调配合,把各项工作做实、做细,凝心聚力确保谷雨诗会和读书节活动顺利举行。

15日　2022年袁州区定兵工作会议召开。会议传达了省军区纪委、省征兵办《2022年廉洁征兵工作指示》主要精神,宣读了《2022年袁州区春季征兵定兵原则和程序方法》和《2022年袁州区春季征兵预定兵方案》,并介绍了兵员情况。此次会议经区征兵工作领导小组集体研究审定并签字。会议强调,要把握关键,切实抓好征兵收尾各项工作。要严格履行公示程序,认真做好新兵教育管理,精心筹划新兵运输,全面落实优抚政策。要强化责任,确保上半年征兵工作圆满完成。要依法依规强化责任追究,切实抓好预定兵员复查工作,做好兵员回访工作,确保高标准、高质量完成全区上半年征兵工作任务。

22日　六届区委第三轮巡察工作动员部署会召开。会议总结了五届区委巡察工作,对六届区委第三轮巡察工作进行安排部署。区委书记江伟斌出席会议并讲话,他强调2022年是党的二十大召开之年,是全面落实市第五次党代会、区第六次党代会决策部署的第一年。区委巡察机构要深入学习习近平新时代中国特色社会主义思想和习近平总书记关于巡视工作的重要论述,完整准确全面把握新时代巡察工作责任、使命和要求,不断提高政治判断力、政治领悟力、政治执行力，全面贯彻中央巡视工作方针，精准落实政治巡察要求，以优异成绩迎接党的二十大胜利召开。区委常委、区纪委书记、区监委主任、区委巡察工作领导小组组长赵云主持会议。区委常委、组织部部长、区委巡察工作领导小组副组长沈郅宣布区委4个巡察组授权任职和任务分工决定。三阳镇党委书记和区委第三巡察组组长作了表态发言。

22日 袁州区机电产业基地工作推进会召开。区委副书记、区长胡勇出席会议并讲话。胡勇指出，袁州区当前最大的问题是发展不足，2021年袁州区实现了债务“消红降级”，拆迁安置和综治信访都取得了阶段性成效。2022年应该把主要精力放在工业发展上，工业园是大项目的承载地，各部门要全力配合，提供好土地、立项、资金等要素保障；园区要完善体制机制，提高土地报批的精准性，坚决落实落地函告制度及园区外观形象的审批，积极主动，切实把思想和行动统一到“三拼三促”的工作部署上来。会上，区机电产业基地主要负责人就土地指标、“僵尸企业”盘活等十项制约园区建设发展的问题进行了汇报，各相关单位就涉及问题进行分析讨论并提出了解决办法，同时表示将全力支持配合园区发展，推动园区提质增效。

22日上午 袁州区举行2022年春季新兵入伍欢送大会。区委书记、区人武部党委第一书记江伟斌出席欢送会并致欢送词，江伟斌首先代表区委、区政府、区人武部向全体应征入伍的青年表示热烈的祝贺！向关心支持国防事业的应征青年家长表示崇高的敬意！向全体征接兵工作人员表示诚挚的问候！希望即将步入军营的新兵们时刻牢记父老乡亲的重托，不辱使命、拼搏进取，在部队的“大熔炉”里苦练本领、磨砺意志、成长成才。要淬炼听党指挥的铁血军魂。在任何时候、任何情况下都同党中央、中央军委保持高度一致，坚决听从党中央、中央军委指挥，做到绝对忠诚于党、忠诚于祖国、忠诚于人民，做一名听党指挥、能打胜仗、作风优良的优秀战士。要练就能打胜仗的过硬本领。不怕困难、不畏艰苦，苦练克敌制胜的“高超剑法”，努力让自己成长为新时代共和国的钢铁战士，成为剑锋所指所向披靡的国之利剑。要争当建功立业的军中骄子。切实加强纪律作风、战斗作风的培养和实践，锻造敢于亮剑的英雄气概，努力在祖国的千里边防、万里海疆留下闪亮足迹。传承发扬袁州红色基因，展示袁州儿郎的最美形象，用实际行动为祖国争光、为部队争光、为袁州争光、为亲人争光，向党和人民交上一份满意的答卷。

大会宣读了《袁州区人民政府征兵办公室关于批准2022年春季新兵入伍的决定》，区委、区政府领导为新兵代表披绶带、授红花；区征兵办领导与接兵部队代表互赠锦旗；接兵部队代表、新兵代表、家长代表在欢送会上作了发言。欢送大会还组织新兵进行了汇报表演。

23日下午 区委书记江伟斌主持召开区委理论学习中心组集中学习会。会议强调要深入学习贯彻习近平总书记关于全面从严治党重要论述，深刻认识新的赶考之路上的种种风险挑战，全力践行“作示范、勇争先”殷殷嘱托，始终保持“赶考”姿态，以“功成不必在我”的精神境界和“功成必定有我”的历史担当，持续深化勤廉袁州建设，奋力推动高质量跨越式发展，加快冲刺全国县区经济百强，以更加优异的成绩迎接党的二十大胜利召开。胡勇、李云平、江海滨、李日耀、曹少鹏等区委理论学习中心组成员围绕“赶考”主题，结合思想工作实际作交流发言。会前，区委理论学习中心组成员通过自学的方式，认真研读了相关材料；会中，赵云讲授了《学习贯彻党内法规切实推进全面从严治党》廉政党课，全体成员集中观看了警示教育专题片。

4月

6—26日，区委巡察组分别对彬江镇、西村镇、洪塘镇、三阳镇、区工商联、区农业园办、区行政服务中心、区国资办、宜春市袁州生态环境局、宜春市自然资源局袁州分局等10个单位党组织开展常规巡察。此轮巡察将紧扣被巡察党组织职责使命和核心职能，聚焦贯彻落实党的路线方针政策和党中央决策部署情况，聚焦群众身边腐败问题和不正之风，聚焦基层党组织领导班子和干部队伍建设问题，突出领导班子和关键少数，着力查找和推动纠正政治偏差。目前，4个巡察组已完成进驻。此轮巡察统一在区委信访局设立邮政信箱（袁州区02号信箱），区委各巡察组设立专门联系电话、电子邮箱、举报信箱等，受理反映被巡察党组织领导班子及其成员、下一级党组织领导班子主要负责人和重要岗位干部问题的来信来电来访，重点是违反政治纪律、组织纪律、廉洁纪律、群众纪律、工作纪律和生活纪律等问题。

11日下午　丰城市委书记、宜春丰城高新区党工委第一书记徐结强，丰城市委副书记、市政府市长张书基率党政代表团一行到袁州区参观考察。江伟斌、胡勇、李云平、陈彬、熊爱国等陪同考察。考察中,丰城市党政代表团表示,此次学习考察开阔了视野、拓宽了思路、转变了观念、取到了“真经”,袁州区在背街小巷、老旧小区改造、城市规划设计等方面的经验做法值得学习借鉴。双方表示将以此考察为契机，进一步加强沟通联系、增进友谊、谋求合作,共同推进两地高质量跨越式发展。

20日　袁州区重大项目建设推进会召开。区委副书记、区长胡勇主持会议并讲话。胡勇指出,当前全区项目建设取得一定成效,但离目标要求还存在一定差距,形势严峻、退无可退,要以坐不住的危机感来看待差距,以等不起的紧迫感发起攻坚战,对项目进行精准甄别,做到快速推进好项目、优项目。同时要求各项目责任领导和牵头负责部门单位要带头谋划，做好牵头、抓总、指导工作;区发改委等部门要定期调研，及时收集问题,督导解决问题；项目责任单位、服务单位要及时跟进,做到“事事有人管、环环有人抓、件件抓到底”,形成工作闭环;“知易行难,行胜于言”。全区上下要想方设法,以切实有力的行动,坚决破解影响项目落地推进的瓶颈。最后强调发展形势急人,全区领导干部要像“热锅上的蚂蚁”,以高度的责任感和紧迫感，抓项目、推进展。要勤调度、强督查,坚决执行“半月一调度,一月一通报,一季一督查”工作机制,确保实时掌握工作进度和项目推进情况,做到限时限期交账,以担当实干,推动袁州实现高质量跨越式发展。会议通报了重大建设项目推进情况,听取了各问题责任单位、服务单位的表态发言。

22日　袁州区举行“书香袁州”读书节启动仪式,迎接第27个“世界读书日”的到来。区委、区人大、区政府、区政协主要领导及各乡镇、街道党委(党工委)书记,区委各部门、区直各单位主要负责人、教师、学生和志愿者代表共计100多人参加启动仪式。区委书记江伟斌宣布读书节活动正式启动。区委副书记、区长胡勇在致辞中指出,区第六次党代会以来,区委吹响了建设“书香袁州”的号角,致力于把袁州打造成一座没有围墙的图书之城。为办好此届读书节,全区将以“推进全民阅读,弘扬首府文化”为主题,采取线上、线下相结合的方式，开展新颖活泼、形式多样的系列读书活动,力求为广大市民提供一场色香味俱全的文化盛宴。希望大家把读书当作一种生活方式,与好书为友,以阅读为乐,以学习为荣,共同开启阅读之门,让古城大地更具文化氛围、更显文明风采。

28日　区委书记江伟斌主持召开区委全面深化改革委员会第四次会议。江伟斌指出，2022年是党的二十大召开之年,也是贯彻落实省第十五次党代会、市第五次党代会、区第六次党代会决策部署的第一年，做好全面深化改革工作意义重大。各地各部门要深入学习贯彻习近平总书记关于全面深化改革的重要论述和视察江西重要讲话精神,聚焦“作示范、勇争先”目标定位,强化改革重实干的鲜明导向,大力实施全面深化改革攻坚行动，以改革突破激活发展全局、以改革创新激发发展动能、以改革担当激励发展干劲,为冲刺全国县区经济百强提供强大动力和坚强保障。会议传达学习了中央、省、市全面深化改革委员会会议精神和《2022年江西省鼓励基层探索和推广改革经验工作方案》精神;审议了《袁州区全面深化改革攻坚行动方案(2022—2024年）及2022年袁州区抓落实活动“三拼三促”工作十大改革攻坚行动任务分解表》《区委全面深化改革委员会2022年工作要点及八个改革专项小组2022年工作计划》《区委全面深化改革委员会成员2022年领衔推进落实重大改革项目实施方案》《关于全面深化网格化服务管理构建“六治融合”治理体系的实施意见》《袁州区平安建设工作“乡镇(街道)吹哨、部门报到”实施方案》《袁州区创建全国科普示范区工作实施方案》《袁州区“志愿者之城”建设工作方案》。

29日　由区委宣传部主办,区总工会、区教体局、区文联承办的“喜迎二十大　书香润芳华——我的读书故事”演讲比赛在区行政中心顺利举行。比赛现场,50名参赛选手精神饱满、朝气蓬勃,立足阅读助力“书香袁州”建设,紧扣“喜迎二十大　书香润芳华——我的读书故事”主题,结合自身工作和身边生动事例,通过视频、图片、音乐等形式,用富有感染力的语言声情并茂地讲述了各自成长中与读书有关的感人故事,与书结下的不解之缘,所领悟的人生真谛。演讲比赛发人深省、鼓舞人心，展示着袁州“家家生计只琴书，一郡清风似鲁儒”的良好风气，也从另一方面展现了袁州干部职工的理想信念、家国情怀和责任担当，让现场观众受到了一次心灵洗礼。区委书记江伟斌，区委副书记李云平，区委常委、宣传部部长傅鹏，副区长杨宜，区政协副主席，区文联主席张艳玲出席活动并为获奖选手颁奖。

5月

2日　袁州区水江镇小洞村格外热闹，一场“百人百孝爱满人间”母亲节主题新时代文明实践活动在这里火热举行。活动组织了来自50个家庭的“最美婆媳”“最孝宝贝”现场为亲人洗脚，针对子女在外务工的留守老人、失独老人，由志愿者为其洗脚，现场十分温馨，让孝和善浸润每个人的心田。当天，在文化广场上各类节目精彩纷呈，舞龙表演、曳步舞串烧、竹笛演奏、童声合唱、情景剧等一个个群众喜闻乐见节目轮番上阵，让村民们享受到一场精神盛宴。与节目同步进行的，还有义诊、义务理发以及小洞特产纪念品赠送等志愿服务活动，志愿者们共为80余名村民义务理发，为50余名村民提供了测血糖、测血压、口腔检查等义诊项目，受到了村民们一致好评。

8日　中国科协公布了“2021年科普中国信息员典型代表”名单，袁州区辽市镇辽市中学朱明清、袁伟两位教师分获全国综合排名第65和237，获评“优秀科普员”。此次全国评选，以2021年以来“科普中国”信息员每日经验值、评论精选量、动态精选量3项数据为评价指标，在全国850万名科普信息员队伍中综合评定前300名进行公布。自朱明清、袁伟两位教师在2020年5月下载注册成为科普信息员以来，每天坚持利用课余时间登录学习，并给身边同事、学生分享科普知识、传播科普理念。短短两年时间他们传播分享优质内容、发布社团动态、点赞评论科普文章的累计经验值达到36万多分，传播量达1.6万多条，为有效打通科普传播“最后一公里”，提升公民科学素质作出积极贡献。

13日　袁州区民政局向全区老年人及其家属发出《袁州区民政局打击整治养老诈骗专项行动倡议书》，倡议防范养老诈骗人人有责。共同行动起来，群防群治、群策群力，深入宣传揭露养老诈骗套路手法，提高老年人群体识诈防诈能力，广泛发动群众，主动提供线索，坚决铲除养老诈骗滋生土壤，净化社会环境，最大限度挤压“行骗空间”，守护老年群众的“养老钱”，用实际行动维护老年人群体的合法权益，不断提高老年人及其子女的获得感、幸福感、安全感，为党的二十大胜利召开营造安全稳定的社会环境。

6月

1日　宜春市委书记于秀明，市委副书记、市长严允等分别到袁州区丰顶山中心小学、文笔峰小学、下浦幼儿园等，看望慰问少年儿童，代表市委、市政府向全市广大少年儿童致以节日的祝福，勉励孩子们牢记习近平总书记谆谆教导，从小立志向、有梦想，爱学习、爱劳动、爱祖国，争做德智体美劳全面发展的时代新人。在丰顶山中心小学，市委书记于秀明实地察看学校基础设施建设和教育教学情况。该学校地处袁州区洪塘镇，四面环山，60%的学生都是留守儿童。学校“教师风采”的展板上张贴着41名“大孩子”照片。3年来，这支以“00后”为主的教师队伍无一人离开。他们用心用情、互帮互助，一起克服生活中的困难，孕育着大山明日的希望。于秀明动情地说，你们这群“大孩子”坚守大山，教好山里的小孩子，用实际行动诠释了燃烧自己、照亮别人的“蜡烛精神”，希望你们继续发扬奉献精神，当好孩子们的人生导师、知心伙伴。他要求，地方党委政府和教育部门要关心关爱教师，为他们教学生活创造良好环境，让他们安心、精心、舒心育人。

5日　袁州区司法局优化营商环境工作再上《江西日报》要闻。为深入贯彻落实全省发展和改革双“一号工程”，推动宜春市2022年“三拼三促”抓落实活动深入开展，袁州区司法局充分发挥司法行政职能，立足区产业基础情况，以“法治助力园区企业发展”为切入点，强化工业强区软支撑，为袁州区“开放创新、强攻工业”战略营造一流法治化营商环境，为袁州区加快冲刺全国县区经济百强保驾护航。

8日，袁州区招商工作约谈会召开。会议强调全区各地各单位要看清“标兵越跑越远、追兵越来越近”激烈的比拼现状，正视“不进则退、慢进也是退”的竞争问题，进一步统一思想和行动，奋力实现“强攻二季度，确保双过半”的既定目标，为完成全年目标任务打牢坚实基础。会议听取了全区1—5月招商引资工作情况通报。区农业农村局、市自然资源局袁州分局、湖田镇、凤凰街道、现代农业示范园、区工信局、区文广新旅局7家单位作表态发言。

9日　袁州区纪委、区监委发布《关于受理营商环境领域腐败和作风问题检举控告的公告》。

9日下午　袁州区召开学习贯彻习近平总书记在庆祝中国共产主义青年团成立100周年大会上的重要讲话精神座谈会。会议号召,全区各级团组织和广大青年要深入学习贯彻习近平总书记重要讲话精神,坚定不移听党话、感党恩、跟党走,大力弘扬共青团光荣传统,永葆朝气活力、不断奋勇前进,用智慧和汗水绘就绚丽的青春画卷,为奋力冲刺全国县区经济百强、推动袁州高质量跨越式发展作出更大贡献。

14日　江西省妇女儿童工作委员会下发了《关于表彰江西省实施妇女儿童发展纲要先进集体和先进个人的决定》,其中,袁州区妇女联合会获"江西省实施妇女儿童发展纲要先进集体"称号。据悉,此次江西共有50个单位获先进集体称号,袁州区妇联是其中之一。"十三五"期间,袁州区不断完善实施两规划工作机制,强化政府管理妇女儿童事务的主体责任,使妇女儿童发展与国民经济和社会发展规划同步实施,增强妇儿工委各成员单位工作职责,逐步形成了政府负责、妇儿工委牵头、全社会共同参与的工作格局;通过加强宣传倡导,营造男女平等、儿童优先的社会氛围;加大投入,使重点、难点指标实现新突破;加强协调,维护妇女儿童权益的法律体系逐步得到完善,进一步推动了妇女儿童工作的法治化和科学化,有力促进了妇女儿童与经济社会的同步、协调发展。下一步,袁州区将继续深入贯彻以人民为中心的发展思想,立足新发展阶段、贯彻新发展理念、融入新发展格局,制定好《袁州区妇女发展规划(2021—2030年)》《袁州区儿童发展规划(2021—2030年)》,进一步提升妇女参与经济社会发展的能力和儿童综合素质,提高妇女儿童社会地位,保障妇女儿童合法权益,改善妇女儿童健康状况,提高妇女儿童受教育程度,提升妇女儿童社会保障水平,显著增强妇女儿童的获得感、幸福感、安全感。

19日　袁州区人民政府颁布《关于全面禁止非法盗采加工矿产资源的通告》。

24日上午　在第35个"6·26"国际禁毒日即将到来之际,袁州区举行"6·26"国际禁毒日宣传活动暨袁州区禁毒教育基地揭牌仪式,以及袁州区禁毒志愿者协会成立授旗仪式。副市长、市公安局局长、市禁毒办主任夏红色,区委书记江伟斌,区委常委、政法委书记、区禁毒委主任杨卫勇,副区长、袁州公安分局局长、区禁毒委副主任蒋晓青参加活动。市、区有关单位负责人、志愿者等300余人参加。上午10时30分,袁州区禁毒志愿者协会的骑手们骑着自行车出发,大家身着禁毒志愿者服装,车上搭载着含有禁毒元素的旗帜和宣传品,驶向袁州新城主要街道,沿途向广大市民发放宣传单页,一路传播禁毒常识,呼吁大家一起参与到禁毒宣传活动中来,为禁毒公益活动贡献力量。整齐的公益骑行队伍构成一道流动的禁毒风景线,引得路人纷纷驻足拍照,大家在耳濡目染中,感受全民禁毒、绿色环保健康生活理念的熏陶。

袁州区禁毒志愿者协会的成立,为袁州区禁毒工作增添了新的力量,将成为区委、区政府动员组织社会各界和广大群众参与禁毒斗争的桥梁和纽带,是增进禁毒志愿者交流和推动禁毒事业发展的重要力量。协会的成立,将极大提高袁州区禁毒工作的社会化、群众化程度,对于调动和激励全区人民参与禁毒工作的积极性和推动禁毒人民战争的深入开展具有深远的意义。

27日上午　宜春市最美家庭揭晓会在市妇女儿童活动中心圆满举行。此次活动由市妇联、市卫健委、市发改委、市生态环境局、市农业农村局、市综合行政执法局共同主办,旨在进一步贯彻落实习近平总书记关于注重家庭家教家风的重要论述,弘扬好家风、传承好家教、经营好家庭,让家庭文明之花在宜春遍地开放。其中,袁州有100户家庭获此殊荣。

29日　为热烈庆祝中国共产党成立101周年,深入贯彻落实市、区抓落实活动年"三拼三促"动员大会精神,全面展示袁州区书法爱好者对书法经典碑帖的学习和研究成果,由袁州区文联主办,袁州区书法家协会、袁州府书画院承办的"翰墨飘香迎七一　笔帖薪传颂党恩"袁州区第四届书法展在袁州区新时代文明实践站开展了。此次书法展筹备数月,经评审委员会评选,共展出91幅作品,作品形质兼美、风格多样、个性鲜明,有的笔走龙蛇,有的隽永清秀,有的遒劲有力,每一幅作品都充分展示了书法爱好者扎实的书法功底和深厚的文化底蕴,以深刻博大的文化力量给观众带来唯美隽永的艺术享受;内容从文化与文明的角度出发,或誊写习近平总书记重要讲话,或临摹经典古诗词名篇和反映当代精神的诗词,或原创书写喜迎党的二十大、创文明城诗词楹联,通过书法艺术形式讴歌党、讴歌祖国、讴歌人民、讴歌英雄,彰显在中国共产党领导下各行各业所取得的辉煌成就,具有较高的艺术欣赏价值和水准。

30日 为弘扬先进典型,凝聚奋进力量,袁州区创文办组织召开了"袁州文明大使"座谈会。会议强调文明城市创建永远在路上,"文明大使"要继续发挥好示范带头作用,持续发光发热,真正将"聚是一团火,散是满天星"融入每个人的内心和行为当中。要正确认识到创建文明城市是一项民生工程、民心工程,重在教化人心,教人崇德向善,从而提升城市品质、形象。各位"文明大使"都是各行各业的优秀代表,要做好表率,以自身良好形象带动广大市民群众争做文明人,共建文明城。要珍惜荣誉。"文明大使"既是个人荣誉,也是整个行业的光荣,更是组织的认可。各位文明大使要不骄不躁、笃信前行,以荣誉勤勉自身、传导压力,做好行业典范,以点带面,凝聚上下同欲。要形成闭环。"文明大使"评比要坚持开展,充分挖掘"创文"过程中的典型素材,让更多的人参与评比,提升各行各业的获得感和荣誉感。"文明大使"要带动影响家里人、身边人积极宣传袁州,形成联动效应,让袁州的宣传更加有力有效,"创文"意识入脑入心。座谈会上大家结合各自工作实际畅谈了"创文"工作体会及感受,并提出了意见建议。会议还为10名"袁州文明大使"颁发了荣誉纪念章。

30日 为热烈庆祝中国共产党成立101周年,积极营造迎接党的二十大胜利召开的浓厚氛围,袁州区"携手喜迎二十大 首府同声颂党恩"歌咏比赛决赛在区行政中心大会堂举行。晚会现场热闹非凡,16支代表队同台竞技,唱响袁州之声。晚会在《灯火里的中国》中拉开序幕,《我在袁州等你来》《唱支山歌给党听》《小洞村口送红军》等精彩节目轮番上演,将台下观众带回那难忘的峥嵘岁月。整场晚会气氛热烈,现场掌声、欢呼声不断。经过激烈角逐,最终,区卫健委、彬江镇获得一等奖。秀江街道、新坊镇、下浦街道、芦村镇、洪塘镇等5支代表队获得二等奖。渥江镇、南庙镇、水江镇、湖田镇、区交通运输局区文广新旅局区红十字会联合队、新田镇、区林业局、辽市镇、寨下镇等9支代表队获得三等奖。

7月

5日 以"创响新时代,创领新赣鄱,共圆中国梦"为主题的第五届"中国创翼"创业创新大赛江西省选拔赛决赛拉开帷幕,在主体赛服务业项目组决赛上,袁州区选送的《"烷"美容颜——植物角鲨烷护肤第一品牌项目》以优异成绩从全省服务业项目组中脱颖而出,喜获第一名,代表江西省征战全国比赛。袁州区将继续做好该项目的参赛指导服务、培育扶持和典型宣传等工作,在全国比赛中争取更大荣誉,为江西争光,为袁州区添彩。

11日 江西省委书记、省人大常委会主任易炼红深入袁州区调研。省委常委、省委秘书长史文斌随同调研。在袁州区珠泉街道一机社区调研时易炼红赞扬社区党员干部始终同群众想在一起、干在一起,加强精细管理、创新基层治理,用心用情用力为群众服务的精神和努力。在袁州区新坊镇合浦村,易炼红与村党支部负责人深入交流,详细了解基层党建"三化"建设情况,强调要突出抓基层打基础,切实把基层党组织建设成为坚强战斗堡垒,全面提升乡村治理水平,以高效能乡村治理助推乡村振兴。在新坊镇合浦村"童心港湾",易炼红观看了十几名留守儿童在志愿者带领下,以歌曲、图画等形式学习防溺水知识。易炼红叮嘱孩子们要有强烈的自我保护意识,千万不要结伴或私自下水游玩。同时,感谢志愿者们无私奉献,希望他们用爱心和责任浇灌祖国的花朵。易炼红还到袁州区秀江河下游河段涉水应急防控点实地检查。强调正值酷暑,各地各部门要以"时时放心不下""人人放心不下"的责任感,把严防学生溺水工作抓得更实更严更到位,进一步夯实社区(村组)、学校、家庭等各方责任,打好"人防+物防+技防"防溺水组合拳,带着感情带着责任坚决遏制学生溺水事故发生,切实以父母之心守护学生生命安全、健康成长。

13日 袁州区六届人大常委会第六次会议召开。会议审议通过了有关人事任免议案,并组织了宪法宣誓仪式。会议传达学习了宜春市委深入贯彻落实中央人大工作会议精神推进会和宜春市人大代表"五带头五表率"主题实践活动推进会精神;

审议并通过了关于许可宜春市公安局宜阳分局对区六届人大代表采取强制措施的议案、区人民法院关于增补人民陪审员名额数的议案、《袁州区人大代表列席区人民代表大会常务委员会会议办法(草案)》、《袁州区人民代表大会常务委员会组成人员联系区人大代表办法(草案)》;听取并审议了区人民检察院关于未成年人检察工作情况的报告、区人大常委会调研组关于全区未成年人检察工作情况的调研报告、区人民政府关于2022年区级预算调整方案(草案)以及2022年地方政府债务限额的报告、全区环境质量状况和环境保护目标完成情况的报告、区人大常委会调研组关于全区环境质量状况和环境保护目标完成情况的调研报告、区人民政府关于全区退役军人工作情况的报告、区人民政府关于优化营商环境情况的报告。

13日　省委政研室副主任、省委改革办专职副主任张晓勇带领省委政研室、省发改委联合调研组一行到袁州区调研打造美丽中国"江西样板"改革攻坚行动。宜春市委副秘书长、市政研室主任、市改革办副主任况海家,市委政研室副主任邓爱文随同调研。张晓勇一行先后来到湛郎街道状元洲社区磷肥厂小区、南庙镇袁梅村、新坊镇宜春市雅山高岭土有限公司等地,实地了解生活垃圾分类和减量试点、美丽乡村建设、矿山生态修复等工作。张晓勇充分肯定了袁州区2022年以来实施打造美丽中国"江西样板"改革攻坚行动的工作进展和成效,同时指出,要扭住关键强攻坚,按照"一年全面铺开、两年重点突破、三年整体提升"总体要求,以优化升级营商环境"一号改革工程"为关键,统筹抓好"1+10"(自主探索一项可推广、能复制的改革经验,以及十大改革攻坚行动)重点改革工作,常态化召开深改委会议,推动改革攻坚行动早突破、见实效。要总结挖掘出经验,按照《江西省全面深化改革工作考核办法》要求抓实抓细,加强向上级部门的请示汇报,争取支持和指导;定期调度改革任务落实情况,加大改革特色亮点工作的挖掘总结宣传力度,致力打造更多的改革品牌。

19日　奉新县委书记陈志尧,奉新县委副书记、县长喻军率党政代表团一行到袁州区参观考察老旧小区、背街小巷改造,以及新时代文明实践站、新型城区建设等方面工作。奉新县考察团先后到凤凰街道岭上片区、珠泉街道一机社区、袁州新城等地实地考察。考察团表示,将积极借鉴袁州经验,以新时代文明实践推动老旧小区焕发新气象,并结合奉新当地实际运用到今后的创建工作中去。双方希望两地能够进一步加强沟通交流,深化合作内涵,携手共建共赢,合力为宜春建设江西综合实力强市贡献更大力量。

26日　袁州区创建全国文明城市工作推进会召开。会议通报了近期"创文"中存在的问题,细致解读了2022年创文工作测评标准变化和注意事项,对下步"创文"工作重点进行了详细部署。会议同时强调创建全国文明城市是市委、市政府赋予袁州区的光荣使命,是全区人民的共同追求和奋斗目标,袁州区作为中心城区创文工作的主战场主阵地,要全面展示首府形象、扛起首府担当,以"坐不住、等不起、慢不得"的紧迫感责任感,坚定信心、狠下决心,团结一致、大干苦干,以优异的成绩书写好创文答卷,为建设文明城市作出首府贡献。

26日　袁州区召开区委书记专题会议,听取六届区委第三轮巡察工作情况汇报,并研究部署下一步巡察工作。会议传达学习了习近平总书记在中共中央政治局会议审议《中央第八轮巡视金融单位整改进展情况的报告》时的重要讲话精神,省委书记易炼红听取十五届省委第一轮巡视情况汇报时的讲话精神,省委常委、省纪委书记、省监委主任、省委巡视工作领导小组组长马森述署名文章《以更高标准深化政治巡视》和市委书记于秀明听取五届市委第三轮巡察情况汇报时的讲话精神;听取了涉粮问题专项巡察监督检查、六届区委第二轮巡察反馈意见整改落实和移交问题线索处置情况以及六届区委第三轮巡察总体情况等汇报。会议指出,巡察本质上是政治监督,要切实提高政治站位,深刻认识巡视巡察是党章赋予的重要职责,站在坚定捍卫"两个确立"、坚决做到"两个维护"的高度,不断增强做好巡察工作的思想自觉、政治自觉和行动自觉。要突出监督重点,准确理解和把握政治巡察的定位和内涵,紧盯"国之大者",紧盯被巡察党组织的政治责任,推动中央和省委、市委各项决策部署在袁州落地落实。要突出"关键少数",加强对领导班子特别是"一把手"的监督,压实管党治党政治责任。要坚持问题导向,把"严"的总基调贯穿巡察全过程,聚焦群众关心关注和突出共性问题，加强分析研判，从政治角度发现问题、分析问题、解决问题。会议强调，要探索创新巡察方式方法，积极做好"上下联动巡"，统筹谋划"重点领域巡"，认真总结第三轮交叉巡察经验，提升监督质效。要加强整改日常监督检查，纪委监委、组织等部门要加强整改日常监督，全面监督整改任务落实，压实整改政治责任。要严格管理巡察干部，巡察干部要加强思想政治建设和能力素质建设，学深悟透习近平新时代中国特色社会主义思想，提高做好政治巡察工作能力和专业水平。

28日　在八一建军节来临之际，区委书记江伟斌到宜春军分区、区人武部及抗美援朝老兵家中走访慰问，代表区委、区政府向部队官兵和老英雄、老战士致以节日的问候和崇高的敬意。在宜春军分区，江伟斌介绍了袁州区近年来经济社会发展情况，并表示当前全区上下干劲十足，干部群众热情高涨，社会大局和谐稳定，这些成绩的取得与宜春军分区一如既往地关注和支持密不可分，今后袁州将继续发扬拥军优属光荣传统。市委常委黄长平等对江伟斌一行的到来表示欢迎和感谢，对袁州经济社会发展所取得的成就给予充分肯定并表示，宜春军分区将一如既往支持地方各项事业发展，希望袁州区委、区政府贯彻落实好市委、市政府各项决策部署，为建设江西综合实力强市展现首府担当、贡献首府力量。在区人武部，江伟斌充分肯定了全区人武工作取得的成绩，高度赞扬一直以来广大驻地官兵始终坚持围绕中心、服务大局，扎实有效地开展各项工作，在国防动员、处理突发事件等方面都作出了积极贡献。希望全体官兵继续发扬优良传统，立足地方所需、群众所盼、部队所能，大力引导驻地官兵积极投身全区经济社会建设，为袁州冲刺全国县区经济百强献智献力。

8月

4日　袁州区工业项目加压推进工作会议召开。会议强调，全区上下要聚焦"作示范、勇争先"目标定位，紧紧围绕全区主导产业招大引强，努力变招商引资为招商选资，坚持走专精特新的发展之路，为袁州冲刺全国县区经济百强打下坚实基础。同时指出项目是经济发展的生命线，没有好项目就没有支撑力，没有发展后劲。全区上下要牢固树立"项目为王"理念，切实增强抓好工业项目建设的责任感和紧迫感，紧盯项目推进的关键环节、工业发展的重点领域，精准发力、持续用力，在全区范围内掀起狠抓工业、大抓招商、大干项目、大优环境的热潮，努力推动全年项目建设任务顺利完成。会议还通报了全区工业项目推进约谈情况。各乡镇街道汇报了当前存在的问题，并就下一步如何破零、推进作表态发言；各职能部门就解决问题、做好下一步服务作补充发言。

12—13日　袁州区森林防灭火指挥部举办了为期2天的大练兵大比武考核，来自各乡镇200余名半专业扑火队精兵强将积极参与。此次大练兵大比武考核活动围绕1500米负重跑、风力灭火机操作、森林防灭火理论知识考试等科目展开角逐，既测理论知识也考体能技能，从难从严检验半专业扑火队员综合素质。比赛中，考核组严格对照比武细则，坚持一把尺子量到底，参赛队员们顶骄阳、抗高温、战酷暑，将平时刻苦训练的消防救援技能水平充分展现，形成了比、学、赶、超和以赛会友的良好氛围，达到了"以赛促训、以赛促练"的目的，为推进乡镇半专业队伍规范化建设、打造"召之即来、来之能战、战之必胜"的森林扑火队伍打下了坚实的基础。

13日上午　袁州区在外学子团工委成立大会暨第一次会员代表大会召开，61名袁州籍在外高校青年学子代表参会。会议指出，袁州区在外学子团工委作为青年学子自己的组织，要坚持把竭诚服务广大袁州籍大学生作为一切工作的出发点和落脚点，不断加强自身建设，努力将团工委建设成为袁州籍青年学子的共同家园。同时向在外的广大袁州籍青年学子提了三点希望：一是不负韶华，筑牢坚定理想信念，争做有思想有灵魂的新时代青年；二是胸怀大局，始终坚持服务中心，争做有能力有作为的新时代青年；三是笃定前行，努力提升综合素养，争做有责任有担当的新时代青年。会议选举产生了新一届袁州区在外学子团工委组成人员。

13日　经综合初评、网络投票、专家评审并根据作品质量等具体情况，经袁州区政府审定同意，袁州城市形象宣传语和形象标识征集大赛结果揭晓，一等奖暂缺。其中城市形象宣传语二等奖：行过江湖　囍欢袁州；三等奖：1.圆周率叫π，袁州景更派！2.有"袁"千"锂"来相会。

22日上午　全区乡镇（街道）党政正职、村（社区）书记培训班开班，区委书记江伟斌在开班式上作主题报告，强调要切实提高政治判断力、政治领悟力、政治执行力，以更饱满的精神面貌、更昂扬的奋进姿态、更优异的工作业绩迎接党的二十大胜利召开。“政治三力”是习近平总书记对全体党员干部立足新发展阶段、贯彻新发展理念、构建新发展格局提出的新要求，党员干部只有不断提高“政治三力”，才能从小事中看出大道理，才能在面对重大斗争时知其然更知其所以然，才能更加坚定不移、义无反顾听党话、感党恩、跟党走。同时指出自换届以来，在文明城市创建、防溺水等工作中，各乡镇(街道)党政正职、村(社区)书记树牢主人翁意识，团结带领干部群众，在各自岗位上尽职尽责，为全区经济社会发展作出了积极贡献。

23日　央视《新闻直播间》《朝闻天下》接连播出江西宜春新闻“多措并举应对旱情　解决用水问题”。新闻报道：“眼下，各地持续遭遇高温天气，为确保晚稻丰产丰收，袁州区依托袁北灌区智慧用水平台，全面启用闸门远程化监控系统，并通过配备抽水机、铺设水管等方式，帮助农田解‘渴’。这两天，在辽市镇丰林村，袁北灌区正不间断地给种粮大户彭小兵的100多亩稻田灌溉。和往年不同的是，2022年的水是他电话叫来的。只要打个电话过去，那个智慧用水平台就会放水过来，而且全部免费。”“智慧用水平台”，是袁州区水利部门和袁北灌区管理单位为保障农业生产用水，共同开发的信息化自动平台。该平台通过借助安装在闸门和田间的摄像头，实现信息采集监测、用水管理、闸门控制等多功能一体化。袁北灌区作为袁州最大的灌区，肩负着16个乡镇34.68万亩农田的灌溉任务。有了这个平台，就可以对灌区进行实时监控，一旦出现缺水情况，农户只要一个电话，就可开启远程开闸放水，做到科学调度、合理配置水资源。针对地势高的稻田，袁州区还统一配备抽水机、铺设水管，同时，根据各地特点，实行区域联动输配水，达到错峰用水，并因地制宜采取轮灌、滴灌、喷灌等节水措施，提高用水效率，切实保障农作物用水需求。

26日　袁州区举办全区领导干部配偶“家庭助廉”培训班。区委书记江伟斌出席开班式并讲话。江伟斌强调，要深入学习贯彻习近平总书记“注重家庭、注重家教、注重家风”的重要指示精神，教育引导党员领导干部及其家属和身边人廉洁修身、廉洁齐家，为推动袁州高质量跨越式发展提供强有力的支撑。区委常委、区纪委书记、区监委主任赵云主持开班式。各乡镇、街道党政主要领导及区委各部门、区直各单位主要领导配偶参加了培训。

26日　2022年度区委退役军人事务工作领导小组暨区双拥工作领导小组全体(扩大)会议召开。会议强调，2022年是党的二十大召开之年，也是中国人民解放军建军95周年，提高政治站位，厚植爱军情怀，做好退役军人和双拥工作，意义重大、责任重大。要进一步增强做好退役军人和双拥工作的光荣感、责任感和使命感，以抓落实活动年“三拼三促”为抓手，真抓实干、接续奋斗，不断提高退役军人事务治理效能，努力开创新时代全区退役军人和双拥工作新局面。会议传达学习了习近平总书记关于退役军人工作、双拥工作的重要论述，省委、市委退役军人事务工作有关会议精神；听取了袁州区2021年退役军人工作情况的汇报；审议通过了《中共宜春市袁州区委退役军人事务工作领导小组2022年工作要点》和《关于向区退役军人事务工作机构派驻军队人员的报告》。

26日　全区优化营商环境大讨论、大排查、大整治、大提升活动动员会召开。区委书记江伟斌出席会议并讲话。他指出要坚持刀刃向内、勇于自我革命，加快建设“全省营商环境一等区”，奋力打造“江西办事不用求人、江西办事依法依规、江西办事便捷高效、江西办事暖心爽心”的袁州样板。换届以来，区委、区政府坚持把优化营商环境作为“一把手工程”紧抓不放，以思想破冰引领发展突围，全面推动政务环境、政策环境、市场环境、法治环境、政商环境不断优化。但对照市场主体和群众期盼、先进地区标准，全区营商环境还存在较大差距。全区各级党组织、广大党员干部务必要高度警醒、全面检视、深刻反思，以更大的决心、更实的举措、更硬的作风，努力攻坚变革，为冲刺全国县区经济百强注入强劲动能、提供坚实支撑，以最优异的成绩迎接党的二十大胜利召开。会议宣读了《全区优化营商环境大讨论、大排查、大整治、大提升活动方案》，解读了《袁州区开展“小鬼难缠”“中梗阻”问题专项整治方案》《袁州区优化营商环境网格化管理的实施方案》。会上，区行政服务中心、区市场监管局等6个单位依次进行动员讲话。

28日　全区“七个有之”专

项治理工作会议召开。会议强调,推进“七个有之”专项治理工作,是省委、市委部署的一项重要政治任务。全区各级各部门要按照省委、市委有关部署要求,进一步细化时间表、路线图、任务书,全面推进“七个有之”专项治理工作,将高质量治理成效转化为推动全区高质量跨越式发展的强大动力。与会区委常委围绕“自觉抵制、坚决杜绝‘七个有之’”主题进行查摆发言。会议传达学习了习近平总书记关于严明政治纪律和政治规矩的重要论述、市委“七个有之”专项治理工作会议精神。

29 日　区委党建工作领导小组全体(扩大)会议暨城市基层党建引领基层治理工作领导小组会议召开。会议强调,要突出政治建设,铸牢忠诚之魂。深入学习贯彻习近平新时代中国特色社会主义思想,增强“四个意识”、坚定“四个自信”、捍卫“两个确立”、做到“两个维护”,不断提高党员干部的“政治三力”,加快推动党的建设与中心工作深度融合。紧扣党的二十大主题主线,加大学习宣传力度,营造喜迎党的二十大、奋进新征程的良好氛围。要压实政治责任,凝聚工作合力。各级党组织要切实履行好抓党建工作主体责任,党组书记要履行好第一责任人的政治责任,推动形成一级抓一级、一级带一级、层层抓落实的党建工作责任体系。坚持放大“坐标系”、找准“参照物”,对标最高、聚焦最好、锚定最优,推出一批有特色、有亮点的党建品牌。始终保持严的主基调不动摇,强化政治监督,一体推进“三不”体制机制建设,持之以恒纠“四风”树新风,加快建设更加风清气正、健康向上的政治生态。会议传达学习了省、市有关会议精神;审议通过了《区委党建工作领导小组 2022 年工作要点》《袁州区关于抓党建促乡村振兴的实施意见》《关于加强对村干部特别是“一肩挑”人员的监督管理实施意见》《袁州区加强小区物业党建联建　提升物业管理服务水平工作的实施方案》《关于推进新业态、新就业群体党建工作实施方案》。会上,新坊镇、新康府街道、区税务局主要负责人分别围绕抓党建促乡村振兴工作、深化城市基层党建引领基层治理工作和打造让党放心、人民满意模范机关工作进行发言。

30 日　全区开放型经济工作调研座谈会召开。会议指出,换届以来,全区上下特别是开放型经济部门始终坚持把招商引资作为优化产业结构、提升经济实力、推动高质量发展的重要抓手,锚定目标、真抓实干,形成抓开放、抓招商、抓项目的强大合力,全区招商引资工作势头强劲,签约项目创历史新高。但信息质量参差不齐、高质量中小项目不多、“5020”重大项目短板等问题依旧存在,全区各级各部门要坚定信心、久久为功,坚持问题导向,不等不靠、迎难而上,全力以赴谋项目、提质增效促发展。会上,医药产业园、区商务局、机电产业园、锦源新区、农业示范园主要负责人分别就工作开展情况进行汇报。

31 日　宜春市文明办公布 2022 年第二期“宜春好人榜”,共 12 人获此殊荣,袁州区 3 人上榜。他们是退役创业回馈社会的刘飞武、救死扶伤的排头兵林宏忠、退伍不褪色筑路三十载的涂文胜。

是月　袁州区以晴热高温少雨天气为主,土壤失墒较快,旱情逐渐冒头加重。区委、区政府高度重视当前防旱抗旱工作,深入基层一线,各地各部门迅速动员,做到了早动员、早部署、早防范、早应对,抗旱减灾效果明显。

9 月

5 日　袁州区召开秋季定兵工作会。区征兵领导小组全体成员参加会议。会议传达了省市有关廉洁征兵的文件精神,介绍了秋季征兵工作基本情况,宣读了《2022 年袁州区秋季征兵定兵原则和程序方法》和《2022 年袁州区秋季征兵预定兵方案》,并逐一推荐兵员情况。

8 日　在第 38 个教师节即将到来之际,区领导胡勇、傅鹏、杨宜、袁春平等深入中心城区部分学校开展教师节走访慰问活动,代表区委、区政府向辛勤耕耘在教育战线上的广大教育工作者致以节日祝福和诚挚问候,衷心感谢他们为全区教育事业发展作出的积极贡献。

8 日　全区教师节庆祝大会召开。区委副书记、区长胡勇首先代表区四套班子和百万袁州人民,向受表彰的优秀教师表示热烈的祝贺,向全区广大教师、教育工作者和离退休教师致以节日的问候和崇高的敬意,向长期以来关心支持袁州教育事业发展的社会各界人士表示衷心的感谢。区委副书记、区长胡勇出席会议并讲话。同时强调,要坚决贯彻党的教育方针,把党对教育工作的全面领导落到实处,努力开创袁州教育改革发展的新局面,奋力谱写袁州教育高质量发展新篇章,以优异成绩迎接党的二十大胜利召开。大会宣读了先进集体和先进个人表扬通报，并为部分受表彰优秀教师和先进单位进行了颁奖。慈化镇、实验小学、袁州学校、丰顶山小学作交流发言。

11 日　央视《新闻直播间》节目播出袁州区城市基层党建做法。

20 日　袁州区召开全区市县综合考核工作暨园区综合考核工作推进会，认真贯彻落实省委、市委对年度综合考核工作的部署要求，研究全区当前综合考核情况，对相关工作再部署再推进。会议通报了全区推进高质量跨越式发展成效有关指标进展情况和加强党的建设成效有关指标进展情况，区科技局、区发改委、区供销社、区综治办、区行政服务中心等单位作了表态发言。

22 日　袁州区政协主席、区安全生产综合督查组组长熊爱国带队开展了第一轮安全生产综合督查。此次督查行动分为两个小组进行，对督查单位的安全生产情况进行现场检查。督查组一行实地检查了锂电产业园二期工地、宜春银锂新能源有限责任公司、江西天盛贸易有限公司、龙达物流等企业，认真听取了相关负责人关于安全生产工作的情况汇报，重点检查了企业现场安全管理、资料台账等情况，对督查中发现的问题隐患予以现场指出，并提出整改意见。

23 日　全区组织开展“强国复兴有我”——学习《习近平谈治国理政》第四卷知识竞赛活动。此次活动由区委宣传部主办，中国邮政集团袁州区分公司承办，9 月 18 日，已组织来自全区各单位的 45 支队伍进行了知识竞赛初赛，决出了 10 支队伍参加决赛，决赛分为必答题、抢答题和风险题三个环节。比赛中，参赛选手们严格遵守比赛纪律，沉着冷静、聚精会神答题，现场气氛紧张热烈，精彩纷呈，尤其在抢答环节，选手们你争我夺、互不相让，充分展现了党员干部扎实的学习功底和奋勇向前的拼搏精神。经过激烈角逐，区市场监督管理局代表队获得一等奖，化成街道代表队、区人社局代表队获得二等奖，彬江镇代表队、区卫健委代表队、区税务局代表队获得三等奖，新坊镇代表队、洪塘镇代表队、天台镇代表队、区纪委区监委代表队获得优秀组织奖。

24 日　《东方时空》栏目播出《丰收的颜色　擦亮农业“绿色”底色》，报道袁州区中药材鹿茸草变野生为大规模种植，迎来丰收，带动村民增收致富。

24 日　袁州区委作风建设专题会议召开，区委副书记、区长胡勇主持会议并讲话。胡勇强调，要以干部思想作风建设为契机，对准焦距、找准穴位、抓住要害，深入查摆和整治，为袁州发展营造风清气正的干事创业环境。袁州区四套班子有关领导参加了会议。区委办、区人大办、区政府办、区政协办、区纪委区监委、区委组织部、区委巡察办主要负责人列席会议。

27 日　区六届人大常委会第七次会议召开。会议书面传达学习了区委深入贯彻落实中央人大工作会议精神推进会精神；表决通过了关于接受常委会委员辞职的决定（草案）；审议通过了人事任命议案，并为新任命的人员颁发了任命书。会议还审议通过了关于许可宜春市公安局宜阳分局对区六届人大代表采取强制措施的议案；听取和审议了区人民政府关于袁州区 2021 年区级财政决算和 2022 年上半年区级总预算执行情况的报告、区人民政府关于袁州区 2022 年上半年国民经济和社会发展计划执行情况的报告、区人民政府关于袁州区 2021 年度区级预算执行和其他财政收支的审计工作报告，并表决批准了袁州区 2021 年区级决算的决议（草案）。

10 月

3 日　央视《新闻联播》播出新闻“伟大复兴　壮丽航程　神州巨变　小康圆梦”，内容提及袁州区过去聚焦聚力精准扶贫，坚决打赢脱贫攻坚战，助力神州大地圆小康梦。

7—8 日　《朝闻天下》《新闻直播间》《新闻 30 分》《中国三农报道》《天下财经》《新闻联播》等栏目，在播出“在希望的田野上，全国秋收进度过半　收获进入高峰期”新闻时，都报道了袁州区 42 万亩水稻丰收，同时秋收工作推出代收割、代运输、代烘干等一条龙服务，帮助农户减损增收。

10 日上午　江西省文联党组书记饶利萍一行到袁州区新坊镇农民版画基地调研。饶利萍一行实地参观了新坊镇新时代文明实践所、农民版画创作基地，与在场的农民版画家、文艺志愿者亲切交谈，听取了农民版画基地的活动、作者的创作进展、作品的销售渠道等情况，并参与了版画的印制过程，体验版画作者在艺术上的不懈探索和追求。饶利萍对农民版画培训创作模式给予了高度肯定，表示新坊农民版画基地要持续以版画为切入点，深化公益培训“五进”

工作，推进“以美育人”全民美育项目的实施；注重市场需求，坚持守正创新，加强对外宣传，发展当地特色文化产业，真正实现文艺文化在基层开花结果、繁花似锦的美好愿景。

12 日　“首府展风采　献礼二十大”袁州区书法、美术、摄影展在袁州区新时代文明实践中心开幕。此次展览共展出作品72 幅，作品主题鲜明、题材多样、寓意深刻、艺术精湛，是全区文艺工作者怀着对祖国、对家乡、对新时代建设者的热爱之情创作出的精品力作。作品以书法、美术、摄影的艺术形式抒发人文袁州魅力情怀，描绘秀美袁州壮丽景象，回顾了袁州人民逢山开路、遇水架桥的奋斗历程，热情讴歌新时代袁州人民开拓奋进取得的发展成就，全面展示了袁州区书法、美术、摄影创作的艺术水平。

12—13 日　袁州区开展了第二轮安全生产综合督查。区应急管理局、区消防救援大队、区综合行政执法局等成员单位共同参与了督查。督查组一行实地检查了江西丰日电源有限公司、新鹏液化气站、宜春市袁州区慈化镇光明花爆厂、慈化镇余坊采石场等地，对各单位执行安全管理制度，落实消防措施、消防器材配置和时效期，资料台账配备等情况进行逐一查看。针对发现的问题，督查组现场提出整改意见，要求企业立即整改，并督促对违法违规问题依法依规立案处理，真正起到警示震慑作用。

14 日零点　袁州区组织区应急管理人员开展打击烟花爆竹非法生产“百村零点行动”督导。行动共分 10 个督导组，分赴寨下、柏木等 12 个重点乡镇开展督导。主要督导各乡镇关于打击烟花爆竹非法生产“零点行动”落实情况。一看各乡镇是否及时召开班子会，传达市安委会会议精神和区关于打击烟花爆竹非法生产部署会议精神；二看是否制定打击烟花爆竹非法生产“零点行动”的明确方案，并召开镇村干部大会进行安排部署；三看行动是否已经开展，并做到逐村逐户排查。

15 日，由区委宣传部、区总工会联合主办的“喜迎二十大　首府展风采”2022 年袁州区“创文”工间操比赛在文笔峰小学圆满落幕。此次活动共有来自全区各乡镇街道、区直单位的 39 支代表队 1200 余名职工参赛。比赛现场，激昂的音乐、整齐的服装、铿锵的步伐、自信的姿态，迸发出青春的活力和奋进的力量，每一个动作都彰显出工间操的力量与美感，展现出职工们团结协作、昂扬向上的精神风貌，体现了参赛队伍的激情与活力。经过激烈角逐，区财政局代表队、人大政协宣传部文联联合代表队获得一等奖，区医保局代表队、区教体局代表队、区总工会代表队、金瑞镇代表队、慈化镇代表队、区卫健委代表队获得二等奖，化成街道代表队、区人社局代表队、凤凰街道代表队、秀江街道代表队、芦村镇代表队、新坊镇代表队、新康府街道代表队、下浦街道代表队、辽市镇代表队获得三等奖。

18 日　全区重大建设项目督查动员部署会召开，全面启动全区重大建设项目督查行动。为有力推进重大建设项目提质提效，区委、区政府制定出台了《袁州区 2022 年重大建设项目督查方案》，高标准成立督查工作组。会议强调，推进重大项目建设是完成 2022 年各项工作任务和在赶超进位中体现“首府担当”的重要抓手。各督查工作组要切实提高站位，坚决贯彻落实区委、区政府决策部署，锚定督查重点，讲究方式方法，迅速把工作职责和督查内容理清楚，要做到听“清”听“全”，找准重大项目建设中存的在问题和短板弱项。要迅速行动，齐心协力督出成效，跟踪督办解决问题，促进项目建设进度和质效有明显提高。

19 日　区委副书记、区长胡勇主持召开区委书记专题会议，听取六届区委第四轮巡察工作情况汇报，研究部署下一步巡察工作。会议强调，2022 年是党的二十大召开之年，也是抓落实活动年，做好巡察工作意义重大。区委巡察机构要深入学习贯彻习近平总书记关于巡视工作的重要论述精神，持续推动全区巡察工作高质量发展，充分发挥全面从严治党政治引领和政治保障作用，为袁州奋力冲刺全国县区经济百强、在建设江西综合实力强市中展现首府担当作出新的更大贡献，以优异成绩献礼党的二十大。

20 日　袁州区南庙镇 47 岁的钱斌荣因突发疾病经送医抢救无效逝世。面对噩耗，家属强忍悲痛，经过慎重考虑，最终决定将钱斌荣的器官捐献给其他有需要的人，以这样的方式，点燃生命的“亮光”。10 月 23 日上午，在宜春市人民医院北院 ICU 病房里，钱斌荣 19 岁的女儿钱玲在家人和袁州区红十字会工作人员的陪伴下，郑重签下了父亲钱斌荣的器官捐献执行确认书。当日下午成功将器官移植到三名患者体内，为三个家庭带来新的希望。据了解,袁州区红十字会仅2022年1月份以来,已有936名遗体器官捐献志愿者登记,为全市首位。

23日上午 袁州区广大党员干部群众分别在各自单位或工作场所组织观看了中国共产党第二十届中央政治局常委同中外记者见面会,并聆听了习近平总书记发表的重要讲话。

24日 全区“三拼三促”重点工作推进会暨“决战四季度、确保全年胜”工作部署会议召开。区委副书记、区长胡勇出席会议并讲话。会议强调全区要把学习好、贯彻好、落实好党的二十大精神作为当前和今后一个时期的首要政治任务,深刻领会核心要义,紧密结合实际,围绕“决战四季度、确保全年胜”,决战决胜全年各目标任务,确保党的二十大精神在袁州见行见效。会议通报了1—8月经济运行情况、1—9月重点工作考评情况、1—9月“三拼三促”工作进展情况;通报了营商环境建设情况,并安排部署了下一步工作。会上,部分乡镇街道就重点工作考评作典型、表态发言,区市场监督管理局、区供电公司就营商环境建设作表态发言。10月27日上午,袁州区营商办联合新康府街道在油茶广场开展2022年江西营商环境日主题宣传活动,活动邀请了区税务局、区市场监管局、区金融服务中心、区供电公司等部门业务骨干走上街头,通过悬挂宣传条幅、发放宣传资料等方式,广泛宣传《江西省优化营商环境条例》等营商环境政策。

11月

2—4日 “书写新时代山乡巨变”2022年江西散文笔会在袁州区召开,来自全省各地的60余名散文作家参与了此次笔会活动。其中有省作协副主席、第八届鲁迅文学奖获得者江子、《散文》执行主编张森等。

4日 2022年袁州区“三拼三促”优秀中青年干部政治理论培训班二班全体学员和区红十字会工作人员前往袁州区渥江镇信和小学开展“践行二十大精神,冬日情暖童心”活动,给孩子们送去暖心和关爱。为激励孩子们努力学习、积极锻炼,学员们给在校的27名学生捎去了书包、水彩笔等学习用品,给学校送去了篮球、羽毛球等文体用品,同时为进一步深入了解孩子们,全体学员以“二对一”的帮扶形式,与孩子们开展“心连心交谈”,主动了解留守儿童的生活、学习、心理状况,积极倾听孩子们的心声,解答孩子们的疑惑、难题。

7日 六届区委第五轮巡察工作动员部署会召开。区委书记江伟斌出席并作动员讲话。会议强调要紧紧围绕学习贯彻党的二十大精神这条主线,全面贯彻党的巡视巡察工作方针,精准落实政治巡察要求,踔厉奋发、勇毅前行,不断展现新作为、巡出新气象。区委常委、区纪委书记、区监委主任、区委巡察工作领导小组组长赵云主持会议。区委常委、区委组织部部长、区委巡察工作领导小组副组长沈郅传达学习中央、省委、市委关于巡视巡察工作新部署新精神新要求,并宣布六届区委第五轮巡察授权任职及任务分工的决定。部分被巡察单位党组织主要负责人和区委巡察组组长作表态发言。动员部署会结束后,区委巡察办还围绕巡察相关业务开展了巡前培训。

8日 袁州区学习贯彻党的二十大精神暨第23个中国记者节庆祝表彰会在区融媒体中心会议室召开。大会首先向全体新闻工作者致以节日的祝贺和诚挚的问候,并对获奖的代表进行表彰。会上,共有11名来自区委宣传部、区融媒体中心的优秀新闻工作者受到表彰。“铁军奖”“三牛奖”“新星奖”获奖代表分别进行发言,表示要深入基层倾听群众呼声,努力做好时代的见证者、历史的记录者,要不断精进自身采编业务能力,传递党的好声音,凝聚发展新共识,为袁州高质量发展作出新的更大贡献。

15日 中国红十字会总会印发《关于表彰全国红十字模范单位的决定》,表彰了370个“全国红十字模范单位”,其中江西省14个,袁州区袁山学校榜上有名。

17日 袁州区第二届优秀文学艺术奖表彰大会在区行政中心举行。区委常委、宣传部部长傅鹏出席会议并讲话,副区长杨宜主持会议,区文联全体班子成员、区属各文艺家协会主要负责人及获奖代表等60余人参加了会议。傅鹏为中宣部“五个一工程”奖获得者周兵颁发了袁州区音乐顾问聘书,与会领导分别为获奖代表进行颁奖。袁州区音乐顾问周兵、优秀文艺工作者、获奖代表发表获奖感言。

20日 央视《新闻直播间》,聚焦袁州区全面推广乡风文明建设报道:“从今年开始,袁州区在全区推广道德评议会助乡风文明建设活动,鼓励每个乡镇(街道)、村(社区)每月召开一次道德评议会,评选出红黑榜和进步榜，给予相应奖惩。袁州区还通过成立红白理事会倡导喜事新办、白事简办的文明节俭时代新风。截至目前，全区共开展道德评议会200余场，红白理事会实现全覆盖，移风易俗工作得到稳步推进。”

20日　《经济日报》图文单条重稿关注袁州区深入推进优化营商环境“一号工程”，稿件题为《生物医药产业集群发展走出一条扶持企业到培育产业的发展之路》。

24日　《江西日报》在第9版以《产业细分走上发展新道路》为题，报道袁州区楠木乡以发展村集体经济为突破口，借助实地调研、专家推介、合理利用既有农业设施等方式发展适宜当地的养殖、种植产品，破解“一哄而上”的问题，一个个富民兴村的产业正在楠木乡落地生根。25日，《江西日报》又以《新康府里“党建红”》为题，报道袁州区新康府街道坚持社会治理全域布局，发挥城市基层党建核心引领作用，着力构建“点线面交叉、横纵全覆盖”的联动体系，凝聚基层治理合力。

29日　学习贯彻党的二十大精神市委宣讲团宣讲报告会在区会议中心大会堂举行。市委宣讲团成员、市纪委副书记、市监委副主任康新贞作宣讲报告。康新贞围绕党的二十大的主题、主要成果，过去5年的工作成就和新时代10年的伟大变革，马克思主义中国化时代化，中国式现代化，全面建设社会主义现代化国家的目标任务，坚持党的全面领导和全面从严治党，应对风险挑战等七个方面，对党的二十大精神作了系统宣讲和阐释，并就学习贯彻工作提出了有针对性的意见建议。

12月

6日　在中共中央宣传部关于表彰第十六届精神文明建设“五个一工程”组织工作先进单位和优秀作品的决定表彰文件中，袁州区歌曲作品《你笑起来真好看》上榜。

7日　区六届人大常委会第九次会议召开。会议审议通过了关于接受市、区代表辞职的决定（草案）；听取和审议了区监察委员会专项工作报告。会议还审议通过了关于许可宜春市公安局宜阳分局对区六届人大代表采取强制措施的报告；听取和审议了区人民政府关于巩固拓展脱贫攻坚成果同乡村振兴有效衔接情况的报告、区人民政府关于全区医疗保障工作情况的报告、区人民政府关于全区国有自然资产管理情况的专项报告；审议了区人民政府关于全区国有资产管理情况的综合报告（书面）；审议通过了区人大常委会讨论、决定重大事项实施办法（试行）草案，并开展工作评议、集中民主测评。

9日　袁州区城乡公交一体化启动仪式在宜春市汽车总站站前广场举办。区委书记江伟斌出席启动仪式并宣布启动令。城乡公交一体化是袁州区2022年重大民生实事项目，是惠及广大人民群众的好事实事。启动仪式意味着全区交通事业翻开了新篇章，具有重要的里程碑意义。今后，从宜春中心城区到各乡镇集镇和行政村，除慈化镇外，都实行一元票价。从宜春中心城区到慈化集镇实行一元票价，从慈化集镇到辖区行政村实行一元票价。据悉，城乡公交一体化实行公司运营、财政兜底模式，由袁州公交公司和慈化公交公司共同运行，共投入车辆119辆，日发673班次。运行期间，还将根据客流量，适当调整车辆和班次。

9日　以“创响新时代，共圆中国梦”为主题的第五届“中国创翼”创业创新大赛全国总决赛在山东青岛拉开帷幕，以线下路演、线上评分形式，在服务专项赛道上，袁州区选送的“烷”美容颜——植物角鲨烷护肤第一品牌项目再次以最优异成绩，从全国30个服务业项目中脱颖而出，喜获第一名，为江西赢得荣誉。

12日　区六届人大常委会第十次会议召开。会议听取和审议了区六届人大一、二次会议意见建议办理情况的报告，并对意见建议办理工作进行了满意度测评。会议听取和审议了区人民政府关于2021年度区级预算执行和其他财政收支审计查出问题整改情况的报告，对问题整改情况开展了满意度测评；听取和审议了区人民政府关于全区科技成果转化工作情况的报告；听取和审议了区人大常委会执法检查组关于《中华人民共和国公共文化服务保障法》《江西省公共文化服务保障条例》执法检查报告。

14日　袁州区人大常委会组织部分驻区省、市人大代表和区人大代表开展2022年度重大民生实事项目集中视察。代表们先后来到城市阅读美空间（区行政服务中心站点）、新康府街道丁家台社区居家养老服务中心、幸福花苑二期棚改安置小区、下浦街道中心幼儿园和文笔峰社区造纸厂宿舍小区等地，对“书香袁州”、养老服务设施改造提升、棚改安置房项目、中心城区优化基础教育资源配置、老旧小区改造等5项重大民生实事项目进行集中视察。每到一处,代表们通过现场查看、听取介绍、询问交流等多种方式,对视察项目进行深入细致的了解,并提出有价值的意见和建议。

15日 宜春市袁州区人民政府与江西光声国际制药有限公司举行签约仪式,标志着全球首创1.1类抗肿瘤新药项目落户袁州。市委常委、副市长龚法生,光声制药董事长宋伟峰,区委书记江伟斌等出席签约仪式。区政府党组成员、袁州医药工业园党工委第一书记熊华生与光声制药CEO宋青云代表双方签约。据了解,该项目落地后,将在一年内建成投产。项目分为2期,一期生产规模10公斤,产值超百亿元;二期生产规模20公斤,总产值将超300亿元。

20日 袁州区组织开展古树名木挂牌保护工作,为全区568棵登记在册的古树名木进行挂牌保护,让每一棵古树名木都能拥有自己的"身份证"。古树名木挂牌严格按照调查的GPS坐标点逐株进行核对,以古树挂牌为契机,做到"一树一档、一树一牌"。保护牌上标注了树名、科属、保护等级、保护责任单位等信息,确保每一棵古树名木有人管、有人护、责任到人。在挂牌过程中,工作人员向群众宣传了保护古树名木的重要意义,进一步提高了群众保护古树名木的自觉性、主动性。袁州区以古树名木为依托打造了一批"森林乡村",古树名木成为"山清水秀生态美"的一张亮丽的文化名片。

29日10时30分 宜春至遂川高速正式通车。同时通车的还有宜春三阳至新田高速路段。宜春至遂川高速公路是《江西省高速公路网规划修编(2018—2035年)》"10纵10横21联"路网中第9纵的重要组成部分,起点位于宜春市袁州区新田镇(起点与宜春城区三阳至新田段高速公路相接),途经宜春市袁州区、吉安市安福县、永新县、井冈山市、遂川县等2个设区市5个县(市、区)28个乡(镇、场),终于遂川县堆子前镇(终点与遂川至大余新建高速公路相接)。建设里程194.867千米,概算投资280.811亿元,是江西高速建设史上一次性投资最大的项目。该项目宜春城区起点16千米路段采用双向六车道标准,路基宽度33.5米;其他路段采用双向四车道标准,路基宽度26米;主线设计速度100千米/小时。全线路基土石方约9129万立方米,涵洞通道728道;桥梁178座51743米(含4座铁路桥),其中特大桥3座3230米;隧道18座单洞长68594米,其中特长隧道3座单洞长20735米;互通立交13处,其中枢纽2处;服务区4处,收费站11座;连接线约47.9千米,设计速度60千米/小时。

宜春三阳至新田高速路段是宜遂高速的北起始段,是宜春绕城高速环线西北方向的主要组成段,也是宜春市自行筹资建设的第一段高速公路。项目全线位于袁州区境内,起于三阳镇长岭背,与宜万高速相接,途经湖田镇、洪塘镇和新田镇,在新田镇杨芽村设互通枢纽连接沪昆高速,终点位于新田镇汉塘里,与宜遂高速相连。项目全长18.42千米,概算投资24.3亿元,主线采用双向六车道高速公路标准,全线共设置互通式立交3处(含枢纽互通2处)、匝道收费站1处、收费站管理所1处、监控中心1处、养护工区1处。

袁州概览

政区沿革

【袁州地名】 袁州区旧称宜春县，始建于西汉高祖六年（前201年），时为豫章郡所辖的18个县之一，迄今已有2200多年的历史。据《太平寰宇记》记载："县侧有暖泉,从地涌出,夏冷冬暖,清澄若镜,莹媚如春,饮之宜人,故名宜春县。"西汉元光六年(前129年),封长沙王刘发之子刘成为宜春侯,宜春县改立宜春侯国。西汉元鼎五年（前112年),刘成以酎金不足为由,废宜春侯国,复立宜春县。王莽代汉,改宜春县为修晓县。东汉建武元年(25年),复改修晓为宜春。西晋太康元年(280年),为避晋武帝祖母张春华名讳,改宜春县为宜阳县。隋开皇十八年(598年),改宜阳县为宜春县。宜春县的地名使用至1985年。1979年10月，析宜春县部分地区成立县级宜春市。1985年3月,并宜春县入宜春市。2000年6月,撤销宜春地区，设地级宜春市,宜春市设立袁州区,以原县级宜春市行政区域为袁州区行政区域。

【袁州境域】 宜春县的境域历代多有调整。宜春建县之初，境域相当于整个袁河流域。清道光《宜春县志》载:"其地西至插岭,即今醴陵县界;东至百华台,即今临江镇东一里。"东汉中平二年(185年),析东境(今樟树市西部)置汉平县(三国东吴改汉平县为吴平县)。三国东吴宝鼎二年(267年),宜春县一分为三，即析西境之地设萍乡县,析东境钟山以东之地设新渝县。南朝梁太平年间（556—557年),废平都县，其地分别划入安复、庐陵、宜阳三县,宜阳县"遂得东南一线之地"。隋开皇九年(589年)并新渝县入吴平县,开皇十一年(591年)并吴平县入宜阳县。开皇十八年(598年)复析东境置新渝县。北宋雍熙元年(984年)析东境置分宜县。之后宜春县的行政区划大致保持稳定。

【袁州隶属】 宜春县成为州、郡、府、路治所驻地,始于隋初。隋开皇十一年（591年），设袁州,治所设在宜阳县。大业三年(607年)，改袁州为宜春郡,治所设在宜春县,领宜春、萍乡、新渝三县。唐朝,袁州时而名袁州,时而名宜春郡。五代十国至两宋,宜春县均隶属袁州,为袁州治所。元至元十四年(1277年),设湖南行省袁州总管府，至元十九年(1282年),改为江西行省袁州路。元至正二十四年(1364年),朱元璋据袁州,改袁州路为袁州府,直到清末。明清时,袁州府下辖宜春、萍乡、分宜、万载四县。

1914年,裁袁州府,宜春县隶属于庐陵道。1926年,全省取消道制,宜春县直隶于省。1931年,宜春县属第二行政督察区。

中华人民共和国成立时,宜春县隶属于江西省袁州分区,分区驻宜春县。1952年9月,袁州专区并入南昌专区。1958年12月20日，南昌专员公署迁宜春县城，翌年元旦更名为宜春专区。2000年6月,撤销宜春地区和县级宜春市，设立地级宜春市,8月16日,袁州区人民政府正式挂牌成立。此后,袁州区作为宜春市的一个区延续至今。

自然环境

【区域位置】 袁州区位于宜春市境西南部,地处赣江支流袁河上游。北部及东北部分别与万载县、上高县接壤,东部与新余市的分宜县毗邻，南部与吉安市的安福县相连，西部及西南部分别与萍乡市的上栗县、芦溪县交界,西北角与湖南省浏阳市相接。全区地跨北纬27°33′~28°05′、东经113°54′~114°37′,东西最大横距68千米，南北最大纵距58千米。袁州区位于宜春市西南部,是宜春市委、市政府驻地,是宜春市的政治、经济、文化中心。袁州区下辖乡镇、街道32个(其中街道办10个,镇19个,乡3个),其中官园街道由宜春市宜阳新区代管,金园街道由宜春市经济技术开发区代管,温汤镇、洪江镇由宜春市明月山温泉风景名胜区代管。区域总面积2538平方千米,其中建成区面积88平方千米,耕地面积55023公顷,森林覆盖率62.23%,城区绿化率44.96%。2022年,袁州区总人口117.35万人,其中城镇人口49.86万人、乡村人口67.49万人。区人民政府驻下浦街道。

袁州区的地理位置处于长沙、南昌、武汉等周边各大中心城市的外围和中间,是长三角、珠三角、闽东南三角、长株潭区域的共同腹地,素有"赣西门户、吴楚咽喉"之称。袁州是赣西地区唯一有"铁公机"(高铁、高速公路、机场)的市辖区,拥有全省唯一一个集高铁站、普铁站、长途汽车站、公交车站、出租车站"五站一体"的客货运枢纽站。

【地形地貌】 境内属低山丘陵地形。境内总体地貌情况为:南、西、北三面地势较高,边缘多山环抱;中东部较低,丘陵广布,间有狭窄河谷平原。按照全区海拔高度与相对高度,可划分为山地、丘陵、平原三种地貌。

山地包括中山(海拔1000~2000米,相对高度500米以上)和低山(海拔500~1000米,相对高度300~500米),主要分布在南面与安福接壤的明月山一带。主峰太平山海拔1735.6米,是境内最高山峰。低山主要集中分布区域北部边沿与中山接壤处,主峰丰顶山海拔959.9米。境内山地面积约510平方千米,占总面积的20%,是用材林和毛竹的主要产地。

丘陵包括高丘(海拔300~500米,相对高度200~300米)和低丘(海拔100~300米,相对高度50~200米)。高丘主要分布于水江、天台、慈化、天台山、洪塘、楠木、温汤和南庙等乡镇;低丘分布集中在区域中部各乡。全区丘陵面积约1429平方千米,占总面积的56.30%。其中高丘占20.35%,低丘占35.69%。系粮油、苎麻和辣椒等经济作物的重要产区。

平原包括海拔100米以下,相对高度50米以下的阶地。主要分布在东部和袁河两岸。此外,丘陵地貌中也夹杂分布着小块冲积平原。境内平原面积611平方千米,占总面积的24.07%,系境内工农业生产和水利资源的重要地带,也是粮食生产的高产稳产区。

袁河(源头在萍乡,流归赣江河)由西向东在宜春县境中部蜿蜒流淌,境内流程全长52千米,将全县自然地划分为南北两大片。土地革命时期,袁河又成了两块革命根据地的分界线,袁河以南为湘赣苏区,袁河以北为湘鄂赣苏区,境内流入袁河的支流有10条,流程390千米。控制流域面积占支流总面积的86.27%,能满足域内工农业生产和人民生活用水需要。

自然资源

【土地资源】 根据全国第二次土地调查数据,袁州区境内土地资源丰富,境内土地面积253745.49公顷,其中农用地221883.02公顷、城镇及工矿用地19690.17公顷、交通运输用地3836.09公顷、水域及水利设施用地7758.54公顷、其他土地577.67公顷。土壤类型有山地草甸土、山地黄棕壤、山地黄壤、山地红壤、石灰岩土、潮土、水稻土等。

【矿产资源】 袁州区拥有独特的矿产资源优势,列入省矿产资源储量目录的矿产多达23种、矿产地72处,其中金属矿产有13种、19处,尤其是钽、铌、锂、铯、铍等资源异常丰富,其中钽铌矿为江西有色金属"五朵金花"之一,是世界最大的锂矿山,为国家重点开采项目。可开采氧化锂储量110万吨,超过全市储量的三分之二,占全国储量的31%、世界储量的12%,居矿石锂的世界第一。

【水资源】 袁州区地表水多年平均径流总量为29亿立方米。地下水多年平均日渗水量为156万立方米,年渗水量为5.69亿立方米。

袁州区拥有丰富的地下热水资源,主要分布于温汤、洪江、三阳、洪塘、金瑞、水江、新田、湖田八个点。其中温汤温泉是世界仅有两处的"高硒低硫"泉水之一,流量10升/秒,日出水量10000多吨,水温常年保持在68℃~72℃,已有800多年的利用历史。明正德《袁州府志》载:"气温如汤,冬可浴。以生鸡卵投之即熟。水中犹有鱼。"

【森林资源】 袁州区属中亚热带季风气候区,四季分明,春秋季短而夏冬季长，冬季冷而夏季热，春季湿而秋季干，热量丰富，降水充沛，日照充足，霜期短，气候资源丰富，有利于农作物和林木生长。境内森林植被属中亚热带常绿阔叶林带，林业资源颇具特色，树种资源繁多，据1982年调查统计，境内有植物种类62科1100多种，其中乔木树种300多种，国家一级保护树种有南方红豆杉、水杉；二级保护树种有银杏、杜仲、竹柏、鹅掌楸；三级保护树种有花榈木、青钱柳、天竺桂、穗花杉、山牡荆、沉水樟、银鹊。主要优势科目有杉科、松科、樟科、山茶科、壳斗科、禾本科，此外还有全缘红花油茶和华木莲两个树种系国内首次发现的新种。现存植被主要有常绿阔叶林、常绿针叶林、毛竹林、灌木林四个类型。

境内林业用地129899公顷，占土地总面积的51.2%。有林地面积114823公顷，占林业用地面积的88.39%；疏林地面积881公顷，占林业用地面积的0.68%；灌木林面积10458公顷，占林业用地面积的8.05%；未成林地面积1154公顷，占林业用地面积的0.89%；无立木林地面积2583公顷，占林业用地面积的1.99%。按林种划分：生态公益林面积42907公顷，占有林地面积的37.37%；用材林面积33322公顷，占有林地面积的29.02%；经济林面积38539公顷，占有林地面积的33.56%；毛竹林面积13651公顷，占有林地面积的11.89%；薪炭林面积55公顷，占有林地面积的0.05%。

【动物资源】 据野生动物调查，境内野生动物主要有77种，有兽类21种、鸟类32种、两栖爬行类24种。据外业调查和内业测算，全区野生动物数量均值约25万只，其中兽类2万只、鸟类10万只、两栖爬行类13万只。

历史文化

【袁州佳丽之地】 袁州自古有“江右佳丽之地，文物昌盛之邦”的赞誉。历代名家郑谷、慧寂、王安石、朱熹、黄庭坚、汤显祖、施闰章、范成大、辛弃疾等，或讲学，或执政，或会友，或旅游，都在袁州留下了佳丽诗篇和逸闻佳话。晚唐政治家李德裕曾任袁州长史，化成岩公园至今仍保存“李卫公读书处”的摩崖石刻。城中心的鼓楼，为全国现存最古老地方天文台。城南仰山，为佛教沩仰宗发祥地，包括沩仰宗创始人慧寂禅师灵塔在内的佛塔群至今犹存。慈化寺誉为“天下第一禅林”，其开山鼻祖普庵，仍为中国东南沿海、台湾地区及东南亚等地广大信徒崇拜。

【袁州人杰地灵】 汉代袁京，高风亮节，隐居宜春，被誉为高士，故州以之为名袁州，河以之为名袁河，山以之为名大小袁山，路亦有以之为名的高士路。唐代蔺道人，传仙授理伤续断秘方，世称骨伤科一代祖师。唐会昌三年(843年)和会昌五年(845年)，卢肇、易重状元及第，是江西历史上最早的两名状元。宋代侯世昭，累世行医，“探囊发药，应手而愈”，名噪江西。元顺帝至元四年(1338年)，农民起义军领袖彭莹玉与其徒周子旺发动袁州起义。明末袁继咸，持忠守节，坚不降清，为后人所敬仰。自唐至清，宜春拔进士128名。近代水江刘梓华，长征途中，冒死飞夺泸定桥，名享二十二勇士之一；辽市易安华，英勇抗日，血溅南京光华门；新坊周赤萍驰骋土地革命战争、抗日战争、解放战争沙场，被授予中国人民解放军中将军衔。当代农业劳动模范黄承义，艰苦奋战丝茅窝；林业劳动模范吴云八，率先绿化剥皮山；科学家江元生专攻物理化学，成为中国科学院院士；还涌现出为抢救落水儿童而牺牲的潘云娟、袁晓霞，在追捕罪犯与歹徒搏斗而牺牲的汤海标、易小芳、晏文华，为保卫国家财产安全而牺牲的晏斌。2010年，火海英勇救人的王茂华、谭良才入选“中国好人榜”，当选中央电视台“感动中国”年度获奖人物。2014年，勇斗歹徒的高中学生柳艳兵、易政勇获江西“希望之星”见义勇为好青年称号，柳艳兵还被评为全国首个“中华见义勇为楷模”。

【袁州红色文化】 在袁州这块红色的土地上，留下过毛泽东、朱德等老一辈革命家的足迹，著名的“袁州会议”在这里召开，推动了苏维埃运动的兴起。无数革命先辈用鲜血和生命铸就的坚定信念、清正廉洁、艰苦奋斗、无私奉献等红色苏区精神在袁州生根发芽，代代相传。经省政府核定的革命烈士多达3665人。2013年，袁州区成建制被纳入《赣闽粤原中央苏区振兴发展规划》，也是新中国成立后首次被纳入国家层面的大规划。

国民经济和社会发展统计公报

2022年，全区上下在市委、市政府的坚强领导下，聚焦“作示范、勇争先”定位，扎实推进抓落实活动年“三拼三促”工作，统筹疫情防控、经济发展和社会安全，团结奋进、拼搏进取，实现了经济社会平稳发展，较好地完成了主要经济目标任务。

【综合】 初步核算，全年实现地区生产总值5604155万元，比上年增长5.6%。其中，第一产业增加值453540万元，增长4.6%；第二产业增加值2094622万元，增长9.1%；第三产业增加值3055993万元，增长3.6%。三次产业结构调整为8.1∶37.4∶54.5，对地区生产总值增长的贡献率分别为7.4%、55.9%和36.7%。

年末全区常住人口112.98万人，城镇常住人口76.21万人，常住人口城镇化率为67.45%，全年出生人口11023人，出生率9.76‰，死亡人口7339人，死亡率6.5‰，自然增长率3.26‰。

全年城镇新增就业6952人，比上年增加314人；新增转移农村劳动力14810人；城镇登记失业率控制在3.2%以内。

全年一般公共预算收入684812万元，增长17.9%；其中区本级一般公共预算收入264315万元，增长4.8%。全年区本级公共财政预算支出887567万元，增长21%。其中，教育支出111307万元，增长6.7%；社会保障和就业支出133207万元，增长25.8%；医疗卫生支出59111万元，增长3.1%。

全年居民消费价格比上年上涨2.1%。其中，食品烟酒类价格上涨1.8%，衣着类价格上涨0.6%，居住类价格上涨1.8%。

表1　2022年宜春市袁州区居民消费价格指数表

（上年同期=100）

指标名称	指数
居民消费价格总指数	102.1
其中：服务价格指数	101.2
食品烟酒	101.8
粮　食	100.1
鲜　菜	106.6
畜　肉	92.3
水产品	105.4
蛋	110.5
鲜　果	108.7
衣着	100.6
居住	101.8
生活用品及服务	100.0
交通和通信	106.6
教育文化和娱乐	101.6
医疗保健	99.9
其他用品和服务	101.2

【农业】 全年农业（现价）增加值461609万元，比上年增长4.7%。

全年粮食种植面积62799.1公顷，增长0.1%。其中，稻谷种植面积53694.2公顷，增长0.3%。油料种植面积13416.9公顷，增长0.6%。生苎麻种植面积29.2公顷，增长4.3%。蔬菜类及食用菌种植面积14114.9公顷，增长5.6%。瓜果类种植面积1469.1公顷，增长4.3%。

全年粮食总产量345807吨，比上年下降2.7%。其中，早稻122736.4吨，下降1%；中稻及一季晚稻76579吨，增长4.4%；双季晚稻114862.8吨，下降4.3%。

全年油料产量21956吨，比上年增长8.1%，其中，油菜籽产量18437吨，增长12.3%。生苎麻产量43吨，下降4.4%。蔬菜类及食用菌产量241292.8吨，增长5.8%。瓜果类产量31013吨，下降2.8%。

年末实有茶园面积1123.9公顷，增长0.3%；果园面积2794.6公顷，增长1%。全年茶叶产量21.7吨，增长3.3%；园林水果5716.5吨，增长0.6%。

全年肉类总产量87327吨。其中，猪肉产量73093吨，牛肉产量3859吨，羊肉产量642吨。禽蛋产量9004吨。水产品产量40513吨，增长5.2%。年末生猪存栏568532头，生猪出栏889761头。

表2 2022年宜春市袁州区主要农产品产量及其增长速度表

产品名称	单位	产量	比上年增长(%)	产品名称	单位	产量	比上年增长
粮食作物	吨	345807	-2.7%	芝麻	吨	93.9	-35.7%
稻谷	吨	314178	-1%	生苎麻	吨	43	-4.4%
早稻	吨	122736	-1%	甘蔗	吨	792	-5.0%
中稻及一季晚稻	吨	76579	4.4%	烟叶	吨	28	-6.7%
双季晚稻	吨	114863	-4.3%	瓜果类	吨	31013	-2.8%
油料作物	吨	21956	8.1%	茶叶产量	吨	21.7	3.3%
花生	吨	3416	-8.8%	园林水果	吨	5716.5	0.6%
油菜籽	吨	18437	12.3%	水产品产量	吨	40513	5.2%

通过重点发展富硒稻米、油茶、中药材、蔬菜、水果、畜禽等六大特色产业，2022年袁州区富硒基地面积达33万亩，综合产值达85亿元。富硒基地面积、综合产值居全市前列，市级富硒龙头企业、市级富硒示范基地、富硒产品认证均居全市前列。

新增设施蔬菜基地建设4040亩。全区蔬菜播种面积达21万亩，产量24万吨。

2022年新增超亿元农业龙头企业1家，新增省级龙头企业1家，全区共有市级以上农业产业化龙头企业70家，其中国家级龙头企业1家，省级龙头企业14家，市级龙头企业55家。市级以上农民合作社示范社91家，其中，国家级农民合作社示范社5家，省级农民合作社示范社23家，市级农民合作社示范社63家。

【工业和建筑业】 年末全区规模以上工业企业394个，全年规模以上工业增加值比上年增长9.5%。分轻重工业看，轻工业增加值增长0.1%；重工业增加值增长12.3%。分经济类型看，股份制企业增加值增长10.9%；外商及港澳台商投资企业增加值下降2.1%。六大高耗能行业实现工业增加值增长2.8%，低于全区平均增速6.7个百分点。区本级规模以上工业企业267个，全年规模以上工业增加值增长9.3%。四大支柱行业增加值增长5.8%。其中，医药行业增加值增长4.8%；建材行业增加值增长4.4%；化工行业增加值增长11%；装备制造行业增加值增长7.2%。

表3 2022年宜春市袁州区规模以上工业主要产品产量及增长速度表

产品名称	单位	产量	比上年增长
石灰石	吨	7205613.0	80.4%
建筑用天然石料	立方米	3484983.0	-10.1%
高岭土(瓷土)	吨	3542968.8	8.4%
大米	吨	38594.5	6.8%
饲料	吨	263446.0	44.4%
精制食用植物油	吨	7308.0	31.7%
鲜、冷藏肉	吨	17892.0	13.0%
熟肉制品	吨	1391.0	-1.5%
饲料添加剂	吨	1386.0	-19.1%
饮料	吨	76008.0	-3.3%
纱	吨	4899.3	-32.4%

续表 3

产品名称	单位	产量	比上年增长
布	万米	570.1	58.5%
服装	万件	511.1	-24.5%
鞋	万双	209.1	0.2%
家具	件	116536.0	-16.5%
纸制品	吨	33257.9	69.6%
单色印刷品	令	1337.0	-3.8%
多色印刷品	对开色令	43410.0	0.5%
涂料	吨	2092.0	-0.9%
初级形态塑料	吨	4391.0	-77.1%
化学试剂	吨	28755.0	1.9%
表面活性剂	吨	29894.0	0.0%
合成洗涤剂	吨	5961.0	-13.5%
化学药品原药	吨	2585.0	21.8%
中成药	吨	16924.3	63.4%
塑料制品	吨	16230.9	-40.5%
硅酸盐水泥熟料	吨	1642235.4	-9.8%
水泥	吨	2128879.2	-12.9%
商品混凝土	立方米	4217969.5	-16.5%
水泥混凝土排水管	千米	44.1	2.8%
水泥混凝土电杆	根	92572.0	-34.4%
预应力混凝土桩	米	8708.0	-38.3%
砖	万块	7712.0	-27.9%
天然花岗石建筑板材	平方米	30249.0	-7.2%
沥青和改性沥青防水卷材	平方米	303318.0	-15.1%
隔热、隔音人造矿物材料及其制品	吨	9004.0	25.6%
夹层玻璃	平方米	152100.0	-49.3%
中空玻璃	平方米	595000.0	12.7%
日用玻璃制品	吨	29210.5	-15.1%
石墨及碳素制品	吨	11127.0	41.5%
钢材	吨	445.0	-76.5%
铝材	吨	142305.8	-10.9%
钢结构	吨	5557.0	5.8%
金属门窗及类似制品	吨	40780.0	4.5%
金属切削工具	万件	1066.0	-0.6%
金属包装容器	吨	9917.0	6.9%
铸铁件	吨	19297.3	-7.9%
铸钢件	吨	2494.0	-40.1%
铸造机械	台	43.0	-2.3%
起重机	吨	37578.0	75.7%
电梯、自动扶梯及升降机	台	3050.0	85.5%
液压元件	件	31219571.0	-21.3%
金属紧固件	吨	7834.0	-28.0%
炼油、化工生产专用设备	吨	1015.0	-21.3%
电动机	千瓦	2510842.0	-19.6%
变压器	千伏安	125250.0	-98.5%
锂离子电池	个	266140434.0	-12.6%
铅酸蓄电池	千伏安时	465210.0	40.9%
家用洗衣机	台	8833.0	-92.4%
3D 打印设备	台	70.0	-47.8%
数字激光音、视盘机	台	12792.0	0.0%
电子元件	万个	280931.0	104.6%
表	个	97.9	-2.8%
自来水生产量	万立方米	10427.1	4.8%

全年全区规模以上工业企业实现营业收入7296027万元，比上年增长67%；利润总额865338万元，增长136.1%。营业收入过10亿元的行业有11个，比上年增加2个；营业收入超过5亿元的企业有24家，比上年增加6户。33个行业中有17个实现盈利，其中，增长20%以上的行业有11个。区本级规模以上工业企业实现营业收入2707840万元，增长31.3%；利润总额402736万元，增长116.4%。

表4　2022年宜春市袁州区规模以上工业分行业营业收入及利润总额表

指标名称	单位数（个）	主营业务收入		利润总额	
		2022年（万元）	同比增速	2022年（万元）	同比增速
总计	394	7296027	67.0%	865338	136.1%
有色金属矿采选业	2	220245	146.5%	156140	474.2%
非金属矿采选业	32	232604	38.3%	31948	410.1%
农副食品加工业	16	204892	18.7%	6028	67.7%
食品制造业	2	9782	21.8%	488	0.5%
酒、饮料和精制茶制造业	1	8813	1.7%	1875	28.5%
纺织业	9	31229	-25.1%	484	221.6%
纺织服装、服饰业	10	21508	-28.2%	713	-19.9%
皮革、毛皮、羽毛及其制品和制鞋业	5	45793	8.0%	2381	32.7%
木材加工和木、竹、藤、棕、草制品业	24	84395	-19.6%	6003	-43.2%
家具制造业	5	37831	-24.1%	1178	-22.5%
造纸和纸制品业	7	27753	-14.4%	440	-33.9%
印刷和记录媒介复制业	5	15537	12.1%	913	89.6%
文教、工美、体育和娱乐用品制造业	7	24374	-42.4%	390	-76.3%
石油、煤炭及其他燃料加工业	2	3461	-34.4%	55	-45.5%
化学原料和化学制品制造业	30	228851	20.4%	12113	-7.2%
医药制造业	11	237680	14.1%	87972	33.0%
橡胶和塑料制品业	5	33938	-19.8%	375	177.2%
非金属矿物制品业	74	548282	-1.3%	29946	-14.2%
有色金属冶炼和压延加工业	10	1050549	83.6%	255850	161.4%
金属制品业	25	90405	-16.5%	-19	-100.2%
通用设备制造业	10	123768	-41.4%	5667	-63.6%
专用设备制造业	10	75396	-8.6%	6334	128.7%
汽车制造业	8	63763	85.0%	-1754	-14245.2%
铁路、船舶、航空航天和其他运输设备制造业	1	5622	-8.2%	141	-59.5%
电气机械和器材制造业	30	834789	39.4%	25317	185.4%
计算机、通信和其他电子设备制造业	38	2791502	267.4%	225028	312.4%
仪器仪表制造业	1	714	-68.2%	-275	-46.9%
其他制造业	1	2039	-7.9%	-179	-23.1%
废弃资源综合利用业	2	110835	34.8%	590	-88.3%
金属制品、机械和设备修理业	1	2221	-57.9%	-3	-130.4%
电力、热力生产和供应业	4	36003	53.7%	4350	-212.9%
燃气生产和供应业	2	71410	28.8%	2984	-29.2%
水的生产和供应业	4	20046	3.9%	1866	8.9%

年末袁州工业园区实际开发面积7.34平方千米，投产企业388个,比上年末增加29个;从业人员4.8万人,增长11.6%。全年园区实现营业收入6835039万元,增长54.4%,利润总额845442万元，增长142.6%。年末袁州工业园区实际开发面积3.34平方千米，投产企业195个，比上年末增加17个；从业人员1.6万人，下降4.45%。全年袁州工业园区工业增加值增长41.51%；实现营业收入2141551万元，增长41.62%;利润总额378521万元,增长129.91%。

全年全社会建筑业增加值402332万元,比上年增长7.5%。有资质的建筑业企业239个,完成建筑业总产值1284656万元,增长11.8%。房屋施工面积399.7万平方米,下降28.4%。房屋竣工面积240.4万平方米,下降5.1%,其中,住宅房屋竣工面积149.5万平方米,增长14.9%。房屋竣工价值327399万元,下降7.4%,其中,住宅房屋竣工价值191945万元,增长29.6%。

【固定资产投资】 全年固定资产投资增长9.8%。分产业看,第一产业投资增长8.3%；第二产业投资增长30.7%,其中工业投资增长30.7%;第三产业投资增长0.32%。分投资主体看,国有投资下降4.1%；非国有投资增长14.2%，其中民间投资增长21.5%。

表5　2022年宜春市袁州区分行业固定资产投资增长速度表

国民经济行业	比上年增长
总　计	9.8%
第一产业	8.3%
第二产业	30.7%
工业	30.7%
采矿业	119%
制造业	25.2%
化学原料及化学制品制造业	-36.2%
橡胶和塑料制品业	-17%
专用设备制造业	40.3%
电气机械及器材制造业	180.2%
计算机、通信和其他电子设备制造业	-54.8%
电力、热力、燃气及水生产和供应业	107.7%
第三产业	0.32%
批发和零售业	-45%
交通运输、仓储和邮政业	49.7%
住宿和餐饮业	16.6%
房地产业	-5.8%
租赁和商务服务业	-22.2%
科学研究和技术服务业	-72.6%
水利、环境和公共设施管理业	-8.3%
居民服务、修理和其他服务业	-20.9%
教育	-26.9%
卫生和社会工作	159.7%
文化、体育和娱乐业	52.7%
公共管理、社会保障和社会组织	52%

全年房地产开发投资比上年增长3.1%。其中,住宅投资增长2.1%;办公楼投资增长119.8%;商业营业用房投资增长6.9%。商品房竣工面积76.3万平方米,增长185.9%,其中住宅竣工面积67.7万平方米,增长223.6%。商品房销售面积170.4万平方米,下降21.8%,其中住宅销售面积155.2万平方米,下降24.5%。商品房销售额118.5亿元,下降24.9%,其中住宅销售额106.6亿元,下降27.2%。

【国内贸易】 全年社会消费品零售总额3515771.1万元,比上年增长5.6%。限额以上消费品零售额1726994.8万元,增长18.2%。在限额以上批发和零售业企业中,粮油、食品、饮料、烟酒类零售额280848万元,增长55.2%;服装、鞋帽、针纺织品类零售额67351.6万元,增长28%;建筑及装潢材料类零售额43527.9元,增长51.4%;汽车类零售额633174.2万元,增长13.8%;家用电器和音像器材类零售额41438.4万元,下降3.7%;石油及制品类零售额402782.5万元,增长12.9%。

【对外经济】 全年区级外贸进出口完成59507万美元,同比增长12.45%;外贸出口完成54507万美元,同比增长6.4%。

【邮政电信和旅游】 全年完成邮政业务量13846万元,比上年增长10%。电信业务量10.1亿元,增长12.2%。固定电话用户13.3万户,增长4.4%;移动电话用户121.2万户,下降19.8%。互联网宽带接入用户49.7万户,下降2.6%。

制发了《袁州区"十四五"文化和旅游产业发展规划》和《袁州区红色旅游专项策划》《袁州区乡村旅游发展专项策划》《袁州区推进旅游业高质量发展的实施意见》等文件,助推旅游高质量发展;明月花溪谷成功创建国家AAA级旅游景区,宜春松鼠部落景区一期工程圆满竣工并且已对外营业;举办袁州区首届旅游摄影(短视频)大赛,出版袁州旅游画册,编辑出版《袁州手绘旅游地图》《袁州区旅游景点导游词》《袁州乡俗》等,丰富袁州营销宣传资料;成功举办了第三届旅游商品评比大赛,提升袁州区旅游商品品质。隐逸轩文创产品"智能助眠苎麻枕系列""智能氧生杯系列",获2022中国旅游商品大赛(健康主题)银奖。

【金融和保险业】 年末金融机构人民币各项存款余额12427341万元,增长5.1%。其中,住户存款余额6531745万元;非金融企业存款余额3788723万元。年末金融机构人民币各项贷款余额12898583万元,增长15.7%。其中,住户贷款余额5220524万元;企(事)业单位贷款余额7639924万元。累计减税降费9.2亿元,惠及企业6.8万户。

全年保险公司保费收入516311万元,比上年增长9.6%。其中,财产险保费收入122968万元,增长3.2%,人寿保险保费收入393343万元,增长11.8%。支付各类赔款70670万元,下降21.0%。其中,财产险赔款48482万元,下降29.0%;人寿保险给付22187万元,增长4.9%。

【教育和科学技术】 全年普通高校在校生74141人(含宜春电大市本部3589人)。普通高中、初中、小学在校生分别为28724人、57775人和108527人。特殊教育学校在校生1169人。幼儿园302所,在园幼儿42182人。初中适龄人口入学率和小学适龄儿童入学率均为100%。

表6 2022年宜春市袁州区各类学校招生、在校生和毕业生人数表

单位:人

学校类别	招生数	在校生数	毕业生数
普通高校	26051	74141	19415
普通高中	10055	28724	8656
普通初中	20086	57775	19215
普通小学	15986	108527	20001
特殊教育	231	1169	252
学前教育	10639	42182	14922

年末全区共有国家级创新载体2个,国家火炬宜春袁州锂电新能源特色产业基地1个,国家宜春(西村)农业科技园区1个;国家地方联合工程研究中心2家;省级创新平台共10家(其中省级工程技术研究中心7家,省级重点实验室2家,省级技术创新中心1家);省级生物医药高新技术产业化基地1个(医药工业园);市级创新平台33家;国家高新技术企业61家;科技型中小企业入库数175家。

【文化、卫生和体育】 公共图书馆1个,博物馆1个。广播电视台1座。广播覆盖率99.5%;电视覆盖率99.8%。图书馆藏书37.34万册。其中,图书34.50万册,报刊0.73万册,古籍2.11万册。

年末共有各类医疗卫生机构613个(含村卫生室)。其中,医院21个,卫生院25个,妇幼保健院(所、站)2个,专科疾病防治院(所、站)2个,疾病预防控制中心2个,卫生监督所(中心)1个。卫生技术人员8983人,比上年末增加90人。其中,执业医师和执业助理医师3203人,注册护士4263人。医疗卫生机构实有床位9628张,增加268张,其中,乡镇卫生院床位数1763张。

全年举办体育系统运动会1次,获省少儿系列达标赛金牌9枚。

【人民生活和社会保障】 城镇居民人均可支配收入46522元,比上年增长5.6%;农村居民人均可支配收入20366元,增长6.4%。城镇居民人均生活消费支出26626元,增长11.9%;农村居民人均生活消费支出18084元,增长12.3%。年末城镇居民人均住房建筑面积69.38平方米,比上年末增加7.45平方米,增长10.7%;农村居民人均住房建筑面积80.57平方米,比上年末增加6.49平方米,增长8.8%。

表7 2022年宜春市袁州区居民人均可支配收入及其构成表

收入类型	城镇居民		农村居民	
	绝对值(元)	比重	绝对值(元)	比重
可支配收入	46522.2	100.0%	20366.0	100.0%
工资性收入	22302.3	47.9%	13413.4	67.6%
经营净收入	11145.6	24.0%	3472.9	17.5%
财产净收入	3552.6	7.6%	118.8	0.6%
转移净收入	9521.7	20.5%	2827.6	14.3%

全年“4050”人员再就业556人。发放企业贷款和个人贷款共计38279万元。各类技能培训6004人。年末参加城乡居民基本养老保险人数370805人,参加企业职工基本养老保险人数171928人,参加机关事业职工基本养老保险人数19741人。全区参加医疗保险人数976918人,其中城镇职工参保人数53839人,城乡居民参保人数923079人。参加失业保险人数31152人,参加工伤保险人数47863人。

【环境改善】 全区空气质量持续改善,优良天数比例94.2%;PM2.5浓度29微克/立方米,比上年同期改善6.5%;PM10浓度48微克/立方米,比上年同期改善14.3%;二氧化氮20微克/立方米,比上年同期改善9.1%;二氧化硫9微克/立方米,比上年同期改善18.2%;一氧化碳1.2毫克/立方米,比上年同期改善7.7%;臭氧150微克/立方米。

注释:

1. 本公报中数据均为初步统计数,最后以年报核定数据为准。部分数据因四舍五入的原因,存在总项与分项合计不等的情况。

2.地区生产总值、各产业增加值绝对数按现价计算,增长速度按不变价格计算。

3. 规模以上工业统计范围为年主营业务收入2000万元及以上的工业企业。固定资产投资(不含农户)统计范围为计划总投资500万元及以上项目和房地产开发投资。限额以上批发和零售业、住宿和餐饮业统计范围为年主营业务收入2000万元及以上的批发业企业,年主营业务收入500万元及以上的零售业企业,年主营业务收入200万元及以上的住宿业、餐饮业企业。

4.邮政业务总量口径均不包括邮政储蓄银行业务总量范围。

5. 电信业务总量是指以货币形式表示的移动、电信、联通三家为社会提供的各类电信服务的总数量。

中国共产党宜春市袁州区委员会

综　述

2022年是党的二十大召开之年，是袁州奋力拼搏全国县区经济百强的重要之年。面对错综复杂的外部形势，区委常委会坚持以习近平新时代中国特色社会主义思想为指导，紧紧围绕迎接学习宣传贯彻党的二十大主题主线，坚持稳中求进工作总基调，认真贯彻落实省、市党代会精神，聚焦“作示范、勇争先”目标定位，坚定不移落实疫情要防住、经济要稳住、发展要安全的重要要求，完整准确全面贯彻新发展理念，高效统筹经济社会发展，统筹发展和安全，团结带领全区干部群众扎实做好抗旱情、抓发展、促改革、保民生、护稳定等各项工作，全区上下精气神进一步提振、正能量进一步汇聚，首府担当进一步展现，在拼搏全国县区经济百强征程中迈出坚实有力的步伐。

强化党的政治建设，捍卫“两个确立”　坚持以习近平新时代中国特色社会主义思想为指导，把政治建设摆在首位，坚持和加强党的全面领导，引导全区广大党员干部坚决拥护和捍卫“两个确立”，做到“两个维护”，在思想上政治上行动上同以习近平同志为核心的党中央保持高度一致，确保党中央决策部署和省委、市委工作要求在袁州落地落实。

一是在深学深悟中把准政治方向。把牢思想认识“总开关”，围绕学习宣传贯彻党的二十大主线，开办“袁州大讲堂”，创新开展每日一学、每周一悟、每月一考，推动理论学习入脑入心。组织“七团七进”主题宣讲7500余场，推动党的创新理论在基层落地生根。召开区委常委会会议26次、区委理论学习中心组集中学习会11次，深入学习习近平总书记系列重要讲话，真正用于武装头脑、指导实践、推动工作。先后举办全区科级干部深入学习党的十九届六中全会精神暨“三拼三促”抓落实能力提升培训班，乡镇（街道）党政正职、村（社区）书记培训班和优秀中青年干部政治理论培训班，引导各级党员干部深入系统学习领会习近平新时代中国特色社会主义思想，引导全区上下凝心聚力、真抓实干。党的二十大召开后，及时召开区委常委会会议、领导干部会议、区委理论学习中心组集体学习会传达学习，组织区委宣讲团深入企业、社区、乡村、学校开展宣讲，区委常委班子身体力行、以上率下，带头推动党的二十大精神在袁州走深走实。

二是在对标对表中强化政治建设。坚持以党的政治建设为统领，对标对表新时代党的政治建设新要求，强化政治教育和政治训练，不断提高党员干部政治判断力、政治领悟力、政治执行力。扎实开展新一轮政治谈话，实现全覆盖，聚焦“三新一高”、疫情防控、生态环保、粮食安全等“国之大者”开展常态化政治监督，确保党中央重大决策部署落到实处。紧盯“关键少数”，制定出台《关于进一步加强对“一把手”和领导班子监督的二十八条措施》，落实监督直报、“廉情抄告”等举措，有效强化对重点领域、关键岗位的日常监督。举一反三做好中央纪委国家监委关于“肖某案”“龚某某案”纪检监察建议整改工作，高质量召开全面从严治党形势分析会，坚决防范和纠治违背新发展理念、破坏民主集中制、搞“七个有之”等问题，推动讲政治具体化。

三是在落细落实中彰显政治担当。坚持学在先、做在前，引导广大党员干部深入基层、深入群众，在经济发展主战场、疫情防控第一线、攻坚克难最前沿服务群众、锤炼作风。高标准严要求落实省委全面建设“六个江西”决策部署，细化145项具体目标任务，建立工作台账，压实工作责任，相关做法被《当代江西》杂志报道。全面开展“三拼三促”抓落实活动，制定164项重点任务清单，明确具体责任压茬推进，全力营造抓落实、强实干、勇争先的浓厚氛围。树牢大局意识，全力支持、主动靠前、积极配合市委部署要求，高效率完成2600余亩项目用地征收，拆除用地内建筑15万余平方米，为国轩高科、比亚迪等重大项目开工建设打下坚实基础。

全面贯彻新发展理念，推动经济高质量发展　始终坚持高质量跨越式发展首要战略不动摇，聚焦“作示范、勇争先”目标定位，扎实做好“六稳”“六保”工作，推动经济社会更高质量、更高效率、更可持续发展。

一是工业经济提档升级。深入实施工业强区战略，开展产业转型升级攻坚战，推动工业经济稳中有进、进中向好，连续三年获评“全省工业高质量发展先进县（市、区）”，成功获评2019—2021年全省工业崛起奖表彰县（市、区），袁州产业园获批省级两化融合示范园区、省级绿色园区。抢抓发展机遇，培育壮大优势主导产业，大力发展战略性新兴产业，全区锂电新能源、生物医药产业规上工业营收分别增长151.4%、15.4%，战略性新兴产业增加值占规模以上工业比重达50.3%，为高质量发展注入强劲动能。坚持把发展着力点放在实体经济上，大力推进龙头企业、骨干企业做大做强，新增国家级专精特新小巨人企业2家，省专业化“小巨人”企业2家，新认定省“专精特新”中小企业36家，新获批省级两化融合示范企业14家，济民可信获评全省优强企业专项奖，百神药业已向中国证监会递交上市材料，金辉再生、荣兴药业、科伦医药等本土企业与鞍重股份、葫芦娃、中红普林等上市企业合作不断深化。全面推进工业园区基础设施和功能品质提升工程，整合资金13.6亿元，推动园区道路、标准厂房建设、绿化、亮化、排水等配套设施得到显著提升，园区形象大为改观。

二是优势农业稳步推进。坚决落实最严格的耕地保护制度，完成粮食播种面积超94万亩，粮食总产量稳定在3.55亿公斤以上。以农业供给侧结构性改革为主线，大力发展富硒农产品、中药材、油茶等现代农业产业，全区富硒基地面积33万余亩，富硒产业综合产值达85亿元，成功获批全省富硒农业发展先行示范区，宜春大米、袁州富硒脐橙、袁州富硒红薯三项标准在全国团体标准信息平台公开发布。稳步推进扩油增油，完成油菜种植16.8万亩，成功获批全国有机农产品（茶籽）基地。大力推动油茶全产业链发展，完成高产油茶林新造1.8万亩，改造6.1万亩，总面积达29万亩，总产量继续位居全省第一、全国前列，“袁州茶油”获评世界地理标志“文化传承价值品牌”。现代农业示范园成功创建省级农村产业融合发展示范园，入选国家级农村产业融合发展示范区创建名单。

三是现代服务业加速发展。大力发展假日和夜间经济，全面开展“百城百夜”文旅消费季活动，发行节假日消费券250万元，促进消费潜力加快释放。社会消费品零售额完成351.57亿元，同比增长5.6%；网络零售额41.66亿元，同比增长29.8%，总量居全市第一。线下消费市场逐渐回暖，润达、万达购物中心客流量突破3200万人次、年营业额超过17亿元，有效助推区域消费中心城市建设。制定出台推进旅游业高质量发展实施意见，精心打造环中心城区30分钟乡村旅游圈精品点5个，新增国家AAA级旅游景区1个。深入实施城乡高效配送专项行动，乡镇配送站点实现全覆盖，物流配送体系日趋完善。

坚持改革创新，不断激活发展动力　坚持把改革创新作为推动高质量发展动力引擎，持续深化创新驱动、改革攻坚、开放提升，不断彰显引领未来发展的新优势。

一是大力推进科技创新。深入实施创新驱动发展战略，以前所未有的力度和超常规举措推动科技创新，专门列支1亿元财政资金，R&D经费占地区生产总值比重大幅提高，产业创新优势、人才引领优势和创新生态优势充分释放。强化企业主体地位，不遗余力支持企业创新，帮助企业申报“科贷通”贷款8700万元，切实解决企业融资难题。成功推荐6家企业申报省级“揭榜挂帅”项目、1家企业申报国家级“揭榜挂帅”项目。修订出台《袁州区人才引进培养办法》，新建人才公寓100套，新引进培养省级以上人才工程人数15人，兑现人才政策资金3500余万元，科技创新正成为袁州的主打“名片”。

二是扎实推进深层次改革。大力实施全面深化改革十大攻坚行动，瞄准制约高质量发展的重点难点堵点，深入推进市域社会治理、农业农村、生态文明等重点领域改革，全区深化改革工作纵深推进。创新建立信访化解机制经验做法在《中国纪检监察报》刊登，得到省纪委省监委主要领导批示肯定，在全省宣传推广；深入推进诉源治理经验做法在中央政法委《长安》杂志刊登推介，获省委政法委主要领导批示肯定，被省高级人民法院推荐参加最高人民法院改革典型案例评选；探索建立粮食收储检验检测前移机制经验做法在全省推广应用。积极推进书香袁州建设、“六治融合”等一批“微改革”项目，探索构建“袁小红”网格服务管理新体系、行政复议改革等经验做法在省市改革专题会议上作重点推介。全区改革经验做法在省市改革动态采用数量列全市第1。

三是深入推进全方位对外开放。坚定不移实施开放升级战略，深入实施产业链链长制，围绕锂电新能源、生物医药、电子信息、智能装备制造等主导产业，优化整合8条重点产业链，完善“四图五清单”，不断拓宽招商渠道，全区新签约亿元以上项目79个，签约金额超315亿元，其中20亿元以上项目7个，项目数量和质量均大幅提升。坚持“项目为先、项目为王”，加快推进重大项目建设，全区117个列入清单调度的重大建设项目完成投资302.4亿元，年计划投资超额完成。深入推进营商环境优化升级“一号改革工程”，常态化做好领导挂点帮扶、政企圆桌会议、驻企特派员、“亲”“清”早餐会等机制，全面开展优化营商环境大讨论大排查大整治大提升活动，建立营商环境网格化管理机制，收集企业群众意见建议242条，自查发现问题421个，完成整改396个。特别是严肃查处“小鬼难缠”“中梗阻”等营商环境领域腐败和作风问题，共处理205人，推动营商环境全面优化升级。落实落细惠企纾困政策措施，大力实施组合式退税减税降费政策，兑现惠企资金达9.2亿元，惠及市场主体6.8万余户次，企业获得感、满意度不断提升。

以人为本，民生幸福指数持续提升　始终坚持民心是最大的政治，把实现好、维护好、发展好最广大人民的根本利益作为一切工作的出发点和落脚点，用实际行动保民生、护民利、解民忧、暖民心。

一是打好疫情防控攻坚战。务必精准落实常态化疫情防控措施，因时因势优化完善防控措施，推动各项防控举措更加精准化、便民化、人性化，高度关注老弱病残和妇女儿童等弱势群体，最大限度减少疫情对经济社会发展和群众生命健康的影响。

二是扎实做好基本民生保障。持续巩固脱贫攻坚成果，构建“四项机制”织密防返贫监测网，消除风险监测户135户491人，实现无人返贫。坚持就业是最大的民生，新增城镇就业8261人，就业形势总体稳定。织牢织密社会保障网，城乡医疗保险、养老保险覆盖面进一步扩大，分层分类社会救助体系更加完善。聚焦“一老一小”，大力发展基本养老和普惠托育服务，完成8个敬老院适老化改造，11个公办托育中心建设，推动“老有所养”“幼有所育”向“老有颐养”“幼有优育”转变。坚持人防、物防、技防相结合，高位推动“全民防溺水”和学校安防工作，完成468所学校安防“八个一”工程建设，建成防溺水“四个一”工程点位1700处，构筑起全民防溺水的坚实防线。落实落细各项抗旱应急响应举措，投入抗旱资金5000余万元，有效保障群众生活生产用水安全。

三是全力办好民生实事。坚持尽力而为、量力而行，各项民生实事稳步推进。结合全国文明城市创建，加快补齐农贸市场、老旧小区、背街小巷、城乡接合部等短板弱项，城乡面貌焕然一新、城市品质大幅提升。不遗余力推动教育事业发展，投入资金7亿余元优化教育资源和增强教育供给，新增各类教育学位1.7万个，“大班额”问题得到有效化解。扎实推进健康袁州行动，居民健康素养持续提升，金瑞镇、南庙镇获评“江西省卫生乡镇”。加快推进棚改项目建设，5个安置房项目顺利完工，交房3718套，分房1561套，群众获得感持续增强。大力推进书香袁州建设，建成区、街、居三级城市书角100个，完成“1个区总馆+28个乡镇街道分馆”文化馆图书馆服务体系建设，袁州读书氛围日益浓厚，正加快成为人人向往的书香之地。

防风险，保安全，持续巩固和谐稳定社会局面　坚持统筹发展和安全，将安全稳定作为一切工作的基础和前提，强化忧患意识，坚持底线思维，以“时时放心不下”的责任感，坚决维护政治安全、社会安定、人民安宁。

一是着力防范化解重大风险。牢固树立总体国家安全观，把维护国家政治安全，特别是政权安全、制度安全放在第一位，有效防范暴力恐怖现实威胁、网络安全严重威胁。严格落实意识形态工作责任制，健全意识形态研判机制，着力排查消除风险隐患，牢牢掌握意识形态工作主动权。强化网络阵地管控，定期分析研判社会热点舆情信息，及时稳妥处置敏感舆情，未出现一起重大负面舆情。稳步推进土地存量消化、耕地图斑整改、矿山复绿等工作，批而未用土地消化完成率居全市第一，恢复耕地5900余亩，顺利完成耕地流出排查整改任务。严厉打击非法集资、金融诈骗等违法犯罪活动，加快推动政府融资平台优化升级，妥善化解政府隐性债务存量，政府债务率预计降至208%左右，牢牢守住不发生系统性金融风险底线。

二是切实维护社会和谐稳定。紧盯基层治理薄弱环节，创新探索“六治融合”基层治理模式，扎实推进443个城市网格管理服务工作，充分激活基层治理“末梢神经”。稳步推进平安袁州建设，深入开展市域社会治理现代化试点工作，投入1.8亿元建设农村“雪亮工程”、智能安防小区和电子围栏，群众安全感明显提高。在全市率先建设区乡村三级矛盾纠纷多元化解中心，探索建设9个社区开放式居民区“围合管理”示范点，首创组建千人“袁州义警”志愿服务队，整合调解力量开展“组团式”志愿服务，开辟群防群治新路径。推动常态化扫黑除恶斗争向纵深发展，组织开展重点领域专项整治，大力推进夏季治安打击整治“百日行动”和“见底行动”，刑事案件发案数同比下降18.4%。采取雷霆举措，对非法采砂犯罪团伙开展集中收网行动，依法处置犯罪嫌疑人17人，形成强大震慑作用。强力打击治理电信网络诈骗和养老诈骗，持续推进反电诈“敲门行动”，成功捣毁“7·14”电诈案犯罪团伙。深入开展风险隐患大排查、大整治行动，排查各类风险隐患2282件，完成整治2097件，整治率达92%，从源头上遏制重大事故发生。扎实推进法治袁州建设，统筹推进严格执法、公正司法、全民守法，持续深化司法体制综合配套改革，加强执法司法制约监督，全力支持法院、检察院依法开展工作，累计培育法律明白人8.7万人、法律明白人骨干1.7万人，良法善治的社会氛围加快形成。稳步推进专项整治三年行动，加快应急体系和应急能力建设，坚决守牢安全生产底线，各类生产安全事故起数、死亡人数分别下降80%、62.5%。深入开展“集中治理重复信访、化解信访积案”专项工作和“百日攻坚行动”，创新探索“民呼我应”“屋场调解会”“民情议事会”“夜话蓝图”等特色做法，加强初信初访办理。

三是坚定不移严守生态红线。深入贯彻习近平生态文明思想，扎实推进蓝天、碧水、净土提升攻坚战，全面抓好中央、省生态环保督察反馈问题整改，解决了一大批群众反映强烈的突出环境问题，生态环境治理成效明显。全区PM2.5平均浓度28微克/立方米，空气优良天数比例达94%，空气质量优于国家二级标准；国考、省控、县界断面水质均达到Ⅲ类及以上，集中式饮用水水源地水质100%达标；受污染耕地、污染地块安全利用率达100%。启用卫星航拍技术全覆盖、开展森林图斑变化核查，森林督查变化图斑数同比减少50%。扎实推进碳达峰碳中和，制定出台“双碳”实施意见，对“两高”项目实行清单管理，获批省级林业森林固碳增汇试点和CCER（国家核证自愿减排量）林业碳汇开发试点县，绿色发展水平不断提高。大力实施生态家园创建工程，完成17个农环项目点位建设，申报创建6个省级生态乡镇和28个市级生态村。成功承办全省松材线虫病防控暨造林绿化现场会，持续擦亮绿色生态名片。

深化民主法治和思想文化建设，最大范围凝聚合力　坚持总揽全局、协调各方，不断凝聚各方面智慧和力量，推动形成齐心协力、团结奋进、共谋发展生动局面。

一是深入推进全过程人民民主。全面贯彻习近平总书记关于坚持和完善人民代表大会制度的重要思想，支持和保障人大依法行使职权，做好重大民生实事项目人大代表票决制工作。开展“我为选民说事”主题活动，拓宽社情民意表达渠道，办理活动意见建议66件。推动“一府一委两院”自觉接受人大监督，听取和审议“一府一委两院”专项工作报告15项，组织代表视察、专题调研20次。认真贯彻落实习近平总书记关于加强和改进人民政协工作的重要思想，全力支持政协聚焦民生实事、项目建设等工作开展视察调研、议政建言等协商活动。创建政协委员基层协商议事平台，开展协商议事活动88场，形成30篇调研协商报告等一批具有政协特点的履职成果，展现了“赣事好商量，画好同心‘袁’”的协商品牌作用。创新开展“入千企、访万家、暖民心”社情民意大调查工作，形成11个群体分报告和总报告，客观反映了社会舆论和民意动向，为区委倾听民意、改善民生、科学决策提供依据。坚持制度治党、依规治党，不断推进党内法规制度体系建设。

二是扎实做好宣传思想文化工作。聚焦“举旗帜、聚民心、育新人、兴文化、展形象”使命任务，对意识形态工作实行量化考核，强化追责问责，全年共函询单位6个、个人3人，提出暂缓提拔(晋级)3人。扎实推进全国文明实践试点县建设，累计建成标准化新时代文明实践中心(站、所)373个，开展活动3.5万余场，将宣讲、文艺、科普、移风易俗等10大类近7300个项目上线互联网点单系统，构建点、派、接、评单志愿服务闭环，新时代文明实践中心(所、站)正逐渐成为群众走顺脚、常来往、宣传党的政策方针首选之地。强化新闻外宣工作，在中央、省级主流新闻媒体用稿数居全市第一，“袁州发布”App活跃度稳居全省第一，“袁州发布”抖音号传播力稳居全省前五，秀江微语视频号传播力稳居全国前二十。在全省率先创建“志愿者之城”，通过“积分兑换服务、服务换取积分”的方式，调动群众参与志愿服务积极性，打造“人人争当志愿者、有困难找志愿者”的袁州城市形象品牌。深入开展袁州文化研究，推动袁州故事创作，组织袁州精神挖掘，鼓励袁州文艺繁荣，本土音乐人周兵作词歌曲《你笑起来真好看》获中宣部精神文明建设“五个一工程”奖。

三是广泛凝聚社会各界力量。坚持和加强党对统战工作的集中统一领导，精心组织统战系统“个十百千万”喜迎党的二十大系列活动，推动江西国轩、宜春时代等45家民营企业参与“万企兴万村”助力乡村振兴行动，洪塘镇商会获评全国“四好”商会。全面贯彻党的民族政策，灵泉街道少数民族服务中心被省政府批准申报全国少数民族团结进步示范点，高标准推进“五好”宗教活动场所建设，民族宗教工作实现更高质量发展。加强和改进对群团工作领导，充分发挥工会、共青团、妇联、文联、残联、侨联、红十字会等群团组织联系群众的桥梁纽带作用，引导广大人民群众坚定不移跟党走。坚持党管武装、练兵备战和动员准备有效落实，在全市群众性练兵比武中总分位列第一，征兵质量继续居省市前列，基层武装部全面建设星级达标经验在全市推广。大力推行“尊崇工作法”，深化双拥共建，军政军民团结的良好局面持续巩固。

全面贯彻党的建设总要求，政治生态持续向上向好 坚决扛起全面从严治党主体责任，加快推进勤廉袁州建设，全面提升党的建设质量和水平，全区政治生态更加风清气正、持续向上向好。

一是建强夯实基层战斗堡垒。全面推进基层党建信息化建设，信息化平台全面上线，覆盖1000多个基层党组织、3.3万余名党员，“一张网络联整体”的目标初步实现。分八大领域打造一批党建示范点，选派党建指导员对示范点定期开展一对一业务指导，以点带面推动基层党建工作水平提升，南庙镇白马村党支部获评全省乡村振兴模范党组织，湛郎街道文笔峰社区嘉晨党支部、化成街道江轴东区党支部多次得到省、市领导调研肯定。坚持党建引领，依托区域特色、资源优势，发展壮大村级集体经济，所有行政村集体经济经营性收入均突破10万元，超过15万元的村217个，占比超80%。深化“党建+和谐小区”建设，建立“街道—社区—网格—楼栋—党员(志愿者)”五级联动机制，实行干部联网格、党小组长联栋、党员联户，城市基层党建引领基层治理经验做法在央视新闻频道刊播。制定出台《选派“五个一批”助力乡村振兴的意见》，精心选派退出领导岗位干部、优秀年轻干部、大学生到村工作，选派专家教授担任乡村振兴指导员，动员企业与村结对，为乡村振兴注入强大生机和活力。

二是着重强化干部培养锻炼。坚持知事识人、依事择人、人岗相适，大力选拔使用政治过硬、责任过硬、作风过硬、纪律过硬的干部，着力营造干部想干事、会干事、干成事浓厚氛围。积极开展“流动党校进机关”活动，乡镇街道实现基层党校全覆盖。探索实行“错峰”培训模式，创新开展封闭式军训，坚持教与学互动，着力培养一支堪当时代重任的优秀年轻干部队伍。健全动态跟踪培养、及时选拔使用常态化机制，选派30人次优秀年轻干部到招商引资、项目建设等一线跟班学习，推荐7名优秀年轻干部参加全市乡镇交叉挂职，倾力搭建“实干者的平台、会干者的奖台、勇干者的擂台”。坚持引育并举、开拓创新，紧扣发展需要精准引才聚才，公开引进硕士研究生以上学历人才70余人。对标省委、市委要求调整优化考核体系，全面实行高质量跨越式发展成效、加强党的建设成效、满意度评价“三张考卷”大统考，最大限度发挥综合考核“指挥棒”作用，激励干部争先创优。

三是纵深推进全面从严治党。不断增强全面从严治党永远在路上的政治自觉，充分发挥巡视巡察利剑作用，扎实开展机动式专项巡察，及时发现政治问题，纠正政治偏差。坚持严的主基调不动摇，以零容忍态度惩治腐败，全年立案490件503人，给予党纪政务处分491人。持续做好“码”上监督文章，把整治群众身边的不正之风和腐败问题作为重中之重，将民生资金、组级公账、重点项目、政策文件等信息定期在平台公开晾晒，平台受理群众举报56件，查处问题50个，给予党纪政务处分13人、组织处理2人，问责党组织1个，打通群众监督“最后一公里”。驰而不息改进作风，高标准完成中央八项规定实行10周年活动任务，从严查处顶风违纪问题，坚决防范隐性变异回潮，查处违反中央八项规定精神问题132个，给予党纪政务处分130人。深入推进以案促改，越来越多问题干部选择相信组织、依靠组织，45人主动投案或主动交代问题，人数同比上升15.4%。强化监督执纪问责，多措并举做好纪检监察信访监督工作，严查快办侵害群众切身利益问题，受理群众检举控告信访件262件，同比下降38.1%，群众满意度明显提升。

同时，袁州发展仍面临不少困难和问题，主要表现在：经济总量不大，人均水平偏低；工业基础薄弱，产业层次不高，缺乏大块头项目；农业产业聚焦不够精准，特色农业、品牌农业较少；部分干部担当意识、进取精神不强，工作理念、能力和作风等跟不上高质量跨越式发展的要求，等等。对此，区委将时刻保持清醒认识，坚持问题导向，团结带领全区广大干部群众，深入贯彻党的二十大精神，加快补齐短板弱项，努力把各项工作做得更好，奋力拼搏全国县区经济百强，加快全面建设社会主义现代化袁州，为争取袁州区应有地位和应得荣誉而团结奋斗。

区委全体会议

【中共宜春市袁州区委第六届委员会第三次全体（扩大）会议暨区委经济工作会议】 1月25日，中共袁州区委第六届委员会第三次全体（扩大）会议暨区委经济工作会议在袁州召开。

出席这次全会的有区委委员、候补委员；不是区委委员、候补委员的在职副县级以上领导；区纪委副书记、区监委副主任，纪委常委，监委委员，区委巡察办主任、巡察组组长；各乡镇、街道党政主要负责人；区委各部门、区直各单位及区人大专工委、区政协专委会主要负责人；部分基层党代表也列席会议。

全会由区委常委会主持。区委书记江伟斌，区委副书记、区长胡勇讲话。

全会听取和审议江伟斌受区委常委会委托作的工作报告，传达学习中央、省委、市委经济工作会议会精神和中央、省委、市委党史学习教育总结会议精神；部署2022年全区营商环境建设工作；就《袁州区“入千企、访万家、暖民心”社情民意大调查活动方案》作了起草说明。

全会充分肯定了一年来区委常委会的工作。一致认为，一年来，区委常委会高举习近平新时代中国特色社会主义思想伟大旗帜，深入学习贯彻党的十九大和十九届历次全会，以及省第十五次党代会和市第五次党代会精神，立足新发展阶段，贯彻新发展理念，全力融入新发展格局，按照区第六次党代会决定的发展目标、思路和举措，团结带领全区广大干部群众感恩奋进、担当实干，聚焦“作示范、勇争先”目标定位，围绕“冲刺全国县区经济百强”目标，统筹疫情防控和经济社会发展，统筹发展和安全，扎实做好“六稳”工作，全面落实“六保”任务，坚定不移推动高质量跨越式发展，顺利实现了“十四五”开局良好、起步稳健的局面。

全会一致认为，在统筹疫情防控和经济社会发展的大战大考中，成绩的取得，根本在于以习近平同志为核心的党中央举旗定向、领航掌舵，得益于省委、市委的坚强领导和深切关怀；是区委把握区情，与时俱进，坚持正确发展思路的结果；是区四套班子和各民主党派精诚团结、共同奋斗的结果；是全区各级党组织和广大干部群众凝心聚力、合力攻坚的结果。

全会指出，2022年，全区上下要全面落实党中央决策部署和省、市工作要求，坚持放大“坐标系”、找准“参照地”，树立顶格标准、保持满格状态，以“严、细、实、快”的工作态度抓落实、抓推进，以“作示范、勇争先”的昂扬姿态，奋力冲刺全国县区经济百强，在建设江西综合实力强市展现首府担当。

全会提出了2022年全区经济工作的总体要求是：坚持以习近平新时代中国特色社会主义思想为指导，全面贯彻党的十九大和十九届历次全会以及中央经济工作会议精神，深入贯彻习近平总书记视察江西重要讲话精神，全面落实省、市党代会和经济工作会议精神，按照区第六次党代会部署要求，大力弘扬伟大建党精神，坚持稳字当头、稳中求进，完整、准确、全面贯彻新发展理念，加快融入新发展格局，以供给侧结构性改革为主线，统筹发展和安全，继续做好“六稳”“六保”工作，着力稳住经济发展基本盘，着力畅通经济循环，着力强化科技创新支撑，着力全面深化改革开放，着力保障和改善民生，着力保持社会大局稳定，以“作示范、勇争先”的昂扬斗志，坚定不移推进高质量跨越式发展，推动全区经济总量、经济发展态势和成效处于全市前列、力争全省一流水平，加快冲刺全国县区经济百强。全会强调，要坚定不移拥护捍卫“两个确立”，着力打造忠诚担当“示范地”。强化政治建设，深刻理解“两个确立”的决定性意义；强化理论武装，不断巩固拓展党史学习教育成果；提高格局视野，主动融入和服务发展大局，始终增强“四个意识”、坚定“四个自信”、做到“两个维护”，带着心中有党、对党忠诚的清醒认识和执着坚守，坚定不移拥护和捍卫“两个确立”，着力打造最讲党性、最讲政治、最讲忠诚、最讲担当的示范地，引领和走好新的赶考之路。

全会强调，要坚定不移推动产业提质增效，增添高质量发展“强引擎”。加快推进制造业高新化、精品化、绿色化发展。把发展经济的着力点放在实体经济上，坚持“开放创新、强攻工业”不动摇，深入实施产业链链长制，加快壮大生物医药、锂电新能源、电子信息、智能装备制造等特色优势产业，推动产业结构迈向中高端。加快推动现代农业品牌化、高效化发展。依托富硒优势，打造富硒品牌，大力推进农业转型升级，深化农业供给侧结构性改革，以“科技助农、质量兴农、品牌强农”为导向，不断培育壮大油茶、富硒农业等特色农业产业集群。加快推动文旅产业精致化、精美化发展。充分挖掘袁州绿色、红色、古色、特色旅游资源，加强文旅融合，切实把生态环境优势、文旅资源优势转化为经济优势、发展优势、产业优势。全会强调，要坚定不移推进改革开放创新，锻造区域发展核心“竞争力”。致力于打造一流营商环境。把优化营商环境继续作为“一号改革工程”来抓，着力打造称心的政务环境、放心的市场环境和安心的法治环境，切实解决企业和群众反映的各类痛点、难点、堵点问题。立足于全面深化改革。坚持从小切口入手，持续深化“微改革”，重点深化紧密型县域医共体改革，统筹推进书香袁州建设、科普、普法、网格化管理、“六治融合”等微改革举措，打造一批改革品牌。着眼于科技创新示范引领。增加科技创新投入，提高 R&D 经费支出在地区生产总值中的比重，完善人才引进办法，增加人才专项经费，在发展待遇、生活配套设施、政策扶持上给予优惠，让人才动心。聚焦于开放经济招大引强。实施开放升级战略，围绕锂电新能源、生物医药等主导产业，着力引进一批科技含量高、成长性好、爆发力强的大项目、好项目。

全会强调，要坚定不移提升社会治理效能，持续增强群众幸福感。推动社情民意大调查活动显成效。把社情民意大调查作为一项贯穿全年的任务来抓，为区委、区政府推进民生建设提供精准、科学、务实的决策建议。在持续改善民生上出实招。大力提升城市功能品质，全力办好一批惠民实事，用心用情用力解决就业岗位、托幼园位、上学座位、医疗床位、养老点位、停车车位、如厕厕位等群众急难愁盼问题。在加强基层治理上见成果。探索“六治融合”基层治理模式，打通服务群众“最后一公里”。在绿色发展上谋实效。加大对生态环保问题的整治力度，特别是对于违法森林图斑整治、矿山修复、机制砂整治等工作，该罚的罚、该管的管、该处理的处理，形成震慑效果。

全会强调，要坚定不移推进全面从严治党，锻造勤廉袁州“硬身板”。夯实基层战斗堡垒。树立大抓基层的鲜明导向，推动资源力量向基层倾斜，补短板、强弱项、促提升，夯实基层党组织建设。坚守意识形态阵地。围绕党的二十大召开抓好宣传，常态长效深化党史学习教育，推进社会主义核心价值观建设，精心讲好袁州故事、唱响袁州“好人文化”。打造高素质专业化干部队伍。坚持正确用人导向，选用“忠诚、干净、担当”的干部，搭建“实干者的平台、会干者的奖台、勇干者的擂台”，形成干部想干事、会干事、干成事的浓厚氛围。锻造狠抓落实的工作作风。视使命如生命，怀着“躺着想事、坐着议事、站着干事”的热情，不折不扣贯彻落实好党中央和省委、市委的各项决策部署，防止因为“细节中的魔鬼”损害大局。养成科学高效的工作习惯。要经常性地“抬头看路”，养成学法用法的好习惯，树立顶格标准，强化系统思维，善于抓住关键重点，坚持问题导向,善于用大数据思维来思考问题,形成闭环管理。持之以恒推进正风肃纪反腐。强化不敢腐的震慑,扎紧不能腐的笼子,增强不想腐的自觉,引导党员干部坚定理想信念,改造主观世界,筑牢廉洁堤坝,推动全面从严治党向纵深发展。

全会要求,做好2022年的经济工作,要推进产业升级,壮大高质量发展支撑;要深化改革创新,释放高质量发展动能;要扩大对外开放,拓展高质量发展空间;要优化城乡环境,提升高质量发展品质;要改善民生福祉,共享高质量发展成果;要维护大局稳定,夯实高质量发展基础。

全会号召,全区上下要更加紧密地团结在以习近平同志为核心的党中央周围,深入贯彻落实党中央决策部署和省、市工作要求,坚持放大"坐标系"、找准"参照地",树立顶格标准、保持满格状态、采取真格措施,以"严、细、实、快"的工作态度抓落实、抓推进,以"作示范、勇争先"的昂扬姿态,奋力冲刺全国县区经济百强,在助力宜春建设江西综合实力强市展现首府担当,以优异成绩迎接党的二十大胜利召开。

区委常委会会议

1月5日,区委常委会会议传达学习了习近平总书记二〇二二新年贺词,在《求是》杂志上发表的《以史为鉴、开创未来、埋头苦干、勇毅前行》重要文章精神,在中央政治局党史学习教育专题民主生活会上的重要讲话精神,在全国政协新年茶话会上的重要讲话精神,对"三农"工作作出的重要指示精神,并研究贯彻落实意见。传达学习习近平主席《2022年开训动员令》,并研究贯彻落实意见。传达学习了《中共中央办公厅印发〈关于加强和改进新时代市县政协工作的意见〉的通知》精神,并研究贯彻落实意见。传达学习省委书记易炼红、省长叶建春在省委人才工作会议上的讲话精神,并研究贯彻落实意见。研究了袁州区提名推荐江西省出席党的二十大代表候选人建议名单的有关事项。研究了江西省宜春市袁州区锂电新能源产业基础设施及孵化基地PPP项目的有关事项。传达学习了常务副市长张俊在对标先进市工作部署会上的讲话提纲。研究了关于宜春市袁州区国投集团有限公司收购金控·秀水金岸项目A座有关事项。审议了《在全区开展法治宣传教育的第八个五年规划(2021—2025年)(审议稿)》。审议了《袁州区生态环境保护"十四五"规划(审议稿)》。传达学习了省委巡视工作领导小组有关通报精神,并研究贯彻落实意见。研究了给予有关人员纪律处分的有关事项。书面传达了全省、全市系统打击治理电信网络诈骗犯罪工作调度推进视频会精神。

1月14日,区委常委会会议传达学习了中共中央政治局常务委员会会议精神,习近平总书记在省部级主要领导干部学习贯彻党的十九届六中全会精神专题研讨班开班式上的重要讲话精神,并研究贯彻落实意见。传达学习了市委经济工作会议、全市经济社会发展和党的建设情况视频巡察测评会议精神,并研究贯彻落实意见。传达学习了《中共中央关于印发〈中国共产党纪律检查委员会工作条例〉的通知》精神。传达学习了中共中央办公厅有关文件精神,并研究贯彻落实意见。传达学习了市委巡察工作领导小组有关文件精神,并研究贯彻落实意见。传达学习了省纪委有关文件精神。传达学习了《关于3起违反中央八项规定精神典型问题的通报》精神。听取了全省两会期间、春节前后和冬奥会期间安全生产工作情况汇报,并部署相关工作。听取了全省两会期间、春节前后和冬奥会期间信访工作情况汇报,并部署相关工作。研究了2022年春节前后区领导主要活动安排的有关问题。

1月20日,区委常委会会议传达学习了习近平总书记在十九届中央纪委六次全会上的重要讲话精神、在2022年世界经济论坛视频会议上的重要讲话精神、在《求是》杂志上发表的《不断做强做优做大我国数字经济》重要文章精神、对政法工作的重要指示精神,并研究贯彻落实意见。传达学习了省十三届人大六次会议、省政协十二届五次会议精神。审议了《区委常委会工作报告(审议稿)》。审议了《当前我区意识形态领域有关情况的通报(送审稿)》。审议了《关于袁州区2020年8月以来农村发展党员违规违纪问题处理意见(审议稿)》。传达学习了《中共宜春市委组织部关于做好2022年全市领导干部报告个人有关事项工作的通知》精神。研究了推荐全市乡村振兴模范党组织候选对象有关事项。审议了《关于认真做好市委专项巡察监督检查反馈意见整改工作的通知(审议稿)》。审议了《2021年度落实党风廉政建设责任制考核工作方案(审议稿)》。听取了关于对标先进区有关情况的汇报。

1月28日，区委常委会会议传达学习了中共中央政治局会议精神，习近平总书记在主持十九届中共中央政治局第三十六次集体学习时的重要讲话精神、在主持中国同中亚五国建交30周年视频峰会时的重要讲话精神、对党的建设研究工作作出的重要指示精神，并研究贯彻落实意见。传达学习了省委书记易炼红、省长叶建春在省党政主要领导经济责任审计和自然资源资产审计发现问题整改部署会议上的讲话精神。审议了《区委常委班子党史学习教育专题民主生活会对照检查材料（审议稿)》。传达学习了中共中央《关于做好2022年全面推进乡村振兴重点工作的意见》精神，并研究贯彻落实意见。听取了袁州区林业违法图斑整改工作情况汇报。研究了袁州区领导班子关于加强领导班子建设整改方案的有关事项。听取了减轻义务教育阶段学生作业负担和校外培训负担的汇报。听取了《关于进一步优化全区中小学校布局的工作方案》有关事项的汇报。听取了人大、政府、政协、法院、检察院党组关于2021年度工作总结及2022年度工作计划的汇报。听取了组织部、宣传部、统战部、政法委关于2021年度工作总结和2022年度工作计划的汇报。研究了《2022年区本级财政收支预算》有关问题。审议了《2022年度区政协常委会协商监督工作计划(审议稿)》。传达学习了中共中央办公厅《关于加强新时代廉洁文化建设的意见》精神，省纪委十五届二次全会、市纪委五届二次全会精神。研究了区纪委六届二次全会日程安排并审议《区纪委六届二次全会工作报告（审议稿)》《江伟斌同志在区纪委六届二次全会上的讲话(审议稿)》。书面传达学习了省、市政法有关会议精神。书面传达学习了省、市信访工作联系会议全体(扩大)会议精神。书面传达学习了宜春市妇儿工委全体会议精神。会议还研究了人事问题。

2月10日，区委常委会会议传达学习了习近平总书记在山西省考察调研时的重要指示精神，同党外人士共迎新春时的重要讲话精神、在二〇二二年春节团拜会上的重要讲话精神、在北京2022年冬奥会欢迎宴会上的致辞精神，并研究贯彻落实意见。传达学习全省精神文明建设表彰大会精神，并研究贯彻落实意见。传达学习中央、省拓展新时代文明实践中心建设工作电视电话会议精神，并研究贯彻落实意见。听取《袁州区应急管理体系建设“十四五”(2021—2025年)规划》有关事项的汇报。传达学习市纪委党风政风监督室关于持续整治“吃公函”问题等有关工作提示精神，并研究贯彻落实意见。传达学习省纪委有关文件精神。审议了《袁州区抓落实活动年“三拼三促”活动实施方案(审议稿)》。

2月16日，区委常委会会议传达学习习近平总书记在召开深改委第八次、第二十一次会议上对保障国家粮食安全作出的重要指示精神，习近平总书记关于粮食和物资储备工作重要论述摘编精神；传达学习了省长叶建春在涉粮问题专项巡视监督检查集中反馈暨整改部署推进会上的讲话精神和省纪委书记马森述关于《我省涉粮问题专项巡视监督检查情况》通报精神，并研究贯彻落实意见。传达学习了《易炼红、叶建春同志在全省深化发展和改革双“一号工程”推进大会上的讲话》精神。研究了关于召开宜春市袁州区六届人大二次会议的有关事项，审议了《区人大常委会工作报告(审议稿)》。审议了《关于在全区各级人大代表中开展“我为选民说事”主题活动的实施方案(审议稿)》及其子方案《关于在“我为选民说事”主题活动中开展工作评议的实施方案（审议稿)》。研究了关于召开政协宜春市袁州区六届二次会议的有关事项，审议《区政协第六届委员会工作报告(审议稿)》。审议了《政府工作报告(审议稿)》和《2022年民生实事清单(审议稿)》。审议了《区法院工作报告(审议稿)》。审议了《区检察院工作报告(审议稿)》。听取了前阶段涉粮问题专项巡视巡察监督检查反馈意见整改工作情况，审议了《关于认真做好省委涉粮问题专项巡视监督检查反馈意见整改工作的通知(审议稿)》。审议了《六届区委巡察工作规划（试行)(审议稿)》《2022年度巡察工作计划(审议稿)》。传达学习了省纪委有关文件精神。传达学习了省纪委书记马森述讲话精神。研究了增补政协委员及群团单位挂(兼）职人选有关事项。审议了《袁州区公开选调区直事业单位工作人员工作方案（审议稿)》。研究了关于成立袁州区综合考核委员会及办公室的有关事项。

2月24日，区委常委会会议传达学习了习近平总书记在《求是》杂志上发表的《坚持走中国特色社会主义法治道路，更好推进中国特色社会主义法治体系建设》重要文章精神、向尼雷尔领导力学院竣工启用仪式致贺的贺信精神,并研究贯彻落实意见。审议了《关于举一反三做好中央纪委国家监委纪检监察建议整改工作的实施方案(审议稿)》。听取了区政府2021年度民生实事项目进展情况汇报。会议还研究了人事问题。

3月23日,区委常委会会议传达学习了中共中央政治局常务委员会会议精神,中共中央政治局会议精神,习近平总书记在主持中共中央政治局第三十七次集体学习时的重要讲话精神、在主持中央全面深化改革委员会第二十四次会议时的重要讲话精神、在中央党校(国家行政学院)中青年干部培训班开班式上的重要讲话精神、在审阅中央有关领导述职报告时的重要指示精神,并研究贯彻落实意见。书面传达学习了全国两会精神和全省、全市领导干部会议精神。研究了部分常委班子成员分工有关事项。传达学习了全市举一反三做好中央纪委国家监委纪检监察建议整改工作推进会会议精神,审议了《关于举一反三做好中央纪委国家监委纪检监察建议整改工作任务分解表(审议稿)》。审议了《区委常委班子党史学习教育专题民主生活会整改落实方案(审议稿)》。通报了《袁州区2021年度落实党风廉政建设责任制考核情况》。审议了《关于深化区粮食系统管理体制改革的实施方案(审议稿)》。审议了《袁州区公共资源交易领域突出问题专项整治工作实施方案(审议稿)》。审议了《袁州区重大项目管理办法(审议稿)》。研究了2022年重大建设项目的有关问题。审议了《袁州区实施产业链链长制工作实施方案(审议稿)》。审议了《2021年区管领导班子和在职科级干部年度考核方案(审议稿)》。书面传达学习了党的十八大以来党内法规和规范性文件备案审查工作综述。书面传达学习了全国、全省、全市组织部长会议,全国、全省、全市宣传部长会议和全国、全省、全市统战部长会议精神。书面传达学习了全省、全市信访工作会议精神。书面传达学习了全省粮食和物资储备工作暨全面从严治党工作会议精神。书面传达学习了市五届人大二次会议精神。书面传达学习了政协宜春市第五届委员会第二次会议精神。

3月31日,区委常委会会议传达学习了习近平总书记对东航客机坠毁作出的重要指示精神、在参加首都义务植树活动时的重要讲话精神,并研究贯彻落实意见。书面传达学习了《习近平法治思想学习纲要》。传达学习了习近平总书记等中央、省领导关于安全生产的指示批示及近期全国、全省、全市安全生产、森林防灭火、防汛抗旱工作会议精神,并研究贯彻落实意见。传达学习了省委书记易炼红在抚州市委工作汇报会上的讲话精神、在新余市委工作汇报会上的讲话精神、在景德镇市委工作汇报会上的讲话精神。审议了《中共宜春市袁州区第六届委员会常务委员会工作规则(审议稿)》。听取了关于审计发现违法占用林地、违法采伐林木问题整改落实情况的汇报。审议了终止黄德圣区第六次党代会代表资格的有关事项。传达学习了《中央生态环境保护督察整改工作办法》精神,听取了第一轮中央、省环保督察及“回头看”交办信访件未销号问题整改情况汇报。审议了《袁州区政府融资平台优化升级工作实施方案(审议稿)》。研究了给予有关人员纪律处分的有关事项。书面传达学习了省委书记易炼红、省纪委书记马森述在省纪委十五届二次全会上的讲话和报告精神。书面传达学习了省委书记易炼红在省委教育工作领导小组2022年第一次全体会议上的讲话精神。会议还研究了人事问题。

4月7日,区委常委会会议传达学习了中共中央政治局常务委员会会议精神、习近平总书记在《求是》杂志上发表的《坚持把解决好“三农”问题作为全党工作重中之重,举全党全社会之力推动乡村振兴》重要文章精神,并研究贯彻落实意见。传达学习了习近平总书记重要指示精神、国务院总理李克强批示要求和3月31日全国安全生产电视电话会议精神,并研判部署袁州区安全生产工作。传达学习了基层减负有关文件精神,并研究贯彻落实意见。传达学习了中纪委书记赵乐际和中纪委副书记杨晓渡有关讲话精神。传达学习了省纪委书记马森述有关讲话精神。审议了《袁州区2022年政府隐性债务风险化解工作方案(审议稿)》。研究了组建区属矿业公司的有关事项。传达学习了《地方党委和政府领导班子及其成员粮食安全责任制规定》精神,并听取粮食安全工作汇报。审议了《袁州区2021年度工业经济高质量发展考核奖励评选结果(审议稿)》。审议了《袁州区养老服务健康发展工作实施方案(审议稿)》。审议了《宜春市袁

州区人民政府 江西融合实业发展有限公司战略合作框架协议(审议稿)》。审议了《袁州区关于深入推进营商环境优化升级"一号改革工程"的实施方案(审议稿)》。听取了创建全国文明城市情况汇报。传达学习了有关保密工作文件精神。书面传达学习了市纪委《关于印发〈关于集中整治干部队伍作风顽疾开展"五治"行动的工作方案〉的通知》精神。

4月29日,区委常委会会议传达学习了习近平总书记在北京冬奥会冬残奥会总结表彰大会上的重要讲话精神、在海南考察时的重要讲话精神、在中央深改委第二十五次会议上的重要讲话精神、在中央财经委第十一次会议上的重要讲话精神、致首届全民阅读大会的重要贺信精神,并研究贯彻落实意见。传达学习了省委书记易炼红在全省"3·23"警示教育活动暨第2次省委理论学习中心组集体学习时的讲话精神,并研究贯彻落实意见。传达学习了省委书记易炼红、省长叶建春在省赣南等原中央苏区振兴发展工作领导小组暨省粤港澳大湾区桥头堡建设领导小组会议上的讲话精神。传达学习了省委书记易炼红《要以"干部创先"推动"大众创业万众创新"》文章精神,并研究贯彻落实意见。审议了《宜春市袁州区"十四五"时期民兵建设发展计划(审议稿)》,并研究部署民兵建设工作。审议了《"袁州人民爱袁州 携手共创文明城"宣传教育活动方案(审议稿)》。传达学习了省纪委省监委第四监督检查室有关电话通知精神。传达学习了省委《印发〈关于进一步加强对"一把手"和领导班子监督的若干意见〉的通知》精神,并研究贯彻落实意见。传达学习了省委书记易炼红、省纪委书记马森述在全省巡视巡察工作会议暨十五届省委第一轮巡视动员部署会上讲话精神。传达学习了省纪委书记马森述在省委巡视机构"深化政治巡视 提高政治监督质量"专题交流研讨会上的讲话精神。传达学习了省纪委省监委《关于领导干部配偶、子女及其亲属违纪违法问题及其教训警示的通报》精神和市纪委市监委《关于4起"怕慢假庸散"典型问题的通报》精神。传达学习了中共中央办公厅、国务院办公厅《关于更加有效发挥统计监督职能作用的意见》精神,并研究贯彻落实意见。审议了《袁州区"四争"工作考核办法(审议稿)》。听取了《宜春市袁州区突发事件总体应急预案(审议稿)》的汇报。审议了《袁州区深化应急管理综合行政执法改革的实施办法(审议稿)》。传达学习了省委办公厅、省政府办公厅《印发〈关于进一步强化安全生产责任落实坚决防范遏制重特大事故的实施方案〉的通知》精神,并研究贯彻落实意见。审议了《袁州区落实省委、市委主要领导在2021年度基层党建工作述职会议上点题内容的整改方案(审议稿)》。传达学习了省委办公厅《印发〈关于狠抓工作落实的若干措施〉的通知》精神,并研究贯彻落实意见。审议了《区委2022年调训工作计划(审议稿)》。研究了关于《融合实业年产20万吨磷酸铁锂建设项目优惠政策及合同》的有关内容。审议了《中共宜春市袁州区委2022年政党协商计划(审议稿)》。书面传达学习了省委、市委统一战线工作领导小组会议精神。书面传达学习了省委、省政府《关于新时代深入实施工业强省战略推动工业高质量跨越式发展的意见》精神。书面传达学习了省委全面依法治省委员会第五次会议精神。书面传达学习了全省、全市政法工作以及市域社会治理现代化试点工作有关会议精神。

5月24日,区委常委会会议传达学习了中共中央政治局会议精神、中共中央政治局常务委员会会议精神,习近平总书记在主持中共中央政治局第三十八次集体学习时的重要讲话精神、在庆祝中国共产主义青年团成立100周年大会上的重要讲话精神、对湖南长沙居民自建房倒塌事故作出的重要指示精神,并研究贯彻落实意见。传达学习了省委书记易炼红、省长叶建春在全省一季度经济运行分析会暨"强攻二季度、确保双过半"动员会上的讲话精神和省委书记易炼红、省长叶建春在2021年度全省综合考核总结暨积极践行"孺子牛、拓荒牛、老黄牛"干部表扬通报会上的讲话精神。传达学习了省长叶建春、省纪委书记马森述在省政府第五次廉政工作会议上的讲话精神。审议了《中共宜春市袁州区委常委会2022年工作要点(审议稿)》。审议了《袁州区关于全面加强新时代少先队工作若干措施(审议稿)》。听取了"5·22"道路交通安全事故报告,传达学习市委书记于秀明、市长严允指示批示精神,并研究贯彻落实意见。听取了公安工作情况汇报。审议了《袁州区2021年度巩固拓展脱贫攻坚成果同乡村振兴有效衔接国家、省考核评估反馈问题整改工作方案(审议稿)》。审议了

《关于选派“五个一批”助力乡村振兴的意见(审议稿)》。传达学习了《关于贯彻执行党委(党组)网络意识形态工作责任制的若干措施》精神。研究了进一步提升乡镇街道财政运行保障水平的有关事项。审议了《袁州区深入推进数字经济做优做强“一号发展工程”的实施方案(审议稿)》。听取了袁州区自建房屋安全隐患排查工作情况汇报。研究了2022年“创文”中老旧小区、背街小巷改造资金来源的有关事项。听取了袁州区化工园区安全整治提升任务进展情况汇报。审议了《关于进一步规范袁州区公务接待等事项管理暂行办法(审议稿)》。传达学习了省纪委《关于我省10起违反中央八项规定精神典型问题的通报》精神和市纪委《关于3起违反中央八项规定精神典型问题的通报》精神。传达学习了省纪委书记马森述在设区市纪委书记座谈会上的讲话精神。传达学习了省纪委省监委纪检监察信息第11期(宜春市袁州区三举措扎实开展信访工作)。书面传达学习了《信访工作条例》。书面传达学习了全市政法系统“作示范、勇争先”活动第一季度点评通报暨市域社会治理现代化试点工作推进会议主要精神。书面传达学习了全省、全市政法工作以及市域社会治理现代化试点工作有关会议主要精神。书面传达学习了全省、全市常态化开展扫黑除恶斗争推进会精神。书面传达学习了全省打击整治养老诈骗专项行动视频推进会精神。书面传达学习了市委全面依法治市委员会第五次会议暨法治政府建设示范创建推进会议精神。书面传达学习了省、市法治宣传教育工作会议精神。书面传达学习省委民族工作会议暨全省宗教工作会议和市委民族工作会议暨全市宗教工作会议精神。会议还研究了人事问题。

6月28日，区委常委会会议传达学习了习近平总书记在主持十九届中共中央政治局第三十九次、第四十次集体学习时的重要讲话精神，在四川考察时的重要讲话精神，在主持召开中央全面深化改革委员会第二十六次会议时的重要讲话精神，向2022年“6·5”世界环境日国家主场活动视贺的贺信精神和5月27日中共中央政治局会议精神、6月17日中共中央政治局会议精神，并研究贯彻落实意见。传达学习了省委、市委整改工作推进会精神。研究部署了《关于举一反三做好中央纪委国家监委纪检监察建议整改工作的实施方案》，审议了《关于举一反三做好中央纪委国家监委纪检监察建议整改工作任务分解表(审议稿)》。传达学习了省纪委书记马森述近期讲话要点精神。传达学习了省纪委省监委通报精神、市纪委市监委《关于3起违反中央八项规定精神典型问题的通报》精神。研究了全市乡村振兴担当作为好支书推荐人选和全区乡村振兴担当作为好书记选树对象人员的有关事项。听取了关于贯彻落实《中共中央关于加强新时代检察机关法律监督工作的意见》和省委实施意见工作情况的汇报。书面传达学习了全省、全市公务员工作推进会会议精神，研究贯彻落实意见。观看了《生命重于泰山——学习总书记关于安全生产重要论述》电视专题片，书面学习了《中华人民共和国安全生产法》。书面传达学习了全省党史部门主要负责人会议精神，并研究贯彻落实意见。书面传达学习了市委深入贯彻落实中央人大工作会议精神推进会精神、市人大常委会贯彻落实市委深入贯彻落实中央人大工作会议精神和人大代表“五带头五表率”主题实践活动推进会精神，并研究贯彻落实意见。书面传达学习了全市精神文明建设指导委员会2022年第一次全体会议精神。书面传达学习了全市常态化扫黑除恶斗争第二次视频推进会会议精神。会议还研究了人事问题。

7月6日，区委常委会会议传达学习了习近平总书记在湖北武汉考察时的重要讲话精神、在庆祝香港回归祖国25周年大会暨香港特别行政区第六届政府就职典礼上的重要讲话精神、就研究吸收网民对党的二十大相关工作意见建议作出的重要指示精神、给种粮大户的重要回信精神，并研究贯彻落实意见。听取了信访积案化解进展情况汇报。审议了《关于推进农业农村高质量发展奋力打造现代农业强区的实施意见(审议稿)》。听取了袁州区营商环境评价指标工作和营商环境满意度民意调查相关情况的汇报。听取了2022年上半年经济运行情况汇报。审议了《袁州区全面推进“六个江西”建设打造综合实力强区实施意见(审议稿)》《袁州区全面推进“六个江西”建设打造综合实力强区2022年工作计划(审议稿)》。听取了党内规范性文件专项清理工作汇报。审议了《2022年开放型经济工作考核方案(审议稿)》。传达学习了省纪委省监委《关于进一步发挥改革效能有力推进纪检监察监督巡视巡察监督与审计监督贯通协同高效的指导意见》精神。传达学习了省纪委书记马森述有关讲话要点精神。传达学习了省纪委省监委《关于我省6起公职人员酒驾醉驾背后“四风”的通报》精神。传达学习了市纪委市监委《关于进一步加强重要情况报告工作的通知》精神。书面传达学习了《中国共产党政治协商工作条例》精神。

7月22日，区委常委会会议传达学习了习近平总书记在中央政治局第四十次集体学习时的重要讲话精神、在新疆考察时的重要讲话精神、给中国国家博物馆的老专家的回信精神、给参加海峡青年论坛的台湾青年的回信精神、向世界互联网大会国际组织成立致贺的贺信精神，并研究贯彻落实意见。审议了《区委全面从严治党形势分析报告（审议稿）》。书面传达了全国、全省、全市安全生产电视电话会议精神。书面传达了全国禁毒工作电视电话会议精神。书面传达学习了全省新时代政法工作创新交流会精神。

8月3日，区委常委会会议传达学习了中共中央政治局会议精神，习近平总书记在省部级主要领导干部“学习习近平总书记重要讲话精神，迎接党的二十大”专题研讨班上的重要讲话精神、在主持十九届中共中央政治局第四十一次集体学习时的重要讲话精神、在主持党外人士座谈会时的重要讲话精神、在中央统战工作会议上的重要讲话精神、在参观“领航强军向复兴——新时代国防和军队建设成就展”时的重要讲话精神、向世界青年发展论坛致贺的贺信精神，并研究贯彻落实意见。传达学习了省委书记易炼红在省党代表会议结束时的讲话精神、在设区市委书记座谈会上的讲话精神、近期考察宜春中心城区时的讲话精神，省委《关于深入贯彻习近平总书记视察江西重要讲话精神以优异成绩迎接党的二十大胜利召开的决定》精神，并研究贯彻落实意见。传达学习了市委书记于秀明、市长严允在市委综合考核工作分析部署会上的讲话精神，并研究贯彻落实意见。传达了市长严允在袁州区全面从严治党形势分析会上的讲话精神，并研究贯彻落实意见。传达学习了市委书记于秀明关于推进化解信访突出问题工作有关要求精神，听取信访积案化解情况及部分信访积案化解进展情况汇报。听取了全区突出生态环境问题整改情况汇报。听取了2021年度巩固拓展脱贫攻坚成果同乡村振兴有效衔接国家、省考核评估反馈问题整改工作进展情况汇报。听取了上半年安全生产工作情况汇报。传达学习了全市推进“六个江西”建设半年工作调度会议精神，听取了袁州区全面推进“六个江西”建设情况汇报。听取了《袁州区妇女发展规划（2021—2030年）》和《袁州区儿童发展规划（2021—2030年）》的汇报。审议了《关于开展“童心袁”留守儿童关爱工作的实施方案（审议稿）》。传达学习了省委办公厅《关于印发〈易炼红同志在严防学生溺水工作专题调度会上的讲话〉的通知》精神，听取近期防溺水工作情况汇报。审议了《深化袁州区融资平台公司优化升级实施方案（审议稿）》。审议了《关于选派党政机关和事业单位科级及以下干部到区属国有企业任职、挂职工作的实施意见（审议稿）》。研究了关于调整区文物保护和考古工作机构设置的有关事项。传达学习了《抚州市坚持“五治融合”促进基层治理提质增效》精神。听取了《袁州区全民科学素质行动规划纲要实施方案（2021—2025年）》的汇报。传达学习了省纪委书记马森述有关要求精神。书面传达学习了《习近平总书记关于统计工作重要讲话指示批示》、《防范和惩治统计造假弄虚作假重要文件选编》、《国家统计局、江西省统计局召开统计造假不收手不收敛问题专项纠治工作动员部署会议主要精神》、《统计违法案件通报》、《省委办公厅　省政府办公厅印发关于更加有效发挥统计监督职能作用的若干措施》精神。书面传达学习了省委、市委统一战线工作领导小组2022年第二次会议精神。书面传达学习了全省推进新时代文明实践中心建设提质增效暨志愿服务先进典型表彰电视电话会精神。书面传达学习了2022年全省粮食收购工作电视电话会议精神。会议还研究了人事问题。

8月25日，区委常委会会议传达学习了习近平总书记在辽宁考察时的重要讲话精神、给“中国好人”李培生胡晓春的重要回信精神、向世界职业技术教育发展大会致贺的贺信精神、向国际民间社会共同落实全球发展倡议交流大会致贺的贺信精神，并研究贯彻落实意见。听取了全区信访积案化解情况及部分信访积案化解进展情况汇报。审议了《关于建立红色基因传承长效机制的若干措施（审议稿）》。研究了召开宜春市袁州区残疾人联合会第四次代表大会的有关事项。听取了袁州区2022年全面深化改革工作进展情况汇报。听取了《举一反三做好中央纪委国家监委纪检监察建议》整改情况的汇报。听取了袁州区营商环境建设工作进展情况的汇报。审议了《2021年度袁州区高质量发展综合绩效考核评价实施意见（审议稿）》。传达了2022年度全省综合考核工作业务培训班及全市综合考核工作座谈会精神。审议了《中共宜春市袁州区委综合考核工作委员会工作规则（审议稿）》《中共宜春市袁州区委综合考核工作委员会办公室工作细则（审议稿）》。研究了关于设立和撤销部分区直单位党组的有关事项。审议了《袁州区国有企业负责人年薪制暂行办法（审议稿）》。审议了《2022年袁州区六大领域“项目攻坚战”项目推进清单（审议稿）》。传达学习了省纪委书记马森述关于思想政治工作的相关要求精神、在省委巡视组巡视萍乡市反馈会暨萍乡市警示教育大会上的讲话精神，《关于完善“两报告一承诺”制度　进一步加强党员干部、公职人员操办婚丧喜庆事宜管理监督的通知》《关于今年以来纪检监察工作情况的通报》《关于党员领导干部违规借贷获息问题的通报》《关于6起营商环境领域腐败和作风典型问题的通报》精神，市纪委市监委关于林某某严重违纪违法案件及其教训警示的通报精神。传达学习了省委办公厅《转发巡视办关于十五届省委第一轮巡视发现普遍性问题的通报》的通知，市委办《转发〈市委巡察工作领导小组关于五届市委第三轮巡察发现倾向性问题的通报〉的通知》精神。听取了六届区委第三轮巡察工作总体情况汇报。书面传达学习了《中华人民共和国监察法实施条例》。书面传达学习了省委政法委常务副书记林强的党课讲稿精神。书面传达了全市“三拼三促”工作半年推进会精神。

9月15日，区委常委会会议传达学习了中共中央政治局会议精神，习近平总书记在主持召开中央全面深化改革委员会第二十七次会议时的重要讲话精神、对四川甘孜泸定县6.8级地震作出的重要指示精神、给北京师范大学“优师计划”师范生的重要回信精神、祝贺2022全国专精特新中小企业发展大会的贺信精神，并研究贯彻落实意见。传达学习了省委书记易炼红《以正确的方法做正确的事情下最大的功夫求最好的效果》调研文章及市委书记于秀明批示精神，省委书记易炼红、省长叶建春在省发展数字经济领导小组和省优化营商环境工作领导小组会议上的讲话精神，省委《关于加强党的政治建设推动江西政治生态持续向上向好的意见》精神。研究了熊厚胜分工的有关事项。听取了全区信访积案化解情况及部分信访积案化解进展情况汇报。研究了关于贯彻落实市委办、市政府办《关于加强和改进城镇社区网格化管理服务的若干措施（试行）》的有关事项。研究了袁州区巩固政法队伍教育整顿后续成果落实全面从严管党治警责任分工的有关事项。传达学习了国务院总理李克强关于二季度上半年经济形势和做好下一步经济工作的讲话精神。研究了关于《宜春市袁州区人民政府与吉利科技集团有限公司战略合作协议》《磷酸铁锂材料及电池回收综合利用项目投资协议》《吉利科技集团有限公司固定资产投资补贴专项资金使用管理办法》的有关事项。审议了《袁州区全民国防教育2022年工作要点（审议稿）》《袁州区全民国防教育工作领导小组工作规则（审议稿）》。审议了《袁州区2021年财政收支决算及2022年1—7月预算执行情况的报告（审议稿）》。审议了《关于进一步加强对“一把手”和领导班子监督的二十八条措施（审议稿）》。传达学习了省纪委《关于7起违反中央八项规定精神典型问题的通报》精神。研究了关于投资江西银行股份有限公司的有关事项。书面传达学习了江西省服务党的二十大网信保障工作推进会议精神。书面传达学习了全省打击整治养老诈骗专项行动视频推进会精神。书面传达学习了省委书记易炼红在抗旱救灾和森林防灭火工作调度会上的讲话精神，省长叶建春在检查值班和部署重点工作时的讲话精神，市委书记于秀明在专题调度部署全市抗旱救灾和森林防灭火工作时的讲话精神。

9月29日，区委常委会会议传达学习了习近平总书记在《求是》杂志上发表的《坚持和发展中国特色社会主义要一以贯之》重要文章精神、致产业链供应链韧性与稳定国际论坛的贺信精神、对国防和军队改革研讨会作出的重要指示精神、在第五个“中国农民丰收节”到来之际作出的重要指示精神、致中国新闻社建社70周年的贺信精神，并研究贯彻落实意见。传达学习了省委深改委第二十三次会议精神。传达学习了中共中央办公厅《关于印发〈推进领导干部能上能下规定〉的通知》精神。听取了全区信访积案化解情况及部分信访积案化解进展情况汇报。研究了关于公开招聘城市社区专职网格员的有关事项。听取了《袁州区关于旅游产业高质量发展的实施意见》的汇报。审议了《关于2021年党政领导履行教育职责督导评价反馈问题整改落实情况的报告(审议稿)》。听取了优化营商环境工作的汇报。听取了1—8月政府债务化解情况的汇报。书面传达学习了全省稳增长、防风险、保稳定、惠民生工作部署会和全市有关会议精神。书面传达学习了市委书记于秀明对社区网格化管理服务工作的批示、全市网格化管理服务工作推进会精神及全市城镇社区网格化管理服务工作专项督查情况通报精神。书面传达学习了全市平安办主任(扩大)会议精神。会议还研究了人事问题。

10月20日,区委常委会会议传达学习了习近平总书记在中国共产党第二十次全国代表大会开幕会上作的重要报告精神、在参加党的二十大广西代表团讨论时的重要讲话精神、在党外人士座谈会上的重要讲话精神,中国共产党第十九届中央委员会第七次全体会议精神,并研究贯彻落实意见。传达学习了中共中央办公厅有关通知精神。听取了2021年度袁州区高质量发展综合绩效考核评价情况汇报。听取了2021年度全区科级领导班子和在职科级干部考核情况汇报。研究了关于核定政协袁州区委员会有关专委会及区科级领导学校领导职数的有关事项。听取了全区谋划储备及重大项目建设工作情况汇报。听取了1—9月招商引资情况汇报。传达学习了中共中央《关于印发〈中国共产党处分违纪党员批准权限和程序规定〉的通知》精神。传达学习了中纪委办公厅印发的《调研反映当前纪检监察系统对“一把手”和领导班子监督工作中存在的部分问题》及省委领导批示精神。传达学习了市纪委办公室工作提示要求。审议了《袁州区推进创新驱动发展十条措施(审议稿)》。传达学习了省委统战工作会议精神,并研究贯彻落实意见。书面传达学习了省委书记易炼红、省长叶建春在全省稳增长、防风险、保稳定、惠民生工作部署会上的讲话精神。书面传达学习了《重要信息(第4期)》[南昌市关于推进城中村(开放式居民区)围合服务管理工作情况的报告]精神。

10月26日,区委常委会会议传达学习了党的二十大精神和全省、全市领导干部会议精神。

11月12日,区委常委会会议传达学习了习近平总书记在主持中共中央政治局会议时的重要讲话精神、在主持二十届中共中央政治局第一次集体学习时的重要讲话精神、在瞻仰延安革命纪念地时的重要讲话精神、在陕西延安和河南安阳考察时的重要讲话精神、在第五届中国国际进口博览会开幕式上的重要讲话精神和中共中央政治局常务委员会会议精神,并研究贯彻落实意见。审议了袁州区省十四届人大代表、十三届省政协委员推荐人选名单。

11月23日,区委常委会专题议军会议传达学习了习近平主席关于加强国防和军队建设系列重要讲话精神。分析了武装工作形势。研究了人武部营院整体搬迁重建、基层人民武装部与退役军人服务站融合建设有关事项。听取了区委书记、区人武部党委第一书记江伟斌讲话。

11月23日,区委常委会会议传达学习了习近平总书记向2022年世界互联网大会乌镇峰会致贺的重要贺信精神、向“杂交水稻援外与世界粮食安全”国际论坛发表的重要致辞精神、勉励中国航空工业集团沈飞“罗阳青年突击队”队员的重要回信精神、出席二十国集团领导人第十七次峰会发表的重要讲话精神、出席亚太经合组织第二十九次领导人非正式会议发表的重要讲话精神、对河南安阳市凯信达商贸有限公司火灾事故作出的重要指示精神,并研究贯彻落实意见。传达学习了省委十五届三次全体(扩大)会议精神。审议了《袁州区人才引进培养办法(试行)(审议稿)》。传达学习了综合考核“四区协同”工作推进会精神,并研究贯彻落实意见。审议了《中共宜春市袁州区委关于认真学习宣传贯彻党的二十大精神的通知(审议稿)》。传达学习了全市推进移风易俗乡风文明三年专项行动工作推进会主要精神,并研究贯彻落实意见。审议了《贯彻落实〈关于加强和改进新时代市县政协工作的二十条措施〉主要任务的责任分工方案(审议稿)》。研究了关于召开区委政协工作会议的有关事项。传达学习了市委巡察办有关文件精神,并研究贯彻落实意见。审议了《坚持产管并重 推进食品安全“两个责任”落实落细的实施方案(审议稿)》。传达学习了省纪委书记马森述讲话精神。书面传达了江西省文化强省建设推进大会会议精神。书面传达了省、市宣传思想文化系统学习宣传贯彻党的二十大精神电视电话会议精神。

12 月 23 日，区委常委会会议传达学习了习近平总书记在江泽民同志追悼大会所致悼词精神、在中共中央政治局会议上的重要讲话精神、在党外人士座谈会上的重要讲话精神、在中央经济工作会议上的重要讲话精神、在首届中国—阿拉伯国家峰会开幕式和中国—海湾阿拉伯国家合作委员会峰会上的主旨讲话精神、对非物质文化遗产保护工作作出的重要批示精神，并研究贯彻落实意见。传达学习了《中共江西省委关于深入学习宣传贯彻党的二十大精神　加快全面建设社会主义现代化江西的决定》和省委有关文件精神，并研究贯彻落实意见。传达学习了省委十五届三次全体(扩大)会议精神。传达学习了市委书记于秀明在市委五届三次全体(扩大)会议上的报告和讲话精神。审议了《政府工作报告(审议稿)》。听取了 2022 年度政府重大民生实事项目完成情况汇报，审议了《袁州拟列入 2023 年政府工作报告的民生实事项目清单（审议稿)》。审议了《2023 年区本级财政收支预算草案编制说明(审议稿)》。研究了召开区委六届四次全体(扩大)会议的有关事项。审议了《区委常委会 2022 年工作报告(审议稿)》。审议了《关于深入学习宣传贯彻党的二十大精神加快全面建设社会主义现代化袁州的实施方案(审议稿)》。传达学习了省委办公厅、省政府办公厅有关通知精神和《省委办公厅关于进一步加大工作力度切实减轻基层负担的通知》精神，并研究贯彻落实意见。传达学习了市政府工作报告精神、宜春市五届人大三次会议精神；研究了关于召开宜春市袁州区六届人大三次会议的有关事项，审议了《区人大常委会工作报告(审议稿)》。传达学习了政协宜春市第五届委员会第三次会议精神；研究了关于召开政协宜春市袁州区第六届委员会第三次会议的有关事项，审议了《区政协六届委员会常务委员会工作报告和提案工作报告(审议稿)》。审议了《区法院工作报告(审议稿)》。审议了《区检察院工作报告(审议稿)》。传达学习了《江西省生态环境保护督察整改工作实施细则》精神。传达学习了《关于认真学习贯彻习近平总书记重要指示精神　坚决打赢岁末年初安全生产“保卫战”工作方案》精神；听取了安全生产工作情况汇报。审议了《袁州共青团基层组织改革实施方案(审议稿)》。听取了《区委关于 2022 年意识形态工作责任制落实情况的报告》和《当前我区意识形态领域有关情况》的汇报。传达学习了《宜春市意识形态工作追责问责操作办法(试行)》精神。审议了《2022 年宜春市袁州区社区调整优化方案（审议稿)》。听取了 2022 年度中晚稻收购工作情况汇报。审议了《袁州区推动工业高质量发展若干措施(审议稿)》。研究了核定区委国安办科级领导职数的有关事项。研究了关于增补政协袁州区第六届委员会委员的有关事项。传达学习了市纪委市监委《转发〈中共高安市纪委关于 3 起领导干部随带司机或变相随带司机问题的通报〉的通知》精神。传达学习了省纪委办公厅有关通报精神。传达学习了中央纪委办公厅关于落实中央八项规定精神的有关文件精神和市纪委工作提示要求；传达学习了省纪委书记马森述在全省纪检监察系统学习宣传贯彻党的二十大精神宣讲会上的讲话精神。书面学习了《中国共产党章程》。书面学习了《中华人民共和国宪法》。书面学习了《领导干部配偶、子女及其配偶经商办企业管理规定》精神。书面传达学习了全省城市基层党建引领基层治理工作电视电话会议精神。书面传达学习了省委政法委书记罗小云在全省打击整治养老诈骗专项行动总结会上的讲话精神。

12 月 29 日，区委常委会会议传达学习了习近平总书记在中央农村工作会议上的重要讲话精神、在主持召开中共中央政治局民主生活会时的重要讲话精神、对爱国卫生运动作出的重要指示精神、致中国东方演艺集团艺术家们的回信精神，并研究贯彻落实意见。传达学习了省委经济工作会议精神。审议了《2019—2021 年度连续三年考核为优秀公务员(参照公务员管理人员）拟记三等功人员名单(审议稿)》。审议了《进一步改进学风文风会风、深化模范机关创建若干措施(审议稿)》。审议了《袁州区深化国防动员体制改革方案(审议稿)》。传达学习了省纪委、市纪委有关文件精神。书面听取了袁州区落实中央八项规定精神有关情况的汇报。会议还研究了人事问题。

重要决策

2022 年 1 月 21 日，区委

办、区人大办、区政府办、区政协办印发《袁州区“入千企、访万家、暖民心”社情民意大调查活动方案》，对在全区范围内开展社情民意大调查活动进行了部署。

2022年2月1日，区委办、区政府办印发《袁州区抓落实活动年“三拼三促”实施方案》，部署了“三拼三促”抓落实年的重点任务，明确了责任分工。

2022年3月26日，区委办、区政府办印发《袁州区重大项目管理办法》，并明确了袁州区重大项目推进领导小组组成人员。

2022年3月30日，区委办印发《袁州区贯彻落实省第十五次党代会确定目标任务工作方案的通知》，为切实抓好省第十五次党代会精神的贯彻落实，建立了袁州区贯彻落实省第十五次党代会确定目标任务工作领导小组，明确了目标任务及责任分工。

2022年4月5日，区委办、区政府办印发《袁州区矛盾纠纷多元化解工作实施意见》，全力推进矛盾纠纷多元化解工作，明确了工作目标、工作举措及工作要求。

2022年4月12日，区委办、区政府办印发《区委、区政府领导安全生产职责清单》，明确了区委、区政府领导安全生产的共同职责和个人主要职责。

2022年4月14日，区委办、区政府办印发《袁州区全面理顺职责边界厘清责任工作实施方案》，就全面理顺职责边界厘清责任清单提出了总体要求，部署了主要任务，建立了区全面理顺职责边界厘清责任清单工作领导小组，明确了责任分工。

2022年5月5日，区委办印发《关于区直机关打造让党放心、人民满意的模范机关的实施方案》，就打造模范区直机关提出了总体要求，明确了主要目标，部署了重点任务，制定了考核内容。

2022年5月7日，区委印发《关于全面深化网格化服务管理构建“六治融合”治理体系的实施意见》，贯彻落实党中央、省委、市委关于社会治理现代化的决策部署，就进一步深化网格化服务管理提出了目标要求，部署了工作任务，制定了实施步骤，明确了责任单位。

2022年5月11日，区委、区政府印发《袁州区关于深入推进营商环境优化升级“一号改革工程”的实施方案》，紧扣建设全省营商环境一等区目标定位，部署了主要任务，提出了相关要求，制定了工作清单和工作举措。

2022年5月16日，区委办、区政府办印发《袁州区深化应急管理综合行政执法改革实施方案》，部署了深化应急管理综合行政执法改革的主要任务，明确了责任单位。

2022年5月23日，区委办、区政府办印发《袁州区“四争”工作考核办法》，明确了袁州区“四争”考核办法主要内容，建立了袁州区“四争”工作领导小组。

2022年5月26日，区委印发《袁州区关于全面加强新时代少先队工作若干措施》，就全面加强袁州区新时代少先队工作提出了具体措施，明确了责任单位。

2022年5月27日，区委办、区政府办印发《关于进一步规范袁州区公务接待等事项管理暂行办法》，进一步规范袁州区公务接待管理，明确了规范接待管理的相关制度以及接待用餐标准等。

2022年5月31日，区委办、区政府办印发《关于进一步强化安全生产责任落实坚决防范遏制重特大事故的实施方案》，进一步压实安全生产责任，部署了防范遏制重特大事故的主要举措和工作任务。

2022年6月1日，区委、区政府印发《袁州区深入推进数字经济做优做强“一号发展工程”实施方案》，全面落实国家数字经济发展战略纲要和省、市、区党代会部署要求，部署了数字经济建设的主要任务。

2022年6月17日，区委、区政府印发《关于全面加强新时代中小学劳动教育的实施方案》，落实中央、省委和市委关于全面加强中小学劳动教育的决策部署，部署了实施内容，明确了实施途径。

2022年7月19日，区委、区政府印发《关于推进农业农村高质量发展奋力打造现代农业强区的实施意见》，就加快推进农业农村高质量发展、奋力打造现代农业强区提出了具体目标和总体要求，并部署了实施内容。

2022年7月20日，区委办、区政府办印发《袁州区优化营商环境网格化管理的实施方案》，就统筹推进优化营商环境网格化管理提出了划分基本原则，明确了工作职责，细化了方法步骤。

2022年8月4日，区委办印发《关于进一步提升城市基层党建引领网格化管理服务水平的实施方案》，就提升城市基层党建引领网格化管理服务水平提出了主要目标，部署了工作任务，明确了责任分工，划定了完成时限。

2022年8月13日，区委办、区政府办印发《关于开展优化营商环境大讨论大排查大整治大提升活动的实施方案》,就在全区开展优化营商环境大讨论大排查大整治大提升活动部署了主要任务，明确了活动步骤,建立了活动领导小组。

2022年8月15日，区委办、区政府办印发《喜迎二十大安全生产隐患排查整治清零攻坚行动工作要求》，制定安全生产工作纪律,明确了安全生产方面重要行业主要责任分工。

2022年8月15日，区委办、区政府办印发《关于开展“童心袁”留守儿童关爱工作的实施方案》，部署了关爱留守儿童的工作任务,明确了责任单位。

2022年8月30日,区委印发《关于建立红色基因传承长效机制的实施意见》，就建立红色基因传承长效机制提出了总体要求,部署了具体实施举措。

2022年9月8日,区委办、区政府办印发《袁州区国有企业负责人年薪制暂行办法》,制定了国有企业负责人年薪制暂行办法的实施内容,提出了工作要求。

2022年9月19日，区委办、区政府办印发《袁州区农村人居环境整治提升五年行动实施方案》,就推动农村人居环境整治提升工作提出了目标要求,部署了主要任务,明确了责任分工。

2022年10月10日，区委办、区政府办印发《关于进一步加强和改进城市社区网格化管理服务的实施方案》，就进一步加强和改进城市社区网格化管理服务提出了工作目标,部署了工作任务，明确了责任单位,划定了完成时限。

2022年10月12日，区委办、区政府办印发《袁州区农村宅基地制度改革试点和规范管理行动方案(2022—2024年)》,贯彻落实中央、省、市关于农村宅基地制度改革和规范管理的工作部署，部署了重点工作任务,明确了责任单位,建立了工作领导小组和工作专班。

2023年1月4日，区委办印发《袁州区共青团基层组织改革实施方案》，全面落实党中央关于深化共青团改革的重要要求及省委有关工作部署,制定了改革措施，明确了责任单位,建立了改革领导小组,制定了责任清单。

2023年1月16日，区委办、区政府办印发《2022年宜春市袁州区社区调整优化实施方案》，对中心城区的社区调整优化工作进行了部署,制定了调整原则,提出了调整意见。

区委办公室工作

【概况】 2022年，在区委的正确领导和市委办的精心指导下，区委办聚焦“作示范、勇争先”目标定位,坚决贯彻落实习近平总书记对党办“五个坚持”重要指示精神,围绕中心、服务大局,以创建模范机关为目标,扎实推进“三拼三促”抓落实活动年各项工作落实到位,努力建设区委的坚强“前哨”和巩固“后院”。

【党建工作】 始终牢固树立抓好党建是第一政绩的理念,坚决落实党建工作责任制和意识形态工作责任制。以开展模范机关创建为抓手,不断强化政治理论学习,全年共召开理论学习中心组集体学习会11次，开展流动党校进机关活动7次,开展“三会一课”“党员议事日”等学习活动50余次，教育引导党办干部进一步深刻领悟“两个确立”的决定性意义,把坚定捍卫“两个确立”、坚决做到“两个维护”融入血脉、植入灵魂,成为头脑中的“第一信号”、眼睛里的“第一视角”、思维上的“第一逻辑”,机关党建工作得到干部群众的一致认可,全体党员干部意识形态阵地得到进一步巩固。

【工作调研】 紧紧围绕区委决策部署,围绕经济社会发展大局和人民群众关注的热点难点,组织全区调研评比，完成45个调研课题300余篇报告的收集整理。同时,组织精干力量深入基层开展调查研究,形成一批高质量信息稿件,全年报送调研报告10余篇,其中《对标一号工程精准发力抢占发展先机率先突破——关于袁州区推进数字经济建设情况的调研报告》在《调研专报》上刊登,获“三拼三促”抓落实活动年调研引路行动优秀组织奖。同时,以深入调研为抓手,以切实可行为目标,在深入学习领会上级精神的前提下,充分结合实际起草领导讲话、调研报告和相关文件,积极向区委建言献策,共完成各类稿件300余篇,得到领导肯定与表扬。

【改革工作】 大力实施十大改革攻坚行动，狠抓改革探索试点,农业农村、生态文明、文化体制、党的建设等重点领域改革取得新成效,推动188项改革攻坚任务顺利完成,8个国家、省级试点顺利推进,深入推进诉源治理等改革经验做法在中央、省、市级媒体刊发，9项经验做法得到省直单位的认可，在省市改革专栏上刊登推广，稿件采用数量列全市第一，先后两次在市委深改委会议上介绍全区改革经验做法，综合考核排名居省、市前列。

【基层减负】 印发《区委文件会议减量提质增效若干措施》，进一步对区委文件制发、会议组织进行了规范，组织开展基层减负情况调研并形成调研报告呈报区委，全区全口径文件同比减少3.38%，重点精简类文件同比减少4.28%，套开合并会议10余次，年度督查做到只减不增。

【闭环管理】 建立“13710”督办机制并扎实推进，共督办区委主要领导批示560余件，开展全区综合督查1次、专项督查18次，下发督查通报8期，下发黄牌督办2次，有力推动区委决策部署落实落地。

【保密机要工作】 全力做好密码安全管理和密码通信服务保障，全年做到“无事故、无差错”；组织全区20000余人次参与保密培训和知识竞赛，促进保密意识提升。

【党内法规工作】 通过常态化学习和重点学习，推动区委常委会、区委理论学习中心组完成2022年度重要党内法规学习，按照有件必备原则，共完成前置审核29件，向上级备案29件，下备一级备案19件，党内法规工作持续保持在全市前列。同时，高质量完成党内规范性文件专项清理工作。

【信息工作】 拓宽渠道收集信息源，动员全办干部人人写、人人钻，信息工作不断取得新进展，共向省、市报送信息量300余篇，采用200余篇，信息位列全省第36，获评省表扬单位，全市第2名，获评市先进单位。

【国家安全宣传】 聚焦“1”“2”“3”“3”“9”创新开展全民国家安全宣传，高质量完成“4·15”国家安全日宣传系列活动，相关报道在“学习强国”学习平台、“人民网”、江西卫视等主要媒体刊登，组织开展国家安全宣传教育活动，累计解答群众咨询200余次，发放各类宣传资料1300余份，国安工作位列全市第一方阵。

【党风廉政建设】区委办班子坚持把党风廉政建设与业务工作有机结合，坚决做到同安排、同部署、同考核，做到凡会必强调、凡重大节日必提醒，有力提升全体干部纪律意识。班子成员严格落实党风廉政“一岗双责”，以身作则，带头深入学习并严格遵守党规党纪，从严律己，为办公室全体干部作出表率；通过讲廉政党课、观看警示教育片、学习相关文件会议精神、谈心谈话等方法，全方位掌握干部队伍日常学习、工作、生活状态，及时教育、纠正不良倾向苗头，办公室风清气正的政治生态不断巩固。以相关案件专项整改、“3·23”警示教育活动和中央八项规定精神10周年“回头看”活动为契机，在协助区委顺利完成各项整改任务的同时，高质量开展办公室相关活动，结合区纪委区监委相关通报，深入分析案件背后深层次原因，全面分析办公室全面从严治党形势，教育引导全体党员干部不断改进作风、严守党纪国法，推动办公室作风建设常态化长效化，持之以恒加固中央八项规定堤坝，一年来，办公室班子和党员干部没有任何不良作风。

【中心工作】 一方面着力开展脱贫攻坚与乡村振兴有效衔接，通过向飞剑潭乡塘源村派驻第一书记，协助解决各类群众问题30余件，通过与三阳镇石塘村脱贫户挂点帮扶，确保脱贫不脱政策，挂点帮扶户未出现一起返贫现象。另一方面，全力支持挂点村、社区创文保卫工作，组织全办干部包户200余户，深入开展全国文明城市创建、反电信诈骗、保密宣传、防溺水等工作，得到群众的高度认可。

对台工作

【概况】 2022年是党的二十大召开之年。区委办按照上级业务部门的部署要求，坚持政治引领，继续贯彻落实中央对台工作大政方针和省市决策部署，主动做好驻袁州台企跟进服务，推进营商环境优化升级，着力推动袁州与台湾交流交往工作，助力袁州与台湾经济融合发展，对台各项工作均取得一定成绩。

【对台联络交流】 继续秉持“两岸一家亲”理念，热忱开展对台联络交流工作。是年，利用春节、中秋等传统节日走访慰问驻袁州重点台胞台属、困难台胞台属58人次，接待来信来访45人次，协助办理台湾居民大陆居住证、社保、升学加分等证明16人次。为台企台胞台属排忧解难办实事好事25件。组织台联会员开展走访调研台企、为困难台胞送温暖献爱心活动。并通过微信、QQ等线上方式与宜春旅台同乡会旅台同胞主动交流,传递两岸声音,增进同胞感情。

区委办创新工作方式,举办“袁台一家亲,千里共明月”壬寅中秋茶话会,邀请在袁州台胞台属代表,现场连线台湾亲友,架起团圆心桥,增进两岸同胞亲情友情乡情;协助市委办组织台胞台属参加全市“看家乡发展变化”“2022赣台(宜春)禅宗文化巡礼”等交流活动,与台胞广交朋友,推介宜春;推荐袁州区青年台胞加入江西省青联会,参加省委统战部组织的2022年两岸青年江西(红色)文化研习营等。

【服务台胞台企】 2022年“精准服务台企月”活动期间,区委办深入超越电子、长竑砂轮、宜扬电子、臻茶轩等驻袁州台资企业走访调研,了解企业生产经营状况和存在的困难问题,帮助企业纾困解忧办实事5件。为台商江国良设立宜春台协袁州会所申请减免租金积极协调,为其臻茶轩贸易公司减免房租1万余元;帮助超越电子公司对接省轻工技校、宜春技工学校、区劳动就业局和有关乡镇街道,多渠道解决员工招聘难题,协调解决其购买井竹厂房过户难题,协调相关部门为其减免房产税、土地税,为其搬迁新厂更换公交站台名,同时为该企业在宜春开展公益活动做好对接服务。

【涉台宣传】 2022年,区委办在海内外报刊电台网络等媒体用稿20篇,向台湾报刊输送稿件6篇,利用网络微信等平台向台胞台属推送中央省市涉台政策和各项惠台措施,宣传家乡历史人文、自然风光、经济社会发展形势,讲好两岸故事,凝聚向心力,传递正能量。及时在全区广大台胞台属中广为宣传,树立榜样。继续做好国台办“两刊”征订工作。袁州区乡镇街道和区直机关征订2022年《台湾工作通讯》41份,《两岸关系》41份。继续发挥袁州历史文化资源优势,借编辑宜春历史文化书刊,融入袁州与台湾文化交流,助力提升袁州在台影响力。

【公益事业】 2022年,继续做好台湾慈济慈善事业基金会在袁州区扶贫助学活动。台湾慈济慈善事业基金会资助袁州区167名大学生和高中生(每人助学金4500元)合计751500元,特困家庭17户(根据困难程度不同,每户每月约600元)合计122400元,共计873900元。宜春社会各界爱心人士全年上万人次向台湾慈济总部捐款人民币198000元。原宜春市台联会会长江小莹11月底坚持第21年走访楠木敬老院,捐赠价值近万元的棉衣棉裤100套。台企超越电子在袁州多次开展走访敬老院、扶贫助学、环保捡垃圾、关爱小动物、献血、每月员工义捐等一系列公益活动,为宜春小动物保护协会每月爱心捐款人民币1万元。

组织工作

【概况】 信息宣传工作稳居全省全市前列。袁州区委组织部被评为2022年度全省组织系统网宣工作先进单位。全年“五星党建”上稿、“袁州组工微讯”传播指数等列全市榜首,城市基层党建做法在央视新闻频道播出。在党员教育电视片观摩交流活动中,选送的作品获全省三等奖两项,全市一等奖一项,二等奖两项。汇编《袁州区“献礼二十大”基层党建成果集锦》,以图文并茂、精彩视频形式展示各行业领域51个优秀案例,给基层党组织带去借鉴与启示。

【人才工作】 2022年,袁州区认真落实中央、省委、市委、市委组织部对人才工作的重要部署,大力实施人才引领发展战略,秉承“人才是第一资源”的工作理念,写好人才“引、聚、用、留”文章。全区人才工作基础全面夯实、人才发展生态加速优化、人才赋能高质量发展动能稳步增强,呈现出“人才总量不断扩大、人才质量不断提升、人才能量不断释放”的良好态势。

人才工作取得多项突破:一是袁州区成功创建全国科普示范区,为全市唯一。二是全年共培育入库国家科技型中小企业175家,入库数量创历史新高;44家企业被认定为省级专精特新中小企业,认定数量创历史新高。三是英大生物、汉尧富锂2家企业获批江西省瞪羚企业,实现全区历史性突破。四是宜春大海龟生命科学有限公司“烷”美容颜——植物角鲨烷护肤第一品牌项目在人社部第五届“中国创翼”创业创新大赛服务专项赛道上,以最优异成绩,从全国30个服务业项目中脱颖而出,喜获第一名,为江西赢得荣誉;宜春大海龟生命科学有限公司承担的“万吨级食用油较高附加值利用关键技术及产业化”项目被院士专家团队鉴定为“填补国内空白，整体处于国际领先水平”，相关新产品技术已被列为江西省重点研发计划。此外，该项目还被列为2022年江西省唯一一家企业申报国家科技奖后备项目培育计划，冲刺国家科学技术进步奖，并成功入库。

取得四个全市第一的成绩：一是新认定省级工业技术中心5家，列全市第一。二是全社会研发投入总量达9.97亿元，年度研发费用增长数和总量全市均列第一，该项工作在全市考评中列综合第一。三是9家企业获批市级企业技术中心，获批企业数列全市第一。四是完成专利授权1398项，列全市第一，有效发明专利保有量684项，列全市第一，完成发明专利授权129项，列全市第二。

此外，系统集成持续加强，党管人才更加有力。区委、区政府统筹安排财政资金1亿元用于支持人才科技创新，兑现惠企惠才政策资金3500余万元；整合迭代更新现有惠企惠才政策，构建惠企惠才“1+4”政策体系，出台了《袁州区推动工业高质量发展若干措施》，制定了《袁州区人才引进培养办法（试行）》《袁州区推进创新驱动发展十条措施》，配套制定了《袁州区关于重点企业使用人才专项编制引进高层次人才管理办法（试行）》《袁州区英才服务卡制度实施办法（试行）》《袁州区人才公寓管理办法（试行）》等政策，极大增强了政策集聚人才的吸引力和竞争力；完善区领导联系专家人才制度，建立区领导直接联系专家人才库77人；围绕“喜迎二十大　奋斗新征程”主题，举办2021—2022年引进人才能力素质提升培训班。引育平台持续拓展，人才聚集效应更加凸显。成功推荐“西部之光”访问学者1名；开展引才活动20余场，新引进培养省级以上人才15人，入选省“双千计划”项目10人；全职引进硕士研究生70余人，博士研究生2人，专业技术人才500余人、产业人才5000余人；争取到省级科技特派员8名、特派团3个，市级企业特派员28名。开展技能提升培训100余场，培训1万余人次；落实宜春人才“青苗计划”，宣传发动800余名学子申请注册，成立在外学子团工委，组织114名高校学子开展暑期社会实践活动。服务体系持续完善，人才发展生态更加优化。完善人才服务配套设施，筹资7000余万元打造集住宿、学习休闲、健身等功能于一体的人才服务综合体。实行区领导及特派员挂点服务制，建立区领导直接联系专家人才库77人，全年累计发放各类贷款资金超7亿元。情系人才解决关键小事，妥善解决高层次人才子女就学20余人、配偶就业对口安置2人、保障人才住房30余人；开展青年人才婚恋交友联谊会3场，成功牵手10余对，让人才在袁州结良缘、扎下根。

【干部监督】　2022年主要工作：1.选人用人把关工作。对全年64名拟提拔重用干部和178名职级晋升干部的档案做好基本信息审核工作；对拟提拔重用、试用期转正和公务员职级晋升干部分7批次共245人征求纪委监委等单位意见，建议取消拟提拔重用资格1人，延长试用期1人，建议暂缓职级晋升12人，均已采用；对拟提拔干部信访件会同相关单位进行了快查快办。

2.档案“数字化”工作。干部档案“数字化”为2022年干部监督股重点工作，为配合干部档案“数字化”中标单位进场，前期对库房中需要做和不需要做“数字化”档案分隔调整，做好干部履历表、工资变动审批表等材料进档案工作。8月5日开标，北京航星永志科技有限公司中标。9月5日中标单位已进场并于9月底完成了查漏工作，在中标单位进行查漏的同时，陆续将已完成查漏的单位查漏清单进行整理，发给各相关单位补充材料，正在收集材料和材料进档。完成材料收集进档后开始下一步整理扫描工作。

3.信访工作。全年共收到上级转办、来访来信信访件12件，通过实地调查、查阅资料等形式，均按照规定时限调查，作出明确结论并形成核查报告，有联系方式的均及时反馈调查结果。其他不属于受理范围的信访举报，均转交相关股室或单位。

4.干部退休工作。2022年全区共有99名干部到退休年龄，其中54名科级干部，45名一般干部，均严格按要求提前告知拟退休干部本人，按月下发退休文件通知单位办理退休手续。

5.其他日常工作。一是严格执行档案查借阅审批制度和登记管理制度，同时为方便日常管理，将原由区委组织部管理的共504册事业编一般干部档案严格按相关程序移交至区人社局保管。二是认真组织做好领导干部个人有关事项及时报告，根据市委组织部安排统一部署，积极行动，每月按时通知并配合做好县级以上领导干部个人有关事项及时报告工作。三是做好领导干部出国（境）管理工作，做好科级及以上干部出国（境）证件管理，每新提拔一批干部，即收集相关身份信息到出入境管理机构备案。

【党管干部】 2022年，坚持知事识人、依事择人、人岗相适，把真正想干事、能干事、干成事的好干部识别出来、使用起来。2022年，共调整干部5批次251人次，其中提拔54人，进一步使用6人，平职调整66人，因机构改革、调离免职（除免兼职、挂职）25人，退出领导岗位21人。一是选优配强事业单位领导班子。立足主责主业，积极对接事业单位改革工作，根据不同行业、不同类型事业单位特点和改革发展要求，提拔重用了一批优秀年轻干部充实到事业单位当中，进一步优化班子结构，增强了全区事业单位整体功能。二是做好区直单位公开选调工作，公开选调24名区直事业工作人员，做好了报名、面谈、政审、考察、办理调动手续等工作，有效缓解了事业单位改革后年轻干部紧缺的现状，为袁州区高质量发展注入了新鲜血液。三是建强区属科级学校领导班子，结合考核考察以及年度考核、工作实绩等一贯表现情况，共提拔了9名懂业务、会管理、口碑较好的人员走上了校级领导班子岗位，推动全区教育系统干部的年龄结构和知识专业结构进一步合理，为全区教育事业的健康快速发展提供了强有力的组织保障。四是完善基层政法工作机制。严格贯彻落实《中国共产党政法工作条例》，全面加强乡镇政法委员的配置，共调整12名乡镇街道党（工）委副书记兼任政法委员，实现副书记兼任政法委员全覆盖，进一步理顺了工作关系，推进政法部门领导干部管理的规范化。

坚持区委中心工作推进到哪里，干部人才就调配到哪里，在实践中检验和提升干部综合能力素质。一是在中心工作中识别干部。下发《关于选派年轻干部到经济一线培养锻炼的通知》，共选派优秀年轻干部30人次到区商务局、袁州医药工业园、区机电产业基地等地跟班学习，健全动态跟踪管理、及时选拔使用的常态化机制，打造助力年轻干部茁壮成长、脱颖而出的工作链条。二是在基层一线中培养干部。积极引导年轻干部走向乡村振兴一线，经综合分析研判，共推荐8名优秀年轻干部人才全市乡镇交叉挂职，通过在一线打磨、在一线奋斗中推动乡村振兴战略落实，实现干部成长和乡村振兴的双赢。

严格按程序办事、用制度选人，扎实推动干部管理工作重在日常、融入经常，把从严管理干部贯彻落实到干部队伍建设全过程。一是严格审核干部调动，严肃干部人事工作纪律，在干部调动工作中，严格查阅干部人事档案，确保拟调人员符合调动资格和条件。2022年以来，共对4名未满基层最低服务年限的干部延缓或暂停调动手续办理。二是规范干部借调程序。出台《部分区中心工作借用人员下步安排意见》，严格履行干部借用程序、遵守借用期限规定，对单位私自借用干部或超期借用干部的，一律不予承认，并视情况追究相关责任人责任。三是加强违规问题整改。通过召开专题会议、建立整改台账、制定整改方案，稳步有序推进区属国有企业“双栖”兼职问题、公职人员违规经商办企业和在企业任职问题排查清理整治工作。截至年底，一般干部“双栖”兼职问题已全部整改到位，科级干部整改正加紧推进；19名违规经商办企业和在企业任职的公职人员已全部整改到位。

突出目标导向、过程管理，注重政治标准、结果应用，考准考实干部工作实绩，不断推动干部考核精准化、精细化。一是扎实做好2021年度考核工作，严格对照标准，统一考核尺度，规范考核流程，确保考核结果客观公平公正，坚持书面考核、实地考核相结合，民主测评、个别谈话、了解核实互相补充印证，确保全面、准确考出工作实绩，有效发挥好年度考核“指挥棒”作用。二是创新完善干部考核评价机制。突出关键岗位，注重客观准确，在不发通知、不打招呼的前提下，组织全区在职县级领导干部、区直部门和乡镇街道对全区乡镇街道党政正职投票排名，并根据了解的日常情况，对乡镇街道党政正职工作表现和领导班子运行情况进行综合分析研判，为区委选人用人提供决策参考。三是积极探索知事识人体系建设。制定全区科级领导干部履历信息台账，科学设置指标体系，有效整合各类信息，建立逻辑印证和时间追溯机制，多层次、立体式、全方位评价领导班子和领导干部，为考准考实干部工作实绩提供依据，实现推动事业发展和促进干部成长相统一。

坚持正面激励与反向约束结合，以正向激励催生动力，以问责问效产生震慑，为担当者担当，让有为者有位，激励广大干部敢于担当、勇于作为。一是用好干部担当作为激励和保护机制。抓实抓细《关于进一步激励干部担当作为的通知》的计划措施的落实，及时发现各层面、各领域干部担当作为正反面典型案例，及时予以褒奖激励或给予相应处理。2022年已向市委组织部报送担当作为正面典型2人，反面典型3人，重新起用1人。二是用实在重大项目建设中激励干部担当作为的实施办法。围绕增强服务发展本领，提升重大项目建设效能，树立实干优先“风向标”，推动干部积极投入到全区重大项目建设中，对在项目建设中表现优秀的干部适时予以评先表彰、晋升职级、提拔重用。

【公务员管理】 2022年，严格落实中央“两年内补齐乡镇空编缺员”的工作要求，会同区委编办对乡镇行政编空编情况进行核算，并综合考虑2022年、2023年退休公务员情况，科学测算年度用人需求，制订招录计划。同时对全区乡镇公务员队伍结构进行分析，掌握专业干部存量，紧盯乡镇实际需要，精准设置岗位专业。抽调41名熟悉组织人事考察工作的专业人员组成18个政审工作组，对考察人选的政治素质、道德品行、能力素质、心理素质、学习和工作表现、遵纪守法、廉洁自律、职位匹配度以及是否需要回避等方面的情况进行严格审查，确保选进来的人政治过硬、品行过硬、能力过硬。2022年招录公务员30人，其中乡镇8人。公务员招录经验做法在全市公务员工作推进会上作典型发言。

坚持把政治素质放在第一位，在职级晋升中充分考察拟晋升人选全方面表现，共有16人因存在问题反映线索或受处分等情形，被暂缓或取消晋升职级。持续树立重基层、重实绩的导向，研究制定《袁州区乡镇（街道）公务员职级晋升原则及操作办法》，建立全区科级干部2018—2021年度获表彰情况台账，进一步掌握了解干部实绩，为职级晋升人员研判提供有效参考。2022年以来，全区共晋升职级3批169人。其中，三级调研员8人，四级调研员3人，一级主任科员61人，二级主任科员2人，三级主任科员86人，四级主任科员9人。

全面贯彻落实公务员法及其配套法规，联合区委编办完成全区15家参公单位的重新认定，并根据重新认定后的编制情况，对全区参公单位职级职数进行了初步核定。扎实做好公务员登记、调任、考核等工作。扎实推进科级以下公务员2021年度考核，加强工作指导，从严把关各单位评优比例，推动考核优秀比例向乡镇倾斜。积极落实工资福利政策，按照中央、省、市要求，全面部署开展公务员工资津贴补贴清理规范工作，并联合财政、人社等部门对各单位落实情况进行核查，确保中央要求落到实处。充分用好乡镇绩效考核指挥棒，严格审核全区各乡镇2022年绩效考核方案，确保“奖优罚劣、奖勤罚懒、多数受益、体现级差”的要求贯穿始终，把基层抓队伍与提待遇的目标落到实处。积极开展评优表彰，向上推荐参选全国“人民满意的公务员”3人、“人民满意的公务员集体”2个，推荐全市疫情防控表现突出人员5人。

【老干部工作】 一是在老干部政治生活待遇落实方面。一年来，全区共走访慰问老干部及遗属3300多人次；春节期间走访离休干部和副县级以上退休干部286人次，走访离休干部遗孀70人；救助特困老干部42人次，走访住院老干部21人次；批复因瘫痪等原因生活长期完全不能自理的离休干部享受特殊护理费5人；组织正县级老干部就近参观工农业生产和考察经济社会发展6次；10月份，组织全区老干部收听收看了党的二十大召开盛况和习近平总书记代表十九届中央委员会所作的报告；重阳节，区委老干部局对所有离休干部进行了全面走访；10月底组织全区离休干部和副县级以上退休干部进行身体检查一次；召开副县级以上老干部形势通报会一次；区委、区政府召开的重大会议都安排了老干部代表参加。

二是全面开展了创建“示范老干部党支部”活动。年初在全区老干部工作会上进行了动员部署，出台了考评办法。8月份进行了督查，对部分进度比较慢的单位提出了整改意见。重点抓好了秀江街创建省级“示范老干部党支部”工作。

三是认真落实了离休干部精准服务措施。切实加强了离休干部的精准服务工作，全区38名离休干部都有一名领导和一名工作人员负责服务管理。逢年过节都有工作人员上门看望，送上慰问金或慰问品，及时为离休干部排忧解难。

四是老干部学习活动阵地建设方面。2022年区老年大学狠抓硬件建设，争取上级资金90多万元，进行基础设施的改造和教学设备的添置，坚持质量兴校，不断提高教师素质，全力提升老年教育水平。设有15个专业32个班，外加1个艺术团，共有学员1252人。七一和党的二十大期间，举办大型活动两次；暑假期间，艺术团开展“三进”活动，到袁州8个街道17个社区演出17场；党的二十大后下基层宣传贯彻党的二十大精神，巡回演出12场；10月8日举办“庆祝党的二十大胜利召开——书法、绘画、剪纸作品展”，共展出各类作品100幅，其中书法作品有一幅2022年曾获得国家级金奖，两幅获得国家级银奖。区老干部活动中心积极开展各项适合老干部特点的活动，2022年开展各项活动8次，极大地丰富了老干部的晚年生活。重阳节组织开展全区离退休老干部麻将比赛、乒乓球比赛、象棋比赛，营造了重阳节喜庆氛围；10月份与区老年体协联合举办了全区老干部广场舞展演活动，参加活动的老干部有500多人。

【乡村振兴】 巩固拓展脱贫攻坚成果同乡村振兴有效衔接，袁州区选派第一书记25人、驻村工作队队员48人，实现乡村振兴重点帮扶村、“十三五”脱贫村第一书记和驻村工作队全覆盖。大力发展壮大村级集体经济，推行“1+N+1”强村带弱村发展模式，促进村级集体经济发展壮大。截至2022年底，袁州区村集体经济经营性收入15万元以上的村217个、占比80.07%，20万元以上的集体经济强村64个、占比23.6%。全力推进红色名村建设，严格落实“441”规范要求，对照“支部过硬、红色突出、服务优质、村庄秀美、乡风文明”的标准，扎实推进4个红色名村建设。严格落实“四个一”工作措施，持续整顿软弱涣散基层党组织，2022年排查整顿了6个软弱涣散村党组织。创新工作举措，出台《关于选派“五个一批”助力乡村振兴的意见》，选派27名退出领导岗位干部或退休干部担任乡村振兴特派员、15名优秀年轻干部担任乡村振兴助理员、38名专家教授担任乡村振兴指导员、26家企业与村结对、20名大学毕业生担任乡村振兴工作专员，为乡村振兴发展注入新动能。

【党建引领城市基层治理】 成立以区委书记为组长的城市党建引领基层治理工作领导小组，同步成立社区工作者职业体系建设、社区网格治理、街道管理体制改革、街道社区民生服务、社区物业治理五个专项工作组，推动城市基层治理重点任务落实落地。在443个城市网格成立网格党支部318个、网格党小组125个，实现党的领导“末端覆盖”，基层治理重心和服务触角不断向网格、向群众拓展延伸。深入推进“街道—社区—网格—楼栋—党员（志愿者）”五级联动机制，全区共9486名党员（志愿者）按照每人联系10户左右群众的方式常态化服务居民，将党组织神经末梢延伸到群众家门口。深化“双进双服务”活动，全区共90个机关和企事业单位与社区党组织结对共建，实行在职党员进社区服务“积分制”管理，区直机关1652名在职党员在居住地社区报到参与“创文”、城市治理等志愿活动，全年累计开展各种志愿服务活动1万余次，为群众办实事1900余件。

【加强组织建设】 区直属机关现有党员2127名，下辖117个基层党组织，其中机关党委2个，党总支18个，党支部97个。

进一步巩固“三化”建设成果。对照《袁州区推进基层党建标准化规范化建设工作实施方案》的10个方面内容，完成所有基层党组织党建信息化平台11个模块的录入更新工作。开展打造让党放心、人民满意的模范机关创建活动，推动机关效能持续提升。

切实增强机关党组织的组织功能。规范做好机关党组织换届选举，选优配齐党务班子，2022年以来20个党支部按期顺利换届。着力提高党员队伍质量，严把党员发展关口。严格执行发展党员工作制度，2022年共发展党员15名，本科及以上学历党员14人，占比93.3%，35岁以下13人，占比86.7%，党员队伍结构进一步优化。

建立机制持续推进党员服务。深入推进“双进双服务”，推行在职党员“积分制”管理，开展“党员干部及公职人员进社区报到”活动，建立了党员进社区工作服务队，组织在编在岗党员及干部深入社区、深入群众，参与创文、疫情防控、环境治理、宣传等工作，区直机关1652名党员干部下沉到社区共包16520户，报到率达到100%，全年累计开展各种活动10000余次，帮扶群众办好民生实事1900余件，充分发挥党员先锋模范作用，得到了群众的一致好评。

关心下一代工作

【概况】 2022年，袁州区关工委认真学习贯彻落实中共中央办公厅、国务院办公厅下发的《关于加强新时代关心下一代工作委员会工作的意见》和省委、省政府办公厅《关于加强新时代关心下一代工作委员会工作的实施意见》，在区委、区政府的正确领导和高度重视下，各级关工委齐心协力，区关工委积极部署，主动作为，充分发挥各基层关工委和广大"五老"在教育、引导、关爱、保护青少年方面的独特优势和重要作用，"急党政所急、想青少年所需、尽关工委所能"，围绕"立德树人、以文化人、帮扶助人、关爱育人"方针，谋划关心下一代工作新篇章。以理想信念、思想道德、传统文化和法治教育为重点，促进青少年成长成才，为培养德智体美劳全面发展的五好青少年作出了积极贡献。

【贯彻落实中央两办意见和省委、省政府办公厅意见精神】 2022年初，中共中央办公厅、国务院办公厅印发了《关于加强新时代关心下一代工作委员会工作的意见》，接着，省委、省政府办公厅，市委、市政府办公室又印发了《关于加强新时代关心下一代工作委员会工作的实施意见》（以下简称意见），袁州区关工委积极行动，采取措施。一、领导重视。收到意见后，立即向区委领导作了汇报，区委领导高度重视，明确指示：一是将意见贯彻落实中需要解决的问题理出，提出解决办法；二是关工系统要认真学习，深刻领会，坚决贯彻落实到位；三是区委领导明确表示，将积极贯彻落实各级意见精神。二、学习到位。及时组织关工委人员认真学习了中央和省、市两办意见精神，并将意见转发全区关工系统，各基层关工委认真组织学习、讨论、交流，做到了学习全覆盖。三、广泛宣传。在全区分成5个片，召开了片会，在会上作了宣讲，开展了讨论、交流，以会带训，效果明显。

【基层组织机构完善】 2022年，区关工委组织机构作了新的调整，组成人员进一步得到充实，一正六副已配齐。区委副书记分管关心下一代工作并担任名誉主任。所有乡镇、街道都由副书记任关工委主任，一名退休人员任常务副主任。各村（社区）、各中小学校都成立了关工委组织，各村组都成立了关爱小组，设立了关爱员，关工委组织已横向到边、纵向到底。据统计，全区278个行政村和64个社区居委会都成立了关工委组织；85所中小学校成立了关工委组织；22个区直单位成立了关工委；28个乡镇（街道）均成立了商会关工委；有4250个村民小组成立关工小组，每个关工小组都至少有1名关爱员。积极开展关心下一代相关工作。全区参加关心下一代工作的人数超过5500人，其中"五老"人员368人。

【开展各种活动】 一、家风家教活动。1.在寨下镇塘下村建立了市、区两级关工委家风家教示范村。区关工委领导多次到塘下村安排、督查示范村建设工作，区关工委主任谢密蜂到塘下村作树立良好家风的主题讲座；6月24日，在塘下村开展了一场"喜迎二十大、树优良家风、做三好新人""三旗飘飘" 活动；7月31日，市、区两级关工委在塘下示范村召开了推进大会，并进行了一场"树优良家风、做三好新人"文艺演出。2."传承优良家风，收获精彩人生"，家风家教进校园。9月23日，区关工委主任谢密蜂在袁州学校开展了一场家风家教专题讲座，参加听讲的教师100多人，大家深受教育。谢密蜂主任还带头到新田、湖田、凤凰街道（"一米月光"）等地，面向师生、家长等举行了家风家教及党的二十大精神讲座10余场次。3.配合市关工委在凤凰街道建立了"一米月光"家风家教示范点，建设家风家教大讲堂，区关工委主任谢密蜂带领大家开展了一系列宣讲活动。4.对各乡镇建立家风家教示范村提出了要求，各乡镇都建立了示范村，如：渥江镇渥江村、彬江镇大浦村、新坊镇泽布村、三阳镇石塘村、南庙镇袁梅村、西村镇国桥村、洪塘镇土岭村、楠木乡盘田村、芦村镇双江村、水江镇小洞村、飞剑潭乡南棚村等。家风家教建设做了大量的工作，真正起到了示范带领作用。二、开展"三旗飘飘"活动。1.在塘下村开展了一场"喜迎二十大、树优良家风、做三好新人""三旗飘飘"活动，参加单位有区委组织部、区关工委、寨下镇、区教体局、团区委、区妇联6个单位。2.在水江镇梓华广场开展了一场 "游基地、学党史、喜迎二十大""三旗飘飘"公益活动，参加单位有区委组织部、区关工委、水江镇、区教体局、团区委、区妇联6个单位。3.10月29日，市、区两级关工委、教体局在十运会广场联合开展 "奋进新征程　永远跟党走”——党的二十大精神宣讲“三旗飘飘”公益行动，传递党的声音，推动党的二十大精神在广大群众和青少年心中落地生根。三、开展主题教育。1.开展“学党史，感党恩，传承红色基因”“老少同声颂党恩，携手喜迎二十大”主题教育。区关工委共开展了30多场次“喜迎二十大”党史学习教育宣讲活动，受教育学生2260人次；开展党的二十大精神宣讲活动27场次，受教育学生4050人次；聘请市关工委办公室主任单明星宣讲16场次。总计宣讲58场次，受教育学生共有8710人次。“老少同声颂党恩，携手喜迎二十大”征文比赛中，袁州区选手获得省二等奖、市一等奖。2.“关爱明天，普法先行”。开展法治教育11场次，宣讲《中华人民共和国未成年人保护法》等，受教育学生1580人次，使广大中小学生不断增强法治观念。3.开展防溺水、交通安全等教育。穿插了防溺水、交通安全等教育，不断增强学生防溺水意识和交通安全意识。天台、水江、新田、芦村、南庙、新坊、彬江、渥江等乡镇，聘请了蓝天救援队进行了防溺水演练，还聘请了交警进行交通安全教育。据统计，全区关工委共开展防溺水宣讲教育46场次，受教育学生39700多人次。四、开展“一对一”结对帮扶帮教活动。1.市关爱基金帮扶贫困学生69人，帮扶资金13.8万元。2.“99”公益日活动帮扶贫困学生52人，帮扶资金52260.36元。3.江西省关心下一代工作委员会关爱基金帮扶帮教贫困青少年和留守儿童共43人，帮扶资金35400元。4.区关工委结对帮扶帮教贫困学生26人，帮扶资金27000元。5.各乡镇关工委和各商会关工委开展“金秋助学”活动，共帮扶大、中、小学生1335人，帮扶资金共计162.29万元。

【开展防溺水工作】 区委、区政府对防溺水工作非常重视，针对全区防溺水工作专门召开了会议。区关工委将省、市关工委有关防溺水工作文件，及时转发到了各乡镇、街道关工委，并作了安排部署，区关工委“五老”报告团，到各中小学校开展党史学习教育的同时，也进行了防溺水教育。各乡镇、街道“五老”报告团到所属学校举办了防溺水教育讲座，各学校也相继开展了各种形式的防溺水活动。全区28个乡镇、街道，都召开了防溺水安全工作部署会议；全区250多座大中型水库和山塘坝、河套等水域立了防溺水安全警示牌；在水库、河套等水域和村口、路边悬挂了宣传标语；全区共有1000多名“五老”人员和志愿者到水库、河套等水域参与公益巡防；区关工委主任谢密蜂带头到乡镇、街道进行督查，到水库一线进行察看和指导。1.各乡镇、街道都召开了防溺水工作会议，对防溺水工作作了安排部署，如水江镇、天台镇、辽市镇、飞剑潭乡、湖田镇、金瑞镇、竹亭镇、秀江街道等。2.区关工委领导到乡镇到水域进行督查。区关工委“五老”志愿服务小组，在7、8、9月份定时到河边进行巡查。3.各乡镇、街道关工委“五老”人员和志愿者在水库、水域巡查。据统计，全区有130多名“五老”志愿者参与防溺水巡查，巡查次数超过3600人次。4.广泛宣传。利用广播、车辆、标语等形式，大力做好防溺水宣传工作。5.利用假日课堂等形式对学生进行防溺水教育。

统战工作

【概况】 2022年，围绕冲刺全国县区经济百强目标和省、市、区党代会精神，紧扣党的十九届六中全会和党的二十大精神，坚持“三拼三促”，进一步凝聚人心，汇聚力量，服务中心大局，为全区高质量跨越式发展贡献了统战力量，在统战宣传、民主协商、非公有制经济统战、党外知识分子、新的社会阶层、民族宗教、海外联谊等方面取得新成绩。

【统战宣传】 一是组织统战系统喜迎党的二十大系列活动。开展了1次“优环境、促发展”大调研，举办统战对象座谈会10场，组织统一战线开展社会服务活动203次，宁德时代和国轩高科等45家民营企业参与“万企兴万村”助力乡村振兴行动。二是深入学习党的二十大和十九届六中全会精神。组织各民主党派、工商联、知联会、新联会、三个宗教团体班子传达学习党的二十大、十九届六中全会精神、全国两会精神及省市区党代会精神，并就习近平总书记重要讲话和《政府工作报告》等内容进行了学习和讨论，掀起了学习贯彻热潮，进一步引导统一战线成员把思想和行动统一到党委政府的决策部署上来，有效形成了政治共识，凝聚了政治合力。三是深入学习贯彻《中国共产党统一战线工作条例》。组织召开区委统战工作会议、区委统一战线工作领导小组会议等有关会议，对条例进行了再学习、再研究。将条例纳入党校培训内容，邀请市委统战部领导作专题授课。召开贯彻落实条例座谈会，邀请统一战线工作领导小组成员单位和统战对象提出意见建议23条。加强条例落实情况宣传，一年中累计被中央级统战媒体用稿3篇、省级统战媒体用稿24篇、市级统战媒体用稿67篇。

【民主政治建设】 一是举荐人才。完成省市区人大、政协党外人选推选考察工作，其中党外省人大代表3人、市人大代表22人、区人大代表69人，党外省政协委员1人、市政协委员2人、区政协委员20人。提拔使用党外干部6名。二是建言献策。省市区人大、政协两会期间，统战成员提交提案（含联名）172个，提交社情民意、金点子79条，为党委政府和有关部门决策提供参考。围绕区委精选的58个重点课题，各民主党派、工商联、知联会、新联会及部分统战人士深入基层、深入企业、深入一线调研，撰写高质量调研文章9篇。开展营商环境专项民主监督，各民主党派、工商联、知联会、新联会联合调研，完成调研报告4篇。三是社会服务。民主党派开展疫情防控志愿服务、法治讲座、“1%工程”、送科技下乡、防范电信诈骗宣传等活动90多次，发放民意调查问卷600多份，收集社情民意20多条。积极引导企业参与光彩事业，非公有制企业累计捐款捐物600多万元，参与志愿服务2100余人次。

【非公有制经济统战】 一是强化非公有制企业维权服务中心服务能力，联合N个职能部门打造了“1+N模式”，帮助企业解决诉求29个，满意度100%。开展“优环境、促发展”营商环境大调研和“入企走访连心”，调研企业1680家，走访企业、商会41家，组织座谈会31场，回收问卷3355份，整理问题建议81个，现场协调解决问题49个。二是开展助学活动。20多个基层商会开展金秋助学活动，共资助学子1268人，发放奖助学金达148.5万余元。三是建立统战联络员制度。由商会党组织书记或秘书长担任统战工作联络员，负责在商会中宣传贯彻关于统一战线工作的方针政策，定期向统战部门汇报，推动统战工作向商会全覆盖。四是加强民营企业家队伍建设。持续实施民营企业家素质培训工程，举办培训班和座谈会各1次；注重政治安排和社会事务参与，把优秀人才按程序推荐为各级人大代表、政协委员，或聘请其担任纪委特约监察员、检察院特邀听证员等。

【党外知识分子统战】 强化政治引领。深入开展党的二十大精神、中央统战工作会议精神学习，不断推动习近平新时代中国特色社会主义思想入脑入心；收听收看宜春市党外代表人士警示教育大会暨党外干部违法违纪通报会，筑牢拒腐防变的思想防线。广泛建言献策。组织会员积极参与袁州区党派大调研活动，围绕“关于点亮城市夜色，发展夜间经济”开展专题调研；组织会员撰写提交政协提案5件、社情民意信息2件。积极服务社会。赴洪塘镇土岭村开展“送春联走访慰问”活动，走访慰问群众31户，送出暖心春联50余副，米、油、面等生活用品31份，活动情况在省知联会简报上刊发。助力开展“喜迎二十大·书香润芳华——我的读书故事”演讲比赛，收集参赛作品200余篇，经评审选出50篇作品参加现场决赛。主动宣传。撰写的《江西宜春市袁州区委统战部瞄定“五个三”打造企业“心仪”营商品牌》在中央统战工作部和省委统战部官网刊发，在《宜春统战》《袁州统战》上分别刊发稿件10篇；选派的作品在全市统战系统组织的“清风廉洁扬正气·同心喜迎二十大”主题演讲中获二等奖。加强队伍建设。袁州区党外知识分子之家在明月之都大厦揭牌成立，成为会员交流联系重要阵地；及时调整完善无党派人士及后备人员队伍档案，吸纳4名无党派人士加入区知联会。

【新的社会阶层人士统战】 组织会员做好全国新阶层服务团组织安排的网络直播活动；会员钟琪琳、杨驰参加“清风廉洁扬正气，心喜迎二十大”主题演讲；派会员到井冈山社会主义学院参加全市党外知识分子和新的社会阶层人士理想信念教育培训班。袁州区新联会共有人大代表政协委员21名，共提交提案和社情民意20余篇，其中《建议加强未成年人身份证管理》被省政协采用，《关于制定国有经营性租赁资产对残疾人等就业困难群体帮扶制度的建议》被九三学社中央采用，《做优袁州古城，擦亮“唐城袁州”新名片》被袁州区政协选为大会发言稿。与景德镇珠山区新联会、萍乡上栗新联会、待樟树新联进行交流。新联会经过四年的发展，已有会员135名，新发展会员6名。

【民族宗教事务】 一是发挥少数民族服务中心作用。少数民族群众自发参与“创文”、环境整治、疫情防控、义务清雪等社区志愿服务50余人次，并组织开展了走访慰问困难汉族同胞等公益活动，用行动践行民族团结进步。古尔邦节当日，维吾尔族同胞更是盛情邀请社区居民和市区统战、公安部门领导干部一同庆祝。二是举办基督教教职人员和场所负责人专题培训班，邀请省基督教两会专家授课。全面启动“五好”宗教活动建设工作，倡导全区宗教场所开展“崇俭戒奢”活动，已向省民宗局申报“五好”示范点4个，区道教协会会长宋崇道被评为全国宗教界先进个人。三是举办了一次全区宗教场所消防安全演练，提高了各场所消防安全意识。对全区各宗教场所房屋安全进行了一次全面排查，协调解决安全隐患2处。

【海外联谊探索】 “智慧侨务”。启动“大数据＋侨务”工作模式，整合优势资源力量，依托网站、App、微信公众号“三位一体”数字平台——“智慧湛郎”经验做法，扩增“智慧侨务”的“点单式”精准服务模块，通过侨民点单、社区派单、志愿工作队接单、单位亮单等流程，建立解决侨民困难、个体诉求完整“回路”，当前袁州“智慧侨务”工作成为全市样板，被市委统战部推荐上报全省实践创新评比，并获嘉奖。工作启动以来，共接单20单，亮单率100%，满意率100%。

(彭梅生)

宣传工作

【概况】 2022年，袁州区委宣传部先后获得第十六届江西省文明单位，全省、全市宣传思想工作综合先进，党的创新理论武装、意识形态、新闻宣传、红色基因传承、精神文明建设、新闻发布、宣传信息等七项单项工作先进奖，中宣部精神文明建设“五个一工程”贡献奖，宣传思想工作综合排名全省第三，公共文明指数测评实地成绩排名全省第一，规模以上文化企业营收增速排名全省第一，网信工作排名全市第一。推荐的歌曲《你笑起来真好看》获中宣部第十六届精神文明建设“五个一工程”奖，为袁州区首次获奖。“好人故事汇”志愿服务项目获江西省第三届青年志愿服务项目大赛银奖(全市最高奖)、数字农业农村建设项目——袁州区松鼠部落田园综合体农业物联网应用获评江西省数字乡村建设优秀创新案例(项目)。意识形态工作专报获市委常委、宣传部部长方艳茹批示：“袁州区意识形态工作抓得紧、抓得实、有亮点，要继续强化风险防范意识，切实维护好意识形态工作属地安全。”

【意识形态工作】 出台《袁州区2022年意识形态工作考核评价细则》，对特色工作进行加分，对重点工作未按时按量完成进行减分，并建立负面清单管理。从政治表现、学习态度、工作实绩、阵地管理、支持“创文”5个方面，为全区各单位建立了意识形态工作台账，实行清单运行、销号管理。定期召开意识形态工作联席会，分析研判全区意识形态工作，编印意识形态工作专报3期、“低级红、高级黑”专刊1期、“黑天鹅、灰犀牛”专刊1期，对全区干部进行工作提醒，防范意识形态领域风险。对意识形态责任制落实不力的单位和出现意识形态问题的个人进行函询、约谈、通报和处理。2022年，共函询单位6个、个人3人，提出暂缓提拔(晋级)3人。

【理论学习研究】 坚持把学习宣传贯彻习近平新时代中国特色社会主义思想和党的二十大精神作为首要政治任务，严格落实“第一议题”制度，组织开展区委理论学习中心组集体学习11次(交流研讨9次)，开办袁州大讲堂，邀请专家学者授课5次。落实理论学习中心组列席旁听制度，区委宣传部班子成员带队到28个乡镇街道和部分区直单位列席旁听指导40余次。依托新时代文明实践中心等基层阵地，打造“好人宣讲”“首府先锋说”等理论宣讲品牌，理论宣讲7500余场次，惠及干部群众25.2万人次。围绕党的二十大精神和《习近平谈治国理政》第四卷等主题，组织全区45支队伍135人开展知识竞赛，面向各级党组织征文200余篇。创新开展每日一学、每周一悟、每月一考学习活动，通过秀江微语视频号发布每日金句200余条，开展“应知应会知识”专题考试11次。邀请宜春学院、宜春职业技术学院社科理论工作人员就如何做好党的二十大精神结合转化文章进行理论阐释研究，对袁州精神进行挖掘。11月16日，《江西日报》理论版刊发区委书记江伟斌的署名文章《守正创新做好新时代意识形态工作》。

【新闻宣传工作】 2022年，袁州区在“中央四报两台”上稿134篇(条)，“省一报两台”上稿359篇(条)，“市一报一台”上稿1225篇(条)。其中，新华社全媒体作品《山区留守儿童的“大朋友”》获得市委主要领导肯定，《江西日报》头版单条《于细微之处见优化真章》报道袁州区着力优化营商环境。新闻宣传工作排名全市第一。建立海外机构账号1个、个人账号14个，推出英文版视频1个，发布袁州美景美食非遗文化作品等5300余条，外宣专项工作综合排名全市第一。秀江微语视频号传播力稳居全国前20名，转发量超10万次的视频有40余个。“袁州发布”App下载量超30万次，日活跃度稳居全省第一。“袁州发布”抖音号传播力稳居全省前五，秀江微语公众号聚焦区委、区政府中心工作及民生、科普、文化等内容推出2200余期，阅读量超10万次的有20期。

【文明实践活动】 2022年，袁州区按照省市提质增效的新要求，锚定“场所便民利民、队伍多元多样、活动常态长效、项目科学合理、机制健全完备”的工作目标，努力将新时代文明实践中心(所、站)打造成学习传播科学理论的“大众平台”、加强基层思想政治工作的“坚强阵地”、培养时代新人和弘扬时代新风的“精神家园”。创新打造“志愿者之城”，在全省率先搭建文明实践志愿服务个性化点单平台。积极落实志愿服务积分兑换和礼遇办法，搭建志愿服务积分兑换超市，推动志愿主题书店、餐馆、公园建设，不断完善对志愿者的礼遇举措，让志愿者受礼遇、得尊重。打造“暖心助”“邻里一家亲”两个精品示范点，推动志愿服务走进社区小区、走进群众，让“人人争当志愿者，有困难找志愿者”成为袁州城市形象名片。深入开展移风易俗文明乡风三年专项行动，拍摄袁州方言情景剧《考察》《家有喜事》《袁州故事》，为移风易俗造势，重点打造移风易俗精品典型案例2个(水江镇小洞村孝善文化、寨下镇塘下村家风家训)、市级示范乡镇2个(寨下镇、渥江镇)、市级示范村138个。2022年5月，在全市文明委全会上袁州区作为全市县(市、区)唯一代表作典型发言，7月在全市好人宣讲工作现场会上作典型发言，10月，南庙镇袁梅村文明实践员方雨昕在全省新时代文明实践工作培训班上作为基层代表交流分享工作经验。

【文化产业形势】 全力创建“书香袁州”，打造没有围墙的图书城，建设城市书角100个、阅读美空间1个(区行政服务中心)，让“处处可读书、人人爱读书”成为书香袁州的美丽风景线。结合“喜迎党的二十大”“我们的节日”等重大主题，开展了演讲比赛、创文工间操比赛、歌咏比赛等大型文艺活动，增进干部群众鱼水情。在全市率先开展了“我们的中国梦 文化进万家”学习宣传贯彻党的二十大精神——红色文艺轻骑兵下基层巡演活动300余场，推动党的二十大精神在袁州落地生根。袁州区自主制作的《我在袁州等你来》《最美袁州人》《小洞村口送红军》(新华网推出)等歌曲浏览量破千万次，深受群众喜爱。启动了城市Logo和宣传口号征集，叫响了行过江湖、囍欢袁州品牌；开展了袁州精神征集，使“开放大气、开明包容、开拓进取、开朗健康”成为袁州人的共同价值追求；举办了广场舞大赛，激发了袁州大妈的创文热情；进行了袁州文化研究，在秀江微语和“袁州发布”App推送14期，其中，《吾心安处即为家》《昌黎三事为袁州》等6期浏览量突破10万次。新增规模以上文化企业5家(昌泰广告传媒有限公司、铭哲文化发展有限公司、宜春泮收商务科技有限公司、江西童家堡文化传媒有限公司、创维视芯电子科技有限公司)，规模以上文化企业营收同比增长193%。扶持“文企贷”入库企业4家(宜春博城智杰文化传媒有限公司、江西合纵包装有限公司、宜春市知远广告传媒有限公司、江西明月山观光铁路建设管理有限公司)。(陈 旻)

巡察工作

【概况】 2022年，区委高度重视巡察工作，先后召开区委常委会会议研究巡视巡察工作11次，书记专题会4次，作出批示6次。科学制定《六届区委巡察工作规划》以及《2022年度袁州区委巡察工作计划》。全年，组织开展2轮常规巡察、1轮“机动式”巡察，共巡察党组织19个、村(社区)79个，发现倾向性问题476个、问题线索37条。同时，区委巡察办结合新时代新形势新任务和管党治党实践，坚持稳中求进工作总基调，突出问题导向，注重标本兼治，巡察工作力度、广度、深度和效果明显提升,为建设袁州区风清气正的政治生态、确保上级决策部署落地见效提供了有力保障。

区委编办批复巡察工作机构17个行政编,在编在岗17人,其中巡察办主任1名,副主任1名,干部3名。四个巡察组各设组长1名(组长在原单位列编),正科级巡察专员1名,副组长1名,专职联络员1名。

【巡察监督】 精准聚焦监督"靶向",年初对8个区直部门开展常规巡察,共发现在社会综合治理、科教文化事业等方面突出问题189个、问题线索9条。根据省市统筹、上下联动的要求,对问题线索集中、廉政风险点多、信访量大的8个单位开展异地交叉巡察,对袁州生态环境局和自然资源分局开展上下联动巡,共发现问题线索28条、倾向性问题279个,推动解决立行立改事项7件;同时,为助力打造一流营商环境,8月,对区政府办(区营商环境服务中心)开展机动式巡察,共发现影响营商环境倾向性问题14个、问题线索11条,为全面建设清廉袁州提供有力保障。同时,加强对"一把手"履职情况的巡察监督,紧盯关键人、关键事、关键岗位,把巡察发现的问题纳入政治谈话内容。全年共发现"一把手"存在不足69处,提出整改意见72条,督促其发挥"头雁"作用,管好班子、带好队伍,形成主体责任、监督责任贯通协同的良好局面。以书记点人点事为抓手,祛除"沉疴顽疾",将区委书记点出的问题及处置意见建立台账,重点跟踪、发函督办,推动形成巡察整改闭环。区委书记专题会全年累计点出在基层治理、体制机制等方面问题31项,涉及党员领导干部16人、党组织24个。积极落实巡察中期汇报和督导机制,巡察中期区委巡察工作领导小组听取各巡察组巡察情况阶段性汇报,并派出督导组对巡察组进行现场指导,及时答疑解惑。2022年,区委巡察工作领导小组对巡察组进行5次督导,听取3次中期汇报,帮助解决巡察组在巡察过程中遇到的19个问题。

【队伍建设】 始终坚持把巡察干部队伍建设摆在重要位置,多措并举加强队伍建设。2022年重用、提拔4名干部担任巡察组组长和正科级巡察专员、3名干部担任巡察组副组长,调入1名年轻干部任专职联络员。始终把巡察工作作为培养锻炼干部的重要平台,同时重点抽调专业能力强的"熟练工"和后备干部参巡,确保每个交叉巡察组有2名纪检监察干部、3名财审人员、2名后备干部以及40%以上的人员有巡察经历。注重培养巡察干部发现问题的能力,开展巡前培训,邀请市委巡察办以及区委宣传部、区委保密局等有关人员对全体巡察干部进行授课,使巡察干部尽快进入角色。始终把"严"的要求贯穿巡察工作全过程,打造过硬巡察干部队伍,巡前集中签订承诺书,巡中挂牌上岗,巡后对巡察干部表现进行评估,并作为干部考核、评先评优、提拔使用的重要依据。

【巡察创新】 创新方式不断拓宽信访举报渠道,巡察公告中除举报微信外,增加"码上"监督平台二维码,将巡察公告张贴到村民小组,同时编制简短易懂且涵盖巡察内容的信息,推送至村民微信群,提升群众对巡察工作的知晓度。六届区委第三轮巡察共收到信访件30余件。积极探索村(社区)巡察,将"巡乡带村"巡、"直接巡"等方式有机结合。六届区委第三轮巡察对75个村(社区)开展巡察,每个村(社区)列出问题清单;配合市委提级巡察,采取"一托五"的方式,对新康府街道5个社区以"直接巡"的方式进行巡察,共发现85个倾向性问题、6条问题线索,打通监督和服务群众"最后一公里"。

【严格"双反馈一报告"及"双公开"制度】 将巡察情况向被巡察党组织和主要负责人双向反馈,挂点或分管区领导带头参加巡察反馈,区委巡察工作领导小组成员、区纪委区监委相关室主任、派驻纪检监察组组长、区委组织部相关领导参加重点单位的巡察反馈,并向区分管领导呈送巡察反馈意见告知书。2022年,向区领导抄报告知书27份,不断拧紧责任链条,推动压力传导和整改落实。坚持多方移交与面对面交账相结合,将巡察反馈意见和问题线索归口移交纪委监委、组织、宣传等日常监督责任部门和协作单位,同时由区纪委区监委、区委组织部统筹,抽调人员联合成立整改督查组,对整改落实情况进行督查,对整改过程和结果进行监督。2022年,共责令6个党组织向区委作出检讨,对22个党组织整改工作方案、报告提出修改意见。2022年2月,巡察发现区市场监督管理局9名干部涉嫌"吃空饷"问题后,督促区人社局牵头对全区"吃空饷"问题进行了清理整治,不断深化巡察成果运用。

（唐亚运）

机构编制管理

【概况】 2022年，袁州区机构编制管理工作坚持以习近平新时代中国特色社会主义思想为指导，坚决贯彻执行上级关于加强机构编制管理和事业单位登记管理的政策规定，围绕中心、服务大局，为奋力冲刺全国县区经济百强、推动大宜春核心区高质量跨越式发展提供强有力的机构编制保障。

【粮食行政管理体制整改】 精准针对省委、市委专项巡视巡察监督检查组反馈的涉及袁州区粮食行政管理体制方面的问题，全面落实整改措施，已全面完成整改任务。2022年4月6日，区委办公室、区政府办公室印发《宜春市袁州区粮食局职能配置、内设机构和人员编制规定的通知》（袁办字〔2022〕10号），就“加强党的领导”明确：区粮食局贯彻落实党中央、国务院关于粮食工作的方针政策和决策部署，在履行职责过程中坚持和加强党对袁州区粮食工作的集中统一领导；全面落实粮食安全党政同责，严格粮食安全责任制考核。区委编委印发《关于加强粮食系统机构编制管理和执法队伍建设的通知》（袁编字〔2022〕3号），在区粮油服务中心加挂区粮食行政执法大队牌子，实行两块牌子、一套人马。

【清理规范开发区管理机构】 按照中央、省、市关于清理规范开发区管理机构的要求，袁州区立足新发展阶段，贯彻新发展理念，构建新发展格局，展现首府担当，攻坚克难，改革创新，在奋力推进清理规范开发区管理机构改革工作中展现首位作为。撤销宜春市中心城区管理委员会（副处级），将宜春市锦源新区管理委员会由宜春市政府派出机构调整为袁州区政府派出机关（副处级）。将江西袁州医药工业园管理委员会和宜春市袁州区机电产业基地管理委员会整合，组建宜春袁州产业园管理委员会，为区政府派出机关，正科级；将袁州区现代农业示范园区管理办公室更名为袁州区现代农业产业园管理办公室，为袁州区政府派出机构，正科级。设立宜春袁州产业园综合服务中心和宜春市锦源新区综合服务中心，股级。此次改革，精减正科级机构1个，股级事业单位1个；核减正科级职数8名，副科级职数5名；收回行政编制17名，收回事业编制13名，核增园区事业编制30名，经济主战场宜春袁州产业园管理委员会核定事业编制56名。

【机构编制调整】 对照中央、省委编办关于加强文物保护和考古工作机构编制保障的要求，在区文化广电新闻出版旅游局增挂区文物局牌子；在区文化馆增挂区文物保护和考古中心牌子，核增3名财政全额补助事业编制；设立区人工影响天气中心，挂区突发事件预警信息发布中心牌子，不占袁州区机构限额，股级，为区气象局所属公益一类事业单位；组建宜春市民兵综合训练中心，为公益一类正科级事业单位，由区人武部管理，业务上接受宜春军分区指导，机构由袁州区代管(不占袁州区事业机构总量限额)；设立宜春市明珠中学、宜春市明珠小学；区发展和改革委员会加挂区国防动员办公室、区人民防空办公室牌子，区住建局不再加挂区人民防空办公室牌子；在12所公办幼儿园、1所公办小学增挂14个托育中心牌子；调整区委政法委内设机构、区法学会机构编制和区综治中心领导职数；区司法局所属机构调整；增核宜春市第二中学、宜春市第四中学、宜春市第五中学、宜春市第七中学等4所学校党总支书记（乡科级正职）各1名；核定政协袁州区人口资源环境委员会主任1名(乡科级正职)、副主任1名(乡科级副职)，政协袁州区经济委员会副主任1名（乡科级副职)；核定区委国安办主任1名（由区委副书记兼任）、专职副主任1名(副科级)；重新核定区直党政群机关工勤编制；调整相关部门单位编制；调整乡镇机关行政编制。

【机构编制日常管理】 严格执行总量控制和报批程序。2022年袁州区共调整人员编制信息2693条（其中上编1235条，下编1012条，在编人员信息调整446条），均在总量之内调整使用。实行机构编制动态管理。按照机构编制实名制系统，细化了各类台账，按照台账管理要求做好动态管理和报表。严格执行核编准调制度。全部按照先由编办主任审核，最后报经编委会主任审批的程序办理。

【事业单位社会信用代码赋码】 坚持源头治理，杜绝增量，严格规范各类市场主体登记,确保新设立单位统一社会信用代码信息准确有效,进一步提升宜春市城市信用监测排名。2022年,袁州区统一社会信用代码有效赋码共计420家,其中党政机关有效登记赋码85家、事业单位324家、群团7家、垂管机关3家、其他情形1家。

【事业单位登记管理】 以提升服务为宗旨,研究制定了事业单位设立登记操作手册、变更登记操作手册、年度报告公示操作手册和统一社会信用代码赋码(行政、群团)操作手册,全力打造事业单位登记管理工作网上办理流程,基本实现登记管理业务、年度报告公示、咨询查询"全事项"、"全流程"网上办理,全面优化服务提升事业单位登记管理效率。2022年,袁州区有效登记赋码事业单位324家,已年检324家事业单位,年检率达100%。办理事业单位设立登记总计23家,法人变更登记总计72家,办理注销登记105家。

【中文域名注册管理】 按照中央编办、市委编办关于规范政务和公益域名注册管理工作的要求和部署,采取有效措施,周密部署,规范运作,重点把握宣传动员、注册缴费、开通管理三个关键环节,扎实推进政务与公益域名管理工作。（黄　艺）

信访工作

【概况】 2022年,全区信访形势总体平稳,呈现出"五个下降三个没有发生"的良好态势。

区委信访局下设办公室、接访股、督查股、业务指导股、网上投诉受理股、信息技术股等机构,截至2022年年底,全局共有16人,其中行政编制人员6人,全额拨款事业编制人员10人。

【重点保障】 在区主要领导的高度重视和信访工作联席会议的统一指挥下,充分发挥信访联合调度指挥中心职能,实行属地、部门合作,资源共享,有效防范化解隐患风险,先后两次获得市信访工作联席会议的通报表扬。

【积案化解】 持续深入开展"集中治理重复信访、化解信访积案"专项工作和"百日攻坚行动",一大批信访积案得到有效化解,实行的"专班吹哨、单位报到、精准会诊、集中攻坚"一体化推动积案化解闭环管理模式,在2022年5月5日召开的全市信访工作会议上作了典型经验交流。至12月底,国家信访局交办袁州区重复信访治理事项240件,已全部化解,化解率100%;"百日攻坚行动"交办袁州区信访突出问题85件,已化解78件,化解率为91.7%。

【贯彻《信访工作条例》】 袁州区委、区政府结合实际,制定下发《学习宣传贯彻〈信访工作条例〉工作方案》,先后两次召开理论学习中心组学习会进行专题学习,并开展交流研讨。区委信访局印发了《关于开展〈信访工作条例〉宣传月活动的工作方案》,印制1万份条例宣传单和5000份漫画宣传手册,组织各地各部门单位张贴、发放,广泛进行宣传。为强化学习效果,通过"袁州发布"平台,组织全区7141名在职干部开展条例应知应会知识考试,优秀率达92.8%,切实推动条例落地落实,并精心制作宣传视频《袁州信访干部的一天》,参加国家信访局网络正能量作品创作大赛。

【督查督办】 发挥区信访联合调度指挥中心"指挥棒"作用,适时编写《访情速报》,每周编写《每周访情及积案化解简报》上报区委、区政府主要领导及分管领导,让领导在第一时间掌握全区各类访情和积案化解情况,并进行科学指导、决策。截至12月底,共编辑《访情速报》97期、《每周访情及积案化解简报》45期,并按照区主要领导批示及时落实区包案领导,明确化解责任单位。（甘　勇）

史志工作

【概况】 2022年,袁州区党史、地方志工作坚持以习近平新时代中国特色社会主义思想为指导,紧扣史志"存史、资政、育人"功能,牢牢把握正确政治方向,扎实推动党史学习教育常态化长效化,积极弘扬中华优秀传统文化,认真做好史志宣传推广,严把史料审核政治关,在史志事业"十四五"新发展蓝图中开好局、起好步,在"作示范、勇争先"和"三拼三促"抓落实中展示史志力量,取得了优异的成绩,《袁州年鉴(2021)》获江西省第七届年鉴质量评比三等奖,大比武课《风雨苍黄百年路　砥砺前行再出发——百年党史与红色袁州》获评市史志办优质课大比武总分第二名,《袁州红色资源保护利用与红色教育基地的打造推广》被选为2022年宜春市基层党建研究重点课题成果,单位获评"2016—2020全区普法工作先进单位"和"依法治理创建活动先进单位""2021年平安建设先进单位""2021年度全区信访工作先进单位"等称号。

【为党立言】 2022年,深入学习宣传贯彻党的二十大精神,召开理论学习中心组学习会、干部大会和党员大会,对党的二十大精神宣传学习,开展交流研讨,撰写学习心得体会12篇;积极开展学习宣传贯彻党的二十大精神主题党日活动,通过参观红色遗址、观看红色电影等方式,激励党员干部牢记"三个务必";开展史志专题资政研究。围绕区委、区政府工作大局,深入开展"三拼三促"抓落实活动,开展了以"袁州红色资源保护利用与红色教育基地的打造推广""乡镇档案工作中存在的问题和建议"为主题的调研工作;强化党史资料审核把关。扎实推进省级、市级红色名村建设,严把红色名村建设党史审核关,开展对水江镇小洞村、彬江镇社树村等红色历史展览大纲史实审核,并出具有关修改意见文件。

【为国存史】 2022年,坚决贯彻落实党中央、省委、市委、区委关于党史学习教育常态化长效化工作要求,准确记载和反映地方党史,构建地方党史基本著作体系,完成《中国共产党宜春市袁州区历史大事记(1921—2021)》《宜春市袁州区革命老区县发展史》的编写。推动党史资料征编常态化。精心保管、精心整理、妥善开发利用各种党史资料,完成《袁州党史资料》(第五辑)出版。开展红色故事宣讲志愿服务活动24场,积极围绕喜迎党的二十大主题,举办"喜迎党的二十大 非凡十年看袁州"——党的十八大以来袁州历史成就流动展览,在袁州区新时代文明实践中心进行展出,参观群众百余人次,并通过"袁州发布"App进行线上展览,参观浏览上万人次。

【为民修志】 开展年鉴编纂工作,组织开展《袁州年鉴(2022)》编纂工作,积极完成省市方志供稿任务,为《江西年鉴》《宜春年鉴》2022卷提供稿件,高质量高标准地完成了江西省、宜春市的年鉴供稿任务。专门志鉴编纂有序,启动《袁州区乡村振兴志》的编纂工作,开展《袁州地名志》会审工作,不断强化专志特别是区、镇、村三级志书和部门行业志书的编纂工作。积极开展方志书籍"六进"服务,向湛郎街道东园社区、飞剑潭乡、彬江镇等地新时代文明实践站(所)赠送史志书籍,不断满足人民群众文化精神需求。

【文化研究】 深化袁州历史文化研究,积极构建袁州古籍旧志文献库,继续强化地方文献整理,组织开展民国《宜春县志》整理点校出版工作;充分利用新媒体平台,助力宣传部门为宣传推介袁州,撰写《州郡流变至袁州》《袁京与袁州》等传统文化研究类文章,通过"袁州发布"App宣传推广的方式,文章浏览量合计10万次以上。

【校地合作】 2022年,密切开展高校合作、县市交流活动,推动史志工作资源共享、合作共赢。充分利用地方高校优质资源,与宜春本地高校开展"校地合作"项目,与宜春学院文传学院合作开展《袁州故事》编纂,与职业技术学院吴静南教授团队合作开展《袁州地方文化丛书——袁州旧事》编纂。积极开展史志书籍交流,同绵阳市涪城区、赣州市南康区、吉安市安福县等地的兄弟单位开展书籍交流赠阅活动,深入学习先进县市典型经验做法。

【袁州区史志办(档案馆)正式合署办公】 2022年7月,袁州区史志办与袁州区档案馆正式合并为袁州区史志办(档案馆),合署办公。根据袁州区机构编制委员会2021年4月印发的《关于区党史地方志工作办公室(区档案馆)机构职能编制有关事项的批复》(袁编字〔2021〕20号)规定,合并后的区史志办(档案馆)为区委区政府直属事业单位,核定全额补助事业编制16名,内设综合股、党史股、档案保管利用股、方志和档案编研股4个股室。截至2022年12月底,有在编人员12名。 (廖依雪)

档案服务

【概况】 2022年,袁州区档案服务工作深入贯彻落实习近平总书记关于档案工作的重要指示批示精神和中央、省、市档案工作会议精神,积极推进档案资源建设,认真做好档案保管利用,全面强化档案查阅服务,充分发挥档案"存史、资政、育人"

作用，主动融入和服务全区经济社会发展。截至2022年年底，有馆藏档案323个全宗，30.85万卷，58万余件，资料1万余册。接收农村宅基地一户一宅档案8万卷；宜春商城片区棚户区改造项目档案2147件；区委办、区人大、区发改委等单位文书档案5295件；区教体局已故教师档案1567卷；脱贫攻坚档案已有13个乡镇街道共移交1159卷。

【档案普法宣传】　2022年，持续深入学习宣传以《中华人民共和国档案法》为核心的档案法规标准体系，通过档案业务指导、档案接收进馆等工作对档案从业人员进行精准化宣传。扎实开展档案普法宣传。以“喜迎二十大、档案颂辉煌”为主题，强化“6·9”档案日普法宣传，开展群众进馆参观、档案宣传进社区、档案法知识宣讲等各类活动。让市民群众走进档案馆，零距离接触档案，不断扩大档案工作的社会影响力。

【档案利用服务】　坚持以“三拼三促”抓落实活动年为抓手，积极优化营商环境，助力“一号改革工程”，积极开展优化提升营商环境大讨论大排查大整治大提升活动，不断探索优质高效档案利用服务，提升档案查阅窗口服务质量，全力开展电话查询、来函查询、委托查档等咨询服务，多渠道多途径开展群众档案查阅服务，全年共接待部门机关和群众档案利用者近万人次，出具有效证明5380份。

【档案信息化建设】　2022年，持续加强档案馆档案数字化建设，开展婚姻档案数字化项目，完成袁州区358572卷婚姻档案数字化扫描工作。启动馆藏档案数字化项目第一期建设，完成项目的公开招标工作。

【档案安全】　始终牢固树立档案安全意识，严格执行档案库房“十防”和消防安全“八不准”的要求，组织开展全馆干部档案业务及档案安全培训，通过岗位练兵，提高人员技能，增强法治意识、保密意识、安全意识。开展对库房定期巡查工作，保证库房消防设施、馆内电路齐全。同时，根据上级档案、保密部门的要求，对到期开放的档案进行开放鉴定工作，对涉密、涉及敏感信息的档案均划入不开放范围，确保档案信息安全。

【档案编研】　充分利用馆藏红色档案资源优势，加大红色档案资源利用，对袁州党史上的重要事件和代表人物、红色故事进行系统收集、整理和编研，启动《袁州区抗日战争募捐档案汇编》《袁州区抗日战争宣传档案汇编》编纂，不断推进袁州红色档案资源建设。　（廖依雪）

党校工作

【概况】　2022年以来，在区委、区政府的正确领导和相关部门的大力支持下，袁州区委党校以习近平新时代中国特色社会主义思想为指引，深入贯彻党的二十大精神，认真贯彻习近平总书记视察江西重要讲话精神，全面落实习近平总书记在全国党校工作会议上的重要讲话精神和《中国共产党党校（行政学院）工作条例》等文件要求，紧紧围绕奋力冲刺全国县区经济百强目标，全面贯彻抓落实活动年“三拼三促”工作部署，牢牢扭住党校主业主责，充分发挥干部培训、思想引领、理论建设、决策咨询作用，推动党校工作迈上新台阶。

在市区领导的亲自关心和市委党校的支持下，准备在区委党校加挂“中共宜春市委党校袁州分校”牌子，经与市委党校初步商定，准备在培训办班、人员培养、科研资政等方面加强深度互动联动，并着手起草了《关于中共袁州区委党校加挂“中共宜春市委党校袁州分校”牌子的实施方案》。

【培训创新】　袁州区委党校克服疫情影响，主动作为、与时俱进、精心谋划，“三个新”推进党员干部教育培训，助力全区党员干部学习大培训、素质大提升、思想大解放。一是采用“按需点单”培训新方式。充分依托吸纳宜春学院、市委党校的优秀师资（宜春学院11名、市委党校28名），建立了共有112个专题课程的全区党员干部培训师资库，并通过开展“流动党校进机关”和乡镇党校共享至全区各乡镇、街道和区委各部门、区直各单位，各单位根据干部学习需求在共享师资库里“点单”联系教师，增强了基层党员干部培训的机动性、灵活性、针对性，有效缓解了工学矛盾，深受广大党员干部欢迎。截至年底，流动党校共开展培训600余场，乡镇党校共开展培训220余场，惠及党员干部50000余人次。二是探索“周末课堂”办学新模式。袁州区委党校秉承“守正创新”原则举办了中青年干部政治理论培训班，培训班时间跨度为4个月,每个月集中学习一周,其余时间安排在周末,让学员工作之余利用周末"充电加油",同时选派学员到"六个一线"进行挂职锻炼,让学员更好地在学中干、干中学,以学促干、以干促学。培训班以学员自主管理为主,根据课程安排在班主任引导下,班干部由学员自主推选、调研由学员自主选题调研、研讨交流由学员自主组织、课堂介绍总结由学员自主承担、实践活动由学员自主安排等,极大调动了学员学习的积极性和主动性,增强了培训效果。三是运用"远程共享"教学新技术。为配合做好疫情防控工作,充分利用云视讯系统、远程教育等教学新技术分散组织干部培训。如通过云视讯系统组织了区委各部门、区直各单位主要负责人、街道党工委书记在袁州分会场视频同步参加"城市基层干部党建引领基层治理主题培训计划"专题培训班;通过组织部远程教育在各乡镇街道设分会场举办了371人参加的全区村(社区)党组织书记培训班。同时,为满足党员干部能够学习最新理论、了解最新时政,录制最新时政热点解读专题课程,如国防大学教授马骏的《关于当今我国面临国际战略严峻形势的几点思考》、中央党校张占斌教授的《习近平总书记在省部级主要领导干部"学习习近平总书记重要讲话精神,迎接党的二十大召开"专题研讨班上重要讲话解读》等,通过"百度云"技术共享给全区广大党员干部学习。

【自身建设】 一是积极开展教研活动,每年初明确提出"教学骨干每年必须自选专题至少备好、讲好一堂课"的要求,在各自备课的基础上经常组织集体备课、轮流试讲、评课磨课活动,积极尝试开发案例式教学课程,甄选袁州区亮点工作、讲好"袁州故事",打造了4堂案例式教学课及《中国共产党的建立》《红色基因之袁州故事》《跟习近平学辩证思维》《脑中有理论、浑身有力量》等20余堂较为成熟的党课。特别是党的二十大召开后,组织党校教师积极参加"中央党校学习贯彻党的二十大精神网上专题班"和研讨,组织集体备课、打磨党的二十大宣讲精品课。二是积极打造具有袁州特色的现场教学点,结合袁州区红色资源丰富、乡村振兴建设如火如荼、现代农业发展方兴未艾等特色工作,在水江红色教育基地、南庙镇袁梅村、西村现代农业示范园(星火农林)打造了3个现场教学点,2022年7月初宜春市委党校组织全市科干班和党外科干班104人,在水江红色教育基地和西村现代农业示范园(星火农林)进行了现场教学。三是积极申报科研课题,2022年成功申报宜春市基层党建研究课题1项、袁州区基层党建研究课题2项、宜春市党校(行政学院)系统社会科学研究课题1项;连续两年在全市党校系统理论研讨会中因投稿数量多、获奖文章最多而荣获"优秀组织奖"(连续4年获此殊荣),5篇文章在《宜春日报》《求真》《宜春社会科学》刊发。 (易玉婷)

融媒体中心

【概况】 2022年,袁州区融媒体中心管理的秀江微语(微信公众号)、"袁州发布"(App)、"袁州发布"(抖音号)、袁州新闻、袁州通讯(报纸)、袁州政府网站政务信息、袁州发布(微博)、袁州区融媒体中心(视频号)八大平台共计播出或发布新闻17000余条次,总访问量达8000万次,"粉丝"量350万人,获赞9000万个。

【秀江微语】 秀江微语充分发挥官方媒体平台优势,深入做好创文、"三拼三促"等重大主题宣传。聚焦创文宣传,秀江微语开设了"创文我先行""文明红黑榜""袁州人民爱袁州　携手共创文明城"等专栏,发布86条稿件。聚焦"三拼三促",秀江微语开设"喜迎二十大　三拼三促"专栏,宣传各地各部门比学赶超、担当实干、争先创优的先进典型事例,发布87条稿件。聚焦防范网络电信诈骗和非法集资,充分发挥秀江微语作为袁州区第一新闻门户的官媒作用,及时发布权威信息,广泛宣传各地开展的防诈骗活动,揭露网络电信诈骗的手法和套路。

【宣传工作】 2022年,袁州区融媒体中心在央视用稿总量79条,省台用稿120条,《宜春新闻联播》用稿172条,"学习强国"学习平台用稿91条。央视三个突破:10月3日,央视《新闻联播》头条播出《【伟大复兴　壮丽航程】神州巨变　小康梦圆》,全面展示过去几年,袁州区坚决打赢脱贫攻坚战,全面助力神州巨变圆小康梦,实现《新闻联播》头条加内容提要报道"零"的突破;10月4日,央视《新闻联播》播出《【在希望的田野上】全国秋收

进度过半 收获进入高峰期》，采用时长25秒和同期声，报道袁州秋收推出代收割、代运输、代烘干等一条龙服务，帮助农户减损增收，实现《新闻联播》内容提要加同期声报道“零”的突破；9月24日央视新闻频道《东方时空》栏目播出《时空特稿 丰收的颜色 点绿成金：绿“荒草”青豆子变形记》，时长4分多钟，报道袁州区中药材鹿茸草变野生为大规模种植，迎来国内首次丰收，带动当地村民增收致富，实现在《东方时空》长消息报道“零”的突破。省台三个创新高：在江西卫视《江西新闻联播》“新闻夜航”栏目单条发稿创下新高，共15条，其中联播10条、夜航5条，内容涉及双“一号工程”、项目签约、油菜产业、秋季丰收等；在各项重点工作的关键节点所撰写的稿件质量创新高，在全省上下刚提出双“一号工程”之际，2月27日，头条播出《【推进双“一号工程”提档高质量发展】数字赋能让营商环境插上“数智化”翅膀》，报道袁州区行政审批实行“一网通办”，方便企业群众办事；在江西卫视《社会传真》栏目发稿数量达到9条，传真条数创新高，内容涉及科技兴农、科学抗旱、医保异地结算、民生就业、贯彻落实党的二十大精神、绿色富硒产业等。

【媒体融合】 2022年，“袁州区融媒体中心”视频号共发布短视频762个，累计阅读量2800余万次，转发量超485万次。发布的爆款短视频中转发量超10万次的有10个，在全国视频号民生排行榜中最高排名为第6。“创文宣传”继续攻坚：专题策划“袁州文明大使”系列短视频专栏，其中《袁州“创文”一起来(少儿版)》《我在袁州等你来》《最美袁州人》等短视频，浏览量破100万次，转发超10万次。“三拼三促”集中发声：制作《拉升标杆勇争先 首府担当展风采》歌曲短视频，转发量超12.7万次，浏览量超百万次。在秀江微语视频号开设“三拼三促”视频访谈专栏，播发访谈视频56期，浏览量达300余万次。

(彭满生 黄文静)

宜春市袁州区人民代表大会

综　述

2022年，是党的二十大胜利召开之年，也是区六届人大常委会全面履职的开局之年。区人大常委会在区委的坚强领导下，紧紧围绕区委决策部署，紧扣监督工作计划，紧盯重点民生实事，全面履行宪法和法律赋予的职责，不断以创新思维推动各项工作，为推进社会主义民主法治建设、保障和促进全区经济社会发展作出了积极贡献。2022年召开常委会主任会议14次，常委会会议9次；听取审议"一府一委两院"工作报告15项，组织开展代表视察、调研20次，开展专题询问1次、满意度测评3次；办理代表建议272件；依法任免国家机关工作人员65人次。

贯彻区委决策部署　坚持把深入学习贯彻习近平新时代中国特色社会主义思想作为首要政治任务，深入学习宣传贯彻党的二十大精神以及中央人大工作会议精神，共开展常委会党组专题学习17次、常委会机关党组集中学习18次。紧紧围绕全区发展战略，做到区委工作中心在哪里，人大工作就跟进到哪里，力量就汇聚到哪里，作用就发挥到哪里，确保区委的决策和主张通过法定程序转化为全区人民的共同意志。协助区委召开深入贯彻中央人大工作会议精神推进会，严格执行重大事项请示报告制度，全年共提请区委常委会会议研究重要事项5项，以工作专报形式向区委请示报告12次，切实把党的领导贯穿人大工作全过程、各方面。

服务中心大局　以推进依法治区为己任，坚决维护宪法和法律法规权威，组织开展《中华人民共和国公共文化服务保障法》《江西省公共文化服务保障条例》执法检查，积极配合省、市人大开展《中华人民共和国环境保护法》执法检查；听取审议区监察委员会专项工作报告、区人民检察院关于未成年人检察工作情况的报告，加强规范性文件的备案审查工作，全年共上报市人大常委会规范性文件7件，审查乡镇规范性文件78件。听取审议国民经济和社会发展计划执行情况报告、科技成果转化工作情况专项报告、财政预决算、审计工作、国有资产管理综合报告，首次审议国有自然资源资产管理专项报告，推进国有资产管理"综合报告＋专项报告"全覆盖。紧盯重大项目，由常委会主要领导任总督查，对120个项目的落地、推进、入统情况进行督查，聚焦营商环境优化升级"一号改革工程"开展专题调研。对区应急管理局、区统计局、区司法局、区农业农村局、区住建局、区文广新旅局6个政府工作部门开展工作评议。与市人大常委会联合开展"做强中心城　提升首位度"专题询问。

推进民生实事　扎实推进重大民生实事项目人大代表票决制，共票决出优化基础教育资源配置、养老设施改造提升、宜春市第二人民医院发热门诊建设、老旧小区改造工程、"四好农村路"建设、背街小巷提升改造、棚改安置房建设、建设城市书角和"城市阅读美空间"、人才公寓建设、平安袁州守护工程等10件重大民生实事项目。积极指导乡镇人大通过群众"点单"、代表"票决"，实施了一批重大民生实事项目。成立专项监督小组常态化开展专项监督，组织代表集中视察，形成年初票决定项目、年中督查有力度、年底交账代表评价的监督闭环，推动重大民生实事项目从"办得了"向"办得好"转变，10件民生实事项目全部完成。围绕贯彻落实教育优先发展战略和国家"双减"教育政策，对非教学任务进校等情况开展专题调研。听取审议巩固拓展脱贫攻坚成果同乡村振兴有效衔接情况报告、退役军人工作情况报告、医疗保障工作情况报告。

开展安全生产工作情况“回头看”专项督查,听取审议2021年度全区环境状况和环境保护目标完成情况报告,聚焦影响群众生产生活的“身边、周边、路边”生态环境问题,依法开展暗访调研和检查督查,巩固蓝天、碧水、净土保卫战成果,持续改善生态环境质量。

发挥代表作用 加强代表履职学习培训,举办区六届人大代表全员履职培训班,邀请代表列席常委会会议、参加视察调研等,提升代表履职能力。稳步推进代表联络工作站常态化管理、规范化运行、信息化引领,依托江西数字人大,实现网上建站全覆盖。认真落实常委会组成人员联系代表、代表联系选民的“双联系”制度,做到常委会组成人员至少联系2名代表,每名代表至少联系选民5人,充分吸纳民意、汇集民智。扎实开展“我为选民说事”和“坚持六心、争当六表率”主题活动,组织各级人大代表深入选区,与选民交朋友、话家常、问民生、听真话、察实情,为选民“说事”,为群众办事。主题活动开展以来,全区1700余名各级人大代表接待选民7800余人次,收集梳理有效意见598件,已解决587件,推动解决群众身边小事320余件。全力做好代表议案建议办理、督办、测评等工作,对一批重点代表建议由常委会领导领衔督办,着力构建交办高效率、承办高标准、督办高水平的全链条办理模式。注重跟踪落实,接受社会监督,着力提高代表参与率、问题解决率、群众满意率。全年共办理区六届人大一、二次会议期间代表建议206件,主题活动期间代表建议66件,办复率、满意率均达100%。

加强自身建设 始终把政治建设摆在首位,深化政治机关意识教育和党员干部对党忠诚教育,与市人大常委会机关联合开展“喜迎二十大 奋进新征程”主题演讲活动,抓实常态化政治理论学习,深入推进全面从严治党,持续强化以案为鉴、以案促改警示教育,严肃党内政治生活,定期开展谈心谈话。严格落实党组会议制度和民主集中制,结合开展落实中央八项规定精神10周年“回头看”活动,实现全区人大系统政治谈话全覆盖。加强人大信息宣传工作,全年在中国人大网、江西人大新闻网等省级及以上媒体上稿20余篇,实现国家级平台上稿新的突破,被评为全市人大宣传工作先进单位、全区抓落实活动年“三拼三促”工作先进集体。

袁州区第六届人民代表大会第二次会议

2022年2月28日至3月2日,宜春市袁州区第六届人民代表大会第二次会议在袁州召开,会期三天。应到代表368名,会议的主要议程:听取和审议袁州区人民政府工作报告;审查和批准袁州区2021年国民经济和社会发展计划执行情况与2022年国民经济和社会发展计划草案的报告(书面);审查袁州区2021年全区和区级预算执行情况及2022年全区和区级预算草案的报告(书面),批准袁州区2021年区级预算执行情况的报告和2022年区级预算;听取和审议袁州区人大常委会工作报告;听取和审议袁州区人民法院工作报告;听取和审议袁州区人民检察院工作报告;审议袁州区生态文明建设情况的报告(书面);选举事项;票决袁州区2022年度重大民生实事项目。票决出优化基础教育资源配置、养老设施改造提升项目、宜春市第二人民医院发热门诊建设项目、老旧小区改造工程项目、“四好农村路”建设、背街小巷提升改造项目、棚改安置房建设、建设城市书角和“城市阅读美空间”、人才公寓建设项目、平安袁州守护工程等10项重大民生实事项目。会议分别作出了关于政府工作报告、计划报告、预算报告、人大常委会报告、法院工作报告、检察院报告、生态文明建设报告7个决议。会议强调,区人民政府要坚持以习近平新时代中国特色社会主义思想为指导,全面贯彻党的十九大和十九届历次全会以及中央经济工作会议精神,深入贯彻习近平总书记视察江西重要讲话精神,全面落实省、市党代会和经济工作会议精神,按照区第六次党代会部署要求,大力弘扬伟大建党精神,坚持稳字当头、稳中求进,完整、准确、全面贯彻新发展理念,加快融入新发展格局,以供给侧结构性改革为主线,统筹发展和安全,继续做好“六稳”“六保”工作,着力稳住经济发展基本盘,着力畅通经济循环,着力强化科技创新支撑,着力全面深化改革开放,着力保障和改善民生,着力保持社会大局稳定,以“作示范、勇争先”的昂扬斗志,坚定不移推进高质量跨越式发展,推动全区经济总量、经济发展态势和成效处于全市前列、力争全省一流水平,加快冲刺全国县区经济百强。

常务委员会会议

2022年,六届人大常委会共召开9次常委会会议。

【区六届人大常委会第二次会议】 1月13日,区六届人大常委会第二次会议召开。会议主要议题是:审议有关人事任免议案;听取和审议区五届人大七次会议意见建议办理情况的报告;听取和审议区人民政府关于2020年度区级预算执行和其他财政收支审计查出问题整改情况的报告;听取和审议区人民政府关于2021年区级预算调整方案;听取和审议区人民政府关于安全生产工作报告;听取和审议区人大常委会关于加强国有资产管理情况监督的决定;审议常委会视察组关于开展安全生产工作视察的报告。

【区六届人大常委会第三次会议】 2月18日,区六届人大常委会第三次会议召开。会议主要议题是:审议有关人事任免议案;听取和审议区人民政府关于2021年度重大民生实事项目完成情况和拟提请代表票决的2022年度重大民生实事候选项目情况的报告;听取和审议区人民政府关于2021年全区和区级预算执行情况及2022年全区和区级预算草案的报告(草案);听取和审议区人民政府2021年国民经济和社会发展计划执行情况与2022年国民经济和社会发展计划草案的报告(草案);听取和审议区人民政府关于生态文明建设情况的报告(草案)和区六届人大常委会工作报告(草案);表决关于补选代表的代表资格审查报告和关于召开区六届人大第二次会议有关事项。

【区六届人大常委会第四次会议】 3月1日,区六届人大常委会第四次会议召开。会议主要议题是:听取和审议关于袁州区2021年全区和区级预算执行情况及2022年全区和区级预算草案的审查结果报告(草案)。

【区六届人大常委会第五次会议】 4月1日,区六届人大常委会第五次会议召开。会议主要议题是:审议有关人事任免议案;听取和审议区人大常委会2021年规范性文件备案审查工作报告;提请审议区人大常委会2022年工作要点草案。

【区六届人大常委会第六次会议】 7月13日召开区六届人大常委会第六次会议,会议主要议题是:审议通过有关人事任免议案;传达学习市委深入贯彻落实中央人大工作会议精神推进会和市人大常委会贯彻落实市委深入贯彻落实中央人大工作会议精神和人大代表"五带头五表率"主题实践活动推进会精神;审议关于许可宜春市公安局宜阳分局对区六届某人大代表采取强制措施的议案;听取和审议区人民法院关于增补人民陪审员名额数的议案;听取和审议《袁州区人大代表列席区人民代表大会常务委员会会议办法(草案)》;听取和审议《袁州区人民代表大会常务委员会组成人员联系区人大代表办法(草案)》;听取和审议区人民检察院关于未成年人检察工作情况的报告;听取和审议区人大常委会调研组关于全区未成年人检察工作情况的调研报告;听取和审议区人民政府关于2022年区级预算调整方案(草案)以及2022年地方政府债务限额的报告;听取和审议全区环境质量状况和环境保护目标完成情况的报告;听取和审议区人大常委会调研组关于全区环境质量状况和环境保护目标完成情况的调研报告;听取和审议区人民政府关于全区退役军人工作情况的报告;听取和审议区人民政府关于优化营商环境情况的报告。

【区六届人大常委会第七次会议】 9月27日,区六届人大常委会第七次会议召开。会议主要议题是:传达学习区委深入贯彻落实中央人大工作会议精神推进会精神;表决关于接受常委会委员辞职的决定(草案);审议人事任命议案;提请审议关于许可宜春市公安局宜阳分局对区六届人大代表易某某采取强制措施的议案;听取和审议区人民政府关于袁州区2021年区级财政决算和2022年上半年区级总预算执行情况的报告;听取和审议区人民政府关于袁州区2022年上半年国民经济和社会发展计划执行情况的报告;听取和审议区人民政府关于袁州区2021年度区级预算执行和其他财政收支的审计工作报告。

【区六届人大常委会第八次会议】 11月8日,区六届人大常委会第八次会议召开。会议主要议题是:提请审议关于许可丰城市公安局对区六届人大代表施某某采取强制措施的议案。

【区六届人大常委会第九次会议】 12月7日，区六届人大常委会第九次会议召开。会议主要议题是：审议关于接受市、区代表辞职的决定（草案）；听取和审议区监察委员会专项工作报告；提请审议关于许可宜春市公安局宜阳分局对区六届某人大代表采取强制措施的报告；表决关于许可对区人大代表肖某某行政拘留的决定（草案）；听取和审议区人民政府关于巩固拓展脱贫攻坚成果同乡村振兴有效衔接情况的报告；听取和审议区人民政府关于全区医疗保障工作情况的报告；听取和审议区人民政府关于全区国有自然资源资产管理情况的专项报告；审议区人民政府关于全区国有资产管理情况的综合报告（书面）；审议区人大常委会讨论、决定重大事项实施办法（试行）草案；开展工作评议集中民主测评。

【区六届人大常委会第十次会议】 12月14日，区六届人大常委会第十次会议召开。会议主要议题是：听取和审议区六届人大一、二次会议意见建议办理情况的报告；听取和审议区人民政府关于2021年度区级预算执行和其他财政收支审计查出问题整改情况的报告；听取和审议区人民政府关于全区科技成果转化工作情况的报告；听取和审议区人大常委会执法检查组关于《中华人民共和国公共文化服务保障法》《江西省公共文化服务保障条例》执法检查报告。

主任会议

2022年，六届人大常委会共召开14次主任会议。

【区六届人大常委会第六次主任会议】 1月7日，区六届人大常委会第六次主任会议召开。会议主要议题是：传达学习近期中央有关会议精神和近期习近平总书记系列重要讲话精神；传达学习省委书记易炼红在全省领导干部“学习贯彻党的十九届六中全会精神，提高政治判断力、政治领悟力、政治执行力”专题研讨班上的讲话精神和省委经济工作会议精神；听取和审议区人民政府《关于2020年度区级预算执行和其他财政收支审计查出问题整改情况的报告》《关于2021年区级预算调整方案》和区人大常委会《关于加强国有资产管理情况监督的决定（草案）》《关于开展全区安全生产工作视察的报告》；研究关于辞补代表、走访代表安排有关事项。

【区六届人大常委会第七次主任会议】 1月12日，区六届人大常委会第七次主任会议召开。会议主要议题是：传达学习习近平总书记近期重要讲话精神；研究人事任免有关事宜；研究关于召开区六届人大常委会第二次会议有关事项。

【区六届人大常委会第八次主任会议】 2月17日，区六届人大常委会第八次主任会议召开。会议主要议题是：听取区人民政府关于2021年度重大民生实事项目完成情况和拟提请代表票决的2022年度重大民生实事候选项目情况的报告；听取区人民政府关于2021年全区和区级预算执行情况及2022年全区和区级预算草案的报告（草案）；听取区人民政府2021年国民经济和社会发展计划执行情况与2022年国民经济和社会发展计划草案的报告（草案）；听取区人民政府关于生态文明建设情况的报告（草案）；听取监司委、财经委、社会委工作报告；审议人事任免事项；讨论《关于在全区各级人大代表中开展“我为选民说事”主题活动的实施方案（审议稿）》及其子方案《关于在“我为选民说事”主题活动中开展工作评议的实施方案（审议稿）》；讨论《宜春市袁州区人大常委会2022年监督工作计划（审议稿）》；研究区六届人大二次会议有关事项、关于召开常委会第三次会议有关事项。

【区六届人大常委会第九次主任会议】 3月11日，区六届人大常委会第九次主任会议召开。会议主要议题是：研究常委会及机关抓落实活动年“三拼三促三提升”工作实施方案；研究关于对2022年度区政府重大民生实事项目开展专项监督的工作方案；研究区人大常委会组成人员联系指导乡镇街道人大工作安排；研究各专（工）委对口联系部门单位安排；研究各专（工）委2022年重点调研课题；研究开展产业链招商有关工作安排。

【区六届人大常委会第十次主任会议】 3月31日，区六届人大常委会第十次主任会议召开。会议主要议题是：研究人事任免事项；审议2021年规范性文件备案审查工作报告草案;听取和审议区人民政府关于2021年全区环境状况和环境保护目标完成情况报告的工作方案(审议稿);研究宜春市袁州区人大常委会2022年工作要点(审议稿);研究区人大常委会2022年度工作安排(审议稿);研究区人大常委会党组党史学习教育专题民主生活会整改落实方案(审议稿);研究关于召开人大常委会第五次会议有关事项。

【区六届人大常委会第十一次主任会议】 4月7日,区六届人大常委会第十一次主任会议召开。会议主要议题是:听取宜春市公安局袁州分局关于对区人大代表赵某某采取刑事强制措施情况汇报。

【区六届人大常委会第十二次主任会议】 4月22日,区六届人大常委会第十二次主任会议召开。会议主要议题是:听取宜春市公安局宜阳分局关于对区人大代表刘某某采取刑事强制措施情况汇报。

【区六届人大常委会第十三次主任会议】 5月26日,区六届人大常委会第十三次主任会议召开。会议主要议题是:听取区人民政府关于全区退役军人工作情况的报告草案;研究人事任免事项;审议关于在全区各级人大代表中开展“坚持六心、争当六表率”主题实践活动的实施方案(审议稿);研究袁州区人大代表列席区人民代表大会常务委员会会议办法(讨论稿);研究区人民代表大会常务委员会组成人员联系区人大代表办法(讨论稿);讨论关于组织市、区人大代表专项视察全区重大建设项目和重大民生实事项目建设情况工作方案;研究2022年拟开展工作评议的政府部门单位;研究信息宣传有关工作。

【区六届人大常委会第十四次主任会议】 7月7日,区六届人大常委会第十四次主任会议召开。会议主要议题是:听取区人民政府关于2022年区级预算调整方案(草案)以及2022年地方政府债务限额的报告;听取袁州区2022年政府债务化解工作进展情况汇报、区人民政府关于优化营商环境情况的报告草案;听取和审议常委会调研组关于全区未成年人检察工作情况的调研报告;听取和审议区人民检察院关于未成年人检察工作情况的报告草案(书面);听取和审议常委会调研组关于袁州区环境质量状况和环境保护目标完成情况的调研报告;听取和审议全区环境质量状况和环境保护目标完成情况的报告草案(书面);听取各监督小组专题汇报2022年重大民生实事项目督查情况;研究人事任免和召开常委会第六次会议有关事项。

【区六届人大常委会第十五次主任会议】 9月22日,区六届人大常委会第十五次主任会议召开。会议主要议题是:研究关于许可公安机关对某个区人大代表采取强制措施有关事项;听取审议区人民政府关于袁州区2021年区级决算和2022年上半年区级总预算执行情况的报告;听取和审议关于袁州区2022年上半年国民经济和社会发展计划执行情况的报告;听取和审议关于袁州区2021年度区级预算执行和其他财政收支的审计工作报告;研究常委会委员辞职、人事任免和召开常委会第七次会议有关事项。

【区六届人大常委会第十六次主任会议】 11月8日,区六届人大常委会第十六次主任会议召开。会议主要议题是:听取丰城市公安局关于对区人大代表施某某采取刑事强制措施情况汇报;召开区六届人大常委会第八次会议事项。

【区六届人大常委会第十七次主任会议】 11月10日,区六届人大常委会第十七次主任会议召开。会议主要议题是:听取区监察委员会专项工作报告起草说明;研究关于辞补代表有关事宜;讨论袁州区人大代表建议办理工作满意度测评方案(审议稿);听取和审议常委会调研组关于巩固拓展脱贫攻坚成果同乡村振兴有效衔接情况的调研报告;听取和审议关于全区医疗保障工作情况的调研报告、关于全区国有资产管理情况的调研报告;听取和审议各工作评议调查组调查报告、讨论工作评议民主测评有关事项;研究袁州区人大计划和预算审查联系代表名单(建议稿);各监督小组汇报重大民生实事项目督查情况;研究全区人大工作综合考核有关事项;讨论区人大常委会讨论、决定重大事项实施细则(试行)(讨论稿);研究关于召开常委会第九次会议有关事项。

【区六届人大常委会第十八次主任会议】 11月28日,区六届人大常委会第十八次主任会议召开。会议主要议题是:研究代表辞职有关事项；研究走访代表安排有关事项；研究工作评议有关事项；研究拨付“创文”专项工作经费有关事项。

【区六届人大常委会第十九次主任会议】 12月12日，区六届人大常委会第十九次主任会议召开。会议主要议题是：听取审议区人民政府关于2021年度区级预算执行和其他财政收支审计查出问题整改情况的报告；研究审计查出问题整改情况满意度测评方案；听取审议常委会调研组关于全区科技成果转化工作情况调研报告；听取审议区人民政府关于全区科技成果转化工作情况的报告（书面）、《中华人民共和国公共文化服务保障法》、《江西省公共文化服务保障条例》执法检查报告；研究省、市、区人大代表集中视察有关事项；研究乡镇、街道人大工作综合考核有关事项；研究关于召开常委会第十次会议有关事项；研究开展工作评议民主测评有关事项。

监督工作

【概况】 2022年，区人大常委会与市人大常委会联合开展“做强中心城　提升首位度”专题询问，坚持实事求是、直击问题痛点，以及组织开展《中华人民共和国公共文化服务保障法》《江西省公共文化服务保障条例》执法检查，积极配合省、市人大开展《中华人民共和国环境保护法》执法检查，取得较好效果。

【专题调研】 区人大常委会聚焦营商环境优化升级“一号改革工程”，围绕强化国有资产管理，摸清家底，开展专题调研。围绕贯彻落实教育优先发展战略和国家“双减”教育政策，对城乡义务教育均衡发展、职业教育高质量发展、非教学任务进校等情况开展专题调研，助推办好人民满意教育。区人大常委会组织开展巩固拓展脱贫攻坚成果同乡村振兴有效衔接情况、退役军人工作情况、医疗保障工作情况调研。开展安全生产工作情况“回头看”专项督查，聚焦影响群众生产生活的“身边、周边、路边”生态环境问题，依法开展暗访调研和检查督查。选定6个政府工作部门开展工作评议，督促提高工作效率、破解发展难题，助推区委、区政府工作要求落地见效。区人大常委会对区六届二次会议上票决确定的2022年十大民生实事项目开展常态化专项监督。

【备案审查】 加强规范性文件备案审查工作，坚决做到“有件必备、有备必审、有错必纠”，全年共上报市人大常委会规范性文件7件，审查乡镇规范性文件78件。

代表工作

【概况】 2022年，袁州区有省人大代表5名，市五届人大代表71名（其中寄选代表12名），区六届人大应有代表374名，当年实有代表368名，乡镇人大代表1537名。为了更好地开展代表履职活动、发挥代表与选民之间的桥梁作用，常委会把创新工作平台和改进工作作风作为做好代表工作主要抓手，充分发挥好代表的履职作用，为推动全区的经济发展作出积极贡献。

【代表培训】 2022年举办了一期区六届人大代表初任履职培训班和人大干部培训班，邀请省市人大领导培训代表如何履职、如何做好乡镇基层人大工作及人大业务工作。共有400多人参加此次培训。各乡镇利用召开二次人代会组织人大代表学习党的二十大精神。配合做好市人大组织的市人大代表培训活动。

【闭会期间代表活动】 组织全区各级人大代表开展“我为选民说事”主题活动。是建立健全“双联系”制度，建立“两办法一名单”，即《区人大常委会组成人员联系区人大代表办法》、《区人大代表列席区人大常委会会议办法》和《区六届人大常委会组成人员联系区人大代表名单》。建立代表联系选民制度。代表按所在选区开展联系选民活动，每名代表原则上联系选民5人。组织区乡两级人大代表下沉到网格联系人民群众。所有代表按照要求都已下沉到网格开展联系人民群众活动。

【代表联络工作站建设】 对全区31个乡镇、街道的代表联络工作站和“江西数字人大”线上和线下工作进行实地督促指导，对存在的问题要求各乡镇、街道限期整改，逾期未整改到位的以常委会文件下发通报。主动融入“江西数字人大”建设，督促各乡镇街道及时完善联络工作站数据信息、及时按要求上传报送开展活动情况、及时总结宣传好的建站工作经验和做法，通过数字赋能，推动网上代表联络工作站提质增效。分四个片区组织召开人大工作座谈会。各乡镇、街道人大主席围绕换届以来的乡镇人大工作开展情况、存在的问题、下步工作打算畅所欲言。探索建立"微心愿"人大代表服务群众专项经费制度，解决一批群众身边的"急、难、老、小"民生问题。充分利用代表联络工作站、代表下沉网格、代表联络微信群等载体，察民情、听民声、聚民智、解民忧，各乡镇街道在活动中充分发挥自身优势，各显神通，各创特色，如楠木乡的"网格+屋场会"、竹亭镇的"点亮微心愿，人大代表来报到"，西村镇的"代表设岗定责"，湛郎街道的"智慧人大"等。2022年区人大常委会组织开展常委会组成人员联系代表、区乡人大代表联系选民活动，区人大常委会组成人员40名，联系代表80人，区人大代表368人，联系了选民1840人；乡镇代表1537人，联系了选民7685人；代表收集群众意见建议54件，全部转政府相关部门办理。

选举和任免

【概况】 做好区六届人大二次会议大会组织组和票决组工作。认真组织会议有关人事工作，做好2022年度区政府重大民生实事票决工作。依法做好人大代表届中调整工作。规范市区人大代表补选、辞职或罢免的提请程序，做好市区人大代表辞职、补选以及代表资格审查工作。补选区六届人大代表3人，辞去区六届人大常委会委员1人，辞去区六届人大代表1人，许可对4名区人大代表采取强制措施。认真做好区人大常委会的人事任免工作。积极主动加强与区委组织部及"一府一委两院"有关部门的协调沟通，做好常委会人事议题的审定，人事任免材料的起草、初审、提请审议等工作。依法任免区人大常委会机关、区人民政府、区人民法院、区人民检察院国家机关工作人员65人次，做好了拟任人员的宪法知识考试、任前见面、表态发言、颁发任命书和宪法宣誓等工作。坚持完善宪法宣誓和宪法知识任前考试制度。继续做好区人大及其常委会选举任命人员宪法宣誓和宪法知识任前考试工作，并督促指导各乡镇人大及"一府一委两院"做好宪法宣誓和宪法知识任前考试工作，定期统计调度和通报工作情况，确保"应宣尽宣、应考尽考"。

【任免事项】 2022年1月13日任命：周德忠为宜春市袁州区人大常委会教育科学文化卫生外事侨务民族宗教工作委员会主任；宋长荣为宜春市袁州区人大常委会教育科学文化卫生外事侨务民族宗教工作委员会副主任。免去：彭海明的宜春市袁州区人大常委会教育科学文化卫生外事侨务民族宗教工作委员会主任职务。2022年1月13日决定任命：吴德绍为宜春市袁州区综合行政执法局局长；彭家伟为宜春市袁州区住房和城乡建设局局长；张荣为宜春市袁州区科学技术局局长；江戈军为宜春市袁州区医疗保障局局长；周绍辉为宜春市袁州区粮食局局长。免去：彭家伟的宜春市袁州区综合行政执法局局长职务；江戈军的宜春市袁州区科学技术局局长职务；袁庆的宜春市袁州区住房和城乡建设局局长职务；袁宇东的宜春市袁州区医疗保障局局长职务；黄德圣的宜春市袁州区粮食局局长职务；翟旭平的宜春市袁州区商务局局长职务。任命：易引辉为宜春市袁州区监察委员会委员。免去：周绍辉的宜春市袁州区监察委员会委员职务。任命：袁剑琳为宜春市袁州区人民法院民事审判一庭庭长；易青洪为宜春市袁州区人民法院民事审判三庭庭长；欧阳萍为宜春市袁州区人民法院行政审判庭庭长；陈国平为宜春市袁州区人民法院民事审判三庭副庭长。免去：欧阳萍的宜春市袁州区人民法院民事审判一庭庭长职务；李葵的宜春市袁州区人民法院行政审判庭庭长职务。接受：钟勇辞去宜春市袁州区第六届人民代表大会代表职务。

2022年2月18日决定任命：陈建波为宜春市袁州区人民政府副区长。任命：黄卫为宜春市袁州区人民法院审判员；李呈敏为宜春市袁州区人民法院审判员；胡楠杰为宜春市袁州区人民法院审判员；周伟丽为宜春市袁州区人民法院审判员；刘浪为宜春市袁州区人民法院审判员；李凯亮为宜春市袁州区人民法院审判员。免去：李锡建的宜春市袁州区人民法院副院长职务；易艳华的宜春市袁州区人民法院副院长职务；欧阳萍的宜春市袁州区人民法院经济技术开发区人民法庭庭长职务；肖婷的宜春市袁州区人民法院天台人民法庭庭长职务。陈超为宜春市袁州区人民检察院检察员；万雨露为宜春市袁州区人民检察院检察员。

2022年4月1日决定任命:谌卫锋为宜春市袁州区人民政府副区长。免去:谢春松的宜春市袁州区人民政府副区长职务。陈红琳为宜春市袁州区人民检察院检察委员会委员;龚海燕为宜春市袁州区人民检察院检察委员会委员。免去:鄢华荣的宜春市袁州区人民检察院副检察长职务;杨山九的宜春市袁州区人民检察院检察委员会委员职务;刘胜美的宜春市袁州区人民检察院检察委员会委员职务。

2022年7月13日决定任命:彭东为宜春市袁州区发展和改革委员会主任;袁露为宜春市袁州区人力资源和社会保障局局长;易淑元为宜春市袁州区退役军人事务局局长。免去:袁露的宜春市袁州区退役军人事务局局长职务。任命:阳青为宜春市袁州区人民法院审判委员会委员、审判员;袁剑琳为宜春市袁州区人民法院审判委员会委员;易青洪为宜春市袁州区人民法院审判委员会委员;陈鹭鸶为宜春市袁州区人民法院审判委员会委员;徐双桂为宜春市袁州区人民法院审判委员会委员;陈志辉为宜春市袁州区人民法院审判委员会委员;林佳祺为宜春市袁州区人民法院慈化人民法庭副庭长。免去:刘挺宜春市袁州区人民法院副院长职务;李锡建的宜春市袁州区人民法院审判委员会委员职务;钟利民的宜春市袁州区人民法院审判委员会委员职务;王芸的宜春市袁州区人民法院审判委员会委员职务;方向明的宜春市袁州区人民法院审判委员会委员职务;袁立林的宜春市袁州区人民法院审判委员会委员职务;钟建平的宜春市袁州区人民法院审判委员会委员职务;葛晓艳的宜春市袁州区人民法院审判委员会委员职务;李葵的宜春市袁州区人民法院审判委员会委员职务;徐萍的宜春市袁州区人民法院审判员职务。免去:张广禾的宜春市袁州区人大常委会新康府街道工作委员会副主任职务。

2022年9月27日决定任命:吴妮为宜春市袁州区商务局局长。

2022年12月7日接受:吴俊强辞去宜春市第五届人民代表大会代表职务。李云平、谢春松、易春宇、黄力鹏、王文军、赵绍辉、施春锦辞去宜春市袁州区第六届人民代表大会代表职务。

(张绳庚　吴伟强
刘绍华　江春莉)

宜春市袁州区人民政府

综　述

2022年是党的二十大胜利召开之年，是全面落实区第六次党代会决策部署的起始之年。全区坚持以习近平新时代中国特色社会主义思想为指导，深入学习贯彻落实党的二十大精神，围绕"冲刺全国县区经济百强"目标，扎实推进抓落实活动年"三拼三促"工作，统筹疫情防控和经济社会发展，统筹发展和安全，实现了经济社会平稳发展，较好地完成了各项目标任务。全年实现地区生产总值560.42亿元，增长5.6%。一般公共预算收入完成26.43亿元，增长4.78%；区本级固定资产投资增长19.43%；规模以上工业增加值增长9.3%；社会消费品零售总额完成351.58亿元，增长5.6%；实际利用省外资金增长7.5%；城镇居民人均可支配收入46522元，农村居民人均可支配收入19833元，分别增长6%和6%。举全区之力推进政府债务化解，政府债务率从237%降至206%左右，有效保障了全区基本民生、工资和运转支出。

转作风，强思想，政治生态不断提升　强化党风廉政建设。认真学习《中国共产党纪律处分条例》《中国共产党党内监督条例》等党规党纪，切实增强落实主体责任的思想自觉和行动自觉。严格把关财政资金，一般性支出预算压减10.24%以上，完成各类审计项目50个，节约项目资金2.31亿元。持续整治"怕慢假庸散"作风顽疾，共查处违反中央八项规定问题118起，给予党纪政务处分115人。深入开展公共资源交易领域突出问题专项整治行动，立案查处10起。强化法治政府建设。主动接受人大法律监督、工作监督和政协民主监督，高质量办理各级人大代表建议224件、政协委员提案290件。严格履行"三重一大"决策程序，全年共召开区政府常务会议18次，研究"三重一大"事项107个。严格落实"五公开"，全年区政府网站政务公开栏目主动公开信息8117条，浏览量487742人次。坚持不懈优化环境。开展优化营商环境大讨论大排查大整治大提升活动，整改"小鬼难缠""中梗阻"等问题421个，解决企业和群众诉求374条。严格落实"四减一优化"，提供"帮代办"2.02万件，办理"一次不跑""一次办好"事项13.3万件。累计减税降费21.9亿元，惠及企业7.2万户次，制定轻违、首违不罚事项清单351项，营商环境持续向好。

调结构，促转型，综合实力稳步增强　推动工业转型升级。坚持强攻工业不动摇，工业经济持续攀升，新增规模以上工业企业40家，实现营业收入275亿元，同比增长35%，规模以上工业增加值、营业收入等指标增速均列全市首位。推动主导产业升级，新能源新材料、生物医药、电子信息产业营业收入分别增长150.7%、36.4%、10.4%。提升现代农业质效。完成高标准农田建设10万亩，粮食面积达94.2万亩、产量稳定在3.55亿公斤以上，油菜种植16.8万亩，粮食安全根基更加稳固。富硒农产品基地、高产油茶林、绿色食品和有机农产品认证面积分别达32.34万亩、29.1万亩、25.6万亩、14.9万亩，富硒产业居全市前列。做活做旺第三产业。全区网络零售额同比增长28%，总量排名全市第一。健全"互联网+第四方物流"供销配送网络，建成乡镇配送站20个、村级末端配送网点131个，润达、万达客流量突破3200万人次、年营业额达17亿元，赣西农批市场交易额达108亿元。打造环中心城精品旅游点5个，明月花溪谷获评国家AAA级旅游景区。

求创新，攻项目，发展引擎动力强劲　坚持创新驱动发展。研发费用增量和总量跃居全市第一,技改投资、战略性新兴产业总产值占比达40%,备案项目40个。宜春大海龟生命科学有限公司承担的万吨级食用油较高附加值关键技术及产业化项目入选国家科技奖后备培育项目库,打造省企业技术中心企业5家、市级9家,“赣出精品”3个,新增省级专精特新中小企业36家、省“双千计划”项目10个。新增发明及实用新型专利1041件,同比增长176.13%。建成5G基站1947个,千兆宽带用户达5.5万户。狠抓重大项目建设。成功推动中广核集团、华电集团、水发集团、京能电力、吉利科技等央企国企、上市公司投资项目落户袁州,累计新签约项目92个,总投资315.1亿元,其中亿元以上项目79个,20亿元以上项目7个。推进省、市调度重大项目97个,完成投资285.6亿元。“四争”工作卓有成效,成功向上争资29.2亿元,同比增长8.7%。深化重点领域改革。企业纠纷“红橙黄绿码”分级化解机制和诉源治理改革得到最高人民法院认可推广。在全市首创生态环境损害赔偿机制,入选省生态环境损害赔偿磋商十大典型案例2例。景区跨域旅游纠纷诉讼服务协作机制等7项改革经验做法在《江西改革》专栏上刊登推广。

提品质,强治理,城乡面貌日益改善　扮靓中心城区面貌。大力实施城市更新行动,全面完成42个老旧小区、64条背街小巷、160个创文小区、447个弱电管线点位提升改造。新增充电车位223个、泊车位4904个,新建和改造城市公厕14座,完成18处公园、广场、园林景观品质提升改造。排查自建房27.6万栋,整治城市内涝隐患点19个。做美农村人居环境。完成新农村建设点333个、新改建户厕5198户,拆除破旧房23.5万平方米。推进省定重点帮扶村建设17个,高标准完成实用性村庄规划编制,村集体收入超过15万元。完成“四好农村路”140千米、病险水库除险加固133座。筑牢绿色生态屏障。深入打好污染防治攻坚战,空气优良天数比达94%,空气质量优于国家二级标准,集中式饮用水水源地水质100%达标,受污染耕地、污染地块安全利用率达100%。创建绿色矿山5座,修复废弃矿山1479.35亩,完成矿山生态问题销号237个,整治机制砂企业55家,绿水青山得到有效守护。完成农环项目点位建设17个,成功创建6个省级生态乡镇和28个市级生态村。

办实事,增福祉,人民群众更加幸福　凝心聚力保障民生。完成校园安防设施468个,建成全民防溺水点位1699个。新增城镇就业8261人,城镇就业率达100%。持续开展根治欠薪专项行动,追讨农民工工资5446万元。发放各类社会救助资金2.1亿元。用情用力办好实事。完成8个敬老院、258户适老化改造,新增居家养老服务中心4个、嵌入式养老院2个。投入7亿余元,改造公办幼儿园4所、新建改扩建义务教育学校6所,提供园位、学位1.65万个。建设公办托育中心11个,提供普惠性托位800余个。建成城市书角100个、“阅美空间”1个。尽心尽力维护稳定。投入1.83亿元建设农村“雪亮工程”、智能安防小区和电子围栏。抓牢抓实安全生产,各类生产安全事故起数、死亡人数分别下降80%、62.5%。首创区乡村三级矛盾纠纷多元化解中心,信访积案化解率达97.2%。 (钱树望)

区政府常务会议

【区政府六届七次常务会议】 1月19日,区政府六届七次常务会议传达学习了《中国共产党纪律检查委员会工作条例》、习近平总书记在省部级主要领导干部学习贯彻党的十九届六中全会精神专题研讨班开班式上的重要讲话精神。

【区政府六届八次常务会议】 1月月24日,区政府六届八次常务会议传达学习了《江西省中央生态环境保护督察问题整改工作领导小组办公室关于我省2起干扰生态环境行政执法典型问题的通报》,审议并原则同意了《袁州区应急管理体系建设“十四五”(2021—2025年)规划》《关于进一步优化全区中小学校布局的工作方案》。

【区政府六届十次常务会议】 2月16日,区政府六届十次常务会议传达学习了习近平总书记在山西考察调研时的重要指示精神、同党外人士共迎新春时的重要讲话精神、在二〇二二年春节团拜会上的重要讲话精神、在北京2022年冬奥会欢迎宴会上的重要致辞精神、关于粮食安全领域系列重要指示批示精神,讨论了关于完善袁州区社会治安防控体系建设有关项目等有关问题。

【区政府六届十一次常务会议】
3月11日，区政府六届十一次常务会议传达学习了全省粮食和物资储备工作暨全面从严治党工作会议精神和《河南郑州“7·20”特大暴雨灾害调查报告》《江西省公共数据管理办法》，审议并原则同意了《袁州区重大项目管理办法》，讨论了关于上高广场南侧供电110千伏安下半、凤半、下中线线路迁改工程等有关问题。

【区政府六届十二次常务会议】
3月23日，区政府六届十二次常务会议传达学习了全国两会精神、全国人大常委会委员长栗战书在参加江西代表团审议时的讲话、中央政治局第三十七次集体学习精神、中共中央政治局常务委员会会议精神，审议并原则同意了《袁州区实施产业链链长制工作实施方案》，讨论了关于收购宜春赣英高岭土有限责任公司资产等有关问题。会议还对区政府领导分工进行了研究。

【区政府六届十三次常务会议】
4月6日，区政府六届十三次常务会议传达学习了近期全国、全省、全市安全生产、森林防灭火、防汛抗旱工作会议精神，审议并原则同意了《袁州区养老服务健康发展工作实施方案》《袁州医药工业园化工集中区管理办法（暂行）》，讨论了关于袁州公安分局基建项目等有关问题。

【区政府六届十四次常务会议】
4月26日，区政府六届十四次常务会议传达学习了习近平总书记在北京冬奥会、冬残奥会总结表彰大会上的讲话、习近平总书记在海南省考察调研时的重要指示精神，审议并原则同意了《宜春市袁州区突发事件总体应急预案》《袁州区深化应急管理综合行政执法改革实施方案》，讨论了关于碧桂园明月江南项目配套幼儿园协商移交工作等有关问题。

【区政府六届十五次常务会议】
5月22日，区政府六届十五次常务会议传达学习了习近平总书记在博鳌亚洲论坛2022年年会开幕式上主旨演讲精神、习近平总书记主持中共中央政治局第三十八次集体学习时的重要讲话精神、习近平总书记对湖南长沙居民自建房倒塌事故作出的重要指示精神、习近平总书记在中国人民大学考察时强调的精神，审议并原则同意了《袁州区进一步优化营商环境“指标长”工作机制》《袁州医药工业园化工集中区整治提升项目房屋征收与补偿安置实施方案》，讨论了关于2022年创文老旧小区、背街小巷等有关问题。

【区政府六届十六次常务会议】
6月16日，区政府六届十六次常务会议传达学习了习近平总书记在庆祝中国国际贸易促进委员会建会70周年大会暨全球贸易投资促进峰会上的视频致辞、习近平总书记在金砖国家外长会晤开幕式上的视频致辞、习近平总书记致首届大国工匠创新交流大会的贺信、《关于进一步强化安全生产责任落实坚决防范遏制重特大事故的若干措施》、新修订的《中华人民共和国安全生产法》，审议并原则同意了《关于推进农业农村高质量发展奋力打造现代农业强区的实施意见》《2022年开放型经济工作考核方案》。

【区政府六届十七次常务会议】
7月14日，区政府六届十七次常务会议传达学习了习近平总书记主持十九届中共中央政治局第四十次集体学习时的重要讲话精神、习近平总书记主持召开的中央全面深化改革委员会第二十六次会议精神。会议审议并原则同意了《关于落实袁州区中心城区住宅小区物业管理全覆盖实施方案》《关于袁州区优化营商环境网格化管理的实施方案》。会议讨论了关于袁州产业园标准厂房及配套基础设施建设项目（一期）和科创园续建项目的有关问题。

【区政府六届十八次常务会议】
8月11日，区政府六届十八次常务会议传达学习了习近平总书记在省部级主要领导干部专题研讨班上的重要讲话精神、习近平总书记在中共中央政治局会议分析研究当前经济形势和经济工作的精神、习近平总书记在中央政治局第四十一次集体学习时的重要讲话精神、习近平总书记在党外人士座谈会重要讲话精神、省委书记易炼红在设区市市委书记座谈会上的讲话精神、省委书记易炼红和省长叶建春在省委上半年经济运行分析会暨“拼搏三季度、奠定全年胜”动员会上的讲话精神等。会议审议并原则同意了《袁州区国有企业负责人年薪制暂行办法》《2022年袁州区农村环境综合整治（农村生活污水治理）项目实施工作方案》，会议听取了关于贯彻落实全省粮食收购工作视频会议主要精神的汇报。

【区政府六届十九次常务会议】 9月6日,区政府六届十九次常务会议传达学习了习近平总书记考察辽宁的重要讲话精神,习近平总书记对防灾减灾救灾、防汛抗旱抢险救灾工作的重要指示批示和近期防旱抗旱救灾工作文件会议精神,8月30日中共中央政治局会议精神,国务院总理李克强关于二季度上半年经济形势和做好下一步经济工作的讲话精神,省委书记易炼红调研文章《以正确的方法做正确的事情下最大的功夫求最好的效果》,省长叶建春在宜春调研时的讲话精神等。会议审议并原则同意了《袁州区2022年度转业士官安置工作方案》《省道S223袁州洪塘至湖田段公路改建工程土地征收工作方案》《省道S223袁州洪塘至湖田段公路改建工程房屋征收工作方案》,会议听取了关于袁州医药工业园(北区)品质提升项目工程的汇报。

【区政府六届二十次常务会议】 9月23日,区政府六届二十次常务会议传达学习了习近平总书记对四川甘孜泸定县6.8级地震作出的重要指示精神、习近平总书记对国防和军队改革研讨会作出的重要指示精神、9月9日中共中央政治局会议精神、中央全面深化改革委员会第二十七次会议精神、9月7日国务院常务会议精神等。会议审议并原则通过了《宜春市袁州区生产安全事故应急预案》《宜春市袁州区森林火灾应急预案》《2022年袁州区城乡环境综合整治工作实施方案》《袁州区关于推进旅游业高质量发展的实施意见》。

【区政府六届二十一次常务会议】 10月13日,区政府六届二十一次常务会议传达学习了习近平总书记在参观"奋进新时代"主题成就展时的重要讲话精神、习近平总书记会见C919大型客机项目团队代表并参观项目成果展览时的重要讲话精神、国务院国庆招待会会议精神、习近平总书记给山东省地矿局第六地质大队全体地质工作者的重要回信精神、中国共产党第十九届中央委员会第七次全体会议公报、9月26日国务院常务会议精神、9月28日稳经济大盘四季度工作推进会议精神等。会议听取了关于第三季度安全生产工作情况的汇报。会议审议并原则通过了《关于袁州区推进创新驱动发展十条措施》。

【区政府六届二十二次常务会议】 10月27日,区政府六届二十二次常务会议传达学习了习近平总书记在中国共产党第二十次全国代表大会上的报告精神、习近平总书记在参加党的二十大广西代表团讨论时的讲话精神、中国共产党第二十次全国代表大会关于《中国共产党章程(修正案)》的决议精神、习近平总书记在中国共产党第二十次全国代表大会闭幕式上的讲话精神、习近平总书记在出席军队领导干部会议时的讲话精神、习近平总书记在二十届中共中央政治局常委同中外记者见面时的讲话精神、10月25日中共中央政治局会议精神、习近平总书记在二十届中共中央政治局第一次集体学习时的重要讲话精神、《宜春市生态环境局关于违法违规干预生态环境执法活动、插手具体案件查处工作登记报告制度》等。会议听取并原则同意关于袁州区天台中学综合楼、学生宿舍楼项目的汇报。会议审议并原则通过了《袁州区城乡客运公交一体化实施方案》《袁州区退役军人服务专干管理实施细则》。

【区政府六届二十三次常务会议】 11月17日,区政府六届二十三次常务会议传达学习了习近平总书记在视察军委联合作战指挥中心时的重要讲话精神、习近平总书记在陕西延安和河南安阳考察时的讲话精神、习近平总书记在第五届中国国际进口博览会开幕式上的致辞精神、全国森林草原防灭火工作电视电话会议精神、省委书记易炼红在全省前三季度经济运行分析会暨"决战四季度、夺取全年胜"动员会上的讲话精神等。会议听取并原则同意关于做好袁州区2022年基层农技人员定向委培生毕业分配工作方案的汇报。会议听取并原则同意关于袁州区专业森林消防大队规范化建设的汇报。会议审议并原则通过了《关于坚持产管并重,推进食品安全"两个责任"落实落细的实施方案》。

【区政府六届二十四次常务会议】 12月13日,区政府六届二十四次常务会议传达学习了习近平总书记在亚太经合组织工商领导人峰会上的书面演讲精神、习近平总书记对河南安阳市凯信达商贸有限公司火灾事故作出的重要指示精神、习近平总书记在党外人士座谈会上的重要讲话精神、告全党全军全国各族人民书。会议专题学习了《中华人民共和国宪法》。会议听取了关于袁州区2022年度中晚稻收购情况、关于袁州区2022年政务公开工作情况、关于袁州区专业森林消防大队规范化建设的汇报。会议审议并原则通过了《袁州区"十四五"节能减排综合工作方案》。

【区政府六届二十五次常务会议】 12月19日,区政府六届二十五次常务会议传达学习了中央经济工作会议精神、习近平总书记向《生物多样性公约》第十五次缔约方大会第二阶段高级别会议开幕式的致辞精神、12月17日江西省委常委会(扩大)会议精神等。会议审议并原则通过了《袁州区推动工业高质量发展若干措施》,听取并原则同意关于江西宜春京能热电有限责任公司兑现招商引资优惠政策有关问题的汇报。 (潘若宸)

重要施政

【三举措提升惠企服务质效】 一是搭建政府采购"电子卖场",实行商家零收费申请入驻,买卖双方"不见面"云端交易,采购效率进一步提高。截至10月底,累计入驻供应商402家,上架商品18615件;激活采购单位206家,活跃率100%。二是打造云端融资平台,出台财园信贷通政策支持重点行业重点企业实施办法,实现企业借钱一键通。累计为83户企业发放财园信贷通贷款4.07亿元,其中新增12户0.42亿元、续贷71户3.65亿元。三是归集惠企政策清单,并在"惠企通"App统一公开。截至年底,已累计归集省市区各级惠企事项136项,兑付惠企资金约1150万元,惠及企业90户。

【推动企业高质量发展】 一是下好宣传服务"先手棋"。联合市高新技术企业协会等辅导合作单位,积极推动企业研发投入工作宣导、对接及辅导工作。2022年以来,累计辅导规模以上企业106家,全社会研发投入总量达9.97亿元,投入强度突破1.92%。二是牵好校企合作"牛鼻子"。扎实开展国内知名高校院所牵手企业活动,2022年共争取到8名省级科技特派员、3个省级科技特派团与辖内11家企业开展深度合作。三是弹好技术攻关"协奏曲"。支持企业在生产工艺技术提升、生产装备改造、新产品研制等方面开展技术攻关,大海龟生命科学有限公司"万吨级食用油较高附加值利用关键技术及产业化"项目获评全省唯一国家科技奖后备培育项目。

【"四绿并进"夯实绿色发展底色】 一是精细化"管绿"。全面推行林长制,以森林资源管理"一张图"为基础,建立护林员网格化管理体系,细划基础林业管理网格274个,配备护林员274名。二是科学化"增绿"。大力开展营造林生产,完成各类营造林1.2万亩,活立木总蓄积达553.15万立方米,较上年增长19.61万立方米,森林固碳能力进一步增强。三是常态化"护绿"。启用卫星航拍技术全覆盖核查森林图斑变化,森林督查变化图斑数较上年度减少50%;完成三类林业图斑复绿8023.5亩,清理枯死病死松树2.4万株。四是多元化"活绿"。推进森林旅游、健康养老等服务业发展,获批5个国家级和2个省级森林乡村、5个省级生态乡镇、1个省级森林公园。

【三举措呵护绿色生态】 一是整治污染。统筹推进污染防治攻坚战,PM2.5浓度同比下降7.1%,空气质量优于国家二级标准,集中式饮用水水源地水质达标率100%,受污染耕地、污染地块安全利用率100%。二是修复生态。累计注销关停矿山18家,关闭机制砂企业13家,对17名破坏生态环境违法人员采取行政强制措施;整改林业问题图斑747个,处理违法人员517人;完成创建绿色矿山4家、修复废弃矿山34家。三是增绿降碳。加快淘汰落后产能,"三去一降一补"重点任务全面完成;拓宽"两山"转换通道,森林覆盖率稳定在63.06%以上,湿地保有量6.2万亩;完成全市首例水权交易,三季度绿色贷款余额达102.02亿元,列全市第1。

【打造三大"云端平台"优化营商环境】 一是云端采购平台。全面推进政府采购"电子卖场"一张网,实现"入驻不收费、买卖不见面、资金不断链"。已入驻商家402家、采购单位206家,累计采购金额约2200万元。二是云端惠企平台。设立惠企资金兑现"直通车",确保惠企资金快速审核拨付。平台启用以来,已兑付惠企资金约1150万元,惠及企业90户。三是云端法治平台。依托人民法院在线服务小程序和律师服务平台,实现"便捷立案、快速审批、繁简分流"。2022年以来,收到网上立案申请2936件,审核通过2248件,7日内审核完成率100%,分调裁审案件占比达99.69%。

【“收烘储销”全流程服务助力粮农减损增收】 一是就近设置粮食质量检测点,将收储质检关口前移至田间地头,避免因质量问题往返拉运。分片设置粮食质量检测点6个,配备快检设备86台,提前取样检验900余次。二是投入530余万元建设粮食烘干清理中心,配备6组循环式烘干机,烘干稻谷能力达180吨/天,有效解决稻谷晾晒难题。2022年以来共代烘干粮食500万公斤有余,降低粮食损失率约6%。三是协调企业按照优质优价、优粮优销原则市场化收购检测合格粮食,采取地方临储方式由政府托底收购超标粮。累计投入2500余万元,托底收购临储粮990万公斤。

【构建“一站式”公共法律服务体系】 一是依托乡镇(街道)基层网格,建设矛盾纠纷多元化解中心28个、公共法律服务站28个、行政争议化解工作站28个和行政复议联系点70个,提升公共法律服务知晓率、首选率。二是探索微信调解、网络调解等线上“云调解”渠道,构建高效便捷、灵活开放的“智慧调解”公共法律服务平台。三是打造云端法治超市,累计咨询、办理业务10万余人,受理行政调解、人民调解等涉法案件4456件,化解4389件,化解率98.5%。

【打造“四大平台”优化法治化营商环境】 一是成立“重大项目法官工作室”,主动对接服务重大项目24个,诉前化解矛盾纠纷108起,办理关联案件568件。二是建立“惠企快执中心”,精准化解涉企执行案件纠纷。2022年以来,实际执结涉企案件916件,执行到位金额1.1亿余元。三是创建“无讼企业”,引导企业规范经营。截至年底,已认证“无讼企业”5家。四是成立府院联动联络处,推进涉企纠纷诉前调解、重大案件会商。2022年以来,累计审结破产案件6件,成功办理全省首例委托第三方机构处置破产资产案件,溢价幅度高达41.25%,实现债权人利益最大化。

【创新服务解决市场主体急难愁盼问题】 一是“急”事提速办。推动数字化政务服务,全流程压缩办理时间。企业开办时间、不动产抵押登记压缩至4小时办结,政府投资房屋等建筑类项目缩短16个工作日。二是“难”事设法办。部分领域试点闭环管理制度,形成“企业反馈—专员跟进—部门承办—属地落实—企业评价”流程,有效应对企业融资难、招工难等问题。截至年底,共收集融资线索61条,为38户小微企业发放贷款2258万元,推荐197名大学生到需求企业就业。三是“愁”事协助办。成立青年志愿服务站“帮代办”队伍,获评全省志愿服务“优秀集体”,2022年以来累计“帮代办”事项15414件。四是“盼”事用心办。召开政银企圆桌会,倾听企业心声,现场为9家企业解答问题17项;利用“事事宜人”小程序收集企业诉求,共收集到诉求76条,解决76条,解决率100%。

【三位一体推进高质量文化强区建设】 一是构建文化服务体系。稳步推进综合性文化服务中心(室)建设,建成点位383个,实现乡镇(街道)全覆盖。同时,组建袁河采茶戏剧团,完善建设文化馆、公共图书馆,区文化馆喜获“国家一级馆”称号。二是举办文化惠民活动。探索建立一个乡镇(街道)一支本土文艺小分队模式,引导各乡镇(街道)综合性文化服务中心每年举办文体活动5000余场。累计完成品牌节目百姓大舞台演出活动12场,组织送戏下乡活动140场,惠及群众14万余人次。三是推进文旅融合发展。打造袁州红色旅游圈,积极申报省级红色革命文物两批共23处,利用文物点进行研学5处,累计服务2万余人次。

【“三赋能”推动普惠金融发展】 一是政策赋能。发挥政策性金融产品资金撬动作用,撬动金融产品资金投放。截至年底,开展“五贷一保”业务8.76亿元,惠及中小微企业及个人615户(人);发放创业贷款2.54亿元,扶持创业1052人,带动就业6037人。二是科技赋能。探索“互联网银行+普惠金融”合作模式,配合推广赣金普惠平台,解决企业融资需求。2022年以来,新增普惠型小微企业贷款2265户,直接融资规模6.23亿元。三是信用赋能。通过企业资产、征信、流水、税收等经营数据建立预授信模型,精准对接企业融资需求,提升融资便利度。2022年以来,法人银行审批流程缩减3项,平均审批时限缩短半天,加权平均利率降低0.17%。

【多模式探索林下经济发展新路径】 一是“政府引导+市场运作”,培育壮大龙头企业,打造林产品知名品牌。累计培育林下经济示范基地89个，其中国家级林业龙头企业3家、省级林业龙头企业6家、省级林下经济示范基地2个。二是“山上造林＋林药结合”，在林下套种鹿茸草、金银花、石斛等优势品种中药材，培育打造渥江鹿茸草、金瑞吴茱萸、飞剑潭黄精、天台黄蜀葵等林下种植示范村镇4个。三是“企业＋基地＋农户”，带动袁州农户种植大宗、地道中药材，构建中药材产销对接新型发展模式，全区林下套种中药材11250亩，林下经济年产值达32亿元，辐射带动数万户农民增收致富。

【“四个优化”努力办好人民满意教育】 一是优化教育经费投入。持续优化教育支出结构，提高教育经费使用效益，2022年一般公共预算教育支出增长5.5%，各阶段各类学校均做到“只增不减”，义务教育学校、公办幼儿园和高中阶段生均公用经费全部按时足额拨付并按规定使用。二是优化教育资源配置。2022年投入资金7.4亿元，完成4所公办幼儿园改造装修、6所义务教育学校新（迁、改、扩）建，启动2所幼儿园建设和7所农村义务教育学校改扩建；大力推进赣西中等职业技术学校建设，启动宜春十中改造和特教学校扩建工程。可提供园位2725个、学位1.5万余个。拆除、改造C级危房、非C级预制板校舍7.5万平方米。三是优化师资队伍建设。通过全省招聘等方式引进教师380人，采取政府购买服务方式聘用教师97人。组织学校每月开设师德讲堂，健全师德考核“红黑名单”制度，推进师德师风建设常态化、长效化。举办区级教师培训24场，常态化开展送教下乡、学科优质课比赛等多层次教研活动90余次，有效提升教师专业素养。四是优化教育教学环境。全面落实“双减”政策，63家学科类校外培训机构全部压减，课后服务实现“两个全覆盖”。投入资金4000万元，建成防溺水“四个一”工程点位1699个，完成468所学校（含幼儿园）“八个一”安防设施建设。2022年以来，先后获得全省2021年度县（市、区）党政领导干部履行教育职责督导评价优秀等次、全市教育体育工作综合先进县（市、区），全市教育工作突出贡献集体等殊荣，教育高质量发展考核连续五年位列全省第一方阵。

建议、提案办理

【人大代表建议办理情况】 区六届人大一次、二次会议以来，区政府高度重视代表建议办理工作，对人大转来的建议及时交办，并多次组织人员对建议办理情况跟踪问效，建议办理工作取得了一定成效。两次人代会上，人大代表共提各类建议206件（区六届人大一次会议代表建议93件、区六届人大二次会议代表建议113件），均已办结，办复率100%，满意率100%。

（一）所提问题已经得到解决或者基本解决的A类件共53件，占办理总数的25.7%。这一类问题与广大人民群众的日常生活息息相关，一直都是代表们关注的热点，也是区委、区政府贯彻习近平新时代中国特色社会主义思想、落实民生实事的主抓手。如潘少锋等代表提出的《关于申请开通三阳镇一元公交的议案》，区政府克服化债压力，压茬推进城乡公交一体化项目，已于12月7日正式启动，实现了全区20个乡镇、270个建制村“一元公交”全覆盖，有效化解了中心城区群众出行难题。又如郭伟根代表提出的《关于加强乡村监测系统建设》的建议，建议在农村村庄重要路口和主要街道安装治安监控设备，实现数据共享，让农村的社会治安环境得到提升。

（二）所提问题正在解决或列入计划逐步解决的B类件共108件，占办理总数的52.4%。这类建议涉及面广，涵盖发展、教育、养老、交通道路改造等，区政府及承办单位正努力创造条件，有的正在着手解决，需要一个建设过程；有的难以在短时间内解决，但已列入解决工作议程，将逐步解决。如易禾堂代表提出的《关于加大袁州区本土企业扶持力度的建议》，全区围绕“产业兴区、工业强区”的主战略，持续优化营商环境，已经在政策引导扶持、外引内培并重、强化要素保障等方面加大本土企业扶持力度，下一步，区工信局将联合有关部门，以“推动企业傍大联强、鼓励企业科技创新”为切入点，促进本土企业发展壮大。

（三）因当前条件限制暂时无法解决、留待以后研究的C类件有36件，占办理总数的17.5%。

《启动仰山大道项目的建议》《关于渥江镇G220国道红绿灯至分宜洋江交界处（S311省道渥江段）公路升级改造的议案》《关于加大中心城区主次干道改造并及时交付交警等部门

的建议》等建议，由于受政策或财力等客观条件限制，暂时不能解决，各承办单位都与代表进行了沟通，作了详细的说明和解释，都得到了代表们的理解和支持。

（四）留作参考的D类件有9件，占办理总数的4.4%。《关于修建昌栗高速公路万载西出口至楠木挂线公路的议案》《关于提高大病报销比例的建议》等建议，由于当前条件不成熟或者与现行政策有冲突，暂不具备可操作性，各承办单位都与代表进行了耐心解释。

【政协委员提案办理情况】 政协袁州区六届一次、二次会议期间，区政府共承办区政协提案277件，分别是：政协六届一次会议149件，政协六届二次会议128件。自提案交办以来，在区政协和委员们的民主监督、参政议政下，经区政府和各承办单位的共同努力，277件提案已全部办复完毕，办复率100%，见面率100%，满意率100%。

（一）所提问题已经得到解决或者基本解决的A类件共122件，占办理总数的44%。这一类问题与广大人民群众的日常生活息息相关，一直都是委员们关注的热点，也是区委、区政府贯彻习近平新时代中国特色社会主义思想、落实民生实事的主抓手。万阳委员提出了《关于解决工业园区企业“招工难、用工难”的建议提案》。近年来，区政府多措并举在扩就业、稳就业、稳投资等方面做了许多工作，搭建了袁州就业网网络招聘平台，扩大了劳务协作范围，强化了招工信息宣传，2022年累计收集了6000余人就业意愿问卷，收到求职简历4210余份，发放8万余条招聘信息，累计为园区重点企业输送4900余人，有效缓解了企业招工难题。

范琳颖委员提出了《关于乡村振兴中促进村级集体经济发展的建议提案》。村集体经济是实现社会主义新农村建设的基础，发展壮大村集体经济能够进一步增强农业的发展后劲。通过积极向上争取政策支持、强化村集体组织和人才建设、严格资产管理和考核激励等多方举措，全区271个行政村2020年村集体经济收入超过5万元，2021年97.79%的村集体经济收入超过10万元，2022年部分村集体经济收入已超过15万元，取得了长足发展。

（二）所提问题正在解决或列入计划逐步解决的B类件共129件，占办理总数的47%。这类提案涉及面广，涵盖发展、教育、养老、交通道路改造等，区政府及承办单位正努力创造条件，有的正在着手解决，需要一个建设过程；有的难以在短时间内解决，但已列入解决工作议程，将逐步解决。如彭莎琦、邱外根、刘小明委员提出的《关于推进生物医药产业快速发展的建议（并案）》，区政府高度重视该项提案的办理情况，针对锂电产业近几年变化不大，一企独大的格局长期存在的问题，结合袁州区实际，提出了实施“12310”工程（打造千亿级医药产业集群1个，努力实现营业收入破百亿级企业2个，扶持3个企业上市，培育营收超10亿元的支柱企业10个），下一步将从扶优扶强、精准招商、要素保障等三个方面压茬推进，尽快扭转袁州区锂电产业发展缓慢的现状。

（三）因当前条件限制暂时无法解决、留待以后研究的C类件有19件，占办理总数的7%。如《关于在袁州区彬江镇建设赣西国际货物集散中心的建议》《关于省道311渥江段改造升级的建议》《关于义务教育阶段学校安装空调，有效落实“双减”政策的建议》等提案，由于受政策或财力等客观条件限制，暂时不能解决，各承办单位均与委员进行了沟通，作了详细的说明和解释，都得到了委员们的理解和支持。

（四）留作参考的D类件有7件，占办理总数的2%。如《关于设立外商企业保障服务部门的建议》《关于推进普惠金融“整村授信”工作，以金融力量助力农村经济发展的建议》等提案，由于条件不成熟或者与现行政策有冲突，暂不具备可操作性，各承办单位都与委员进行了耐心解释，也都得到了委员们的理解和支持。

【主要做法】 做好代表建议及提案办理工作既是承办单位的法定职责，也体现了对人民负责、受人民监督的宪法精神。区政府始终把代表、委员们的满意度作为衡量和检验办理工作的重要标准，把建议、提案办理工作当作听取意见、接受监督、改进作风、优化服务的重要举措，做到建议、提案办理工作高度重视、高位推进，确保高满意率。

（一）精心组织领导，压实办理责任。收到建议、提案交办工作后，区政府明确由常务副区长分管办理工作，区政府办对所有建议、提案进行了分析归类，就建议、提案办理工作进行专题研究，明确了专人负责建议、提案办理工作，进行了任务分工。6月30日，以区政府名义召开了交办工作会，会上就建议、提案办理工作提出了具体要求，要求承办单位要建立健全办理工作机制，严格实行“主要领导亲自抓，分管领导具体抓，职能科室责任人具体经办”的分级负责制。区政府督查室按照时间节点和办理流程做好跟踪督办。

（二）加强统筹指导，完善办理机制。4月24日，区政府办印发了《关于认真做好袁州区六届人大一次、二次会议代表建议和政协袁州区六届一次、二次会议提案办理工作的通知》（袁府办字〔2022〕26号），对办理工作进行了总体部署，对办理责任、办理程序、办理时间和办理质量等提出了严格要求。对代表们所提建议比较复杂、需多部门协同办理的事项，要求主办单位主动牵头协调，组织相关部门共同商讨解决问题方案，积极与代表们进行沟通协调，对办理过程要有统筹安排。同时，区政府办加强对办理工作的统筹指导，加强与区人大选任联工委的配合，及时跟踪建议办理情况，有序推进建议、提案办理工作。

（三）强化督查检查，确保办理质效。区政府在办理过程中强化过程监督，随时保持与各承办单位的沟通联系，指导督促承办单位按要求扎实开展办理工作，并在规定时限内办结回复，真正做到事事有人办、件件有回复。对事关全局、群众高度关注的热点、难点问题，要求承办单位不断增强责任意识和服务意识，深入实地调研、加强与代表们沟通，积极抓好建议的落实，真正做到让代表们满意、让群众满意。 （钟　行　帅戈超）

袁州区人民政府办公室

【概况】 2022年，在区委、区政府的坚强领导下，区政府办坚持以习近平新时代中国特色社会主义思想为指导，紧扣迎接党的二十大、学习宣传贯彻党的二十大精神这条主线，围绕全区经济社会发展大局，聚焦“作示范、勇争先”目标定位，大力开展“三拼三促”抓落实活动，全面提升当参谋、抓协调、促落实、强保障能力，当好区政府的“坚强前哨”和“巩固后院”，较好地完成了各项任务目标，获评全省政务信息先进单位。

【信息调研】 始终坚持把信息调研作为办公室一项长期中心工作来抓，安排专人编录省、市主要领导《每周动态》，掌握第一手信息热点。同时，紧紧围绕经济社会发展过程中出现的新情况、新问题和群众关心关注的热点、难点问题，广泛深入调研，挖掘特色典型“精品”信息。严格执行“三级”核稿制度，及时、全面、准确报送各类信息，为领导掌握情况、指导工作、科学决策提供了较好的信息服务。全年累计撰写调研文章10篇、政务信息1017条，上稿省每日要情7条、市每日要情80条、国省办约稿16条。

【文稿服务】 始终着眼全区发展大局，准确把握中央、省委省政府、市委市政府和区委区政府决策部署，切实做到综合文稿起草紧贴理论、紧跟形势、紧扣中心，力争文稿起草能够正确传达上级指示精神、准确体现领导意图、语言风格，真正做到以文辅政。一年来，起草《政府工作报告》和区政府领导讲话稿、汇报材料等文稿600余篇，高质量完成了文稿服务工作。同时，认真做好区政府常务会议纪要、专题会议纪要等审核把关，全年起草区政府常务会议纪要19篇、专题会议纪要等重要工作会议纪要23篇。“闭环”处理上级来文，办理请示报告，制发密级文件，切实做到急文急办、急件急送，文件运转效能显著提高。全年办理上级来文5111件，制发各类公文811件，办理请示报告3083件，处理密级文件420个，制发密级文件4个。结合工作实际，尽可能合并会议活动、精减文件材料，助力基层减负。全年承办区政府常务会议19次，处理全国、省、市电视电话会议151件。

【政务督查】 紧扣全区中心工作，以督难点、解难题、抓落实为重点，以“干多少不等于干成多少，清单好不等于账单实，力度大不等于进度好”为衡量标准，建立健全重点工作基础台账、重点问题整改台账和重点任务点单台账，创新施行“三步紧逼法”“红黄牌记录法”“点名通报法”，通过“实地查”核实问题、“点对点”跟踪问题、“聚合力”解决问题，硬碰硬督、实打实查，有力促进政府各项工作落地落实落细。全年累计调度督办市、区《政府工作报告》和重大民生实事11次，开展实地督查8次，印发督查通报3期；督办区政府主要领导批示34件；转办国务院“互联网+督查”平台留言130件；办理市人大代表建议、政协提案

31 件,区人大代表建议、政协提案 483 件。

【中心工作】 深入开展“双进双服务”,组织在职党员进社区开展创文宣传、疫情防控等志愿活动 500 余人次,解决问题 10 余件。督促干部日常进行“学习强国”学习平台和江西干部网络学院学习,“学习强国”学习平台年度积分人均达 10000 分,江西干部网络学院年度积分人均 50 分以上。结合创文明城、结对帮扶等活动,组织干部进行志愿服务并打卡,年度打卡时长人均达 200 小时。应急值班人员做到不擅离职守,不请人代班、换班、脱岗,值班日记记录完整清晰,突发事件信息接听及时、回复准确。

【政务公开】 取得新成效。严格落实意识形态工作责任制,牢牢守好区政府门户网站和微信公众号意识形态阵地。区政府门户网站新增设营商环境、数字经济专题专栏,及时规范集中公开助企纾困政策。全年主动公开信息 13339 条,督促责任单位常态化发布三大攻坚战、重大项目建设等领域信息 407 条。及时办理“我向省长建言”6 件、“你建言,我来办”28 条,区本级办理信息公开申请 23 件,均依法依规答复。固定每周开展一次集中找错整改活动,共互相找错 53 次,整改完成率 100%,确保各项信息准确全面向社会公布,彬江镇、湛郎街道入选省级“十县百乡”试点。

【五型政府建设】 积极组织全区政府系统总结典型经验,踊跃向省“五型”政府简报投稿,其中彬江镇政务公开工作经验被省“五型”政府简报刊登。积极向省“五型”政府办推荐全省五型“政府”先进集体和先进个人,三阳镇人民政府成功当选 2021 年度全省政府系统“五型”政府建设先进集体,推荐彬江、湛郎申报 2022 年度全省政府系统“五型”政府建设先进集体,推荐三阳申报第三批全省政府系统“五型”政府建设示范集体。全年办复“问政江西”平台交办事项 106 件,处理率达 100%。

【金融服务】 扎实推动企业上市股改,全年新增上市申报公司 1 家,完成企业股改 1 家,推进企业股改 4 家,调入新三板创新层 1 家,4 家企业纳入映山红企业名录,15 家企业成功入选 2023 年度省重点上市后备库,企业直接融资规模达 7.5 亿元。召开政银企对接会议,引导金融机构落实金融惠企政策,加大信贷资源直达力度。全年贷款余额 1289.86 亿元,较年初增加 175.04 亿元;其中普惠型小微企业贷款增速高于各项贷款 16.46%,贷款户数 21355 户,较年初增长 20.56%。在全区范围组织开展 5 次非法集资集中宣传及 7 次非法集资风险隐患专项排查活动,群众防范非法集资意识不断增强。

【营商环境】 深入推进营商环境优化升级“一号改革工程”。完善组织机构,成立营商环境服务中心,配齐配强工作力量。加强制度建设,打造“1+3+N”优化营商环境政策布局,确保工作常态长效。牵头开展优化营商环境大讨论大排查大整治大提升活动,实现营商环境网格化管理服务全覆盖,整改“小鬼难缠”“中梗阻”等问题 421 个,解决企业和群众诉求 396 条。不断提升营商便利度,袁州区在 2022 年全省营商环境第三方评价中居第 23 位,较上年提升 19 位,其中获得信贷、办理破产、获得电力等 7 个指标进入全省前 20 名,营商环境持续向好。

【外事工作】 加大 APEC 商务旅行卡推广宣传力度,倾情服务好企业。规范管理因公出国(境),全年境外入袁州人员共计 335 人。同时,及时调整防控举措,确保政策落地落实。

应急管理

【概况】 2022 年,在区委、区政府的坚强领导和市应急管理局的关心指导下,区应急管理局牢固树立新安全发展理念,认真贯彻落实国家、省、市、区关于安全生产、防灾减灾、应急管理等一系列决策部署,全力投身遏事故、促减灾、强应急等各项工作,狠抓风险管控和隐患排查治理,全区安全生产态势总体平稳。

【安全生产举措】 2022 年,安全生产形势总体平稳,主要举措有:一是推行“双调度双分析双督查”机制。定期组织区安委会十三个专业委员会及三年行动各牵头单位召开风险研判会议,针对各重点行业存在的重点风险隐患,更加精准、科学地找出全区各行业领域存在的问题隐患,形成“问题、整改”双清单,做到问题闭环管理、动态清零。收集并研判重点难点隐患 13 处,对容易疏忽的如敬老院、养老院等地的安全监管问题，提出监管措施，在隐患排查、整改等工作上形成合力，确保袁州区安全稳定。二是推进科技兴安，推动视频线上隐患“回头看”。基本建成省烟花爆竹安全生产风险监测预警系统和矿山企业监控系统，通过烟花爆竹生产企业线上隐患排查“回头看”已查出585个“三违”行为，通过矿山监控“回头看”查找隐患111条，实现了线上线下监管，提高信息化监管能力。三是重拳出击，严厉打击烟花爆竹非法生产行为。始终对非法生产保持高压态势，重拳打击烟花爆竹非法生产，开展打击烟花爆竹非法生产“百村零点行动”，2022年连续发现烟花爆竹非法生产窝点9个，其中6起全部移交公安机关，刑事拘留2人，行政拘留12人，区政府陆续出台或修订了《袁州区安全生产举报奖励暂行办法》和《关于严厉打击非法生产烟花爆竹行为的通告》，解决非法生产举报奖励资金。2022年，全区共接到群众举报6起，解决奖励举报资金6万元。四是突出重点，开展重点领域安全监管。开展矿山领域爆破作业专项整治活动，联合公安袁州分局开展民爆企业联合检查，督促民爆企业规范管理，对非煤矿山企业开展爆破专项检查4次，督促矿山企业爆破作业规范作业；针对全区非煤矿山企业多、专业技术人员缺口大的问题，通过“三个一批”，即通过联系大专院校待业毕业生解决一批，通过原有煤矿下岗技术人员解决一批，通过诚邀外地矿山企业技术人员加盟解决一批。推广非煤矿山企业专业技术人员配备的做法被市应急管理局认可并向全市推广，全区已有21家矿山企业按要求将专业技术人员配备到位，另有3家企业正在洽谈中；强化重大危险源风险管控，利用危险化学品安全生产风险监测预警系统，实时掌控企业数据异常情况，提升重大危险源风险管控水平；大力开展安全生产标准化创建工作，通过逐一上门服务的方式与40余家企业的主要负责人进行谈心谈话，全区有4家企业启动安全生产二级标准化创建工作，带动工贸行业企业安全生产工作迈上更高台阶。五是优化营商环境，创新推进安全生产工作。通过政府购买服务的方式，聘请省专家库专家，由政府出钱，企业不承担任何费用，由专家为企业排查安全隐患，涉及烟花爆竹、非煤矿山、危险化学品、工贸行业以及建筑施工、交通运输、道路交通等领域，2022年投入161.77万元，通过聘请专家为企业排查安全隐患，在减轻企业负担的同时，也夯实了企业安全基础。六是攻坚克难，提前完成尾矿库闭库工作。宜和矿业有限公司枫树下铁矿尾矿库闭库销号任务为宜春市唯一个闭库销号任务，为认真贯彻落实江西省重大尾矿库风险化解任务要求，多措并举，苦战一百天，全力完成宜和矿业有限公司枫树下铁矿尾矿库闭库销号任务，彻底消除了尾矿库安全风险。在政府财力困难的情况下，区政府及时调拨400多万元资金供给尾矿库销号专项资金。

【救灾工作】 2022年发生风雹灾害1次、雪灾1次、洪涝灾害1次，经统计，共有82748人受灾，其中紧急避险转移11人，紧急转移安置1143人（分散安置）。及时下拨2021—2022年中央冬春救助资金260万元，救助受灾群众11933人，下拨救灾帐篷161顶、折叠床225张、棉被1000床、棉大衣600套、毛毯600床、羽绒服100件、背心50件，有力保障受灾群众基本生活。为提升应急救灾能力，已采购救灾物资12257件，采购资金318.616万元。同时为达到救灾物资储备库面积要求，在医药工业园落实租用标准厂房1800平方米作为储备库，提升救灾物资储备能力。

【森林防火】 开展森林防灭火工作督查和黄色预警期间森林防灭火督查等两项督查，确保各乡镇“平安春季行动”、野外火源专项治理行动落到实处，加强专业森林消防队伍建设，获得宜春市2022年专业森林消防队伍大比武团体第三名、宜春市2022年乡镇半专业森林消防队伍大比武团体第一名。积极参与扑救赣州市赣县区“10·17”森林火灾任务，受到省森林防灭火指挥部通报表扬。

【防汛抗旱】 积极应对灾害天气，开展防洪隐患排查，落实各方防汛职责，针对自7月中旬以来，没有有效降雨，出现持续晴热高温天气的情况，组织部门会商6次，准确研判抗旱保供形势。于8月25日9时启动抗旱应急四级响应应对旱情，自旱情发生以来，投入抗旱资金2369.9万元，投入抗旱人员21869人，投入抗旱设施机电井290眼、泵站338处、抗旱用电821978千瓦时、抗旱用油95.88吨，减少农业因旱经济作物损失2448万元，减少粮食损失4085.2万元。农村“千吨万人”饮水工程均供水正常。

【应急防范】 2022年，模拟全区突发暴雨情况，组织人武部、水利局等10个单位100余人开展抗洪抢险演练,全面提升汛期洪涝灾害防范和应急处突能力;组织各乡镇街道等170余人次参与省厅组织的大规模“江西应急·2022”灾害事故应急救援综合演练。同时,制定印发《宜春市袁州区基层应急管理体系和能力建设集中行动工作方案》。进一步明晰乡镇（街道)“八有”和村(社区)“六有”具体内容,已基本建成30个乡镇(街道)、园区应急管理站,345个村(社区)应急服务站,基本实现乡镇(街道)“八有”和村(社区)“六有”。其中乡镇(街道)、园区有机构30个,工作人员134名,有经费271.22万元,有机制30个,有预案198个,有队伍30支1222人,有物资23866件，有培训演练137次,有示范创建34个;村(社区)有经费334.448万元,有固定人员496人，有场地设施345个,有装备物资35858件,有工作制度345个。印发《袁州区非煤矿山事故应急预案》和《宜春市袁州区突发事件总体应急预案》,进一步完善预案体系建设。

机关事务

【概况】 2022年,在区委、区政府的坚强领导下,袁州区机关事务管理中心坚持以习近平新时代中国特色社会主义思想为指导，以生态文明建设为统领,以节约型机关创建为主线,深入落实《公共机构节能条例》《江西省公共机构节能管理办法》，聚焦“作示范、勇争先”目标定位,履职尽责,担当作为,牢固树立新发展理念,全面推进资源节约和循环利用,践行绿色低碳生活方式，自觉履行节能环保义务,公共机构能源资源节约和生态环境保护工作取得明显成效,荣获2022年全省公共机构节能先进集体称号。同时,在办公用房管理、公务用车管理等方面,提升后勤保障服务综合水平,较好地完成了各项工作任务。

【办公用房管理】 党政机关办公用房管理是贯彻落实中央关于改进工作作风、密切联系群众的具体体现,中心在党政机关办公用房管理工作中,始终坚持绿色发展理念,切实推进机关效能建设,建立健全管理制度,严格贯彻遵守中央和省有关文件规定。一是全区县级和科级干部均签订了《规范使用党政机关办公用房承诺书》，切实发挥以上率下示范作用,充分知悉办公用房严格管理的重要性。二是在全区开展办公用房突出问题专项检查,高度关注领导干部办公用房违规使用特别是隐形变异问题,形成了专项检查工作台账和面积核查表,并就核查情况下发了整改工作提示,至11月初,已全部整改到位。

【公车管理】 加强公务用车信息化、标准化建设。一是规范袁州区党政机关和事业单位公务用车管理,对全区符合条件的公务用车更新购置计划进行审核批复,全年共批复17个单位、24辆公车。二是在全区开展了领导干部司机违纪违法问题专项治理工作,采取集中培训与自学相结合的形式,有针对性开展警示教育，引导司机认清自身职责、摆正自身位置,自觉抵制歪风邪气,与领导干部保持正常的工作关系、清清爽爽的上下级关系，始终坚持服务意识与担当精神，确保用车及时、平稳、安全。

【后勤管理】 一是更换了一批消防设备,对各楼层逃生通道进行清理,有效地保障了办公场所的安全秩序，新增高压供电线路,更换直流屏,保证了行政中心日常用电的可靠性和稳定性。二是积极做好机关单位垃圾分类工作。行政中心垃圾分类工作是全省党政机关垃圾分类示范点,多次迎接自全省各设区市领导及其他单位的参观及检查,得到上级领导和部门的赞赏;在行政中心积极推动指导下,袁州学校被评为宜春市垃圾分类示范教学点。三是做好宣传引导“光盘行动”制止餐饮浪费,促进干部职工养成节约粮食、爱惜粮食的好习惯,让光盘成为常态。四是完善来访信访制度、领导带班制度、巡逻制度、值班制度、南大门拉警戒线制度,保障了行政中心正常的办公秩序。

行政服务

【概况】 2022年，袁州区行政服务中心管委会在区委、区政府的正确领导下,围绕打造“江西办事不用求人、江西办事依法依规、江西办事便捷高效、江西办事暖心爽心”的袁州样板,坚持提升服务效能，创新服务模式，获得2022年度宜春市政务服务先进集体称号,政务服务中心青年志愿者服务站获得江西省政务服务“优秀集体”称号。

【政务服务】 2022年，对政务服务大厅改造升级，增加大厅面积，一楼设置为“1+3”(分别是综合服务区、税务区、市场监管区和不动产登记区)窗口办理新模式，二楼设置为集中审批区；打造24小时自助服务区和网上体验区，提高政务服务电子化水平和线上办理能力，让办事环境更“暖心”。设立通用综合窗口，将纳税服务整体进驻政务服务大厅，加大惠企政策宣传解读兑现力度，开启“互联网＋不动产登记＋中介服务”新模式，让审批服务更便捷。全年全区共办理“一次不跑”事项28640件，办理“一次办好”事项88807件，办理错时延时预约服务7650件；“惠企通”平台兑现资金1149万余元，居全市第2位。共收到服务对象来电致谢28件，群众满意率为99.54%，比上年同期提升了0.79个百分点。

【“12345”热线】 建立“12345”热线领导接听袁州分厅。把那些聚焦民声民意的诉求，让领导知晓，请领导督办，积极配合市热线，打造“12345”“宜企来”服务平台，创新推出“一号预约”服务。让热线受理更“高效”。2022年1月1日至12月31日，袁州区“12345”热线中心接收市“12345”热线中心下派处理工单39275件，工单按期办结率为99.11%(含卡点办结及超时转办)，比上年同期提升了2.15个百分点；群众满意率为99.28%，比上年同期提升了0.75个百分点。 (李 云)

接待工作

【概况】 区接待处于2009年11月成立，隶属区委、区政府管理，为正科级全额拨款事业单位。内设两个股室：办公室和接待股。领导职数：主任1名，副主任2名，股级职数2名，核定全额拨款事业编制7名。主要职能：一是负责党和国家领导人及部、省、市级领导来袁视察、调研的接待工作，负责外市、县(区)级党政领导率团来袁参观、考察的接待工作；二是参与区级大型重要会议和重大节庆活动的接待服务工作，做好为袁州经济建设和社会发展牵线搭桥的工作；三是承办区四套班子交办的其他工作任务。2022年，区接待处共完成实际餐饮接待批次357次。在具体的工作中，突出“精练化、人性化、亲情化”服务，让客人宾至如归。

【公务接待举措】 2022年，区接待处深入贯彻落实中央八项规定及其实施细则精神，严格执行省财政厅《江西省财政厅关于从严规范公务活动经费管理的通知》及《袁州区关于贯彻落实“严把财政支出关口坚持过紧日子”要求的十项措施》文件要求，加强对接待工作厉行勤俭节约、反对铺张浪费的组织领导，贯彻落实中央重要指示批示精神作为从严治党主体责任和“一岗双责”的重要内容，带头严格落实各项节约措施，发挥好“关键少数”作用，以上率下，层层带动广大党员干部狠刹浪费之风。完善接待审批制度，严格财务审核审批，强化公务接待全过程、全方位管控。以刚性的制度约束、严格的制度执行、强有力的监督检查，切实遏制公务接待中的各种餐饮浪费现象。

【自身建设】 一是认真组织全体干部学习中央、省、市、区领导在相关会议上的讲话精神等，通过学习，进一步提高了思想意识。二是加强业务学习，积极学习《中国礼宾与公务接待》《江西省党政机关国内公务接待管理办法》《商务接待》等，互相交流，互相探讨，进而提高新时期的接待水平，提升专业素养。三是制定了“读书会”学习方案，每周例会过后，利用30～60分钟集中阅读，并摘抄笔记，分享读书心得，交流学习经验，从而提高自身读写能力、丰富文化底蕴，同时通过交流讨论发现自己的不足，提高个人综合能力和文化水平。 (黄译文)

消防救援

【概况】 袁州区消防救援大队辖平安路消防救援站、明月北路消防救援站和中山西路消防救援站三支综合性国家消防救援队伍以及慈化镇、西村镇、彬江镇、三阳镇、天台镇、飞剑潭乡等20个乡镇政府专职队，实现了全区所有乡镇专职消防队伍的全覆盖。大队位于下浦街道民主小区南区西面(平安路消防救援站位于大队内)，明月北路消防救援站位于明月北路242号，中山西路消防救援站位于中山西路宜春市人民医院斜对面。大队配有执勤车15辆，行政车5辆。其中大吨位水罐消防车2辆，普通水罐消防车7辆，特勤抢险救援车3辆，泡沫水罐消防车2辆。2022年，袁州区消防救援大队坚持以习近平新时代中国特色社会主义思想为指导，在区委、区政府的坚强领导下，实现了火灾形势总体平稳、救援任务圆满完成、重大安保万无一失、队伍建设向上向好的目标。

2022年，大队全年共出警2290起，出动队伍2373队次，出动车辆3756辆次，出动人员23654次，抢救被困人员388人，疏散被困人员959人，抢救财产4108.1万元，保护财产1.16亿元。

区委常委会会议、区政府常务会多次研究部署消防工作，先后获得“宜春市青年文明号”“宜春市科普教育基地”“宜春少先队校外实践教育基地”“全市先进基层党组织”等11项市级及多项区级荣誉，在支队年终表彰中大队被评为“基层建设先进站”，袁宏伟荣获“江西消防忠诚卫士”等荣誉。大队高标准配合完成了市政府“江西应急·2022”宜春分会场综合演练，并有两人荣获嘉奖。2022年在区委区政府的大力支持下，拨款260万元用于消防车辆的采购、130余万元用于特种装备器材采购，满足了大队的装备需求，为大队的灭火救援工作任务提供了更加有效的保障。

【火灾防控整治】 2022年以来，大队全面推动乡镇街道执法赋权工作，全区28个乡镇（街道）共开展监督执法100余次，下发处罚决定书80份，对69人次实施警告，督促190家重点单位“三自主两公开一承诺”；大队积极推动将电动自行车停放充电设施纳入新建、在建建设工程规划和消防审核验收重要内容，全区共建设充电停车棚600余座，充电桩6000余个，电动自行车火灾起数大幅下降；积极部署“九小”场所消防安全突出风险排查整治工作，协同多个行业主管部门共排查“九小”场所18763家，督改消防安全隐患2万余处；积极督促指导中心城区61个住宅小区、19个公共建筑的标划线工作，联合城管、街道社区、派出所、小区物业等部门查处占用消防通道的违法行为40余人次，清理小区电动车飞线充电、占用消防通道等隐患280余处。大队年内共查处火灾事故21起，其中1人以失火罪移送公安机关立案侦查，形成整治祸患高压态势。一年来“双随机”共检查单位531家，发现火灾隐患386处，督促整改火灾隐患419处，责令停产停业5家，下发行政处罚决定书26份，下发临时查封决定书5份，罚款32万余元。大队坚决贯彻落实上级各项优化营商环境措施，开展技术指导服务和帮扶工作，实施“首违不罚”，进一步服务经济促发展。消防安全重点单位消防控制室操作人员持证上岗率达到95%以上，社会单位的日常消防安全管理水平得到稳步提升。

【消防宣传教育】 大队一年来在全区共举办各类消防宣传活动210余次，悬挂条幅、标语，张贴宣传画1万余件，发放宣传品6000余份，利用手机发送消防知识、安全提示100余万条，显示屏、亮屏播放消防宣传短片以及消防提示30万余次，队站开放1000余人，全区实操实训培训人员4550人，组织疏散演练115场。新增“文明实践＋消防”站点61个。身边灭火英雄范刚胜扑救“3·13宜春商城火灾”的事迹引起了社会各界广泛关注，央视、《人民日报》、新华社纷纷报道。乡镇专职队的优秀事迹也相继被各类媒体报道，中国网发布天台镇专职队进入校园开展消防安全教育；大江网发布楠木乡专职消防队获赠“人民消防情系人民”锦旗，江西新闻频道发布三阳镇专职队消防巡查等消息。

【火灾扑救】 2022年新征召专职消防员64名，已经派驻至各乡镇开展防灭火工作。大队于2022年9月中旬在辽市镇设立前置备勤点，该前置备勤点截至年底已参与扑灭森林火灾60余起，出动车辆70余辆次，出动人员700余人次，特别是在“9·29”辽市镇上西村森林火灾扑救中艰苦奋战10余小时后，成功将森林火灾扑灭。袁州区有20个乡镇配有专职消防员开展相关防灭火工作，截至年底乡镇专职队共处置居民火灾59起，出动人员131人次；处置森林火灾112起，出动人员1320人次；帮助乡镇居民送水出动23车次，送水总量430余吨；帮助3500余家店铺查找并消除安全隐患，配合乡镇学校开展消防安全培训20余次，打击非法生产及“零点行动”180余次。

（钱树望　潘若辰　钟　行　帅戈超）

中国人民政治协商会议宜春市袁州区委员会

综　述

2022年，区政协在中共宜春市袁州区委的正确领导和区政府的重视支持下，在市政协的关心指导下，以加强和改进新时代市县政协工作为契机，高举民主和团结两大旗帜，以"作示范、勇争先"的昂扬斗志，积极履行政治协商、民主监督、参政议政职能，凝聚各方共识，充分发挥专门协商机构作用和委员主体作用，在建言献策、服务大局、推动改革发展上善作善成，为实现袁州区"奋力冲刺全国县区经济百强"的目标作出了积极贡献，交出了一份成效显著的履职答卷。

坚持党的领导，政治素质全面过硬。一是强化思想引领，把准政治方向。始终坚持区委对政协工作的全面领导，积极落实区委重大决策部署和对政协工作的各项要求。召开了区委政协工作会议，认真贯彻执行中央、省委、市委、区委关于加强和改进市县政协工作要求，出台《贯彻落实〈关于加强和改进新时代市县政协工作的二十条措施〉主要任务责任分工方案》，确保市县政协工作在袁州落地见效。探索成立中共宜春市袁州区政协委员联合委员会，设立功能型党支部。建立党组成员联系党员委员，党员委员联系党外委员工作机制，推动实现"两个全覆盖"。严格执行重大事项请示报告制度，研究解决"两个薄弱"问题，增设人口资源环境委员会及委员联络和协商议事服务中心2个机构，增加了7个职位，确保区政协始终在党的领导下务实高效地开展工作。二是强化理论武装，坚定政治信仰。坚持以理论滋养初心，以理论引领使命。全体机关干部职工和全区政协委员认真学习习近平新时代中国特色社会主义思想、中共二十大精神、《习近平谈治国理政》第四卷以及习近平总书记系列重要讲话精神，深刻领悟贯彻习近平总书记关于加强和改进人民政协工作的重要思想。区委常委会组织学习政协有关工作内容6次，研究解决政协事项4次，区政协党组、机关党组理论学习中心组进行专题学习12次，区政协常委会组织集中学习、专家授课共6次，以理论武装坚定政治信仰、增进思想共识、引领履职实践。三是强化党建示范，夯实政治基础。充分发挥政协党组领导作用、政协党员委员模范带头作用、政协机关党组战斗堡垒作用，以加强党的建设，示范带动政协各项重点工作的落实。一年来，召开政协党组（扩大）会、党风廉政建设专题研判会共13次，组织党员干部学习廉政党课、观看警示教育片共11次，开展"读一本好书""每月一歌"等实践活动24次，建立党员委员联系群众制度，引导全体委员和政协各参加单位坚决捍卫"两个确立"、树牢"四个意识"、坚定"四个自信"、做到"两个维护"，夯实了团结奋斗的共同思想政治基础。

注重守正创新，工作质效持续提升。一是政治协商谋发展。健全以全委会议为龙头、常委会专题协商为重点、界别协商和对口协商为常态的协商议政格局。重点围绕"关于如何优化园区要素保障，提高综合竞争力""袁州工业园区闲置土地清理盘活""现代农业园提升发展""推进养老事业健康发展""公务员晋升职级"等协商事项进行专题调研，形成一批高质量的协商成果和调研报告。其中，5篇报告得到区委、区政府主要领导的批示，尤其是有关公务员晋升职级的调研报告，区委主要领导签批180余字意见建议，区政府主要领导也给予了肯定和点赞，相关建议已经得到转化，正在落实。此外，报送给市委办的《精准定位 剖析短板 助推袁州生物医药产业提质升级——关于我区生物医药产业发展的调研报告》

被评为二等奖,另有4篇被评为三等奖;报送给市政协的《关于袁州区工业园区闲置和低效土地清理盘活情况调研报告》被评为一等奖,另有2篇被评为三等奖。二是民主监督促整改。启动了对区发改委、区商务局2个单位的民主监督评议,对区农业园办、区水利局、区融媒体中心、区司法局4个单位委派民主监督员,积极收集意见建议,剖析问题成因,提出改进措施,形成了专题工作报告,促进相关部门工作效能不断提升。同时,积极开展视察监督,组织政协委员参与干部作风建设评议、行风政风评议、优化营商环境测评等监督议政活动,既反映群众呼声,又助推营造良好行风政风。三是参政议政助转化。为更好发挥委员主体作用,推动基层协商,创新建立区政协委员基层协商议事平台。一年来,平台共开展活动120场,委员参与率达80%以上,形成调研协商报告40篇、社情民意信息35条、意见建议46篇、提案6件等一批具有政协特点的履职成果。认真开展重点提案督办工作,由区党政主要领导、联系领导以及区政协主席会成员各领衔督办1件重点提案,区政府联系领导开展常委会提案办理协商,引领和推动了一大批惠及群众切身利益的提案得到办理落实。政协袁州区六届一次、二次会议期间的277件提案均已办结,达到了办复率和满意率双百的良好效果。区政协年初提出的城乡“一元公交”的建议案被区委、区政府采纳,并于2022年12月9日正式开通,全区上下欢欣鼓舞,群众好评如潮。

致力团结奋进,共识共为更加广泛。一是凝心聚力卓有成效。始终把团结民主作为政协工作的主题,把协调关系、凝聚共识贯穿于履行职能的各个环节。明确区政协领导班子成员联系界别工作分工,出台《走访政协委员活动工作方案》,确保联系委员全覆盖、走访委员全覆盖、了解委员全覆盖。全年共走访委员337名(含常委50名),收集有效信息200余条。加强联系界别群众工作,开展界别活动20余次,努力凝聚思想上的最大公约数。以中共二十大胜利召开为契机,开展培训、宣讲系列活动,引导各党派团体和各族各界人士深刻领悟中国共产党领导和中国特色社会主义制度的显著优势,切实增进“四个认同”,将社会各界人士紧密团结在中国共产党的周围。二是宣传报道有声有色。把强化履职宣传,作为增进各方对政协工作的理解、凝聚各界共识的抓手。及时宣传报道典型人物、典型事例和经验做法,创新工作方法,调动委员履职积极性、主动性和创造性。2022年在《人民政协报》等国家级刊物报道区政协特色亮点工作20篇(条),省级刊物报道30篇(条),市级发稿210余篇(条),区级发稿500余条。获“2021年度全市政协宣传报道工作三等奖”,政协委员基层协商议事平台有关经验做法被江西卫视《社会传真》栏目组专题报道,《有事好商量聚力促发展——袁州区政协建言“创建赣湘边区域美丽园区”》获评2022年度《江西政协报》十佳新闻作品。三是文史工作稳步推进。积极开展政协文史馆建设筹备工作,先后到南昌市和上饶市广丰区政协文史馆实地考察学习,对文史馆的规划设计、建设运维、展陈内容、特色亮点和史料编辑出版等方面进行了深入探讨,并结合袁州实际,吸收转化成功经验做法,通过文史馆建设,持续推动文史资料工作创新发展,不断强化思想政治引领,广泛凝聚共识,努力打造具有袁州特色的文化亮点。

融入中心大局,服务发展成果丰硕。一是助力经济高质量发展。围绕中心,服务大局。积极融入双“一号工程”,主动投身经济发展工作。班子成员坚持以上率下,带头开展专题调研,对企业反映的实际困难和问题努力帮助协调解决,助力优化营商环境,积极为袁州区招商引资、项目建设等方面献计出力。区政协共接待客商100余人次,外出招商10余次,召开招商座谈会20余次,收集招商信息16条,已开工项目1个,签约项目1个,正在洽谈项目2个。二是致力改善民生福祉。充分发挥协商、提案、社情民意等优势,围绕基层治理、网格管理、背街小巷改造、停车难、村集体经济发展等民生关切,积极建言献策,助推民生改善、乡村振兴,破解城市管理等难题。区政协牵头抓总开展了为期两个月的“入千企、访万家、暖民心”社情民意大调查活动,形成调查报告和数据汇总表各44份、群体分报告和总报告11个,供区委、区政府决策参考。三是全力助推重点工作。紧紧围绕区委、区政府重点工作和抓落实活动年“三拼三促”工作安排,做到挂图作战,精准发力,圆满完成了年度各项目标任务。一年来,区政协领导班子成员共督导创建文明城市、抗旱和森林防火、防溺水工作160余次,开展安全生产督导2轮,专题调研13次,化解积案30余件。区政协机关分阶段完成“三拼三促”工作65项，为推进全区重点工作作出了积极贡献。

注重强基固本，履职能力不断提升。领导班子凝聚力持续提升。一是强化政治建设，严格落实“一岗双责”，坚持民主集中制，认真开好党史学习教育专题民主生活会。二是加强作风建设，以政协党组会议为抓手，系统学习习近平总书记关于作风建设的重要论述，深入查摆问题不足，全面落实问题整改。三是增进履职能力建设，坚持把政治理论学习摆在首要位置，定期开展党组理论学习中心组专题学习，举办学习座谈会，邀请专家授课，切实增强班子履职能力。委员队伍战斗力不断增强。一是建立委员管理制度。制定了《区政协委员履行职责与管理工作暂行办法》等7项工作制度，实现委员履职有记录、管理有档案、考核有依据。二是建立委员联络活动平台。搭建了25个政协委员联络“微平台”和4个党员委员工作站，扩大了委员工作和活动的覆盖面，让委员与委员之间，与乡镇街道、部门单位、界别活动组之间互动起来，更好地服务群众。三是建立“智慧政协”管理平台。在全省县(市、区)政协中率先依托省政协已研发的委员履职“智慧平台”，结合袁州区政协实际，建立集委员信息、委员履职、会议活动、提案、社情民意五个管理系统和委员履职App于一体的信息化平台，让委员履职和管理更加规范化、科学化、智能化。政协机关执行力更为高效。制定《区政协机关工作人员考核评比办法》等7项机关管理办法，切实履行“一岗双责”制度，积极倡导“干好每件事，过好每一天，忙并快乐着”的工作理念。一是建立半月工作调度制，定期调度上半月工作和部署下半月工作，让工作按时有序推进。二是建立挂图作战制，按照“责任人、任务书、时间表”的要求，明确牵头委办、责任委办、责任领导以及完成时限，按照施工图内容按时按质按量完成工作任务。三是建立协商成果图文记载制，统一使用图文并茂的方式记录各项工作开展情况和成效，并编制成册，有效呈现工作成果。

政协袁州区第六届委员会第二次全体会议

【概况】 2022年2月28日至3月1日，中国人民政治协商会议宜春市袁州区第六届委员会第二次会议在区行政中心大会堂召开。会议应到委员338名，实到委员311名，符合政协章程规定。

【会议开幕】 2月28日10时，大会在雄壮的国歌声中开幕。会议听取、审议并通过了区政协主席熊爱国所作的政协宜春市袁州区第六届委员会常务委员会工作报告；举行了委员大会发言。此次大会秘书处共收到大会发言材料24篇，区政协委员辛红海、付九洲、任海英、陈景文、陈石玉、李香、刘文云分别代表民革界、民盟界、农工党界、九三学社界、共青团青联界、文艺新闻界、经济界，先后作大会发言。其他如民进界《关于大力实施乡村建设攻坚行动 提升美好生活品质的建议》、科技科协界《“三拼三促”创科技工作新局面》，经济界《关于培育专精特新“小巨人”企业引领新经济发展的几点建议》、医卫界《关于加快发展袁州区中医药服务事业的建议》等17篇材料以书面形式分发。会议听取并讨论了中共宜春市袁州区委书记江伟斌在开幕大会上的讲话。开幕大会前还组织观看了袁州经济社会发展宣传片，召开了临时党支部书记和召集人会议。14:30 进行分组讨论，学习讨论区委书记江伟斌的讲话，审议区政协常委会工作报告，审议选举办法等。16:00召开提案委员会会议，审查区政协六届二次会议提案。

【会议闭幕】 3月1日8时30分，全体委员列席了宜春市袁州区六届人大二次会议开幕大会，听取政府工作报告及其他有关报告，10:00进行分组讨论，协商讨论区政府工作报告及其他有关工作报告。14:30召开了区政协六届六次常委会会议；15:30举行选举大会，增选常务委员4名；16:30举行闭幕大会。会议表彰了先进单位和个人，通过了区政协六届二次会议提案初步审查情况报告以及区政协六届二次会议决议，区政协主席熊爱国致闭幕词。

会议号召，全区政协组织和广大政协委员，要更加紧密地团结在以习近平同志为核心的中共中央周围，在中共袁州区委的坚强领导下，以“作示范、勇争先”的昂扬斗志，以创“第一等工作”的坚强决心，推动袁州奋力冲刺全国县区经济百强，在助力宜春建设江西综合实力强市，展现首府担当作出政协新的更大贡献，以优异成绩迎接中共二十大胜利召开。

常务委员会会议

【区政协六届二次常委会会议】 2022年1月5日在宜春袁州召开。会议听取和审议《政协宜春市袁州区第六届委员会常务委员会工作报告》；听取区委书记江伟斌在开幕大会上的讲话；列席宜春市袁州区第六届人民代表大会第二次会议，听取并协商讨论《政府工作报告》及其他有关工作报告；选举事项；表彰先进；审议通过政协宜春市袁州区第六届委员会第二次会议关于提案初步审查情况的报告；审议通过政协宜春市袁州区第六届委员会第二次会议决议。

【区政协六届三次常委会会议】 2022年1月5日在宜春袁州召开。会议以视频形式视察区重点项目；学习中共中央办公厅《关于加强和改进新时代市县政协工作的意见》、中央经济工作会议精神、中央农村工会议精神、省委经济工作会议精神、省委人才工作会议精神；针对农业和农村委《关于当前农业农村工作的几点思考调研报告》进行协商；协商讨论关于开展"袁州区民情大调查活动"的实施方案；针对《2021年区政协常委对乡镇、街道高质量发展民主监督评议评价表》评分；听取各界别召集人汇报2021年工作总结及2022年工作打算等相关事项。

【区政协六届四次常委会会议】 2022年2月15日在宜春袁州召开。会议以视频形式学习全省深化发展和改革双"一号工程"推进大会和市、区抓落实活动年"三拼三促"工作动员大会精神；协商讨论政府工作报告；审议通过《2022年区政协常委会协商监督工作计划》；审议通过《2022年区政协常委会及办公室、专委会工作安排》；审议通过《政协宜春市袁州区第六届委员会常务委员会工作报告》并确定报告人；审议通过《2021年度政协工作先进单位(个人)、优秀提案表彰名单》；审议通过关于召开区政协六届二次会议的决定和建议议程、日程、各次全体会议执行主席和主持人名单、提案审查委员会名单、委员讨论分组及召集人名单等事项；通报决定增设人口资源环境委员会事项等。

【区政协六届五次常委会会议】 2022年2月25日在宜春袁州召开。会议审议通过政协宜春市袁州区第六届委员会第二次会议增选常务委员选举办法（草案）；审议通过政协宜春市袁州区第六届委员会第二次会议选举大会总监票人、监票人名单(草案)；还有人事事项等。

【区政协六届六次常委会会议】 2022年3月1日在宜春袁州召开。会议听取委员分组审议、酝酿情况汇报；审议通过政协宜春市袁州区第六届委员会第二次会议关于提案初步审查情况的报告(草案)；审议通过政协宜春市袁州区第六届委员会第二次会议决议(草案)。

【区政协六届七次常委会会议】 2022年8月9日在宜春袁州召开。会议学习《中国共产党政治协商工作条例》、习近平总书记关于数字经济发展的重要论述、习近平总书记在四川调研时的重要讲话、习近平总书记在中央政治局第三十九次和第四十次集体学习的重要讲话；针对经济委《关于袁州区工业园区闲置和低效土地清理盘活情况调研报告》进行协商；针对教科卫体和文化文史学习委《整合资源 汇聚力量 形成合力让老年人过上幸福生活——袁州区养老事业健康发展的调研报告》进行协商；针对社会法制和港澳台侨外事委《强化园区要素 保障提高园区综合竞争力——袁州产业园要素保障调研报告》进行协商；针对提案委《关于袁州区现代农业示范园区提升发展的调研报告》进行协商。

【区政协六届八次常委会会议】 2022年10月14日在宜春袁州召开。会议听取区政府关于1—8月经济和社会发展情况通报并进行专题协商；听取区政府关于区政协六届一次会议以来提案办理情况通报并进行专题协商；针对区政协六届二次会议第120号提案《关于加强小区业主委员会和物业管理公司的建议与引导，进一步提升城市管理水平》开展重点提案办理协商；针对办公室《关于公务员晋升职级的调研报告》进行协商。

【区政协六届九次常委会会议】 2022年12月27日在宜春袁州召开。会议前开展了全区重点项目建设情况视察；进行了中共二十大精神专题辅导；协商讨论政府工作报告(征求意见稿)；听取区政协五委一办主任工作总结汇报；审议通过《政协宜春市袁州区第六届委员会常务委员会工作报告》(审议稿)并确定报告人;审议通过《政协宜春市袁州区第六届委员会常务委员会关于区政协六届一次二次会议以来提案工作情况的报告》(审议稿);审议通过《2022 年度政协工作先进单位(个人)、优秀提案承办单位、优秀提案表彰名单》(审议稿);审议通过关于召开区政协六届三次会议的决定和建议议程、日程、各次全体会议执行主席和主持人名单、提案审查委员会名单、委员讨论分组及召集人名单等事项;针对教科卫体和文化文史学习委《推进袁州职业教育发展助力全国县区经济百强——袁州区职业教育工作情况的调研报告》进行协商;针对区发改委工作开展部门民主评议监督情况进行协商;针对区商务局工作开展部门民主评议监督情况进行协商;对《2022 年区政协常委对乡镇、街道高质量发展民主监督评议评价表》评分以及人事事项。

提案委员会

【概况】 2022 年, 区政协提案委员会紧紧围绕区委、区政府中心工作,牢牢把握团结和民主两大主题,遵循“围绕中心、服务大局、提高质量、讲究实效”的工作方针,不断提高提案工作的整体水平,充分发挥了提案工作在促进袁州经济社会全面发展中的作用。

【提案交办】 协助区政府召开提案交办会, 将区政协六届一次、二次会议期间收到的 306 件提案,立案 277 件进行交办。协助区政府印发《关于认真做好 2022 年政协委员提案办理工作的通知》, 就提案办理工作进行部署安排,明确任务分解和责任落实。11 月底, 提案办复率达 100%。其中,提案建议得到解决或列入计划解决的 251 件,占 90.6%。因当前条件限制暂时无法解决、留待以后研究的有 19 件, 占 6.9%。留作参考的有 7 件,占 2.5%。从委员反馈的情况看,满意率达 100%。

【提案质量】 坚持把质量放在提案工作首要位置,坚持问题导向, 着力夯实提案工作的基础。一是加强培训辅导。把提案工作业务知识列入了委员集中学习培训的重点课题和内容,邀请省政协专家就政协理论、如何撰写提案等进行专题辅导,培训班效果显著,提案质量较以往有明显提升。二是强化征集引导。广泛收集提案线索,提炼拟定《提案参考提纲》,引导委员围绕区委、区政府的工作重心, 提出有价值、有深度、操作性强的提案。三是严格立案审查。坚持会中初审、会后复审的“二审”制度,在提案审查时,既保证提案整体质量,又兼顾委员撰写提案的积极性。

【提案办理】 坚持把协商贯穿于提案工作全过程,创新工作机制,搭建协商平台,着力提升提案办理协商工作成效。一是积极开展常委会提案办理协商。遴选了《关于加强小区业主委员会和物业管理公司的建设与引导,进一步提升城市管理水平的建议》等重点提案提交常委会进行重点协商办理,发挥了提案在民主协商中的重要抓手作用。二是协调推进重点提案督办协商。共筛选 12 件重点提案, 作为区党政主要领导、分管领导和政协主席会议成员领衔督办的重点提案,从而以点带面,推动整体提案办理工作落地见效。三是继续加强“面对面”提案办理协商。坚持将协商纳入提案办理必要环节,倡导重点、热点提案上门办理,使委员和承办单位之间进一步增进了解,促进共识,取得了较好的实际效果。

【提案水平】 坚持把加强服务管理作为增强提案工作能力的有效手段,不断提升提案工作水平。一是建立机制推动。通过贯彻落实《关于加强和改进新时代市县政协工作的二十条措施》,建立了区党政主要领导领衔督办重点提案等长效机制,为提案办理协商提供了制度保障。二是联合部门推动。在全会后与区政府联合召开提案交办会,对提案答复模式、办理程序、办复时限等做出明确要求。提案交办后,与区政府督查部门联合督办,跟踪问效提案办理情况。三是加强激励推动。争取区政协通过召开党组会议和常委会会议、主席会议, 研究重点提案遴选与督办、优秀提案评选表彰等, 对提案协商进行专题研究部署。2022 年共评选表彰承办先进单位 15 个、优秀提案 10 件,有力激发了提办双方的积极性和主动性。

【履职活动】 一是开展“袁州区现代农业示范园如何提升发展”专题调研,形成的调研报告得到了区委、区政府有关领导签批。二是开展对区农业园办委派民主监督员活动,下发了《袁州区政协 2022 年对区现代农业示范园区管理办公室委派民主监督员工作方案》,按照工作安排与部署,有序推进了民主监督工作,为民主监督员积极履职、发挥作用创造有利条件。三是开展区政协委员基层协商议事平台活动,每次根据不同的主题、采取不同的形式组织委员开展好协商议事活动,2022年共转化协商议事成果9件,其中提案1件、社情民意6件。四是组织民建界别开展民情大调查活动,收集问卷38份,保质保量完成了分派的任务。五是开展走访政协委员活动,完成走访联系常委1人、委员16人。

【服务中心工作】 深入开展袁州区"入千企、访万家、暖民心"社情民意大调查活动,召开各类座谈会、征求意见会71场,发放调查问卷5759份、收回有效问卷5756份、问卷回收率为99.9%,收集汇总意见1244条、建议375条,最终形成了有数据、有归纳、有建议、有责任落实的城市居民社情民意调查报告。积极参与社区开展疫情防控、文明城市创建等工作。就区政协智慧平台建设,积极与省、市政协沟通衔接,协助起草《袁州区政协委员履职服务平台建设方案》并向省政协上报了智慧政协平台建设有关建议材料,邀请省政协有关领导与技术人员现场指导部署推进智慧政协平台建设,已开发上线运行。

经济委员会

【概况】 2022年,区政协经济委员会以习近平新时代中国特色社会主义思想为指导,紧紧围绕区委、区政府中心工作,按照区政协六届二次全体会议部署和《区政协2022年工作要点》《区政协2022年协商监督工作计划》工作安排,大力开展协商民主,进一步提升履职水平,积极围绕中心、服务大局,建言献策,圆满完成各项工作任务。

【政治建设】 深入学习贯彻习近平总书记视察江西重要讲话精神,学习贯彻党的二十大精神,组织委员参加区政协常委会、对口协商会和政协委员基层协商议事会,认真开展"三拼三促"抓落实活动,深入学习领会习近平总书记关于加强和改进人民政协工作的重要思想,切实增强"四个意识",特别是核心意识、看齐意识,坚定不移维护中共中央权威和习近平同志领导核心,准确把握新时代政协新理论、新要求、新特点,不断增强政协工作使命感和责任感,发挥好界别和政协委员的作用,进一步增强政协委员工作活力,提升委员们参政议政的能力和水平。

【献计献策】 一是精心组织,积极推进专题调研,强化调查研究能力。聚焦新发展理念、构建新发展格局和高质量发展,4—9月,开展"关于袁州区工业园区闲置和低效土地清理盘活情况"的专题调研,研究制定专题调研方案,围绕调研工作重点,调研组先后到工业园区、自然资源分局等多家单位和部门座谈沟通和收集相关工作情况,并实地赴园区察看"雅信达医疗""恒辉矿业""井竹实业"等闲置和低效土地企业的清理盘活情况。7月20日,组织召开调研报告征求意见座谈会,征求调研组成员、区直有关单位负责人意见建议,推动专题协商调研工作走深走实。随后提交区政协主席(扩大)会议和二季度常委会会议进行协商,形成了《关于袁州区工业园区闲置和低效土地清理盘活情况调研报告》,呈送区委、区政府。二是扎实开展区政协"入千企、访万家、暖民心"民情大调查。成立民意大调查第七小组,制定民意大调查活动方案,召开座谈会,开展企业经营者、个体工商户大调查活动,通过发放调查问卷、召开座谈会、实地察看现场等方式,深入袁州医药工业园区、袁州区机电产业基地、锦源新区和袁州区行政服务中心及其服务大厅等地实地察看,听取企业经营者、个体工商户等市场经营主体情况汇报,座谈梳理问卷和听取的意见建议,开展协商讨论,形成了《关于"入千企、访万家、暖民心"企业经营者、个体工商户大调查子调查报告》和《袁州区"入千企、访万家、暖民心"社情民意大调查总报告》,呈送区委、区政府。

【民主监督】 1. 开展重点提案督办和提案"回头看"。一是抓好区政协全会145号重点提案督办。10月26日,召开重点提案《关于深化工业企业环境治理的建议》督办座谈会,听取主要承办单位区生态环境局负责人关于该提案办理及落实情况汇报,以及协办单位区工信局所作的补充发言,抓实了该重点提案的督办。二是开展调研成果转化和重点提案"回头看"工作。5月组织委员对上年《进一步改善营商环境,推动宜春高质量跨越式发展之政务环境建议案》的调研成果转化工作开展"回头看"督查,发现问题后提出意见建议。对区属部门袁州区行动政服务中心营商环境工作提案落实开展“回头看”等。2.组织委员撰写大会提案。鼓励委员充分履行政协职能，围绕社会热点、难点问题认真选题，在深入调研、理性思考的基础上，积极撰写大会提案，进一步拓展建言空间，提交个人提案30余件，多名委员作大会发言、提交大会发言材料。传达学习全省深化发展和改革双“一号工程”会议精神，围绕实施数字经济做优做强“一号发展工程”、营商环境优化升级“一号改革工程”开展调查研究、民主评议监督等履职活动，促进部门工作。3. 积极反映社情民意信息。通过市政协邮箱和“江西省政协委员履职平台”（江西政协报）分别向全国政协、省政协、市政协报送社情民意信息2件、15件、29件；向袁州区委、区政府报送民意大调查信息、全会社情民意信息和平时信息近200件（条），提出了许多有价值、可供参考的意见建议。其中，《关于推行全国统一健康码实现健康码全国互认的几点建议》被省政协报全国政协（单篇）采用；《打造“赣菜”品牌的对策建议》《关于当前旱情及防旱抗旱推进中面临的问题及建议——以袁州区为例》《关于推进湘赣边区域合作示范园建设的建议》《关于壮大我省村级集体经济的几点建议》等被省政协综合采用，有的吸纳进省政协全会大会发言。向市政协五届一次、二次会议期间报送社情民意信息29篇并被采用多条，推进了有关问题的解决，促进了政协社情民意监督活动的有效开展。

【服务企业】 一是积极服务企业发展。一年来，先后走访40余家委员企业和园区50多家非委员企业，摸清企业实情，知晓企业所急所盼，对企业反映的问题和意见建议，积极帮助协调解决和递交社情民意供党委政府有关部门处理。二是根据区委区政协党组和区委组织部的有关要求，先后组织抽调5名机关干部职工参与秀江街道袁山社区、秀江社区、潭前社区等多个小区的防疫工作；组织委员积极应对新冠疫情、提供药品，组织走访委员和委员企业活动，了解企业生产经营和项目建设情况，动员委员为应对新冠疫情慈善募捐，回报社会贡献政协力量。经统计开展防疫志愿服务2300余人次，捐款捐物折合人民币146万余元。三是积极做好“放管服”民主监督有关工作，深入了解区有关部门在“放管服”中的举措和问题，提出意见和建议，助力“放管服”改革、打造集成改革袁州模式。四是加强外向型经济发展，积极主动与商务、招商、园区等部门单位联系，引进投资1亿元生产日产5000个不锈钢火盆项目落户园区。对接浙江永康“家和万事兴”公司1000万套指纹锁生产加工项目、深圳超轻薄显示屏（透明屏）项目。五是积极开展创建第七届全国文明城市工作、巩固脱贫攻坚成果同乡村振兴有效衔接工作。组织委员到凤凰街道凤凰社区开展“我为群众办实事 齐手共创文明城——政协委员进社区”活动和“创文”值守工作。宣讲党的二十大精神和习近平总书记七一重要讲话精神。

【联谊推介】 一是认真做好做实宣传推介袁州政协工作。全年在《人民政协报》、《江西政协报》、“江西政协”微信公众号等国家省市媒体上发表新闻消息、理论文章、工作典型400余篇（条）。全力推介企业委员，展现袁州政协委员风采。突出重点，做好宣传报道、反映社情民意信息等上级政协系统经常考核性的两项工作。全年在市级以上报纸杂志刊出宣传信息稿件200余篇、条，其中：国家级刊物发稿21篇、条，省级38篇、条，市级310余篇、条，区级编发500余篇、条。获评全市政协反映宣传报道工作先进单位。撰写的多篇新闻稿件和调研理论文章获得省政协、市政协的奖励和表彰。其中《有事好商量聚力促发展——袁州区政协建言“创建赣湘边区域美丽园区”》获评2022年度《江西政协报》十佳优秀作品。调研报告1篇获市政协一等奖、1篇获三等奖，多篇调研文章被省媒体刊载。经济委负责人获评全市政协宣传报道先进个人、全市政协反映社情民意信息先进个人，被省政协授予年度“优秀通讯员”称号。二是配合市政协经济委、人资环委到袁州开展专题调研活动。配合完成江西电视台《社会传真》栏目在袁州开展的“协商议事在基层一线”的新闻采访活动。三是完成省政协交办和协助外地政协考察调研组到袁州开展专题调研、学习考察11次。

农业和农村委员会

【概况】 2022年，区政协农业和农村委员会按照年初区政协常委会的工作安排，逐项落实，圆满完成各项工作任务。

【政治建设】 一是农业和农村委坚持把加强政治理论学习贯穿于工作始终,坚持以习近平新时代中国特色社会主义思想为指引,通过参加政协机关会议、专题讲座等多种形式进行学习,深入学习习近平新时代中国特色社会主义思想和中共十九届历次全会、中共二十大精神和习近平总书记关于加强和改进人民政协工作的重要思想,进一步增强“四个意识”、坚定“四个自信”、做到“两个维护”,始终与党中央保持高度一致。切实把贯彻落实党的重要理论与工作紧密结合起来,找准工作切入点、寻求突破点,提升建言献策能力,认真履好职。二是积极主动组织开展“三拼三促”抓落实活动,通过警示教育主题活动,协助机关党组分析研判工作中存在的问题,对照党章、党规,认真梳理积极查摆,认真整改落实,提升优化服务意识,思想上做到高度统一,通过各项活动的开展,进一步树立底线意识,提升了防腐拒变能力,工作作风极大转变。三是强化政协工作履职能力培养,主要通过学习新时代政协工作新要求、新使命精神,做到与时俱进、积极探索,不断完善新型专业工作机制。

【建言献策】 一是根据区政协常委会的工作安排,组织开展了“关于当前森林防火工作情况的调研”的课题调研,围绕这一主题,专委会成立课题调研组,在分管副主席的带领下,深入到袁州区部分乡镇、村组,与村干部及群众代表多次座谈,广泛征求意见建议,形成专题调研报告。二是年初根据工作安排开展全区“入千企、访万家、暖民心”社情民意大调查活动,先后深入彬江镇、新坊镇等部分乡镇开展问卷调查、实地调研座谈,调研组累计召开座谈会122次,共收集有效调查问卷11690份,收集意见建议4251条,撰写完成《农民群体调查报告》。

【基层调研】 一是开展区政协基层协商议事平台活动。根据活动安排,2022年以来共组织开展16场委员下基层协商议事活动,各委员分别围绕“如何发展壮大村级集体经济”“巩固拓展脱贫成果同乡村振兴的有效衔接”“如何探索无物业小区管理”“如何做好古城文化文章”“打造红色名村 助推乡村振兴”“围绕服务教体新区重大项目建设,展现首府担当,湖田担当”等主题开展协商,广泛听取委员的意见建议,为支持当地社会经济发展建言献策。二是组织界别委员调查研究,积极撰写提案和收集反映社情民意,2022年度委员共提交提案42件、社情民意17件。

【界别活动】 一是加强与政协委员的联系,根据工作安排,2022年度在分管领导的带领下走访委员46人,通过走访活动,加强与委员的联系沟通,广泛听取收集委员的意见建议。二是组织开展界别活动。4月组织农业界别委员,深入新田镇、金瑞镇、寨下镇等地开展送科技下乡活动,8月,共青团青联界别先后组织委员参加中心城区志愿服务组织座谈会及全市少先队辅导员座谈会。1月以来,妇女界别组织委员分别到金瑞镇、寨下镇开展留守儿童关爱工作。三是组织开展了所联系界别委员视察工作,2022年,先后对农业、水利设施重点项目建设和农业产业项目的实施情况进行视察。

【民主监督】 组织开展了区水利局委派民主监督员工作,参加民主监督的政协委员,通过听取区水利局的工作汇报、实地调研、视察、对口协商等形式,广泛听取和收集意见建议,并及时反馈给区水利局,形成委派民主监督问题整改责任清单(四项问题),做到了实时跟踪问效,问题已经得到了全面落实解决。

教科卫体和文化文史学习委员会

【概况】 2022年,区政协教科卫体和文化文史学习委员会围绕区委、区政府中心工作,认真履行专委会职能,扎实开展工作,推进建言资政和凝聚共识双向发力,较圆满完成全年工作任务。

【政治学习】 一是坚持思想引领、学习在先,政治学习是教科卫体和文化文史学习委员会的一项重要工作。一年来,持续加强政治理论学习,坚持把学习贯彻习近平新时代中国特色社会主义思想作为首要政治任务。积极参加党组中心组理论学习会、党支部组织生活会、主题党日、“三会一课”、干部网络学院在线教育平台学习和“学习强国”学习平台等活动。二是认真学习贯彻党的二十大精神,学习全省深化发展和改革双“一号工程”、市、区“三拼三促”抓落实活动年相关会议精神。始终把理论学习摆在突出位置,切实加强思想政治引领。三是以读一本好书、网络安全保障工作、书香政协、机关作风专项整治、做好基层协商议事平台活动为契机,加强学习和宣传,进一步树牢“四个意识”、坚定“四个自信”、做到“两个维护”、坚决捍卫“两个确立”。自觉在思想上政治上行动上同以习近平同志为核心的党中央保持高度一致。

【界别活动】 一是加强政协机关与委员的联系,助推政协工作的开展落实,根据统一安排,在分管副主席的带领下,全年共走访委员51人,充分听取并收集委员的意见建议。二是发挥专业优势开展界别活动。民盟界和文艺新闻界发挥委员的专业特长,分别在3月和6月,组织委员到工业园区的企业及街道社区开展“送法进企业”“送文化下基层”活动,得到企业员工和社区居民的一致好评。三是以爱心关怀开展界别活动。医卫界、教体界多次组织委员赴基层开展艺术辅导培训、群众文艺和民俗展演、送文化下基层、“读好书”、送医送药、专家义诊、健康讲座、送示范课、送文体用品活动。特别是在2022年7月和10月,医卫界和教体界委员分别到边远山区乡镇开展“扶贫济困送温暖关爱留守老人”及“送教下乡爱心助学”活动,委员们的爱心走访慰问让村民们感动。

【建言献策】 一是协调落实基层协商议事平台示范点建设。督促化成街道化成岩社区按照区政协的统一标准,备齐了委员活动组的办公设施,规范了上墙制度,制定了协商议事的程序和规章。二是就如何发挥议事平台作用充分征求委员意见。9月初,召开了“如何进一步发挥基层协商议事平台作用”座谈会,民盟、教体、医卫、文艺新闻界政协委员参加座谈会,会上委员们针对如何发挥好基层协商议事平台作用提出了很多很好的建议。三是行之有效开展基层协商议事活动。2022年以来,共组织委员下基层开展协商议事活动16场,分别就“如何有效利用棚改拆迁空闲用地”“如何进一步优化农村学校教学点布局”“背街小巷改造与提升”“农村公路建设及管护”“如何加强小区物业管理”“禅宗文化与文旅产业的有效结合”等议题开展协商,有效促进了公路建设、物业管理等工作的提升。同时,注重方法开展调查研究,促进调研报告质量提升。第一,用心用情参与民情大调查活动。根据年初区委、区政府的统一安排部署,开展了医务工作者群体及教育工作者群体的民意大调查前期工作,参与了大调查工作全过程,协助撰写了医务工作者群体和教育工作者群体调查报告。第二,下深功夫开展民主协商专项调研。针对袁州区的养老事业及职业教育工作开展专项调研,形成并呈报了《整合资源　聚合力量　让老年人过上幸福生活》《推进袁州职业教育发展　助力全国县区经济百强》两篇调研报告,其中关于养老事业健康发展的调研报告得到政府主要领导的签批和肯定。第三,多方调查撰写提案和社情民意。组织和协调政协委员察民情,听民声,集民意,并通过提案和社情民意的形式反映群众愿望。所联系的界别委员一年来共提交35件提案、14条社情民意。特别是为保证六届三次会议大会发言质量,文艺新闻界委员在11月就到宜春幼儿师范高等专科学校、大学生直播联盟、大学生直播电商创业基地调研。

社会法制和港澳台侨外事委员会

【概况】 2022年,区政协社会法制和港澳台侨外事委员会紧紧围绕中心、服务大局,强化理论武装,提升理论修养,广泛开展专题调研、视察等履职活动,较好地完成了各项工作任务。

【政治建设】 坚持以理论滋养初心、以理论引领使命,组织所联系的委员采取集中和自学的方式,认真学习中共二十大精神及习近平新时代中国特色社会主义思想和习近平总书记系列重要讲话精神,进一步增强“四个意识”、坚定“四个自信”、做到“两个维护”,在思想上政治上行动上始终与以习近平同志为核心的党中央保持高度一致。学习了习近平总书记在全国民族宗教会议上的重要讲话以及关于宗教工作重要论述,学习了党的宗教工作政策、《宗教事务条例》及《宗教工作有关知识汇编》,把学习政治理论和党的港澳台侨和民族宗教政策作为提高委员政治素养和履职能力的重点来抓,不断提高专委会履职能力。

【职能工作】 一是专委会调研见真章。为进一步强化园区各类要素保障,全力优化园区功能,积蓄园区发展动能,推动园区高质量跨越式发展,按照区政协

2022年度协商监督计划，2022年5月，组成调研组围绕“如何优化园区要素保障，提高综合竞争力”开展专题调研协商活动。调研组深入袁州区医药工业园、袁州区机电产业基地进行实地走访和座谈交流，后期前往绵阳市涪城区考察学习，对园区要素保障的基本情况和存在的问题进行了较为全面的调研分析，征集了相关部门和有关人士的意见建议，在此基础上形成调研报告，已在区政协常委会上进行专题协商后报区委、区政府，区政府主要领导已批示相关部门需学习和采纳。二是对口协商出成效。赴崇道宫、广利寺、古林寺、慈化寺及月光寺调研座谈，就如何抓好自身建设、规范管理及人才建设等方面的问题发表意见。4月，配合市政协港澳台侨外事和民族宗教委员会就贯彻落实中央民族工作会议、全国宗教工作会议精神情况共同开展调研活动，就有关情况提供了调研成果材料，提出了可操作性的意见和建议。三是民主监督助提升。5月启动对区司法局委派民主监督员工作，按要求分阶段开展工作，收集意见建议，提出改进措施，有效促进了部门对存在问题和短板的整改落实，推动工作效能提升。四是议事平台结硕果。根据《关于建立区政协委员基层协商议事平台的实施意见》，已按季度开展三次政协委员基层协商议事平台活动18场，委员参与率达80%以上，形成调研协商报告4篇、社情民意信息6条等一批具有政协特点的履职成果，得到了各参与单位、社会各界和广大群众的高度认可。五是承担三类群体(产业工人、特定群体、政法工作者)的社情民意大调查任务，共召开座谈会10余场次，发放调查问卷844份，汇总比较集中问题44个、建议30条，形成了3个群体的调查报告。六是提案督办促转化。由分管领导带队对区政协六届一次会议第58号《关于加强防范和处置非法集资工作的几点建议》和六届二次会议第34号《关于做好我区招商引资工作的几点粗浅建议》重点提案进行了督办。组织民主监督员和提案承办单位对两个重点提案的办理落实情况进行现场调研督办，承办单位对提案人提出的建议给予了采纳，提案人对承办单位的答复也表示满意，力促提案成果的转化。七是平安法治展新貌。把学习宣传宪法和民法典作为年度法治宣传教育工作的核心内容。制订宪法学习宣传贯彻计划，开展领导干部宪法宣誓活动。积极组织机关干部参加各种百万网民学法律知识竞赛和领导干部网上法律知识学习和考试等活动。组织参加宜春中心城区综治(平安建设)集中宣传活动。

【中心工作】 积极投身文明城市创建、企业帮扶、招商引资等中心工作，注重引导政协委员积极参与献爱心做贡献回馈社会活动，鼓励开展捐资助学、送法律、科技下乡等公益活动。

纪检监察

综述

2022年是党的二十大召开之年，也是新一届区委和区纪委全面履职之年。一年来，在市纪委、市监委和区委的坚强领导下，区纪委常委会和全区各级纪检监察组织紧紧围绕全区经济社会发展大局，强化政治担当，忠诚履行职责，推动全区纪检监察工作高质量发展取得新成效，全区全面从严治党不断向纵深推进，主动投案人数同比上升15.38%，检举控告信访件同比下降38.06%，高压反腐的震慑效果充分显现，人民群众对全面从严治党的满意度不断提高，信访监督工作得到省纪委省监委主要领导批示肯定。截至2022年12月，区纪委、区监委共有编制122个（含代管的区委巡察机构编制17个），在编人员109人（其中行政编制97人、事业编10人、工勤编2人），下设办公室、组织部、宣传部、党风政风监督室、信访室、案件监督管理室、第一至第十二纪检监察室、案件审理室、纪检监察干部监督室、机关党总支、纪检监察智慧监督保障中心（事业单位）、第一至第十派驻纪检监察组。2022年12月，区纪委、区监委被中央纪委、国家监委新闻传播中心评为“报网宣传工作先进单位”。一年来，重点对运用“码”上监督平台发挥监督作用、推动营造更优营商环境、做深做实信访监督等特色亮点工作开展情况进行宣传报道，全年在省级以上媒体信息平台刊登25篇次。

重要会议

【中共宜春市袁州区纪委六届二次全体会议】 2022年2月8日，中共宜春市袁州区纪委六届二次全体会议召开。全会以习近平新时代中国特色社会主义思想为指导，全面贯彻党的十九大和十九届历次全会精神以及十九届中央纪委六次全会精神，深入贯彻习近平总书记视察江西重要讲话精神，认真贯彻省第十五次党代会、省纪委十五届二次全会、市第五次党代会、市纪委五届二次全会和区第六次党代会部署要求。区委常委、区纪委书记、区监委主任赵云代表中共袁州区第六届纪律检查委员会常务委员会作了题为《深入推进自我革命　全面建设勤廉袁州　以优异成绩迎接党的二十大胜利召开》的工作报告。区委书记江伟斌出席全会并讲话，他强调，全区纪检监察组织要紧密团结在以习近平同志为核心的党中央周围，更加坚定地拥护“两个确立”，更加坚决地做到“两个维护”，发扬自我革命精神，以永远在路上的坚定执着，继续打好全面从严治党和反腐败斗争攻坚战持久战，为冲刺全国县区经济百强提供坚强的纪律保障，以优异的成绩迎接党的二十大胜利召开。

【区纪委常委会会议】 区纪委常委会始终把学习贯彻习近平新时代中国特色社会主义思想作为首要政治任务和“第一议题”，及时跟进学习习近平总书记重要讲话和重要指示批示精神，扎实推进党史学习教育常态化长效化，示范带动全区纪检监察组织深化理论学习，不断提高政治判断力、政治领悟力、政治执行力，深刻领会“两个确立”的决定性意义。党的二十大胜利召开后，迅速组织召开区纪委常委会、专题宣讲会、支部学习讨论会、年轻干部座谈会，开展演讲交流活动等，全面掀起了学习宣传热潮。

2022年，区纪委共召开39次常委会，就上级精神贯彻落实、理论知识学习、中心工作、纪检监察体制改革、委班子建设、纪检监察队伍建设、立案、解除处分及廉政教育中心建设等进行了学习、讨论和研究。全年共研究立案490件503人，给予党纪政务处分491人，留置6人，移送司法机关4人。

党风政风建设

【概况】 2022年，区纪委、区监委认真贯彻落实二十届中央纪委二次全会、省纪委十五届三次全会、市纪委五届三次全会和区纪委六届二次全会部署要求，不断强化监督首责，锲而不舍抓好中央八项规定精神落实，持之以恒紧盯干部作风建设。聚焦“关键少数”强化监督，切实加强对“一把手”和领导班子监督，推动“两个责任”落实。统筹推进营商环境、高标准农田建设、民生资金等领域专项整治工作，严惩群众身边腐败和不正之风，推动全区党风政风建设再上新台阶。

【常态化落实中央八项规定精神】 持之以恒纠“四风”树新风，扎实开展落实中央八项规定精神10周年“回头看”活动，建立“室组地”常态化督查机制，既督节点，也督平时，全年查处违反中央八项规定精神问题132起，处理147人。深入推进“吃公函”问题专项治理，推动出台《关于进一步规范袁州区公务接待等事项管理暂行办法》，从严督查落实情况，通报典型问题，有效遏制虚假接待、过度接待等问题蔓延。做实做细信访监督工作，坚持通过领导包案、干部下访、强化督办、约谈提醒等方式，不断提升工作质效。对信访工作落后单位开展集中约谈3次，倒逼基层党组织扛牢信访化解主体责任，有效推动解决一批群众关心关注问题。

【做实做细日常监督】 坚持抓早抓小、防微杜渐，监督于问题发生之前。协助区委认真落实中央和省委、市委关于加强对“一把手”和领导班子监督要求，出台《关于进一步加强对“一把手”和领导班子监督的二十八条措施》，探索完善工程项目、选人用人等重要领域监督机制；高质量完成新一轮政治谈话，实现全覆盖；举办全区正科级领导干部配偶“家庭助廉”培训班，全面加强对“关键少数”的日常监督。运用“四种形态”批评教育帮助和处理797人次，采取第一、二种形态处理679人次，占比85.2%，充分体现“惩前毖后、治病救人”方针。坚持开展澄清正名工作，及时为2个不实举报对象澄清正名，旗帜鲜明为担当者担当，为负责者负责。严把党风廉政意见回复关，回复意见2209人次，提出否定性意见15人次、影响性意见120人次。

【勤廉袁州建设】 协助区委举一反三做好中央纪委、国家监委纪检监察建议整改工作，加强党性教育、政德教育、警示教育和家风教育，推进新时代廉洁文化建设，常态化开展“3·23”警示教育活动，使严厉惩治、规范权力、教育引导紧密结合，进一步提升腐败治理综合效能。全面推进勤廉袁州建设，梳理袁州区红色故事、历史上的勤廉典型，在“廉洁袁州”微信公众号定期开设“勤廉袁州史话”栏目，在袁州区新田镇里光村设立勤廉文化宣传专栏，以点带面，推动廉洁文化在全区落地开花。

执纪监督

【概况】 坚持一体推进“三不腐”，运用“全周期管理”方式推动反腐败斗争，统筹做好查办案件前后半篇文章，全面提升腐败治理效能。保持反腐高压态势，2022年共处置问题线索486件，立案490件503人，处分491人，留置6人，移送司法机关4人。全力配合上级纪委办案，抽调干部参与上级纪委案件85人次，区办案点承接省市纪委留置或指居对象12人次。注重将思想政治工作贯穿审查调查工作始终，让干部相信组织、依靠组织，促使45人主动投案或主动交代问题，实现“三个效果”有机统一。在查办案件的同时，及时制发纪检监察建议24份，督促有关责任单位补齐制度短板。灵活警示教育方式方法，通过安排廉政党课、组织观看警示教育专题片、集中通报袁州区领导干部严重违纪违法典型案例、召开粮食购销领域警示教育大会等方式，督促党员干部筑牢拒腐防变思想防线。

【政治监督】 2022年，区纪委立足政治机关属性，坚定自觉履行“两个维护”使命任务，围绕党中央重大决策部署和省委、市委、区委工作要求，聚焦“三新一高”、优化营商环境、疫情防控、生态环保、乡村振兴等“国之大者”强化政治监督，推动各级党组织和党员干部形成狠抓落实的政治自觉。紧盯生态环保，严肃查处破坏生态环境问题背后的腐败和不正之风,立案14件,处分14人,组织处理2人,问责党组织5个。跟进监督矿山复绿工作,挽损损失1000万元。紧盯营商环境,结合全区营商环境大讨论大排查大整治大提升活动,集中纠治“小鬼难缠”“中梗阻”等问题,共查处营商环境领域案件166件,处分139人,组织处理66人。

【政治巡察】 区纪委认真研究制订《六届区委巡察工作规划(试行)》和《2022年度区委巡察工作计划》,采取“常规巡”“机动巡”“交叉巡”等多种形式开展巡察,2022年共巡察22个党组织,发现倾向性问题566个、问题线索42条。积极配合“市级统筹,异地交叉”巡察工作,在全市40个交叉巡察组中,袁州区4个巡察组的巡察质效均列前十位,综合排名全市第一。深化巡察整改和成果运用,对28个党组织整改情况进行监督检查,对16个整改不力的单位发出警示性提示,压紧压实巡察整改主体责任。

“互联网+”监督平台

【概况】 坚持问题导向,把监督挺在前面,以互联网、大数据技术为支撑,依托现有的集“公示公开、实时监督、问题受理”三大功能于一体的“码”上监督平台,常态化做好重点项目、政策文件、学生用餐、村级“三资”、组级公账等信息公开工作,持续为民生领域资金用之于民、服务于民提供有力保障,有关经验做法在中央纪委、国家监委网站上报道刊登。

【率先推动组级公账上平台】 坚持发挥大数据监督的优势,不断丰富和完善“码”上监督平台功能,在常态化做好民生资金、重点项目、政策文件等信息公开的基础上,率先推动组级公账上平台,倒逼全区582个村民小组集体资金规范化管理,打通了群众监督“最后一公里”。截至2022年12月,已公开民生项目3158项,涉及财政资金22亿元,其中到户资金8亿元;公开村级财务收支16.9万笔,组级财务收支697笔。

【“指监评”督促干部转变作风】 运用平台精准防治“窗口”作风问题,在全区各乡镇(街道)、村(社区)窗口共设立1299个“指监评”二维码,引导办事群众对服务情况扫码评价,倒逼干部职工改进工作作风、提升服务质量。截至2022年12月,收到“点赞”29206次,“吐槽”服务态度、办事效率等问题56次,已责令相关部门单位强化整改,加强干部日常教育管理。

自身建设

【概况】 2022年,紧盯“政治过硬、本领高强”目标要求,统筹推进干部选育管用,把队伍建强、让干部过硬,全市纪检监察业务大比武成绩列县市区第一。

【加强自身建设】 坚持严把入口关,面向全省择优选取11名年轻干部充实纪检监察队伍。深入贯彻省、市纪委一体化业务人才培养要求,多措并举科学培养干部。重视实战锻炼,抽调基层纪检监察干部223人次参与办案,选派266人次参与上级审查调查、巡视巡察、跟班学习。结合模范机关创建,开展“双争”活动,激励先进、鞭策后进。坚持刀刃向内,严肃查处执纪违纪、执法违法问题,立案2人,组织处理5人,调离4人,坚决防止和纠治“灯下黑”。

【纪检监察体制改革】 坚持问题导向,持续加大改革创新力度,不断推进理念创新、机制创新、工作创新、方法创新。严格落实监察委员会向同级人大常委会报告专项工作要求,区监委首次向区人大常委会报告专项工作,取得良好效果。强化对乡镇纪委问题线索及案件办理的监督管理,2022年乡镇纪委共处置问题线索201件,立案202件。认真落实案件质量提升三年规划要求,分级分类分批组织开展案件质量评查,“点对点”反馈问题,及时通报共性问题,督促整改到位,推动案件质量整体持续提升。坚持底线思维、安全思维,从严开展“走读式”谈话,规范办理留置案件,确保了“零事故”。

民主党派

中国国民党革命委员会袁州区总支委员会

【概况】 2022年，民革袁州区总支有支部5个、党员73名。其中市政协委员3名，区人大代表1名，区政协委员14名。

【思想建设】 11月12日，总支召开中共二十大专题学习会，深入学习贯彻中共二十大精神，袁州区政协副主席敖志海应邀出席会议。总支委员结合自身工作实际，纷纷发表学习心得，大家一致表示，衷心拥护以习近平同志为核心的新一届中共中央领导集体，为中共二十大擘画的全面建成社会主义现代化强国的宏伟蓝图和重大部署贡献自身智慧和力量。组织党员征订2022年《团结报》29份、《中国统一战线》14份，开展《民革党史简明读本》及中共江西省第十五次代表大会等专题学习，推动党员更加积极主动加强思想建设，提高素质。组织部分党员参加区委统战部党外干部“喜迎中共二十大　凝心聚力共奋进”主题教育培训班，通过参观井冈山革命博物馆、毛泽东旧居等，重温红色历史，感悟革命先辈为理想而艰苦奋斗的崇高气节。在全体党员中开展了年度考核评先工作，并将考核结果作为评先评优的重要依据，以考核促提升，进一步激发党员履职激情与干劲。通过这些活动的开展，全体党员的思想政治素质得到进一步提升。

【参政议政】 民革党员代表、委员积极履行职能，在两会期间，以高度的政治责任感和使命感，积极履行参政党职责，围绕经济社会发展和社会民生等多方面积极建言献策，党员辛红海代表民革界别作了《创建文明城既要重面子又要重里子》大会发言，《关于农村幸福食堂可持续发展的建议》获评优秀提案。党员卢珊《关于让国学浸润孩子们心灵的建设》入选2022年袁州区两会优秀社情民意，廖志泉、刘峰等人的建议均刊登在政协会议简报上。在各小组讨论会上，民革党员踊跃发言，积极建言献策。民革界别的人大代表、政协委员在建言资政、凝聚共识中取得了较好的反响，被评为2021年政协工作先进界别活动组。10月，围绕区委、区政府重点工作，以“建设‘和谐袁州’，探索无物业小区新治理模式”为主题开展专题调研，撰写了探索无物业小区新治理模式的调研文章，为进一步提高居民自治能力，提升城市管理水平，建设和谐秀美幸福袁州建言献策。

【社会服务】 一是开展公益法律服务。积极开展“作示范、勇争先，凝心聚力共同建设法治宜春”普法进社区活动，组织党员律师、法官发放宣传手册，并进行现场法律咨询，为市民朋友解答法律问题，该活动取得了较好的社会效果。同时，律师党员在日常活动中参加法律宣传活动，认真开展“我为群众办实事活动”，主动帮扶困难学生，为困难群众提供免费法律服务。二是发挥民主监督职能。党员辛腾飞担任了检察公益诉讼志愿者、市“公检法”优化营商环境专项民主监督员、区政协民主监督员，党员俞水绿担任了检察公益诉讼志愿者、市委政法委员会执法监督专家、袁州区监察委员会特约监察员。党员卢珊赴学校开展法治讲座并代表区法院向企业挂“无诉企业”牌等。

【学习宣传】 鼓励党员积极向有关报刊投稿，努力提升总支对外形象。借助《宜春日报》等主流媒体影响大、覆盖面广的阵地优势，及时向党报党刊、电台、电视台等主流媒体投稿、发稿，积极对外、对上宣传民革工作。年内，累计在《宜春日报》、宜春发布、宜春统战、宜春民革等报刊媒体发稿10篇，发稿数量再创新高。民革党员熊福根谱写的《中国兵》上热门，《宜春日报》、秀江微语、宜春发布、宜春民革、《宜春广播电视报》、《宜春日报》等媒体全方位进行宣传报道。“健康中国行”，中医药要发挥重要作用。民革党员甘俊林作为优秀中医师，学习贯彻中共二十大精神反响的采访，在2022年11月3日《江西新闻联播》刊播。

（俞水绿）

中国民主同盟会袁州区总支委员会

【概况】 2022年，中国民主同盟会袁州区总支下设5个支部，即综合一支部、综合二支部、综合三支部、二中支部、四中支部。截至2022年12月30日，总支共有盟员83人，主要分布在教育、文化、科技、卫生、金融、法律等界别。其中正科级领导1名，市人大代表1名，市政协委员1名，区政协常委1名，区政协委员15名。

【自身建设】 在保证质量的前提下，要求盟员自觉浏览从中央到地方的民盟各级网站上的时事、政治、盟讯等文章。10月25日，总支召开委员扩大会议，专题学习中共二十大精神，同月，总支开展了“党的二十大专题学习——寻访红色旧址弘扬革命精神”主题活动。11月初，各支部组织盟员专题学习中共二十大精神。为使组织建设更加规范、科学，总支先后制定出台《民盟袁州区总支委员会民主决策制度》《民盟袁州区总支委员会内部监督制度》《民盟袁州区总支委员会内部考核制度》。盟总支和各支部坚持做好退休盟员、家庭困难盟员、生病住院盟员的走访慰问工作。1月，各支部组织盟员登门看望慰问了部分离退休盟员。3月，总支开展“庆三八妇女节，塑造完美自我”芭蕾形体训练活动，10余名女盟员参加。11月，各支部主委带领部分盟员看望并慰问了老盟员，为老盟员送上祝福和问候。2022年，共选派7人次盟员参加省、市、区各级学习培训。2022年，经总支考察、盟市委批准，总支共发展陈玉红、蔡婷、万瑜等新盟员4人。

【参政议政】 在市区人大、政协五届二次全会上，盟员政协委员、人大代表提交提案、建议16件。《关于恢复中心城区“菜篮子”工程蔬菜基地建设资金扶持的建议》《关于进一步完善农业保险政策的建议》被确定为市人大2022年重点督办建议。《关于进一步完善农业保险政策的建议》被宜春市人大常委会评为代表建议；《关于加强游泳（池）馆等健身场所建设规划的建议》被政协宜春市委员会评为优秀提案；《关于加强非法集资的监测预警的建议》《关于规范管理3岁以下婴幼儿早教机构的建议》被政协袁州区委员会评为优秀提案。完成《打造志愿者之城，大力发展志愿服务组织》《“双减”政策下的“快乐”学习》等4个调研成果。盟市委共采用区总支盟员有效社情民意信息23条。7月，市监委召开第二届特约监察员聘请会议，袁州区盟员梁正芬获聘并积极履行监督职。

【社会服务】 总支充分发挥盟内成员的专业优势，积极开展法律义务咨询等社会服务活动。3月15日，总支在宜春市鼓楼广场举办了法律义务咨询活动，为广大消费者排忧解难。4月2日，盟总支开展了送法进企业活动，4月14日，民盟总支联合官山社区开展防范电信诈骗宣传活动。11月，盟员苏州走进宜春黄冈实验学校、宜春四中举办以“预防校园欺凌，共建和谐校园”为主题的法律知识讲座。10月24日，盟总支联合袁州区民政局到袁州区社会福利中心等地举办以“推进信息无障碍建设、关爱老年人”为主题的知识讲座；12月14日，民盟袁州区总支在宜春市文笔峰小学开展“寒冬送温暖 爱心进校园”活动，彰显了民盟的温暖。在城区疫情形势严峻的情况下，民盟袁州区总支深入社区开展防疫志愿者服务活动。

中国民主建国会袁州区总支委员会

【概况】 2021年，中国民主建国会袁州区总支委员会下设3个支部，即机关支部、企业支部、教育支部，共有会员63名。其中副县级领导1人，副科级干部3人，市人大代表1人，市政协委员3人，区人大常委1人，区政协委员16人。具有中级以上职称的占50.5%，博士研究生1名，硕士研究生5名。

【政治学习】 2022年，总支召开了1次全体会议、3次总支委员会，结合部署工作的同时，组织全体会员学习习近平总书记系列重要讲话精神、新时期统战政策、中共二十大精神以及民建中央、省、市有关精神,教育广大会员更加自觉地接受中国共产党的领导,进一步提升参政议政的能力和水平。民建袁州区总支召开专题会议传达学习中共二十大精神,并多次到支部进行学习交流,号召广大会员要切实把思想和行动统一到中共二十大精神上来,立足本职工作,积极建言献策,为袁州区的经济社会发展作出积极贡献。

【参政议政】 2022 年，总支针对经济社会发展中存在的热点、难点问题,积极组织会员开展调查研究,以提案、社情民意等多种形式建言献策,参政议政工作成效显著,在市、区政协全会上共撰写提交提案 12 篇。在区政协全会上提交民建总支集体提案 3 件，大会口头发言 1 件,提交书面发言材料 1 件,总支政协委员共提交提案 10 件。李铁民撰写提案 2 件、社情民意 1 件,参与市委、市人大、市、区政协油茶产业和乡镇振兴专题调研、议事、提案督办活动 8 次。黄传美结合实际,先后多次走访基层了解和掌握第一手资料,通过认真思考撰写了《破解园区企业用工难的建议》《提升配套服务 + 打造暖心园区》等 10 多篇提案和调研报告,为各级党委、政府的科学决策提出合理化建议。

【社会服务】 2022 年，广大会员攻坚克难,做好了社会服务工作。会员李忠德的巴马水谷景区圆满完成河池市巴马饮用水产业论坛以及文旅部乡村振兴巴马行的接待,获得了与会领导以及专家的一致好评。会员陈平宜,参加市政府常委会会议 32 次,审查 72 件行政复议案件并出具法律意见书，参加市政府组织的协调会及陪同市政府领导就重大事项组织的研讨会 36 次。

【会员风采】 会员李铁明,全年举办油茶高质量培育技术培训班 6 期,获“2022 年宜春市最美科技工作者”称号。(袁金伟)

中国民主促进会袁州区总支委员会

【概况】 2022 年，民进袁州总支有会员 38 人，其中副县级领导 1 人,正科级领导 1 人,市政协常委 1 人，区人大常委 1 人，区政协委员 14 人。喻虹、彭琅获民进江西省委会颁发的“优秀会员”称号;喻虹获江西省第六届谷雨文学奖，获宜春市委组织部、市纪委监委、市委统战部主办的廉政演讲比赛三等奖。

【组织建设】 1.积极组织会员学习。通过微信群、总支委员会议、支部会议等各种方式,常规性传达学习各项规章制度、省市民进有关会议精神。对中共二十大精神、中共十九届六中全会精神及全国两会精神进行了专题学习。2.加强廉政教育。召开专题会议加强对会员的廉政警示教育,以案说法,重在预防。3.评选优秀会员。召开总支委员会议,对上一年度工作进行总结评议,根据会员平时表现和所取得的成绩,评选了 2021 年度优秀会员 5人,分别为易秋艳、高喆、周炼、黎珍珍、钟昇。评选优秀会员极大地激发了会员参与会务工作和会内活动的积极性。4.加强合作交流。与民进宜春学院支部、民进宜春职业技术学院支部合作开展学习交流活动,并积极开展会内谈话谈心活动,在春节和教师节期间走访慰问相关会员。

【参政议政】 2022 年，总支会员结合自身工作实际和调研实践展开了热烈讨论,聚焦社会治安、农村养殖、城市交通、小区物业、教育“双减”、文化传承、粮食安全等方面的问题向大会提交了委员提案 10 件，报送社情民意信息 22 条。组织会员开展“书香社会”建设专题调研,向民进江西省委会提交《关于以“书香赣鄱”建设助推全国文明城市创建的对策》大课题调研报告。

【社会服务】 组织会员开展“春联万家　书法家义务送春联”活动,为全区广大人民群众送出上千副对联；组织会员在宜阳二小、实验小学等地举行 “1%工程”公益阅读分享会,通过循循善诱的阅读让孩子们知道雷锋精神的可贵,并认识什么是“1%工程”;在彬江中学开展“1%工程送足球”活动,为孩子们送去足球的同时也送去欢乐,送去奉献精神。（喻　红）

中国农工民主党袁州区总支委员会

【概况】 截至 2022 年底，中国农工民主党袁州区总支部委员会共有党员 48 名，分别来自医药卫生、教育等部门,另有 13 名非公经济人员。其中,具有高级专业技术职称的11名，具有中级专业技术职称的17名；市人大代表1名，市政协委员1名，区人大代表1名，区政协常委1名，区政协委员10名。下设3个支部：直属支部、宜春市第二医院支部和宜春市四中支部。

【组织建设】 组织党员深入学习贯彻习近平新时代中国特色社会主义思想和中共十九届六中全会和中共二十大精神，学习新时期统一战线和多党合作理论政策，深刻认识多党合作的理论基础，准确把握多党合作的政治准则，引导全体党员认识社会主义初级阶段的基本国情，继承多党合作的优良传统，认真学习农工党章程，深入了解多党合作和农工党历史，引导全体党员自觉遵守农工党章程，继承和弘扬老一辈领导人与中国共产党风雨同舟、团结合作的优良传统，树立大局意识，紧密围绕中共袁州区委和区政府中心任务发挥作用。加大了后备干部队伍建设力度，积极做好发现、选拔、培养工作,2022年发展新党员2名。

【参政议政】 农工党袁州区总支在参政议政方面，做了以下工作。1.完成农工党江西省委会、市委会课题招标。2.2022年2月共有10名政协委员参加了区政协六届一次会议，提交政协会议发言稿1篇、提案5篇、社情民意10篇；积极参加政协组织的各项活动。3.2022年8月8—9日，8名党员参加了农工民主党市委会开展的“主题党日活动”和骨干党员培训。4.2022年8月29日至9月2日，3名党员参加了区委统战部组织的全区党外代表人士培训。5.开展区委统战部党派大调研活动，完成《“双减”工作面临的新情况、新问题及对策建议》调研报告。6.到区发改委、区财政局、区商务局就优化营商环境情况开展专项民主监督。

【社会服务】 农工党袁州区总支注重发挥医药卫生和教育界别特色，积极探索社会服务工作新思路。(一)充分发挥自身界别优势，参加区委统战部在新康府社区开展的学雷锋送义诊活动；在江特开展以“职业健康你我同行”为主题的职业病宣传活动；在洪塘镇政府开展“水美家安全民防溺水”宣传活动；在一小、崔家园、天御蓝湾开展了以“口腔健康　全身健康”为主题的系列宣传和义诊活动。(二)结合区委、区政府中心工作，广泛开展形式多样的社会服务活动，充分展示农工党坚持服务基层的良好形象。组织党员组成健康扶贫志愿者服务队，赴基层卫生院、村级卫生所及乡镇敬老院开展医疗义诊。向社会各界推介，利用手机和网络，通过网易江西直播App，收听收看农工党江西省委会举办的“健康江西大讲堂”网络直播。成立志愿者服务队就“垃圾分类”“交通安全”开展宣传、劝导、督查等活动，为宜春创建全国文明城市工作贡献一份力量。　（晏　萍）

九三学社袁州区支社

【概况】 至2022年底，九三学社袁州区支社共有社员40名。其中，高级技术职称9人、中级技术职称15人。

【理论学习】 深入学习贯彻习近平新时代中国特色社会主义思想，深入学习贯彻执行中共二十大精神，提高政治站位和政治觉悟，把思想和行动统一到中共二十大决策部署上来，聚焦区委、区政府工作重点，以饱满的政治热情和高度的责任感，履职尽责。于1月15日召开全体社员会议，传达学习中共十九届六中全会精神、省第十五次党代会精神、市第五次党代会精神和区第六次党代会精神；8月8日，组织社员学习中央统战工作精神；10月16日，组织社员集中观看中共二十大开幕，形成政治共识，凝聚政治合力。积极参加各项学习活动，在活动中提升社员政治意识。4月，支社全体班子4人参加了区委统战部组织的党外代表人士警示教育大会暨党外干部违法违纪通报会，帮助社员牢固树立廉洁意识，主动接受监督，一起筑牢拒腐防变思想防线。

【组织建设】 1月15日，支社召开2021年度工作总结会，全体社员参会，市委会王坚、刘友亮等领导出席会议并讲话。春节前夕对老社员进行走访慰问，增强社员的组织归属感。5月底前完成社员信息变更录入工作，使社员管理更加规范。继续实施人才强社战略，严把社员发展入口关，确定陈勇、谢志波二人为入社积极分子。谢志波已经正式入社，正对陈勇进行考察工作。6月19日，邀请社省委副主委、市政府副市长、社市委会主委兰亚青到袁州区支社开展九三学社江西省第九次代表大会精神宣讲，统一社员思想认识，提高社员政治站位，增强党派凝聚力和自身建设水平。通过多种渠道，积极向人大、政协组织推荐优秀社员，支社有区政协委员16名，其中常委6名，市政协委员4名、市人大代表2名。九三学社界别被评为区政协优秀界别活动组，曾曜龙等社员的提案获评区政协优秀提案。

【参政议政】 社员以饱满的政治热情和高度的责任感，通过市、区政协，区委统战部，党派市委会等途径，建务实之言，献有用之策，2022年共提交提案19件、社情民意25条、调研报告7个，参政议政工作取得较好成绩。其中，社员钟韬的调研报告《推动闲置农房利用，助推乡村振兴战略》被用为市政协五届三次会议联组发言材料；社员彭志勇在政协分组讨论中关于推进农村“整村授信”的发言，获区委书记江伟斌现场肯定、点评，调研报告《提升农户授信覆盖面，助力农户迈出创业第一步》被社市委会推荐报送市政协五届三次会议集体提案；社员陈景文的《加快建设营商环境智慧平台，助力打造全省营商环境一等区》被列为区六届二次会议口头发言，执笔的调研报告《强化园区保障，提高园区竞争力》获区委、区政府主要领导肯定性批示，并转有关部门参研；社员张帆社情民意和《关于同等对待教育行业疫情防控的建议》获市委书记于秀明批示，提案《关于推进宜春版画艺术发展的建议》被列为市政协主要领导督办提案；社员易安娜的社情民意《关于制定国有经营性租赁资产对残疾人等就业困难群体帮扶制度的建议》被九三学社中央采用；《关于调整土地出让金缴纳期限及滞纳利率的建议》(陈景文)、社员刘丹《莫让印刷不规范的读物影响孩子的视力》、杨发云《代耕代种引发村委债务增加问题需尽快解决》《防尘网二次污染问题应引起高度重视》《关于加强主流媒体网络新闻稿件图片质量审核的建议》《关于尽快将新增耕地纳入耕地地力保护补贴范围的建议》《早稻收购　农民朋友有“三盼”》等社情民意被省政协采用。

【民主监督】 社员认真履职，积极参加市、区两级政协组织的委派民主监督员工作，其中，社员杨发云参加市政协对交警支队的民主监督，社员钟韬被委派为区司法局民主监督员。按区委统战部安排，支社与区新联会对接区工商联和区营商中心，以优化人文环境为主题，开展联合调研，提出提炼袁商精神、打造袁商文化，开展暖心活动、以细致的人文关怀优化营商环境等建议，已经形成调研报告，提交区委统战部。

【社会服务】 社员江绍军向湖田、西村等敬老院捐赠价值6万多元的年货，2022年教师节前夕，向文笔峰小学等学校捐款捐物价值近100万元；社员柳海林组织洪塘商会向井江中学捐款2万元；支社组织社员开展“民主党派进社区”活动，经常到所联系的长青社区开展“五进一通”活动；致力于乡村振兴，组织社员深入新田、洪塘、柏木等乡镇的村组，开展“创文”宣传、普法、送科技送政策入户、植树造林、帮助种粮大户抗旱救灾等活动。

（黄　芳）

群众团体

袁州区总工会

【概况】 2022年，区总工会在区委、区政府的坚强领导下，在市总工会的倾心支持下，聚焦主责主业，服务中心大局，团结动员全区职工群众守正创新、攻坚克难，取得了突出成效。在2022年单位综合考核中获第一等次；工会财务工作获评中华全国总工会表彰先进单位；完成职工互助保障任务，在全省排名第8，在全市排名第4；获全省工会集体协商竞赛第三名。区总工会下辖职工权益保障中心、工人文化宫2个事业单位，28个乡镇、街道工会联合会，4个工会工作委员会，8个系统工会以及800多个基层工会，会员达10万余人。

【政治建设】 举办“喜迎二十大·书香润芳华”等系列主题演讲、朗诵活动，组建袁州劳模宣讲团，推动党的创新理论进企业、进车间、进班组，引导广大职工回顾党的光辉历程。持续开展最美“娘家人”、最美职工评选表彰、“网聚职工正能量　争做中国好网民”等活动，引导各行业职工学习先进、对标先进。坚持用劳模精神、劳动精神、工匠精神鼓舞职工、激励职工。11月，召开了六届区委第五轮巡察组巡察总工会党组工作动员会，借区委巡察东风，狠抓干部职工作风建设，促进工会工作快速推进。抓住党员干部这些“关键少数”，实现党内自我监督、自我优化。

【职工帮扶】 4月，由区总工会承办的“职”在民企“就”有未来民营企业招聘月工会专场线上招聘会在宜春就业网网络招聘会、宜春市赣西人力直播间举行，共78家企业参会，提供3100余个岗位。7月，区总工会先后走访慰问了袁州医药工业园、彬江机电产业园、西村农业示范园、环卫、供电、江特电机、建筑工地、新业态、“创文”志愿者等30余家企业550名职工，给他们送去了绿豆、电蚊香、花露水、金银花冲剂、风油精、藿香正气丸、西瓜等防暑降温药(饮)品，也给他们带去了阵阵清凉以及深深的关怀和问候。8月，发放了2022年“金秋助学”助学金，为15名城镇困难职工、农民工子女发放助学金5万元，其中大学生10名，每人4000元，高中生5名，每人2000元。

【工会表彰】 举办“最美劳动者”网络评选活动。选树出10名“最美劳动者”，网络浏览量达65万人次，营造了劳动光荣的社会风尚。推荐评选滴滴出行第四车队为“省工人先锋号”；开展五一劳动奖章评选工作，推荐宜春大海龟生命科学有限公司总经理黄辉荣获“省五一劳动奖章”；江西海量动力新能源有限公司获宜春市五一劳动奖状；6人获市五一劳动奖章，2个小组被评为市工人先锋号，2人被评为金牌工人。

【技能比武】 依托职工培训载体，创新开展“线上”与“线下”相结合的技能培训、转岗培训、创业能力培训，助力新就业形态群体稳岗稳工，提升劳动者就业能力。开展数字经济劳动技能竞赛，组织300多名选手参与“源赣湘工会杯”第一届网络直播带货劳动技能大赛，助推袁州区乡村振兴和数字乡村建设，培养锻炼高素质网络经济人才，平台交易额接近28万元，平台用户数量增大到23万元，同时带动线下实体店曝光近百万人次，售卖出文旅消费优惠券近10000张。举办了烹饪培训班，来自袁州区各乡镇、中心城区各基层工会共60名困难(下岗)职工参加了培训，培训班邀请了国家高级烹饪大师、中国赣菜大师、“全国五一劳动奖章”获得者单玉明授课。

【亮点工作】 举办全区深入推

进新时代产业工人队伍建设改革暨产改协调小组会和产改培训班。积极争取区委、区政府支持,推动产业工人队伍建设纳入区常委会工作要点,并成立了以区委领导为组长的全区推进新时代产业工人队伍建设改革协调小组。先后确定了2批共3家产改试点企业(江西济民可信药业有限公司、江西省航宇新材料股份有限公司、宜春大海龟生命科学有限公司)。助力双"一号工程",推动数字领域工会行动,开展数字经济名师带徒活动、以职工名字命名一批先进操作法,推荐了江西航宇新材料股份有限公司李有国树脂桶洗桶机先进操作法和张正旺树脂保温房改造先进操作法。加强数字经济企业的建会入会工作,全区有数字经济企业32家,已推动21家企业建会,发展会员2000多人。做好数字经济领域助困帮扶,举办"春风行动"网络招聘会及民营企业招聘月专场招聘会,与区就业局联合多次开展线下招聘,就业服务2000多人次,帮助解决企业与职工、招聘与求职双向难题。

【基层工会建设】　深入开展"县级工会加强年"专项活动,出台"六有六规范"实施方案,在全区新建基层工会"六有"优秀示范点3家,"六有""六规范"覆盖率达到90%以上。通过打造"六有六规范"优秀示范点,以点带面,在全区基层工会中通过自查、整改、建立台账,补短板,整体提升基层工会的素质;成立工作组深入乡镇街道、园区和企业开展了蹲点工作,综合调研情况确立了3个重点打造非公企业"六有"优秀工会示范点(江西莱茵电梯有限公司工会委员会、江西金思康药业有限公司工会委员会、江西世宇有限公司工会委员会)。联合九大群体所在主管部门、协会、社区等开展建会行动,集中力量推动"零工经济群体"建会和服务工作。抓实"小三级"工会组织主动融入助力乡村振兴等国家发展战略。鼓励有条件的地方自主建设并给予一定的配套经费,进一步建强各级工会服务职工阵地,提升服务职工水平,激励职工迸发劳动创造活力。积极推进新就业形态劳动者建会入会。发展新就业形态劳动者入会1123人,建成"爱心驿站"6个。

【普法宣传】　深化"三师一室"建设,持续开展"女职工维权行动月"和新业态职工普法宣讲;邀请三师团队的法律援助师刘桂英和健康工程师晏树龙在袁州区新时代文明实践站,为新业态50余名劳动者举办了法律和身心健康讲座,该活动获得了新业态劳动者的一致好评。实施"法院+工会"劳动争议诉调对接工作机制,成功调解了彬江机电园12名劳动者与企业之间的劳动争议纠纷;组织袁州区医药工业园26家百人以上企业开展2022年"特别要约"行动推进集体协商工作,进一步加深了企业职工对工资集体协商工作的认识和理解,提高了工作能力和水平,从而更好做牢做实企业工资集体协商工作。　　(付　薇)

共青团袁州区委

【概况】　2022年以来,共青团袁州区委服务青年成长育新人,强化自身建设探新路,团结带领全区广大团员青年在奋力冲刺全国县区经济百强、实现大宜春核心区高质量跨越式发展征程中贡献青春和力量。截至年底,下辖10个团工委、44个团委、21个团总支和1119个团支部,共有团员2.22万名。截至2022年12月底,全单位共有工作人员4人,内部设有办公室、综合部。2022年,团区委被共青团江西省委评为"2021年度全省共青团工作先进县(市、区)""2021年度全省五四红旗团委"。李璠获得2022年度全国优秀少先队辅导员称号,文笔峰小学少先队大队、实验小学三(6)中队获得2022年度全国优秀少先队集体称号。另全区获评省级优秀团体4个、个人6人,市级优秀团体8个、个人30人。

【政治引领】　坚持把"青年大学习""红领巾爱学习"等线上平台作为队员团员青年的政治学习阵地,推动政治理论学习在青少年中入脑入心。充分开展红领巾巡讲团和青年讲师团巡讲活动,红领巾巡讲团成员进行马克思主义基本原理的儿童化解读,在全区8所小学开展红领巾巡讲团宣讲,参与人数达450人次,青年讲师团宣讲让习近平总书记在庆祝中国共产主义青年团成立100周年大会上的重要讲话精神深入少年儿童心中,共深入学校开展活动15次,覆盖学生800余名。以庆祝中国共产主义青年团成立100周年为契机,组织开展了"首府青年的力量"视频线上展播、袁州区第三届"红领巾讲解员"大赛线上赛、袁州区第九届红色书画作品创作大赛等主题活动,累计参与青少年1000余人次，进一步引导激励广大团员青年听党话、跟党走。

【服务大局】 为做好创建第七届全国文明城市工作，牵头“志愿者之城”创建工作，开展“小手拉大手，共创志愿者之城”主题队日活动，组织学校开展“创文”相关活动30余次，深入学校开展活动2次，引领少先队员们广泛参与少先队校外活动基地劳动研学课程和社区志愿服务活动，积极投身文明城市和“志愿者之城”创建服务活动中来。联合袁州区青年志愿者协会以“争当河小青 创城在行动”“河我一起 守护碧水”为主题，组织发动辖区内青年志愿者和团员志愿者开展“我是河小青”巡河护河活动300余次，参加人数达1500余人次，用实际行动为文明城市创建添砖加瓦。联合区委宣传部、区教体局开展“学习二十大 共创文明城”暨“小手拉大手 弘扬社会主义核心价值观”主题活动，围绕学习贯彻党的二十大精神、社会主义核心价值观和创建全国文明城市等开展主题团队日活动，把培育和践行社会主义核心价值观贯穿少先队员成长始终。

【服务青年】 团区委分配了13个团中央线上青年创业课程培训账号给袁州区电子商务基地、医药工业园和机电产业基地的非公企业，推动青年创业就业工作。开展2022年“归雁思袁”高校学子暑期返乡社会实践服务活动，在全区范围内向机关、企事业单位、优秀民营企业、高新技术企业和优秀成长型中小企业征集暑期实践岗位159个，录用的114名袁州籍高校优秀学子在党史学习教育、政策宣传解读、疫情防控等方面积极发挥作用。为打造“爱在赣鄱 团团有约”青年婚恋交友品牌，举办3场交友联谊活动，进一步弘扬文明新风尚，倡导婚恋新观念，推进移风易俗，拓宽单身青年交流渠道，服务单身青年交友需求，共有110名青年男女参加。

【关爱留守儿童】 开展“圆梦微心愿”“冬日暖阳”“幼苗扶助工程”等品牌活动，帮助467名贫困留守儿童完成微心愿，金额达19.7万余元。开展“迎冬奥贺新春”留守儿童冰上运动体验活动及“留守儿童欢乐行”活动，关爱留守儿童200余名。暑假期间，在全区开设20个“暑期假日课堂”，聘请40名返乡大学生围绕预防溺水、创文明城、课业辅导和兴趣爱好进行授课。全区紧盯留守儿童相对集中、人数达到15人及以上的村(社区)，整合各类资源，打造“童心港湾”，以每个“童心港湾”每年基本运转经费不少于2万元的标准建设打造29个“童心港湾”，其中包括1个中央建点、11个省建点、3个市建点、9个区建点、5个乡村振兴点，覆盖留守儿童500余名。所有点位运营正常，各个建设点围绕亲情陪伴、情感关怀、自护教育、励志教育等开展常态化服务累计达600余场。7月11日，江西省委书记易炼红到宜春调研时走进袁州区新坊镇合浦村童心港湾，与参加防溺水宣传活动的留守儿童进行亲切互动，同时感谢志愿者们无私奉献，希望他们用爱心和责任浇灌祖国的花朵。

【组织改革】 印发《袁州区关于全面加强新时代少先队工作若干措施》《袁州共青团基层组织改革实施方案》，进一步加强和推进全区新时代共青团、少先队工作。命名了袁州区消防大队等7个校外少先队活动基地，建立了村(社区)少工委75个，结合主题队日活动，常态化组织少先队员开展打卡寻访、实践体验、志愿服务等活动，持续加强思想建设，进一步巩固广大少先队员对社会主义核心价值观的学习与领悟。探索创立集红领巾理论学习与实践基地功能于一体的“少年党校”，厚植少先队员爱党爱国爱家乡的情感，增强服务意识与使命担当。在2022年六一期间开展了分批入队仪式，大力推动了少先队组织文化建设。开展红领巾奖章争章活动，评选区级红领巾奖章个人二星章260名，获得市级红领巾奖章个人二星章26名。 (彭晟琦)

袁州区妇女联合会

【概况】 2022年，区妇联发挥党和政府联系妇女群众的“桥梁”和“纽带”作用，聚焦“作示范、勇争先”的目标要求，坚持以习近平新时代中国特色社会主义思想为指导，深入学习贯彻习近平总书记关于妇女和妇女工作、关于注重家庭家教家风建设等的重要论述，在组织建设、家教家风建设、关爱妇女儿童、维护妇女权益等方面取得显著成绩，获得“江西省实施妇女儿童发展纲要先进集体”称号，推选天台镇钟娜获得“全国妇联系统劳动模范”称号，推选慈化镇吴学成家庭获得“全国五好家庭”称号。审议通过《袁州区妇女发展规划（2021—2030年）》和《袁州区儿童发展规划(2021—2030年)》，为袁州区妇女儿童事业高质量发展提供了行动指南;制订印发了《关于开展“童心袁”留守儿童关爱工作的实施方案》,完善工作机制,加强对农村留守儿童的关爱保护。

【组织建设】 一是持续推进妇联组织“破难行动”,延伸妇联组织建设触角,组建“两新”组织、妇联组织79个，最大程度地把不同阶层、不同领域的妇女团结到妇联组织中,织密妇联组织体系,打通联系和服务妇女群众的“最后一公里”。二是通过开展“巾帼心向党　喜迎二十大”全区女干部联谊会情景诗朗诵比赛、“巾帼喜迎二十大文明袁州舞起来”广场舞大赛、区直机关庆三八女子气排球比赛等活动,焕发妇联组织活力,为党的二十大胜利召开营造良好氛围。三是响应袁州区“志愿者之城”建设号召，用好巾帼志愿服务队伍,先后开展“疫情防控我先行”“文明健康　绿色环保”“小手拉大手”“劳动最光荣　垃圾分类我先行”等巾帼志愿服务活动50余次,志愿服务时长达600小时。

【精神文明建设】 依托新时代文明实践站所、妇女之家、家长学校等阵地，以主题宣讲会、故事分享会、知识竞答等多种形式,开展丰富多彩的“巾帼大宣讲”活动。组织开展“赣鄱红色娘子军”宣讲团“她”故事分享会10场、城乡妇女岗位建功“四进”宣讲4场、“守护童年　携手成长”防溺水儿童公众演说活动7场、“少年儿童心向党　用心用情伴成长”儿童暑期关爱宣讲活动20场、“放假不打烊　爱心永护航”未成年人暑期心理调适团辅活动25场、“巾帼心向党奋进新征程”学习贯彻党的二十大精神宣讲10场，让党的精神走进基层农村、社区、企业,号召广大妇女群众听党话、跟党走。常态化开展“好婆媳互夸”活动,通过讲述婆媳相处过程中的点点滴滴，分享家庭温情小故事,进一步弘扬互敬互爱的良好家风,为建设文明家庭、促进家庭和睦、推进社会和谐增添力量。2022年,开展“好婆媳互夸”活动2场，辐射观众超过500人次,线下以“好婆媳互夸”故事为原型制作短视频，加大宣传力度,提高品牌影响力。常态化开展寻找“最美家庭”活动,选树全国五好家庭1户、全省“最美家庭”5户、全市“最美家庭”100户、全区“最美家庭”30户,示范带动全区做最美家庭的践行者;积极推进移风易俗、促进乡风文明行动,倡导“不要彩礼要幸福”的思想观念，举办4场相亲活动，组建农村义务红娘队伍,全区配备农村义务红娘313名,覆盖率达116%,开展“不要彩礼要幸福”宣讲活动576场。

【服务民生】 积极开展“2022年春风行动”，组织送岗下乡活动14场、网络招聘会1场,发放维权知识宣传单8000余份,为700余名女性朋友提供就业创业咨询服务;线上组织101家企业参加网络视频招聘会,收集招聘岗位3040个,最终2000余名求职者与企业达成了初步就业意向。举办巾帼家政技能培训2场、“一县一品”下沉式培训3场,培训妇女247人次,提升妇女技能本领。通过“线上＋线下”模式,加大普法宣讲力度,开设“线上娘家”课堂12期、“三八维权周　邀您来学法”6期，线下举办农村学法用法示范户培训、普法宣讲进社区等活动,带动妇女群众尊法学法守法用法。依托袁州区妇女儿童维权法律服务站和“12338”服务热线平台,紧盯妇女儿童维权重点难点问题,打造集法律咨询、法治宣传、纠纷调解、关爱救助等多种功能于一体的妇女儿童维权平台,全年为70名妇女儿童提供了维权帮助。积极开展“春蕾计划”系列活动。组织各机关单位、社会团体开展春蕾捐款、99公益日募捐活动,共募集资金11.5万元,资助贫困学生248人次,帮助孩子实现教育梦想,赋能未来。开展留守儿童管理保护工作。准确了解留守儿童的生存状况和成长需求,开展“亲情连线”“呵护成长”“陪伴的力量——送法到家”等活动,为留守儿童健康成长关心陪伴、保驾护航。实施“两癌”困境妇女救助活动。救助城乡“两癌”困难家庭妇女12人,发放救助金12万元，城镇困难家庭妇女“两癌”免费检查242人,开展“两癌”防治宣传活动4次,惠及妇女群众300余人次。

袁州区科学技术协会

【概况】 2022年，区科协坚持以习近平新时代中国特色社会主义思想为指导,深入贯彻落实党的十九大、十九届历次全会及二十大精神,落实区委、区政府抓落实活动年“三拼三促”各项决策部署,从严从实抓好区委二轮巡察整改工作，积极开展全国科普示范区创建工作，新建3家省、市级院士专家工作站，累计成立24家企业科协，开展了科学家精神主题展巡展、全国科普日、全民科学素质提升培训等丰富多彩的科普活动。

【助力企业发展】 2022年2月，推动江西新龙生物科技股份有限公司正式批复设立省级专家工作站；6月，宜春大海龟生命科学有限公司专家工作站成功获批复设立为宜春市首批市级专家工作站之一，获建站补助5万元；12月，江西百神药业股份有限公司院士工作站正式获批复设立省级院士工作站。江西天稻粮安种业有限公司院士工作站获宜春市科协评定的2021年优秀院士工作站，获奖补资金2万元。11月初组织召开2022年袁州区企业科协组织建设工作会议，累计推动成立2家园区科协和24家企业科协，助力企业自主创新。

【全国科普示范区创建】 一是不断强化体制机制建设。研究制定《袁州区创建全国科普示范区实施方案》，成立以区委主要领导为组长的创建工作领导小组，高位推动创建工作。专题召开全区全民科学素质工作暨创建全国科普示范区工作推进会。出台《袁州区全民科学素质行动规划纲要实施方案（2021—2025年）》。二是不断夯实基层科普阵地，2022年袁州区有2家中国农技协科普教育基地、5家省级、12家市级科普教育基地和1家市级科学家精神教育基地。累计在袁州大厦办事大厅、三阳镇文化活动站等8地配备科普e站。三是纵深推进科技志愿服务。印发《关于进一步组建袁州区科技志愿者队伍的通知》，全区注册成立30多个科技志愿服务组织，吸纳发展2000多名科技志愿者。建立村（社区）科普宣传员聘任制度，全区343个村（社区）共聘请1700多名科普宣传员。4月开展全国肿瘤防治宣传周活动，举办赣鄱科普大讲堂，现场观众近40人，线上直播观看人数累计近2.12万人次。7月举办全民科学素质行动计划培训32期。9月承办2022年宜春市全国科普日主场活动，在秀江街道秀江社区、袁州学校小学部和初中部设13个科普展区，被央视《朝闻天下》《新闻联播》等节目接连报道，切实打响科普活动品牌。组织开展科普实验活动2次，举办"好奇心"科普节暨第37届宜春市袁州区青少年科技创新大赛、"喜迎二十大　科普向未来"科普知识竞赛等，累计动员全区开展了40多场全国科普日系列活动。组织参加2022年宜春市科普知识竞赛，袁州区代表队获得第一名。

【宣传科学家精神】一是举办科学家精神主题展巡展。自6月起，在全区范围内累计举办"众心向党　自立自强——党领导下的科学家"主题展"五进"巡展20余场。二是打造科学家精神教育基地。推荐申报的蔺道人中医药文化纪念馆获批首批宜春市科学家精神教育基地之一。三是开展优秀科技工作者举荐工作。袁州区宜春大海龟生命科学有限公司孙海辉、区林业局李铁明获评2022年宜春市"最美科技工作者"。

【开展线上线下农技培训】 3月、9月、10月，累计开展袁州油茶科技小院助春耕科技志愿服务活动、袁州油茶科技小院示范培训班、农技协领办人培训3场实地农技培训，邀请江西省林业科学研究院、江西农业大学等农业方面专家教授，为种植大户、农村创业创新带头人等共计260余人次解惑。组织各乡镇、涉农街道科协系统干部、农村致富带头人、农村种植（养殖）大户收看江西省"乡村振兴科技云讲堂"12期，累计收看800余人次。

（刘玉婷）

袁州区归国华侨联合会

【概况】 2022年，袁州区侨联认真学习贯彻习近平总书记重要讲话精神和对侨务工作的重要论述，以及省、市、区党代会精神，团结广大归侨侨眷和海外侨胞服务经济发展、拓展海外联谊、积极参政议政、弘扬中华文化、参与社会建设。

【政治活动】 组织侨联全体党员干部赴水江红色教育基地开展主题党日活动，组织侨界代表人士赴井冈山参加红色教育培训活动；组织侨界群众参加"清风廉洁扬正气，同心喜迎二十大"主题演讲比赛，提高政治觉悟，激发爱国情怀；组织侨眷集中学习党的二十大精神，并利用微信公众号、归侨侨眷微信群等平台，推送党的二十大精神学习资料，教育引导侨界群众学好党史、新中国史、改革开放史、社会主义发展史，不断增强广大侨界群众对中国共产党和中国特色社会主义的政治认同、思想认同、理论认同、情感认同。

【侨务品牌建设】 为更好地团结联系海外侨胞和归侨侨眷,以“侨建示范点”建设为抓手,线上开发“智慧侨务”数字化服务平台,线下创建“侨胞之家”实体化服务基地,创新推出红色助急、绿色助业、蓝色助医“三彩”服务,把为侨服务与党委、政府中心工作深度融合,探索具有袁州特色的“智慧侨务”新路径,形成了一套比较成熟的袁州为侨服务做法,获全省统战系统实践创新成果奖,文笔峰社区“侨胞之家”获评全国侨联系统“侨胞之家”典型选树单位。成立“检侨之家”法治服务站,积极探索“智慧侨务+检侨合作”,将服务简单快捷化,让侨资企业能够在线上快速便捷提出诉求;积极掌握侨情资源,夯实工作基础,扎实开展侨情普查工作,通过全面摸排侨界资源,建立了海外高层次人才库。

【创建活动】 通过侨胞之家开展“花好月圆·侨庆中秋”“爱在端午·情系桑梓”等联谊走访慰问活动;积极发挥旅海外侨眷联谊会作用,协助加拿大温哥华华侨社团举办“庆中秋·迎国庆”海外侨胞联谊活动,借力海外侨社团发出袁州声音、讲好袁州故事,不断扩大“朋友圈”,通过活动了解侨胞工作生活、所思所想和诉求;积极组织参加“亲情中华·为你讲故事”网上营第六期江西宜春营活动,推荐3名香港青少年参加此次为期10天的中医药及中华传统文化之旅,了解到中华传统文化,更深切地感悟到中华文化底蕴,并获省市侨联表彰;组织高中学生参与世界华人学生作文大赛,共推荐了171篇优秀作品参赛,其中7篇作品获嘉奖;组织海外侨胞参加“亲情中华童心欢畅——中国侨联海外华裔少年儿童看电影”活动,其中袁州区华裔少年曾一凌的观影感言获江西省侨联刊登。

【服务大局】 积极参政议政,为袁州经济社会发展贡献侨界力量。在市、区政协会期间,侨界政协委员提交提案7件,提交社情民意5条,为党委政府和有关部门推进工作提供了决策参考。积极参与“三拼三促”抓落实活动营商环境大调研,深入侨资企业帮助纾困解难;积极参与疫情防控、文明城市创建、乡村振兴、招商引资、人才引进等中心工作;发挥侨界资源,以“侨”为桥,对回乡探亲、观光旅游、工作交流和考察项目的侨胞上门看望,对代表人士安排接待,介绍家乡的风土人情、发展变化、资源禀赋和营商环境,并提供招商有效信息。

【侨务服务】 通过“智慧侨务”平台,切实帮助归侨侨眷、海外侨胞解决实际困难,得到侨界朋友的高度赞誉。如积极协调教体部门,帮助坦桑尼亚华侨子女办理高考加分申报工作,帮助加拿大华侨联系房屋修缮问题,帮助缅甸老归侨办理养老金领取资格认定工作,协调检察院处理爱尔兰侨眷方某取保候审问题,看望因车祸致重伤的港澳同胞眷属,让侨联真正起到娘家人的作用,也让海外的子女感受到了家乡的温暖。依法服务企业,保障其合法权益。大力开展侨法宣传,着力协调解决企业在投资发展中所遇到的问题和困难,召开“检侨”合作座谈会,在文笔峰社区“侨胞之家”成立“检侨之家”法治服务站,组建“检侨”合作服务队,实地走访新龙生物有限公司等侨资企业,了解辖区内侨资企业的发展情况,并组织开展侨界权益保障需求及检侨合作维权调查问卷,进一步维护侨界群众、侨资企业的合法权益,已帮助企业解决实际问题11个。

（邹雯靓）

袁州区工商业联合会(袁州区总商会)

【概况】 2022年,袁州区工商联围绕区委、区政府中心工作认真实施袁州区“十四五”发展规划,紧紧围绕区委、区政府“三拼三促”抓落实年活动工作重心,聚焦“两个健康”工作主题,认真履职,积极作为,充分发挥联系非公有制经济人士的桥梁纽带作用,切实当好政府管理和服务非公有制经济助手,为促进和推动全区非公有制经济的健康快速发展,作出了积极的贡献,全面提升工商联政治凝聚力、影响力、执行力,奋力开创新时代工商联工作新局面。截至2022年底在编人员6名,在编在岗人员5名,基层商(协)会40家,商会会员总数3317户。

【政治学习】 认真学习贯彻党的十九大、十九届历次全会、中央经济工作会议和全国民营经济统战工作会议等中央重要会议精神,深入贯彻落实习近平总书记关于新时代民营经济统战工作的重要指示，通过走访调研、召开座谈会、举办培训班等多种方式，向广大民营经济人士宣讲中央、省、市、区精神；深入学习贯彻落实党的二十大精神。第一时间组织机关全体干部职工、各基层商(协)会及民营企业收听收看党的二十大开幕会盛况，全力掀起热议党的二十大精神热潮，并召开了学习宣传贯彻党的二十大精神专题研讨会。各领导班子成员结合自身工作实际，分别谈学习体会，谈进一步学习贯彻的思路和打算。通过悬挂横幅、转发微信工作群、发朋友圈等方式大力宣传党的二十大精神，营造浓厚氛围。2022年以来，区工商联党组中心学习组集中学习6次，组织干部职工集中学习12次，开展两会精神及党的二十大精神学习宣讲1次，开展保密知识培训1次，积极引导广大民营经济人士深刻理解当前发展阶段的新特征、新变化和新要求，不断增强机遇意识和风险意识，保持战略定力，坚定发展信心，努力实现更大空间、更高质量的发展。持续深化民营经济人士对中国共产党和中国特色社会主义的政治认同、思想认同、情感认同。按照区委推进基层党建"和谐江西"建设要求，切实发挥党组织在民营企业发展和商会建设中的政治引领功能和战斗堡垒作用，确保党和国家的方针政策在非公经济领域得到贯彻落实。

【调研工作】 2022年4月份开始，配合区委统战部成立了5个联合调研小组，分别深入28个乡镇(街道)企业、有代表的个体工商户和农业农村合作社，区农业示范园、区医药工业园、区机电产业基地、锦源新区4个园区内企业和各基层商会会员企业开展"优环境、促发展"大调研活动。截至6月底，已收集调研问卷3395份，召开座谈会28次，座谈人员1000余人。同时，按照上级工商联要求，积极做好7家上规模民营企业调研以及季度民营企业运行状况调研工作，并将部分执委、常委的个人信息、企业信息录入数据库，进行更新。获全国工商联2022年民营企业调查点工作先进示范单位表彰。

【非公经济思想教育】 深入各基层商(协)会开展了党建工作调研，对商会的阵地建设和工作开展情况进行了解并召开调研座谈会。2022年建党节，在区工商联的组织下，20余家基层商(协)会开展了主题党日活动，其中比较有特色是：渥江商会举办了"渥江镇在党50年老党员"共庆七一活动，商会对6个村党龄50年以上的30名党员进行了走访慰问，下浦商会举行了以"岁月峥嵘，不忘初心"为主题的庆党生日活动。同时，为学习借鉴省内部分先进地区商会工作理念和经验做法，进一步加强袁州区工商联所属商会建设，促进非公企业健康发展，区工商联多次组织非公经济人士开展教育培训活动。7月，袁州区工商联举办了为期2天的商(协)会秘书长及商会组织统战工作联络员培训班，组织参训人员到宜春市樟树商会，宜春明月山总商会进行了参观考察学习；8月初，组织部分企业家前往新余市渝水区水北商会进行了参观考察学习；8月中旬，在市工商联的组织下，举办了宜春市非公有制经济组织基层党建暨统战工作联络员培训班；8月底，组织各非公经济人士参加区委统战部举办的"喜迎中共二十大　凝心聚力共奋进"袁州区党外代表人士培训班。

【扶贫工作】 2022年，引导民营企业和民营经济人士投身"万企兴万村"行动，助力乡村振兴战略实施，区工商联促进了江西国轩与袁州区袁梅村等一批龙头企业与45个乡村签订"万企兴万村"合作协议。

【服务企业】 开展"入企走访连心"活动。共走访企业82家、乡镇(街道)商会28家开展法律、政策宣传，收集到问题及诉求21个，协调解决问题21个。充分发挥非公企业维权服务中心职能作用，组建了调解队，同时，建立了多元化的非公企业纠纷诉调对接工作机制，对于案情简单、事实清楚、争议不大的涉企纠纷优先选择诉前调解、诉中对接，为非公企业提供高效、便捷、低成本、个性化的司法服务和多元化解矛盾纠纷的渠道。截至7月底，袁州区非公企业维权服务中心累计收集非公企业诉求20件，对政策法规咨询类诉求及时给予解答，受理实质性诉求20件，办结20件，办结率100%，得到区非公企业高度好评，有力维护了民营企业合法权益，进一步优化了营商环境。每月建立宜春市非公有制企业维权服务中心企业诉求受理登记台账，帮助并协调解决非公企业诉求，2022年以来，共受理各类维权诉求35件。已办结34件，书面答复1件。

【商会改革建设工作】 区工商

联所辖10个基层商会2022年被评为全市“五星级”商会,其中,袁州区洪塘镇商会获评2021—2022年度全国“四好”商会,是宜春市首家获得此荣誉的乡镇商会。宜春市袁州区南庙镇商会获评2021—2022年度全省“四好”商会。在上级部门的正确指导下,区工商联圆满地完成了各项工作目标,被评为2020—2021年度全省“五好”县级工商联。积极做好筹备袁州区女企业家商会工作,召集20多名优秀女企业家开展座谈会,为袁州经济高质量贡献巾帼力量。

【社会服务】 积极参与联创联建秀江街道潭前社区创文巩卫工作。上半年,机关干部到社区参与卫生整治70余次。8月,区工商联发动各基层商会、会员企业家开展金秋助学活动,资助大学生1268人次,发放助学金148.5万元。8月20日,区工商联在袁州区新时代文明实践中心举办了2022年“金秋助学”活动,对部分品学兼优的高考寒门学子进行了二次奖励,助学金额10500元。9月29日,在区工商联的组织下,寨下商会携手爱心企业家前往寨下镇敬老院开展“情暖重阳节　共话夕阳情”重阳节走访慰问活动,为敬老院里的老人送上了牛奶、八宝粥、大米等价值2万余元的生活物资。

袁州区文学艺术界联合会

【概况】 2022年,袁州区文联在区委、区政府的正确领导下,坚持“二为”方向和“双百”方针,按照“围绕中心、服务大局,守正创新、精益求精”的工作思路,不断加大工作力度、提升工作能力,创作文艺精品、打造文艺品牌,成效明显,影响广泛。袁州籍词作家周兵创作的歌曲《你笑起来真好看》获得中宣部“五个一工程”奖和江西省第四届文学艺术奖。喻虹儿童文学作品《胡桃的七个夜晚》获江西省谷雨文学奖;曹春红版画作品入选“纪念八一南昌起义、秋收起义、井冈山革命根据地创建95周年全国版画作品展”等,全区共计40余人获得省级以上荣誉。

【党建工作】 2022年,袁州区文联坚持用习近平新时代中国特色社会主义思想武装头脑,抓好党组理论学习中心组(扩大)学习会、文艺座谈会等,通过专家授课、交流研讨、实地研学等多种形式,深入学习党的二十大精神和习近平总书记关于文艺工作的重要论述,团结引领广大文艺工作者听党话、感党恩、跟党走。同时,高标准开展区文联社会组织行业支部主题党日活动,完成了袁州府书画院支部换届工作。出台《袁州区文联文艺类社会组织管理办法》,重点抓好新文艺群体的服务管理机制建设,加强对新文艺群体的党的领导和团结服务管理。

【服务中心工作】 2022年,袁州区文联始终坚持“有为才有位”的工作理念,紧紧围绕区委、区政府的中心工作,结合文联自身的工作实际,举办了一系列有影响力的文艺活动,增强了文艺工作者的凝聚力,扩大了文联的影响力,取得了良好效果。一是主题活动实战,文艺氛围更加浓厚。依托“喜迎党的二十大”“我们的节日”等重大主题,举办各类文艺展览、会演、比赛等;创新开展“我们的中国梦　文化进万家”袁州区学习宣传贯彻党的二十大精神——红色文艺轻骑兵下基层巡演活动,以群众喜闻乐见的文艺演出形式,推动党的二十大精神在袁州落地生根。各项文艺活动多次被中央、省、市主流媒体报道,受到群众热烈欢迎。二是文艺形式新,文明创建更加出彩。积极组织文艺工作者聚力创作,灵活运用“三句半”“春锣”“微视频”等文艺形式,将“创文”知识带到大街小巷、田间地头。如持续推出《我在袁州等你来》《最美袁州人》等深受群众喜爱的原创歌曲,线上点击量超千万次;开设“袁州每日一景”专栏;倾心打造“袁州故事”系列城市宣传片等。三是书香气息浓,文化底蕴更加厚重。举办“书香袁州”读书节系列活动,依托新时代文明实践所(站)常态化开展全民阅读推广活动,营造了全民“悦”读的浓厚氛围。圆满承办宜春市第38届谷雨诗会、“书写新时代山乡巨变”2022年江西散文笔会,编印发行诗集《千年古郡,文明袁州》、散文集《袁州缘》,全方位展示首府袁州的文化底蕴和新时代魅力。四是志愿服务暖,鱼水之情更加紧密。扎实推进文艺惠民工程,助力袁州区打造“志愿者之城”,成立了袁州区文艺志愿者协会,截至2022年底,共计开展文艺志愿服务160余场,惠及群众数万人。同时,“文艺零距离”志愿服务活动项目获评2022年度宜春市示范性重点志愿服务扶持项目。

【壮大人才队伍】 2022年,袁州区文联突出人才导向，着力培养优秀文艺人才。一是重视人才梯队建设。利用各文艺家协会挖掘文艺新秀，吸纳新会员，同时建强袁州府书画院人才培训平台，持续邀请省内外专家到袁州开展公益文艺培训讲座，努力培育一批优秀文艺人才队伍。二是加大人才激励力度。深入开展袁州区优秀文学艺术奖评选，实施作品与人才的全面奖励，2022年共评选全区“优秀文艺家协会”“优秀文艺工作者”等82人次，发放2020—2021年度袁州优秀文学艺术奖奖金11万余元。三是壮大人才队伍。2022年，共推荐发展国家级文艺家协会会员1名、省级文艺家协会会员6名、市级文艺家协会会员20余名。 （郭娟龄）

袁州区哲学社会科学学会联合会

【概况】 2022年，在区委、区政府坚强领导下，区社联深入学习贯彻习近平新时代中国特色社会主义思想，紧紧围绕奋力冲刺全国县区经济百强这一目标，大力推进“三拼三促”抓落实活动，团结带领全区社科工作者围绕中心、服务大局，奋力开创袁州区哲学社会科学事业繁荣发展新局面。截至2022年年底，区社联内设办公室1个，在编在岗职数为3人。

【思想建设】 2022年，坚持把学习教育作为日常必修课、常修课，充分调动全体干部参与学习教育的积极性和主动性，营造学习教育的浓厚氛围。党员干部认真读原著、学原文、悟原理，并摘抄学习笔记、撰写心得体会。做好干部网络学院、学习平台“学习强国”的学习和使用，领导干部参与“每周一悟”学习交流活动，撰写感悟短文。6月7日，到彬江镇三星村开展“缅怀革命先烈 继承优良传统”主题活动，弘扬历史文化，传承红色基因；组织单位党员干部参与“学习贯彻党的十九届六中全会精神暨‘三拼三促’抓落实能力提升”等专题培训班，撰写心得体会，抓出干部学习教育培训工作成效。

【科普工作】 2月底组织单位干部到赣州市章贡区、崇义县社联考察学习，找准找实存在的差距，树立参照物，认真学习章贡区、崇义县社科普及工作先进经验，先后制定《袁州区社联社科类社会组织管理办法（试行）》等，为社科普及以及理论研究、学术交流、阵地建设等提供制度、政策保障。9月份，积极推进全区社科普及基地的申报，命名袁州区希望之家志愿者协会、三阳镇新时代文明实践所、袁州区鑫德艺术培训中心3家区级社科普及基地。同时，根据省委、市委宣传部以及省、市社联文件要求，于9月中下旬与全省同步开展“社科普及宣传周”活动，突出“喜迎党的二十大 感恩奋进新征程”主题，围绕宣传党的创新理论、乡村振兴等主题积极组织协调区社联下属学会、协会和科普基地开展讲座等活动共计15场，反响热烈，深受广大群众欢迎。9月17日，省社联党组成员、副主席李方明一行专门到袁州区实地调研社科普及宣传工作，对全区社科普及宣传工作及区社科知识普及宣传基地所发挥的积极作用表示充分肯定。10月26日至11月4日，在江西省社联举办的学习宣传贯彻党的二十大精神网上竞答活动中，区社联积极组织干部群众参与学习答题，参与答题人数超过40000人次，省社联授予袁州区社联“最佳组织单位奖”，授予区社联下属学会袁州状元文化研究会、区级社科普及基地袁州区三阳镇新时代文明实践所“优秀组织单位奖”。

【理论成果】 一是组织召开学术交流研讨会。9月28—29日，协助省、市社联举办2022年（首届）江西省社会科学学术年会宜春分会，为市、区两级改革发展提供了更为强大的理论支撑和智力支持。11月21日，以深入学习宣传贯彻党的二十大精神为契机，区社联积极对接高校，组织召开学习宣传贯彻党的二十大精神理论研讨会。与会专家结合袁州区实际，重点围绕10个主题进行研讨交流，形成一批有分量的研究成果。二是组织开展新时代“袁州精神”征集评选工作。在区委宣传部的领导下，组织开展新时代“袁州精神”征集活动，共征集1500余件作品，经专家初评、复评初选出64件作品，并于11月14日再次组织专家座谈研讨，总结前一阶段新时代“袁州精神”征集评选工作情况，对下一阶段工作进行再部署，再推动。区委常委、宣传部部长傅鹏出席会议。与会专家学者代表就新时代“袁州精神”内容的理解进行了阐述，对“袁州精神”所征集到的作品进行了挖掘提炼，最终形成“开放大气、开明包容、开拓进取、开朗健康”新时代袁州精神。三是创新方法组织推动历史文化研究工作。精心组织袁州状元文化研究会等下属学会开展袁州状元文化、红色文化、优秀传统文化专题研究，成果丰硕，如文章《唐状元易重》《忠毅公袁继咸》等。（刘玉婷）

袁州区残疾人联合会

【概况】 袁州区残疾人联合会下设残疾人事业服务中心，肢残人协会、盲人协会、聋人协会、智力残疾人及亲友协会、精神残疾人及亲友协会5个残疾人专门协会。2022年，区残联以习近平新时代中国特色社会主义思想为指导，全面贯彻落实党的十九大和党的二十大精神，认真履行服务、代表、管理职能，落实各项惠残政策，圆满完成全年各项工作任务。

【扶残助残】 2022年，开展扶残助残走访慰问活动，为500多户贫困残疾人家庭发放慰问金23万余元；为311名购置了机动轮椅车的肢残人发放燃油补贴8万余元。聘用残疾人专职委员121名、农家书屋残疾人管理员278名，发放岗位补贴共计180万余元；投资60万元为200户农村贫困残疾人家庭进行无障碍改造；为符合条件的残疾人新增办理困难残疾人生活补贴和重度残疾人护理补贴业务1317人次，累计向15718名残疾人发放补贴资金1821万余元；拨付217万余元使363名贫困重度失能残疾人享受照护和托养服务；为81名新办理残疾人证的贫困精神、智力重度残疾人发放残疾评定补贴12150元。

【办证服务】 2022年，袁州区有大量的残疾人证陆续到期，需重新换证。区残联以“三拼三促”工作为契机，采取服务平台集中换证与下乡分散换证相结合的方式整体有序推进换证工作，共为符合评残标准的残疾人换（办）残疾人证7100余人次，受理“跨省通办”残疾人办证申请30多个。

【残疾人康复】 2022年，累计投资1000多万元完成25个村（社区）康复站的建设；完成8个残疾人体育健身示范点的建设；为80名残疾人提供居家体育器材；落实残疾人精准康复服务人数2293人，其中基础辅具1778人，验配助听器144人，安装假肢67人；积极落实残疾儿童康复救助政策，全年累计受理并救治残疾儿童304人次，其中智力儿童91名，孤独症儿童169名，听力、言语儿童26名；为100多名精神障碍患者提供免费服药服务。

【残疾人就业培训】 2022年，安排培训资金16.2万元为180名残疾人开展计算机残疾人职业技能培训，安排18万元培训资金为180名贫困残疾人开展果树栽培和禽畜养殖等农村实用技术培训。同时，拨付资金119万元扶持阳光助残创业就业基地22个，拨付资金35万元扶持残疾人辅助性就业基地3个，为20名新考入高等院校的残疾新生申报了省级就学补助，共发放助学金6.7万元。

【开展持证残疾人调查工作】 安排30万元专项资金于9月启动2022年全区持证残疾人基本状况调查工作，完成全区33000多名调查对象所涉及的住房、教育、就业、社会保障、基本医疗与康复、文化体育、无障碍等27项调查指标和村（社区）的11项基本公共服务指标的信息采集、数据审核和数据录入工作。

【征收残保金工作】 2022年，全区各党政机关、企事业单位共安排96名残疾人就业。同时，依据《中华人民共和国残疾人保障法》和《残疾人就业条例》，对未安排残疾人就业的用人单位依法征收残疾人就业保障金共760万元。

【村（社区）残协建设】 为深入推进基层残联组织改革和服务创新，促进基层治理体系建设，切实发挥村残协作用，根据省、市残联关于加强和改进村（社区）残疾人协会工作的相关要求，区残联于6月组织乡镇（街道）残联分管领导、理事长召开村（社区）残协建设工作部署会，对加强村（社区）残协组织建设工作做了细致安排和业务指导。同时在下浦街道徐田社区、楠木乡荷溪村、湖田镇杨坑村等12个村（社区）启动试点。试点结束后，7月全面展开村（社区）残协建设工作，截至9月30日，全区350个村（社区）全部完成残疾人协会第一次代表大会选举工作以及基层残协组织建设工作。

【袁州区残联第四次代表大会】 9月19—20日，袁州区残联召开了第四次代表大会，区人大常委会党组副书记、副主任舒建设主持会议，区委副书记熊厚胜、市残联党组书记张晓波出席会议并讲话，区政府副区长甘辉华致开幕词，区总工会党组副书记、常务副主席何发庚代表群团组织向大会致贺词。与会代表听取了区残联理事长袁庆代表袁州区残疾人联合会第三届主席团所作的《砥砺深耕　履践致远——以更高昂的斗志续写新时代残疾人事业发展新篇章》工作报告，报告回顾了区残联五年来的工作情况，明确了今后五年的奋斗目标和主要任务，为全面建设社会主义现代化国家、实现中华民族伟大复兴的中国梦贡献力量。大会按议程选举产生了新一届残联主席、副主席，并推选执行理事会理事长、副理事长，提名并通过了执行理事会理事，选举产生了五个专门协会委员及主席和出席宜春市残联第五次代表大会的代表，圆满完成换届选举工作。

【袁州区"十四五"残疾人保障和发展规划】 为贯彻落实习近平总书记关于残疾人事业的重要指示批示精神和党中央、国务院决策部署，进一步保障残疾人民生、促进残疾人发展，依据《中华人民共和国残疾人保障法》和国务院《关于印发"十四五"残疾人保障和发展规划的通知》精神，经提请区政府同意，于9月出台《袁州区"十四五"残疾人保障和发展规划》(袁府发〔2022〕9号)，标志着袁州区将继续加快残疾人事业发展，保障残疾人平等权利，增进残疾人民生福祉，满足残疾人文化需求，促进残疾人全面发展和共同富裕。（赖　钒）

袁州区红十字会

【概况】 2022年，袁州区红十字会强化组织保障，深入学习贯彻习近平新时代中国特色社会主义思想和党的二十大精神、习近平总书记关于红十字事业发展的重要论述，以"作示范、勇争先"的昂扬斗志，紧紧围绕红十字会履行紧急救援、应急救护、人道救助、造血干细胞捐献、遗体和人体器官捐献、无偿献血宣传以及人道资源动员、红十字志愿服务等主责主业职责，逐条细化、一体推进红十字会基层基础各项改革举措落地落实、善作善成，强化实干担当、补钙壮骨，强力释放"强基立会"执行力。

【阵地建设】 结合珠泉街道一机社区和珠泉小学博爱校医室等阵地的优秀经验，在省、市红十字会的支持和指导下，致力于传播红十字文化、开展核心业务、便于志愿者活动的阵地建设，高效完成了秀江街道袁山社区、馨苑社区红十字博爱家园和袁山学校红十字博爱校医室、舞蹈室、音乐室等建设，有效打造群众身边和红十字青少年的特色工作阵地，其中袁山学校红十字会获评全国红十字模范单位，阵地推进呈现欣欣向荣、多点开花的生动局面。

【救护能力】 推进AED（自动体外除颤仪）"救命神器"配置实现"零"的突破。在人群密集的公共场所万达、润达等大型商超及区政府行政大楼、袁州大厦等地投放了5台AED，填补了区内公共场所AED急救空白，有效提升了袁州区社会救助能力。红十字救护员持证培训开设了32期，持证人数达1629人，为往年之最，超额完成全年培训任务，是全市最早完成培训任务的县(区)。组建区"江小红"宣讲团袁州分团，多次联合乡镇、街道新时代文明实践站、派出所在辖区中小学、社区、人群聚集地等公共场所开展40余场防溺水宣传，做到预防溺水、"警"防溺水、"救"在身边。

【宣传工作】 高度重视红十字宣传工作，始终把扩大宣传覆盖面作为提升红十字品牌影响力、公信力的重要途径，以"讲好红十字故事，传播好红十字声音"为主旨向社会展现红十字会的良好形象。活动信息得到上级主流媒体宣传报道。"村子里的音乐会"之"因为有你"爱心分享会等获得了《博爱》杂志、《中国红十字报》、《人民日报》、央视新闻等中央级和省、市级媒体多次宣传报道，连续两年开设人体器官捐献电台直播栏目。制作全市首部器官捐献公益宣传片《生命的意义》，打响"三献"宣传主动战，把握每个重要节点，多渠道多形式宣传红十字文化，在政府大楼、辖区医院等人流聚集地，利用显示屏循环投放公益宣传片、宣传标语，实现"大屏小屏，红十字随行"。在公众号率先创新开设"红十字博爱周""红十字生命教育""志愿之城"等10个专栏，并定期发布内容，形成了稳定的公众号报道频率和极好的连续性科普，展示了区红十字会的工作成绩，提高了红十字会的知晓率和工作美誉度。

【"三献"工作】 大力实施"爱心相髓+生命教育""生命接力+生命教育"行动，组织群众志愿者献血10余次，献血人数上千人；2022年成功实现遗体捐献1例、人体器官捐献1例，为医学界、拯救他人生命作出了重大贡献;联合宜春市公安局开展了人民警察“组团”做造血干细胞志愿捐献采集;“三献”志愿登记人数稳步增长,器官捐献志愿登记人数排全市第一、全省前三,使袁州区在人道救助工作上接续发力、取得实效。

【荣誉表彰】 为向区红十字会捐赠善款的爱心企业江西佑美置业有限公司成功申报了中国红十字总会表彰的“中国红十字奉献奖章”,为明冠新材料股份有限公司成功申报2022年度“江西省红十字博爱单位”,为其他爱心企业颁发相关荣誉证书、奖牌。

【社会捐赠】 2022年获得社会捐赠款物累计9156136.24元(含疫情防控募集款物);“红十字博爱送万家”活动惠及困难家庭共计2904户、7524人,活动成果在区委工作报告中受到了通报表扬;通过项目建立长效机制形成的“助困、助学”“58人道日”“99公益”等筹资品牌项目严格执行专款专用,2022年“99公益”网络筹资额达161.1万元,位列全市前三、全省前茅。及时发布接收款物及使用情况,确保账目公开透明,提升人道筹资公信力建设。

【志愿服务】 2022年,袁州区南丁格尔志愿服务项目优势明显,“志愿者—社区—家庭”三位一体的邻家医生式志愿服务模式有效建立了志愿者与居家老人之间的信任度和情感链接,让志愿者成为社区居家老人心中的邻家医生,具有很强的操作性和实践性。项目发起人吴湖兰获“2022年度全国红十字志愿服务先进典型”称号。袁州区红十字心理援助志愿服务队通过针对性心理援助、团体特色辅导、上门一对一谈心、公益直播讲座等多元方式,为有需要的红十字青少年、准高考生、留守儿童、器官捐献者家属等多样化人群提供心理关怀抚慰,提升工作温度,托起家庭希望。志愿服务队队长、国家二级心理咨询师江红荣获2022年度“江西省红十字博爱大使”称号。以总队为主线,新成立了下浦社区、下水关社区、慈化镇卫生院、三阳镇卫生院4支南丁格尔志愿服务分队,为打通服务群众的“最后一百米”开了先河。红十字志愿服务队结合“志愿者之城”规划,组织志愿服队开展了80余场不同主题的特色志愿服务活动,持续激发“袁小红”志愿服务内生动力,“红”心接力不断档。 (曹海花)

袁州区党外知识分子联谊会

【概况】 2022年,在区委、区政府的正确领导下,在区委统战部的关心指导下,袁州区党外知识分子联谊会(简称知联会)坚持以习近平新时代中国特色社会主义思想为指导,认真贯彻中央和省委关于无党派人士工作的一系列文件精神,不断加强自身建设,充分发挥联谊会会员智力密集、联系广泛的优势,积极开展联谊交友、凝聚人心、参政议政、服务社会等各项工作,圆满完成各项工作任务。

【政治引领】 始终以强化自身学习为抓手,坚持集中学习和自主学习相结合,深入开展党的二十大精神、中央统战工作会议精神和省市区有关会议精神学习,不断推动习近平新时代中国特色社会主义思想入脑入心。一是强化工作部署。3月25日,召开2022年度工作部署会,组织全体理事学习两会及统战部有关会议精神,并安排部署相关工作。二是全面提升作风。4月27日,组织区知联会全体班子成员收听收看宜春市党外代表人士警示教育大会暨党外干部违法违纪通报会,教育引导广大无党派人士牢固树立廉洁从政、主动接受监督的意识,筑牢拒腐防变的思想防线。三是深入专题学习。8月16日,召开专题会议,传达学习中央统战工作会议精神,安排部署学习宣传贯彻工作。11月17日,组织召开专题学习会议,专题学习党的二十大精神,邀请区委常委、统战部部长李翔为全体班子进行党的二十大精神宣讲授课。

【参政议政】 区知联会紧紧围绕“三拼三促”抓落实活动年主题,坚持树牢“首府意识”,强化“首府担当”,不断助力中心服务大局,积极参政议政、建言献策。一是组织会员在区政协六届二次全会期间提交了《关于调整袁州区行政中心周边部分公交线路及站台的建议》《关于加大支持村级集体经济壮大发展的建议》《关于搭建园区企业家交流学习平台,助力园区企业高质量发展、实现新突破的建议》《关于摩托车市场附近背街小巷整治机动车和非机动车乱停乱放的提案》《关于加强社会心理服务体系建设的建议》5件政协提案和“关于加强电动车、电动三轮车管理”“关于申请重修芦村镇双江村走陡闸门”2件社情民意信息；二是深入推动袁州区党派大调研活动，积极为袁州夜间经济发展建言献策，组织理事成员就“关于点亮城市夜色，发展夜间经济”开展专题调研活动，形成调研文章。

【队伍建设】 2022年，区知联会以健全完善精神家园为突破，充分发挥好知联会平台阵地作用，全面推动党外知识分子学习交流。一是全力推动袁州区党外知识分子之家的建设。经过半年多的筹划和建设，11月17日，袁州区党外知识分子之家在袁州区明月之都大厦揭牌成立，成为袁州区党外知识分子日常沟通、交流联系的重要平台阵地。二是积极参与活动。组织全体理事认真开展“两会来啦，政协委员带你看看家乡变化”点赞活动。活动期间，共组织会员92人次参与投票276票。积极参与统战系统组织“清风廉洁扬正气·同心喜迎二十大”主题演讲，选派的作品获得全市二等奖的优异成绩。三是着力加强队伍建设。及时调整完善无党派人士及后备人员队伍档案，动态掌握无党派人士各方面情况。积极吸纳梁湖根、唐君等有一定社会影响、综合素质较高、有热情的4名无党派人士加入区知联会，不断壮大组织力量。四是全面提升党外代表人士能力，积极选派优秀理事参加全市统战系统学习贯彻《中国共产党统一战线工作条例》专题研讨暨统战干部履职能力提升班、全市党外知识分子、新的社会阶层人士代表人士培训班和全区党外代表人士能力提升培训班。

【社会服务】 进一步提升知联会社会服务功能，组织开展社会服务及公益捐助活动。一是开展“送春联走访慰问”活动。1月14日，区知联会班子一行赴洪塘镇土岭村开展“送春联走访慰问”活动，走访慰问群众31户，送出暖心春联50余副，米和油、面等生活用品31份，得到群众广泛好评。此次活动情况在省知联会简报上刊发。二是全面助力疫情防控。3月26日，袁州区政协副主席、区知联会会长张艳玲带领区知联会班子一行，赴芦村镇双江村国道卡口和西村镇张坊村边界卡口，走访慰问一线防疫人员，送去防疫物资和慰问品。三是助力开展“喜迎二十大 书香润芳华——我的读书故事”演讲比赛。4月30日，联合区委宣传部、区总工会、区教体局、区文联举办“喜迎二十大 书香润芳华——我的读书故事”演讲比赛，初审阶段共收到参赛作品200余篇，经评委会严格评审，共选出50篇作品参加现场决赛。

袁州区新的社会阶层人士联谊会

【概况】 袁州区新的社会阶层人士联谊会（简称新联会）成立于2018年8月。经过四年的发展，2022年，联谊会在区委、区政府的正确领导下，在区委统战部的大力支持和帮助下，紧紧围绕党的中心工作，发挥全区新的社会阶层人士的特长和优势，在政治引导、示范带动，实践创新基地创建、会员服务、服务袁州经济发展等方面做了大量卓有成效的工作。

【政治引领】 一是加强学习，2022年党的二十大胜利召开，联谊会派会员参加区委统战部组织的“凝聚新力量，喜迎二十大”井冈山理想信念学习教育活动。组织会员集中观看了中共二十大开幕会和闭幕会，会后统一学习了中共二十大精神并撰写了心得体会。二是建好党支部支委班子，积极发展入党积极分子和新党员，重点负责组织党员、带动会员开展思想政治教育，带头参与重大任务的攻坚克难，强化党对新联会的领导。

【创新实践基地建设】 为打造出一个有特点、有代表性的实践创新基地，全面发挥新阶层人士优势，区新联会与宜春市新联会在青年云数字经济产业园共同创建了“青年云”新阶层人士实践创新基地，并在基地发展了一些在电商行业有代表性的企业加入新联会，全力打造袁州新的社会阶层人士统战新品牌。基地创建完成后，迎接了省委常委、省委统战部部长黄喜忠到基地的调研并得到了很高的赞誉。同时，还在润达百货四楼电商直播基地设立了区新联会实践创新基地，吸纳了部分优秀的直播行业人员加入新联会。

【会员服务管理】 “新联会新连心”为会员服务。组织会员到会员单位进行调研走访，并考察新申请入会人员，吸纳了六名新会员；与袁州区西村商会一起开展了“万企兴万村”有关乡村振兴的交流活动；通过座谈会、企业走访、项目路演、年会等形式，为会员搭建了交流合作、联谊交友的有效平台；建立走访慰问机制，对企业开业、人员生病住院等情况进行走访，充分体现“新联会，新连心”；对外交往不断扩大，与市新联会联合一起到景德镇珠山区新联会进行交流；迎接萍乡上栗新联会到宜春袁州区的交流，并与两个联谊会签订了缔结友好联谊会协议。

【服务袁州发展】 联谊会共有“两代表一委员”21名，在参政议政、建言献策上积极主动，2022年共提交提案和社情民意达20余篇，其中《发展村集体经济需加强乡镇级平台公司建设》被省政协采用，《关于制定国有经营性租赁资产对残疾人等就业困难群体帮扶制度的建议》被九三学社中央采用。同时组织会员开展了“乡村振兴，有你有我”的农产品双语直播活动，得到了受助农户的一致好评，并且这一直播项目也通过了宜春市民政局“情暖宜春”社会组织服务项目的审核。

军　事

人民武装

【概况】 2022年，区武装部党委坚决贯彻落实上级党委决策部署，继续坚持"稳中求进"总基调，全域铺开民兵"十四五"规划建设，全面深化练兵备战，全力推进基层建设，全面落实国防动员援战准备，各项工作顺利推进，2022年区武装部被江西省军区评为全面建设先进人武部，被江西省军区评为"新闻宣传工作先进单位"，在宜春军分区"宜春精武—2022"群众性比武竞赛中获得总分第一名，袁州区征兵办被评为江西省征兵工作先进单位。

【党建工作】 2022年，区武装部党委认真贯彻落实民主集中制原则和军委主席负责制，坚持科学民主决策，紧紧扭住练兵备战中心任务，集中研究解决了一批重点难点问题。班子成员分工负责，狠抓党委决策执行落实，党委科学决策水平、贯彻执行能力都有明显提升。改选、调整、优化了机关党支部人员组成，组建成立了机关团支部，坚持"三会一课""党日活动"等七项组织生活制度，组织参加党建业务培训，推动党建活动规范化、制度化、常态化。狠抓基层民兵党组织建设，结合民兵整组，指导基层完成了基干民兵分队党支部预建，配强党员骨干，完善规章制度，开展了组织活动，增强民兵党组织凝聚力战斗力。党风廉政建设不断深化。制定出台训练监察办法措施，加强训练演练的训风演风考风监察。廉洁征兵监督机制进一步健全，建立两级联动监督网络，落实廉洁征兵"零报告"制度，组织军地联合监督检查。按照属地管理原则，建立健全与区本级网信、网监部门工作协调机制，凡涉及征兵政策发布、典型宣传、工作进展等信息，必须报区征兵办主任审核。利用各种媒体，面向社会公示廉洁征兵监督举报电话和信箱。区征兵办安排专人处理信访举报问题，狠抓首例，一经查实，从严、从重、从快处理，发现问题线索，坚决查处，绝不姑息。打破常规，建立征接双方双向监督监察机制，与接（领）兵方向干部成立了廉洁征接（领）兵工作小组，双向监督，每日汇总并通报征兵工作进展及廉洁情况，廉洁征接（领）兵风气持续向好，得到人民群众、应征青年及家长高度赞扬。同时，区委始终把党管武装作为义不容辞的政治责任，对武装工作瓶颈疑难问题强力督办，创新落实"常态化常委议军"制度，不断深化对备战打仗的思考研究和统揽筹划，把党管武装纳入全区高质量发展考评重要内容，坚持以深化国防教育为契机，厚植全区国防根基，扎实推进国防教育"六进""五覆盖"。建立科级干部、新入职公务员和事业编制干部、引进高层次人才参加国防教育和军事训练制度，7月份组织科技干部班和青年干部班军训，引起社会广泛关注。区委书记带头落实党管武装各项制度，主持常委会研究解决人武部营院整体搬迁、民兵训练经费、基层建设、练兵备战等实际问题。始终营造关爱、尊崇军人军属的浓厚氛围，全力解决军人军属困难问题，袁州区做好涉军维权服务的做法被《中国国防报》头版头条报道。理论武装持续强化。坚持把习近平重要讲话精神列为党委会、支委会"第一议题"，用习近平新时代中国特色社会主义思想武装头脑，用习近平强军思想指引方向。在各季度理论学习中，党委班子成员围绕"强化新时代战斗精神培育""弘扬伟大建党精神"等理论课题开展调研，形成了较高质量的调研成果。深入抓好党的二十大精神学习宣传贯彻，开展"八个一"活动，用党的二十大精神鼓舞练兵备战斗志、主题党日走进乡村振兴帮扶点宣讲党的二十大的事迹,先后被《中国民兵》《中国国防报》等中央媒体报道。思想引领持续强化。科学制定理论学习、思想政治教育、民兵政治教育、党课教育、战备教育、安全教育、预防犯罪教育、“四反”保密教育等教育计划,建立了思想骨干队伍和心理服务队伍,完善谈心交心、“八小时以外”管理、在外人员联系等各项制度,把教化育人的触角延伸到基层武装部和基干民兵,引导全体人员铸牢忠诚于党、矢志打赢的军魂。先后3次围绕“大力纠治倾向性问题预防自杀等案件发生”、“讲政治、明大义、守底线”、“涉酒问题”整治召开专题组织生活会;党委先后6次深入分析政治安全、预防犯罪形势;先后2次组织全体党员和部分专武干部、民兵党员代表到新坊镇周赤萍将军故居、竹亭镇社江村乡村振兴产业基地开展主题党日活动,较好地达到了砥砺初心、凝聚人心的目的。

把党史学习教育列为政治任务之一,将党史学习教育贯穿全年,不断深化党史学习教育,扎实开好专题民主生活会,制定了常态化加强党史学习教育的意见方案。多次召开党委班子党史学习教育专题民主生活会,充分利用袁州红色资源,组织全体党员和部分专武干部、民兵党员代表到周赤萍将军故居、袁州会议旧址等红色氛围浓厚的革命遗址开展主题党日活动,学党史、悟思想、办实事、开新局,较好地达到了砥砺初心、凝聚人心的目的。

【练兵备战】 一是立起鲜明导向,军地齐抓练兵备战。把学习贯彻中央军委训令作为年度开新开局的头等大事,列入《区委常委会工作要点》,在常委会、区委理论学习中心组传达学习,区委全体常委传阅签字;认真制定《军事工作要点》,以区委、区政府主要领导名义签发基层执行。区委书记以普通一兵身份参加动员大会,立起了大抓练兵备战的鲜明导向。二是修订完善方案,精准搞好任务对接。着眼“任务明确、指挥顺畅、力量充实、编组合理、保障到位”要求,认真修订完善了非战争军事行动预案和日常战备方案。根据上级统一安排,以保障任务部队过境、局部精准动员支前、组织重要目标防卫等为任务重点,深入研究和完善了“决胜案”,细致组织了重要目标防卫数据的采集,认真展开了“四库”建设。三是打牢战备基础,不断提升备战能力。着眼有效遂行应急应战任务,努力构建“规范、稳定、配套、快捷”的战备常态保持体系。6月初,由区委书记签署命令,组织民兵应急分队在非战方案中明确的任务点位进行了现地临战式集结点验拉动,有效考查了上下协同的组织指挥能力、检验了应急队伍遂行任务能力,杜绝了弄虚作假等现象。四是积极研战谋战,从严抓实训练演练。抓实议战议训,党委坚持落实军情研究制度,组织军地单位召开联席会议,就地区安全形势等展开深入研究,为训练的顺利开展奠定了扎实的理论基础。抓实首长机关训练,统筹计划基础训练、业务训练和课题训练三个阶段。常态落实机关日常训练,坚持每天搞体能、每周学业务。广泛开展军事职业教育学习,现役干部和文职人员全时全域学习。抓实民兵训练,充分发挥新民兵综合训练中心功能作用,组织基干民兵完成多项练兵备战演练任务。

【国防动员援战准备】 一是国防潜力调查落实落地。确保了潜力数据采集有效落实。二是民兵整组步步踩实。主要抓了4个方面:一抓军地联动,优化顶层设计。区委常委会会议专题研究制订《袁州区“十四五”民兵建设发展计划》,把“十四五”期间民兵建设纳入全区经济社会发展体系和高质量发展考评体系一体抓。二抓军地联调,搞好潜力摸底。将民兵整组潜力调查任务分解到民兵工作领导小组,组织军地多部门单位骨干深入全区企事业单位调研。三抓军地联建,提高建设质效。与地方政府、组织、应急管理等部门联合发文规范明确经费保障、民兵党组织预建、专业技术考核等事项;与区发改委、区工信局、区退役军人事务局等地方单位签订协议抓好装备预征预储;与驻地部队签订挂钩联训协议;严把“五关五率五例”,严格按照“八个步骤”落地走实,确实提高基干民兵建设质效。四抓军地联查,现场点验考评。联合地方政府、纪检监察、应急管理等多家单位组成联合考评验收组,按建制对新编组应急力量和支援力量进行全员、全装、全覆盖的拉动点验,全面验收民兵整组工作成效。

【征兵工作】 积极推进一年两次征兵提质增效转型发展,以新兵质量为核心,以大学毕业生和备战打仗技能型人才为征集重点,以精准宣传为抓手,以政策激励为导向,以廉洁征兵为保底,积极研究征集对策措施,形成军地合力,推进新时代征兵工作高质量发展。一是强化军地整体合力。全区各级党委、政府主要领导亲自挂帅，分管领导靠上抓，及时研究解决征兵工作中遇到的重点难点问题，在人力、财力、物力上给予倾斜和保障。征兵领导小组各成员单位牢固树立"一盘棋"的思想，按照职责分工，进一步完善征兵工作责任机制，通力协作，密切配合，积极支持征兵工作。各基层武装部进一步强化职责意识，主动向本级党委、政府主要领导请示汇报工作，加强军队和地方有关部门的密切联系，切实发挥好了职能作用。区、乡、村三级征兵工作有关部门层层签订征兵工作责任状，各职能部门认真履行职责，军地抓征兵工作的整体合力得到有效加强。二是浓厚宣传发动氛围。靠前筹划部署年度征兵工作，督导基层通过逐人"打一遍电话、上一次门、面对面座谈"等形式，全面展开应征青年调查摸底和精准宣传发动工作。结合高校组织毕业生招聘会契机，开展了面对面义务兵和直招军士征兵宣传，现场咨询氛围浓厚，效果比较明显。制定下发了《2022年袁州区征兵宣传工作方案》，组织召开了2022年征兵工作动员部署和推进会议以及业务培训会，进一步厘清了工作思路，指明了工作方向，细化了推进步骤，明确了征集任务，为年度兵员质量提升打下了坚实的基础。三是落实优惠政策及经费保障。积极推进"两征两退"调整改革落地见效，持续贯彻落实现有征优政策，研究出台新的适合当地的征集优惠政策和对策措施。四是"五率"数据调控进一步精准。袁州区紧紧围绕"五率"考评的各项指标及评分办法，加强各项指标权重和相互关系的研究分析，整体推进。兵员征集质量再创新高，袁州区征兵办被评为江西省征兵工作先进单位。

【后勤装备保障】 认真修订了后勤装备保障方案计划，持续开展后勤重点领域整肃攻坚，严格抓好保障行业规范化管理和廉政风险防范自查整改，深入开展"守护戎装"行动，切实抓好年度经费预算管理，强化民兵训练和年度专项活动后勤装备精准保障，坚持厉行节约减少浪费，后勤装备保障水平不断提升。全力配合军分区搞好省军区科学管装用装暨民兵装备仓库规范化运行现场会保障。积极推进食堂主副食品和营院零星维修工程两项采购招标工作，按要求制定招标文件，为饮食和营院维修保障打下坚实的基础。认真做好全市专武干部集训以及应急分队跨区联训及区本级20余批次训练演练活动的饮食保障工作。

退役军人事务

【概况】 2022年，区退役军人事务在区委、区政府领导下，围绕"三拼三促"工作主基调，积极推动省委退役军人领导小组办公室"赣州会议"精神落实落地，加强退役军人工作党的建设、深入推进"尊崇工作法"、健全完善服务保障体系、高质量狠抓工作落实，持续推进退役军人事务领域治理体系和治理能力现代化。退役军人事务机构由区退役军人事务局（下辖区退役军人服务中心和光荣敬老院）及28个乡镇（街道）退役军人服务站、344个村（社区）退役军人服务站组成。

区委编办批复区退役军人事务局7个行政编，在编在岗5人，其中局长1名，副局长2名，干部2名(其中二级主任科员1人)。

【党委重视】 召开了2022年度区委退役军人事务工作领导小组暨区双拥工作领导小组全体（扩大）会议，审议通过了《中共宜春市袁州区委退役军人事务工作领导小组2022年工作要点》和《关于向区退役军人事务工作机构派驻军队人员的报告》。区委书记江伟斌主持召开了袁州区退役军人工作调研座谈会，就退役军人服务保障体系建设、推进"尊崇工作法"、建立退役军人党支部等进行了调研座谈。各乡镇（街道）已成立退役军人党支部20个，退役军人党员在基层治理的主战场上发挥生力军、突击队作用。

【提升服务能力】 在区政府第22次常务会议上，研究审议并通过印发了《袁州区退役军人服务专干实施细则》。组织30个服务对象100人以上村（社区）退役军人服务站参与示范型退役军人服务站创建工作，确保在"五有""全覆盖"的基础上推动退役军人服务站建设从有向优转变。区财政拨付每个村（社区）1万元共计344万元工作经费，保障各村（社区）退役军人工作经费支出。完成优待证办理。发放各类重点优抚对象抚恤补助。

【落实尊重尊崇】 全区村（社区）配备退役军人服务专干。建立退役人员信息及服务台账，为退役人员低保对象建档，为特困对象建档。先后组织政治宣讲、红色教育、技能培训等课堂教育活动3300多场次，收集照片6000余张、拍摄视频120余段。推荐评选出1名市“最美退役军人”，召开袁州区2022年度“最美退役军人”“最美军嫂”表彰大会，评选出6名“最美退役军人”和4名“最美军嫂”。完成散葬烈士墓整修198处、烈士纪念设施8处，申报并获批4处县级烈士纪念设施，水江革命烈士陵园获批为市级烈士纪念设施。参与“袁州区网上烈士纪念馆”祭扫达8000余人次，参与“袁州区云祭扫平台”祭扫达12000余人次。完成更新审定2226座烈士纪念设施的数据填报。

【就业安置】 联合举办4场退役人员专场招聘会。发布23期退役人员线上就业信息。与中国银行宜春市分行签署战略合作协议，加强金融对退役人员在安置、优抚、就业创业等领域的合作。举办袁州区2022年退役军人创业交流会，多名退役人员进驻禹川集团进行电商创业。发放自主就业退役人员技能培训生活补助，发放自主就业退役士兵一次性经济补助。接收安置转业士官、转业军官。

【双拥工作】 春节、八一期间，区四套班子领导及各乡镇（街道）走访优抚对象6000余人，发放慰问金380余万元。在“关爱抗美援朝老兵、致敬最可爱的人”活动中，走访慰问抗美援朝老兵86人，开展了送电风扇、电饭煲、组织义诊等活动，帮助实现“微心愿”26条。发放义务兵家庭优待金。开展“替烈士看爹娘”活动，走访烈士父母及配偶14户，送上慰问金8400元。帮助3户烈属申请更换烈士证明书持证人。将彭建华烈士迁入宜春市烈士陵园。

【志愿服务】 袁州区“新长征”退役军人志愿服务二大队组织开展老兵讲故事进社区5场、社区便民活动9场、圆梦留守儿童微心愿活动2场、平安志愿活动3场、关爱老人活动6场，各乡镇(街道)、村(社区)同步开展“新长征”退役军人志愿服务活动25场167人次。袁州区退役军人突击队开展志愿服务活动总计服务时长达20000余小时，队员出勤达3937人次。

（孙文新）

法　　治

政法委与综治

【概况】 2022年以来，袁州区平安建设工作在区委、区政府的正确领导下，认真落实中央和省委、市委政法工作指示，紧盯“保稳定、促发展、树品牌、站前列”目标，突出“筑牢防线、化解积案、夯实基层、创新治理、队伍建设”五大关键词，重点抓好抓实“维护社会大局和谐稳定、护航经济社会发展大局、提升基层社会治理水平、强化矛盾纠纷多元化解、树立政法队伍新形象”五大领域工作，实现全区政治安全更加坚实牢固、社会大局更加和谐稳定、打击整治更加锋芒凌厉、特色品牌更加出新出彩。

【社会稳定】 建立矛盾纠纷排查调处例会制度长效机制，加强对重点地区和突出治安问题排查整治，实行区、乡、村、组四级联动，按照“属地管理”、“分级负责”和“谁主管、谁负责”的原则，开展涉稳问题和矛盾纠纷排查化解工作。全区共排查各类矛盾纠纷5546件，成功化解5546件，成功率100%，在春节、全国两会、国庆等重大节日，全区未发生一起影响社会稳定的重大事件。

【专项整治】 高位推进打击治理电信网络违法犯罪工作，组建“反电诈”工作专班，持续推进“敲门行动”压降发案，全年电信网络诈骗案件559起，同比下降64.72%，损失数4828万元，同比下降51.77%，共抓获涉犯罪嫌疑人802人，其中偷越国边境刑拘79人，“两卡”刑拘362人，打掉收卡跑分团伙52个，缴获涉案银行卡724张，惩戒295人，训诫65人。同时开展养老诈骗整治专项行动，发放防范养老诈骗宣传资料17余万份，制作微视频268个，刊发养老诈骗会议信息、典型案例等新闻稿件68篇，成功破获养老诈骗案件28起，刑事拘留44名犯罪嫌疑人，追赃挽损7374万余元，打击整治战果在全市排名第四。

【基层社会治理】 袁州区继续以“红色治理”为依托，探索建立了“党建+市域治理”新模式，继续做大做强“三治融合”“三联管家”“红色治理·平安管家”等基层社会治理新路径。深入推进社会治理创新，精心培育了“六治融合、‘一站式’矛调中心、智慧家园（围合管理）、袁州义警、道德银行”等一批富有活力和效率的政法特色亮点，相关经验做法先后在中央政法委《长安》杂志、最高人民法院《工作简报》、《江西政法动态》、《江西改革》等主流核心媒体刊物刊登推广，得到省市领导批示肯定3次，在全省、全市性相关工作会议上作典型发言6次。

【政法队伍建设】 始终把推进政法机关全面从严治党，强化党的建设和党风廉政建设，作为实施党对政法工作绝对领导的组织保障，先后组织开展“3·23警示教育”“深入学习党的十九届六中全会精神暨‘三拼三促’抓落实能力提升培训班”“党的二十大精神宣讲”等主题教育实践活动，引导广大干警坚定理想信念，筑牢绝对忠诚、绝对纯洁、绝对可靠的政治基础，永葆政法队伍政治本色。全区政法系统共组织培训45场次，参训干部达到3167人。并对区司法局开展政治督察和纪律作风督查巡察，要求其对督察巡察反馈意见进行认真整改，纪律建设成效不断引向深入，切实把巡察整改成果转化为改进工作的动力。

【网格管理规范化】 出台《关于全面深化网格化服务管理构建“六治融合”治理体系的实施意见》《袁州区平安建设工作“乡镇街道吹哨、部门报到”实施方案》《关于进一步加强和改进城市社区网格化管理服务的实施方案》《关于深化城市基层党建引领基层治理的实施方案》等文件,将创文、城管、消防等“多网”进行整合统一,打造“三联管家”(警民联治、部门联建、邻里联防)的网格升级版,推行“一网二晓三活四能五掌握”工作法,完善“网格长、网格指导员、网格管理员、网格法治员、网格信息员 + 社会治理单位人员 + 志愿者和热心群众”的“5+X+N”网格组织体系建设。通过“网格吹哨、镇街报到,镇街吹哨、部门报到”,统一网格化管理服务的事项清单,确保网格事件“报得上来、派得出去、反馈回来”。截至年底,全区划分网格 1220 个,成立网格党支部 217 个、党小组 225 个,上报处置事件 20.18 万件,办结率 99.99%;发起吹哨事项 154 件,化解 139 件,化解率 90.3%;参与调处各类矛盾纠纷 5595 起,为群众办好事实事 186647 件,实现社会治理无缝隙、人民诉求全响应,治理成效尤为凸显。

【社会治安防控体系】 为了筑牢治安防控的“篱笆”,用好守护人民安宁的“千里眼”,启动“平安袁州守护工程”。2022 年,接入率 98.15%,在线率 95.05%,摄像头结构化率完成 99%。同时投资 1800 余万元,将 90 个老旧小区改造成智能安防小区,进一步助推平安袁州建设提档升级。

【扫黑除恶常态化】 持续发挥综合、专项、特派督导作用,2022 年以来共侦破十类扫黑除恶重点案件 76 起,刑拘犯罪嫌疑人 83 人,其中开设赌场 22 人、故意毁坏财物 4 人、敲诈勒索 2 人、组织卖淫 2 人、故意伤害 40 人,非法拘禁 3 人,寻衅滋事 10 人,抓获外地警方上网追逃的涉及十类典型案件嫌疑人 12 人。深入开展十大行业领域整治,针对信息网络领域案件高发问题,对 9 个乡镇街道下发警示函,并约谈了 4 个工作不力的乡镇街道,区纪委监委下发监察建议书 8 份,司法建议书 12 份,检察建议书 15 份,公安风险提示函 51 份,查处行业领域典型案例两起。同时以宣传《中华人民共和国反有组织犯罪法》为依托,大力开展扫黑除恶常态化宣传工作,全年扫黑除恶“知晓率”“满意度”排在全省第 38 位、第 31 位。

【涉法涉诉信访】 安排部署全区政法系统开展联合大接访工作,规定每周二为联合接待信访日,由政法委和政法各部门领导亲自接访,并在区信访局设专门接待室。共接待涉法涉诉来访群众 128 件次,其中联合接访办公室共接待来访群众 63 件次。转办、督办涉法涉诉信访案件 13 件。坚持重点难点案件,由政法单位按照严格的请示报告制度,提请政法委启动联调机制,2022 年先后牵头组织召开了 42 个案子的重点案件协调会。

【综治中心实体化】 按照“实体化运作”要求,建立健全了首问负责、工作例会、信息报送、形势研判、情况通报、台账登记、督查督办、责任追究、考核奖惩等运行机制。加强对各级综治中心综治信息化运行和网格化服务管理日常考核,并每月进行排名通报。对考核排名靠后的乡镇(街道)进行约谈,考核成绩纳入《袁州区政法工作“一对一”对标竞赛》和平安建设(综治)考核中。推进乡镇(街道)、村(社区)综治中心规范化信息化智能化建设,推动综治中心事项一站式办理、闭环式解决,全面提高基层综治中心实体化建设运行水平,打造共建共治共享的社会治理格局,不断提升社会治理社会化、法治化、智能化、专业化水平。

【法治袁州建设】 在全区组织开展了“双百活动”法治青年普法志愿者法治文化基层行活动,以及防范非法集资、防范邪教和电信网络诈骗宣传教育活动,其间共组织开展宣传实践活动 200 余次,法治讲座 60 余场,送法下乡活动 500 余场,发放各种宣传资料 7 万余份,提供法律援助 130 余件。不断拓展了法治文化阵地,全区已建成法治公园 1 个、法治广场 2 个,成立法治长廊 28 个、法治文化园 1 个、青少年法治教育基地 4 个。

公　安

【概况】 2022 年,袁州区公安分局原有行政编制 500 名,工勤编制 45 名,共计 545 名政法专项编制。分局政法专项编制由市公安局统筹,实有行政编制 410 人,工勤编制 38 人,共使用政法专项编制 448 人。袁州区现有户籍人口 1140000 余人。

分局内设机构有办公室、政工监督室、纪委、审计室、警务保障室、信访室、督察大队、情指中心、国保大队、出入境管理大队、治安大队、经侦大队、特巡警大队、禁毒大队、法制大队、刑侦大队、网安大队、森林分局。

下辖 30 个派出所,有灵泉派出所、秀江派出所、凤凰派出所、学院派出所、湛郎派出所、芦州派出所、珠泉派出所、下浦派出所、化成派出所、辽市派出所、新康府派出所、彬江派出所、新坊派出所、南庙派出所、湖田派出所、西村派出所、三阳派出所、洪塘派出所、金瑞派出所、楠木派出所、飞剑潭派出所、天台派出所、慈化派出所、寨下派出所、水江派出所、芦村派出所、渥江派出所、柏木派出所、竹亭派出所、新田派出所。

【安保工作】 2022年，一是坚持高位推动，组建“三个专班”，实现一体作战。组建袁州区调度工作专班，区委、区政府主要领导高度重视党的二十大安保工作，亲自指挥、亲自调度，以最快的渠道，最直接的方式，确保工作一步到位。组建分局党的二十大安保专班，政委为专班负责人。与袁州区调度工作专班共同开展每日两次会商研判，常态化互通各自掌握的信息，及时掌握发现不稳定因素，确保公安与属地党委政府能双向发力，确保信息第一时间传达。二是强化执行落地，建立“四项机制”，实现闭环运作。落实每日研判会商机制。每日上午、下午召开会商双研判会，对当日掌握的线索进行研判，进一步督促属地派出所和党委、政府共同做好工作，并形成研判专报报送至市公安局。落实战时指挥调度机制，统筹调度全天候。进入战时状态后，成立由局长任总指挥的党的二十大安保工作决战、决胜阶段总指挥部，实行战时24小时值守指挥调度工作机制，每天明确一名分局主要领导和值班局领导双带班，实行重大案事件统一协调指挥调度，确保政令统一、行动一致。对上级下发的各类情报预警信息，第一时间下发属地派出所并推送区信访调度中心专班开展核查，做到1小时响应、2小时落地、4小时反馈。落实多级督察整改机制，督导检查全覆盖。积极对接省公安厅第一驻地督导组和市公安局驻地督导组，对于督导组发现的问题，及时全局通报、及时整改到位。安保期间，共下发督察通报23期，发现并督促整改问题54个。此外，区纪委下派督察专员到各乡镇街道进行督导，确保责任压紧压实，落实到位。三是精致细致极致，确保“六个到位”。组织开展了社会面清查整治行动，对辖区内娱乐场所、特种行业、公共复杂场所、治安乱点和交通易发事故路段进行拉网式、全覆盖排查，做到不漏一家，不漏一处，确实掌握底数。同时，深入摸排治安突出问题、薄弱环节和安全隐患，逐一建立工作台账，下发整改通知书，督促经营业主和主责部门在限期整改到位，并对整改情况进行“回头看”，确保整改到位。重点物品管控到位。严控危爆物品审批审核，对辖区所有的涉危爆物品全部停止审批，辖区所有涉危涉爆企业全部停工停产，8个爆炸仓库全部封存。同时，对辖区8个民爆物品仓库、3家非公务用枪持枪单位进行常态化巡查检查，确保涉枪安全。打击整治到位。发挥刑侦专业警种的优势，集中力量重点攻坚，针对所有现发案件，一律落实“快报告、快处警、快比对、快抓捕、快挽损、快倒查、快结案”的工作要求，保持对各类违法犯罪的高压严打态势。9月10日至10月23日，分局共立案293起，破获案件152起，共抓获犯罪嫌疑人111人，采取刑事强制措施104人，挽损27万余元。治安管控到位。抽调152名警力参与辖区社会面巡逻防控，其中包括每日抽调42名机关警力，以步巡的方式参与中心城区三条主要街道的巡逻工作。同时，严格落实“1、3、5分钟”快速反应处置工作机制，将92个点位科学划分巡逻区域、时间、线路，对25个重点路段、12条夜市街巷、最大限度地把警力摆在面上，提高见警率、管事率。同时，建立三个梯队快速反应处置圈，以应对随时可能发生的突发事件。

【社会治安】 2022年，一是推进命案攻坚。袁州区共发命案现案4起，侦破4起，破案率100%。此外，侦破命案积案2起。二是全力开展追逃。共上网逃犯756名，撤销网逃870名，通过情报研判，成功通过研判并抓获外省网上逃犯151名，历年逃犯9名。三是整治黄赌之风。结合全市开展的打击整治黄赌“春雷行动”以及“和谐2022”系列行动，集中力量打击了一批有代表性的涉赌活动，有力打击了涉赌违法犯罪活动的嚣张气焰，切实有效地净化了社会风气。7月，以涉赌警情同比下降70.29%的整改成绩，成功摘除了全省涉赌重点地区的帽子。四是开展常态化扫黑除恶斗争。分局共打掉恶势力犯罪集团1个，抓获涉黑涉恶案件犯罪嫌疑人30名，其中包含上网涉黑涉恶逃犯1人，移送起诉2人。共查封涉案资产1000余万元。此外，今年以来，共发生十类扫黑除恶重点案件65起，已破案65起，破案率为100%。常态化开展扫黑除恶斗争以来，分局扫黑办共收到线索56条,已办结50条,办结率为94.23%。五是严打传统侵财性案件。全局共发案传统侵财性案件802起,同比下降20.6%;破现案544起,破现案率67.8%,其中盗窃318起、抢劫4起、抢夺2起、接触性诈骗220起;共刑拘犯罪嫌疑人300人,其中盗窃229人、抢劫6人、抢夺1人、接触性诈骗63人、掩饰、隐瞒犯罪所得1人;赃物挽损率42.9%,赃款挽损率43.6%。六是严打电信网络诈骗。反诈工作实现了“两降两升”目标。袁州区共发电信诈骗案件608起,同比下降64.42%;损失5237万元,同比下降55.62%。串并侦破电诈案件977起,同比上升85%,刑拘465人,同比上升90.57%。同时,返还群众被骗资金537.13万元,冻结涉诈账户资金4432万元。此外,断卡及断流做到减存量、控增量。全年共接到上级下发信息645条,已反馈521条,平台反馈率93.87%;“断流”行动中打掉了14个非法出境团伙,抓获赴境外从事电诈活动的非法出境人员72人。劝返工作取得新突破,全年共有边境、机场拦截劝返人员32人,核减2人,拦截劝返人员共30人。截至年底,袁州区总劝返率为88.12%。七是强力推进打击整治养老诈骗专项行动。共破获涉老案件28起,其中普通诈骗案24起,非法吸收公众存款案4起;现案23起,积案5起;抓获嫌疑人44名,移送起诉38人,追赃挽损金额约为7374.9万元。八是严打涉毒违法犯罪。破获涉毒刑事案件18起,刑拘27人,行政拘留102人,强戒6人,社戒社康66人,缴获冰毒2870.28克,打掉涉毒团伙2个,抓获涉毒逃犯16名。九是严打经济违法犯罪。共受理各类经济犯罪案件42起,立案41起,涉案金额4.92亿元;成功破获经济犯罪案件17起,抓获各类经济犯罪嫌疑人38人,其中刑事拘留19人,取保候审32人,逮捕11人,移送起诉33人,挽回各类经济损失8061.933万元。十是严打涉食品药品环境领域违法犯罪。共破获涉林以及生态环境刑事案件70起,采取刑事强制措施90余人,暂扣没收各项违法所得2000余万元。尤其是涉林、涉野以及非法采矿打击工作,因工作突出,袁州分局森林分局2022年期间两次在全市森林公安机关大会上做典型发言。6月21日,对盘踞在袁州区西村镇由退役人员和社会人员组成的非法采砂犯罪团伙开展集中收网行动,依法处理犯罪嫌疑人17人,该案有效震慑了此类犯罪,起到了良好的政治、法律、社会效果。十一是深入推进“獴猎”行动——2022大要案攻坚战。共侦办妨害国(边)境案件20起,查获犯罪嫌疑人71人。如2022年7月14日,对易梦组织偷越国边境犯罪团伙进行集中收网,对21名涉案人员采取刑事强制措施,缴获大量赃款赃物。

【全面强化基层基础工作】 2022年,一是强化矛盾排查化解。共化解矛盾纠纷14148起,其中家庭类矛盾纠纷1319起,邻里纠纷1236起,婚恋纠纷1081起,债务类纠纷1060起,欠薪类纠纷853起,其他类可能影响治安稳定的矛盾纠纷8599起。二是推动重复信访积案攻坚化解。成立了“积案化解专班”,抽调法制、刑侦、经侦、治安、纪委、督察、信访等部门骨干人员,在严格落实“谁产生、谁负责”化解责任的同时,省厅交办件由法制大队对案件能否化解结案进行认定,逐案开展评查,对案件存在瑕疵的,立即进行整改。在领导的重视和全局干警的共同努力下,4件公安部交办件和10件省公安厅交办件,26件国家信访局交办件,1件市信访工作联席会议交办件均已清零。三是大力推进校园安防建设。在全面完成校园安防“四个一”工程建设的基础上,对全区468所学校进行“八个一”改造,其中精准“八个一”改造149所,简易“八个一”改造104所,简易“五个一”改造215所,均按标准完成。四是有序推进“水美家安”防溺水工程建设。按照省厅“四个一”标准,统一完善备齐设施。分局对摸排出的1054个重点水域全部高标准完成“四个一”点位建设。五是狠抓危爆物品安全监管。2022年以来共检查枪库、民爆库房等易制爆单位共计63次,下发整改通知书7份,整改安全隐患7处。共审批民爆物品1807.92吨,雷管37300发,导爆管雷管83300发,导爆索148000米;安全销毁各爆破公司工程项目结束、逾期炸药共4472公斤,雷管2873发,多孔粒状铵油炸药100公斤。六是全面加强传统阵地管理。2022年以来,共计出动警力5000余人次,检查宾馆3100余家次,按摩洗浴场所2600余家次,KTV1860余家次,麻将棋牌室2540余家次,清查行业人员8000余人次;共办理组织未成年人违反治安管理活动案5起,刑事拘留14人;办理有偿陪侍案13起,对11家娱乐场所处以停业整顿处罚；对2家未获公安机关许可擅自营业宾馆及4家不按规定登记住宿旅客信息涉事宾馆予以行政处罚。七是扎实开展智能安防小区建设。在2021年超标完成40%的基础上，2022年由住建公司投入1800万元用于智慧小区改造工作，12月底以218家的数量超额完成智能安防小区建设任务。八是全面做好外国人管理工作。2022年以来查处“三非”行政案件共8起，查处“三非”人员8人，查处外籍新娘骗婚案1起，刑拘3人；执行遣返任务2次，遣返“三非”人员2人。2022年以来，共侦办妨害国（边）境案件20起，查获犯罪嫌疑人71人。九是大力推进基础信息采集工作。2022年共现场勘验731起，利用DNA比中嫌疑人41人，比中案件45起；利用指纹比中嫌疑人27人，比中案件27起；利用足迹串并案件31起。刑嫌人员六项采集虹膜采集率为89.27%，声纹采集率为93.06%，足迹采集率为95.03%，人像采集率为94.63%，指掌纹采集率为95.79%，DNA采集率为84.1%。在全市暂时处于第一。十是全面加强出租房屋治安管理。建立房屋租赁管理制度，明确出租人与承租人治安责任，出租房屋责任书签订率100%，底数齐全，情况明了。共录入出租屋4628户，承租人10557人。十一是巡查辖区网吧90余次；对辖区LED电子显示屏、网络安全现场检查1900余次；对辖区重点网站开展网络安全检查36次；对辖区新媒体、网络大V、微信公众号开展专项执法检查25次；对辖区开办的互联网、事业单位15家进行网络备案。十二是加强派出所消防安全监管。2022年以来，共计检查九小场所3600余家次，排查隐患210处，当场整改176个，限时整改36个，已全部整改完成。

【“放管服”改革工作】 2022年，一是持续推进户籍制度改革。户籍窗口办件量237254件，身份证总办件量72954件，外省异地办件量1113件，居民临时身份证8132个，补录户口195个，办理户口变更更正473人，办理城镇户口迁往农村落户227人，办理居住证952人，为群众提供人口信息查询6509次，16周岁以上新增人口相片采集率为99.98%。二是改进公安行政管理服务。做到便民服务零距离。在疫情时期，为解决跨省办理户口迁移问题，积极落实各项跨地域通办政策措施，结合代办举措、沟通全国，为遍布各地的公民免去了时间空间上的困难，共办理266笔业务。在身份证件业务方面：针对海外难以回国办理身份证件的公民，出台了国内近亲属代办政策，解决了24名在海外公民的难题。面对各项大型考试，开辟绿色通道或者在考场外开设5个便民服务点，开具身份证明60张，确保民众能够顺利进入考场。对于不便前往窗口办理证件的人员，准备移动警务平台实现上门办理，同时就精神病医院、救助站、福利院等特殊机构，部分实现了点对点上门帮扶46人，极大地解决了相关机构的办证难题。三是打造“亲民型”户籍窗口。前置服务举措，落实“六个一”标准，积极推进规范户籍窗口建设工作，将收费标准、办理流程、所需材料，统一标准悬挂在公安户籍服务窗口，并设置户籍窗口办证引导员，及时听取群众对窗口的意见和建议，用实际行动细化、优化窗口服务。同时，开展户籍窗口满意度测评，将评价情况每周进行通报，对不满意的评价进行追踪回访、改进。严格落实首问负责制、首接负责、一次性告知和承诺服务制度，坚决杜绝因窗口告知不到位导致让群众“往返跑”的现象发生。户政员系统业务操作越来越熟练，业务办理效率提升；人口数据质量新增各项问题较去年同比下降67%，省内身份证相片不合格数5张；新生儿出生日期、姓名等相关信息录入，准确率达100%。四是全面推行“六办”品牌。主动公开198项公安政务服务事项，同时，在3类18项简单高频交管业务的基础上，推动两轮电动车上牌业务进驻派出所。截至年底，已办理各类公安政务事项83575件。五是强力推进出入境业务工作。2022年以来，共受理出入境证件353个（受理公民因私出国普通护照125个，港澳通行证首申及续签220个，往来台湾通行证及单签1个，前往港澳通行证7个），批准赴港澳定居1个，台胞证4个，换补发港澳居民回乡证5个，境外人员临时住宿登记304人次。六是全力开展“双提升”工作。印发了《宜春市公安局袁州分局提升公安工作满意度工作方案》《关于进一步提升警情测评满意度的通知》《关于进一步加强公安工作满意度、“六办”品牌创建的通知》，对落实责任制、“1、3、5”快速反应、警情回访、扫码报警、品牌创建、警民互动、“六个一”标准进行了再次强调要求。同时，针对第二、第三季度“民调评警”排后20位的派出所，要求该所所长在8月10日、11月2日中层会上依次做了表态发言。此外，总结提炼南庙派出所“民调评警”的经验做法，并准备在分局内网简报刊登，在官方微信发布，在全局推广。

【全面加强队伍管理工作】 一是强化政治统领，坚决做到“两个维护”。深入学习贯彻习近平新时代中国特色社会主义思想和党的二十大精神。把学习党的二十大报告纳入党员活动日重要内容，结合11月“党员活动日”有针对性地组织支部全体党员民警学习。通读原文深入学，原原本本、认真研读党的二十大报告、党章等重要文件，进一步深化了理解、汲取营养，不断提高政治判断力、政治领悟力、政治执行力，切实增强分局广大党员民警守初心担使命的责任感和使命感。压紧压实全面从严管党治警主体责任。研究制定《宜春市公安局袁州分局党委2022年度落实全面从严管党治警主体责任重点任务安排》，坚持全面从严监督管理民警，对苗头性、倾向性问题早提醒、早纠正，推动全面从严管党治警常态化、长效化。坚决扛起整改主体责任。认真对照省公安厅党委对市公安局党委及班子成员政治督察反馈意见中所列问题，举一反三、主动认领涉及分局的两个问题，要求相关责任单位认真整改到位。目前，问题已全部整改。扎实推进“三拼三促”工作。制定《宜春市公安局袁州分局抓落实活动年“三拼三促”工作实施方案》，开展比拼。二是强化组织建设，发挥党建引领作用。夯实党建基础，提升党组织战斗力。严格落实党建工作责任制，研究制定《2022年宜春市公安局袁州分局党建工作要点》《2022年度局属各单位党组织书记聚焦党建主责主业责任清单》，印发《宜春市公安局袁州分局打造让党放心、让人民满意的模范机关的实施方案》《关于做好近期党建工作的提示》，扎实开展打造模范机关督促指导、广泛开展七一讲党课、政治谈话等工作，将全面从严管党治警推向深入。积极开展党建品牌创建和信息化采集工作，深入推进党建“三化”建设。常态化开展党建信息化平台信息更新工作，及时通报信息录入不及时的支部，督促其及时更新平台信息。规范发展党员、支部换届选举和补选工作。严把发展党员政治关和材料审核关，将政治标准作为发展党员的第一要素。三是扎实开展思想政治教育，维护意识形态领域安全。持续抓好《宜春市公安局袁州分局党委贯彻落实意识形态工作责任制实施方案》落实落地，强化风险意识、底线思维，切实形成职责明确、工作到位、运转高效的意识形态工作责任体系。坚持对官方新媒体账号开展每日巡查，对民辅警个人账号进行随机抽查，积极对思政阵地进行整改自查，2022年全年共发现问题6处，已全部整改到位。强化学习宣传教育，落实学习制度。研究制定了《2022年宜春市公安局袁州分局党委理论学习中心组学习安排》，完善党委理论学习中心组学习制度，严格落实“第一议题”制度，将学习习近平新时代中国特色社会主义思想，习近平总书记重要讲话重要指示精神和党的基本理论、基本路线、基本方略纳入理论学习篇目，做到第一时间传达学习。全年共开展理论学习中心组学习10次，开展研讨55人次；邀请专家授课10次。扎实开展政治轮训，筑牢民警政治底色。2022年7月到11月，围绕党的十九届六中全会精神、党的二十大精神，先后围绕两个专题，共3期，组织分局民警开展为期三天的集中政治轮训，通过集中授课、专题培训、红色教育、个人自学、撰写心得体会、知识测试等内容，切实强化忠诚教育和政治理论武装，教育引导全警深刻领悟“两个确立”的决定性意义，进一步增强“四个意识”、坚定“四个自信”、做到“两个维护”，不断提高政治判断力、政治领悟力、政治执行力，全年共轮训604人次。四是以人为本，强化人事管理工作。全身心做好事关民警切身利益的基础工作。为全局民警职工购买了2022年度团体人身意外险；按期办理工资审批、警衔申报、警官证办理，为试用期民警办理了公务员转正手续，及时办理到龄退休等手续，按时按量发放两项津贴补贴，及时兑现个人薪资福利待遇。常态化开展“两个职级序列改革”晋升工作。2022年以来，为分局96名民警开展了职级晋升考察，晋升四级高级警长6人，晋升一级警长16人，晋升二级警长14人，晋升三级警长35人，晋升四级警长或者警务技术四级主管18人，晋升一级警员7人。加强队伍建设，开展股级干部选任及民警交流轮岗工作。根据分局党委部署安排，经过制定方案、党组织推荐、考察测评、公示等程序，选任提拔了25名基层一线股级干部，同时对49名民警职工根据工作实际进行了岗位调整，进一步调配队伍人员结构、激发队伍活力。耐心细致做好警务辅助人员改革工作。根据上级工作安排,2022 年以来,就现有辅警队伍情况开展多次统计摸底工作,已完成警务辅助人员资格审查、报名、政审、考试、体检、培训等工作内容,截至年底参加辅警改革的共计 455 人,其中直接过渡 321 人、考试过渡 121 人、过渡期 13 人。下一步辅警薪资待遇核定和定级工作将按照上级要求开展,同时继续加强辅警队伍管理,掌握辅警思想动态,确保辅警队伍在改革工作阶段保持稳定。五是坚持暖警惠警,落实从优待警各项举措。常态化走访慰问民警、职工和辅警。对生病住院、直系亲属逝世等情况开展走访慰问,共计走访 32 人次,慰问金 26600 元。解决民警、职工和辅警子女就学之忧。为解决因工作繁忙无法照顾幼儿子女就学问题,分别协调市局机关党委及袁州区中心幼儿园,开展了暑期托管和幼儿园小班新生就学活动,共有民警职工的 103 名孩子报名暑期托管班,有 10 名适龄幼儿报名中心幼儿园小班。弘扬英模精神,开展专题走访慰问活动。为大力弘扬英模精神,在“三八”国际妇女节,对英烈遗属、伤残民警及援疆民警家属开展了专项走访慰问工作,慰问 14 人,发放慰问金 28000 元;在清明节前夕组织开展“缅怀英烈功绩、铸牢忠诚警魂”主题祭扫活动,走访慰问英烈遗属 8 人,发放慰问金 8000 元。保障工会福利,助力消费增长。为做好应对疫情、助力消费工作,已按要求将全年工会经费发放完毕,并对全体工会会员额外发放 300 元消费券。同时,为深入贯彻落实上级助力消费的精神,已将生日慰问、助力餐饮、文旅一卡通、工会观影等工作落实到位。截至年底,共使用相关经费 1291190 元。

【规范纪律作风建设】 一是全方位督察,加大督导约束力度。2022 年以来,共开展现场督察 169 次,其中专项督察 133 次,出动督察警力 390 人次,现场督察单位场所 830 个次,共编发督察通报 154 期,发现整改各类问题 356 个。网上督察视频巡查 637 次、巡查单位 17810 个次,全局共产生可疑问题 1235 个,已整改可疑问题 1227 个,整改率为 99.35%;共编发各类《督察通报》154 期,通报问题数 300 余个,通报写检查的民辅警 80 多人次,有效促进了各单位在执法过程中的规范化建设。二是开展警务评议,让民意导向监督公安工作。经过梳理,在查实的投诉件中,有 72%是由于不及时反馈、不受理以及态度不好等问题造成,有 21%是由于执法不规范等原因造成的投诉,针对这些突出问题,分局督察委员会拿出了切实有效的可行办法,例如,分局出台了《宜春市公安局袁州分局提升公安工作满意度实施方案》《宜春市公安局袁州分局进一步规范执法实施意见》等切实有效的措施。三是运用“四种形态”,加大执纪问责力度。共计受理各类问题线索 41 条,办结 38 条,其中自查发现 17 条,立案查处民辅警 5 人,其中给予党内警告处分 1 人,行政记大过 1 人,警告处分 1 人,2 人暂未作出处理。2022 年以来辞退(含开除)辅警 5 人,给予辅警记过处分 3 人。运用第一种形态处理 8 人,其中约谈 1 人,责令书面检讨 5 人,给予谈话提醒 1 人,诫勉谈话 1 人。四是核查投诉,做好民警维权工作。积极更新理念,摸索出投诉“快查快办”核查办法,推行案(事)件核查“1、3、5”工作机制,即 1 天内要有核查动作、3 天内有情况报告、5 天内有处理结果,有效提升了涉警投诉案事件的核查进度和办结率。2022 年前三季度,大队共接到各类投诉 278 件,现场化解 120 件,登记受理 158 件,办结 155 件,实现了“两降两升”,即投诉量下降、受理量下降、现场化解率大幅度提升、办结率上升。2022 年以来,办理维权案件 7 件,对 8 名侵权责任人追究责任,为 15 名在执法中受伤的民警(辅警)共发放慰问金 11000 元。出台《宜春市公安局袁州分局关于进一步激励公安民警新时代新担当新作为的意见》,依法履职免责,防止监督失当、问责泛化,做依法履职民警的坚强后盾。五是坚持案件评查,严把审核关,严守案件质量关。2022 年以来,共发布执法质量考评情况通报 21 期,发布网上巡查通报 5 期。大队共审核行政案件 4339 起、刑事案件 2584 起,移送审查起诉 1285 人,强制隔离戒毒 6 人,监视居住 95 人,逮捕 408 人。六是加强巡查,强化规范执法监督管理。严格落实“一案一码”执法办案监督平台工作制度,督促办案民警按照规定使用系统。2022 年以来共发布规范执法分析研判 29 期。执法质量考评行政案件 381 起,刑事案件 632 起,指出各执法办案单位存在的各类问题 2348 处。通过巡查督促,分局的网上办案证据材料上传率达 100%。七是强化案件管理,推动分局执法办案管理中心提质增效。深化受立案改革要求，建立健全警情“日清周结月通报”机制，及时发现、预警和纠正受立案环节的有案不立、压案不查等执法问题。10月25日至11月23日，共发现、预警、纠正执法问题53个，均已第一时间指出并整改。同时落实“两统一”工作机制，加强对案件事实、证据收集、使用法律、办案程序等关键执法环节的审核把关，及时纠正不规范执法行为。

【推进各项重点工作】　一是积极推进街面（路面）综合执法警务机制改革拓展延伸。每月对各基层派出所综合执法工作进行汇总、收集，通报各单位每月完成情况，并及时与上级治安部门沟通，协调解决综合执法存在的问题。2022年以来，共处理简易交通事故340余起，处置交通类引发的纠纷110余起，疏导交通562起，交通救助108起，纠正交通违法行为5400余起。此外，针对农村道路交通安全治理薄弱、交通事故率死亡率高、交通服务水平低等突出问题，坚持目标导向、强基导向，稳步推进17个农村“交所融合”体制改革。2月，制定了《袁州公安分局推进农村道路交通安全管理体制改革实施方案》，8月制定了《宜春市公安局袁州分局实施农村道路交通安全管理体制改革工作方案》，正稳定分批次分节点完成“交所融合”改革。截至年底，已完成慈化、彬江、西村、飞剑潭四个派出所、交警中队的挂牌融合工作。通过优化农村派出所与交管机构、警力、智能、保障等深度融合，积极探索农村道路交通秩序管理新模式，全力维护好辖区内农村道路交通秩序。二是全力加强社区戒毒社区康复工作。建立“626服务中心＋工作站＋综治平台”管控模式，将戒毒康复人员纳入网格化管理，同时针对在外地的吸毒人员，利用元旦、春节、国庆等节假日集中返乡的时机，开展上门走访，签订协议，进行吸毒检测，提升戒毒康复执行率。2021年以来，共接回120名提前解除强制隔离戒毒人员并责令社区康复三年，真正实现社区戒毒社区康复工作“无缝对接”和“零脱失”。三是大力开展野生动物保护、森林防火以及食品安全宣传工作。年初以来，已经联合区林业局、区防火办以及相关乡镇街道开展了5次森林防火以及涉林法律法规知识宣传，宣传内容涵盖野生动植物保护、森林防火、食品药品安全、野外救助等相关知识。通过系列宣传，辖区群众法律意识水平得到较大提升，参与意识以及热情也更加高涨，从根本上减少案件发案率起到了重大作用。四是全力推动重复信访积案攻坚化解。成立“积案化解专班”，由彭冬阳副局长任组长，法制、刑侦、经侦、治安、纪委、督察、信访等部门以及属事责任单位主要负责人和骨干力量组成。2022年以来，4件公安部交办件和10件省厅交办件，26件国家信访局交办件，1件市信访工作联席会议交办件均已清零。五是进一步优化营商环境。持续推进“降成本优环境”专项行动，完善领导干部挂点帮扶企业制度，健全警企联络互动机制，指导企业加强安全防范，提供点对点政策、法律信息咨询等服务，积极帮助解决影响企业发展的实际问题。对辖区内132家企业进行了“一对一”挂点，其中局领导挂点44家重点企业，其他机关科室大队主官挂点88家企业。2022年以来，已集中组织开展走访活动17批次，收集企业意见建议、诉求11个，为企业解决实际困难和问题12个，化解涉企矛盾纠纷1个。

【特色工作】　以构建新时代“大督察”警务督察机制为牵引，贯通抓落实的“最后一公里”。在“统”字上下功夫。在督察委员会框架下，成立由分局督察长、局长蒋晓青任组长的专项督察工作领导小组，制定分局“1+N”督察方案体系，统筹公安内部专责监督和兼职监督力量组建“大督察”体系。在“融”字上做文章。推动出台《袁州分局党的二十大维稳督导方案》《宜春市公安局袁州分局网上督察办法（试行）》等5个文件，与纪委组成4个督导组，融入公安机关48项任务清单，采取现场督察、网上督察、暗访督察等手段，由分局督察委员会统一结果应用，有效提升督察质效。在“深”字上求突破。聚焦重大活动、重要节点，分类分级制定专项督导方案和督察清单，落实“一事五查”要求，切实提升督察工作深入性、系统性。以“六星创建”为抓手，推动各项工作落地见效。推出党建示范、社区警务、窗口服务、打击破案、维护稳定、警务督察“六星”创建活动，并将“六星创建”活动与年度重点工作紧密挂钩，与年度绩效考核及评先评优紧密挂钩；同时采取在一楼大厅展示和在分局内网设置飘窗以及电梯内视频进行播放等方式，将每月“六星榜”评比结果进行通报，以此激励民辅警，促比学赶超、担当实干、争先创优，推动公安“打防管控”工作提质增效。通过“六星”创建活动与业务工作不断深入结合，袁州公安“打防管控”工作取得了三个提升的显著成效。在2022年全市“作示范、勇争先”活动中，袁州公安在A组赛道中取得了优胜的成绩。

检 察

【概况】 2022年，袁州区检察院在区委和上级检察机关的正确领导下，深入贯彻落实习近平新时代中国特色社会主义思想、《中共中央关于加强新时代检察机关法律监督工作的意见》和《中共江西省委关于加强新时代检察机关法律监督工作的实施意见》要求，围绕区委和上级检察机关工作部署，依法履行法律监督职责，检察工作质效稳步提升。全年共受理“四大检察”案件2664件。在全市政法系统开展“作示范、勇争先”活动A区中，检察工作取得优胜，检察工作群众满意度进入全省第一方阵，宣传工作被最高人民检察院、检察日报社评为“二〇二二年度全国检察宣传先进单位”。截至2022年12月单位共有在编干部62人。内(下)设股室名称(共计9个)：第一检察部、第二检察部、第三检察部、第四检察部、第五检察部、综合业务部、司法警察大队、办公室、政治部。派出机构(共计2个)：金瑞检察室、温汤检察室。

【政治建设】 坚持党对检察工作的绝对领导，向区委常委会专题汇报了贯彻落实《中共中央关于加强新时代检察机关法律监督工作的意见》和《中共江西省委关于加强新时代检察机关法律监督工作的实施意见》情况。严格执行《中国共产党政法工作条例》。深入学习贯彻落实党的二十大精神，巩固深化党史学习教育和政法队伍教育整顿成果，邀请专家学者上党课7次，引导干警坚决捍卫“两个确立”，自觉做到“两个维护”。认真扛起意识形态工作责任，定期专题研究意识形态工作。

【营商环境】 不批准逮捕、不起诉涉企业案件共45件62人。畅通涉企案件“绿色通道”，批准逮捕职务侵占、假冒注册商标等破坏社会主义市场经济秩序案件27件35人，起诉30件75人。稳妥推进涉案企业合规工作，建立涉案企业合规第三方监督评估机制。组织开展“百名检察官进百企”活动，走访重点企业11家，提供法律咨询、办理企业诉求23件次。优化营商环境工作做法被省级媒体平台“新法制报”“江西营商”刊登。

【打击诈骗活动】 认真落实最高人民检察院“三号检察建议”，重点打击群众反映强烈的电信网络诈骗、非法吸收公众存款、养老诈骗等涉众型经济犯罪案件34件119人。涉众型经济犯罪办案团队被省检察院评为“全省检察机关优秀办案团队”。办理的彭某等人以预定养老服务为名非法吸收公众存款案被评为全省典型案例，办理养老诈骗案件工作经验被全省推广。

【未成年人综合司法保护】 批准逮捕侵害未成年人犯罪案件29件37人，提起公诉37件54人。对涉罪未成年人依法不批准逮捕64人，不起诉19人，附条件不起诉30人，附条件不起诉考验期满后不起诉29人。在全市率先与派对文化集团有限公司联合创建袁州区未成年人观护帮教基地，开展跟踪帮教4人次。加大未成年人司法保护力度，对未成年被害人“一站式”救助全覆盖，提前介入性侵案件40件，一次性询问40人次，联合救助37.5万元。聘任40名强制报告宣传员及25名公益诉讼观察员，督促落实侵害未成年人案件强制报告制度。大力开展检校共建，20名检察人员担任法治副校长，开展法治宣讲32场次，覆盖师生家长3000余人。建成未成年人检察工作室，倾力打造“未检＋社工”、“未检＋企业”、“未检＋法治教育”及“未检＋家庭教育”四大基地特色。

【刑事检察】 受理审查逮捕各类刑事案件680件1009人，依法批准逮捕案件394件574人；受理审查一审公诉案件1885件2422人，提起公诉1168件1560人。积极落实认罪认罚从宽制度，对犯罪嫌疑人依法从宽处理。贯彻宽严相济刑事政策，决定不批捕435人，不起诉834人。建立侦查监督与协作配合机制，强化刑事立案和侦查活动监督。加强刑事执行监督，办理纠正违法案件98件，收监执行审查案件4件，法院暂予监外执行审查案件6件，重大案件侦查终结前讯问合法性审查案件5件。

【民事、行政检察】 开展了“信用惩戒执行监督”专项活动，积极通过制发检察建议方式进行监督。能动司法暖民心，为农村老年人、农民工追索人身损害赔偿、工资120余万元;受理行政检察案件12件,发送检察建议7件,均被行政机关采纳。聚焦土地执法查处领域协作,与市自然资源局袁州分局建立协作机制,监督人民法院行政非诉执行,落实最严耕地保护制度。常态化开展行政争议实质性化解,与区司法局会签推进行政争议实质性化解协作机制,努力促进案结事了人和。办理易某某申请换发出生证明行政争议复议案被省检察院评为典型案例。

【公益诉讼职能】 对生态环境和资源保护、食品药品安全、国有财产保护、国有土地使用权出让及英烈保护等五大重点领域监督全覆盖。开展无障碍环境建设检察专项监督、农产品安全专项监督、食品安全专项监督、"消"字号抗(抑)菌制剂非法添加检察专项监督及非法采矿破坏生态环境检察等专项监督,重点加强非法采矿及自然资源领域污染环境的公益诉讼线索排查。共立案调查51件,发出诉前检察建议39件,行政单位均能按时回复并完成整改。召开袁州区首例污染环境后生态环境损害赔偿磋商会议,督促企业及时修复生态环境解决受污染水源地的居民饮用水安全问题,为侨属企业发展保驾护航。

【检察队伍建设】 积极创建"勤廉"单位,坚持严管厚爱,扎实开展党风廉政建设,加强对"一把手"和院领导班子等关键少数的监督,严格落实防止干预司法"三个规定"。以抓落实活动年"三拼三促"工作为着力点,开展案件评查。强化队伍素能锻炼。1名干警荣获"2022年度全国检察宣传先进个人"称号。1名年轻干警入选全省检察机关重案人才库。6名干警分别荣获"第一届新时代全省检察机关宣传舆论业务能手""全市优秀公诉人"等称号。

【接受社会各界监督】 主动接受人大依法监督和政协民主监督,办理政协委员提案1件。邀请人大代表、政协委员参加公开听证会、案件研判等活动30次。主动接受人民监督员办案监督,邀请人民监督员参加案件质量评查、听证会等活动34次。加大检务公开力度,共发布案件程序性信息2478条,公开法律文书271份。组织召开检律协作联席会议,依法保障律师执业权利。

(何化霞)

法　院

【概况】 2022年,区法院共受理各类案件18975件,其中新收17837件,旧存1138件,结案18672件,员额法官人均结案381件,各项工作取得新进展,其中在营商服务、诉源治理等方面取得了较为突出的工作成效,多项工作举措被上级肯定和推广。2022年1—12月,区法院共有在编在岗干部133人,设有立案庭(诉讼服务中心)、刑事审判庭、民事审判一庭(环境资源审判庭)、民事审判二庭、民事审判三庭、行政审判庭、执行局、审判管理办公室(研究室)、政治部、综合办公室、司法警察大队、经济技术开发区法庭、明月山法庭、三阳法庭、金瑞法庭、慈化法庭、天台法庭、东浦法庭、西村法庭、白马法庭、西岭布法庭。

【刑事审判】 共审结刑事案件1161件。依法保护群众生命健康权益,严厉惩治故意杀人、故意伤害等暴力犯罪211件。坚持扫黑除恶常态化,深入推进"打财断血"工作,共执结涉黑恶案件20件,执行到位186万元。坚持总体国家安全观,依法查处危害政治安全等案件5件。依法维护经济秩序,审结百乐休闲、元博茶油等非法集资、非法吸收公众存款案件11件。依法守护群众财产权益,深入开展电信诈骗、养老诈骗专项整治活动,审结案件148件,一件案件入选全省整治养老诈骗十大典型案例。

【民商事审判】 共审结民商事案件10091件。准确适用《中华人民共和国民法典》,坚持平等保护原则,审结合同、股权纠纷案件6091件,促进市场经济持续健康发展。推进家事审判机制改革,探索构建"1314"家事审判机制,妥善化解婚姻家庭纠纷1051件。注重民事权益保护,依法审理劳动争议、交通事故、工伤医疗等责任纠纷案件767件。依法保障军人合法权益,妥善办理涉军人案件15件,配合杭州军事法院拍摄涉军维权宣传片。强化破产审判工作,审结明月山酒业等破产案件12件,成功办理全省首例委托第三方机构处置破产资产案件。深化"分裁调审"机制改革,组建5个速裁团队,推进案件繁简分流,民事案件审理期限同比缩短了63%。

【行政审判】 共审结行政案件142件。充分发挥行政争议化解桥梁纽带作用,促进行政争议实质性化解,调解撤案行政案件35件。落实行政案件相对集中管辖改革,切实维护行政相对人的合法权益,依法改变或认定行政行为无效21件。加强与行政机关的良性互动,与万载县司法局等部门建立行政争议化解协作机制。依法支持行政机关行使行政职能,办结行政非诉执行案件23件。

【执行工作】 共执结案件7175件,执行到位金额7.8亿余元。加大执行工作力度,切实兑现当事人胜诉权益,累计开展执行专项行动6次,拘传拘留被执行人278人,对被执行人采取限制高消费措施6447人次,移送追究拒执行罪7案7人。贯彻善意文明执行理念,共以执行和解方式执结案件1355件。优化执行工作机制,升级改造执行服务中心,加快执行事务运转效率。在全省率先建立惠企快执中心,工作做法在全省执行工作会议上推介,一个案例入选全省法院服务保障双"一号工程"十大执行典型案例。

【优化营商环境】 紧扣营商环境工作,不断深化服务保障水平,相继推出一系列创新性服务举措。在全省率先建立了重大项目法官工作室,妥善高效化解涉重大项目关联案件,为重大项目顺利落地提供精准有力的司法服务,同时以重大项目法官工作室为基点,与无讼企业服务团队、惠企快执中心、府院联络处打造"四大服务平台",形成从审判到执行、从诉讼到非诉的全流程闭环化工作机制,工作做法相继得到了省市领导的高度肯定,并作为经验做法在全省进行了推广。创新开展"无讼企业"创建活动,构建"黄橙红绿"企业纠纷分级化解机制,精准化解企业矛盾纠纷,对"无讼企业"进行挂牌认证,助力企业高质量发展,工作做法相继得到省高级人民法院、最高人民法院的肯定,并作为地方经验进行推广。探索构建明月山、武功山跨域旅游纠纷协作机制,精准高效化解旅游纠纷,助力旅游产业发展,工作做法相继被省营商办、省改革办刊载转发。精心做好营商环境省评迎检工作,顺利完成各项考评任务,办理破产指标进入全省第一方阵。

【推进诉源治理】 依托人民法院调解平台,大力开展委派调解工作。2022年,区法院共通过委派调解机制调解案件2190件,调解成功1156件,调解成功率达53%。新收民事案件同比下降10.5%,案件数量五年来首次出现下降,诉源治理工作取得实际成效,工作做法得到了省委政法委主要领导的批示肯定,参加最高院一站式建设优秀改革成果评选,并相继在省高院、最高院内部简报上刊载。在全省率先打造"解纷码+网格法庭"多元解纷新机制,将解纷工作与网格化管理深度融合,为群众提供高效、便捷的解纷服务,推动矛盾纠纷化解在基层,工作做法相继被省委政法委、省营商办、省改革办等刊载转发。

【服务中心工作】 立足法院职能作用,为中心工作提供有力司法服务。严格贯彻中央决策部署,持续服务保障"六稳""六保"。主动服务乡村振兴,妥善化解涉农村土地、村民权益等纠纷案件235件。积极参与创文明城活动,累计组织开展志愿活动300余人次。严格落实涉诉信访工作主体责任,累计化解涉诉信访矛盾112起。

【完善诉讼服务体系】 深入开展"我为群众办实事"示范法院创建活动,不断改善各项软硬件设施,持续优化一站式诉讼服务机制。入驻袁州区矛调中心,设立"易院长调解室""涉民生案件集约办理中心",入驻以来,共为群众提供立案、咨询、调解服务2200余人次。完善多元解纷机制,依托法庭地域特点相继打造出明月山法庭"乡音调解室"、金瑞法庭"红色巡回审判"、慈化法庭"七心三要素"等多元解纷工作品牌。 (周 顺)

司法行政

【概况】 2022年,袁州区司法行政工作围绕抓落实活动年"三拼三促"工作要求,聚焦发展和改革双"一号工程",在发挥党建引领、转变工作作风、全面统筹依法治区、优化法治化营商环境、维护社会和谐稳定等各项工作上都取得了一定的成绩。特别是行政复议规范化建设、法律明白人培养工程提升、智慧矫正应用建设、人民调解组织宣传等工作走在了省市前列。同时,将"依法治区"与"工业强区、科技兴区、文旅活区、特色靓区"共同作为袁州区的发展战略统筹推进。袁州区委党委在学习贯彻习近平法治思想上率先垂范,组织开展习近平法治思想专题学习四次,全区各部门单位开展习近平法治专题学习100余次;组织全区5000余名干部参加习近平法治思想专题知识测试。

2022年,袁州区司法局组织宣传人民调解工作获“中华全国人民调解员协会通报表扬”;被江西省司法厅评为“复议为民促和谐”专项行动表现突出单位;被江西省司法厅评为江西首批行政复议规范化示范单位;被江西省司法厅评为全省行政复议“进园区、商会、企业”专项法律服务活动先进单位;袁州区法律援助中心被江西省司法厅评为2022年度法律援助先进单位;袁州区司法局化成街道司法所所长林松被江西省委组织部确定为“新时代赣鄱先锋”重点学习宣传对象;袁州区法援中心主任李莹获评全省律师行业公益表现突出法援律师;袁州区司法局欧阳琴斯被省司法厅评为“全省行政复议‘进园区、商会、企业’专项法律服务活动先进个人”。

【法治政府建设】 2022年,组织印发了《关于开展跨部门、跨领域“综合查一次”涉企联合执法实施方案》《关于进一步加强行政规范性文件管理工作的通知》《关于进一步加强袁州区人民政府重大行政决策管理工作的通知》等文件,依据规定清理行政执法岗位人员执法证件989个,监督证55个。推动实行柔性执法,贯彻落实行政执法“三项制度”和企业安全生产期制度,在25个领域制定351项轻微违法、首违不罚事项清单。

【法治文化建设】 开设“法治袁州”抖音号及微信公众号,推出普法宣传系列短视频,创新开展“普法短信进万家”“法治快递小贴士”等活动,在辖区内获得了较好的反响。常态化开展“法援惠民生”“服务大局普法行”等品牌活动,全年累计开展各类普法活动113场,线上普法活动6场,发放宣传资料4万余份,惠及人民群众15万余人。

【法治乡村建设】 袁州区已培养16990名法律明白人骨干,87496名普通法律明白人,参与法治宣传7.6万余人次,参与社会事务管理、矛盾纠纷化解、引导法律服务等共计1.7万余次,提升乡村治理水平。

【公共法律服务】 推进公共法律服务三台融合建设,袁州区现有凤凰、下浦、秀江、湖田、南庙、金瑞、渥江、三阳、新康府、西村、辽市、飞剑潭、洪塘、新田14个乡镇(街道)通过公共法律服务工作站标准化规范化建设验收。2022年,袁州公证处开展公证宣传32次,办理公证业务404件,收费24万元。共有5例法律援助案例、1起法治宣传经验典型案例成功入选司法部案例库。律师队伍管理。引进优秀律师资源到袁州设立律师事务所。2022年,袁州区律师事务所由原有的2家增加至6家、执业律师由13人新增至45人。

【人民调解工作】 建立各级人民调解委员会375个,有人民调解员1594人。依托地方文化打造特色调解室2个,组建特色调解队伍5支。2022年,袁州区各级人民调解委员会共开展矛盾纠纷排查937人次,排查发现矛盾纠纷193件,预防纠纷213件。共参与调处矛盾纠纷1585件,调解成功1557件,调处率达98%以上;努力做到了将矛盾化解在基层、吸附在当地、消除在萌芽状态,实现矛盾纠纷不上交。

【社区矫正】 严格按照司法部的要求设立综合管理区、监督管理区、教育帮扶区三大功能区,在全省率先引进VR智慧矫正技术,建成全省首家VR智慧矫正工作室。全区正在接受矫正的社区矫正人员有636人,通过定期摸排走访、心理疏导等方式,切实推进了社区矫正对象的管理工作。

【安置帮教】 2022年,袁州区共接收刑满释放人员883人,其中2022年省内456人、省外223人。省内接送率为100%,人员衔接率100%,落实帮教率100%,信息核查率100%。

【提升法治化营商环境】 以优质的法律服务为引擎,为地方经济发展保驾护航。组建园区企业公益法律服务团,组织律师、基层法律服务工作者开展“万所联万会”“法治体检”行动;设立园区金牌调解管家,及时化解涉企矛盾纠纷;开展“行政复议进园区、商会、企业”工作,以28个乡镇街道行政复议代办点为依托,设立了28个行政争议化解工作站、70个行政复议联系点,为市场主体提供全方位法治保障。

【推进法治网格建设】 以秀江、凤凰街道为试点,探索将社区“法律明白人”培育工作嵌入基层社会治理网格化工程,实现每个小网格配置1名法律明白人。全区共培养社区“法律明白人”骨干360名,此项做法先后获得市司法局主要领导和区委主要领导肯定性批示。

【建成行政争议化解中心】 狠抓规范化建设，高标准建成袁州区行政争议化解中心。2022 年 6 月 6 日，由袁州区人民政府主办，区委政法委、区司法局共建，人民调解、行政调解与矛调中心等多方参与的高效实质化解平台“袁州区人民政府行政争议化解中心”正式启动运行。中心运行以来，收到行政复议申请 66 件，受理 54 件，不予受理 10 件，案前调解成功 2 件，已办结 54 件，办结率为 100%。

【打造人民调解特色品牌】 充分发挥“枫桥经验”，在乡镇街道司法所打造品牌调解工作室，“一所一特色”亮点工程稳步推进，三调联动的多元化解机制持续优化。凤凰街道黄坡社区“老协”调解工作室、秀江街道高士名居社区“厚礼”工作室、南庙镇白马村“波伢里”调解工作室、西村镇“老袁”调解工作室、洪塘镇“老易”调解工作室等深获群众好评。（康心馨）

社会生活

民　政

【概况】　2022年在袁州区委、区政府领导下，在宜春市民政局指导下，袁州区民政工作在殡葬改革、婚姻登记、社会组织、慈善工作、养老服务、基层政权或社区建设、社会救助等方面取得了显著成绩。

【殡葬改革】　2022年3月23日，袁州区人民政府办公室印发了《关于全区开展“殡葬管理工作提升年”活动实施方案》（袁府办字〔2022〕15号）文件。全区遗体火化率100%；建成农村公益性公墓435个，打造省级2个、市级1个、区级23个农村公益性公墓示范点，良好管护率100%；遗体火化后入公墓或节地生态安葬率100%；依法推进殡葬领域突出问题，宗教领域违规提供殡葬服务，“住宅式”“家族式”墓地等违法现象治理。

【婚姻登记】　积极推进婚姻登记标准化建设，着力打造优质服务窗口，全面提升婚姻登记管理服务水平，使群众幸福感、获得感不断提升。截至2022年12月31日袁州区共办理婚姻登记8267对，共办理结婚登记5066对，离婚登记1750例，补领结婚证1239对，补领离婚证212例。无一例违法登记事件发生，登记合格率100%。积极应对登记高峰，提前制定预案，采取组织、场地、人力、设备、应急、检查六项保障措施，全力为当事人办理结婚登记。做到预察在先、准备充分、管理得当，平安、顺利、高效地完成了登记高峰工作，据统计5月20日一天共办理结婚登记204对，补领结婚证2对，补领离婚证1例，离婚登记5例。开展颁证服务，促移风易俗。积极宣传婚事新办、喜事简办，不盲目攀比、不铺张浪费，抵制变相买卖婚姻，反对相互攀比的不正之风，促进婚姻领域移风易俗。加强离婚调解，促社会和谐。积极落实离婚冷静期，成立了志愿者活动组织，不定期参与离婚调解工作，与离婚对象谈心谈话，宣传、讲解民法典，促进理性对待，相互包容、相互理解。做好婚姻登记跨省通办前期准备工作。已逐步完成婚姻历史档案电子信息化，为下一步婚姻登记全省通办、跨省通办做好充分准备。

【社会组织】　2022年，袁州区社会组织管理深化“放管服”改革，落实行政审批“四减一优化”，简化办事流程，提高效率，优化服务，加强社会组织管理，健全社会工作机制，创新城乡社区治理，着力健全共建共治共享的基层社会治理体系。严格审批手续，优化政务环境，截至2022年底，在民政部门登记的社会组织共计351家，其中民办非企业单位239家，社会团体112家。2022年新增民办非企业20家、变更16家、注销6家、撤销103家。新增社团12家、变更2家，注销登记6家,撤销14家。全面落实错时延时预约服务，建立“365天不打烊”服务窗口，确保群众在工作日、双休日和法定节假日也能办成事，共办理延时错时服务16件，解决群众“上班时间没空办事、休息时间没处办事”的烦恼。出台《关于乡镇(街道)成立社区社会组织联合会或社区社会组织服务中心的通知》督促乡镇街道结合二期江西省数字民政开展社区社会组织的备案工作，系统共备案2474家社区社会组织。对已登记的社会组织开展年检工作。根据国务院《社会团体登记管理条例》《民办非企业单位管理暂行条例》，从2022年4月开始，对2021年6月30日前登记的社会团体和民办非企业单位进行年检。印发《关于开展袁州区性社会团体、民办非企业单位2020年度检查工作的通知》（袁区民字〔2022〕

24 号),并同步在区政府网站上公示。年检工作在各业务主管单位对社会组织初审的前提下,提交年度检查报告书和审计报告。截至 2022 年年底通过年检的社会组织共 245 家,其中民办非企业 183 家,社会团体 62 家。在年检的同时,对于长期不配合年检的"僵尸组织",加大排查力度,2022 年对宜春市袁州区景开职业技能培训中心下达行政处罚决定书及撤销函,同步在区政府网进行公示,并于 60 日公示期后再次公告公示,将行政处罚结果及时录入江西省"双随机、一公开"行政执法监督平台,完善社会组织信用体系建设。加强社会组织执法监督,认真落实省市区各项文件精神,积极做好"互联网 + 监管"改革、"双随机、一公开"监管两个系统职能、事项等数据对接。及时录入更新检查对象、检查人员、完善职权配置,积极开展执法工作,加强日常巡查录入和行政处罚案件补录。在江西省"双随机、一公开"行政执法监督平台共开展 2 项检查计划,并在规定时间及时录入检查结果,结束检查任务,录入信用巡查信息 16 条。

【慈善工作】 2022 年,袁州区慈善总会开展"幸福袁州爱心圆梦"慈善助学活动,资助全区 32 名困难家庭高考优秀学子圆梦大学,给每名受助学子一次性发放 5000 元助学金,累计达到 16 万元。开展"幸福袁州关爱留守儿童"项目资助活动,争取市级资金 5 万元建立"儿童之家"1 个,为开展关爱保护未成年人活动创建关爱保护平台。开展慈善扶贫济困活动,与社会救助衔接。积极开展慈善助医、济困,救助因病致贫的城乡困难群众 2 人,开展慈善情暖万家走访慰问困难城乡群众 84 人,送去慰问金 4.2 万元。

【"五社联动"工作】 积极推动社区、社会组织、社工、社会资源及社区自治组织的"五社联动"工作。建立健全"五社联动"制度,打造一支数量充足、结构合理、素质优良、熟悉法律、掌握治理方法、善于做群众工作的专业化队伍,为社区治理提供人才保障。积极推动社会工作服务站点建设,2022 年将区社会工作服务中心和 28 个乡镇(街道)社会工作服务站站点建设经费 60 万元列入财政预算,至 2022 年 7 月底,所有站点均按照"社会工作服务站建设标准"完成了建设,力争带动实施一批民政领域社会工作服务项目,探索形成袁州区政府购买社会工作服务的特色品牌。

【养老服务】 统筹推进城乡老年人关爱服务体系建设,完善老年人关爱服务网络,发挥兜底保障作用,落实农村留守老年人关爱、高龄老年人补贴、分散特困人员照护、政府购买服务等政策,不断完善老年人关爱基础设施建设。实行农村留守老人探访制度,每月及时开展农村留守老年人基本情况摸底,建立留守老年人个人信息台账,定期开展村(居)干部与留守老年人"一帮一"互助关爱活动,对分散供养的特困人员提供照护服务,对独居、失能、高龄等特殊留守老年人实行季度探访,至 2022 年 12 月底,袁州区共有留守老年人 1891 人。及时发放高龄老人长寿津贴,2022 年共有 80 周岁及以上老年人 20486 人,累计发放高龄津贴 1728.393 万元;针对经济困难的高龄老人,发放服务补贴和护理补贴,2022 年共计发放 439.781 万元;大力推进农村"党建 + 乐龄中心(幸福食堂)"及城市助餐网点建设,至 2022 年 12 月底,袁州区共建成运营农村"党建 + 乐龄中心(幸福食堂)"站点 201 个、城市助餐网点 8 个,为城乡留守、空巢老人提供就餐、文化娱乐等服务。发挥区智慧养老服务平台作用,实现线上线下联动,通过政府购买服务的方式,为中心城区 60 周岁以上分散供养特困对象、重点优抚对象、失独家庭和计生特困家庭等六类特定老年人提供居家和社区养老基本服务,累计为 1027 名老人提供政府购买居家和社区养老服务,累计服务 15186 人次,累计服务时长 30366 小时,呼出关爱电话 10692 次。探索实施家庭养老床位试点,强化居家社区养老服务功能,在中心城区试点建设家庭养老床位 50 张。统筹推进城乡特殊困难老年人家庭适老化改造,2022 年完成 258 户分散供养特困对象家庭适老化改造任务。推进街道社区居家养老服务中心建设,全面完成湛郎街道日升、东园社区,灵泉街道鹧鸪社区,新康府街道丁家台社区 4 个社区居家养老服务中心建设,满足老年人日间照料、寄养托养的个性化需求。实施乡镇敬老院适老化改造提升工程,推动芦村镇、南庙镇、天台镇、柏木乡、彬江镇、金瑞镇 6 所乡镇敬老院实施适老化改造提升,对照有关国家标准和改造要求,进行外部无障碍环境改造、内部适老化装修设计、适老化设施配置等,提高敬老院设备设施适老化水平。按照《袁州区乡镇公办养老机构工作人员绩效考核办法》，实行年度绩效考核制度，考核结果与绩效挂钩。大力开展从业人员培训，2022年开展养老护理员培训3期，累计培训160人次，开展消防安全知识培训1期，培训40人，开展专兼职老年社会工作者培训1期，培训30人次；同时举行全区养老护理员职业技能竞赛，通过以赛促学、以赛促教，进一步促进袁州区养老人才队伍建设。积极组织开展养老机构等级评定工作，发挥以评促改、以评促学作用，通过等级评定发现不足，提升机构服务能力，2022年通过相应等级评定的机构共11家。2022年购进护理型床位1261张，将养老机构护理型床位占比提升至55%以上，同时将袁州爱心养老服务中心打造成失智照护机构和护理型示范机构，全力推进区福利中心二期“公建民营”项目建设运营，支持区福利中心配建医务室、护理站、临终关怀室。开展打击整治养老诈骗专项行动，成立专项工作领导小组及工作专班，定期召开推进会议，多种形式进行宣传教育，建立风险管控名单，联合卫健等部门开展排查整治行动，清除相关风险隐患。提高站位，统筹谋划，细化常态化管控措施，全力做实“一老一小”服务机构疫情防控工作，加强防疫物资储备，建立健全安全制度、应急预案和各类台账，加强日常值班巡查、隐患排查和设备设施维护保养，及时掌握安全动态，消除安全隐患。健全食品采购溯源制、进出库查验制度，落实食品留样制度，开展安全生产大检查行动，确保养老机构各项措施有效落实。

【行政区划】 完成国家地名数据库高质量建设。地名是社会发展的基本公共信息，是历史文化的重要载体，与人民群众的工作生活密切相关，共计对5485条地名数据进行拼音、卫星定位、含义、历史沿革、来源校核，确保数据库数据有历史出处，符合地理现状；开展了集镇街路巷路牌的设置工作。对未命名的路进行命名，对不符合规范设置的路牌进行清理。截至年底，共计命名道路45条，清理不符合规范路名10条，设置路牌96块；根据《关于做好2022年度行政区域界线联合检查工作的通知》(宜民字〔2022〕6号)精神，对全区行政区域界线联检及平安边界工作进行认真部署。印发袁州区《关于印发〈关于做好2022年度乡级行政区域界线联合检查工作的通知〉》(袁区民字〔2022〕20号)，2022年度全面完成了上级要求的16条乡级行政区域界线的联检工作。全力做好全国第二次地名普查成果转化工作，督促落实《袁州区地名志》《袁州区地名故事集》《袁州区地名文化遗产保护名录》等地名成果转化的编纂出版准备工作。

【社区建设】 2022年，在不改变原街道的管辖范围的情况下，袁州区对中心城区的社区拆开重组，优化设置。通过撤销、合并、新增，使得中心城区的社区人口规模合理化、基础设施均衡化、范围清晰化。更名1个社区，撤销2个社区，合并2个社区，设立12个社区，社区总数增加9个，从原65个社区增至为74个社区。具体为：下浦街道新设立崇德社区，湛朗街道新设立东方社区，凤凰街道新设立富润社区、鸿运社区、沥江社区、桂园社区，化成街道新设立秀林社区、观澜社区、画眉社区，秀江街道新设立丽湖社区、官塘社区、北苑社区。灵泉街道撤销大坪社区、东城社区。将珠泉街道四一四社区和塔下社区合并为塔下四一四社区。凤凰街道柒家岭社区更名为平安社区。2022年，袁州区新康府街道馨苑社区，凤凰街道柒家岭社区，秀江街道昌黎社区，湛朗街道红星社区，西村镇西村社区5个社区被省民政厅命名为“幸福社区”创建活动示范社区。2022年，在全区城乡社区推进了“365天服务不打烊”服务。在工作日中午、双休日以及国家法定节假日提供错时延时服务；推行“一站式服务”，通过一窗层级推送审批和处置，做到“一窗同办”等，提升服务水平，密切了干群关系。

【儿童福利】 自2022年1月1日起，将残疾孤儿和残疾事实无人抚养儿童护理费提高到1380元/月·人，全年发放照料护理补贴104.878万元；袁州区共有孤儿118人(其中社会散居孤儿68人，福利机构集中养育孤儿50人)，全年累计发放孤儿基本生活费209.8万元；袁州区共有事实无人抚养儿童302人，累计发放生活费363.444万元。落实“福彩圆梦　孤儿助学工程”，对年满18周岁仍在上学的孤儿发放每人每年10000元助学金，并在原孤儿助学基础上增加了事实无人抚养儿童助学保障制度，为26名孤儿及事实无人抚养儿童发放助学金共计21.7万元。落实孤儿“医疗康复明天计划”，出台了袁州区孤儿体检实施方案，定期为孤儿开展体检，充分利用儿童康复训练基地设施设备，通过与发达地区的基金会、区红十字会医院合作，有效提高基地康养教水平，为孤残儿童术后康复及日常康复提供保障，让有条件的孤残儿童早日回归家庭。按照“政府主导、民政牵头、部门协同”工作领导协调机制的要求，建立了农村留守儿童、困境儿童关爱队伍，健全农村留守儿童基本信息动态管理机制和信息库，按季及时更新全国留守儿童信息管理系统数据，2022年底，全区有农村留守儿童1714人，无辍学、无户籍缺失、无脱离监护的儿童。全覆盖建设未成年人保护工作站，加强乡镇街道未成年人保护工作平台建设，着重打造2个市级示范点。依托站点积极开展各类活动，丰富各类儿童及未成年人的生活。袁州区依法办理国内收养工作，将符合收养条件的儿童列入可收养儿童范围，让儿童回归家庭，通过政府购买服务采用了第三方评估的方法，对拟收养家庭进行全面评估，切实保障被收养儿童的权益，实行收养能力评估率达到100%，收养合格率达到100%。积极联合公安办理无户口人员落户工作，2022年累计为31名无户口儿童办理了落户。

【社会救助】 按照民生工程的要求，2022年城乡低保标准分别为825元/人·月、600元/人·月；月人均补差水平为500元/人·月、400元/人·月。至年底，全区共有低保对象27561人，其中城市4136人，农村23425人，全年发放城乡低保金1.54亿元。开展了城乡低保专项治理工作，全年共取消城乡低保对象1147户1844人，新增城乡低保对象938户2548人。20世纪60年代精减退职老职工救济金城市每人每月提高40元，农村每人每月提高50元，城市提高到575元/人·月，农村提高到535元/人·月，共发放救济金46.6万元。全年共实施临时救助2391户4878人，发放临时救助金361.7万元，下拨乡镇（街道）临时救助备用金302万元。共完成居民家庭经济状况核对22740户78232人次，出具核对报告76800份。通过聚焦中央、省、市、区督查和第三方评估反馈的问题，举一反三，通过抓好问题整改，进一步推动保障扶贫工作。截至2022年底，全区有建档立卡低保对象6552户11168人，发放低保金6186.9526万元；有建档立卡特困供养对象880人，发放供养金664.0515万元，发放物价补贴18.94万元，发放建档立卡特困人员照料护理补贴8437人次、125.268万元；有建档立卡孤儿46人，发放补助5.52万元；为建档立卡残疾人发放残疾人“两项补贴”56143人次、606.137万元，发放建档立卡贫困重度失能残疾人照护和托养补贴5408人次、231.5万元；为建档立卡贫困户审批临时救助336户710人，发放救助金60.24万元。通过不断扩大保障覆盖范围，做到了“应保尽保”，突出重点，通过开展挂牌督战，进行调研督导，强化了责任意识，抓严抓实了整改工作，高效彻底完成整改任务。全区上下充分认识到城镇困难群众解困脱困工作的重大意义，主动担当，积极作为。一是帮扶对象更精准。2022年，已认定解困脱困对象1040户1703人，并按照“一户一档”的要求建立了档案。二是责任压实更有力。袁州区坚持落实会议制度要求，每季度召开一次领导小组联络员会议调度推进解困脱困工作，并督促各单位强化政策措施落实。三是措施落实更全面。全面提高城镇低保，特困供养，机构供养和社会散居孤儿养育等标准。已发放城镇低保、特困供养补贴、残疾人“两项补贴”、孤儿保障补贴等2716万余元。为城镇解困脱困对象办理慢性病证770人次；享受住院待遇659人次，发生住院医疗费用共计511.33万元，累计“一站式”报销426.46万元，其中基本医保283.46万元，大病保险62.04万元，医疗救助78.26万元，财政兜底（特困人员）2.7万元，在全面落实大病保险普惠待遇政策基础上，将城镇解困脱困人员中特困人员、低保对象起付线降低50%、报销比例提高5个百分点至65%，取消其大病保险年度最高支付限额；为城镇适龄困难妇女开展“两癌”免费检查，2022年应参检人数478人，实际完成检查258人。经袁州区民政局认定的需住房保障城镇解困脱困家庭走绿色通道，优先安排公共租赁住房，截至年底解决5户。建立学生户籍和学籍的双线台账，实施控辍保学夏季攻坚行动，积极开展送教上门服务。2022年共资助解困脱困学生324人次，资助金额12.33万元。根据城镇解困脱困对象劳动力情况和就业意愿，大力推荐就业；开发就业专岗51个，已落实岗位补贴39.18万元，为1名城镇解困脱困劳动力发放转移就业交通补贴500元。代缴城乡居民基本养老保险631人，为城镇解困脱困对象发放城乡居民基本养老保险待遇155人。为98名困难群众办理了助保贷款,放贷金额469.35万元。共受理城镇解困脱困对象办证申请742人，为2000余名城镇解困脱困残疾人提供康复救助,其中配发轮椅、拐杖等辅助器具1980名，残疾儿童康复救助300名,发放机动轮椅燃油补贴19人,共计4940元。

人事与劳动管理

【概况】 2022年，袁州区加强人才队伍建设。对8910名专业技术人员进行了年度考核备案；2022年申报初级资格认定（聘任)人员663人,其中资格认定593人,聘任70人。新聘高级专业技术职务86人，其中正高级6人；中级专业技术职务341人。推荐2022年职称评审高级专业技术资格人员262人,中级专业技术资格人员364人。

【事业单位人员配置】 2022年“三支一扶”人员招募计划35人,实际到岗32人。2022年“三支一扶”服务期满人员共安置16人,其中支教人员6人、支医人员10人。2022年签约优秀师范毕业生30人（含公费师范生1人)。2022年教师省招、特岗共招聘128人，其中教师省招41人、特岗87人(特岗于2025年办理上编手续)。2022年音体美特招志愿者6名。2022年农村学校教师选调134人。2022年师范定向生安置147人。2022年服务期满特岗教师转聘正式在编教师95人。2022年卫生系统专业技术人员招聘39人。

【涉劳动信访交办】 全面推行开放、动态、透明、便民的“阳光信访”模式,2022年,袁州区劳动监察大队接到来电来信来访1239件（其中来电来访195件、国务院根治欠薪线索平台留言398件,“12345”政府服务热线646件),受理群众投诉举报案件49件；受理投诉案件53件,通过立案处理并且已经结案16件,协调处理已经结案30件,共帮助2003名农民工追讨4956.63万元被拖欠的工资。正履行程序案件5件,已经移送法院案件8件,移送公安机关案件1件。

【重点领域监察】 重点对建设领域项目工程进行监督检查,根据《关于在全区开展建设工程领域农民工工资实名制监管工作的通知》(袁薪领办〔2016〕1号)、《宜春市袁州区建设领域农民工工资保证金管理实施办法》(袁治欠办发〔2021〕2号)等相关精神,突出检查辖区内在建工程项目农民工工资保证金缴纳以及农民工工资专用账户的开设、使用情况。对农民工工资与工程款实行分账管理,工程建设领域施工总承包单位在银行办理工程账户的同时设立农民工工资专用账户,以确保农民工能及时足额拿到工资。坚决贯彻落实袁州区人民政府办公室关于印发《袁州区全面治理拖欠农民工工资问题的实施细则》的通知(袁府办〔2017〕45号),从源头抓好施工单位不拖欠农民工工资。努力推进劳动保障监察“两网化”管理,加大对各乡镇、街道、工业园劳动保障监察机构业务指导和督察力度。

【工伤认定与预防】 2022年，袁州区共完成267起工伤认定案件，其中264起认定属于工伤,3起认定不属于工伤。2021年6月,委托第三方专业技术服务机构中国人民健康保险股份有限公司宜春中心支公司对宜春钽铌矿有限公司进行工伤预防项目试点，于2022年7月初完成项目验收工作,工伤预防项目取得明显效果。

【劳动维权】 2022年，全面推进劳动维权。区仲裁院强化“调解为上、仲裁为辅”工作思路,大力推行“阳光仲裁”办案方法,健全劳动争议处理机制,完善劳动争议处理程序，拓宽处理渠道,有力地维护劳动者和用人单位的合法权益,促进劳动关系的和谐稳定。依托人社部“互联网+调解”平台、江西省劳动人事争议智慧仲裁“赣裁通”小程序实现100%网上办案。全年共受理劳动争议案件780件,依法调处案件752件，涉案金额919.28万元。其中,调解组织受理案件576件,同比增加79.43%;仲裁机构受理案件204件,同比增加58.14%。仲裁结案率为100%,调解成功率为96.41%。

【就业管理】 开发“就业码”,精准就业。为进一步扩大就业,打破“用工难、求职难”壁垒,袁州区人社部门以袁州就业网和电脑、手机“两端”为基础,开发“袁州就业一码通”小程序。有求职需求的群众通过扫描“袁州就业一码通”二维码,进入“袁州就业一码通”。界面上有政策指南、招工信息、求职登记、就业意愿等5个板块,功能齐全,实现就业功能全覆盖。其中,政策指南设置了创业培训、就业见习、一次性交通补贴、公益性岗位补贴、一次性创业补贴等17项惠民政策指南,让群众一目了然。截至2022年底,全区已有3万余人次通过扫码进入"袁州就业一码通",了解最新就业政策。

拓宽渠道,扩大就业。为全面落实就业优先战略,健全和完善了区、乡镇(街道)、村(社区)三级就业服务公共网络,配备了专兼职工作人员,通过开展劳务招聘、劳务协作、公益性岗位安置、技能培训等举措,大力做好高校毕业生、退役军人、农民工、城镇困难人员、农村脱贫劳动力等重点群体的就业工作。同时,积极打造了15个高质量就业乡镇(街道)、村(社区),大力推动全区更加充分、更高质量就业。截至2022年底,全区城镇新增就业6952人,新增转移农村劳动力完成14810人。

开发岗位,安置就业。一方面保障就业困难人员再就业,确保他们充分享受到国家的就业优惠政策,按照量力而行、总量控制、公正公开的原则,公开向社会发布、征集购买公益性岗位,截至2022年底已为310名就业困难人员发放公益性岗位补贴68.23万元;另一方面积极统筹就业、残联、林业、水务、交通等部门资金以及自筹资金,大力开发适合脱贫劳动力就业的保洁、护林、交通协管、水库管理、农家书屋管理等就业扶贫专岗,截至2022年底,全区乡村公益性岗位安置脱贫劳动力和监测对象1942人,其中,就业扶贫资金开发1122个,落实岗位补贴415.39万元。

援企稳岗,助力就业。继续实施普惠性失业保险稳岗返还政策,持续优化经办服务,畅通失业保险金申领渠道,推动更多政策免跑即领、免申即享、免证即办,实现政策快速直达。截至2022年底,已为1035家企业发放稳岗补贴499.37万元,涉及人员14961人。

技能培训,提升就业。袁州区把职业技能提升培训作为稳就业、促就业、保民生的有效手段,制订工作计划,分解培训任务,采取有效措施,加大培训工作力度,积极开展职业技能培训工作,有力促进了劳动力转移和就业安置,为稳就业、促就业、保民生打下基础,截至2022年底,共组织开展就业技能培训207期6004人。

劳务招聘,推荐就业。袁州区广纳贤才,线上线下齐发力,多渠道举办引才招聘会。依托"袁州区就业网""赣西直播"等持续开展"网络直聘"活动。同时,举办线下"春风行动暨就业援助月""送岗下乡""高校毕业生园区行""退役军人"等专场招聘会,2022年以来,举办各类招聘活动50场,求职登记14061人,为企业输送求职者4000余人。

创业贷款,扶持就业。充分发挥创业担保贷款的惠民优势,强化政策宣传、统筹发放任务、优化经办服务、加速放贷审核,做到了能续者续、能优者优、应贷尽贷,形成了"贷得出、用得好、效果佳"的良好局面。截至2022年底,共发放创业贷款38279.3万元,其中个人贷款24199万元,扶持1496人,带动7618人;小微企业贷款14080.3万元。

【社会保障】 截至2022年底,袁州区参加城镇企业职工基本养老保险总人数17.19万人,其中:在职113307人,实际缴费人数90726人;离退休人数58621人。全年累计征缴基本养老保险费147214.77万元(含失地农民补缴),累计发放养老金143454.75万元,基金结余6707.97万元。

袁州区机关事业单位养老保险参保总人数19441人,其中在职12507人,退休人员6934人。全年累计征缴基本养老保险费19908.02万元,累计拨付养老金42014.74万元,基金结余6100.54万元。

袁州区城乡居民基本养老保险参保人数37.08万人。其中,参保缴费人员263244人,领取待遇人数107556人。2022年度累计基金收入4909.76万元,累计支出23953.34万元,累计基金结余52950.98万元。

袁州区企业共缓缴525.09万元。其中,养老保险缓缴企业64家,共缓缴512.98万元;工伤缓缴企业44家,共缓缴12.11万元。

医疗保障

【概况】 2022年,袁州区居民医保参保人数933567人,参保率达96.28%,职工医保参保人数52426人。职工医保基金总收入17421.01万元,支出13565.88万元;城乡居民医保基金收入63823.57万元,支出457543.08万元。

【医保脱贫】 建立健全因病返贫致贫风险防范机制,落实分类资助参保政策,做好巩固脱贫攻坚成果同乡村振兴有效衔接工作。确保农村低收入人口、脱贫人口、监测对象应保尽保。2022年全区脱贫人口、监测对象等人群政府资助参保13608人。强化基本医保、大病保险、医疗救助三重制度保障能力,落实区域内医保住院“一站式”结算,截至年底,全区住院11472人次,累计住院报销3566.4万元,累计办理慢性病证12686人次。

【强化基金监管】 通过日常稽核、机构自查、专项稽核、交叉检查、飞行检查等多种形式,实现全区800余家定点医药机构监管检查全覆盖。已累计处罚医药机构600余家次,追回违规医保基金800余万元。

其中通过组织全区两定机构开展针对限制性药品使用和违规收费、2021年国家飞检反馈问题、赣州飞检反馈问题、审计违规线索等数次自查自纠,参与定点医疗机构400余家,定点零售药店200余家;追回违规医保基金金额400余万元。市飞检抽查定点医疗机构11家,初查违规医保基金400余万元。3月份联合区市场监督管理局开展定点药店专项检查,现场抽查药店40家;8月份联合第三方太平保险公司开展打击欺诈骗取医保基金专项整治行动,现场检查定点医疗机构17家,对检查核实的违规医保基金予以全部追回,对部分机构进行通报、约谈、限期整改和暂停医保结算等处理。

【推动国家改革试点项目落地】 为积极稳妥推进区域点数法总额预算和按病种分值付费(DIP)国家试点工作,先后在金瑞镇中心卫生院等乡镇卫生院开展5次DIP业务培训,试点医院由2021年13家增加到2022年全区56家定点医院实行DIP支付结算。所有有住院统筹业务的医疗机构已完成信息系统改造和接口对应工作,已支付各试点医疗机构共计3.74亿元。

【药品及耗材集中带量采购工作】 为稳步推进国家、省组织的药品和医用耗材集采工作,开展6次国家组织药品集中带量采购、2次省组织药品集中带量采购、2次广东2021联盟采购工作。袁州区参与了946种品规的药品集采,合计采购金额887.17万元,通过集中带量采购药品平均降幅约59%,减少参保患者和医保基金支付近600万元。

【优化政务服务】 为方便基层参保群众,将医保经办业务下沉到基层,异地安置退休人员备案、异地长期居住人员备案、常驻异地工作人员备案、异地转诊人员备案(含急诊备案)四个高频经办事项下沉至乡镇(街道)、村(社区);搭建以区—乡镇(街道)—村(社区)三级医保经办服务平台,使参保群众可享受在家门口的医保“零距离”服务。同时下放权限到定点医院,将门诊慢性病证登记权限下放到市二医院等5家城区定点公立医院;将新生儿参保登记权限下放到市医院和市妇保;针对五保、低保、脱贫户等特殊人群,放宽政策,一次配药量长达1~3个月。推进智慧医保“掌上办”使医疗保障领域公共服务跨省通办,实现住院和门诊医疗费用异地就医直接结算。经统计,全年办理各类业务11万余件,非现场业务办理达70%。

乡村振兴

【概况】 2022年,袁州区乡村振兴局深入学习贯彻习近平总书记重要讲话精神,贯彻落实“三拼三促”抓落实活动年活动精神,不断健全工作机制,压实工作责任,落实各项帮扶政策,持续巩固脱贫攻坚成果,坚决守住不发生规模性返贫的底线,巩固拓展脱贫攻坚成果工作不断取得提升。截至2022年12月共有干部9人,内设人秘股、稽查股、乡村振兴和巩固拓展股3个职能股,下设区乡村振兴发展中心,为区乡村振兴局管理的正股级事业单位。

【防止返贫监测和帮扶】 全区共有脱贫户10118户32009人,共有“三类人员”(脱贫不稳定户、边缘易致贫户、突发严重困难户)328户1245人,已消除风险138户499人。共有“十四五”省定乡村振兴重点帮扶村16个、市定重点帮扶村1个、区定重点帮扶村19个。

【衔接责任落实】 调整了袁州区巩固拓展脱贫攻坚成果同乡村振兴有效衔接工作领导小组组成人员。区委主要领导每月定期调度工作开展情况;区委、区政府分管领导每月定期调度分析、协调解决工作推进中存在的问题。明确乡镇党政主要负责人、部门单位主要领导是巩固脱贫攻坚成果的第一责任人。向44个“五类村”选派驻村第一书记44人,选派驻村工作队队员

119 人。

【衔接政策落实】 积极协调配合教育、医保、住建、饮水“3+1”保障部门逐项梳理工作任务，有效推动各项工作落实。2022 年以来，为脱贫和监测户家庭学生发放教育补助 4601 人次 202.09 万元；全区建档立卡脱贫人口通过定点医疗机构“一站式”结算住院报销 11472 人次 4489.42 万元；对农村低收入群体等重点对象住房安全状况实施动态监测，110 户农村危房改造全部完工；全面排查农村饮水工程，强化维修养护，保障饮水安全；集中安置点搬迁群众产业带动占比超过 80%，有就业意愿未就业人员就业率达到 100%；安置点社区管理制度完善，管理人员到位。

【衔接工作落实】 一是持续强化防返贫监测帮扶工作。共有监测对象 296 户 1114 人，已消除风险 138 户 499 人。全年共纳入监测对象 124 户 506 人，办理防贫保理赔 95 例 141.07 万元。二是突出重点发展特色产业。2022 年安排产业项目 69 个资金 3702.2 万元，重点扶持中药材、脐橙、肉牛和蔬菜温室大棚等特色产业，带动脱贫户 10313 户，脱贫户年均增收 1000 元以上。三是着力稳定就业。开发公益性岗位 2143 个，认定就业帮扶车间 55 个，吸纳脱贫人口和监测对象务工人数超过 2021 年。四是切实规范衔接资金项目管理。2022 年度各级财政安排袁州区衔接资金 7203.36 万元，安排项目 194 个。所有省定重点帮扶村安排衔接资金均在 100 万元以上。

（贺　庆）

经济管理与监督

发展和改革

【概况】 2022年，袁州区发改委在区委、区政府的正确领导下，以习近平新时代中国特色社会主义思想为指导，深入贯彻落实中央、省、市、区委各项决策部署，立足“谋大事、强服务、促发展”要求，坚持顶格标准、保持满格状态、拿出真格措施，全力推动各项发展和改革工作。

单位人员机构编制。年末，发改委共有干部职工33人，下设一个副科级事业单位，即区大数据中心；委机关设有13个股(室)，即办公室(挂人事教育股牌子)、国民经济综合股(挂区委财经委员会办公室秘书股牌子)、区军民融合委员会办公室秘书股(挂区国防动员委员会经济动员办公室牌子)、固定资产投资股(挂利用外资和境外投资股牌子)、工业和地区经济股(挂区以工代赈办公室牌子)、农村经济股(挂生态文明建设办公室牌子)、交通运输协调股、经济体制综合改革股(挂区原中央苏区振兴发展办公室牌子)、价格收费管理股、价格认定股、能源股(挂资源节约和环境保护股牌子)、行政服务股(挂政策法规股、园区赋权管理股牌子)、公共资源交易管理股。

年末，袁州区苏区服务中心共有干部职工17人，设有4个股室，即办公室、苏区振兴发展工作股、重点工程服务股、生态建设和节能股。

【跑项争资】 2022年，完成编制《每月重要政策要览》12期。主动对接国家、省、市出台的系列政策举措，结合袁州发展实际，出台《袁州区关于稳住基本盘全力保增长强劲推进高质量跨越式发展的53条政策措施》等奖励政策措施，确保经济运行在合理区间。编印《袁州区跑项争资政策指南》，全力向上争取资金，2022年袁州区争取上级无偿资金1.73亿元，列全市第二；获批政策性开发性金融工具资金1.5亿元，列全市第二；发行地方政府专项债券3.8亿元；通过国家审核基金项目3个，已投放资金项目1个，投放金额1.5065亿元，列全市第二。

【惠企政策】 落实全区经济运行监测分析联席会议制度，聚焦重大项目建设、固定资产投资、服务业发展、数字经济发展等关键指标抓调度，强化经济运行支撑分析，精准施策、补齐短板，着力夯实经济稳健运行基础。坚持对用电、企业注册注销、数字经济发展情况等10大类、70项指标进行周调度，确保惠企稳岗工作平稳运行。2022年，袁州区累计为企业减负9.18亿元，惠及市场主体数6.8万户(家)。

【项目建设】 袁州区发改委坚持把项目谋划储备贯穿工作始终，储备2023年中央预算内投资项目92个，总投资194亿元；储备2023年地方政府专项债券项目92个，总投资264亿元；储备政策性开发性金融工具7个，总投资61.9亿元；通过省级评审的2023年专债项目资金需求30.7亿元，资金额度列全市第2。对储备项目进行择优筛选，拟定重点推进中央预算内项目34个，总投资80.5亿元，专项债券项目34个，总投资103.1亿元。

编印《投资项目审批政策汇编》，加强业务指导；全面推行线上审批和投资项目“容缺审批+承诺制”办理模式，为企业节约审批时间。2022年区发改委窗口共办结审批项目317件，同比增长19.17%；办理“容缺审批+承诺制”事项15件。

出台《袁州区重大项目管理办法》《袁州区2022年重大建设项目督查方案》等文件，用机制持续推进重大项目建设提速提质提效。将重大项目分为重点推进类、一般类和拟退出类3个类别进行推动,对收集到的相关问题,分领域、分层级梳理反馈至责任部门落实。2022 年,列入市大中型调度的项目 97 个,完成占年计划投资的 149.8%,列全市第 1。其中,列入省大中型调度的项目 43 个,完成投资占年计划投资的 147.2%,列全市第 2;省重点项目 2 个,完成投资占年计划投资的 163.6%,列全市第 2。

【产业建设】 推进锂电新能源产业转型升级。落实《袁州区实施产业链链长制工作实施方案》《袁州区重点产业链链长制工作制度》等文件,加快机电产业基地锂电新能源等重大产业平台建设,积极创建国家级锂电产业集群,主动服务江西融合实业、天联科技、江西宜源新能源等项目落地建设。实施数字经济"一号发展工程"。出台《袁州区深入推进数字经济做优做强"一号发展工程"实施方案》,通过夯实基础设施建设、加快发展数字产业、赋能产业转型升级、聚焦重点产业赛道、提升数字治理水平、强化要素支撑保障、组织保障等七个方面,开展 25 项具体工作来做优做强袁州区数字经济"一号发展工程"。1—12 月,袁州区数字经济核心产业规模以上企业总数达 41 家,列全市第 2,企业营业收入达 59.76 亿元,同比增长 39.78%。袁州区每万人拥有 5G 基站数达到 17.28 个;新增企业上云数量 1626 个,列全市第一。推进服务业恢复发展。出台《袁州区培育、扶持规模以上服务业企业奖励办法》,对"个转企"、升规入库、在库成长、发展壮大、行业发展等方面进行扶持奖励。截至 2022 年底,袁州区本级共有规模以上服务业企业 106 家,其中 2022 年新增 43 家;袁州区本级全年营收 33.76 亿元,列全市第四,同比增长 8.92%。指导宜春万达集团申报江西省服务业集聚区称号,制定 2023 年申报省级龙头企业和服务业集聚区的培育申报计划。提升产业平台能级。袁州区现代农业示范园已成功纳入首批省级农村产业融合发展示范园创建名单;英大生物获批省级企业技术中心;赣湘边区域合作宜春产业园建设获批赣湘平台专项资金 250 万元。

【深化改革开放】 深化重点领域改革。统筹落实《袁州区经济体制改革专项小组 2022 年工作计划》,印发《关于推进落实市场准入负面清单(2022 年版)》;推进全流程电子化招投标改革,印发《袁州区发展和改革委员会公共资源交易领域突出问题专项整治落实工作方案》,开展公共资源交易领域突出问题专项整治工作。2022 年袁州区招投标的全流程电子化率、"不见面"开标率、保证金及时退付率均为 100%,远程异地评标率为 95.65%。推进信用体系建设。截至 12 月 31 日,袁州区 2022 年共收录上报数据总量 108958 条,其中双公示数据 8381 条。制定《袁州区能源安全专项整治三年行动"巩固提升"攻坚战工作方案》《袁州区 2022 年能源行业安全生产工作要点》《袁州区能源安全生产大检查实施方案》等文件,强化能源安全监管工作,高位推进袁州区能源行业持续安全发展和稳定运行。提升对外开放水平。贯彻落实《湘赣边区域合作示范区建设总体方案》目标任务,积极参与省际交界区域的协同合作。2022 年积极与湘赣边区域开放合作秘书处对接洽谈,就浏阳—袁州合作产业园的事宜,探讨具体合作方向、合作框架等;继续推动赣湘边区域合作宜春产业园建设,推动重点事项落地见效,构建省际开放合作新格局。大力推动企业境外发债,袁州区国投成功发行 9800 万美元境外债,为江西省发行的第一笔县级美元债券。

【推动绿色低碳发展】 推进碳达峰碳中和工作。坚持高位推进,成立了书记、区长担任双组长的碳达峰碳中和工作领导小组,高位推进碳达峰碳中和工作。强化规划引领,草拟了《袁州区关于完整准确全面贯彻新发展理念做好碳达峰碳中和工作的实施意见》《袁州区碳达峰实施方案》,指导袁州区科学实现达峰目标。统筹节能降耗。印发《袁州区"十四五"节能减排综合工作方案》,科学划分节能减排十大工程,明确各项节能减排工程 2025 年目标,加快建设资源节约型、环境友好型社会。对存量"两高"项目实行清单管理,动态监控,逐一排查评估具有节能减排改造升级潜力项目,推动项目升级改造。推进能耗在线监测系统建设,袁州区 3 家重点用能企业能耗在线系统建设全部实现与省平台对接。发展清洁能源产业。充分利用袁州区丰富的风、光资源,加快构建以新能源为主体的源网荷储结合的现代化能源体系。谋划引进袁州区社公背 120 万千瓦抽水蓄能发电站等一批新能源项目。积极推动风电、光伏项目的建设和落地,全力配合袁州区玛瑙寨分散式风电项目、袁州区工业园区分布式屋顶光伏项目等一批在建及拟建风光项目的建设。配合推动宜万支线天然气管道建设，袁州区段办理阀室征地以及房屋拆迁事宜，按期完成管道施工建设。

【推进社会事业全面发展】 2022年完成价格认定案例297件，全部为刑事案件，金额达3亿元。建立“日监测有台账，周小结有比较，月分析有思路，季调研有建议”的市场价格监测体系；印发《袁州区涉企违规收费专项整治行动方案》，全面清理规范涉企收费；认真执行社会救助和保障标准与物价上涨挂钩联动机制，全年发放价格临时补贴495万元，惠及困难群众21万人次。

获批2022年袁州区应对人口老龄化工程和托育建设专项项目资金575万元、燃气管道更新改造项目资金3558万元，均为全市唯一项目，有力助推“一老一小”“托育”等一批重点民生项目的建设。聚焦普惠养老、全民健身设施、社会服务设施等补短板领域，梳理申报2023年中央预算内资金项目11个。

2022年，袁州区148座光伏扶贫电站，共计发电539.62万千瓦时，平均发电效率为95.51%，与2021年相比，发电量提升17.49万千瓦时，平均发电效率提高3.1%。聘请专业运维公司负责辖区内光伏扶贫电站的专业运维，坚持现场巡查与线上监测相结合的监管模式。进一步强化日常管护维护，定期巡查并形成巡查记录，形成专业运维为主、日常运维为辅的运维管理体系。

【原中央苏区振兴发展】 2022年，袁州区继续紧抓纳入苏区振兴发展战略机遇，全区上下聚焦“作示范、勇争先”定位，围绕“冲刺全国县区经济百强”目标，扎实推进抓落实活动年“三拼三促”工作，统筹疫情防控、经济发展和社会安全，团结奋进、拼搏进取，工业转型、现代农业、服务业、人居环境、保障民生等经济社会发展质量不断提升。

1.推动工业转型升级。坚持强攻工业不动摇，工业经济持续攀升，新增规模以上工业企业44家，实现营业收入270.8亿元，同比增长31.3%，规模以上工业增加值、营业收入、利润总额等指标增速均列全市首位。推动主导产业升级，新能源新材料、生物医药规模以上企业营业收入分别增长145.3%、15.4%。航宇新材、新龙生物获评国家专精特新“小巨人”企业，九鼎动力、环锂新能源进入省级专业化“小巨人”企业公示环节，济民可信获全省优强企业专项奖，英大生物、汉尧富锂获评省级瞪羚企业，百神药业向中国证监会递交材料，上市驶入“快车道”。袁州产业园获评省级两化融合示范园区、绿色园区，化工集中区建设顺利，年底评估列全省第五、全市第一。

2.提升现代农业质效。完成高标准农田10万亩，粮食面积达94.2万亩，产量达3.46亿公斤，油菜种植16.8万亩，粮食安全根基更加稳固。富硒农产品基地、高产油茶林、绿色食品和有机农产品认证面积分别达33万亩、29.1万亩、25.6万亩、14.9万亩，富硒产业居全市前列。“米果药茶”等特色产业不断壮大，“宜春大米”年销售额超10亿元，“袁州硒橙”打响品牌，中药材种植面积超10万亩，“袁州油茶”总产居全国前列、全省第一。

3.做活做旺第三产业。电商产业蓬勃发展，袁州区网络零售额同比增长28%，总量排名全市第一。健全“互联网+第四方物流”供销配送网络，建成乡镇配送站20个、村级末端配送网点131个。新型业态多点迸发，赣西首家大型华为智能生活馆成功落户，润达、万达客流量突破3200万人次，年营业额达17亿元，赣西农产品批发市场交易额达108亿元。打造环中心城精品旅游点5个，明月花溪谷获评国家AAA级旅游景区。策划举办“百城百夜”等文旅消费季活动33场，带动文旅消费5000余万元。

4.做美农村人居环境。强力推进农村人居环境整治，完成新农村建设点333个、户厕改造4700户，拆除破旧房23.5万平方米。推进省定重点帮扶村建设17个，高标准完成实用性村庄规划编制，村集体收入超过15万元。完成“四好农村路”140千米、病险水库除险加固133座。成功创建市级以上森林乡村15个、乡村森林公园8个、小微湿地2个，农村更加美丽宜居。

5.凝心聚力保障民生。安装校园安防设施468个，建成全民防溺水点位1699个。新增城镇就业6952人，城镇就业任务完成率达100%。持续开展根治欠薪专项行动，追讨农民工工资5363万元。严格落实“四个不摘”要求，消除风险监测户137户499人。发放各类社会救助金2.1亿元，城乡居民保险实现应保尽保、应发尽发。

【重大项目规划】 根据《宜春市重大项目管理办法》的有关要

求，2022年初对袁州区产业、能源、农业、基础设施、现代服务业、社会事业等领域项目进行梳理、筛选，拟定2022年区重大建设项目117个，总投资542.2亿元。

组织上报了一批省大中型建设项目、省重点工程建设项目、市大中型建设项目，确定全区列入市大中型调度项目97个，总投资510.9亿元，年度计划投资190.7亿元。

其中，列入省大中型调度项目43个，总投资322.6亿元，年度计划投资120.1亿元。确定列入省重点工程建设项目2个(汉锐、润达)，总投资76亿元，年计划投资21.9亿元。

为全面掌握袁州区重大建设项目实施情况，加快项目建设进度，确保重点项目建设按时间节点顺利完工，区重推办对袁州区重点项目实行挂图作战，按"红黄绿"分色管理、精准推进，确保重大项目按时间节点建设，每月完成袁州区省、市大中型项目报表上报工作。

1.高度重视成立专班。出台《袁州区重大项目管理办法》，成立以区委书记、区政府区长为组长的重大项目推进领导小组，并下设办公室，全力推动重大项目建设，确保重大项目有序推进、顺利实施，以重大项目带动袁州区高质量跨越式发展。

2.挂图作战精准发力。通过挂图作战，紧盯目标，做到半月一调度、一月一通报，有计划有目标推进重大项目建设工程进度，通过"红黄绿"分色管理项目，对推进不力实时警示，进行精准帮扶和指导。每季度评选"骏马奖"和"蜗牛奖"单位，并加强结果应用，实行提示、督办、约谈、追责机制，推动各单位牢牢把责任扛在肩上、放在心上，在全区形成比项目、赶进度、争标杆的项目攻坚态势。

3.定期督办精准追踪。出台《袁州区2022年重大建设项目督查方案》，成立全区重大建设项目督查工作组，由区人大常委会主任陈彬任总督查，定期对重大建设项目现场督查，对督查项目明确进度安排、严格督办整改、强化监督问责、明确用人导向，切切实实推进重大项目建设提速提质提效。

2022年袁州区固定资产增速为9.8%，列全市第五。其中区属增长19.4%，列10个县市区第1，列13个县市区第2。

全区列入市大中型调度项目97个，总投资510.9亿元，年度计划投资190.7亿元。全年完成投资285.6亿元，占年计划投资的149.8%，占时序进度任务的149.8%，列全市第1。

其中，列入省大中型调度项目43个，总投资322.6亿元，年度计划投资120.1亿元。全年完成投资176.8亿元，占年计划投资的147.2%。占时序进度任务的147.2%，列全市第2。

（杨　容）

市场监督管理

【助力"小个专"发展壮大】 在宜春市中心城区率先成立了"小个专"综合党委，并争取了区委、区政府的资金支持，促进服务市场主体有精度更有深度。区市场监督管理局上下倾情服务企业，服务赋能效应凸显。依托"小个专"综合党委成立了13个指导站("联建共促"联系点)，结合1个质量基础一站式服务站、15个行政审批服务点、43个知识产权公共服务站点，帮助辖区企业解决涉及行政审批、检验检测、质量发展、知识产权等领域问题214个，办理各类行政审批服务万余件。

【"跨区域"沟通协作】 在2022年度全省营商环境考核中，"知识产权创造、保护与运用"位居全市第2名、全省第19名。创新方式强合作，与萍乡市芦溪县市场监管局就知识产权创造、保护、运用，商标发展及地理标志培育，知识产权联合执法等工作进行探讨交流并签订了跨区域知识产权保护合作协议，将跨区域协作保护的事项逐步扩展到知识产权的全领域、全环节、全链条，在强化知识产权联合宣传、促进信息互通和人才培养等方面展开密切合作，构建了知识产权"严保护、大保护、快保护、同保护"工作格局，为进一步优化营商环境、实现区域创新驱动和经济发展战略目标提供坚实保障。

【食品安全监管】 严格推动食品安全"两个责任"落实落地，对辖区内2万余户经营主体包保分级，梳理出辖区内A级主体13户、B级主体60户、C级主体2718户，并完成第一批A级主体企业配备食品安全总监和食品安全管理员工作，建立健全辖区内分层分级、精准防控、末端发力、终端见效工作机制。切实打好整治农村假冒伪劣食品三年行动收官之战，深入推进2022年整治行动，检查主体1012户，立案101件，结案92件，没收违法所得2万元，罚没金额62万余元。全力推进“赣溯源”App注册运用工作，注册率达99.91%，餐饮企业风险分级率达95%，流通企业风险分级率达92.94%，检查覆盖率达85%，实现赣溯源系统与“互联网+明厨亮灶”对接。

【药品药械安全监管】 做好“四类药品”质量监管，严格要求药店落实疫情防控要求，出动执法人员872人次，检查药品零售企业473家次，下达责令整改通知书42份。重点检查医疗器械经营资质、购进索证索票情况、管理制度执行以及医疗器械不良反应上报情况，出动执法人员647人次，出动车辆211台次，查处销售过期一次性使用医疗器械违法行为25件，已办结23件，涉案金额共计34.9万元。

【特种设备安全监管】 开展特种设备安全隐患排查治理“清零”攻坚战，出动执法人员580人次，检查使用单位145家，检查设备435台，下达现场安全监督检查记录145份、安全监察指令书53份，共排查隐患106处，整治到位90处，整改率85%。对辖区内超期未检燃气管道现场检验121千米，巡查气站38户次、燃气公司1户次，出动执法人员156人次，发现隐患27处，下达安全监察指令书10份，发放宣传资料210份。开展安全生产“打非治违”攻坚行动，组织检查组1个，检查单位145家，经济处罚46万元。

【产品质量安全监管】 结合工作实际，进一步完善产品质量动态监督管理体系，认真落实企业主体责任，坚持“查、治、管、扶、建”多管齐下，不断推进质量安全监管和专项整治工作的深入开展。深入贯彻落实《2021年袁州区加快推进工业经济高质量发展的若干政策措施》等文件要求，加强对产品及商品质量的监督管理，提高产品质量，明确产品质量责任，陪同第三方检验检测机构对辖区内重点工业产品进行监督抽查。全年共抽样抽查各类产品200余批次，处理不合格产品生产企业20余家、经销商15家，并对抽样产品采样品进行了封样封存，严格处理事后监管。

【优化营商环境】 深化商事制度改革，促主体增量。聚焦优化营商环境“一号改革工程”，不断压缩企业开办时间，降低企业开办成本，持续减少登记注册材料，让企业舒心暖心。全年新增市场主体56074户，其中有限责任公司6232户，农民合作社110户，个人独资企业151户，分公司172户，个体户49409户。同时充分利用短信、电话通知、张贴年报宣传单、建立微信群等渠道，制作年报操作流程图、告知年报操作步骤等，引导督促全区各类市场主体完成年报公示，年报率达99%，并列全市第二。强化纾困惠企力度，优市监服务。强化责任担当，迅速启动应急审批机制，对医用防护服、医用外科口罩、消毒液、酒精等产品实施快速审批，并主动对接企业，争分夺秒特事特办，为防疫物资的生产开辟出一条快速审批通道。免费为企业提供刻制公章和打印执照服务，全年共免费为7039户企业刻制首套公章，惠企资金84.46万元；为1.12万户企业免费打印执照，惠企资金16.91万元。完善包容审慎制度，稳市场经营。进一步规范行政执法行为，严格执行执法公示制度，依法行使行政处罚裁量权，切实保护市场主体合法权益。同时坚持鼓励创新、包容审慎的监管理念，认真落实市场监督管理领域首次轻微违法行为免罚清单，运用责令改正等行政措施，最大限度给予当事人自我改正、落实主体责任的机会，实现法律效果和社会效果的统一。2022年自实施包容审慎监管以来，办理不予处罚案件30起，办理减轻处罚案件300余起，为市场主体成长和发展营造了健康宽松的营业环境。加大知识产权帮扶，强主体发展。为进一步推进知识产权工作，袁州区市场监督管理局多次到机电工业园、医药工业园深入企业走访，了解企业存在的问题与需求，重点指导企业申报发明专利，鼓励企业进行知识产权高质量创造；开展“知识产权质押融资入园惠企”活动，办理专利商标质押融资14件，融资总额15.59亿元；鼓励高校学生发挥专业特长，积极参与国家创新创业活动；协助宜春市市场监管局完成辖区2022年新获得发明专利授权的专利权人申报江西省发明专利授权资助费工作，有力激发相关企业、团体及个人的知识产权创造热情。重点指导企业申请注册商标，支持企业实施商标品牌战略，提高企业知名度，帮助“袁州茶油”地理标志证明商标完善各项规章制度，制定产品标准，协助企业做好新“中华人民共和国地理标志”的换标工作，10月20日，在省市场监督局主办的“讲好商标品牌故事——我最喜爱的地理标志商标”展示活动颁奖典礼上获得了优秀提名奖。增速投诉举报处理,促纠纷化解。充分利用宜春市“12345”政务服务便民热线、全国“12315”等线上渠道,实行“专窗 + 专组”的方式,全方位受理市场主体诉求,关注民生热点,精准协调解决市场主体难题。一方面,为市场主体提供专业细致的流程解析,全程进行“手把手”申报指引,将便民理念内化于心、外化于行;另一方面,细心聆听市场主体需求,自己部门可以解决的立即推进,需要其他职能部门共同解决的主动充当“暖心桥梁”,确保市场主体诉求“件件有着落,事事有回音”。全年受理消费者举报投诉 14777 件,其中全国“12315”平台 7380 件、“12345”政府服务热线 7164 件、来人来信 233 件,有效地解决了消费者的消费纠纷,不断提升市场主体办事满意度。

(张　婷　易佳敏)

食品监督管理

【构建食品安全“两个责任”工作体系】 召开全区食品安全“两个责任”工作部署会,推动完成辖区 A 级主体 14 户、B 级主体 59 户、C 级主体 2725 户、D 级主体 12137 户分级包保,区、乡镇(街道)、村(社区)三级包保干部完成“三单一书”工作任务,落实食品安全属地管理责任;包保干部督促 A、B 级企业配备食品安全总监和食品安全员,C、D 级企业配备食品安全员,以及落实风险管控清单和“日管控、周排查、月调度”制度,切实履行食品安全企业主体责任。

【严格食品安全全领域全覆盖监管】 以食品安全“守查保”深化行动为抓手,聚焦食品生产、销售、餐饮服务、网络食品、校园食品、特殊食品 6 个重点领域,着力从线索举报、执法办案、风险监测 3 个方面入手,深入排查辖区内食品安全风险隐患。截至年底,共计检查 11516 户,检查覆盖率达 96.28%,共计发现风险隐患 847 处,完成处置比率达 92.5%。

【推进食品安全专项整治行动】 组织开展扫黑除恶暨打击整治养老诈骗、春秋两季“护校行动”、“禁捕退捕”、农村假冒伪劣产品等专项行动,全年出动工作人员 1500 余人次,着力摸排疑似扫黑除恶案件线索 3 条,检查学校 365 家次,下达责令整改通知书 20 份,全年食品类案件立案 101 件,结案 92 件,没收违法所得 2 万元,罚没金额近 63 万元。

【强化食品安全数字化监管】 持续推动赣溯源系统推广应用,“赣溯源”App 注册运用率达 100%,风险分级率达到 97.1%,检查覆盖率达到 96%,数字化监管进一步深入;持续推进“互联网 + 明厨亮灶”建设,辖区内 122 家大中专院校及中小学校、21 家大中型餐饮服务单位、2 家集体配餐企业全面接入赣溯源“互联网 + 明厨亮灶”系统,实现智慧化监管。

【加大食品安全知识宣传】 组织开展打击整治养老诈骗宣传、2022 年“食品安全周”袁州区主场活动、2022 年袁州区食品安全应急演练等活动,持续加大食品安全知识与应急宣传,提高人民群众的食品安全意识。

(胡　健)

药品监督管理

【药品监督监管】 起草印发了《2022 年袁州区药品监管工作要点及工作计划的通知》,确定日常监管结合专项治理并辅之飞行检查模式。检查药品使用单位 450 余家次,检查药品零售药店 220 家次,覆盖率 80%以上。

根据《药品零售企业执业药师“挂证”行为整治工作方案》,开展执业药师挂证行为整治,共核查 52 名执业药师社保缴纳与执业单位不一致,下达责令整改通知书 51 份,报送上级通报 1 名;做好药品不良反应报告上报监管,全年 43 家不良反应上报注册基层单位完成药品不良反应上报有效数据 1292 例,完成上传任务率 136.72%。

印发《袁州区深入开展药品安全专项整治行动实施方案》,并争取政府重视,由区政府办公室发文成立袁州区集中打击整治危害药品安全违法犯罪工作领导小组,累计检查 1694 家次,出动执法人员 3388 人次,排查风险隐患 302 处,下达责令整改通知书 180 余份,药品立案查处 14 件。印发实施《2022 年度袁州区药品零售飞行检查工作方案》,完成全区零售药店总数 10%飞检任务,实现以罚促管。一年来没有发生过重大药品安全事故,同时行纪刑衔接等工作联动机制进一步加强。

【营造营商环境】 推动药品线上线下同步追溯。推动全区药店

276 家零售药店（含连锁)ERP(GSP)全覆盖稳定对接“智慧监管平台”并 100%验收合格,全面保障群众用药安全。提高零售药店行政审批许可效率。推进药品经营行政许可事项线上操作,全年新开药店 18 家，药店变更出证 130 家,办理注销药店 14 家,药店总数 276 家，同比 2021 年增长 1%。

利用多形式开展安全用药月等活动,引导企业落实质量安全主体责任,共发放药品宣传手册、彩页及药品相关法律法规读本 20000 余份,营造安全用药良好氛围。

(吴洋生　陈　莎)

消费者权益保护

【开展“3·15”国际消费者权益日宣传】 2022 年 3 月 15 日,袁州区市场监督管理局以“3·15”国际消费者权益日纪念活动为契机,在润达国际购物中心开展了以“共促消费公平”为主题的宣传咨询活动。在活动现场布置了 16 块各类消费知识展板；设立了快检台，进行农产品农药残留、非法添加等快速检测;设立了假冒伪劣展示台,展示了部分假冒伪劣产品,向消费者普及识别假冒伪劣产品的小技巧;设立消费维权咨询、受理展台,对消费者咨询投诉进行了现场受理、现场解答,并快速分派给一线工作人员。此次活动共向消费者发放宣传材料 5000 余份，广泛深入宣传了消费者权益保护法及条例,普及消费知识、维权知识,不断提高消费者的保护意识、维权意识和经营者的自律意识。

【“放心消费(诚信)示范创建单位(店)”评选】 在宜春市市场监督管理局开展的“放心消费(诚信)示范创建单位(店)”评选活动中,袁州区市场监督管理局经各分局推荐上报,联同市消保委、市局消保科审核评选出 14 家宜春市“放心消费(诚信)示范创建单位(店)”。通过此次评选活动,激发了袁州区市场主体的服务热情，营造出放心消费、诚信经营的良好市场氛围。

【消费者投诉举报处理有成效】 2022 年，袁州区市场监督管理局充分发挥“12345(12315)”热线平台、全国“12315”互联网平台、来信来访、网上信访等投诉、举报渠道作用,建立投诉举报工作专人负责制度,确保消费者申诉举报快速受理、处理及反馈。同时，坚持随时接听全局各股室、各分局对外公布的工作热线,24 小时保障接通率,确保咨询、投诉、举报渠道畅通。2022 年全年共处理投诉、举报案件 20474 件，同比增长了 91.17%,为消费者挽回损失 80 余万元,有效地解决了消费者的消费纠纷，营造了良好的市场消费环境,在规定时限内全部做到件件有着落、事事有回音。(林菲菲)

自然资源管理

【概况】 2022 年,在区委、区政府和市自然资源局党组的坚强领导下,在全局干部职工共同努力下,区自然资源局全面按照自然资源管理工作部署,紧紧围绕全区经济社会发展大局和年初确定的目标任务，齐心协力,主动作为,统筹抓好“保发展、互资源、优空间、惠民生”各项工作,努力提高自然资源管理能力和服务水平,为全区高质量跨越式发展提供了坚强的自然资源保障。截至 2022 年底,共有干部职工 168 人，另有离退休人员 45 名。履行全民所有土地、矿产、森林、草原(草地)、湿地、水等自然资源资产所有者职责和所有国土空间用途管制职责,内设 7 个职能股室,下设 3 个副科级事业单位（自然资源执法监察大队、区土地收储中心、区不动产登记中心)、9 个自然资源管理中心所,负责全区 20 个乡镇、1 个街道自然资源管理工作。

【国土空间规划编制】 在袁州区乡镇国土空间规划编制工作领导小组的带领下,多次组织各乡镇、园区、相关部门召开乡镇国土空间规划编制工作布置会,有序推进乡镇国土空间规划工作。全区的“三区三线”成果历经三轮省级试点、二上自然资源部校核,终于在党的二十大召开前夕,顺利通过了自然资源部审查并正式启用。

【土地开发及旱改水】 2022 年底占补平衡补充耕地指标当前库存耕地 1372.39 亩、水田 985.76 亩。2022 年已报备入库两个土地整治项目,提质改造水田 280.89 亩。同时,2021 年底增减挂钩建新指标库存 2920 亩,其中水田 351 亩、旱地 2130 亩、其他农用地 439 亩。

【批而未用土地消化】 2022 年全年消化批而未用土地 7479.59 亩,消化周期降至 3.67 年,超额完成当年消化任务，完成率达

118.23%。同时，全年消化批而未供土地约 2538.38 亩及消化承诺项目土地约 4056.71 亩；处置 12 宗闲置土地，面积 788.35 亩，任务完成率 118.54%。

【建设用地报批】 全年共上报省市区各类建设用地 13 批次，总面积 872.397 亩。其中：上报省政府国有建设用地 2 批次，面积 578.2935 亩，一批次已获得批复，一批次即将获得批复；上报市政府并批复村庄集体建设 4 批次，面积 266.5395 亩；报区政府并批复农民建房 7 批次，面积 27.564 亩。

【土地交易】 2022 年供应土地共 96 宗，总面积 8947.35 亩，总成交金额 129963.4 万元（约 13 亿元）。其中：经营性用地 11 宗、面积 159.28 亩，成交金额 42017 万元（约 4.2 亿元）；工业用地 31 宗、面积 977.93 亩，成交金额 13481 万元（约 1.35 亿元）；划拨国有建设用地 51 宗、面积 7632.34 亩，有偿划拨金额 14995.4 万元（约 1.5 亿元）。另外，委托市自然资源局出让棚改等国有存量建设用地 3 宗、面积 177.8 亩，成交金额 59470 万元（约 5.95 亿元）。

【土地卫片】 2022 年自然资源部下发全区土地卫片图斑 2872 个，面积 14429.75 亩（其中耕地 3663.33 亩、永久基本农田 2085.95 亩）。经过市、省和自然资源部审核判定袁州区新增违法图斑 297 个，面积 884.86 亩（其中耕地 175.42 亩、永久基本农田 61.51 亩）。截至年底，已整改到位图斑 107 个，面积 455.1 亩（其中耕地 107.64 亩、永久基本农田 25.74 亩），剩余未整改到位图斑 190 个，面积 429.76 亩（其中耕地 67.78 亩、永久基本农田 35.77 亩），全区将持续推进未整改到位图斑的整改工作。同时，已完成上级下达全区耕地保有量任务 58.63 万亩，永久基本农田保护任务 47.7 万亩。

【不动产登记】 2022 年全区颁发不动产权证书 17983 本，不动产登记证明 3996 本，抵押金额 304623.04 万元，查询、查封、解封、解押等其他登记 330 多次。已完成农村房地一体确权登记数据 24 条信息入库。

【矿政管理】 袁州区矿产资源“十四五”总体规划（2021—2025 年）编制工作已于 2022 年 10 月 17 日获得省自然资源厅《关于同意宜春市及袁州区等 10 个县（市、区）矿产资源总体规划（2021—2025 年）的函》（赣自然资函〔2022〕429 号）的批复。该轮规划中设县级开采区块 52 个，主要分布在慈化、西村、柏木等乡镇。2022 年度共注销矿山企业采矿许可证 11 个，分别为宜春市龙氏新型环保砖厂、宜春市袁州区东旭矿业发展有限公司寨下镇页岩矿、宜春市袁州区西村鑫旺建材厂、袁州区竹亭三鑫采石场、袁州区洪塘镇井江页岩矿、袁州区金瑞镇金瑞村辖砖瓦用页岩矿、宜春市袁州区慈化镇安顺建材有限公司新型建材采石场、宜春市袁州区慈化镇合同关采石场、袁州区寨下镇沙江村辖页岩矿、宜春市袁州区三阳镇彭芳村福兴新型建材厂、袁州区水江镇塘下机砖厂。

【绿色矿山创建】 全区已建成绿色矿山 5 家，分别为袁州区慈化镇柘塘村辖砖瓦用页岩矿、袁州区西村镇老山村辖砖瓦用页岩矿、袁州区楠木乡楠木村辖建筑石料用灰岩矿、袁州区柏木乡布里村辖建筑用灰岩矿、宜春市袁州区彬江金石采矿厂。

【矿山生态修复】 全区开展矿山复绿行动，73 家持证矿山已复绿面积约 3106 亩，正常生产矿山企业已落实“边生产、边治理”要求，矿区生态环境有较大改善。袁州区有 36 个废弃矿山需治理，面积 1546 亩，均已编制废弃矿山治理方案，其中已完成治理 34 个，治理面积 1479 亩。

【地质灾害防治】 2022 年全区发生地质灾害灾险情 5 处、险情 4 处，造成直接经济损失约 15.2 万元，未造成人员伤亡。共消除地质灾害隐患点 14 处（通过简易治理消除 7 处，工程治理消除 7 处）；其他地质灾害隐患点，按照“先险后稳、先急后缓”的原则，争取上级资金进行治理，逐个消除隐患。

【自然资源领域专项整治】 结合自然资源领域工作实际，积极组织开展巡查 3000 余次，巡查覆盖率达 100%，到位率达 92%，到位率达到了上级规定的 90%以上的要求。下达责令停止自然资源违法行为通知书 17 份。坚持以零容忍的态度，以“敢于碰硬、不怕得罪人的”的作风，严格落实“早发现、早制止、严查处”的工作要求，对发现的自然资源违法行为进行严厉打击，按照既处理事又处理人原则，严肃进行查处，对达到刑事立案标准的坚决移送公安机关处理。截至年底，共查处矿产资源违法案件5件，其中矿山企业越界开采案3件（移送公安机关2件）；非法采矿案2件（移送公安机关2件）；共查处土地违法案件20件，收缴罚没收入52.9万元。

（李勇忠）

生态环境

【概况】 2022年，袁州区PM2.5均值为28微克/立方米，PM10均值为48微克/立方米，空气优良率达94.2%，优于国家二级标准；各国控、省控和县界监测断面水质持续稳定在Ⅲ类及以上水体，水质优良率为100%，中心城区集中式饮用水水源地水质达标率均为100%，全区地表水断面未出现劣Ⅴ类、Ⅴ类水质；土壤环境质量持续可控，受污染耕地安全利用率保持在93%以上，污染地块安全利用率保持100%，未发生重大环境污染事件。

【蓝天保卫战】 加强大气污染防治攻坚行动。持续加强禁燃禁烧、道路扬尘、工地扬尘和餐饮油烟的管控。加大重点企业监管力度。实施重点涉气企业专项整治，对丰益生物科技有限公司、丰日冶金科技有限公司等11家企业、4家造纸厂、14家窑炉烘干企业进行现场督查。加快推进企业转型升级。坚决遏制“两高”项目盲目发展，在工业园区推行集中供热，逐步淘汰各类锅炉。全面布局协调发展。抓好PM2.5与臭氧协同管控，完成了袁州医药园挥发性有机物自动监测站建设，对13家重点涉挥发性有机物企业进行帮扶指导，开展汽修行业和石化行业专项整治。

【碧水保卫战】 开展城区与乡镇饮用水问题整改。加强饮用水水源地划定和建设，对中心城区饮用水水源地和13个乡镇集中式饮用水水源地实施排查和整治。开展对污水处理厂的监管。开展对城镇污水处理厂的检查和监测，对全区19个乡镇污水处理设施运行情况及进出水水质开展了监测。开展污水管网升级改造。推动工业和生活污水集中治理，投入3000余万元进一步完善城南片区污水管网，进一步完善了19个乡镇污水处理厂建设和管网建设，完成了重点涉水企业管网改造。

【净土保卫战】 督促开展土壤污染状况调查，推动全区农用地和建设用地实现安全利用。加强尾矿库污染防治，完成宜春雅山矿业尾矿库和宜春宜和矿业尾矿库闭库销号。申请到中央资金300万元支持开展化工园区地下水环境状况调查评估。制定并印发了《袁州区“十四五”塑料污染治理重点任务分工方案》，并开展了2022年全区塑料污染治理督促检查专项行动。编制了全区涉重金属污染成因排查方案，已申请到中央项目资金支持，切实推动重金属污染治理。扎实推进2022年农村环境整治项目建设，17个项目点已完成建设。

【优化营商环境】 转变服务理念，进行主动服务。提前给出建议，提升企业审批效率，共给出招商引资项目可行性意见300份，全年共审批建设项目环评58个，登记备案建设项目环评63个，实行告知承诺制审批2个，实行容缺受理6个；全面加强环评技术评估力量，提高工作效率，减轻企业负担。争取财政资金，率先完成袁州环境影响评价文件技术评估服务采购项目公开招投标，聘请第三方评估机构对环评报告进行技术评估；推动优化营商环境各项工作落地落实。开展优化营商环境防控环评领域廉政风险专项整治工作和优化营商环境大讨论大排查大整治大提升活动。

【环保督察问题整改】 积极有序推进生态环境督察问题整改。共有80件中央、32件省生态环保督察问题完成销号。其中第一轮中央环保督察及“回头看”交办信访件已全部完成销号；第二轮中央生态环保督察交办信访件已销号73件，销号率97.3%。第一轮省环保督察及“回头看”交办的信访件已销号192件，销号率99.5%；第二轮省生态环保督察交办信访件已完成整改84件，整改率96.6%。

【环保执法】 积极开展廉政执法建设。开展执法作风问题、突出问题、妨碍执法公正问题专项整治，成立专项整治领导小组，印发《袁州生态环境综合执法大队作风问题专项整治方案》《袁州生态环境综合执法大队突出问题专项整治方案》，联合公安、林业、水利等部门印发《袁州区公安机关与相关行政执法部门联席会议制度》《袁州区生态环境损害赔偿工作联席会议制度》，组织执法人员签署廉洁执法承诺书，建立了联合打击危险废物环境违法犯罪和重点排污单位自动监测数据弄虚作假违法犯罪行为的工作机制，前期排查出的17个问题均已整改到位，剩余7个问题已在积极推进中。

【监测网络体系不断完善】 对乡镇、街道、园区实施了空气质量监测站点全覆盖，实现了$PM_{2.5}$和PM_{10}数据的全域实时监控；在袁州医药工业园建立了挥发性有机物自动监测站，推进了细颗粒物与臭氧协同控制监测网络能力建设。在袁河流域9条主要支流建立了水质监测站点，为精细化流域治理奠定了扎实基础；投入1600余万元，高标准打造了袁州生态环境监测站；在重点监管企业建立了90个环境监测点，在中心城区周边布局了9个高空眺望系统，建立了区级环境在线监控平台，初步建立了“水陆空”一体化监管体系。在全市率先引进在线监控第四方运维监管新模式，通过组织第四方对在线企业开展现场检查、专题培训、联合帮扶等行动，切实帮助企业提升环境管理水平，充分发挥了在线监控“千里眼”作用。

统　计

【概况】 2022年以来，区统计局坚持以习近平新时代中国特色社会主义思想为指导，认真贯彻落实市统计局和区委、区政府的各项工作安排，紧紧围绕局中心任务，务实担当，积极作为，全面提升统计服务水平，推动全区统计工作高质量发展。

【强化党建引领】 一是积极组织全体党员干部认真学习习近平总书记关于统计工作的重要论述和重要指示精神，为新时代统计改革发展指明了方向、提供了根本遵循。二是坚持发挥党组理论学习中心组领学促学作用，积极学习政治理论和业务知识。三是开展革命传统教育，组织党员干部赴彬江三星口革命纪念馆参观，并在红军烈士纪念碑前重温入党誓词。

【强化基层基础建设】 一是开展统计基层基础规范化建设制度落实年工作。召开专题动员会议，组织学习《国家统计局关于进一步加强统计基层基础建设的意见》，开展袁州区统计基层基础规范化建设“三年行动”，开展企业电子台账试点工作。二是开展统计领域突出问题专项治理和统计造假不收手不收敛问题专项纠治工作。学习意见、办法、规定、监督意见等统计文件，联合市统计局对全区所有“五上”企业、重点部门进行督查检查，要求各相关部门立行立改，建章立制，坚决堵住各种漏洞。严格“双随机、一公开”执法检查，全面提升依法统计、依法治统的意识。三是开展数据质量核查。各专业人员通过开展线上和线下数据核查，对统计人员进行一对一培训，普及统计法律法规，进一步增强统计员业务水平，丰富统计法律法规知识。

【强化监测分析】 一是做好全区经济运行监测分析。每月定期召开全区经济运行监测分析联席会议，通报全区当前主要经济指标完成情况、存在的短板弱项，提出下一步工作打算。2022年全区地区生产总值完成560.52亿元，同比增长5.6%，列全市第2；全区固定资产投资增长9.8%，列全市第5，其中区本级增长19.4%，列全市第1；全区规模以上工业增加值同比增长9.5%，列全市第1，其中区本级增长9.3%，列全市第1；全区社会消费品零售额完成351.6亿元，同比增长5.6%，列全市第5。二是积极推进“五上”企业入库工作。为确保全面客观反映经济发展，做到应统尽统，加强部门联动，调取区市监局、区税务局等部门资料，有针对性地反馈给乡镇街道园区，做好辖区内具备入库潜力的企业摸排工作，联合工信、商务等主管部门实地开展企业入库工作指导，同时加强业务培训，2022年多次召开“一套表”调查单位申报入库工作暨业务培训会，讲解入库要求、流程和各类材料准备。按照“先入库、后出数”的原则，严把入库审核关，从升规企业营收标准、基本信息、行业界定等方面入手，实地走访拟入库企业，即报即审，把握时间节点，监控入库单位数据质量。三是做好统计监测服务工作，提升统计服务水平。及时整理编印了《2021年袁州统计提要》，每月编印《袁州统计月报》和《袁州区政府活页》，发布《2021年袁州区国民经济和社会发展统计公报》和《2021年袁州统计年鉴》，为区委、区政府决策提供科学的决策参考。每月撰写高质量经济运行分析报告，形成各类统计信息21篇、统计分析3篇，均被刊登在江西省统计局内网，区政府网共发布48篇政务动态，向政府、部门及社会各界提供了统计数据，为区委、区政府决策提供科学依据，不断提升统计服务质量。

【强化对标对表】 袁州区已经

成功进入了《中国小康网2022年度县市绿色高质量发展百佳样本榜单》，排第十三位；进入了2022年中小城市综合实力指数课题研究第二轮入围名单，并推荐了江西济民可信药业有限公司、江西特种电机股份有限公司、江西省航宇新材料股份有限公司三家公司参与“推动中小城市高质量发展特别贡献企业”评选活动。8月下旬区统计局前往对标地绵阳市涪城区统计局实地考察，强化沟通联系。

调　查

【概况】 高质量完成住户收支与生活状况调查、农产品产量调查、畜牧业监测调查、月度劳动力调查、农民工监测调查、农民工市民化进程动态监测调查、工业品价格调查、采购经理调查、新设立小微企业和个体经营户跟踪调查、执法监督等十多个常规调查，重点做好城乡住户调查样本大轮换和粮食生产对地调查样本轮换两项工作。

【城乡住户调查样本大轮换】 核实174个城镇普查区、3554个城镇普查小区和1470个农村普查小区；完成建筑物清查表和住宅名录表填报工作；扎实推进摸底调查；落实调查户并开展培训；组织开展试记账工作。加快现代信息技术在统计调查中的应用，大力推广电子记账，进一步增强住户调查效率和源头数据质量。截至年底，100%实现问卷电子化采集，电子记账率为83%，圆满完成样本大轮换工作。

【粮食生产对地调查样本轮换】 严格按照国家调查方案抽选9个省级样本村，在此基础上抽选6个县级样本村作为推算全区粮食总播种面积和粮食单产样本。完成样本村遥感测量实地核实工作以及辅助调查员选聘。新样本航拍调查所得的水稻种植面积数据将作为全区水稻种植面积的重要参考推算数据。在早中晚稻三个季节成熟期，国家统计局江西调查总队会在15个调查村内选取8～9个村，开展实割实测推算袁州区早中晚稻的平均亩产。

【执法监督】 深入学习贯彻落实国家统计局、省市区各级党委政府有关法治工作部署，以推进依法行政、依法统计、依法治统为主线，以防范和惩治统计造假弄虚作假为重点，以贯彻落实《关于更加有效发挥统计监督职能作用的意见》为抓手，深入开展统计普法宣传，强化统计执法队伍建设，坚持开展“双随机”统计执法检查，着力推进依法统计、依法治统，强化统计监督职能，统计法治工作不断进步。

【统计服务】 协同区统计局做好《袁州区统计年鉴》资料提供工作，及时提供各种统计分析信息。2022年，袁州调查队围绕调查资料的管理与发布、信息分析、新闻宣传等主要工作，全队人员积极进取、扎实苦干，全年共上报经济信息14篇、分析10篇、工作动态29篇、统计材料5篇，向总队上报相关新闻素材等共计20余项，总队微训采用14篇，参与江西调查总队专题调研若干次。（陈芮）

审　计

【概况】 袁州区审计局是政府的职能部门，在区政府和上级审计机关的双重领导下，负责袁州区的审计工作。袁州区审计局编制人数为31人，其中行政编制26人，机关工勤编制1人，下属审计站事业编制4人。2022年在编人员26人，其中行政编制22人，工勤编制1人，下属审计站事业编制3人。局机关共设8个股室，分别是办公室、固定资产投资审计股、财政金融审计股、行政政法审计股、社会保障审理股、农业农村资源环境审理股、经济责任审计股、法规和审理股，下属1个全额拨款事业单位审计技术保障中心。2022年，1个项目获评市级优秀审计项目，1人获评省审计厅先进个人，1人获评全市党的二十大维稳安保工作成绩突出个人。

【政治建设】 出台打造模范机关、强化政治理论和业务学习的有关方案，开展党的二十大精神、流动党校进机关、“三拼三促”、审计大讲堂等10项学习活动，切实提高审计干部政治素质和能查、能说、能写的专业能力。出台“三拼三促”实施方案和考评方案，将各项任务清单分解到股室、落实到班子和个人，实行台账管理，年初确定的15项任务已全部按期完成。服务大局，参与各项中心工作。关注疫情防控资金管理使用情况，开展防疫志愿服务和联创联建活动，跑项争资助力乡村振兴，积极报送招商引资信息，全力参与各项中心工作。

【审计监督】 2022年，共完成审计项目50个，报送审计专报5篇，推动建立健全制度9个。出台深入开展研究型审计的实施方案，按照1个目标、2项举措、3大保障、4个注重、5个阶段的“12345”工作要求，推进研究型审计向深度和广度发展，不断提升审计质量。通过深入研究提建议、领导批示推整改、落实责任促整改、建立台账督整改、审计过程查整改，做到“提、推、跟、督、查”相结合，不断健全审计整改长效机制，全力做好审计监督下半篇文章。

【专业队伍建设】 坚决落实全面从严治党要求，切实营造风清气正的政治生态和担当实干的干事氛围，不断筑牢广大党员干部的廉洁自律防线。出台线索移送办法，规范移送行为，促进审计监督与其他监督更加贯通融合。建立干预审计行为和审计人员被请托事项登记报告制度，有效保证审计人员独立行使监督权。严格执行审计程序，强化业务部门审核和审理部门复核职责，全年未发生行政复议等案件。 （谢 敏）

农　业

综　述

2022年，区农业农村局坚持以习近平新时代中国特色主义思想为指导，深入贯彻落实习近平总书记关于“三农”工作的重要论述和视察江西的重要讲话精神，聚焦“作示范、勇争先”的目标要求，扎实全面推进乡村振兴战略，粮食生产、农村人居环境整治、巩固脱贫攻坚成果等重点工作均取得明显成效。

粮食生产稳中有进。2022年完成粮食播种面积94.2万亩，其中早稻播种面积33.06万亩，中稻播种面积18.33万亩，晚稻面积29.15万亩，旱粮13.66万亩，超额完成了上级下达的94.13万亩的播种任务。油菜生产工作得到了省市领导的高度肯定，区农业农村局获评江西省粮食生产先进集体在2022年农业农村部农情基点县工作考评中获优秀等次。

高标准农田建设成效显著。完成了2021年度10万亩高标准农田建设任务，并顺利通过了区级自验自评、市级验收和省级抽查。同时2022年度7万亩高标建设任务也已开工建设，预计2023年3月底前完工。2021年袁州区高标准农田建设绩效评价结果在全省通报表扬。

农村人居环境持续改善。一是扎实推进秀美乡村建设。2022年全区投资1.2亿元，建设新农村333个，其中省建点135个，自建点198个，创建美丽宜居示范乡镇3个、美丽宜居示范村庄30个、美丽宜居庭院1000多个。彬江镇大浦村巫家自然村新农村建设得到市长严允的高度表扬，龙泉山庄乡宿获评全省三级星乡村民宿。二是大力推进农村“厕所革命”。开展农村户厕摸排回头看工作，共摸排195481户、厕所143883个，发现问题厕所131411个，完成整改7053个，已新改建并录入系统5140个。三是持续推进村庄环境长效管护。进一步完善了“五定包干”村庄环境长效管护机制，给270个行政村下拨村庄环境长效管护资金810万元，建设了“万村码上通”5G长效管护平台，55个村庄安装摄像头并全部上线。四是受污染耕地安全利用和严格管控深入推进。完成治理受污染耕地安全利用面积15.5405万亩，严格管控面积2216亩土地已全部采取种植结构调整或休耕，占总任务数的100%。

富硒产业成效显著。重点发展富硒稻米、油茶、果蔬（袁州硒橙）、油菜、中药材、畜禽、竹笋等特色产业，2022年全区富硒农产品基地面积达33万亩，综合产值达85亿元。备案在册的富硒经营主体206家，其中国家级龙头企业2家、省级10家，市级富硒龙头企业9家，市级富硒示范基地50家。获得富硒产品认证证书53个，涉及认证产品84个。

农村改革取得新突破。启动乡村振兴先行示范建设，以“十个一”“八个有”建设为主要内容，打造了28个先行示范村。农村集体“三资”监管平台和农村产权流转交易体系已搭建完成，正在导入农村集体经济组织相关数据。

农业数字化水平取得新突破。2022年着力打造“3+4”三农服务智慧平台，搭建了优质稻智慧平台；搭建了袁州区“万村码上通”5G长效管护平台，55个村庄安装摄像头，且全部在平台上线，指挥中心机房已到位并接通网络。推进冷链物流体系建设，成立了宜春恒毓冷链物流有限公司，完成了4200平方米的低温冷库的扩建及原有的16000平方米冷库的升级改造，并购置了专业冷藏车2台，引入了智能化信息管理系统，安装了全程温湿度监控等先进设备，实现冷链不断链，全程可监控。

脱贫攻坚成果持续巩固。严格落实产业帮扶及直补政策。全年共安排巩固脱贫成果同乡村振兴有效衔接资金 3702.2 万元，惠及产业项目 73 个，受益群众户数 31898 户，其中脱贫户 4386 户。全年发放产业直补 400 万元，受益 1337 户脱贫户和 4 家新型帮扶经营主体。

招商引资成效明显。绿色食品（富硒）产业链签约亿元项目 6 个，签约资金 33.5 亿元，其中引进“20”项目 1 个；农业招商实际引进资金 7.35 亿元。

农业农村安全底线不断筑牢。一是强化农产品质量安全监管。对全区种植业、畜牧、水产、禽蛋等开展抽查及检验检测，2022 年定量检测任务 1680 批次、快速检测任务 7000 批次，已全部完成。二是强化行业安全风险排查整治。深入开展渔业、农机等重点行业安全隐患排查，逐一加固措施、消除隐患、堵塞漏洞。督促农药生产、生猪屠宰、饲料加工等企业落实安全生产主体责任，健全行业安全生产制度，落实安全生产各项措施。累计检查企业（场所）15 家，排查隐患 7 处，全部整改到位。三是开展各类专项整治。聚焦农产品质量安全、品种权保护、农业投入品质量、畜禽屠宰、动植物检疫等重点领域，开展打击侵权、农资打假、农产品质量安全执法。行动开展以来共出动执法车辆 110 余车次，出动执法人员 400 余人次，检查农资生产经营企业 67 家、经销商 150 余家。

种植业

【粮食产业】 坚决扛起粮食安全生产政治责任，出台扶持政策，由区财政对在规定时间完成种植的早稻每亩奖补 140 元，全区共完成粮食播种面积 94.2 万亩，粮食总产量 3.46 亿公斤，其中早稻播种面积 33.06 万亩，中稻播种面积 18.33 万亩，晚稻面积 29.15 万亩，旱粮 13.66 万亩。对稻油轮作实施区域的实施主体给予每亩 150 元的补贴；对油菜高质高效项目的“百亩田”“千亩方”给予种子和肥料补助。油菜种植面积 16.82 万亩。

【蔬菜产业】 围绕“扩规模、调结构、优供给、增效益”发展思路，以发展规模蔬菜基地和设施蔬菜为主线，通过龙头企业示范引领带动，全年新建 0.404 万亩设施蔬菜基地，全区蔬菜播种面积达 21 万亩，产量 24 万吨，蔬菜自给率稳定在 75%以上，实现了平常时期充足供给、应急时期保障供应的目标。

【水果产业】 年末果园面积 6.3 万亩，产量 6500 吨。脐橙产业稳步发展。一年来，袁州区围绕农民增收、农村发展这一总体目标，精心组织、科学规划，给企业、农民种植脐橙提供了许多便利。全年利用农业高质量发展资金 75 万元奖补合作社、果农等种植主体 11 个，发展和改造提升水果面积 2000 余亩。同时利用新型农民职业培训、乡村振兴资金等多项政策措施支持脐橙产业的发展。

【中药材产业】 种植以“三籽一壳”、“一花两草”、紫株草、黄精等品种 30 多个，建成 50 亩以上基地 162 个，2022 年利用发展资金 118 万元，扶持 23 家合作社，发展带动种植黄蜀葵 3000 余亩、鹿茸草 1000 余亩、艾草 1000 余亩。

科技兴农

【品牌建设】 一是做大宜春大米品牌。继续通过高铁冠名、广告宣传、建立标准、拓展线上渠道等途径扩大宜春大米品牌影响力；新开抖音官方旗舰店，发布“宜春大米”团体标准，冠名赞助“宜春大米节约有你”全国青少年硬笔书法大赛，拍摄“宜春大米”拜年广告、广东卫视“从农场到餐桌”宜春大米专题节目，开展“校地合作”项目，建设彬江霞塘核心示范基地。“宜春大米”获评“2022 江西农产品二十大区域公用品牌”；“5G 大数据赋能品牌农业换挡提速（以宜春大米为例）”项目获第五届“绽放杯”5G 应用征集大赛江西区域赛优秀奖和农业行业赛二等奖。二是做优袁州硒橙品牌。2022 年袁州区成功获批富硒农业发展先行示范区，全力打造“袁州硒橙”产业。重点建设袁州硒橙杨芽核心示范基地，利用软文宣传、户外广告、宣传语征集和丰收节活动，增加“袁州硒橙”的曝光率和影响力，品牌效应初步凸显。硒橙种植面积近 4 万亩，带动 3000 余户农户增收致富。

【现代植保】 一是及时对水稻、蔬菜、柑橘等优势农作物开展农作物病虫害信息化监测。其中，水稻全年防治面积 567.8 万亩次，挽回粮食损失 81506.5 吨。共发布病虫情报 14 期，4000 余份，测报准确率 96%以上。二是发展专业化统防统治组织。全区有专业防治组织 48 个，其中大型自走式喷杆喷雾机1台,无人机193台,机动喷雾器和背负式动力喷雾器465台;统防统治日作业能力可达2.5万亩次。三是做好绿色防控与统防统治技术的推广工作,新建绿色防控示范基地4个,核心示范区面积2000亩。

【受污染耕地安全利用】 投入资金1458.14万元,采购生石灰8237.1吨、土壤调理剂1032.8吨、叶面阻控剂19561.05升,治理受污染耕地安全利用面积15.5405万亩,占任务数的100%。加强严格管控区巡查,严禁种植任何可食用农作物,完成严格管控任务面积2216亩,占任务数的100%。

【畜禽粪污资源化利用】 袁州区2022年畜禽粪污资源化利用率、规模养殖场粪污处理设施装备配套率分别为95.68%、100%,超过了2022年畜禽粪污资源化利用率、规模养殖场粪污处理设施装备配套率分别为80%、99%的目标要求。

【农药化肥减量使用】 全区新建绿色防控示范区2000亩,印发《袁州区主要农作物病虫害防治安全科学用药指南》等文件,下发到各乡镇,宣传推广科学安全使用农药技术。按要求开展并完成了889个土样的取土化验工作。进村入户发放宣传手册,发放宣传画册及施肥手册约20000份,提高了农户对科学施肥的知晓率。推进测土配方施肥向纵深发展,完成肥料效应田间试验、肥料利用率等田间试验6个,农户施肥状况调查181户,以区为单位向社会公开发布肥料配方,测土配方施肥技术推广面积116.25万亩次以上,技术覆盖率保持在90%以上。在施肥新技术、新产品、新机具"三新"配套上实现突破,打造2.838万亩测土配方施肥升级版。在全区具备条件的地区推广0.604万亩绿肥种植,补贴0.176万吨缓释肥、商品有机肥。

通过统防统治和绿色防控等技术达到农药减量。下发了农药减量化专项实施方案和农药科学用药指南等文件,采购了一批太阳能杀虫灯、喷雾器等设备,发放到各新型农民合作组织,同时在乡镇组织科学用药培训班2场,培训专业化统防统治服务组织、种植大户、家庭农场、农户人数150人次,有效地提高了农户科学安全用药技术水平。全年水稻病虫害专业化防治服务面积117.5万亩次,专业化防治覆盖率为46.2%,同比提高0.7%;水稻绿色防控技术应用面积40.33万亩,绿色防控覆盖率为50.41%。

【农业科技培训】 联合农机经销商开展各类形式的农机具现场操作演示及技能培训6次。举办科学安全用药及农药减量增效技术等各类培训班11期,培训600余人。选派农业科技特派员服务农业企业,江西星火农林获2022年"三区"人才支持计划科技人员专项中央财政经费支持,开展培训3次,培训农业骨干100多人。2022年遴选了4家科技示范基地,科技示范户570户。

新农村建设

【新农村建设】 全区建设新农村点333个,改水4000户,改水率100%;改厕5000户,改厕率100%;拆除"三房"27.5万平方米;修建主路50千米、便道52千米;改沟120千米;改塘55口;安装路灯5000余盏。创建金瑞镇、彬江镇、三阳镇美丽宜居乡镇3个,打造三阳镇下门村湾里自然村、彬江镇大浦村巫家自然村、金瑞镇庙前村芦塘自然村等美丽宜居示范村庄30个,建设宜新线(宜春至彬江段)、三水线(三阳至金瑞段)等美丽宜居示范带2条。助推了一批乡村民宿发展,打造省级三星级休闲乡村民宿1个。

【村庄长效管护】 建立了"五定包干"长效管护机制,2022年度共拨付长效管护经费1080万元。建好用好5G+长效管护平台,同时做好5G长效管护微信平台推广工作,提高平台全区知晓度,全区万村码上通"5G+长效管护"平台群众关注数达44558人。

养殖业

【畜牧业生产】 2022年,全年生猪出栏88.98万头,同比增长9.84%,生猪存栏56.85万头,同比增长5.92%,能繁母猪存栏5.59万头。截至年底,全区已备案生猪规模养殖场244家,共有国家级能繁母猪生猪调控基地16家,省级能繁母猪生猪调控基地7家,市级能繁母猪生猪调控基地118家。家禽出笼606.46万羽,存笼247.66万羽;牛出栏3.13万头,存栏6.21万头;羊出栏3.75万只,存栏3.26万只。肉类总产量 8.734 万吨,同比增长 10.55%,禽蛋产量 9003 吨,同比增长 17.73%。

【畜牧疫病防控】 推进强制免疫直补,全区有 6 家企业符合条件,享受"先免后补"政策,享受补助资金 8.531 万元;做好免疫注射,2022 年春秋防期间累计免疫生猪 103.09 万头、牛 15.24 万头、羊 6.59 万只、家禽 648.84 万羽,做到应免尽免、一头(羽)不漏,筑牢免疫屏障,确保公共卫生安全;完成动物疫情疫病监测任务。

【畜牧卫生】 严格把关行政许可,有效治理了行业乱象;扎实开展动物检疫,有力保障了食品安全;大力监管饲料兽药,对全区 10 家饲料生产企业、16 家兽药经营企业开展了现场监督检查,督促其依法依规经营。

【稻渔综合种养】 通过项目示范引领进一步加强"稻鱼、稻虾、稻蛙"养殖模式的推广,争取省级财政资金 32 万元,建设 7 个稻渔综合种养示范点,示范引领全区稻渔综合种养 5.8 万亩,主要分布在芦村、洪塘、天台、楠木等乡镇,以养殖虾、蛙、鲫、鲤为主。

【渔业绿色发展】 2022 年,主要从以下四个方面推动袁州区渔业发展:一是推动工厂化水产养殖,为渔业发展增加新动力。新增工厂化养殖户 4 家,新增养殖面积近万平方米。二是推动水产品加工业的发展,拓展水产品新价值。新增年加工淡水鱼 600 吨生产线一条。三是加快淡水养殖保险试点,为养殖户渔业生产吃上定心丸。全年保险面积约 1.42 万亩,补助保费 151.9 万元。四是推动 100 亩以上连片池塘标准化改造,新改造池塘 170 亩。

检验检疫

【动物检疫】 一方面,强化屠宰检疫。督促各屠宰场严格落实消毒制度,严格执行进场生猪产地日报告制度、官方兽医派驻制度以及屠宰环节非洲猪瘟自检制度。督促驻场官方兽医严把生猪入场关,确保无病猪入场屠宰,规范填写生猪入场、肉品出场等相关台账。另一方面,强化产地检疫。规范电子出证,官方兽医出 A 证时要求审核人员审核后,票证才能打印,并且要见猪见标见车,把相关信息发到群里让审核人员核对后才会审核,严把产地检疫出证关。

【饲料兽药监管】 对全区 10 家饲料生产企业开展了现场监督检查工作,并与其签订了承诺书,还对这些企业开展了安全生产检查;完成部级饲料质量安全抽检 5 个批次,督促企业每月上报饲料工业报表。对全区 16 家兽药经营企业进行了日常监管,督促其按照相关标准,建立好各项台账。完成农业农村部兽药质量风险监测抽样 8 批次,与兽药经营企业及养殖场签订坚决不销售和使用非法非洲猪瘟承诺书 200 余份,发放药物饲料添加剂退出告知书 300 余份,并进行专项核查。为两家兽药生物制品经营企业续证。

【收处病死畜禽】 加强对袁州区厚勤无害化处理有限公司的监管,要求企业对病死畜禽做到应收尽收,对数据进行多渠道核实,确保数据准确真实。袁州区病死畜禽无害化集中处理体系运行良好,按照"统一收集、定期转运、集中处理"的病死畜禽无害化集中处理模式,达到"应收尽收,应处尽处"的目标和要求。加强畜牧执法。开展生猪屠宰领域专项整治,严厉打击私屠滥宰、屠宰及销售病害猪等违法行为。开展"双随机、一公开"执法检查,包括违反动物防疫行为的检查、对动物诊疗机构违法违规行为的检查、对生猪定点屠宰厂(场)监督检查。严厉查处非洲猪瘟防控期间违法违规调运生猪案件。

农业机械

【概况】 全区农机总动力 45.64 万千瓦,拥有拖拉机 2481 台、耕整机 12424 台、插秧机 72 台、联合收割机 1088 台、谷物烘干机 72 台、农副产品加工机械 3819 台、排灌动力机械 6335 台、畜牧养殖机械 2894 台(套)、渔业机械 1609 台、农田基本建设机械 135 台,农业机械原值 23266.87 万元。乡村农机从业人员达 26738 人,农机经营总收入达 35613 万元。水稻机耕面积 49983 公顷,机插面积 22359 公顷,机收面积 51019 公顷,水稻耕种收综合机械化水平达 83.27%。主要农作物综合机械化水平达 82%。全区农业机械化水平向高级阶段持续发展。

【农机服务】 一是组织农机维修技术人员,在春耕备耕期和

“三夏”“三秋”期间下村入户,深入田间地头,帮助农机户检修各类农机3200余台(套),确保了各类农机具能够安全投入使用,做到不误农时。二是组织农机技术人员开展了“农机科技下乡”活动,吸引了广大群众前来参观咨询。活动期间共发放各类农机新产品、新技术宣传资料3100余份,受到了广大群众的一致好评。三是大力推广先进实用、性能可靠,更加适用于辖区范围的农用作业机械。2022年全年举办各类形式的农机新产品新技术推广、农机技能专项培训及农机安全生产知识培训5期和1期“农机安全生产田间日”活动。各乡镇村干部、农机大户、农机专业合作社负责人、农机手等共计1100余人参加了活动,通过“面对面授课+PPT演示+操作案例演示+现场观摩实践”的形式,让农机化生产变得生动形象,能够更加入脑入心,让人印象深刻。一批批先进适用的农机化技术和产品得到最先应用,进一步推动了全区农机装备转型升级,提高了农业机械化水平。

【农机强农惠民政策】 袁州区已完成中央财政农机购置补贴资金1084万元和省级财政农机购置累计50万元;办理各类补贴机具1482台,补贴机具总功率25372.49千瓦,推广各类农机具约1512台(套),拉动农民投入4235.55万元,受益农民1014户,为袁州区农机化的快速发展注入了强劲的动力。

【农机购置补贴和农机监理】 农机推广和农机监理工作是农机管理的两项基础性工作,两项工作在区行政中心设立了服务窗口,实行错时延时服务,做到随到随办,中午不休息,办完最后一个业务才下班。及时听取服务对象的意见建议,及时改进服务措施,提升服务能力。在2022年7月创下了单日受理农机购置补贴业务量过百的历史新高。落实农机合作社、农机作业服务组织、农机维修点等生产经营单位和农机手的安全生产主体责任。抓好农业作业机械(大中拖、收割机)技术检验(年检)和驾驶证年度审验工作,2022年全年农田作业机具登记注册256台,车辆年检8台,全年办理收割机跨区作业证32个。利用各种方式方法宣传农机安全生产,努力营造农机安全生产氛围;与交警支队袁州大队开展联合整治行动;组织农机监理人员深入乡村,下村入户对农机作业场所进行隐患大排查,发现问题及时处理,预防和减少了农机事故发生,全年实现农机安全生产零事故。　(饶　茜)

林　业

【概况】 2022年,在区委、区政府的领导和省、市林业和草原局的指导下,区林业和草原局认真贯彻习近平新时代中国特色社会主义思想,积极践行绿水青山就是金山银山理念,聚焦“作示范、勇争先”目标定位,将林业工作融入全区经济发展大局,以推深做实林长制为总抓手,扎实有序推进林业各项工作,不断推动袁州区林业事业高质量发展,为建设富强美丽和谐宜居绿色袁州提供了生态支撑。2022年末,区林业和草原局有在编在岗人员80人,内设党政办、造林绿化股、森林资源管理股、规财股、自然保护地管理股、政策法规与改革股、林业油茶产业发展股、林业行政执法大队,下设西村、辽市、新坊、寨下、南庙、彬江6个林业工作站。

【业务指标实现“三提升一超额”】 一是林长制综合治理能力不断提升。2022年签发总林长令3个,市级林长到袁州巡林3次,区级林长开展巡林48次,区林长办下发“三单一函”47份,协调解决森林资源保护和发展问题13个。建立完善了4项资源保护管理机制,理顺了宜阳、经开区林业管理机制。二是护林员巡护达标率不断提升。274名护林员实行“村用、乡聘、乡区联考”管理方式,巡护出勤率、达标率、事件上报率全年稳定在90%以上。三是图斑整改效率不断提升。2021年三类图斑466个、98个省委巡视反馈问题、17个审计问题及2020年福州专员办督办问题,在4月中旬全部完成整改。2022年422个森林督查图斑,已完成410个,完成率97.16%。四是林地定额指标超额完成。林地长期使用项目审批1584.69亩(不含经开区1122亩)。

【资源培植实现“双第一一首创造”】 森林覆盖率稳定在63.1%左右,林木采伐减少14.8%,活立木蓄积量增长19.61万立方米;完成人工造林1.1万亩,新增高产油茶总面积达29.1万亩,油茶生产任务完成率全市第一;创建省级森林乡村10个、省级乡村森林公园2个、市级森林乡村5个、市级乡村森林公园

6个、市级小微湿地1个，森林景观利用项目全市第一；首创航空护林防火巡查，对70万亩山林开展护林航空防火机巡护。

【业务工作实现重大突破】 一是成为全省森林固碳增汇试点和CCER林业碳汇开发试点单位之一。二是承接省政府松材线虫病暨油茶造林绿化现场会，前期准备工作基本完成。三是争资争项历史最多。2022年计划外项目7个，落实资金626.75万元。四是2022年获全省"森林防火平安县"称号。五是两例非法侵占林地赔偿案例入选江西省第二批生态环境损害赔偿磋商十大典型案例。六是袁州油茶入选"2022地理标志产业发展示范案例·文化传承价值案例"，袁州茶油获"文化传承价值品牌"和2022年度江西省"我最喜爱的地理标志商标"优秀提名奖。七是林业有害生物防治、国家储备林建设、现场会上油茶工作(准备)在全省典型发言。八是引进年产8亿瓦时自动化圆柱形电池产线与配套PACK产线项目，项目总投资额约50亿元，该项目正在有效洽谈推进中。

【袁州区生态林场】 袁州区生态林场为袁州区林业和草原局下属副科级全额拨款一类公益性事业单位。下设新坊、天台、金化、速丰林业分场4个分场。现有职工29人、返聘护林员38人。经营森林面积14.04万亩，其中国有林5万亩，联营造林9.04万亩；活立木蓄积量有30.4万立方米；生态公益林面积5.4万亩，其中国家级4.1万亩，省级1.3万亩。建有82.6亩的林木良种繁育基地和41.6亩的精品苗木基地。 （易 嫔）

油 茶

【概况】 2022年，在区委、区政府的坚强领导及上级林业主管部门的指导下，全区油茶产业基本形成了集良种育苗、基地建设、精深加工、循环利用、产品销售、油茶文化等于一体的全产业循环链。袁州油茶产业扬优成势，产业集群建设强力推进。油茶产业作为全区同步小康和农民脱贫致富的"四大产业"获重点扶持。

【高产油茶基地建设】 全区现有油茶林98万亩，占林地面积的52%，年产茶油6500吨。20世纪90年代以来，高产油茶林基地建设发展势头十分迅猛，2022年春季新造高产油茶林0.5万亩，改造低产油茶林2万亩，袁州区高产油茶基地呈现稳步推进的良好态势。

【品牌建设】 油茶产业是袁州区强区富民的优势产业，为提高袁州油茶的知名度，全力在提升油茶品牌影响力上下功夫。袁州茶油中国地理标志注册经袁州区人民政府同意，由原袁州区油茶局油茶技术推广站申报。袁州茶油中国地理标志启用对于作为油茶之乡的袁州而言，有利于整合资源，促进抱团发展，互通有无，打开广阔市场；有利于集中优势力量打造袁州油茶品牌，劲往一处使，提升产业整体竞争力。商标启用以来大大地提升了袁州茶油品牌知名度，商标已授权袁州区三家国家林业龙头企业使用，并运用于两家企业的"润心""玉春山"等茶油产品，大大提升了产品市场竞争力。"润心"有机油茶籽油2020年中国茶油品牌"双11"全网销售排名第一。2020年11月6—8日，商标授权的江西青龙高科油脂有限公司和江西星火农林科技发展有限公司携旗下产品到南昌绿地博览中心参加了由江西省林业和草原局举办的江西省首届林业产业博览会。

【优化油茶产业营商环境】 为切实维护全区油茶采摘秩序工作，2022年9月15日袁州区人民政府印发《关于切实维护油茶采摘秩序的通告》2000份，大力宣传维护油茶采摘秩序，优化全区油茶产业发展环境。由于区委、区政府的高度重视，各乡镇、各有关单位统一思想、主动作为，把维护油茶采摘秩序工作列为重中之重的中心工作来抓，集中精力、提早部署、科学安排，逐级落实领导责任，层层分解目标任务，确保这项工作有序、有力推进。通过全区上下齐抓共管、群策群力、狠抓落实，维护油茶采摘秩序工作取得了明显效果，营造了自觉维护油茶收摘秩序的良好环境。

【发展油茶龙头企业】 袁州区现有油茶企业11家、油茶专业合作社106家，有全国油茶产业重点企业1家、国家林业重点龙头企业2家、省级油茶龙头企业5家、全国油茶科技示范基地1个、省级油茶产业科技园1个，油茶造林10000亩以上的企业有3家、5000亩以上的有8家，注册有"润心""宜味宜家"等茶油品牌，启动了袁州油茶原产地认证、“袁州茶油”商标注册。在注重培育好白皮中籽、三角枫两个本地油茶良种的基础上，先后从中国林科院、省林科院等科研单位引进油茶优良无性系品种100余个，建立油茶良种采穗圃1651亩，每年可培育油茶良种嫁接苗3000余万株，为全省最大的油茶育苗基地。同时严格油茶育苗生产管理，实行“四定三清楚”、“五统一”和“四证一签”制度，有效保障油茶种苗质量。坚持油茶新造与低改抚育相结合，按照企业示范、群众参与，以及把油茶产业作为农民脱贫致富重点产业的发展思路，全区已新造高产油茶基地23万亩，改造油茶低产林20万亩，全区年人均可从油茶产业收益2200余元。大力推进一、二、三产融合发展，鼓励油茶企业创新经营机制，加强与科研院校合作，建立“产学研”示范基地，促推产业发展升级。国家林业重点龙头企业、全国油茶产业重点企业——江西青龙高科技股份有限公司，现为科技部“863”重大攻关项目承担单位和全国唯一的油茶产业化专项及示范工程项目单位，拥有日处理能力100吨茶籽的冷榨生产线和从瑞典“阿法拉伐”公司引进的年生产能力1.5万吨油脂精炼设备，产品全面达到欧盟标准，已形成了集食品、保健品、化妆品、有机肥于一体的新型农业工业化产业链，且拥有多项自主知识产权。公司主打产品“润心”牌野茶油已先后通过了ISO9001:2008质量体系认证、HACCP国际食品安全卫生保障体系认证、国家AA级绿色食品标志认证，是全国食品行业中首批获得有机食品标志认证、第二个通过系统五项质量论证的产品。江西星火农林科技发展有限公司是一家现代科技型农业企业，按照良种繁育、丰产栽培、产品研发、精深加工与生态观光“五位一体”协调发展的要求，大力推进省级油茶产业科技园建设，先后承担了国家星火科技项目“油茶产业升级关键技术研究与示范”“油茶产业化技术体系示范推广”、国家科技支撑项目“油茶有机栽培基地建设关键技术集成示范”，占地1000余亩的油茶科研区、精深加工区，以及以油茶壳为主要原料的食用菌生产区、以培育食用菌后的尾料为主要原料的油茶专用有机肥加工区已基本建成。宜春元博山茶油科技农业开发有限公司为国家林业重点龙头企业，公司采取套种经济作物、“猪—沼—茶”一体化等经营模式，以油茶基地为平台，套种栀子花发展林下经济及生态养殖，已成功承办两届“栀子花生态旅游节”，旅游人数累计超50万人次。公司已在英国伦敦证券交易所一级市场挂牌，成为全国首家在海外准上市的油茶企业，“芦塘寨”“宜味宜家”等系列压榨山茶油及精油、手工皂等产品，深受消费者青睐。　（易　嫔）

水　利

【概况】　2022年袁州区全年平均降雨量1750毫米，比多年同期偏多11.64%。进入汛期后，4—7月，累计降雨量1021.4毫米，比多年同期偏多26.4%。袁州区已注册水库有250座，其中大(二)型水库1座，即飞剑潭水库；中型水库5座，即上石水库、酌江水库、沙江水库、石溪水库、里睦水库；小(一)型水库27座，小(二)型水库217座。水库分布在袁州区21个乡镇和3个街道。袁州区有农田有效灌溉面积53.91万亩，分布在16个乡镇(场)221个行政村。全区共有26个灌区，其中大型灌区1个(袁北大型灌区)、重点中型灌区1个(袁南灌区)、一般中型灌区1个，小型灌区23个。农田灌溉水有效利用系数0.508。

2022年是全市抓落实活动年，是党的二十大召开之年。袁州区水利局在上级行政主管部门的精心指导下，在区委、区政府的正确领导下，以“三拼三促”为主抓手，做到不等不靠，全力攻坚克难，各项工作取得了较好的成绩。

截至2022年底，区水利局有在编在岗人员138人，其中行政编12人，全额拨款事业编制60人，自收自支事业编制66人。内设办公室、水利建设管理股、水政水保水资源股、移民股4个机构。下辖袁北灌区服务中心和飞剑潭水资源开发利用中心2个副科级事业单位。

【党建工作】　一是局党委落实新时代党的建设总要求，履行抓基层党建工作领导责任，党委班子成员落实“一岗双责”党建工作机制，抓实各自分管领域党建工作，以党建为引领，抓党建促防汛抗旱救灾、水利项目建设、创文等工作。二是从严落实党风廉政建设“两个责任”，履行好管党治党政治责任，严格遵守政治纪律和政治规矩，严格遵守中央八项规定精神，认真开展好落实中央八项规定精神10周年“回头看”活动，持之以恒正风肃纪，坚定不移推进反腐败斗争。

【防汛抗旱】 按照“一个中心、三个重点、五个确保”的防汛总目标,抓好防汛工作。按上级要求,落实水利工程安全管理责任共1984人。其中250座大中小型水库落实“五个责任人”、117座重点山塘落实“三个责任人”、126个山洪灾害洪患村落实了乡、村、组三级“监测预警责任人”。上半年共开展防汛隐患排查和安全生产检查4次,4月29日举办了全区防汛知识培训班,6月2日在上石水库开展了防汛应急实战演练。同时,加强了预警信息发布,降雨期间密切关注天气趋势和降雨情况,及时发布预警信息,启动预警2次,发布信息570多条,转移人员73人。强降雨期间及时主动调度各地水库安全管理员,共调度管理员270人,打调度电话1100多人次,有效地加强了水库安全管理员的巡查值守和水库安全管理工作,确保了水利工程安全度汛,取得了2022年防汛工作的全面胜利。

2022年7月以来,旱情持续发展,群众生活用水出现不同程度紧张。为应对出现的严重旱情,区水利局组织各乡镇、街道积极寻找新的水源,修复水毁渠道,对缺水严重地区采取送水、打井、购置抗旱设备等办法抗旱保丰收保饮水安全。积极筹措资金,争取区级财政资金1060万元,用于村民抗旱自救。同时,区政府组织水利、应急、农业农村、财政等部门干部深入抗旱一线,指导抗旱自救,了解基层抗旱资金投入情况,将有限的资金用在刀刃上,及时分解下达上级抗旱救灾经费795万元,缓解基层抗旱经费紧张局面,全力抗旱保丰收保饮水安全。全区共投入抗旱资金2372.7万元、抗旱人数3.59万人,新建抗旱机电井200眼,投入泵站377处、抗旱设备0.4万台(套)、机动送水车辆63辆,用电136.8万千瓦时,用油85.54吨,减少了农业旱灾损失6700万元,人民群众饮用水得到了安全保障。

【项目建设】 2022年,已完成大型灌区袁北灌区续建配套与现代化改造项目实施方案编制工作,项目总投资3.038亿元,并已上报省水利厅评审。中型灌区袁南灌区续建配套与节水改造项目实施方案、中型灌区山坑灌区续建配套与节水改造项目实施方案已通过市水利局审批,并上报省水利厅争取资金支持,项目投资分别为8600万元和1400万元。城乡供水一体化项目已完成可研报告编制工作,项目总投资17.05亿元。新建严家冲小(二)型水库项目已完成可行性研究报告,南庙河、新坊河水系连通及水美乡村建设项目实施方案正在编制,幸福河湖、重点山塘整治等项目前期工作正在有力推进。

2022年,水利项目建设成果显著。一是提前完成水库除险攻坚任务。完成了飞剑潭水库和上石水库下闸蓄水验收。启动133座小型病险水库除险加固攻坚计划,确定“五年任务两年完成”,提前一年完成省定目标:第一批总投资5092万元的59座水库已于2022年1月完成攻坚任务,第二批总投资7780.58万元的74座水库正在全面开工建设,确保2022年底全面完成攻坚任务。二是稳步推进河道治理项目,总投资308.83万元的袁河右岸南庙河口至新坊河口项目、总投资1102.56万元的袁河右岸新坊河口至赣西大桥防洪工程项目均已完工,中小河流治理项目金瑞镇下苑至西溪防洪工程项目、民办公助水江镇快荣水治理项目已完成招标,10月底已开工建设,12月底完成主体工程建设任务。三是认真组织实施水库移民项目,全年已安排大中型水库移民项目计划共4批次266个4149.22万元,截至年底,项目已全部开工,已完工231个,完工率86.8%;安排小型水库移民项目计划6个91万元,项目已全部开工,已完工5个,完工率83.3%。四是全面推进小流域治理项目,该项目总投资379万元,涉及南庙中村、双田、西村国桥、张坊四条小流域,已完成80%的工程量,年底可全面完工。

【亮点工作】 1. 提前完成小型水库除险加固攻坚任务。2022年,袁州区水利项目点多面广,工作量大,共有133座小型水库列入水利部“十四五”除险加固攻坚任务。总投资1.65亿元。根据省水利厅要求,小型水库除险加固应实现“五年任务、三年完成”的目标,自我加压,按照“建好一座水库,建成一个景点”的理念,确定“五年任务、二年完成”,年初开工的59座小型水库已全部完工,第二批74座小型水库已全部开工,年底前全部完工。这一工作被11月14日江西卫视《新闻夜航》栏目报道,报道标题为《宜春袁州区:133座水库除险加固工程有序推进》。2.小型水库维养实行“以大带小”管护模式。为切实改变小型水库维养落后状况，印发了《袁州区小型水库维修养护实行“以大带小”管理办法》和考核办法，明确由飞剑潭水资源开发利用中心负责全区所有小型水库的维养工作，同时实行了小型水库安全运行管理与维养管理分离模式，安全运行管理仍由小型水库所在乡村承担主体责任，划分各自维养职责边界，并协调联动，进行协商，补齐了小型水库维养短板。同时，对小型水库“以大带小”专业化日常维养工作实行网格化管理，每座水库均安排网格管理人员负责日常维养，按地域划分为若干个网格，设总网格长、网格长及网格管理员，每个网格分工明确，责任清晰，形成了高效运转的网格化管理体系。全区小型水库维养工作迈入专业化、标准化、规范化、制度化轨道，把一座座小型水库建成了一处处运行安全、水美景美的新景点。

【水利管理全面规范】 1. 农村饮水工作。持续巩固拓展脱贫攻坚饮水安全成果同乡村振兴有效衔接，对农村安全饮水实行每月一排查一调度长效机制；加强对农村饮水工程的后续维修管护，落实管护责任人，签订管护协议，建立管护台账；对水厂管护人员进行了业务培训，每月对管护情况进行抽查，对发现的问题及时督促整改到位。2.建管工作。全区小型水库维修养护工作采用“以大带小”的方式，由飞剑潭水资源开发利用中心承担，通过“以大带小”管护模式，充分利用大中型水库的技术管理能力提高小型水库管护水平。3.水资源保护工作。一是联合区机关事务管理局利用袁州大厦一楼大厅电子显示屏采取播放宣传标语、PDF、动画宣传片等形式进行“世界水日、中国水周”的宣传活动，对提高全民节约用水、水土保持思想起到了积极的作用。二是通过建立在建生产建设项目水土保持台账，开展常规现场巡查，10 月底已与第三方签订协议开展“双随机、一公开”信息化监管。三是完成全区 250 座水库水质检测取样工作，250 座水库水质全面达标，无Ⅴ类和劣Ⅴ类水。四是抓好取用水户监督检查。以“双随机、一公开”方式进行监督检查，对发现的违法违规行为，立即督促其整改，全区取用水户管理总体情况良好。4.河湖长制工作。以河湖长巡查和河湖保洁为抓手，切实抓好水利部下发的碍洪问题图斑复核整改，抓好清河行动、河湖“四乱”问题整改等工作，自查发现 4 个碍洪问题，已全部整改销号；发现 5 个河湖“四乱”问题，也已全部整改到位。充分发挥各级河湖长和“三员”作用，加大河湖巡查保洁工作力度，城乡水环境全面好转，河湖长制工作取得较好成效。（刘　科）

袁北灌区

【概况】 袁北灌区是以灌溉为主，兼顾防洪、发电、养殖、城镇工业和生活用水等大型灌溉工程。东至寨下镇，西至天台镇，北至柏木乡，南以西村镇为界，东西长约 62 千米，南北宽约 37 千米。灌区设计灌溉面积 34.68 万亩，涉及袁河以北 16 个乡（镇）街道。灌区干渠（含总干渠、干渠及分干）共 11 条，总长 213.03 千米；支渠 50 条，总长 160.76 千米；斗渠农渠 424 条，总长 944.6 千米，各类渠系建筑物 683 座。截至 2022 年底，袁北灌区服务中心共有在编国家干部 13 人，其中专业技术人员 9 人，工程师 9 人。

【防汛抗旱】 1.防汛工作：制定了详细的度汛方案及应急预案。汛期前期，为确保灌区安全度汛，对灌区辖区内的 200 余千米渠道清淤工作和渠道及渠系建筑物安全运行进行了全面细致的检查，对检查出的各类安全隐患，及时制定方案进行整改，消除存在的安全隐患。进入汛期，严格落实防汛责任，做好防汛应急值守，密切关注汛情，保证汛情上报规范及时，调度指令精准落实。确保了 2022 年灌区在大暴雨、洪水期间未出现安全事故。2.抗旱工作：2022 年全区出现大面积旱情，中心积极落实上级分配的抗旱资金 20 万元用于抗旱信息化项目建设，保障了抗旱任务全面圆满完成。

【维修养护及标准化项目】 经上级主管部门区水利局的批复，通过了袁北灌区 2022 年度维修养护及标准化建设项目实施方案，同意工程总预算 1142406.67 元，其中 2022 年度维修养护项目 1013912.96 元，2022 年标准化项目 128493.80 元，截至年底 2022 年度项目已全面完成。

【灌区续建配套与节水改造项目】 根据省水利厅及市水利局有关要求落实此项工作，中心集中技术力量，对相关资料进行了整理。2008—2018 年度验收工作在宜春市水利局组织下顺利完成并印发了《关于印发〈袁北灌区续建配套与节水改造工程2008年度等9个年度项目验收鉴定书〉的通知》。

【安全生产】 一是抓好安全生产责任制的落实，及时对灌区安全生产工作进行安排部署，除日常巡查之外，对灌区进行了多次全面安全排查，并建立台账，及时消除了安全隐患，并及时上报至区水利局。二是多次召开专题学习会议，重点对《中华人民共和国安全生产法》及上级有关安全生产重要文件精神进行了集中学习研讨，切实增强红线意识、忧患意识、风险意识和责任意识，并结合单位实际，配合区水利局落实各项安全生产工作，实现了袁北灌区2022年安全生产零事故的目标。

【灌区管理】 根据中心管理职责，较好地完成了渠道的巡视巡查、维修养护、建筑物监控、重点地段监管、闸门启闭等日常性管理工作。重点清淤10余起、建成了2个箱涵、完成了社台片区90余米的袁南排水渠、建成了500米二干渠堤顶公路、实施了500米斜塘标准化项目、实施了一干至六干的渠道维修600余米、实施了銮坑干沟160余米加固等项目。 （夏侯龙）

飞剑潭水库

【概况】 飞剑潭水资源开发利用中心于2022年7月完成事业单位机构改革，整合区飞剑潭水库管理局、区酌江水库管理分局、区沙江水库管理分局、区石溪水库管理分局等单位及相关职能，组建宜春市袁州区飞剑潭水资源开发利用中心，为公益一类财政全额补助事业单位，副科级，由区水利局管理，主要承担飞剑潭水库、酌江水库、沙江水库、石溪水库的维护和水资源开发利用等职责。核定内设机构6个：综合股、财务股、水政水保水资源股、水利经济发展股、建管服务股、水旱灾害防御股；下设4个水库服务站：飞剑潭水库服务站、酌江水库服务站、沙江水库服务站、石溪水库服务站。核定财政全额补助事业编制96名，设主任1名（副科级），副主任3名（股级）。股级职数10名（其中服务站股级职数4名、6名副股级）。

2022年是中心成立的开局之年，是迎接党的二十大召开和学习贯彻党的二十大精神之年。全体职工认真学习了习近平新时代中国特色社会主义思想和党的二十大精神，认真学习贯彻落实党中央国务院、省委省政府、市委市政府和区委区政府决策部署要求，在区水利局党委的领导下，中心干部职工团结一心，努力拼搏，取得了较好的成绩。

【党建工作】 一是建立了党总支会议首学理论制度。每次召开班子会前都会首先进行党的理论知识学习，特别是习近平总书记重要讲话精神。二是认真组织学习党的二十大精神。组织干部职工集中收听收看习近平总书记在党的二十大开幕会上的讲话，并多次组织干部职工针对讲话精神进行集中学习和专题讨论，主要负责人做了专题党课。干部职工通过集中学习及自学，认真撰写学习笔记，提高理论水平。三是2022年7月，组建飞剑潭水资源开发利用中心，配备了中心领导班子成员，明确了干部职工岗位及工作职责，为中心稳步发展安上了火车头，驶上了快车道。2022年10月，完成了中心党总支、机关支部、退休支部的选举，从而完善了飞剑潭水资源开发利用中心党政领导班子，为中心工作高质量快速发展添油助力。

【安全生产】 按照上级安全生产工作部署和要求，组织开展安全检查、安全培训等工作，不断提高全中心干部职工的安全意识。完善各类安全工作方案，并抓好方案落实，细化分解安全工作目标任务。加强各水库周边安全警示设施设置和更新，建立健全与水库周边村组、学校的长效联动机制，加大了防溺水宣传力度。加强了森林防火和办公场所防火宣传教育，组织开展了水库“三无”船只整治，成功实现了本中心安全生产零事故。

【信访工作】 信访工作实行“一把手”负总责，分管领导具体抓，其他成员协力抓，一级抓一级，一级对一级负责，层层落实责任，与各股室、站所签订目标职责书，有效减少和纠正各种推诿扯皮和不负责任的现象，并对不负责的现象严格追责。

【农业灌溉】 2022年是历史上罕见的干旱之年，面对干旱持续发展形势，做到科学调水，节约用水，各水库均满足了灌区用水需求，为保障农业生产作出了较大贡献。仅飞剑潭片区2022年农业灌溉毛用水达2022万立方米，净用水1475万立方米，可收水费 61.7 万元。

【项目建设】 通过积极向上级主管部门争资争项,成功获得了袁州区小型水库维修养护工程项目,此项目被省水利厅作为全省小型水库维修养护“以大带小”试点工程,又通过网格化管理,利用自身人力整合加外聘人员的方式,较好地完成了这一项目,这项工作得到了省、市、区上级各部门的高度肯定和好评,在全省树立了典范。 (廖 洁)

袁州区现代农业示范园区

【概况】 2022 年,农业园以建设“科技示范引领、三产深度融合、高效辐射带动”的现代农业示范园区为目标,攻坚克难,在推动园区发展,实现农业高质高效、乡村宜居宜业、农民富裕富足等方面取得显著成绩。

袁州区农业园(袁州园)位于袁州区西村镇,规划面积 35.6 平方千米,涉及西村镇淇田村、西村村、社台村、分界村、石溪村五个村。园区于 2009 年开始规划建设,获批了省级现代农业示范园区、国家农业科技园区、省级现代农业产业园、省级农业物联网示范基地和“袁州园”国家 AAA 级旅游景区,于 2022 年成功获批省级农村产业融合发展示范区。先后接受过赵乐际、吉炳轩等多位党和国家领导人的考察。

园区落户了江西星火农林科技发展有限公司、江西天稻粮安种业有限公司、江西和顺景观园林建设工程有限公司等 60 家经营主体,其中国家级经营主体 8 家,省级经营主体 9 家,市级经营主体 17 家; 国家林业重点龙头企业 1 家、国家高新技术企业 2 家、省级农业龙头企业 3 家、省级林业龙头企业 2 家、市级农业龙头企业 4 家,各种新型经营主体齐全。

园区基本形成有机蔬果、优质种业、高产油茶、花卉苗木、休闲旅游五大特色产业,现有蔬果基地 5000 亩,设施大棚 600 余亩,高产油茶示范基地 5000 亩,研学旅游、花卉苗木基地 6000 亩,绿色有机富硒水稻基地 4000 亩。基本形成了主道路“三横八纵”相通,主渠道纵横相连,主线网依路而走的基础设施架构。

【园区产业情况】 农业园办以做精一产、做强二产、做优三产,实现“一二三产融合发展”模式为产业发展思路,形成了“一产日趋完善,二产补齐短板,三产有所突破”的发展态势。一产日趋完善。富硒水稻、富硒油茶、富硒蔬果三条产业链日趋完善。天稻粮安种业、宜研种业、江西梦来脐橙提升项目的完成有助于完善园区产业链。星火生物成功申报宜春市星火生物技术创新中心,将致力于打造成为行业先进技术研究和产业化推广的龙头。二产补齐短板。全力推进富硒农产品加工园区建设,总体规划 2000 亩,其中一期规划面积 560 亩。已完成初步规划设计,解决了 45.7 亩用地指标,300 亩用地纳入了国土空间规划的城镇开发边界(83 亩纳入袁州区成片开发方案)。加工园区的规划建设将完善农业园功能体系,实现种植、加工、仓储、物流、销售一体化的全产业链体系。三产有所突破。成功签约引进科太科技园富硒大健康食品产业园项目,该项目打造集产业研发制造、智能制造、电子商务、仓储物流、生产生活配套、金融服务和智慧园区等相关上下游产业为一体的新型富硒健康食品产业园区。松鼠部落乡村旅游综合体项目正加紧建设。项目总投资 1.4 亿元,已完成游客接待中心、中央厨房、办公大楼等主体建设。

【宣传工作】 2022 年 3 月 17 日,人民日报客户端江西频道报道宜春袁州区:“科技小院”助力油茶产业强起来。科技小院是以江西农业大学为技术支撑,以江西星火农林科技发展有限公司为平台载体,通过“高校 + 企业 + 合作社”的“产、学、研”模式,围绕油茶良种选配、苗木繁育、丰产栽培、精深加工、产品研发等内容,整合统筹多方面资源,采取线上线下相结合的技术培训、现场传技等方式,引领传统油茶产业改造升级,提高农民的油茶栽培技术,提升油茶企业的科技含量,扩大高产油茶种植面积,推动油茶产业化进程。3 月 12 日,央视新闻频道“今天是我国第 44 个植树节生态福祉不断增强 城乡居民从中受益”报道袁州区深入践行“绿水青山就是金山银山”理念,大力发展柑橘、油茶等产业,取景星火农林种质基因库。3 月 10 日,《宜春新闻联播》报道了油菜花开春光美,宣传了园区风光。 (赵凌均)

工业 信息

综 述

2022年，全区工信系统认真落实习近平总书记“疫情要防住、经济要稳住、发展要安全”重要要求，牢牢把握省委省政府“稳住、进好、调优”总基调，聚焦“作示范、勇争先”目标要求，围绕市委、市政府“三拼三促”抓落实，全力推动全区工业经济稳中有进、进中向好。获评2021年度全省、全市工业高质量发展先进县（市、区），获评2019—2021年省工业崛起奖表彰县（市、区）。

工业强区坚定实施。一是深入实施工业强区战略。出台《袁州区工业发展“六抓六促”暨2022年工业发展工作思路》，召开全区“强攻工业、招大引强、大干项目”动员会和工业表彰会。二是扎实推进产业链链长制。出台《袁州区实施产业链链长制工作实施方案》等文件，重新优化整合8条重点产业链，优化完善“四图五清单”。三是开展产业转型升级攻坚战。出台《袁州区产业转型升级攻坚行动实施方案》和《考核评价细则》，完成了“产业转型升级攻坚活动施工图”。四是不断提升产业质效。出台《袁州区工业企业“亩产效益”综合评价工作实施方案》，对2021年度纳入评价分类的222家规上工业企业形成评价结果。出台《袁州区开展“零地招商”提升亩产效益行动方案》，开展“零地招商”，引进优质企业，为园区发展注入新活力，清理闲置或低效用地15宗，用地面积928.54亩；签约“零地招商”项目46个，盘活用地928.54亩，租赁厂房19.45万平方米。五是积极向上申报项目。袁州产业园被省工信厅认定为两化融合示范园区、绿色园区。

工业经济实力增强。强化运行保障，定期召开工业经济运行联席会议，加强监测分析和预测预警，确保各项指标在全市第一方阵。2022年，区本级规模以上工业增加值同比增长9.3%，列全市十个县市区第1；实现营业收入270.8亿元，同比增长31.3%，列全市第1；实现利润总额40.3亿元，同比增长116.4%，列全市第2。完成工业投资49.64亿元，同比增长16.67%，列全市第3。其中，技改完成投资20.06亿元，同比增长15.01%，技改占工业固定投资比重40.4%。新增入规工业企业44家，新增数量列全市第2。

企业发展亮点频出。一是专精特新企业创新高。2022年袁州区科伦医械等36家企业被省工信厅认定为江西省专精特新中小企业，总数达42家，创历史新高。同时航宇新材、新龙生物2家企业被工信部认定为国家专精特新“小巨人”企业；济民可信、百神药业等4家企业被省工信厅认定为江西省专业化“小巨人”企业。二是两化融合企业数量多。2022年共有14家企业获批省级两化融合示范企业，占全市比重为11.38%，截至年底已有18家企业通过了两化融合贯标管理体系认证。三是新产品硕果丰。三个新产品已完成验收并获省优秀新产品奖，其中济民可信牌心脉通胶囊获二等奖、益血晶颗粒获三等奖，金特建材的高级别隧道防火保护板获二等奖；三个产品获批第二届“赣出精品”。四是利用关键技术及产业化技术入围国家科技奖后备库。宜春大海龟生命科学有限公司的万吨级食用油脚高附加值利用关键技术及产业化技术入围江西省2022年国家科技奖后备培育项目，是全省11个入围项目中唯一一个企业的项目。

增资立项成果丰硕。一是积极培育企业技术中心，共有5家企业获批省级企业技术中心，企业数列全市第1，占比26.3%；9家企业获批市级企业技术中心，列全市第1，占比22.5%。二是积极组织申报项目资金。组织百神药业申报2022制天然维生素E

及其衍生品、天然植物甾醇、植物角鲨烯/烷的研发、生产与销售。另外,宜春大海龟生命科学有限公司、江西荣兴药业有限公司等也成绩显著。宜春大海龟生命科学有限公司通过自主创新,拥有自主知识产权共计10项,其中发明专利4项,实用新型专利6项,正在申请国际发明专利2项,制定脂肪酸甲酯、植物角鲨烯、角鲨烷等企业标准7项。

重大项目卓有成效。一、济民可信综合口服制剂生产线智能化改造项目。该项目位于医药园,为原址投资项目,总投资2亿元,2022年计划投资1.8亿元,主要建设内容包括在现有车间、设备的基础上完成片剂、胶囊剂、颗粒剂、口服液制剂生产线智能化改造,并新购糖浆洗瓶灭菌联动线、制粒、干燥、整粒生产线、颗粒分装联动生产线、口服液包装线自动投放吸管系统、全智能自动控制系统、动力系统、消防工程、净化系统等150台(套)先进设备等。目前项目已基本完工,准备试生产。项目建成达产后,可实现片剂5亿片/年、口服液1亿支/年、胶囊5亿粒/年、颗粒剂6000万袋/年,预计年产值3.6亿元,年上缴税收约4680万元,将提供50多个就业岗位。二、百神药业健脾八珍糕智能化生产车间技术改造项目。该项目由江西百神药业股份有限公司投资建设,项目位于袁州区医药工业园江西百神药业股份有限公司内,总投资14054.19万元,2022年计划投资8000万元,主要建设内容包括将现有厂房扩建为8489.28平方米的健脾八珍糕智能生产车间,建成后由原料仓库、药材前处理区域(一般区和D级洁净区)、制剂(D级洁净区)、包装(一般区)、公用系统、物流走廊、人流参观走廊等组成;建设智能化高架库面积2970.88平方米。项目达产后年产8.3克的健脾八珍糕37440万块,销售收入达2.37亿元,实现利税8684万元。项目新建厂房已建成,设备安装调试完成,正在试生产。三、丹康制药中药生产基地建设项目。该项目由江西海尔思药业股份有限公司、宜春海嘉控股有限公司投资建设,项目位于宜春市袁州区医药工业园,用地100亩,总投资约10亿元,2022年计划投资约2亿元,主要建设内容:新建1栋办公楼5560.21平方米,1栋宿舍楼2845.69平方米,1栋综合仓库5090.02平方米,1栋原料车间6467.07平方米,提取车间6172.64平方米,制剂车间8060.08平方米,仓库4932.84平方米,配电房260平方米,水泵房117平方米,总建筑面积达39505.55平方米。土建工程已基本完成,正进行内部装修及设备安装工程。项目建成达产后,可实现年产乳果糖原料药1万吨、口服制剂2亿支(瓶),预计年产值7.5亿元,年上缴税收约1亿元,将提供超过150个就业岗位。

锂电新能源产业

【概况】 袁州被誉为“亚洲锂都”,矿产资源十分丰富,主要有钽、铌、锂、钴、锌、金、煤、花岗岩、高岭土、白云石、粉石英等20余种。其中,可开采氧化锂储量110万吨,占全国的31%、世界的12%,居矿石锂的世界第一。在2017年,袁州机电产业基地分别被全国工商联新能源商会和中国有色金属工业协会授予“中国(宜春)锂电新能源产业园”和“中国锂电新能源产业园”称号。

2022年底,袁州区规模以上锂电新能源企业共30家,包括银锂新能源、环锂新能源、汉尧富锂、泰品、金辉再生资源等重点企业。这些企业主要分布于机电产业基地、医药工业园和新坊镇,包括从矿石原料提取加工—碳酸锂—锂电池材料—锂离子动力电池以及新能源汽车关键材料和零部件的生产。

随着锂云母、碳酸锂市场价格的上涨,锂电产业呈现高速增长的态势,2022年锂电新能源产业实现营业收入106.5亿元,同比增长145.3%,实现利润总额25.1亿元,同比增长252%。

【重点企业】 一、宜春银锂新能源有限责任公司。宜春银锂新能源有限责任公司是上市企业江西特种电机股份有限公司的控股子公司,公司成立于2011年,位于袁州区彬江机电产业基地,注册资本8000万元,是一家利用宜春锂云母、锂辉石制备高纯度碳酸锂、氢氧化锂的锂电新能源高新技术企业。公司主要产品为电池级碳酸锂、工业级碳酸锂,副产品有硅砂、锂渣、石膏、硫酸钠。公司建有一期“利用锂云母年产5000吨碳酸锂项目”及二期“利用锂云母和锂辉石年产2.5万吨锂盐项目”。一期项目厂址位于江西省宜春市袁州区彬江机电产业基地,占地面积242亩。二期项目厂址也位于江西省宜春市袁州区彬江特种机电产业基地,占地面积约450

亩。项目含利用锂云母年产 1 万吨碳酸锂生产线及利用锂辉石年产 1 万吨碳酸锂、5000 吨氢氧化锂生产线。公司 2022 年完成营业收入 49.2 亿元，同比增长 242.9%；实现利润总额 17.5 亿元，同比增长 283.9%，上缴税金总额 1.98 亿元，同比增长 1302.4%。二、江西汉尧富锂科技有限公司。江西汉尧富锂科技有限公司属国家高新技术企业，公司注册资本 8244 万元。主营：锂离子电池、电池组、正级材料、负极材料及其前驱体以及其他锂电产品的开发、制造、销售。公司采用独特的制备工艺，自行设计和装备了先进的生产线，具有强大的自主研发和创新能力，具有独立的知识产权，拥有 10 余项国家专利。2014 年认定为国家高新技术企业。公司拥有高水平检测及研发平台。2012 年经江西省科技厅批准，公司成立了省级工程中心——“江西省锂离子电池材料工程技术研究中心”。现有员工 100 余人，占地 160 亩；具有年产正极材料 2400 吨，年产前驱体 3000 吨的生产能力。公司 2022 年完成营业收入 4.16 亿元，同比增长 26.7%；实现利润总额 6547.6 万元，同比下降 17.8%，上缴税金总额 980 万元，同比增长 226.2%。三、江西环锂新能源科技有限公司。江西环锂新能源科技有限公司主要从事锂资源回收提纯加工、电池级碳酸锂、镍钴锰三元材料的研发、制造和销售。自 2011 年成立以来，以环境保护为前提，以完善锂电新能源闭环生态、资源化利用“城市矿山”、梯度管理退役锂电池，做锂电池资源回收领域的龙头企业为愿景，以绿色出行保驾护航为实现碳中和而努力为使命，引入国家级研究所负责人作为研究导师，探索出以回收利用报废锂电池材料生产出电池级碳酸锂、高纯氯化锂和三元前驱体等锂电池材料的先进技术和工艺，生产流程短、成本低、回收率高，基本实现废弃物零排放，率先实现经济环保的规模化生产经营；公司是集研发、制造、销售为一体的国家高新技术企业，荣获省级专精特新称号。在宜春、上饶设立两个生产基地，其中半自动化拆解基地为国内首创。公司 2022 年完成营业收入 7.02 亿元，同比上升 266.4%；实现利润总额 6809.2 万元，同比上升 360.7%，上缴税金 539.1 万元，同比增长 346.6%。

【重大项目】 一、江西锦上锂新材料科技有限公司年产 5000 吨电池级碳酸锂项目。该项目于 2022 年 6 月落户宜春市袁州区医药工业园化工区，由江西锦上锂新材料科技有限公司投资建设，占地 50 余亩。一期投资 12000 万元，以外购卤水为原料，采用原料储罐、板框压滤机、反应釜、沉锂釜、三合一设备、MVR 蒸发器、空压机等设备，通过除杂—过滤—沉锂—水洗—烘干—粉碎包装等工序，建成年产 5000 吨电池级碳酸锂生产线，员工 100 余人。达产后，年产值约 30 亿元，税收贡献将超过 10000 万元。项目于 2022 年 7 月开工建设，正在试产。二、宜春鑫合锂电材料有限公司年产 10 万吨磷酸铁锂建设项目。宜春鑫合锂电材料有限公司由上海鑫融合实业集团有限公司出资设立，公司主要从事电子专用材料，非金属矿物制品的研发、生产和销售。公司计划投资 50 亿元建设年产 20 万吨磷酸铁锂项目，总占地 500 亩，分二期建设。一期为年产 10 万吨磷酸铁锂正极材料项目，项目占地 223 亩，项目建设地位于医药工业园康明路鑫乐物流园对面，一期包含 10 万吨磷酸铁锂厂房，磷酸铁锂中试线，生产车间，研发楼，仓库，办公楼、辅助功能建筑等总建筑面积 11 万平方米，计容面积 15 万平方米。项目建设总投资为 21 亿元，项目计划 2022 年 12 月开工，2023 年 7 月完成建设工作，同年 8 月开始投产。三、浙江吉利控股集团（江西宜源新能源科技）10 万吨磷酸铁锂材料体系及电池回收综合利用项目。项目注册名称江西宜源新能源科技有限公司，由吉利控股集团投资建设，位于江西省宜春市袁州区医药工业园，总投资约 25 亿元，用地 252.7 亩。主要建设内容包括生产车间及生产配套设施等。建成达产后，将形成废旧磷酸铁锂电池及黑粉回收 4 万吨 / 年，2500 吨 / 年电池级碳酸锂，3 万吨 / 年磷酸铁，3 万吨 / 年磷酸铁锂的生产能力。该项目已完成审批备案、规划选址、用地预审。

装备制造产业

【概况】 袁州区装备制造产业充分发挥自身的产业基础，大力实施智能化改造升级发展战略，近年来得到长足发展。

2022 年，袁州区区属智能装备产业规模以上企业有江西特种电机股份有限公司、江西江特电气集团有限公司、江西特种汽车有限公司、江西江特电机有限公司、莱茵德尔菲电梯有限公司、宜春新丝路实业有限公司、江西尖丰精密科技有限公司、江西腾辉电气设备有限公司等26家,形成了具有一定影响力的品牌市场。截至2022年底,袁州区进行了智能化改造的企业有:济民可信、航宇新材、科伦医械、港丝利服饰、海尔思药业、金海新能源、百神药业,京能热电、莱茵德尔菲电梯等。2022年区属规模以上智能装备企业实现主营业务收入19.74亿元,实现利润总额1.97亿元,同比增长228.3%。

【重点企业】 一、江西江特电机有限公司。江西江特电机有限公司(以下简称江西江特)是江西特种电机股份有限公司为了适应集团化发展,于2016年4月分离出来的全资子公司,注册资本1亿元,经营范围为电动机、发电机等的生产和销售。公司占地350多亩,具备先进和完备的电机生产制造设施,员工近2000人,公司具有很强的研发实力,拥有省级院士工作站、省级企业技术中心、省级工程技术研究中心等研发平台。公司加快了电机产品升级,朝节能、高效、高速、智能电机方向快速发展,先后有多项产品获"国家重点新产品奖""国家火炬计划项目""国家科技型中小企业科技创新基金项目产品"等奖项,拥有专利技术40多项。公司高度重视产品质量管理,先后通过了ISO9001:2015质量管理体系认证、IATF16949:2016质量管理体系认证、ISO14001:2015环境管理体系认证、OHSAS18001:2007职业健康安全管理体系认证,部分产品获得中国船级社船用产品型式认可证、欧盟安全认证(CE认证)、GB12996认证、ROHS检测等。2022年,完成营业收入7.12亿元。实现利润0.74亿元。二、莱茵德尔菲电梯有限公司。公司是一家有着近三十年历史,由大型军工企业国营长青机械厂依托人才、设备、管理优势发展成长起来的专业电梯公司。1993年与上海长江电梯公司合作生产自动扶梯,1994年吸收合并江西电梯厂,2002年同国际上享有盛誉的德国莱茵(LME)电梯公司成功合资。公司集电梯、自动扶梯系列产品研发、制造及安装、维修、改造于一体,是中国电梯协会成员之一。先后获得国家高新技术企业、江西省省级企业技术中心、江西省智能制造试点示范企业、江西省服务型制造示范企业、江西省节能减排科技创新示范企业、江西省著名商标,"赣出精品"等多项称号。2022年,完成营业收入1.46亿元,实现利润874.9万元。

【重大项目】 江西核建高端智能装备有限公司高端智能装备自动化生产项目。

江西核建高端智能装备有限公司由武汉东焊汽车装备有限公司、江苏吉彼埃汽车技术有限公司与刘铭三方筹建,于2022年1月成立,现落户袁州区医药工业园工业九路,占地56亩,由武汉东焊汽车装备有限公司提供技术,拟于2022年投产。公司致力于汽车装备工业,主要为汽车公司和汽车零部件厂商提供工装自动化焊接设备、模具、检具及其他辅助设备,公司集规划、设计、制造、集成、安装及售后等一体化服务,为客户提供整套车身焊接线的交钥匙工程服务。

江西新豆科技有限责任公司年产200万台锂电新能源电机及100万台特种电机、300万台控制器(含智能中控)项目。

该项目由江西新豆科技有限责任公司投资建设,项目位于袁州区机电产业基地锦华路,用地50亩,总投资5亿元,2022年计划投资1亿元,主要建设内容包括年产200万台锂电新能源电机及100万台特种电机项目。主要建设内容为生产车间24000平方米;综合楼2600平方米;辅助车间及仓库6000平方米;宿舍楼1000平方米等。项目建成达产后,预计年产值2亿元,年上缴税收约0.2亿元,将提供100多个就业岗位。

江西新豆科技有限责任公司(前身是2016年成立的无锡新豆科技有限公司,国家高新技术企业)成立于2021年,于2022年5月6日签约入驻江西省宜春市袁州新材料产业园。公司注册资本2000万元,总投资5亿元人民币。项目占地50亩,规划建设厂房面积24000平方米,综合楼2600平方米,辅助车间及仓库6000平方米,宿舍楼1000平方米。项目建成将具备年产200万台锂电新能源电机及100万台特种电机、300万台控制器(含智能中控)的产能,同时配备现代化数控机加车间、压铸车间、现代化无尘电子车间、整机装配车间等生产管理体系。

电子信息产业

【概况】 全区电子信息产业目前有规模以上工业企业15家,分别是航宇新材料、华讯电子、永盛常科技电子、何氏电子、祥丰电子、万兴刚电子、仁创能源科技、爱星毅通信技术、成上光电、春嘉电子、博理智能制造、超越精密、驰同达、航宇电子材料、珍烟科技。2022 年规模以上工业企业完成营业收入 19.1 亿元,同比增长 1.7%。实现利润总额 1.07 亿元,同比增长 8.6%。

【重点企业】 一、江西省航宇新材料股份有限公司。江西省航宇新材料股份有限公司成立于 2010 年 6 月，坐落于袁州区彬江工业园,公司资产总额达 5 亿元人民币，注册资本 7816.9 万元，厂区占地面积 11.8 万平方米,是一家专业从事高性能覆铜箔层压板并提供相关材料使用解决方案的高新技术企业。公司于 2013 年 5 月正式投产，目前共有职工 330 名,其中管理人员 65 名，于 2016 年 7 月正式挂牌“新三板”上市。公司专业生产高性能覆铜箔层压板并提供相关材料使用解决方案的高新技术企业。产品主要供制作单、双面及多层线路板，广泛用于射频、微波等领域;LED 照明电路、后膜混合集成电路、电源电路、固态继电器领域,以及手机、汽车、通信设备、计算机以及各种电子产品。公司 2022 年完成营业收入 8.9 亿元,同比下降 22.8%;实现利润总额 1174.2 万元，同比下降 81.9%，上缴税金总额 1385.6 万元,同比增长 173.1%。二、宜春市华讯电子制品有限公司。宜春市华讯电子制品有限公司成立于 2017 年，拥有五栋厂房,总面积逾 2 万平方米;年产逾千万变压器、线圈、电磁阀,充电器、报警器等电子产品,生产力量已超过 1200 人次，强大的生产能力以应付不断增加的市场需求。华讯业务 95%以上为出口业务,主要客户分布美国和欧洲国家,部分客户为世界 500 强企业。公司 2022 年完成营业收入 2.89 亿元,同比增长 3.1%;实现利润总额 2854.7 万元，同比增长 2027.2%，上缴税金总额 823.8 万元，同比下降 24.9%。三、江西省航宇电子材料有限公司。江西省航宇电子材料有限公司成立于 2021 年 10 月,注册资金 5000 万元，为江西省航宇新材料股份有限公司的全资子公司。航宇电子建设于航宇新材一期厂址,现有员工 91 人。公司现有产能 60 万张 / 月，主要产品有超导热铝基覆铜板、超导热铜基覆铜板。产品广泛应用于背光源、高功率照明、电源模块、车灯、变频器等。其中超导热铝基板通过中国电子电路行业协会证明，连续三年在国内排名前三,在江西省内排名第一。2022 年公司已提交 5 项发明专利申请。公司 2022 年完成营业收入 2.27 亿元,同比增长 1%;实现利润总额 2078.8 万元，同比增长 1%，上缴税金总额 346.8 万元，同比增长 100%。四、永盛常科技电子(宜春)有限公司。永盛常科技电子(宜春)有限公司成立于 2010 年 6 月，工厂位于宜春市朝霞路袁州医药工业园,由爱维克集团投资 2000 万美元新建，占地面积 100 亩，总投资 3000 万元港币。产品和服务涉足众多领域,包括电子业、半导体业、通信业,涵盖了电子连接器、线缆组件、电子线束等系列产品,以满足客户在各种领域的需求。2012 年开始投入生产，工厂有员工 450 人，年生产数量 3000 万条,生产总值 8000 万元左右。永盛常是一家成立 16 年之久的外商独资企业。主要生产数据线、电子线、网络线和电脑周边的连接线。其产品和服务已涉足电子业、半导体业、通信业,专门为国际著名品牌提供产品与技术支持,并且通过了国际质量管理体系和环境管理体系认证,属绿色环保型企业。公司 2022 年完成营业收入 1.07 亿元，同比增长 25.4%；实现利润总额 506 万元,同比增长 36.4%,上缴税金总额 284.2 万元，同比下降 41.6%。

【重点项目】 一、宜春市天联科技有限公司年产 300 万只软包锂电池及 300 万套智能声学应用产品建设项目。该项目由宜春市天联科技有限公司投资建设,主要经营锂离子电池制造、Pack(封装)及应用领域产品,年产值 10 亿元,于 2022 年 5 月正式签约,签约资金 20 亿元。已完成项目选址,正在做地勘、土地平整和施工图纸设计。二、江西省锦朗新能源有限公司日产 120 万只动力锂电池及电池正极材料生产项目。项目由江西省锦朗新能源有限公司投资建设,公司致力于动力型锂电池及储能用锂电池的研发、生产及销售,建设专门的锂电池研发和生产线,成立有专门的技术研发中心。工艺流程为来料入厂检验—配料—涂布—碾压—分切—制片—卷绕—组装—注液—化成—分容—包装—出库。该项目位于慈化镇,一期项目租赁标准厂房 6 万平方米,签约资金 21 亿元,正在试生产。

新型建材产业

【概况】 袁州区位于江西省西部,东邻新余市,西接萍乡市,有丰富的石灰岩、粉石英、高岭土等非金属矿产资源,储量大、品质好、有害成分较少,是发展水泥工业和生产新型建材及非金属产品的优质原料,形成了硅酸钙板、高岭土和锂长石加工、新型墙材、建陶四大类企业的发展格局。规模以上建材企业有105家,分别是红狮水泥、裕丰矿业、环虹金属、城建建材等。

2022年由于国内房地产市场低迷,建材行业营收、利润均出现较大下降。规模以上建材企业实现主营业务收入53.4亿元,同比下降11.6%;实现利润总额1.5亿元,同比下降47.9%。

【重点企业】 一、宜春红狮水泥有限公司。宜春红狮日产4500吨熟料水泥生产线,按照“第二代新型干法生产线”和智能制造要求设计,采用目前国际最先进新型干法水泥工艺,水泥制造各环节与互联网深度融合,达到“生产现场无人化、过程控制智能化、生产管理数据化、设备管理可视化”,主要经济技术指标处于水泥行业先进水平。同时配套建设9兆瓦纯低温余热发电项目、水泥窑协同处置年10万吨固废处置项目。该项目是袁州区委、区政府的重点招商引资项目。项目总投资18亿元(含水泥窑协同及固废处置中心项目),达产后年产值达15亿元,纳税达1亿元,解决当地用工400余人,同时带动周边运输、制造及服务等行业的兴起。二、宜春市裕丰矿业有限公司。裕丰矿业年产200万吨建筑石料用灰岩矿区面积0.3572平方千米,经营范围:石灰石、方解石、硅灰石、石英石加工及销售。2022年实现营收32565.3万元,同比增长106%;实现利润485.2万元;税收3642.6万元,同比增长210.9%。三、宜春环虹金属新材料有限公司。公司位于袁州医药工业园,致力于设计与生产高档建筑室内外装饰用铝单板、金属天花板、包柱及各种装饰铝板等产品。注册资本1000万元,资产总额4327万元。公司拥有先进的全自动喷涂设备和最先进的控温炉、液化气燃烧系统及德国的前处理工艺技术,数控激光板机,数控折弯机,数控开料机,塔式数控冲床,具备年产铝幕墙300多万平方米的生产加工能力,功能齐全,设备先进。四、宜春市城建建材有限公司。公司成立于2014年12月,是专业生产和销售商品混凝土的民营股份有限公司。位于珠泉街道窑前社区榨山组,紧邻明月大道,交通便利,运输方便。符合工业环保标准。公司占地20余亩,总投资2000万元,拥有职工31人,公司是集商砼研发、生产、销售、运输一体化,为建筑业服务的高新技术,绿色环保型企业。年可生产优质商品混凝土35万立方米。公司采用全电脑自动控制系统,确保生产的连续性,大大提高了称量精度和生产效率,公司产品涵盖各强度等级的普通混凝土及各类特性混凝土,适用于各类建筑工程、公路、桥梁等工程建设。

【重大项目】 一、宜春三仁新型材料有限公司年产1万吨环氧水性树脂与固化剂生产项目。该项目由宜春市三仁新型材料有限公司投资建设,项目位于医药工业园,用地45亩,总投资3亿元,2022年计划投资1.5亿元,主要建设内容包括环氧水性树脂与固化剂等。目前已完成项目选址,下步计划试投产。项目建成达产后,可实现年产1万吨环氧水性树脂与固化剂,预计年产值0.8亿元,年上缴税收约0.05亿元,将提供70多个就业岗位。二、江西新虹铝建材科技有限公司铝单板生产项目。该项目由江西新虹铝建材科技有限公司投资建设,项目位于医药工业园,总投资20亿元,2022年计划投资6亿元,主要建设内容包括铝单板等。目前已完成项目选址,下步计划完成试投产。项目建成达产后,可实现年产铝单板180万平方米,预计年产值3亿元,年上缴税收约0.2亿元,将提供200多个就业岗位。

绿色食品产业

【概况】 袁州区现有绿色食品产业规模以上工业企业11家,分别是宜春市新希望农牧科技有限公司、江西青龙高科油脂有限公司、宜春格力特饲料有限公司、宜春九鼎牧业有限公司、宜春市袁州区中州米业有限公司、宜春市袁州区慈化润凯屠宰有限公司、宜春市绿富春实业有限公司、宜春市山泉粮油有限公司、江西春江科技有限公司、江西天稻粮安种业有限公司和江西春科科技有限公司。2022年,实现营业收入10.08亿元,同比增长 7.38%，占区本级规模以上工业营业收入比重为 3.72%。

【重点企业】 一、宜春市新希望农牧科技有限公司。宜春新希望农牧科技有限公司是新希望集团于 2019 年 4 月收购正式成立，经集团研究决定任命李权为公司法人代表，公司总投资 2500 万元，打造年生产量达 30 万吨的工厂。公司坐落于江西省宜春市袁州区彬江工业园区，总面积 45 亩，其中厂房面积有 14000 平方米，办公楼 1040 平方米。现有人员 41 人，其中大学本科有 11 人，占公司总人数 26.8%，专业技术人员 13 人，占公司总人数 31.7%，公司成立了专门的技术服务队，为养殖户提供疾病防控、养殖管理等技术方面的服务。公司生产设备由中外合资知名企业布勒（常州）机械有限公司提供并安装，生产工艺流程采用目前国内先进的全自动电脑配料，拥有 2 条生产线，时产能力达 20 吨，年生产能力达 30 万吨。公司在集团强大的科研实力下，推行其低成本、高效益的管理理念，为市场提供优质的猪、禽、水产系列配合饲料和浓缩饲料。公司 2022 年实现营业收入 2.38 亿元，同比下降 10.53%。二、江西青龙高科油脂有限公司。宜春市首家集研发、生产、销售食用油为核心业务的民营高科技股份制企业。是“全国油茶产业重点企业”“江西省农业产业化省级龙头企业”“江西省省级林业龙头企业”“江西高新技术企业”“中国食品企业社会责任百强企业”。公司拥有 200 多亩油茶加工厂区；引进双螺旋杆榨油机技术进行茶籽冷榨，建成了日处理 100 吨茶籽的冷榨生产线；并从瑞典“阿法拉伐”公司引进成套先进的年生产能力为 15000 吨的油脂精炼工艺及设备，采用国际最先进软塔术， 是当前中国所有茶油生产厂商中第一个采用软塔技术的制造商。公司 2022 年实现营业收入 2.09 亿元，同比增长 35.77%。三、宜春格力特饲料有限公司。公司位于宜春市彬江工业园区，交通便利，于 2013 年 5 月开始建设，已建成一座年产 24 万吨的现代化饲料生产基地，总占地面积为 34466 平方米，投资总额 1 亿元，是一家以加工生产经营畜禽浓缩饲料、配合饲料为主，集研发、推广饲料新产品于一体的民营企业。公司现有配合饲料、浓缩饲料、膨化玉米三条生产线。生产、仓库现场推行“6S”管理，做到环环相扣，有条有理，秩序井然，保证了产品质量的优良性和稳定性。公司 2022 年实现营业收入 1.46 亿元，同比增长 57.34%，实现利润总额 263.10 万元，同比增长 70.29%。四、宜春市袁州区中州米业有限公司。成立于 2009 年 11 月，坐落于宜春市袁州区机电产业基地。公司注册资金 2100 万元，占地总面积 80 亩，总资产 2 亿多元。公司是一家集优质稻种植，湿谷烘干，精米加工，恒温存储，线上线下营销为一体的现代化农业企业。公司是江西农产品 50 强企业品牌，公司自主大米品牌“状元洲”，为江西省著名商标。公司产品定位中高端市场，主要销往长三角、珠三角等沿海经济发达区域。公司是江西省区域公共品牌“宜春大米”的承建企业，“宜春大米”是国家地理标识认证产品。公司 2021 年实现营业收入 0.83 亿元，同比下降 2.98%，实现利润总额 207.6 万元，同比下降 23.64%。

袁州医药工业园

【概况】 2022 年园区党工委认真贯彻落实省、市、区党代会精神，聚焦“作示范、勇争先”目标定位，按照抓落实活动年“三拼三促”工作部署，坚持党委统筹，细化任务举措，以顶格的标准、满格的状态、真格的措施，坚定不移强攻现代工业。园区入选全市首批“服务支持人才创新创业示范基地”，“5G+”天地一体化智慧园区安全环保示范标杆平台荣获江西省第五届“绽放杯‘5G 应用征集大赛江西区域赛’——5G+ 数字化治理”行业赛二等奖，获评年度全省两化融合示范园区和省级绿色园区。袁州医药工业园化工集中区整治提升工作全省年底复核得分 88.625 分，排名全省第五，全市第一。2022 年度获评全省综合考核省级开发区第一等次、2022 年度全市综合考核开发区第一等次、2022 年度全市推进工业经济高质量发展考核工业园区规模上台阶第一等次、2022 年度全区综合考核第一等次、2022 年度区属国有企业综合考核第一等次（医药园开发建设公司）、2022 年度综合考核单项奖疫情防控工作先进单位、2022 年度区管领导班子考核优秀等次。

【经济指标】 2022 年，园区规上工业企业实现营收 96.35 亿元，同比增长 17.4%；上缴税金 4.42 亿元，同比下降 10.6%；完成利润总额13.4亿元，同比增长57.7%。园区完成工业投资20.16亿元，同比增长17.93%，其中技改投资8.98亿元，同比下降2.22%，占工业投资的44.52%。

【项目招引】 2022年，园区承接新签约项目40个，其中供地项目18个、租赁项目22个，签约资金175.1亿元。亿元以上项目有翊合欣科技等38个，其中50亿元项目有宜春鑫合锂电材料有限公司投资的年产20万吨磷酸铁锂建设项目，20亿元项目有江西彩鸿纺织有限公司投资的年产165000吨高档CVC和TC棉纱、5000万米针织布(主)和15000吨再生棉纱、1000万米工艺用布(辅)生产线建设项目，吉利科技集团有限公司投资25亿元建设的磷酸铁锂材料及电池回收综合利用项目。园区单独引进签约项目5个，其中投资20亿~50亿元2个，投资50亿元项目1个。

【项目培育】 2022年，园区新增开工项目29个，新增竣工、投产项目26个。新增辉腾新材、翊合欣等规模以上工业企业8家，新增国家专精特新“小巨人”企业1家，新增省级专精特新企业8家，新增省级专业化“小巨人”企业2家，新增省级瞪羚企业2家，新增省级院士工作站1个，新增省级技术创新中心1家，新增省级企业技术中心3个，新增省级两化融合示范企业7家，新增省级两化融合贯标企业4家，新增市级创新平台1个，新增市级企业技术中心6个。大海龟生命科学斩获第五届“中国创翼”创业创新大赛全国总决赛第一名，万吨级食用油脚高附加值利用关键技术及产业化技术入围江西省2022年国家科技奖后备培育项目，是全省11个项目中唯一一个入围的企业类项目。

【产业发展】 2022年，医药产业实现营业收入483.04亿元，同比增长25.6%，上缴税金12.6亿元，同比下降14.5%，完成利润总额26.41亿元，同比增长22.9%。规模以上生物医药企业营业收入53.04亿元，同比增长20%，智能装备制造(含电子信息产业)集群营业收入突破184.8亿元，同比增长28.81%。锂电产业集群营业收入92.65亿元，同比增长129.7%。主导产业链不断完善，引进了锂电新能源产业项目15个，医药产业项目等3个，智能装备项目2个，数字经济产业项目1个。

【要素保障】 创新融资方式，成功向国家开发银行申请宜春市袁州区锂电新能源产业基础设施及孵化基地PPP项目贷款，整合项目申请地方政府专项债，获得贷款5亿元。推进“节地增效”，提供标准地785亩，累计平整土地近1000亩，盘活“僵尸企业”、闲置用地等低效用地766.29亩。对接国土空间规划编制，争取了3.1万亩开发边界划定面积，启动投资5.6亿元(医药园)宜春锂电新能源产业基础设施及孵化基地PPP项目，投资7300万元对园区道路及人行道进行了“白改黑”提升，启动建筑面积约10万平方米的医药产业标准厂房及配套基础设施建设项目一期和建筑面积约15万平方米的袁州产业园锂电产业园标准厂房及配套基础设施建设项目，投资1.24亿元的三阳水厂主体完工，投资1.8亿元的22万伏变电站项目在积极建设中。

【安全环保】 推进安全生产“三年行动”专项整治巩固提升，开展危险化学品安全专项治理、城镇燃气安全排查专项整治行动。完成第二轮中央环保督察的3个案件销号和省环保督察信访件1个案件的销号。全力完善化工集中区管理，成立了专门管理机构，配齐了专业监管人员，四至范围已批复，编制了化工集中区总规、产规，并开展了化工集中区整体性风险评估，编制了综合应急预案和各项专项预案，编制了化工集中区地下水调查评估报告和挥发性有机化合物大气治理一园一策方案，配套建设了2000立方米事故废水应急池和消防取水码头，园区消防站完工投用，完成化工集中区范围征地拆迁，全面实行封闭化管理，实行路口道闸门禁和人脸识别。智慧安环管控平台建设并试运行。

【营商服务】 深入开展“我服务企来评”活动，发挥企业评价考核“指挥棒”作用，坚持一事一评、年终总评，将企业评价纳入干部职工年度考核，对重大项目建设、重大问题协调组建工作专班全程跟进服务，解决企业人才及员工用房878套，为园区1600余名企业人才及员工提供了住房保障。投资35万元在袁州区医药工业园管委会一楼建立人社服务平台及人才服务中心，组织有用工需求的企业参加专场招聘会，共主办线上线下招聘会13场，线下送岗位下乡参会企业80余家，线上直播招聘活动参与企业50余家，提供2000余个就业岗位，举办3期工人培训班，培训员工370人。

园区重点项目、企业简介

【宜万同城快速通道(下浦)至彬江一级公路(一期)新建工程项目】 宜万同城快速通道(下浦)至彬江一级公路(一期)新建工程项目由袁州区机电产业基地管理委员会投资建设，总投资1.36亿元，一期道路全长4.592千米，采用一级公路标准进行建设，路基宽25.5米，路面宽24米，设计速度80千米/小时，该路段已完成路面施工及埋设雨污水管网工程，待验收合格后可正式通车。该项目的完工，能够完善园区的道路交通网络，有效提升园区的承载力和吸引力，缩短与中心城区的距离，加快与中心城区融合发展的步伐，为园区的发展提供有力的保障。

【中国(宜春)锂电新能源产业园标准厂房建设项目】 中国(宜春)锂电新能源产业园标准厂房项目位于袁州区机电产业基地创业路9号，项目占地面积267亩，总建筑面积224355平方米，总投资3.56亿元，建设标准厂房20栋，办公楼1栋，宿舍2栋，食堂1栋，附属用房2栋，容积率1.29，绿化率18%，建筑密度26.42%。整个项目分期建设完成，一期投资1.28亿元，用地面积105亩，建筑面积90392.31平方米，建设7栋标准厂房、1栋办公楼、1栋宿舍，该项目于2018年10月开工建设。2019年10月建成投入使用；二期投资0.78亿元，用地面积55亩，建筑面积54790.38平方米，建设6栋标准厂房，项目于2022年5月开工建设，12月底竣工。下一步将尽快启动三期9万平方米标准厂房建设。

【宜春市驰同达科技有限公司】 宜春市驰同达科技有限公司成立于2019年7月12日，注册资本5000万元人民币，2019年8月项目正式落户在袁州区机电产业基地，项目总投资10亿元人民币，占地面积约93亩，主要经营智能穿戴产品、消费电子产品、5G手机散热片等产品。

该项目主要有以下特点。一是科技含量高、技术水平领先。公司以广东作为科研、市场战略前沿，依托华为、小米、OPPO、VIVO、三星等国际品牌，建立公司研发及销售团队，打造公司科技和前端市场平台，专业研发、设计、销售5G手机散热片、3C产品结构外观件、智能穿戴结构件、模具、夹具、治具及自动化设备配件等，掌握着各项产品的核心技术。规划将宜春市驰同达科技有限公司打造成后方生产服务基地，形成前沿与后方互相呼应战略，在公司发展成熟后逐步将公司总部、研发、产业链引进宜春。二是投资规模大、行业地位领先。项目分两期建设。一期于2019年8月动工建设，2020年8月底已完成20000平方米厂房、6000余平方米宿舍及3000余平方米办公楼建设，2021年1月底已完成厂房及办公楼装修，2021年5月完成价值约6000万元的200台CNC设备安装调试，6月投产运营。三是发展前景好、经济效益明显。该项目属于技术密集型产业，目前已和欧菲光签约了将近10亿元的订单，项目落地后将带动一批上下游关联企业的进驻，这将有力地推动地方电子信息产业的发展，目前员工人数115人，2022年实现营业收入8873万元，上缴税金136万元。

【江西九鼎动力新能源科技有限公司企业】 江西九鼎动力新能源科技股份有限公司是一家致力于高端动力锂离子电池及电源管理系统研发、制造、销售的高新技术企业。2017年4月签约落户于袁州机电产业园，是一家以中国锂电专家库资深专家为领衔，以从事锂电行业10年以上的博士、硕士队伍为骨干，致力于高端动力锂离子电池及电源系统研发、制造、销售的高新技术企业。2021年4月，企业申报参加映山红行动，已入省级上市后备库企业，并于2022年9月完成股改，2023年3月20日递交新三板挂牌申请。该公司技术力量雄厚。公司创始人、董事长邓纶浩博士担任过中国住建部科学技术委员会城市车辆专家委员会专家委员、中国电池工业协会储能电池分会专家委员、中国物理化学电源协会动力电池分会专家委员，并且拥有自主知识产权的专利技术40余项，发表各类论文20余篇，核心期刊10余篇，并先后主持参与过多项国家、省部级重大项目，公司研发出拥有自主知识产权的动力新能源系列产品，并掌控全部产品的核心技术。开发出能量密度达到250千瓦时/公斤、功率密度达到1000瓦/公斤，循环寿命1000次以上的动力18650电池，有效解决了国内18650电池高能量密度、高功率密度及长寿命相互制约的技术瓶颈。与此同时，公司通过了ISO9001的质量管理体系，ISO14001的环境管理体系，QHSAS18001职业健康安全管理体系认证，产品顺利通过了CE、UL、UN38.3、FCC、SGS、ROHS、RBRC、泰尔、工信部等认证，为全面进入高端市场打下了坚实的基础。

该公司的主要产品为动力电池、电源系统。动力电池已成功实现了与宇通客车、少林客车、雷博客车等国内大型客车业广泛合作配套使用。新能源车电源系统也已成功在河南新乡公交、郑州公交、杭州出租车、东风、奇瑞、北汽新能源等车厂应用并得到知名企业的认可。

（杨　艺）

袁州区机电产业基地

【概况】 袁州区机电产业基地管理委员会成立于2013年，系袁州区政府直属全额拨款事业单位，内设党政办公室、招商安商办公室、经济发展处、规划建设处、综合协调处、国土管理处、后勤服务处、劳动就业和社会保障服务站8个内设机构。下辖副科级全额拨款事业单位1个(袁州区自来水管理所)及袁州区机电产业基地开发建设有限公司。区财政局、自然资源局、生态环境局分别在园区设立了相应派驻机构，派驻机构由原单位和机电产业基地管委会双重管理。

袁州区机电产业基地管理委员会位于袁州区东郊彬江镇，距袁州新城约7千米。园区已建成区域面积5平方千米，近期规划11.23平方千米及远期规划22.5平方千米的设计已形成规划方案。园区坚持以国家级高新技术开发区为标杆，以园区现有锂电企业为基础，以打造锂电新能源材料基地为目标，推动锂电产业链集群集聚集约发展，先后获得“中国(宜春)锂电新能源产业园”“中国锂电新能源产业园”和“国家火炬宜春袁州锂电新能源特色产业基地”三块国字号招牌。2022年获得省级两化融合示范园区、绿色园区、全省综合考核省级开发区第一等次、全市综合考核开发区第一等次、全市推进工业经济高质量发展考核‘工业园区规模上台阶’第一等次等荣誉。

【平台建设】 园区坚持“筑巢引凤”促发展。一是完善园区基础配套设施，打造“硬环境”，结合袁州区锂电新能源产业基础设施及孵化基地PPP项目，系统性地完善园区基础设施，推进园区能级提升，促进产城融合。建成标准厂房20.33万平方米，已有九鼎动力、天联科技、兴锂新能源等重大项目入驻；二期标准厂房5.48万平方米已完成主体工程。宜万同城快速通道(园区段)项目已竣工通车，迎宾路拓宽改造工程项目和工业大道、创业大道、锦绣路、临江路、河下路提升改造工程项目未竣工。二是持续优化营商环境，强化“软实力”，增强招商吸引力。围绕打造“全省营商环境一等区”目标，强化精细化管理，持续落实企业帮扶机制，竭力做好项目落地、入企听诉等方面工作，增强主动服务意识，努力打造投资环境最优、成本最低、服务最好、办事最快的“四最”一流营商环境。

【项目建设】 深入实施产业链链长制，不断创新招商方式，紧紧围绕锂电新能源、智能装备制造、电子信息等主导产业，通过以商招商、产业链招商等方式，积极跟踪对接产业链大型配套企业。2022年新签约项目20个，累计签约资金44.2亿元，其中亿元以上项目18个、20亿元项目1个，当年签约当年投产项目7个、在建项目14个、待建项目6个。新增开工项目28个，新增投产项目20个，列入省大中型重大项目29个，列入5020项目1个。通过法院拍卖、二次招商等方式，盘活清理“僵尸企业”及清理闲置用地203.96亩，积极向上争取获批林地指标497.71亩。

【经济运行】 2022年，规模以上工业营业收入113.13亿元，同比增长74.2%，首次突破百亿元大关；税收完成8.59亿元，同比增长162.1%；完成固定资产投资18.3亿元，同比增长38.65%，其中工业固定资产投资16.86亿元，同比增长35.49%，工业技改投资6.06亿元，同比增长13.5%；新增国家级专精特新“小巨人”企业1家、省级专精特新企业11家；新增省级两化融合示范企业6家；新增市级科技创新平台企业3家；3家园内企业已提交数字技术应用场景申报资料；组织11家工业企业申报国家高新技术企业。

【安商服务】 在园区范围内开展营商环境大讨论大提升活动，强化网格服务，建立健全网格体系，建立企业帮扶台账，在各网格内聘请监督员，开展专人专事监督，形成监督台账。不断提升干部主动服务意识。健全“企业吹哨、园区报到”服务机制，通过开展常态化“入企听诉”活动，不定期召开园企专题会，累计协调解决企业诉求150个。指导43家企业申请财园信贷通贷款，累计贷款金额1.7734亿元。

【袁州区机电产业基地开发建设有限公司】 为提升“以园养园”能力，健全基地基础设施建设投入机制，拓宽融资途径，优化基地发展平台，2015年11月6日，根据相关文件精神，注册成立袁州区机电产业基地开发建设有限公司，公司注册资本1000万元，并根据需要将袁州区机电产业基地管委会所属国有资产划转至袁州区机电产业基地开发建设有限公司名下，授权袁州区机电产业基地开发建设有限公司按规定自主经营管理。2018年，为进一步加快袁州区国有融资平台企业转型发展，整合区属政府投融资企业，构建“1+6”投融资体系，服务工业发展，侧重工业园区基础设施开发、物业管理及服务、污水处理、土地整治、房屋建筑工程、园林绿化等项目经营，做好企业帮扶相关服务管理工作，根据《关于袁州区区本级政府投融资企业改革发展的实施意见》（袁发〔2018〕23号）精神，将区国投集团有限公司打造为综合性投资集团母公司，明确机电产业基地开发建设有限公司为区国投集团下属子公司，实行区国投集团和区机电产业基地双重管理，配备公司董事长1名（正科级），总经理1名（正科级），董事、副总经理1名（副科级），副总经理1名（副科级），财务总监1名（副科级）。（吴嘉树）

电力工业

【概况】 国网宜春市袁州区供电公司担负着袁州区、教体新区、明月山风景旅游区及部分宜阳新区的供电任务，供电面积为2536.35平方千米，涉及22个乡（镇）、7个街道、2个工业园（袁州医药园、彬江工业园），共计38.2万户客户的用电服务工作。袁州电网最大负荷38.12万千瓦，同比增长22.39%，创历史新高。2022年，在区委、区政府及省市供电公司的正确领导下，公司围绕袁州区“奋力冲刺全国县区经济百强”的目标主动作为，认真贯彻落实深化发展和改革双“一号工程”会议精神，严格执行“三拼三促”各项工作要求。公司紧紧依靠全体员工，高位谋划、高标统筹，在电网建设上取得新突破，在供电服务上取得新提升，在经营质效上取得新进步，安全生产形势持续稳定。

【安全生产】 组建“保证体系”四大专业安全管控柔性团队，提级管控作业现场安全，以“远程监控+现场督查”方式进行违章稽查。开展高标准应急值班，配齐152台应急装备，发布应急预警28次，启动应急响应4次，完成应急预案评审和应急能力评估；编制“一站一方案”应急预案，有效杜绝了35千伏主变跳闸和全站失压事件发生。完成迎峰度夏、度冬方案编制，联合下发冬季负荷管理方案。针对可能出现的电网运行风险，组织开展“反事故演习”，在袁州电网最大负荷四创新高时依旧保持电网稳定运行。

【电网建设】 紧密围绕碳达峰、碳中和重大战略决策，谋划推动“十四五”配电网网架规划、乡镇“一所一方案”规划编制。完成1.12亿元储备项目的可研初设一体化评审工作，110千伏金瑞变、洪江变已纳入“十四五”规划，建成并投运了35千伏张家布配电化变电站、35千伏殊桥配电化变电站，有效解决了片区主变及线路重过载问题，供电可靠性大幅提升。全面推进乡村振兴重点工作，持续开展农村电网巩固提升工程，完成配网工程项目总投资7268万元，205个单体工程均完工投运；完成业扩配套项目总投资43.2万元，12个单体项目均完工投运。

【经营管理】 2022年全年完成售电量19亿千瓦时，同比增长5.1%；完成全社会用电量200638.85万千瓦时，同比增长5.05%，其中工业电量112823.03万千瓦时，同比增长3.55%。制造业电量85161.99万千瓦时，同比增长1.53%。大力开展用电稽查行动，完成27个异常高损台区现场治理，29个持续高损台区全面消除，高损台区同比下降91%，实现综合线损3.95%。

【优质服务】 积极推动营商环境优化升级“一号工程”，持续精减办电环节流程，全面推广“网上国网”“赣服通”等线上办电服务，实现简单业务“一次都不跑”；对160千瓦及以下小微企业全面落实“三零”服务，对高压客户实行“三省”政策，压缩企业办电成本，客户办电满意度不断提升；积极推广绿色能源，新增电能替代项目11个，助力企业节本增效。圆满完成重要节假日、党的二十大及各项民生保电任务,全年累计完成应急抢修任务379次、保电任务43次,参与313人次,出动车辆161辆次。牢固树立“不停电就是最好的服务”工作意识,完成带电作业592次,同比增长45.8%,减少停电时户数4.7万时·户,不停电作业化率达92%。

【党建引领】 严格执行党委会学习贯彻落实习近平总书记重要讲话精神的“第一议题”制,精心组织党的二十大精神学习宣传贯彻。全面健全完善供电所站宣传阵地、文化阵地,有效推动员工思想意识形态工作。全面部署党风廉政和反腐败重点工作,制定下发纪检工作重点任务52项,落实全面从严治党主体责任重点任务39项,切实落实“一岗双责”,扎实筑牢廉政防线。聚焦“作示范、勇争先”的目标要求,公司多次获省市先进荣誉,蝉联十六届全省文明单位、第九届宜春市文明单位,获2022年度综合考核营商环境先进单位称号、2022年度区直单位综合考核第一等次。

(胡　玮　郭荣强)

2022年袁州区制造业综合十强企业简介

【宜春银锂新能源有限责任公司】 宜春银锂新能源有限责任公司是上市企业江西特种电机股份有限公司(股票简称:江特电机,股票代码:002176)的控股子公司,公司成立于2011年,位于袁州区机电产业基地。公司注册资本8000万元,现公司拥有8项发明专利、8项实用新型专利。公司是一家利用锂云母、锂辉石制备高纯度碳酸锂、氢氧化锂的锂电新能源高新技术企业,拥有自己的科研团队、分析检验中心并与中国科学院过程工程研究所、江西理工大学、宜春学院、长沙化工部设计研究院等建立了长期的战略合作。

公司主要产品为电池级碳酸锂、工业级碳酸锂,副产品有硅砂、锂渣、石膏、硫酸钠。公司建有一期“利用锂云母年产5000吨碳酸锂项目”及二期“利用锂云母和锂辉石年产2.5万吨锂盐项目”。一期项目厂址位于江西省宜春市袁州区彬江特种机电产业基地,占地面积242亩。该项目为利用锂云母年产5000吨碳酸锂,已基本达产。项目总投资4.8亿元。二期项目厂址也位于江西省宜春市袁州区彬江特种机电产业基地,占地面积约450亩。项目含利用锂云母年产1万吨碳酸锂生产线及利用锂辉石年产1万吨碳酸锂、5000吨氢氧化锂生产线。利用锂云母及锂辉石生产碳酸锂生产线均已建完,且基本达产,利用锂辉石生产氢氧化锂生产线还在建设中。

公司经过多年的技术创新,成功掌握了具有自主知识产权、高效低成本提锂的核心技术,并在锂云母制备碳酸锂行业首家实现规模化生产,成为碳酸锂行业具有重要影响力的企业。公司未来将充分发挥锂云母技术优势、充分利用控股股东的资源优势和上市公司的融资平台优势,致力于企业的做大做强。2022年,公司实现营业收入49.3亿元,同比增长242.9%;完成工业税收3.8亿元。

【江西济民可信药业有限公司】 公司前身为宜春秀江制药厂,公司占地600亩,建筑面积约12万平方米,总投资10亿元,按照“绿色、智能、国际化”的标准投资建设。拥有符合新版GMP标准的11大剂型,共10余条国内一流生产线,主要设备全部采用国际国内知名品牌,硬件装备全国一流,可年产胶囊30亿粒、片剂20亿片、颗粒剂3亿袋、口服液3亿支。

公司核心产品涵盖二十余个国家级新药和国家中药保护品种,包括国家首个一类新中药金水宝胶囊,国家重点新产品金水宝片、小儿热咳口服液、孕康口服液等。公司拥有博士后科研工作站、江西省发酵虫草菌粉及其制剂工程研究中心、江西省中药提取物及制剂重点实验室、江西省企业技术中心等省级以上科研平台,并先后承担了多项国家级科研项目。拥有专利53项,制定国家标准9项,获得省级以上技术类奖项9项。先后获得“中国优秀民营科技企业”“全国工人先锋号”“江西省制造业单项冠军示范企业”“江西省优强企业”“宜春市纳税优强企业”等称号。2022年,公司实现营业收入13.0亿元,同比增长19.5%,完成工业税收1.7亿元。

【江西丰日冶金科技有限公司】 江西丰日冶金科技有限公司位于江西省宜春市袁州区医药工业园,注册资金15000万元,是一家以废旧铅酸蓄电池、废铅膏、废铅料为主要原料,生产合金铅、精铅、硫酸和再生塑料的企业;占地62.41亩,总建筑面积42180平方米。项目划分为C4210金属废料和碎屑加工处理行业。主要生产设备有废电池自动破碎分选系统1套、空分制氧装置1套、年处理10万吨废旧铅酸蓄电池冶炼及烟气制酸系统各1套、精炼及合金配置系统6套、板栅低温熔炉1套、塑料造粒设备2套、污酸处理和污水处理系统各1套、卫生收尘设备3套，同时配套给排水、绿化等设施，形成年回收再生10万吨废旧铅酸蓄电池的能力。公司再生铅生产项目可充分利用铅废料，减少原生铅矿石的开采，延长其开采期限，并减少铅废料对环境的污染和资源的浪费，使铅金属进入生产—消费—再生的良性循环，是中国实现铅工业可持续发展战略、发展循环经济的不可缺少的重要组成部分。公司从投入生产以来产能为拆解电池52667.5吨、产出精铅31630.8吨、产出硫酸3443.92吨、产出塑料4294.667吨。2022年，公司实现营业收入10.8亿元，同比增长35.1%，完成工业税收7573.4万元。

【江西特种电机股份有限公司】 江西特种电机股份有限公司是一家集研发、生产、销售智能电机产品及锂产品于一体的国家高新技术企业，是国家电机行业骨干企业、江西省100强企业、深圳证券交易所上市公司(证券简称：江特电机，股票代号：002176)。公司注册资本17.06亿元，总资产89亿元。公司总部位于锂电新能源发展基地、被称为“亚洲锂都”的国家生态文明城市——江西宜春，下属子公司、分公司30多家，产业分布在国内江西、天津、浙江等省市及德国等地区，经营业务涵盖智能电机、锂矿采选与深加工等行业。公司智能电机产业已经具备行业领先的技术水平和综合竞争力，拥有专利技术多达130项，并建立了省级企业技术中心，为全国的建筑、矿山、能源、国防等建设事业作出了重要贡献。公司的塔吊电机、起重冶金电机、风电电机、伺服电机、电梯扶梯电机、电动汽车驱动电机等多个产品的市场占有率常年稳居行业前列，并先后获“国家重点新产品奖”“国家火炬计划项目”“国家科技型中小企业科技创新基金项目产品”等100多个奖项。依托宜春当地丰富的锂矿资源优势，公司大力发展锂产业，已拥有采矿权5处，探矿权8处，资源价值巨大。经过10余年的耕耘，集团下属宜春银锂公司已成为利用锂云母制备碳酸锂的国内标准起草者，奠定了国内市场的领先地位和影响力，并与中国盐湖科学及其矿业的奠基人——中国工程院院士郑绵平合作成立了“院士工作站”。当前，银锂公司可年产高纯度碳酸锂3万吨、氢氧化锂1万吨，正在朝着国内前三名的目标稳步迈进。2022年，江西江特电机有限公司实现营业收入7.1亿元，完成工业税收4279.7万元。

【江西省航宇新材料股份有限公司】 江西省航宇新材料股份有限公司位于宜春市袁州区彬江工业园，公司资产总额达5亿元人民币，注册资本7816.9万元，厂区占地面积118000平方米，是一家专业从事高性能覆铜箔层压板并提供相关材料使用解决方案的高新技术企业。截至2022年，公司已达成年产800万平方米的年产能开发建设目标，主要产品有：高性能聚四氟乙烯高频覆铜板、一般导热和高导热铝基板、阻燃型环氧玻纤布覆铜板、复合基材环氧覆铜板、多层板用系列半固化片(XPC、FR-1、FR-2、CEM-1、CEM-3、FR-4、High-CTI、无卤素系列)等多系列供制作单、双面及多层线路板的产品，广泛应用于射频、微波等领域；LED照明电路、厚膜混合集成电路、电源电路、固态继电器领域；以及手机、汽车、通信设备、计算机及各类电子产品。公司已先后通过ISO9001质量管理体系、ISO14001环境管理体系、OHSAS18001职业健康安全管理体系认证，其研发的产品通过UL、CQC等多项国际认证并获得国家15项专利，研发的110余项新产品入围国家待审名单，公司入选省级高新技术企业。公司销售主要产品CEM-3进入国内市场前五名，FR-4排前8名。

公司为国家高新技术企业，利用名校院所的技术优势成立研发中心，不断培养人才、引进人才、聚集人才，加大产品研发投入力度，加强技术创新，形成公司强有力的技术优势，打造公司长久的核心竞争力，按ISO9001标准不断开发生产让客户满意的新产品。公司已获发明专利3个，实用新型专利120多个。企业先后获得“国家高新技术企业”“江西省专精特新中小企业”“宜春市纳税先进单位”“江西省高频覆铜板工程技术研究中心”“江西省重点新产品”等称号。

公司通过完善的管理模式、雄厚的经济实力、领先的技术优势、优质的品牌战略，必将生产航宇级的优质产品，公司坚守“以精立业、以质取胜”的核心理念,秉承“务实、进取、创新”的企业精神,不断引进高素质的管理人才与科研技术人才,坚持在技术领域不断开拓创新,紧跟世界技术潮流,持续改进品质工艺;为公司的发展打下坚实的基础。德、智、心、静将构成公司和谐发展的座右铭,引导公司通向长久辉煌的航宇新材。2022年,公司实现营业收入8.9亿元,完成工业税收2027.2万元。

【江西环锂新能源科技有限公司】 江西环锂新能源科技有限公司属于新能源材料行业,主要从事锂资源提锂回收提纯加工、电池级碳酸锂、镍钴锰三元材料的研发、制造和销售。公司以环境保护为前提,以完善锂电新能源闭环生态、资源化利用“城市矿山”、梯度管理退役锂电池、做锂电池资源回收领域的龙头企业为愿景,以保驾护航、绿色出行为实现碳中和而努力为使命。引入国家级研究所负责人作为研究导师探索出以回收利用报废锂电池材料生产出电池级碳酸锂、高纯氯化锂和三元前驱体等锂电池材料的先进技术和工艺,生产流程短、成本低、回收率高,基本实现废弃物零排放,率先实现经济环保的规模化生产经营。公司是集研发、制造、销售于一体的国家高新技术企业获省专精特新称号。在宜春、上饶设立两个生产基地,其中半自动化拆解基地为国内首个。2022年,公司实现营业收入7.0亿元,同比增长266.4%,完成工业税收734.0万元。

【江西百神药业股份有限公司】 江西百神药业股份有限公司是一家集中成药、中药配方颗粒、中药饮片研发、生产和销售于一体的现代化制药企业,旗下有江西百神昌诺药业有限公司、江西百神医药有限公司两个全资子公司。“百神”为中国驰名商标。公司拥有国家级工程研究中心1个,院士工作站1个,省级企业技术中心2个,省级重点实验室1个,与国内知名药物研发机构及10多家制药上市公司开展药品研发合作,具备雄厚的研发实力和领先的技术水平。“十二五”期间,公司两次承担国家重大新药创制重大专项科研任务,并圆满完成。公司在宜春、抚州有两大生产基地,占地面积517亩,厂房面积8万多平方米,拥有众多先进生产设备和10多条现代化生产线。公司坚持质量第一理念,严格按GMP、GSP要求,生产、经营高质量药品。公司拥有10余个药品剂型和保健食品、生产批文600多个,涵盖8大系列600多个品种,形成了完备的中药系列产品群。公司巨资建设的中成药配方颗粒项目,从投料、提取、浓缩、分离、干燥、制粒全过程实现智能化,形成了一年产值30亿元的生产能力,是全省生产配方颗粒的领跑者。百神牌产品以其质量、疗效、品牌等优势,深受客户、消费者喜爱。公司拥有一支专业营销团队,坚持以客户为中心,对客户实行政策、情感、目标三大驱动,形成了覆盖全国的营销网络,销售收入连年增长。2022年,公司实现营业收入3.5亿元,完成工业税收2146万元。

【江西汉尧富锂科技有限公司】 江西汉尧富锂科技有限公司位于赣西文化生态名城宜春,属国家高新技术企业。主营锂离子电池、电池组、正极材料、负极材料及其前驱体以及其他锂电产品的开发、制造、销售。公司采用独特的制备工艺,自行设计和装备了先进的生产线,具有强大的自主研发和创新能力,具有独立的知识产权,拥有10余项国家专利。公司始终致力于锂离子电池用正极材料的研究与开发,产品品质处于国内一流水平。公司三元材料有L532、L622、L442、L111等型号,能满足不同客户的需要。产品克容量高,循环寿命长,具有良好的高温储存性能,并且吸湿性很低,能应用于数码、电动工具、车用动力电池等领域。生产所用的原料采用电池级盐类,整个生产过程都严格控制杂质污染,特别严格控制磁性异物污染,并有先进的除铁设备,保证了最终的产品纯度。粒度控制严格,前驱体的粒度偏差范围控制在±0.5微米,成品的粒度偏差范围控制在±1.0微米。公司拥有高水平检测及研发平台。建有省级工程中心——江西省锂离子电池材料工程技术研究中心。该中心建立了完善的检测和研发体系,建设了材料研发工程中心、锂电材料物化检测中心、电池制作及检测中心。购进了大批先进的检测设备,如荷兰帕纳科的X射线衍射仪、德国蔡司扫描电镜、牛津能谱仪、美国PE的ICP、马尔文激光粒度分析仪、碳硫分析仪等。公司于2010年通过ISO9001质量管理体系认证,严格按照体系要求对产品进行管控,并对每一批次材料的物化指标和电化学性能进行严格把关,从而保证出厂产品质量的一致性和稳定性。2022年,公司实现营业收入4.2亿元,同比增长26.7%,完成工业税收 1580.8 万元。

【宜春大海龟生命科学股份有限公司】 宜春大海龟生命科学股份有限公司是一家专业从事高端化妆品、生物医药、食品添加剂、饲料添加剂原料的集研发、生产、销售于一体的国家高新技术企业。公司先后通过 ISO9001 质量管理体系、两化融合管理体系、FSSC22000 食品安全体系、FAMI-QS、Halal、Kosher、欧盟 IP 等认证。同时,公司拥有自主出口经营权,产品远销欧美与日本等地区和国家。公司自成立以来,一直以自主创新技术引领行业发展,牵头起草了国内《天然维生素 E 用植物油馏出物》行业标准,主导推动“植物角鲨烷”行业标准的制定工作;是非橄榄植物角鲨烯技术开创者,打破动物来源角鲨烯在医药领域的垄断地位。同时,公司与南京农业大学、南昌大学、中国科学院青能所、中国科学院生态所等高等科研院校,签署技术服务合作协议,双方资源共享,有国内相关领域的专家团队提供技术支持。拥有完善的植物甾醇、天然 VE、植物角鲨烯 / 烷、谷维素及天然阿魏酸提取及应用研究体系。公司已取得发明专利 10 项、实用新型专利 17 项,主编行业标准 2 项,正在申请的国内发明专利 11 项,国际发明专利 2 项。公司科技成果“万吨级食用油脚高附加值利用关键技术及产业化”,在中国石化联合会组织下,经中国科学院以孙金声院士为首的专家组鉴定,技术达到国际领先水平,填补了国内空白。自成立以来,公司得到各部门和协会的认可,先后获得江西省管理创新示范企业、江西省专业化“小巨人”、江西省专精特新小巨人等称号,创客中国江西省二等奖、中国食品工业科学技术奖一等奖、江西省科技进步奖一等奖,2022 年 5 月获第五届“中国创翼”创业创新大赛江西省宜春市选拔赛主体赛服务业项目组一等奖。2022 年,公司实现营业收入 4.4 亿元,同比增长 28.4%,完成工业税收 1169.0 万元。

【宜春市华讯电子制品有限公司】 宜春市华讯电子制品有限公司位于江西省宜春市袁州医药工业园,总面积逾 2 万平方米。拥有 50 条生产线以及 3 条自动化生产线,生产人员超过 1300 人。公司主要经营生产、销售变压器、电磁阀、线圈、充电器、线路板、报警器、洒水控制器等,年产能逾千万元,有 95%以上的产品用于出口。主要客户分布欧美,部分客户为世界 500 强企业,其中囊括施耐德、惠而浦、海德大众、日立等。公司不断推行自动化,致力于扩展生产能力以应对不断增加的市场需求,努力扩大出口业务。2022 年,公司实现营业收入 2.9 亿元,同比增长 3.1%,完成工业税收 1320.1 万元。

商　务

商　贸

【概况】 2022年，全区新签约项目92个，签约金额329.1亿元。其中,亿元以上项目79个,10亿元以上项目11个,20亿～50亿元项目7个；注册项目77个，注册率84%；开工项目61个，开工率66%；投产项目34个,投产率37%。完成利用省外资金70.38亿元，同比增长9.64%,增幅全市排名第6,一类县市区排名第3。认定入统项目44个，其中亿元以上项目22个，完成进度100%，入统金额135.02亿元，完成进度114.52%。其中入统10亿～20亿元项目3个(京能热电、金地锂业和鸿久新材)，完成进度100%;入统20亿～50亿元项目2个(百神医药和航宇新材),完成进度100%。2022年全年现汇进资累计完成4041万美元,同比增长340.68%。全年累计完成进出口总额39.32亿元,同比增长14.97%。2022年区本级(不含“三区”)限额以上消费品零售额累计86.46亿元，同比增长10.6%。2022年网络零售额为41.66亿元,同比增长29.8%。

【招商引资】 一是招商引资量增质升。区党政领导带头认领任务，频频带队外出招商考察,传递出“招商引资是发展生命线，人人都是招商员”的强烈信号。同时有效发挥考核“指挥棒”作用，推进目标责任层层落实,充分激发全区上下“人人关心招商、个个参与招商”的招商热情,大幅提升了招商引资质效。成功推动央、国企如中广核集团、华电集团、水发集团(鲁控环保)，上市公司如吉利科技、京能电力、明冠新材、中红普林、鞍重股份等投资项目落户袁州。全年袁州区签约亿元以上项目79个，签约金额323.9亿元,项目数量同比增长46%,投资金额同比增长74%。二是招商队伍专业协作。开展了商务工作礼仪、业务工作专题培训,把商务礼仪和业务知识融入日常招商工作中,提升招商服务软实力,以专业形象和素质服务企业。组织机关干部积极参加“创文”工间操练习,通过操练充分展现袁州商务干部奋发向上的精气神。从基层选派5名干部到业务科室进行跟班学习,为开放型经济工作蓄势造能。通过《袁州区商务局宣传激励考核办法》《袁州区商务局机关工作管理办法》等干部管理机制,狠抓干部作风,全面提升干部战斗力。

【外资外贸】 一是各项指标稳中有进。面对底子薄、困难多的局面,区商务局千方百计破解各指标短板弱项，通过“一会、一策、一计划”工作机制,将全年目标细化到每个月进行挂图作战,通过每月召开调度分析会,研究制定下月工作目标和计划,对重点企业按照“一企一策”的原则,同时邀请上级商务部门业务骨干加强业务指导,专人专班专职逐一破解项目难点，确保项目“应统尽统、应入尽入”,以“咬定青山不放松”的韧劲,确保了利用省外资金、外资、外贸三大经济指标均按照年初预定目标实现稳中有进。1—12月袁州区利用省外资金累计完成70.38亿元,同比增长9.64%,已认定入统亿元以上项目22个，入统金额135.02亿元;1—12月袁州区现汇进资4041万美元，进出口总量39.32亿元。二是帮扶企业富有成效。全力落实好了各项帮扶措施,努力帮助中小微企业缓解成本上升、资金紧张等突出问题。三是精心组织企业参加消博会、广交会、进博会、“2022江西香港线上展览”、江西出口商品全球展等国际、国内,线上线下展会,为企业开拓市场取得较好效果。四是对各级外资、外贸扶持政策做到宣传到位，申报到位、兑现到位。积极组织动员企业参加口岸惠企政策、外贸政策形势及热点分析、RCEP 系列专题培训等线上、线下培训会。五是积极兑现奖励政策。根据《2021 年袁州产业招商项目攻坚大会战活动方案》,完成 2021 年度对入统项目、现汇和外贸出口奖励资金核算及申报工作,发放奖励资金 1086 万余元。

【现代服务业】 一是为贯彻省、市鼓励支持"双创"的决策部署,进一步营造创新创业良好氛围,由区商务局牵头协调,成立了袁州区电子商务创业孵化基地。基地经过不懈的努力,由最初的 2000 平方米发展到现在 5000 平方米,入驻企业 45 家,带动创业就业 264 人,入驻率 100%。二是承办了 4 场网络直播活动,分别是赣品网上行——宜春市第二届电商直播年货节、宜春市袁州区第四届"双品网购节"、宜春优品 618 直播节、爱尚月城金秋有约 2022 袁州区电商消费季暨"十城百县千企万品" 赣企电商赣品网销活动。电商直播活动累计销售交易额达 500 余万元,直播间累计观看人数达到 180 余万人次。

【市场秩序】 一是指导润达公司申报全省高品质夜间经济街区(省商务厅已经进行现场验收),培育了润达秀江夜市、万达夜市、鼓楼步行街夜市三个夜间消费市场,引进星巴克、斯凯奇等大型品牌入驻商场,激活了消费热度,聚拢了消费人气。二是积极推进商城、珠泉农贸市场建设改造工作,商城已于 2022 年 3 月完成改造,珠泉农贸市场桩基础、消防水池、挡土墙、铝合金门窗,钢结构屋面瓦安装已完成,门楼已完成,正在进行室内消防安装和内部装修,2022 年 12 月完成建设改造。三是加大监测,强化保供。安排专人每日对大米、油、肉、蔬菜等生活必需品储备情况进行监测调度,确保生活必需品储备量能够满足全区居民生活需求。

【商贸服务】 鼓励市场主体引进高端品牌,丰富业态结构,打造高品质市级核心商圈。全区已形成鼓楼、润达、万达三个大型商圈,趣味打卡、文创市集、VR 体验等新业态休闲场景与传统消费深度融合,已成为城市休闲消费的一站式购物场所。袁州区润达夜间经济街区被评为省级高品质夜间经济街区,万达购物广场获得国家级"绿色商场"称号,"袁州皮蛋"获得全市"最具消费潜力十大非遗品牌"称号,"陆加壹"餐饮获得全市"最受百姓欢迎十大老字号"称号。

【市场运行】 在全区开展"访重点商贸企业促全市消费升级"活动。由局领导班子成员带队,定期深入企业"认门、认人、认事",了解商贸企业经营状况,听取企业诉求,加强对商贸行业发展形势的分析,采取有效措施推动全区商贸消费升级活动。全年新增限额以上批零住餐企业 66 家。为全面加快经济进一步复苏,释放城乡居民消费潜能,深入开展多种形式的促销活动,实现"周周有实惠,月月有活动,季季有亮点"。向社会发放 200 万元政府电子消费券,核销率达 96.3%,同时组织辖区商贸企业节假日期间举办各类促销活动。润达举办了"惠享·春味"餐饮促销、"国庆美食之旅"、步步高"寺库名品特卖会",万达举办了"雪津啤酒节""乐高中国微型建筑展""国货大返利";青龙商厦开展了"盛世华诞嗨到爆""上惠 GO 宅家也可抢福利"等活动。全区五大商场五一、国庆期间销售额达 7000 万元,同比增长 32%,客流量达 98 万人次,同比增长 21%。加大扶持,提振消费。对全区新增纳入统计范围的批零住餐单位奖励 96 万元,对全区市场保供企业奖励 42.9 万元,对全区支持打造赣菜品牌企业奖励 4.8 万元,对全区重点零售企业和餐饮单位门店租金补贴 13.9 万元。

【成品油经营】 开展了全区成品油零售经营企业年检工作。加强了袁州区成品油零售经营企业的监督管理,进一步规范了成品油流通行业经营秩序。袁州区共有 54 座加油站,其中中石化 25 座,中石油 10 座,江西高速石化 2 座,中海油 1 座,民营 16 座。全年销售汽油 83212.2 吨,比上年同期减少 30.4%,柴油 30969.4 吨,比上年同期减少 2.1%,全年销售收入 118102.3 万元,比上年同期增长 7.5%。

【行业安全】 袁州区商务局以支部会议、局务会为抓手,组织干部职工学习《中华人民共和国安全生产法》《中华人民共和国消防法》等法律法规,切实加强行业安全管理队伍建设,提升业务水平。开展"商贸流通行业安全生产宣传月"活动,通过现场走访交流、印发安全告知书等形式,对全区商贸流通企业进行消防安全知识宣传,联合消防等部门深入企业指导检查,组织企业参加消防安全知识讲座。

2022年，区商务局每月组织对加油站、商超、农贸市场、民爆企业等重点商贸流通企业进行安全生产督查，在雨雪天气、高温天气、汛期和重点节假日期间加大督查的频次。全年清理整改各类安全隐患51处。2022年全区未发生一起商贸流通企业安全生产事故。

(许智超　赵绍军)

供销合作

【概况】 袁州区供销合作社联合社于2022年8月成立，为正科级全额拨款事业单位。供销社的主要职能是：为"三农"服务，充分发挥流通主渠道的优势，真正成为农民社会化服务骨干力量、农村现代化流通的主导力量、农民专业合作社的带动力量。2022年新增农民专业合作社23家，总数达到60家。2022年新增"3+2+N"农民专业合作社7个：袁州区飞剑潭下段村农民专业合作社、袁州区彬江东源村农民专业合作社、袁州区南庙镇南庙村农民专业合作社、袁州区彬江镇三星村农民专业合作社、袁州区芦村荆桥村农民专业合作社、袁州区芦村浒坑村农民专业合作社、袁州区南庙白马村农民专业合作社。富硒农产品种(养)植(殖)、加工、销售的专业合作社2个：袁州区丰收蔬菜农民专业合作社、宜春市九江红种植养殖专业合作社。袁州区供销合作社联合社按编委核定内社股级机构2个：合作指导股、人秘股，编制人数为8人，在编在岗5人。

【基层社建设】 2022年袁州区供销社基层社社员数0.51万人；新改造薄弱基层社数量1个：宜春市袁州区新田橙娟供销有限公司，有社员(代表)大会、理事会、监事会"三会"制度；有固定经营服务场所；有多项经营服务(含农资供应、农业生产服务、农副产品收购、便民公益服务等项目)；有农民社员106人；有与农民社员的利益分配机制；有可持续发展能力并且规范使用供销合作社官方标识。

【农业社会化服务】 2022年末土地托管面积达7.22万亩，土地全托管面积1.7万亩，农业社会化服务面积25.1万亩次，已完成95%。

【惠农服务中心建设】 2022年新增2家惠农服务中心：袁州区供销社寨下大宇惠农服务中心和袁州区供销社天台密石惠农服务中心。

袁州区供销社寨下大宇惠农服务中心为宜春市袁州区丰收蔬菜农民专业合作社下属的一家惠农服务中心。该服务中心是一家集土地托管、农资供应、农技培训、再生资源回收、农产品展示展销、便民服务等于一体的惠农服务中心。设有理事长1人、副理事6人，共同出资420万元，成员106人，总面积1056亩。袁州区供销社天台密石惠农服务中心也正式挂牌。

【中药材种植】 为了更好地做好中药材持续发展工作，联社积极与当地较好的中药材农民专业合作社合作，分别是宜春市花仔生态农业专业合作社、袁州区春草中药材种养专业合作社、袁州区碓边药材专业合作社，种植面积达0.225万亩，2022年目标数已完成。

【新建农村综合服务社】 袁州区供销社依托属地村委会有了较好的基础设施建设，更好地服务"三农"，新建了两个农村综合服务社：袁州区芦村荆桥村综合服务社和袁州区天台鱼龙村综合服务社。

粮食流通

【概况】 2022年，袁州区粮食局下辖11个粮管所和2个储备库，下属购销公司有7个单位委托存储各级储备粮食。

2022年，袁州区粮食局在区委、区政府正确领导下，自觉践行习近平新时代中国特色社会主义思想，认真学习贯彻落实习近平总书记视察江西重要讲话精神，扛稳粮食安全政治责任，全力推进各项工作，推动粮食工作迈上新台阶。

【粮食储备基础设施建设】 积极推进现代化粮仓建设，投资2000余万元按"四化"标准建设3座现代化高大平房准低温仓，年底已完成项目主体工程建设；投资1000余万元对袁州区粮食储备库1～6号仓进行仓储设施提升改造。

【粮食流通企业改革】 实现粮食领域政企分开，着力理顺粮食行政管理与企业经营行为的关系，制定《2022年袁州区国有粮食购销企业管理办法（试行）》《袁州区粮食购销公司财务管理实施细则》《袁州区粮食购销公司员工手册》等，完善袁州区粮食购销公司管理体制机制，提高治理效能。

【粮食应急保障体系建设】 积极推进全区粮食应急保障体系建设，设立区级粮食应急供应网点、应急保障企业，夯实粮食应急物资储备。

【粮食安全责任制】 袁州区粮食安全领导小组严格落实粮食安全党政同责，全力推进全区粮食安全责任制考核，认真部署落实袁州区2022年粮食安全责任制考核工作，明确各单位任务分工和责任清单，确保了各项任务指标按工作进度顺利完成，获得了“2022年全省粮食安全先进集体”称号。

【粮食流通机制】 在全国范围内首创粮食预检前移机制，深入推进粮食预检关口前移：检验检测时间前移至稻谷即将成熟时，检验检测点前移至乡镇，稻谷预约收购地前移至田间地头，为粮食销储提供精准参考，进一步保障粮食安全，保护粮农利益。

【粮食流通监管】 建立市监局、卫健委等多部门联合执法机制，制定并印发《袁州区2022年粮食收购质量监管联合执法工作方案》《袁州区2022年粮食收购市场联合执法方案》等。加强稻谷收购监管，严把粮食入库关，严格开展粮油收购检查、省政策性粮油库存、区储备粮油检查，保证库存粮油数量真实、质量良好。

【涉粮问题专项整改】 2022年，按照中央决策部署和地方工作要求，袁州区开展涉粮问题巡视巡察专项整治工作，区粮食局成立工作专班，全面整改省、市、区三级巡视巡察监督反馈的52个问题，制定出123条措施。

（何贞）

烟草专卖

【概况】 袁州区烟草专卖局（分公司）是受宜春市烟草专卖局（公司）和袁州区人民政府双重领导，负责袁州区烟草专卖管理和卷烟销售专卖专营的机构。2022年，在市烟草专卖局和区委、区政府的坚强领导下，紧紧围绕迎接学习宣传贯彻党的二十大精神这条主线，坚持稳字当头、稳中求进，坚持打牢基础、筑牢根基，保持了袁州烟草高质量发展的良好态势。

袁州区烟草专卖局（分公司）有在岗职工114人，下设综合管理办公室、专卖监督管理办公室（稽查大队）、营销部、综合监督组、城南客户服务部、城南稽查中队、城北客户服务部、城北稽查中队、彬江客户服务部、彬江稽查中队、洪塘客户服务部、洪塘稽查中队、柏木客户服务部、柏木稽查中队、慈化客户服务部、慈化稽查中队、机动中队、卷烟中转站18个部门。

【打假破网】 深化“六位一体”大专卖体系建设，加强与当地政府沟通，主动争取政府关注重视，形成司法部门齐抓共管、相关部门通力支持格局，提高卷烟打假打私的影响力和关注度。联合邮政、公安等部制定了《“飓风3号”卷烟打假专项行动方案》和《关于建立警烟深度合作机制的意见的通知》，进一步明确职责分工，加强了卷烟市场诚信体系建设，对违法失信行为进行联合惩戒。2022年共查缴各类案件228起，其中查缴5万元以上大要案37起，同比增长48%，1万元以上案件64起；查缴各类非法卷烟19405条，假私烟591.1条，拘留11人，逮捕4人，同比增长300%，判刑3人，被评为2019—2021年度全市卷烟打假先进团队。

【行政服务】 开展“互联网＋政务服务”，发挥“一体化政务服务平台”“赣服通平台”作用，精减材料，优化流程，建立好差评制度，不断提升零售户满意度。强化专卖内部监督管理，坚持内外惩治，持续开展行业干部职工及近亲属从事或参与私人营利性卷烟零售情况调查及优亲厚友侵害零售客户利益规范经营专项整治。在专卖队伍中扎实开展“思想作风整治”活动，组织开展“每周一练”体能训练活动，建立“每周一训、每月一考”常态学习机制，不定期举行真假烟鉴别、案卷制作、案件查办、法律法规应用等技能培训，不断提高专卖执法人员各项业务能力。

【营销服务】 是年，该局（分公司）以稳步提升客户盈利为重点，加强现代终端建设，指导客户熟练运用云POS、“慧零售”算好经营盈利账，对所有终端客户进行“卷烟零售终端聚合支付开通流程及常见问题分析”PPT培训，梳理出核心终端建设中的“七个必须达成对标”向客户进行讲解，全面梳理相关平台操作流程、方法及步骤,形成简单易学的操作指南并“一对一”上门辅导,提高终端扫码质量。截至12月底,建设核心终端户375户,占客户比重的7.18%。

【企业管理】 夯实标准化工作基础,大力推进基层网点标准化建设。抓好疫情防控工作,规范财务预算管理。定期开展违反中央八项规定回头看,对重要节点期间“四风”问题实行零报告。健全各项综治安全管理制度,扎实开展乡村振兴、社区共建和节日慰问帮扶活动,全年落实乡村振兴捐赠资金5万元。2022年上缴税收4578.81万元,比2021年度增长30.8%。

【队伍建设】 关心基层员工工作和生活,努力改善网点员工工作和生活条件,有效发挥工会职能,增加员工归属感和幸福感。抓实员工思想教育和党风廉政建设工作,筑牢干部职工廉政建设防线。强化纪律规矩,不定期抽查工作纪律情况,促进作风纪律持续好转。努力抓好思想教育和党风廉政两项重点工作,签订党风廉政建设责任书;组织全体干部职工“学习强国”学习平台网上学习,以谈心谈话、“三会一课”等形式,强化党员干部理论知识学习,突出抓好党员干部党性教育。以支部成员讲党课的形式加强党员干部理想信念教育。筑牢干部职工廉政建设思想防线,通过拟订学习计划,组织各部门员工集中学习。每季度采取观看警示教育片、收看廉政文化教育片的方式,促使党员干部增强纪律意识和法治观念,筑牢拒腐防变思想防线。

城乡建设　交通运输

城乡建设

【工程质量与安全生产监督】 2022年，共受理监管工程项数为39项(其中住宅工程为15项、公建工程为10项、其他工程为14项);建筑面积为122.96万平方米（其中住宅工程面积为96.08万平方米、公建面积为10.19万平方米、其他工程面积为16.69万平方米)。竣工验收合格工程项数42项(其中住宅工程为26项、公建工程为6项、其他工程为10项)，建筑面积为184.48万平方米(其中住宅工程面积为174.7万平方米、公建工程面积为1.9万平方米,其他工程面积为7.88万平方米);竣工验收备案工程项数为42项，备案率达100%。

通过加强日常质量安全监管巡查,各监督员在项目监管中严格按照规范要求进行监督,做到日常质量巡查与专项督查相结合,完善监管体制机制,严格执行建筑施工企业安全生产许可制度及建筑起重机械安全管理制度,推动工程质量安全手册制度实施。稳步推进全区建筑施工安全监管信息系统部署应用,建立健全建筑施工安全诚信体系。加强施工现场安全生产隐患整改,加强日常监管和隐患排查,全年未发生重大质量与安全事故,监督工作得到上级一致认可。

区住建局按照宜春市政府及市住建局印发《关于进一步做好绿色建筑和建筑节能工作的通知》(宜建字〔2021〕5号)、《宜春市人民政府办公室关于印发宜春市建筑节能和绿色建筑管理办法(修订)的通知》(宜府办发〔2022〕25号)等相关绿色建筑文件，执行并落实相关要求，袁州区绿色建筑发展工作目标是确保新开工项目均按绿色建筑标准进行设计和施工。为确保达到绿色建筑面积完成100%既定目标,在施工许可证核发的时候严格审查绿色建筑执行情况，对于不符合要求的项目不予办理施工许可证;同时积极开展绿色建筑宣传,在建筑行业普及绿色建筑的设计理念。2022年新开工商业住宅及公共建筑项目均按绿色建筑标准进行设计和施工,竣工面积达59.22万平方米,全部符合绿色建筑节能验收标准，竣工阶段绿色建筑占比100%。其中符合一星级绿色建筑标准项目1个，建筑面积27.62万平方米，星级绿建占全年符合绿色建筑标准的竣工项目比例达到46.65%。共有9个工业企业项目采用钢结构装配，建筑面积4.71万平方米;1个农业开发综合体采用轻钢结构装配,建筑面积0.25万平方米,总装配式建筑面积4.96万平方米。

建筑业

【概况】 2022年，为贯彻落实江西省、宜春市加快服务业高质量发展的有关文件精神,袁州区出台了《袁州区培育、扶持规模以上服务业企业奖励办法》,自2022年7月1日起开始施行。2022年袁州区建筑业企业入库27家，总共205家企业入库。2022年全区(含三区)建筑业总产值完成128.346亿元,同比增长12.0%，其中区本级76.24亿元,同比增长11.2%。全区规模以上租赁和商务服务业营业收入1545万元，同比增长393.61%,全市排名第一。

【稳企稳岗】 省住建厅出台了《江西省住房和城乡建设领域惠企稳岗保障经济稳定运行若干措施》，并于2022年6月24日起施行,其中一项措施为“在江西省行政区域内招标控制价在2000万元及以下的依法必须招标的房屋建筑和市政基础设施工程施工总承包项目,不运用建筑施工企业信用信息评价结果”，该项措施极大增加了中小企业的参与度,区住建局已将此项政策传达给各企业。宜春市政府出台了《关于促进中心城区房地产业良性循环和健康发展若干措施》并于2022年6月1日起施行,区住建局与各房地产企业积极对接,同时与相关企业及时沟通,了解企业困难,对相关政策文件进行宣传讲解。区政府出台了《袁州区关于稳住基本盘全力保增长强劲推进高质量跨越式发展的53条政策措施》的通知,于2022年7月25日起施行,在降低企业投标成本、加快民生项目建设、落实房地产扶持政策等方面给予了政策方面的支持。

【市场管理】 根据市住建局《关于转发省住建厅〈关于开展全省房屋建筑和市政基础设施工程领域转包挂靠出借资质等违法违规行为专项整治工作的通知〉的通知》(宜建建字〔2022〕5号),区住建局对辖区内房屋建筑和市政基础设施工程领域是否有转包、挂靠、出借资质等违法违规行为的企业项目进行随机抽查。截至12月31日,共抽查建设项目30个,发现问题11个,已下达整改通知书要求施工单位进行整改。同时发现问题线索2个,已办结2个,处罚金额4万元。区住建局多次协助区劳动局对辖区内企业进行走访排查,对农民工工资的支付情况进行摸底调查,配合区劳动局做好相关摸排工作;依法对拖欠行为进行打击,替农民工排忧解难。

【营商环境】 2022年,成立袁州区工程建设项目审批制度改革领导小组,办公室设在区住建局。制定了全区工程建设项目审批制度改革方案。明确了发改、港航、交警、交通、林业、民宗、农业农村、气象、水利、生态环境、文广、自然资源、住建13个部门的工作职责。统一使用“宜春市工程建设项目审批管理系统”,全面推行全流程在线审批,将工程建设项目从立项到竣工验收涉及行政许可等审批事项和评估评审以及备案全部纳入系统管理。与省级工程建设项目审批管理系统对接,实现审批数据实时共享。按工程建设项目审批类别分为8大类,明确审批阶段的审批时限。审批时限最长为60个工作日(含中介服务29个工作日),企业投资工业类建设项目审批时限为54个工作日(含中介服务27个工作日),简易低风险项目审批时限最短为12个工作日。

涉及区住建局审批事项主要如下:持续精减行政审批事项,创新工程建设模式。施工许可与质监、安监、消防、验收备案手续均已在宜春市工程建设项目审批管理系统中办理,无其他审批事项,并已推行并联审批、容缺后补、限时办结等工作制度。开展“减证便民”行动。施工许可申请手续不需提供审批系统要求以外的证明文件,2022年全年共办理49个施工许可证,实现便民服务。压缩项目审批时间。2020年5月始,根据省、市工程建设项目审批制度改革的统一部署,已将施工许可证的办理期限由法定的7日调整为2日;城建档案验收的办理期限由法定的10个工作日压缩至3个工作日;建设工程竣工备案由原来的15个工作日压缩至3个工作日;建设工程消防设计审查由法定的20个工作日压缩至3个工作日;建设工程消防验收或备案承诺分别在10个工作日和3个工作日办结。持续清理行政审批中介服务事项。进一步减少不必要的行政审批中介服务事项,工程建设项目审批涉及的中介服务勘察、设计、监理,这几方中介机构均属于建设责任主体,由建设单位依据相关法律法规进行委托。

中心城区管理

【概况】 2022年,区委、区政府锚定全国县区经济百强目标,以首府担当和首位意识的大格局谋划与落实工作,在打基础、谋长远上取得了可圈可点的成绩。中心城区管委会在市、区党委政府的坚强领导下,坚决贯彻落实区委区政府决策部署,以“三拼三促”抓落实为全年工作总基调,突出执行落实,奋勇争先,持续推进一系列工作,各项工作有序开展。认领抓落实活动年“三拼三促”任务清单城乡品质提升4项任务。城南片区截污干管建设项目于10月1日动工,计划2023年5月竣工、6月试运行。棚改扫尾攻坚任务艰难中推进。5个棚改安置小区建设有序推进,3718套均在年底建成。垃圾分类实现中心城区全覆盖,创新管理模式,打造金悦湾等小区工作亮点,推进可回收垃圾利用率达到35%,确保全市排名保二争一,确保全省先进。

【中心城区棚户区改造工作】 安排1名班子成员、3名科级干部、5名一般干部，集中干部力量，与街道、乡镇责任单位一起，全力推进棚改攻坚。剩余60户扫尾攻坚任务，截至年底完成2户签约和2户未签已拆，现有未签已拆53户和未签未拆5户。袁州古城范围已拆完，未签未拆5户，主要涉及杨家山安置小区建设项目，该5户的房屋征收补偿决定书于2022年8月中旬已送达。

宜春一中公产已完成签约，且图书馆已搬迁；40户住宅已全部完成测量评估，已完成签约5户；酒厂已完成测量评估。完成下浦街道556户1568套安置房分房工作，分别为：下浦社区（下浦小区）327户1219套；徐田社区（嘉豪花苑）122户122套；金桥社区107户（大户）整合（下浦小区、锦川小区、嘉豪花苑）227套。

【中心城区土地工作】 2022年已出让土地9宗338.7亩，成交金额为103328万元，其中：袁州新城3宗203.9亩，成交金额73172万元；中心城区5宗104.7亩，成交金额26636万元；教体新区1宗30.1亩，成交金额3520万元。完成征收土地10宗257.26亩，完成收储土地26宗面积1289.205亩，完成下达规划出让条件7宗面积273.9亩。

【项目建设统筹协调工作】 协调服务宜春大道、袁州古城、武功山大道、黄颇路改造等市级重大项目工程10个。服务宜春一中、实验中学、宜春三中、宜春十中、宜春一小、宜春九小、化成小学等23所学校教育补短板工作。服务城南片区城市开发征迁工作和城南截污干管建设。服务狮子山、牛王庙等公园广场6个；服务袁山、馨苑、丁家台等社区平台6个；服务考棚路、官山路、杨山路、城隍庙路等断头路及交通微循环8条，有效推进“创文”工作和便民生活圈工作。

【生活垃圾分类和减量工作】 为创新管理模式、建立完整的垃圾资源回收体系，补齐宜春市可回收物网络数据统计短板，实到小区垃圾总数据网络统计管理。同时利用信息化数字化手段提高垃圾分类效率和居民参与率。从2021年8月份开始，由袁州区垃圾分类中心、湛郎街道与爱家物联环保有限公司（以下简称爱家物联）三方联合运作，在湛郎街道金悦湾小区开展小区市场化工作试点。将小区的运作模式由原来街道统一管理转变为“街道＋企业”市场化管理的混合型管理。爱家物联在小区投放一台可回收物智能环保屋，依托爱家物联App，对小区生活垃圾数据进行精准统计，对各户投放数据进行分析，为袁州区提升垃圾分类管理和降低管理成本提供了重要的参考依据和管理模式。至年底，小区内住户爱家物联App注册使用率达90%以上，全年累计发放积分2900621分，可回收物回收量达44871.01公斤。小区垃圾实现不外流，可回收物回收率实现100%，利用率达到35%以上。缩减服务督导员2人，年节约管理成本近3万元。为实现全市生活垃圾分类可回收物提供完善真实的数字依据，填补了垃圾分类减量数据统计短板。12月份开始在湛郎街道金悦湾小区试点的基础上，在各个街道铺开试点，各街道选择一个或多个小区开展试点，通过试点工作摸索并形成可复制推广的模式创新工作经验，实现垃圾减量回收利用率达到国家要求的37%以上。

【城南片区污水处理及截污干管建设工作】 袁河水质应急改善项目的南庙河、清沥江、铁路桥洞三个污水处理点总处理能力37500吨/日，出水水质达到《城镇污水处理厂污染物排放标准》（GB18918—2002）一级A标准。自从袁河水质应急改善项目运营以来，已处理了3600多万吨水量，有效地改善了袁河水质。一是对日常水质监管。重点督察出水水质，联系环保等部门监督检查10次，确保水质达标排放。二是对环保督察问题进行整改。由于城南片区配套管网设施不完善，随着社会经济发展及城南用地的开发建设，城南片区的今后污水排放量将会逐年增加，南庙河、清沥江处理站点的临时一体化污水处理设施负荷不够，出现溢流现象，经论证决定启动南庙河、清沥江截污干管建设项目。该工程已按时序完成了可研论证、项目施工图设计和预算编制，区财政局已出财审意见呈送区政府审批并下发抄告单；招标代理编制招标文件，于9月22日依法依规启动招投标程序，中标单位是九江市广安建设工程公司，10月1日已动工，截至年底，已完成工程总量的50%以上。

【服务黄颇路项目建设工作】 圆满完成安置房的建设与交付。2022年初，现场核定安置房工程剩余工作量后，结合工程施工进度，黄颇路（含下水寨）片区棚户区改造工程项目建设指挥部果断介入安置房建设过程，要求工程部合理、科学列出施工计划，并严格按照施工计划执行。通过高位推进，安置房于6月25日基本扫尾完成，项目涉及的16栋3759套安置房于6月30日实现全部交付,正在结算中,已结算3127套，剩余632套,结算率达83.18%，剩余未结算的住户项目部正在加强联系,加快结算,力争实现全部结算。全力破解黄颇路项目难题。开发商在项目建设中因资金短缺进行了部分融资和返租式销售店铺。由于受疫情和市场因素影响,后续资金兑付难以为继,部分业主和钻卡户因为兑付问题自5月以来多次聚集上访,甚至围堵营销中心和购物中心,造成社会的不稳定。为破解难题,黄颇路指挥部对润达公司进行财务摸底,并结合公司财务状况成立专班,制定可行方案进行科学处理,在对公司账户进行监管的同时,督促公司加大资金筹措力度,确保退卡、返租租金及时发放,经过三个月的试运行，已钻卡退款3000万元，实现返租租金发放1979.4万元,两项还款按方案要求已经到位，实现方案预期目标，公司发展进入良性新轨道。积极化解项目开发过程中涉及的信访问题。除解决退卡、返租问题外,积极参与协调项目开发中遇到的其他信访问题,如延期交房问题、70年产权问题、项目建设推进问题、人防工程异地建设问题、农民工工资问题,经过数十次的协调,相关问题得以推进和缓解，项目正推进平稳,群众对项目重拾信心,为项目的建设提供稳定的发展环境。

【文明城市创建工作】 为开展创建第七届全国文明城市工作，提升城市品质，补齐功能短板，督促加强市政、环卫、园林基础设施建设改造。一是重点修复高士路、袁山路、中山路、环城南路等主次干道;二是对桥梁护栏的破损处进行更换;三是对路灯进行整体普查、修复,保证“创文”亮灯率达标;四是对中心城区无障碍设施缺失的公厕进行改造提升（合理增加第三卫生间、无障碍通道等)及统一安置公厕导向牌;五是对中心城区垃圾中转站墙面污渍、墙体破损、除臭设备老化的进行翻新墙面、维修墙体、更换除臭设备5台/套,配置除臭液3吨;六是对迎检的公园、广场添置更新公益广告牌108块;七是对主次干道、公园广场黄土裸露部分进行补植(共补植乔木456株、色块苗729554株、地被植物5633平方米）并添置新型不锈钢果壳箱980个;八是到所联系挂点的柒家岭社区与其他联建联创单位共同开展党员志愿者活动,逐户上门上户、走向街头开展第七届文明城市创建宣传工作和摸排调查询问工作,做到社区不漏楼栋、楼不漏户、户不漏人,增强干群关系。

袁州新城建设

【概况】 袁州新城建设于2021年3月由原区城镇发展服务中心及区城市建设专项资金管理办公室两个单位合并成立。成立时,人员全部安排在区国投集团工作。2022年11月,应国企人员改革的需要,大部分人员从区国投集团的国企工作人员回归为事业单位人员。2022年度,袁州新城建设服务中心工作任务主要围绕政府投资项目的建设展开，并完成事业单位日常党建、信访、“创文”、扶贫、“12345”热线等工作。

【政府投资项目建设】 2022年新增政府性建设项目投资5660万元,其中竣工验收交付项目3个,续建项目2个,改建项目1个，涉及房建项目建筑面积约22万平方米。

东方红小区:项目用地面积约92.7亩，工程建安费用约53795.6万元，总建筑面积22.7万平方米，住宅面积约15.1万平方米,棚户区改造1368套,共建设12栋高层住宅楼，含幼儿园、净菜市场及相关基础配套设施,采用EPC模式进行建设。项目于2019年6月开工,2022年年中已分房交付使用。

区廉政教育中心扩建工程:项目用地位于袁州区廉政教育中心基地东南侧,扩建基地用地面积为15245.5平方米(约22.87亩),总建筑面积16815.86平方米，项目总投资约8019.85万元，项目于2020年4月开工，2022年已交付业主使用。

区廉政教育中心一期改建工程:项目位于南庙镇梅花村境内,位于明月大道北侧,距宜春中心城区8千米，占地面积27亩,总共改造面积1950平方米。工程总投资约560万元，于2022年9月动工。

幸福花苑二期:该项目位于袁州大道南侧、民生路西侧、多胜楼南路东侧,项目用地面积约17.81亩，中标价约1.26亿元，总建筑面积约5.2万平方米,住宅面积约3.1万平方米,棚户区改造292套,含3栋高层住宅楼及相关配套基础设施，年底已基本完工，正进行室外工程等扫尾工作。

东园小区：该项目位于云谷路以北，项目用地面积约86.8亩，总投资约6.49亿元，总建筑面积约15万平方米，住宅面积约10万平方米，棚户区改造962套，共建设13栋高层住宅楼，含幼儿园、净菜市场、居家养老中心、社区用房、物业用房、垃圾分类中转站、公厕等相关基础配套设施。项目于2022年竣工验收，等待分房。

景泰小区：该项目位于环城南路以南、永定路以北，项目用地面积约24.23亩，总建筑面积约4.41万平方米，住宅面积3.14万平方米，住宅284套，社区用房140平方米，婴幼儿照护设施333平方米，社区养老服务站250平方米，物业管理用房178平方米。建安费9900余万元。项目计划于2023年年中交付使用。

万达周边道路：该项目位于万达周边，含民生路、萧雨路、多胜楼路北段、科伦路、竖二路，全长约1703米，总投资约3100万元，已基本完成前期立项、图纸设计等，科伦路和萧雨路部分地段已进入施工阶段，其他路段也正推进。

袁州小学周边道路：该项目位于袁州小学周边，含新坊河西侧规划路、塘浦路、公园东路延伸，全长约972米，总投资约2000万元，已完成方案的初步设计。

袁州新城周边道路亮化：为提高袁州新城周边居民夜晚出行安全，新增200余盏路灯，亮化路总长4000余米，总投资约500万元，已建设完成并投入使用。

【安全工作】 2022年4月，成功处理、化解区国投集团包干的棚户区改造签约难签户刘某某的重点信访问题，得到市、区信访部门的高度肯定。

【脱贫攻坚】 共有帮扶干部14名，帮扶贫困户涉及5个村共51户。2022年在巩固脱贫攻坚成果基础上保持原有帮扶政策不变，增强脱贫稳定性，给予贫困户更多后续帮扶支持，对脱贫人口扶上马送一程，健全防返贫监测帮扶机制，组织帮扶干部深入挂点村、走访贫困户，继续盯牢脱贫不稳定户、边缘易致贫户的“两不愁三保障”和饮水安全巩固、收入支出等状况变化，筑牢防止致贫返贫防线，确保贫困户不发生返贫。

综合行政执法

【概况】 2022年，袁州区综合行政执法工作紧紧围绕创建全国文明城市这项中心工作，以“三拼三促”活动为抓手，坚持以“绣花功夫”推动城市治理体系和治理能力现代化，加强城市精细化管理，工作取得了一定成效。

【城乡综合环境优化整治】 抓好城乡环境综合治理，2022年袁州区共清理垃圾杂物139864.54吨，清理“牛皮癣”93136处，整治不规范不安全户外广告4105处，整治占道经营、出店经营79345次，整治“两车乱停放”89432起，整治违章搭建15857平方米，城乡环境面貌得到美化净化。抓好违法建设治理，全年共拆除违建76处，2022年，共接收卫星遥感成像图斑5669个，通过核对，发现违法建筑、违章搭建31处，已全部拆除到位；督促袁州区建成区13个网格加大巡查，发现并拆除新增违法建设45处。抓好农村生活垃圾治理，深入开展农村垃圾治理，补齐农村人居环境短板，外包公司抓好垃圾转运，2022年中心城区及乡镇共转运垃圾11.27万吨，转运渗滤液4793.57吨，清理大件垃圾、建筑垃圾共计320余起160多吨，清理垃圾死角2500余起120多吨，清理小广告“牛皮癣”共计107258处。未出现垃圾清运不及时、中转站渗滤液满溢污染环境等现象。

全年投入1100万元重点对彬江、三阳、西村三个高速公路出口沿线环境进行整治。打造宜新公路、宜安公路、三水线金瑞庙前段、三阳高速公路出口至经开区、西村高速公路出口至国道五条示范路线，以点带面，全域推进。协调彬江机电产业园投入5000余万元对高速公路出口至机电产业园的公路进行提升改造。

【城市基础设施巡查管护维护】 认真抓好袁河东路、新苑路、文浦路、徐田路、明珠小区周边道路、三中门口等道路路灯安装工作，共安装850盏，超过了目标任务；为改善居民反映的停车难问题，积极协调，应划尽划，已完成施划停车位4067个，比区政府年初下达任务数增加1067个，完成率高达136%。

2022年年初投入47万余元创建健康主题公园2个；投资700余万元，对16处公园、广场、游园及2条道路绿化带进行园林景观品质提升改造。

【市容市貌执法整治】 为推进全国文明城创建工作,通过与街道、社区一起梳理,共梳理需进行“小修小补”项目建设 17 个,总投资约 1421.92 万元,在确保质量情况下督促加快项目进度,17 个项目全部完成,主要涉及外包合同范围以外的道路维修、人行道改造、新增路灯、桥梁检测及维修、十字路口改造、高架灯安装、桥梁加装护栏、无障碍通道建设等工程内容。

开展了校园周边专项整治,共出动 900 余人次,在校园周边整治占道经营、流动摊点、出店经营 3493 起,整治“两车”停放共 4194 起。常态化对共享单车乱停乱放、占用盲道、挤压道路绿化植物、影响行人步行等行为开展集中整治,共整治乱停乱放共享单车 7200 起,罚款 211460 元。共收到市、区创文办及市综合行政执法局创文整改督办问题共 1872 个,整改完成率达到 100%。

强化了市容市貌整治,局班子成员挂点大队,各执法大队每周一开展联合整治,形成强大合力,全年共清理流动摊点 4667 起,处罚 186 起 10770 元,整治出店经营 3178 起,处理 13 起 1220 元,整治未按规定设置遮阳棚 5 起,整治未按审批手续道路开挖 3 起处罚 5600 元。

【城市基础设施完善】 对中心城区 19 个易涝点的地下管网进行疏通,下大雨时安排人员值守。开展燃气大检查,重点抓好可燃气体报警装置,已安装完成 2590 家,安装率 98.85%。推动老旧燃气管道改造,对中心城区城市燃气管道老化更新改造进行了 2022 年中央预算投资计划申报,申报金额总计 9476 万元(区发改委已批复两个项目资金 3558 万元)。

交通运输

【概况】 2022 年,在区委、区政府的坚强领导下,区交通运输局紧跟部署,召开专题会议,仔细核对全年任务清单,研究分析全年工作情况,各项工作全部完成。重点项目成绩显著。2022 年协调推进重点项目 11 个,其中:高速公路新建项目 2 个,合计建设里程 44 千米,项目总投资约 41.29 亿元;国道改扩建项目 2 个,合计建设里程 30.70 千米,项目总投资约 8.3 亿元;省道改扩建项目 4 个,合计建设里程 43.50 千米,项目总投资约 5.7 亿元;旅游公路新建项目 3 个,合计建设里程 43.2 千米,项目总投资约 62 亿元。

【“四好”农村公路建设】 “乡村振兴,道路先行”。2022 年为加快推进美丽乡村建设,持续提升“四好”农村公路创建水平,围绕“140+5”的农村公路建设目标任务,抓好交通基础设施建设,助推乡村振兴。一是计划完成县道升级改造及新建旅游路、产业路、资源路 30 千米,已完成 30 千米,100%完成年度目标。二是计划完成建制村通双车道建设 20 千米,已完成 14.3 千米,占年度目标的 71%。三是计划完成生命安全防护建设 50 千米,已完成 50 千米,100%完成年度目标。四是计划完成美丽生态文明农村路建设 40 千米,已完成 40 千米,100%完成年度目标。五是计划完成危桥改造 5 座,已完成 5 座,100%完成年度目标的。

【养护改革】 2022 年 3 月出台了《袁州区农村公路养护体制改革实施方案》(袁府办字〔2021〕28 号),建立了农村公路管理养护长效机制农村公路日常养护经费按“县道每年每千米 8000 元,乡道每年每千米 4000 元,村道每年每千米 2400 元”配套,区财政每年配套资金约 1300 万元。道路路政管理经费,按每千米 800 元进行配套,区财政每年配套资金约 350 万元。全区县道 362 千米,通过政府购买服务的方式,聘请了 3 家养护公司对县道进行日常养护。

【农村客运】 全面完成 22 个乡镇 291 个行政村通客车任务。有许可或备案的经营企业 2622 家。其中:客运企业 4 家;普货业户 2478 家(其中企业 415 家,个体 2063 家);管理车辆 7162 辆,其中普通货车 6851 辆,从业人员 8000 余人。全年完成客运量 435 万人次,客运周转量 5780 万人千米。完成货运量 3545 万吨,货运周转量 143520 万吨千米;2022 年下拨 1200 万元用于建制村通客车运营补贴,进一步提升建制村通客车服务质量,确保真通、稳通,建制村通公交车有政策保障,实现财政兜底。

【治超工作】 2022 年,在新坊镇、慈化镇、柏木乡、西村镇、彬江镇开展源头治理,将源头管理目标完成情况与道路运输企业、从业人员的信誉考核、经营许可、安全目标管理相结合,促进货物运输装载主体单位、从业人员提高规范装运的自觉性。会同公安、交警等部门加强货车超限超载治理，狠抓公路运输“百吨王”整治，共检查车辆9730余辆，处罚货车改型216辆、非法营运面包车16辆、危货车辆8辆、教练车辆1辆、非法网约车35辆、客运汽车4辆、源头企业（含客货运源头企业）23家，处罚金额214万元；处罚超限超载车辆217辆，处罚金额440万元，合计处罚654万元，确保了全区道路交通安全形势的总体平稳。

【交通运输】 截至年底，在袁州区交通运输局许可或备案的在营企业基本情况如下：客运企业4家；普货业户2457家（其中企业414家，个体2043家）；水运企业3家（袁州当地1家，南昌、丰城各1家）；维修企业136家；驾校22家。管理车辆7072辆，其中普货车辆6354辆，教练车718辆，服务运输相关从业人员8000余人。

【道路隐患整改】 2022年，投入690余万元，整治桥梁4座、隐患点178处。其中，跨铁路桥并行桩安全隐患整治4座，维修费约400万元；跨铁路桥并行桩安全隐患治理11处，维修费用约140万元；国省道安全隐患治理62处，维修费用约80万元；县道安全隐患治理105处，维修费用约70万元。

公路建设

【概况】 宜春市公路事业发展中心袁州分中心下设办公室、党群科、养护机务科、工程科、安全科、人事科、财务科、应急分队8个科室，养护总里程331.885千米，下辖宜春袁州市政交通养护有限公司、宜春市畅达公路桥梁工程有限公司。

2022年是党的二十大召开之年，也是“十四五”规划实施的关键之年，在市中心党委的坚强领导下，袁州分中心始终坚持以习近平新时代中国特色社会主义思想为指导，全面贯彻落实党的十九大、十九届历次全会及党的二十大、二十届一中全会精神，对照年初目标任务，以开展“三拼三促”、“宜路行”党建品牌创建主题活动为抓手，始终坚持目标导向、责任导向、结果导向，强力推进2022年各项工作。

【基层党建工作】 2022年，积极推动党建业务深度融合，精心谋划部署全年各项工作，开展了七一党员大会、家风座谈、廉政形势分析会等丰富多样党内活动，切实增强党员干部的使命感、责任感。结合“宜路行”党建品牌创建，重新打造G320袁州区境内全线挡土墙，明月驿站、泉塘驿站、寨下与万载交界处宣传文化墙，营造浓厚党建氛围。投入约100万元打造宜慈公路智慧公路建设，将出行安全服务提升作为改造重点方向，该路段实现了急弯会车预警、前方路况预警等，有效预防和减少道路交通事故。分中心坚持把牢思想政治工作，经常性开展学习笔记检查，督促党员干部做好日常学习。深入开展党的二十大精神宣传贯彻工作，组织联合主题党日、集体诵读报告原文、党的二十大精神宣讲、专题党课等活动，积极引导全体党员以史为鉴、勇毅前行。充分发挥“党员突击队”作用，在职党员全年参与各类志愿服务220余人次；积极践行“支部建在项目上”，重视党建引领，成立南山养护所党支部。广泛开展创先争优活动，2022年获“平安建设先进单位”“公路养护技能项目团体一等奖”等集体荣誉4次，曾令根等5名干部职工获得市级以上荣誉。严格落实“三重一大”制度及民主集中制，紧盯重点领域、关键岗位监管，加强对招投标、项目建设、财务管理等人员廉政风险教育，纪检组全年参与工程验收52场、招标会议12场、采购询价10场，充分发挥监督管控作用。持续深化作风效能建设，重新修订考勤管理、公务车辆管理等制度，规范三公经费管理，深入开展作风建设督查9次，下发通报文件8份，通报批评18人次，开展提醒约谈7场。

【项目建设管理】 1.S223袁州洪塘至湖田段公路改建工程。袁州区政府已成立“十四五”工作领导小组，该项目正在推进动所需各项材料申报及拆迁房屋丈量、红线内附着物清点、红线沟开挖等工作，计划2023年底完成该工程。2.宜万同城快速通道（下浦）至彬江一级公路新建工程。该项目主线全长4.589千米，总造价约9000万元，2021年5月全面开工，2022年9月底完工通车。3.中村至葛布头旅游公路新建工程。项目全长5.967千米，2018年7月开工建设，总造价约5600万元，2022年8月建成通车，正在办理道路移交手续。4.万载工业园新建道路工程。该项目共有四条新建道路以及一条扩建道路（专项公路），2022年9月开工，四条园区新建道路雨污管网施工已完工，计划启动专项公路土方整平工作。

【养护管理】 1.“勇创新”，压实养护管理。分中心将13个道班整合为南山、三阳、上晖、辽市、慈化5个养护所，规范化搭建完成南山应急设备库。其中南山养护所已于9月组建完成，运行情况良好。协助设立路政中队并开展路域环境集中整治活动，管养沿线三乱违法行为得到有效治理。2.“严管理”，紧盯日常养护。管养范围内全面执行机械化养护，加强路面预防性养护与小修作业，及时处治路面病害，完成坑槽修补约18000平方米，开槽灌缝约3200米。采购摊铺机、单钢轮压路机、双钢轮压路机、打草机等设备，新增固定资产432.76万元。完成部分桥梁防护能力提升及维修加固项目，紧盯桥梁轻微病害小修保养，保障桥梁安全通行。3.高品质推进养护工程。年内完成S308万东线路面预防性养护工程、S311建排线石背至渥江段养护大修工程等共计42.075千米养护工程。首次在S311建排线分宜交界至石背段大修工程全线采用大粒径碎石长寿命基层抗裂路面结构及其施工技术，该施工技术具有抗变形、抗渗水、节能环保、节约成本等明显优势。4.“强基础”，抓好道班建设。积极打造美观实用道班，完成飞剑潭道班主体工程建设，有序办理竹亭道班建设前期手续。提升沿线服务设施质量，开展明月驿站、泉塘驿站改造工程，采用轻钢结构打造智慧公厕，拆除原有廊架并重建凉亭，为过往行人提供优质休息场所。

【安全生产措施】 1.坚持思想只紧不松。全面推广全员风险管控和安全生产网格化管理，确保安全生产责任制落到实处。开展了两轮“安全大讲堂”活动、防溺水专题宣传、消防安全意识培训、消防安全应急演练等多个活动，提高全体干部职工安全生产意识。2.坚持责任只增不减。加强春节、国庆等重大节日及特殊天气时段管养线路安全巡查，积极组织做好全覆盖安全生产巡查、安全生产“打非治违”百日行动、“安全生产月”、预制板房安全评估等各项工作，全年安全生产责任事故为零。3.坚持力度只强不弱。不断加大安全生产投入力度，提升公路安全等级，开展S224宜慈公路安全专项整治工程，并对其他管养线路沿线安全隐患进行及时排查整改，全年安全生产投入约1568.994万元。

【意识形态阵地建设】 1.夯实意识形态工作责任。严把舆情关口，抓好信息发布审签，全年在各级新闻媒体上稿298条/篇，其中省级以上媒体上稿166条/篇，《宜春日报》上稿3篇，江西电视台播出1条，宜春电视台播出3条。2.定人定岗定责激发干劲。明确分中心各岗位职责，制定绩效工资考核分配方案，充分发挥绩效工资杠杆作用。加强聘用人员管理，开展谈心谈话并督促符合条件人员及时报考各类职业技能证书，缴纳聘用人员企业年金，充分调动职工工作积极性，保障职工队伍稳定。规范劳务用工，养护公司与聘用人员重新签订劳动用工合同，159名临时工签订劳务派遣用工合同。3.严格做好信访工作。落实信访管理制度，全年无信访局交办信访件。受理“12345”政府热线工单207件，工单按期办结率为100%，群众满意率为99.12%。4.积极助力乡村振兴建设。投入约1000万元为飞剑潭周源村、金瑞镇铁炉前村等8个村组实施道路改造工程，促进当地经济社会发展，方便村民生活出行。

（余旻玥）

财政 税务 金融

财 政

【概况】 2022年以来，区财政部门切实统筹“发展”和“安全”两个大局，坚决贯彻落实区委、区政府重大决策部署，牢牢把握稳中求进工作基调，扎实做好“六稳”工作、全面落实“六保”任务，兜稳兜牢“三保”底线，稳妥推进财政风险化解，全年财政运行总体平稳有序。

（一）着力强预期，财政收支稳中有进。2022年，区财政局努力克服经济下行、疫情反复不利形势，克服新的更大规模组合式减税降费、助企纾困稳基本盘等减收增支压力，全力以赴抓收入、调结构、强征管、保支出，全年财政收支实现稳中有进。全区一般公共预算收入完成26.43亿元，增长4.8%，增幅居全市第七，同口径增长约12.4%。一般公共预算税占比62.7%，税占比居全市第二。锂电行业税收实现新突破，全年累计纳税约7.3亿元，成为继生物医药后袁州区又一纳税规模超7亿元的重点产业。财政支出继续保持稳健有力态势，全区财政支出完成88.75亿元，增长21%。

（二）着力优服务，支持发展精准有效。着力构建“云端”服务体系深入推进财政营商环境优化升级“一号改革工程”，发挥财政服务职能，精准扶持实体经济，努力克服疫情反复、经济下行压力，让更多市场主体“活下去”。坚持“放水养鱼”，切实贯彻落实国家减税降费和地方政府惠企救市、刺消费各项扶持政策，累计减税降费规模达9.2亿元，惠及企业6.8万户。全年累计减免承租国有房屋租金约1082万元，惠及市场主体达602户次。累计兑付中心城区房产销售和补贴资金4800余万元，发放各类文旅商贸消费券250万元。发挥财政“四两拨千斤”的杠杆撬动作用，全年通过“五贷一保”累计发放企业贷款15.03亿元，惠及企业178户。其中财园信贷通重点企业贷款限制提高至2000万元，袁州区重点企业航宇新材料成为全市首家财园信贷通贷款额2000万元的企业。

（三）着力补短板，民生建设稳步推进。持续优化财政支出结构，加大民生领域投入，全年民生领域支出约71.65亿元，占财政总支出比重达80.7%。全面推进“幸福江西”建设，全年145项具体措施如期销号，民生财政更具温度。扎实推进就业创业，全年累计发放创业贷款约3.47亿元，发放稳岗返还补贴约492万元。全区教育支出超11亿元，连续三年突破10亿元大关并继续保持逐年增长平稳态势。加大财政投入支持学前幼儿园“民转公”，继续推进袁河小学、宜春二小、宜春十中等教育补短板项目。落实义务教育阶段教师工资待遇水平不低于当地公务员收入水平要求，稳步推进义务教育阶段教师规范绩效奖励改革。加大疫情防控经费保障力度，全年累计落实疫情防控经费投入约1.4亿元。困难群众补助水平稳步提升，城乡低保财政补差水平分别提高至530元和400元。

（四）着力防风险，财政大盘总体有序。牢牢守住不发生区域性系统性风险底线，力防范化解财政运行风险隐患，确保财政大盘总体平稳有序。坚决兜稳“三保”底线，始终将“三保”支出放在预算安排优先次序。设立“三保”专户，确保“三保”资金专账管理、封闭运行。稳妥推进政府债务化解。科学制定全年化债工作目标，实行政府化债专班机制，年终政府债务率实现大幅下降，圆满达成全年化债目标。加大财政补助力度，补齐社保基金缺口，提高社保基金支付水平。全年累计清偿被征地农民养老保险政府补贴挂账3.86亿元，安排机关事业养老保险基金补助1.6亿元，安排城乡居民医疗保险区级配套1.32亿元。强化库款保障和资金调度,完善库款保障风险预警机制,将有限的资金优先集中用于保障“三保”、抗疫抗旱及政府化债等重点刚性领域支出。

(五)着力促改革,治理效能有效激发。坚持以改革促管理、以改革提效能,全区财政改革步伐蹄疾步稳。持续深化推进零基预算改革。坚决落实政府过紧日子要求,一般性支出预算较上年压减10.24%,“三公”经费确保“只减不增”。加快推进预算管理一体化改革,构建现代信息技术条件下“制度+技术”的管理机制,全面提高预算管理的规范化、标准化和自动化水平。调整完善乡镇街道财政管理制度,制定《关于进一步调整和完善乡镇街道财政管理体制的方案》《袁州区乡镇街道财政财务管理试行办法》规范性文件。推进预算绩效管理体系建设,出台《袁州区预算绩效管理提质增效工作方案》《袁州区区本级财政支出事前绩效评估管理办法》,深化“全方位、全过程、全覆盖”预算绩效管理体系。加强政府投资管理,全年累计审定预决算项目671个,核减金额8.25亿元,综合核减率17.1%。

【全区预算执行情况】 2022年,全区财政总收入完成557573万元,增长17.5%。其中,税务部门完成458930万元,增长15.3%;财政部门完成98643万元,增长29.3%。全区一般公共预算收入完成264313万元,增长4.8%(同口径增长12.4%)。其中,税收收入完成165671万元(已扣减增值税留抵退税省级调库数22862万元),下降5.85%(同口径增长5.23%);非税收入完成98643万元,增长29.3%。全区一般公共预算支出数完成887527万元,增长21%,完成年初预算数的99.6%。重点支出项目情况是:一般公共服务支出完成66553万元,增长21.4%;教育支出完成111307万元,增长6.7%;科学技术支出完成31804万元,增长52.9%(主要是支持企业升级改造及财政奖补支出增加);社会保障和就业支出完成133207万元,增长25.8%(主要是清偿被征地农民养老保险支出增加);卫生健康支出完成59111万元,增长3.4%;城乡社区支出完成137517万元,下降9.5%;农林水支出完成82214万元,增长0.8%;住房保障支出完成138923万元,增长401%(主要是偿还棚改隐债还本支出增加较大)。全区一般公共预算收支执行总体情况是:全区一般公共预算收入264313万元,返还性收入38680万元、一般性转移支付收入340397万元、专项转移支付收入54263万元,上年结转41247万元,调入资金194122万元,地方政府一般债务转贷收入52587万元,调入预算稳定调节基金64000万元,收入总计1049609万元;一般公共预算支出887527万元,上解上级支出40605万元,地方政府一般债务还本支出28344万元,补充安排预算稳定调节基金40000万元,结转下年53133万元,支出总计1049609万元。全年收支平衡。

【政府性基金预算执行情况】 2022年,全区政府性基金收入完成210502万元,完成调整预算数的100%。其中:国有土地使用权出让收入209271万元,国有土地收益基金收入1026万元,农业土地开发资金收入61万元,彩票公益金收入144万元。

2022年,全区政府性基金支出数完成229024万元,完成调整预算数的100%,同比下降6.6%。主要支出项目是:文化体育与传媒支出完成104万元,社会保障和就业支出完成3748万元,城乡社区支出完成177115万元,其他支出完成28056万元,债务付息支出完成19957万元,债务发行费用支出完成44万元。

2022年,全区政府性基金预算收支执行总体情况是:当年政府性基金收入210502万元,上级基金补助收入70641万元,上年结转收入18360万元,地方政府专项债务转贷收入49572万元,调入资金1273万元,收入总计350348万元;当年政府性基金支出229024万元,上解上级支出5163万元,专项债券还本支出24809万元,调出资金73425万元,结转下年17927万元,支出总计350348万元。全年收支平衡。

【国有资本经营预算执行情况】 2022年,全区国有资本经营预算收入完成120083万元,完成调整预算数的100%。加上转移支付补助收入614万元、上年结转收入404万元,收入总计121101万元。国有资本经营预算支出完成224万元,国有资本经营预算当年调出资金安排120697万元。收支相抵后结转下年180万元。全年收支平衡。

【社会保险基金预算执行情况】 2022年,全区社会保险基金收入完成58814万元,完成年初预算的 85.3%，具体收入项目为：机关事业单位基本养老保险基金收入完成 36160 万元，城乡居民基本养老保险基金收入完成 22654 万元。上年结余收入 66777 万元。2022 年，全区社会保险基金总支出完成 66061 万元，完成年初预算的 104%。其中：机关事业单位基本养老保险基金支出完成 42105 万元，城乡居民基本养老保险基金支出完成 23956 万元。年终滚存结余 59530 万元。

【区级一般公共预算执行情况】 2022 年，区本级（含园区，下同）一般公共预算收入完成 152462 万元，同比增长 10.4%，完成调整预算数的 100%。其中：税收收入完成 58476 万元，同比下降 11.6%（同口径增长 18.2%）；非税收入完成 93986 万元，增长 30.6%。2022 年，区本级一般公共预算支出执行数完成 708857 万元，同比增长 40.7%，完成调整预算数的 100%。重点项目支出情况是：一般公共服务支出完成 28088 万元，增长 10.4%；公共安全支出完成 4185 万元，下降 59.6%，主要是由于法院、检察院上划市级管理；教育支出完成 64417 万元，增长 17.1%；科学技术支出 27804 万元；社会保障和就业支出 125527 万元，增长 30.8%，主要是被征地农民养老保险清偿支出增加；卫生健康支出 54155 万元，增长 2.2%；节能环保支出 16797 万元，增长 63.7%；城乡社区支出 125936 万元，增长 0.3%；农林水支出 60603 万元，增长 26.9%，主要是高标准农田专项债券及中央农田建设补助安排的支出相应增加；住房保障支出 131732 万元，增长 503.8%，主要是棚改隐债还本支出增加。2022 年，区本级一般公共预算收支执行总体情况是：一般公共预算收入 152462 万元，上级返还性收入 38680 万元，一般性转移支付收入 340397 万元，专项转移支付收入 54263 万元，政府一般债券转贷收入 52587 万元，上年结转收入 41247 万元，调入资金 184601 万元，动用预算稳定调节基金 64000 万元，收入总计 928237 万元；一般公共预算支出 708857 万元、上解上级支出 40605 万元、补助下级支出 62088 万元、债务还本支出 28344 万元，补充安排预算稳定调节基金 40000 万元，结转下年 48343 万元，支出总计 928237 万元。全年收支平衡。

【政府采购改革】 根据《江西省财政厅关于开展政府采购意向公开工作的通知》要求，自 2022 年 1 月 1 日起实施的政府采购项目，应当按规定进行采购意向公开。采购意向公开时间应当尽量提前，原则上不得晚于采购活动开始前 30 日。推进采购意向公开是优化政府采购营商环境的重要举措，做好采购意向公开工作有助于提高政府采购透明度，方便供应商提前了解政府采购信息，有助于保障各类市场主体平等参与政府采购活动，提升采购绩效。

【采购监督管理】 2022 年 3 月，开展全区政府采购领域突出问题专项整治行动，整治政府采购领域操纵招标、虚假招标、围标串标、买标卖标等违法违规行为，进一步规范政府采购市场秩序，营造开放透明、公平公正、竞争有序的政府采购营商环境。9 月，开展 2022 年代理机构监督评价项目审查，依法保障各类市场主体平等参与政府采购活动的权利，维护政府采购市场公平竞争秩序，优化政府采购营商环境。

【采购预算管理】 按照应编尽编、编准编细的原则，不断提高年初政府采购预算编制的完整性和准确性。按照“谁采购、谁负责”的要求，不断规范采购人采购行为，建立健全政府采购内控机制，加强政府采购预算编制执行管理，贯彻落实政府采购政策，规范政府采购工作流程，切实提高政府采购质量和效率，促进全区政府采购工作顺利开展。

【政府采购助力中小微企业】 提高预留比例，将预留中小企业采购份额由 30%以上提至 40%以上，其中预留小微企业比例不低于 70%。加大价格评审优惠，价格扣除比例由 6%～10%提至 10%～20%，大中型企业与小微企业组成联合体或大中型企业向小微企业分包的，评审优惠幅度由 2%～3%提至 4%～6%；降低参与政府采购门槛，不得以企业注册资本、资产总额、营业收入、纳税额等规模条件和财务指标作为资格要求或评审因素；简化采购活动程序，对于没有不良信用记录的中小企业，不再要求其提供相关财务状况、缴纳税收和社会保障资金等证明材料；降低保证金收取比例，公开招标数额标准以下的政府采购项目，一律免收投标（响应）保证金，公开招标数额标准以上的政府采购项目，鼓励采购人免收投标（响应）保证金或降低缴交比例；提高预付款比例,与中小企业签订政府采购合同应约定预付款的时间和比例,货物、服务类政府采购项目预付款比例原则上不低于合同金额的30%,工程类预付款不低于合同金额的10%。

【预算单位采购贫困地区农副产品活动】 袁州区2022年采购贫困地区农副产品份额63.33万元,共注册采购人账户201个,累计完成交易额78.18万元,助力贫困地区和贫困群众脱贫增收。

【农村综合改革】 袁州区2022年农村综合改革转移支付资金1046万元,其中:农村公益事业中央财政奖补资金369万元、美丽乡村建设项目支出477万元(其中:中央补助400万元、省级补助77万元)、扶持村级集体经济支出200万元(其中:中央补助120万元、省级补助40万元、本级配套40万元)。

【一事一议】 2022年一事一议安排项目119个,包括公路硬化,水圳、水塘和水渠维修,人畜饮水,道路亮化,桥梁建设等。项目覆盖21个乡镇街道、102个行政村、119个村民小组(自然村),直接受益人口约2.5万人,间接受益人口约11万人。

(何丽媛)

国有资产管理

【概况】 2022年,在区委、区政府坚强领导下,袁州区国资办立足实际,稳步推进国资国企改革,努力推动国有资产做大做强。截至2022年底,全区国有企业资产总额达343.5亿元。

【深化国企国资改革攻坚】 一是落实国企国资三年改革攻坚行动。根据宜春市国资委国资国企改革创新三年行动工作要求,2022年6月开展了自评估工作,并牵头制定了《袁州区国资国企改革创新攻坚行动实施方案(2022—2024年)》。二是积极推动融资平台优化升级工作。对区属政府性融资平台进行全面的梳理和优化整合。聘请陕西希格玛咨询公司,一企一策地制定国投集团升级方案,做大做强国资国企。三是推动国企国资三项制度改革。牵头制定了《袁州区国有企业负责人年薪制暂行办法》,推行年薪制;参与制定《关于选派党政机关和事业单位科级及以下干部到区属国有企业任职、挂职工作的实施意见》,完成行政事业编制公务人员参与企业经营整改工作,涉及行政编制人员已经脱离平台公司回体制内任职。事业单位编制人员已通过自由选择完成改革,形成平台公司能进能出的任职体制。

【完善国资国企监管机制】 一是完善国有资产监管制度。制定并印发了《袁州区国有划转经营性资产出租监管办法》《袁州区粮食企业国有资产监督管理办法》《袁州区项目建设涉及矿产品处置管理办法(试行)》等一系列监管制度,规范了国有经营性资产出租管理、统一监管以及国有资源处置。二是深化国有企业高质量考核。做好了2021年国有企业考核工作。牵头制定了《袁州区2022年度区属国有企业综合考核实施方案》,将宜春市赣湘产业园有限公司、袁州区财投有限公司纳入综合考核,并根据企业性质和功能将各被考核企业分为三类,分类制定考核指标。三是推动国有资产数字化管理。2022年7月完成国有资产管理系统软件搭建并上线运行,进一步推动袁州区国有资产数字化建设,实现全区资产由静态管理向动态管理转变。

【推动国有资产权证办理工作】 截至2022年11月,13个安置小区已有康府花苑、长青厂33栋、桃园小区、富森家园、广润小区、金桥小区、幸福花苑、天屿花苑、鸿运小区9个小区办理房屋总证,其他安置小区待不动产房屋落宗后办理房屋总证。

【落实惠企政策】 一是加强惠企政策宣传。为切实做到服务企业,优化营商环境,根据《关于积极有效应对疫情帮扶中小企业纾困解难的40条支持措施》(宜府字〔2022〕19号)、《关于落实〈积极有效应对疫情帮扶中小企业纾困解难的40条支持措施〉的通知》(袁府办发〔2022〕6号)等要求,坚决落实惠企政策,积极开展惠企政策宣传,督促各出资监管企业落实好相关惠企政策,积极通过微信宣传、电话等方式告知各承租户,宣传租金减免相关政策,确保减免政策落实到人。二是落实租金减免政策。根据政策"对2022年疫情低风险地区所在的县级行政区划内承租国有房产的服务业小微企业和个体工商户,市、县两级相关单位和国有企业为其减免3个月租金"。截至2022年年底已落实承租袁州区属国有企业房屋的服务业小微企业和个体工商户租金减免共计724.42万元，兑现户数513户。积极协调并解决了东方红影剧院租金减免问题，确保租金减免政策落实到位，做到了想企业之所急、怀企业之所忧，大大减轻了这些服务业小微企业和个体工商户的经营负担，帮助企业共渡难关。

【队伍建设】 一是狠抓政治建设，增强党员政治意识。出台党建工作要点和党组成员抓党建工作责任清单，夯实党建责任，扎实推进基层党建“三化”建设。严肃党内政治生活。坚持党组中心组学习、支部“三会一课”等党内制度，提高党内政治生活质量。二是加强思想建设，强化党员理论武装。制定了“第一议题”制度，强化国有企业党建工作，积极开展“流动党校进机关”活动，累计开展培训9次，并采用集中学习、专题研讨等学习形式，开展习近平总书记在国企国资改革领域重要论述的专题学习，以及《习近平谈治国理政》等理论知识的学习，在强化理论知识学习的同时，加强对中央、省、市、区委关于国有资产监督管理相关政策的学习力度，提高党员干部的理论素养和业务水平。三是强化作风建设，发挥党员模范带头作用。制定了《关于打造让党放心、人民满意的模范机关的工作方案》，聚焦“作示范、勇争先”的目标要求，大力弘扬伟大建党精神，以党的政治建设为统领，结合抓落实活动年“三拼三促”工作，以开展机关效能评价排队为切入点，坚持务实管用、创新方法，打造让党放心、人民满意的模范机关。

（郭 欣）

国有资本投资

【概况】 2022年，袁州区国投集团有限公司服务袁州经济社会发展大局，面对国家严控政府债务的高压态势，开拓思路，沉着应对，有效防范化解风险，保障了区级重点项目资金需求。

【资产管理】 2022年度新收购资产秀水金岸办公楼，总面积30318平方米，并成功引进民生银行入驻，完成人才公寓装修100间，面积6918平方米，为人才引进打好硬件基础；2022年12月，江特文创园成功入选江西省第6批省级历史文化街区，先后迎接住建部、省住建厅等领导现场参观调研；依照纪委要求对国有资产二次转租营利性行为进行整治，彻底整治转租牟利30余户；根据国家疫情减免政策对所有承租户减免租金3个月，累计减免金额700多万元；依照相关政策落实帮扶养老托运行业减免政策，对两家培育机构减免四个月房租，累计减免金额约11万元。加强对资产的安全维护，对民主小区、老年大学江特文创园等资产进行维修维护，实现资产保值增值。

【服务实体经济】 通过助贷、委贷等多元金融服务体系，切实发挥金控公司的功能，帮助中小微企业解决融资难、融资贵问题。累计为企业办理助贷业31笔，发放助贷资金44453万元，有力地支持了企业续贷融资。开拓思路，积极作为，为东园小区施工单位江西建工第三建筑有限责任公司提供供应链金融服务，授信4000万元；为画眉小区施工单位中科建工集团有限公司提供供应链金融服务，授信2000万元，供应链金融合计授信6000万元，助推棚改安置房项目建设。

【工程建设】 2022年度推进建设棚改安置房项目13个，教育补短板项目5个，区廉政教育扩建工程等其他重大项目6个以及中心城区规划道路工程项目11个，涉及24条规划道路。安置房建设方面，东园小区已完工，杨家山CE地块、凤凰山南片区正在进行室外工程扫尾施工，风动小区北片区、幸福花苑二期正在有序推进建筑装饰装修、室外工程等施工。教育补短板建设方面，成立教育建设项目专班，项目部、班组夜以继日连续施工，春节、五一、国庆等假期不停工不停产，圆满完成了袁山学校初中部、袁河小学、宜春二小、赣西中等职业技术学校一期工程，并交付使用，为中心城区增加了6060个学位。公共基础设施建设方面，以15日工期完成嘉豪花苑新能源汽车充电桩工程，以60日工期完成宜春市公交车首末站工程，以90日工期完成中石化下浦加油站迁建工程。同时，全力推进中心城区规划道路前期手续。

【间接融资】 2022年，统筹还本付息资金62.55亿元（含园区），较好完成了化债目标。全年累计获得融资授信49.82亿元（含园区），其中成功发行9800万美元境外债券，债券期限为3年，票面利率1.98%，是江西省获国家发改委批复通过并于2022年发行的首单县级美元债券,创造了省内由工商银行开立备用信用证的美元债单笔最大规模发行纪录;落地宜春市首笔开发性金融工具1.5亿元,期限19年,利率3.7%,是开发性基金投放的江西省首个保障性安居工程项目,也是已实现投放地市最大签约金额项目,实现宜春市首笔开发性金融工具(基金)落地袁州区;产业园区基础设施PPP项目国开行授信10.8亿元(期限19年,利率4.65%)。

税　务

【概况】 2022年,袁州区税务局坚持以习近平新时代中国特色社会主义思想为指导,捍卫"两个确立",做到"两个维护",全面贯彻党的二十大精神,以争先进位、巩固提升为目标,以"三拼三促"、有效落实为抓手,踔厉奋发、勇毅前行,成功克服各项困难,战胜各项挑战,圆满完成了各项任务,取得了可喜成绩。

【党建工作】 2022年,组织开展"三拼三促""四学四争先"学习实践活动,深入学习贯彻党的二十大精神,引领各项工作提质增效。获国家一星级青年文明号,全省社会保障工作先进集体,全省、全市税务系统十佳示范党支部等称号。落实党委"第一议题"、学习培训"第一主题"、有效落实"第一要事"。建设"让党放心、人民满意"的模范机关,创建符合袁州特色、税务特点的党建品牌,落实落细新纵合横通强党建体制机制。获全市税务系统党建优秀成果展示二等奖。深入推进"1+7""1+6"一体化综合监督体制改革,制定《廉政风险指引》,紧盯关键岗位、关键环节,创新"码上"监督、家庭助廉、青年倡廉等监督机制,助推勤廉税务建设,相关经验做法在《江西税务》上刊登推广。

【组织税收】 在挖潜增收上精准发力。挖掘锂电行业税收潜力,加强股权转让企业所得税管理,引导国资公司、农商银行等重点企业足额缴纳税款,有序清算房地产企业土地增值税,加强和区自然资源局信息交互,精准确定企业产量,累计增收近5亿元。在防范风险上持续用力。依法依规组织税费收入,持续强化对九大风险行业的监管,把牢"登记关""领票关""注销关"三大关口,掌握税收工作主动权,逐步压缩平台税收规模,实现实体占比上升。在培植开源上接续努力。发挥本土医药、锂电、电商行业税收支柱性作用,保持税源总体稳定增长,构建新的税收稳定增长点。2022年组织税收46.33亿元,同比增收6.51亿元,增长16.4%,总量、增幅分别居全市第四位、第三位;组织社保非税收入42.33亿元,同比增收25.47亿元,增长151%。

【税收治理】 完善内控管理机制。围绕前期常规巡察、层级审计、上级通报、投诉举报暴露出的问题,从党务、政务、业务、服务、财务、事务六大方面出发,建立健全《会议管理制度》《绩效管理办法》《财务报销管理实施办法》《机关食堂管理制度》等制度办法40余个,以制度规范权力运行。发挥税务辅政职能。构建常态化请示、汇报工作机制,强化经济分析运用,充分发挥以税咨政、以税辅政作用,呈报税务专报共计7期,得到了区委、区政府主要领导和分管领导高度肯定并批示17次。探索税收共治模式。积极探索多部门综合治税体系,构建了"党委领导、政府主导、部门协同、公众参与"的税收共建共治共享格局。在2022年锂电行业税收攻坚战中,实现了区税务局、区公安局、区财政局、区工信局、区自然资源局、区生态环境局、机电产业园和新坊镇的协同作战。

【纳税服务】 2022年累计新增退税减税降费及缓税缓费7.31亿元,惠及纳税人11.3万户次。深入推进银税互动,辅导纳税人以"信"换"贷",帮助83户企业成功贷款,落实银税互动融资贷款7600余万元,为企业发展注入税动能。深入开展营商环境大讨论、大排查、大整治、大提升专项活动,改进工作21项。开展税费体验师、"一把手"走流程、代表走流程等系列活动。集中开展两轮次"万名税干访万企"大走访活动,走访纳税人近30000户次,充分运用营商专员工作机制,收集意见28条,办好为民实事118件。深入探索五员管理试点工作,将办税服务员、网格管理员、调查审核员、风险应对员和税务稽查员"五员"角色嵌入税费业务流程,"流水线"作业,专人专事管理。其中日常监测评价上升至全市第六;第三方评价指标中纳税次数指标由7次精简为3次,纳税时间与纳税便利度、报税后流程指数指标均处全市前列。

【人才兴税】 创新"青年兴税课堂",每周安排集中学习。选派优秀年轻干部，组建刘梓华青年突击队、扶贫攻坚队、志愿服务队、风险应对团队，青年干部在工作实践中得到历练；三阳税务分局获评全国一星级青年文明号。建立健全学习、实践、考核、运用"四位一体"的管理机制，搭建干部成才成长"立交桥"，提拔选用16名年轻干部充实到中层领导岗位上，输送9名青年干部进入市税务局工作，平稳有序晋升职级64人次，牢固树立"有为才有位"的鲜明选人用人导向。建立建成干部保障"三个一"工程。升级一次机关食堂，丰富工作餐营养和口味；建成一项运动场所，满足干部职工开展活动需求；改造一批场所设施，提升办公、住宿软件硬件，为干部职工营造了干净舒适的工作、学习和生活环境。

中国农业银行袁州支行

【概况】 中国农业银行袁州支行始终以服务袁州区经济发展为己任，履行国有大行担当，凭借全面的业务组合、安全的业务系统，向广大企事业、个人客户提供丰富金融产品和优质金融服务。截至2022年末，全行存贷款规模121亿元，比上年末净增16.35亿元，存贷比106.9%。其中，各项存款余额58.5亿元，比上年末净增4.5亿元，各项贷款余额62.54亿元，较年初净增11.85亿元。全年不良贷款余额1926万元，不良率0.31%，不良率保持低位运行，实现了"量"的稳健增长、"质"的持续提升和"效"的稳步改善。

【党建引领】 紧扣党建统领这条主线，把深入学习贯彻习近平新时代中国特色社会主义思想和党的二十大精神作为首要政治任务，践行金融工作的政治性、人民性，以高质量党建引领高质量发展。

【服务实体】 一是聚焦重点领域信贷投放。围绕区委、区政府系列经济政策，紧跟步伐、主动出击，运用"纳税e贷""抵押e贷""链捷贷"等优势产品营销，加大专精特新"小巨人"、制造业、基础设施、设备更新改造等重点领域信贷投放。二是聚焦服务"三农"。坚守服务"三农"阵地不动摇，全力做好乡村振兴金融服务，高度聚焦粮食安全、乡村产业、乡村建设等领域，利用农业银行横跨城乡的网点布局优势，强化"三农"金融供给。2022年累计发放农户贷款3.27亿元，惠及农户3398户，深入开展"惠农通"工程，惠农通服务点乡镇覆盖率达到100%。三是聚焦社会履责。积极服务袁州区重大战略和重大项目建设，做服务地方经济的主力军；聚焦缓解民营小微企业融资难融资贵问题，主动下沉服务重心，突出提升小微客户首贷、续贷、信用贷款；积极承接袁州区政府电子消费券发放工作，助力扩需惠民，政府消费券代发效果明显；深入落实减费让利，深耕普惠金融，2022年累计降费金额28.54万元，服务小微企业和个体工商户1119户。四是聚焦转型突破。以柜台无卡化应用为提高过程，以金融科技为支撑，积极搭建智慧校园、智慧停车、智慧缴费等互联网金融场景，进一步拓宽金融服务网络。

【安全工作】 一是精准化解信用风险。牢固树立合规意识，加强准入管理，把好政策关、准入关和经营关，着力提升信用风险管控水平，以新安全格局保障新发展格局。二是抓实案防合规管理。持续开展"合规教育年"活动，常态化开展普法教育、合规宣讲和警示教育，按季开展员工行为排查。三是夯实日常基础管理。坚持生产安全和网络安全"两手抓"，防范各类风险隐患；抓好网点文明服务，做好消费者权益保护，狠抓电信网络诈骗治理，不断提升客户体验感和服务满意度，筑牢风险案防的坚实堤坝。

教 育

综 述

2022年，袁州区教体系统坚持以习近平新时代中国特色社会主义思想为指导，全面贯彻落实党的二十大精神和国家、省市区有关深化教育体育改革的工作部署，以办好人民满意的教育体育为目标，坚持社会主义办学方向，牢牢把握立德树人根本任务，着力提质量、促公平，补短板、强弱项，抓改革、添活力，战疫情、保稳定，学校办学条件明显改善，教育教学质量稳步提升，教师队伍建设不断加强，教育治理水平显著提升，人民群众对教育的满意度、幸福感、获得感持续增强。一年来，先后获省政府对县(市、区)党政领导干部履行教育职责督导评价“优秀”等次、全市教育体育工作综合先进县市区等殊荣，高质量发展“教育发展”考评连续五年位列全省第一方阵。全区有各级各类学校534所，在校(园)学生(幼儿)158405人，公办教师6849人(幼儿教师146人、小学教师4188人、中学教师2455人，特殊教育教师60人)，民办学校(园)教职工2544人(民办幼儿园教职工1609人、民办中小学教职工441人、中职学校教职工494人)。

党建引领教体发展。坚持党建和教体工作同谋划、同部署、同考核，切实推动教体系统党的建设走深、走细、走实。深入学习宣传贯彻党的二十大精神，专门印发学习宣传贯彻方案，组织班子成员深入中小学校进行宣讲，开展系列主题活动，推动党的二十大精神进校园、进课堂、进头脑。将党建工作纳入学校管理综合考评，连续五年开展中小学校支部书记抓党建工作述职评议。稳慎推进中小学校党组织领导的校长负责制，建立健全党组织会、校务会议事决策制度和议事规则，增设、调整53名党组织专职副书记，推动学校党建全面过硬。规范民办教育党组织设置，向民办义务教育学校派遣党组织书记和党建工作指导员，加强党对民办教育的全面领导。坚持“四个培养”机制，全年发展党员42名，转正党员96名。全力以赴打好“创文”攻坚战，全覆盖开展文明校园创建工作，多样化举办18项“创文”主题活动，大大提升了市民“创文”的主人翁意识和参与度。积极传播教育体育正能量，全年在各级各类媒体上稿1499篇，仅中央媒体就达109篇。大力推进勤廉教体建设，强化廉政风险点排查整治，将非税收入统一纳入财政专户管理，实现资金零见面。持续查处教师“三违”等问题，全年共查处违规违纪行为37起，给予34人党纪政纪处分。以接受区委第五轮巡察为契机，进一步自查自纠，扎紧制度笼子，落实落细全面从严治党的政治要求。

教育经费保障到位。加大教育经费投入，完善“以县为主”的教育经费管理体制，将义务教育经费全额纳入财政预算并单独列项，确保教育经费“两个只增不减”。2022年，一般公共预算教育经费为11.13亿元，比上年相同口径的10.4345亿元增加0.6962亿元，增长6.67%。生均一般公共预算教育经费小学7130.28元，初中10008.56元。生均公用经费按小学每年650元/人、初中每年850元/人拨付。生均公用经费继续向农村薄弱学校倾斜，对不足100人的村级小教学点按100人核拨公用经费。按生均200元核拨寄宿生公用经费、按生均6000元核拨随班就读和送教上门学生公用经费。

教育扶贫精准落实。贯彻落实国家资助政策，全力做好教育民生。2022年发放学前教育资助金148.4万元。发放义务教育阶段困难家庭寄宿生生活补助3260人次，补助金额201.7万元，发放建档立卡非寄宿生生活补助14291人次，资助金额382.2万元。普通高中免学杂费483人次,共免除13万元。普通高中国家助学653人,资助金额65.8万元。发放122名考生的高考入学政府资助金61万元。中职教育免学费5116人次，共免除217.4万元。631人次享受中职国家助学金补助，资助金额63.1万元。受理3115笔生源地信用助学有效贷款，贷款金额3340.1万元。

教育资源持续优化。投入资金7.4亿元,进一步推动教育资源扩容提质。完成凤凰小学附属园、新康府街道中心园、下浦幼儿园、区中心幼儿园嘉豪分园等4所公办幼儿园的改造装修,新增园位1440个;完成明珠学校、宜春二小、袁河小学、实验小学、芦村中心小学、慈化镇伯塘中学等6所义务教育学校的新（迁、改、扩)建,可提供学位5790个,启动慈化小学、湖田中学、西村中学、飞剑潭中学、天台中心小学、天台中学、伯塘中学7所农村义务教育学校的迁、改扩建;启动宜春十中改造项目,大力推进赣西中等职业技术学校建设,可提供9300个学位。落实“一校一策”校舍危房改造要求,拆除C级危房4.51万平方米,拆除非C级预制板校舍0.77万平方米,全区办学条件不断改善。

体育工作加快发展。不断加大公共体育设施投入,全面完善“城镇社区15分钟体育健身圈”,建成湛郎街道东园社区、金瑞镇上桂村等两个全民健身场地设施示范工程。积极构建多层次多样化的全民健身活动体系，开展“体育·惠民100”全民健身系列赛事活动,全年组织开展区青少年游泳公开赛、区象棋交流赛等各类赛事12场，全民健身氛围浓厚。充分盘活袁州区体育场、区老年人体育活动中心等场地资源,为群众健身提供活动场所,全年预计接待10万余人次。大力发展青少年竞技体育,在江西省第十六届运动会青少年(青少年组)比赛中,袁州区取得30金、11银、20铜的历史最好成绩,获“2019—2022年县(市、区)竞技体育贡献二等奖”。宜春市青少年锦标赛上,袁州区乒乓球队斩获团体总分第一。

师资队伍量质并举。2022年全区引进教师380人,其中签约高校优秀毕业生30人（含公费师范生1人)，招录特岗教师87人,安排“三支一扶”支教人员13人；特招音体美专业支教大学生6人，安排师范定向生147人，通过省考招聘教师41人，从外县市调回袁州籍教师56名。高度重视师德师风建设,组织开展“当好引路人,争做好老师”主题教育,组织开展最美教师评选,推荐4名教师参评全市最美教师。组织学校每月开设师德讲堂,拍摄“我的一日从教生活”微视频。健全师德考核“红黑名单”制度,推进师德师风建设常态化、长效化。整合教师培训资源，安排24场区级教师培训。开展首届名师培养对象评选，充分发挥名师在课堂教学、教育科研等方面的示范引领作用。依托城乡一体化中心教研、片区教研、校本教研三级教研网络,常态化开展送教下乡、学科优质课比赛等多层次教研活动,促进教师专业成长。坚持城乡交流轮岗，全年交流校长、教师252人,其中骨干教师占交流轮岗教师数的20%以上,进一步均衡了城乡师资。开展第38个教师节系列庆祝活动,举行全区教师节表彰大会,区、乡两级共拿出资金700余万元,重奖一批优秀教育工作者,在全区上下营造了尊师重教的浓厚氛围。

教学质量稳中有升。2022年，小学六年级质量监测优秀率、合格率同比分别提升2.94%、9.26%,学科基础逐步稳固。中考再创佳绩,中考总分超宜春中学、宜春一中统招线以上者达1302人。高考成绩再创新高，宜春四中15名文化类考生被二本院校录取,12名体育专业考生被二本院校录取,90名艺术类考生被二本院校录取。

2022年区教育文体局所获荣誉:2022年江西省青少年业余训练“三十精品县(市、区)”;2019—2022年江西省县(市、区)竞技体育贡献奖二等奖,2021年度县(市、区)党政领导干部履行教育职责督导评价结果“优秀”等次,2021年度全市教育体育工作综合先进县市区,2021年度全市信访工作先进单位,2021年宜春市教育工作突出贡献集体,2018—2021年度江西省群众体育先进单位。

学前教育

【概况】 2022年，全区共有幼儿园246所，其中公办幼儿园128所,民办幼儿园118所(其中普惠性民办幼儿园56所),普惠性幼儿园覆盖率84.42%;在园幼儿30770人,其中公办在园幼儿16785人，民办在园幼儿13985人(其中普惠性民办幼儿园在园9019人),公办在园幼儿占比54.55%。

【加快公办园资源扩充】 2022年,全区20个乡镇、8个街道中心幼儿园全覆盖,各乡镇、街道以“中心园+分园”的模式对辖区内公办幼儿园进行管理。2022年秋季,新康府街道中心幼儿园、凤凰小学附属幼儿园、下浦中心幼儿园(东方红小区配套园)和袁州区中心幼儿园嘉豪分园(嘉豪花苑小区配套园)开园,可容纳幼儿1410人;分别投入资金2300万元、1636万元回购碧桂园明月江南项目小区配套幼儿园和凯怡半山小区配套幼儿园,装修改造完成后,可新增公办学位900个。通过改建、移交、回购等方式进一步扩充了学前教育资源,“学位少、入园难”的问题得到极大解决。

【重新开展普惠园认定】 根据区政府办《关于印发〈袁州区普惠性民办幼儿园认定及扶持办法(试行)〉的通知》(袁府办字〔2018〕41号)精神,联合区财政、发改等部门对2019年认定且仍在以民办性质开办的11所普惠性民办幼儿园进行重新认定,新增认定了7所普惠性民办幼儿园,2022年底,袁州区共有普惠性民办幼儿园56所。

【深化学前教育内涵发展】 展示学前教育改革成果。以江西省学前教育改革发展实验区改革实验任务为抓手,全方位推进学前教育改革发展和内涵提升工作,高规格举办2022年学前教育改革发展实验区成果展示月系列活动,通过幼儿教师专业基本功竞赛、幼儿阳光体育成果展示、园所展示等活动,全面搭建全区各类幼儿园互促互进平台,以活动促提升,以展示促发展。启动标准化幼儿园建设。根据《关于转发〈江西省标准化幼儿园认定管理办法(试行)〉的通知》(宜教体基字〔2022〕25号)精神,制定《袁州区标准化幼儿园评估认定管理工作实施办法》,按照2022—2025年标准化幼儿园达标率分别达到15%、30%、50%、70%的省定目标,将区属各类幼儿园认定年度进行合理安排,达到以评促建的目的。2022年全区共有63所幼儿园申报标准化幼儿园认定,通过专家组实地评估,通过认定的有53所。落实学前资助政策。春季学期资助1433人,发放资助资金795450元;秋季学期资助1272人,发放资助资金689050元。

义务教育

【概况】 袁州区有义务教育阶段学校281所,其中小学245所(城区小学22所、农村小学105所、农村教学点118个),初中35所(城区初中12所,农村初中23所)、特殊教育学校1所。义务教育阶段普通学校在校学生115350人(城区学生65027人、农村学生50323人),其中小学学生78198人(城区小学生46398人、农村小学生31800人),初中学生37152人(城区初中生18629人、农村初中生18523人);特教学校在校学生1038人,其中小学678人,初中360人。

【严格落实阳光招生】 联合印发《宜春市中心城区2022年小学招生入学工作实施方案》的通知(袁教体通字〔2022〕71号),优化城区“幼升小”招生,“e网通”线上平台,协调公安、住建及不动产中心等部门进一步将户籍、房产数据接入平台,提高报名入学学生家长户籍、房产权属关系的核验准确率。2022年秋季,城区小学一年级新生网上录取6883人,城区初中初一学生录取5542人,实现了全员网上报名、网上审核、网上录取的目标。全区义务教育阶段学校大班额占比从年初的0.98%降低到0.74%,标准班额从93.2%提高到96.84%。指导学校对残疾儿童每周进行上门送教,实现“应教尽教,应学尽学”;保障随迁子女入学需求,5265名随迁子女全部就近安置,其中4755人在公办学校就读。

【高效推进三项工作】 提升课后服务质量。健全“1+1”的课后服务课程体系(1节作业辅导课+1节多彩兴趣课),推出体育、艺术和综合实践等数十项课后服务课程,打造“一校一品、一校多品”课后服务精品课程,聘请“非遗”传承人入校授课,将南庙武术、新坊版画、唢呐戏曲等地方非物质文化遗产发扬光大,吸引全区95930名中小学生参与课后服务。丰富校园读书内涵。组织学校建设3000余个班级阅读角,推荐4万余种优质图书,开展100余次阅读交流会、好书分享会,举办全区“书香满校园经典伴成长”读书节活动,进一步浓厚校园书香氛围,提升学生阅读兴趣。建强留守儿童关爱阵地。完善留守儿童“1+1+1”帮扶机制,强化留守儿童之家、心理咨询室建设,联合区红十字会开展暖心关爱活动,在农村学校针对性推出“十个一”关爱举措,建设“干净屋”关爱阵地，促进留守儿童身心健康成长。

【落实落细“双减”政策】 注重“双减”经验总结推广。组织开展“双减”工作论文评选活动，全区学校教师梳理典型经验和特色做法，总结形成530余篇工作论文和30个工作微视频，108篇论文和25个微视频获市级奖项。扩大“双减”宣传报道反响。组织学校全覆盖宣传课后服务提质创优等“双减”工作，逐月印发工作简报，并对学校新闻宣传积分进行排名。2022年，新华社、《人民日报》、《江西日报》和《宜春日报》等中央和省市区媒体600多次播发刊发袁州区课后服务工作做法和斐然成效。

【多措助推五育融合】 抓德育促铸魂。配齐配强思政课教师，落实课程思政要求，宜春十中《依法行使权力》等30节思政课评为区“十佳精品思政课”，区教研室《百年逐梦回望初心》等40节课获“同上党史课”比赛活动市级奖项，初步建立思政课精品课程群。常态化开展“红色、绿色和古色”教育实践活动和“寻访红色地标、传承革命精神”主题研学活动，制度化开展“学雷锋”“清明祭英烈”等主题活动，10万余名学生通过不同形式参与活动，推动红色基因代代相传。抓体美促润心。夯实体美基础，开齐开足体育美育课程，推进阳光体育运动，特色化开展两操活动，使大课间活动成为学生巩固提高运动技能、发展体育艺术素质的关键载体。建强课后服务阵地，开发体育艺术类课后服务精品课程，将其建设成发展学生素质的第二课堂，促进学生综合素养全面提升。

职业教育

【概况】 2022年通过撤并方式整合职业教育资源，将宜春市职业技术教育中心和宜春工业学校撤销。区属职业学校共计2所，分别是赣西中等职业技术学校和江西长江科技中等职业学校。截至2022年底，在校学生8543人。

【严格规范中职招生】 为促进袁州区职业教育健康有序发展，职普比达到省、市要求，召开了袁州区2022年秋季职业学校招生工作部署会，印发了《关于做好2022年秋季职业学校招生工作的通知》（袁教体通字〔2022〕21号），严肃招生工作纪律，杜绝有偿招生，并下达了袁州区初级中学毕业生就读中心城区中职学校指导计划数。同时在全国中等职业学校专业设置系统审核袁州区中职学校2022年招生计划数和专业，秋季学期袁州区中职学校共计招收新生3007人。

【全面落实中职资助】 落实2022年职业教育学生资助工作，收集贫困学生信息。抓住学校和乡镇（街道）两条主线，完善以学籍和户籍为依据的脱贫户“双线台账”，高度重视数据比对，做到脱贫户学生底数清楚。2022年春季学期，享受中等职业教育国家助学金293人，共计发放29.3万元；免除中等职业教育学费2233人，免除资金94.9025万元。2022年秋季学期，享受中等职业教育国家助学金338人，共计发放33.8万元；免除中等职业教育学费2883人，免除资金122.5275万元。

【加强师资队伍建设】 一是落实职业学校用人自主权，按照自主设置岗位、自主招聘人才原则，从“引进、培养、培训”上下功夫，打造高素质教师队伍。二是积极组织教师参加省、市技能竞赛和培训，参加培训人数200多人次。三是创新教师培训模式。积极选派教师到联办学校、联办企业深造学习。强化教学、学习、实训相融合的培训模式，着力打造“观念新、业务精、能力强”的职业教师队伍。全力打造“双师型”师资队伍，全区现有“双师型”教师78人，其中赣西中等职业技术学校“双师型”教师31名，占总数的39.7%。

【加大技术技能培养】 一是印发《袁州区教体局贯彻落实〈职业学校学生实习管理规定〉实施办法》，一是以实施“七大工作任务”为抓手，全面推进全区职业学校规范做好学生实习工作，进一步提升职业学校人才培养质量。二是加强全区职业教育科学管理、提高学生专业水平，以赣西中等职业技术学校为依托，打造高水平实训基地。三是落实《职业学校学生实习管理规定》，2022年袁州区中职学校转段学生366人进入高职院校学习，实习学生885人，均为专业对口，分布在省内及沿海一带。

招生考试

【高考工作】 2022年全市中心

城区高考报考人数14969人,比2021年增加1910人。高职单招录取2948人,实际参加普通高考考试考生共12421人,设2个考区,共设考场419个。宜春中学考点3421人,115个考场;宜春九中考点2669人,80个考场;宜春一中考点2000人,69个考场;宜春三中考点2020人,70个考场;宜春七中考点1326人,45个考场;宜春八中考点(日语考生)985人,40个考场。袁州区高考考试工作人员1000余人,其中外县到袁州交叉监考老师419人。普通高考录取总人数11872人,录取率80.22%。其中提前本科及一本录取1896人。二本以上录取4105人,占比50.55%。专科录取5862人,占比49.38%。强基计划录取9人。2022年高考继续采用电子化体检方式,全部检查项目继续实行到校直通车服务。

高中学(会)考:全年报考4次。6月高一化学、生物学、历史、地理,10015人考试,高二考试科目为思想政治、生物,9242人考试。11月高三考查科目为艺术、体育和健康、综合实践,9121人参加。11月高二考查科目为通用技术、信息技术,10102人机考。11月高二考试科目为物理、思想政治,10057人参加,高三考试科目为英语、数学、语文,9221人参加。

自考:全年2次报名,2次毕业生审核,194人自考新生报名,151人毕业生申报。

【中考工作】 2022年中心城区初中学考初三报考人数19225人,增长了870人。共设11个考点,628个考场。农村考生在宜春九中、昌黎实验学校、长江科技中等学校、宜春经济贸易职业技术学校等学校膳宿。城区考生在宜春实验中学、宜春三中、宜春八中、宜春七中、袁州学校、宜阳学校(初中部)、翰林学校考点考试。2022年初二年级参加地理和生物科目初中学考,考试人数19877人,共设11个考点,665个考场。两科分值计入次年初中学考总分。

中心城区高一招生12000人,其中宜春中学和一中招生3550人。袁州区2人被录取为江西省海军航空实验班学生。定向师范在袁州区录取50人,其中体育方向2人(1男1女),美术方向1人(男),音乐方向1人(女),小学教育(女)23人,小学教育(男)23人。全市初中学考数学、物理、政治三科由袁州区组织教师评卷。

民办教育

【概况】 2022年全区有民办中小学校5所,分别是宜春百树外国语学校、宜春百树外国语学校学府路校区、宜春百树学校、宜春天立学校和宜春神州天立高级中学。其中宜春百树外国语学校、宜春百树外国语学校学府路校区、宜春天立学校为九年一贯制学校;宜春百树学校、宜春神州天立高级中学为高中。2022年全区民办中小学校在校生总人数4176人,其中小学生2020人、初中生1076人、高中生1080人。义务教育阶段在校学生人数占比2.66%,高中阶段在校学生数占比20.07%。

【强化学校党的建设】 向民办义务教育学校派遣党组织书记,进入学校决策机构,进行交叉任职,参与学校"三重一大"事项决策,强化党对民办义务教育的全面领导,保障社会主义办学方向。向民办义务教育学校派遣党建工作指导员,督促学校党建工作标准化、规范化、信息化建设,指导学校根据《民办义务教育促进法》修订完善办学章程,把加强党的建设纳入民办义务教育学校办学章程,促进学校依法依规依章程办学,推动民办义务教育学校坚持党的领导和依法治校有机统一。强化党建工作监督检查,推动民办义务教育学校党组织书记述职述德述廉述法工作,落实办义务教育学校党建工作同监督、同检查、同考核,督促民办义务教育全面落实党的教育方针。

【全面完成规范任务】 扛牢主体责任,保障各项工作落地见效。完成民办义务教育非营利性登记,开展民办义务教育学校办学资质和资金审查,保障民办义务教育的办学安全和资金安全。加强民办义务教育学校收费行为管控,规范收费、调费程序,防止过高收费、随意收费。做好民办义务教育学校乱收费投诉受理、专项核查、督查,督促民办义务教育学校严格落实收费公示和公开承诺制度。推动落实学校资金三方监管,同银行、学校签订资金监管三方协议,建立资金监管专用账户,确保资金实时动态监管。全面完成规范民办义务教育发展18项工作。

【严格落实招生政策】 完善民办义务教育学校招生计划审核备案制度,严禁学校自行组织招生、超计划招生、超办学条件招生、跨区域招生。通过招生e网通平台,实施公办民办学校同步招生,规范民办义务教育学校招生行为,坚决杜绝民办义务教育学校提前招生和"掐尖"招生。以江西省学籍管理服务平台为依托,加强学籍管理,全面清查民办义务教育学校低龄学籍、挂靠学籍、人籍不一致问题,严格落实人籍一致。围绕"严格控制增量、逐步消化存量"的目标,核减民办义务教育学校招生计划数,确保民办义务教育学校学生数和占比只减不增。2022年秋季开学,全区有民办义务教育在校学生3096人,与2021年相比减少了299人,占比下降了0.26%。

教师队伍建设

【师德师风工作】 一是出台《袁州区中小学校教师思想政治和师德师风建设专项工作实施方案》,明确政治建设是教师队伍建设的首要任务。二是推行"红黑名单"制度,推进教师信用体系建设,持续突出师德考核在学校考核评估和教师评价中的优先地位,实行"师德前置"。三是在全区开展"当好引路人,争做好老师"主题教育,深入推进师德师风建设常态化、长效化。学校每月开展一期师德讲堂并加强教师日常监管;开展最美教师推荐评选工作并组织拍摄"我的一日从教生活"微视频,袁州区2名教师获评全市最美教师。四是开展师德涵养实践活动,通过深入开展"万师访万家"等活动,不断提升公民的文明素养,增强教师的育人本领。

【教师资格认定】 开展中小学教师、幼儿园教师资格认定,完成2623人的网上报名认定工作,新制证发证2603份。对在编在岗教师有序开展教师资格证定期注册工作,在袁州区政府网及公众号发布《关于2022年教师资格证认定公告》,教师资格证网上信息更正2人,教师资格证补发换发35人,教师资格定期注册337人。

【补师资扩资源】 下发《关于做好袁州区2022年教师招聘工作的通知》,规范教师招聘流程,按"空编补齐、退一补一、兼顾选调、适度超前、紧缺学科优先"的原则,通过招聘、安置、签约等途径补充教师共计380人。一是招录年轻教师。2022年共补充新入职教师324人(其中研究生3人),其中安排定向培养师范生147人,招募"三支一扶"支教教师13人,特岗教师87人,面向省内外高校签约师范类优秀毕业生30人(含公费师范生1人),选用音体美优秀支教大学生6人,全省统一招聘41人。二是引进回乡教师。基于对教师的人文关怀,本着公平公正、学科需求、择优接收的原则,为袁州户籍的教师开通回乡任教的绿色通道,2022年从外县市调入56名优秀教师。三是引进紧缺教师。采取政府购买服务方式,大力招聘补充公办幼儿园教师和赣西中职教师,通过公开招考方式招聘幼儿专任教师70人、中职紧缺学科教师27人,对聘用教师实行劳务合同制管理,并统一保障其工资待遇。开展教师轮岗交流工作,采取片区交流、全区调配的方法,确保各校学科教师配套,2022年共有252人参与交流轮岗工作。

【教师待遇落实】 一是推进职称评定,严格按照《江西省中小学教师职称评审办法》完成职称评聘。其中初级职称认定人员489人,中级职称评审通过人员146人,高级职称评审通过人员115人(含乡村中小学高级职称评审申报人员16人,艰苦边远地区不占岗的乡村中小学高级职称评审申报人员19人)。二是落实岗位晋级。按照申报要求和指标,向有关部门申报工勤岗位5人晋升技师岗位;2022年全区发放艰苦边远地区农村中小学教师特殊津贴714.3万元,人均416元/月;乡镇工作补贴共发放1433.84万元,享受教师3698人,按月发放到位;教师年人均工资为77856元,发放2022年专项绩效奖人均39235元,年均工资收入合计117091元,确保义务教育教师平均工资收入不低于当地公务员工资。

【规范档案管理】 对10597份在职人员、退休人员档案进行整理和维护;受理借档、查档817人次;受理新招聘教师、特岗教师、定向师范生档案接收300多人次;进一步规范档案管理,完成了6000多份教师档案的专审工作。

【教师培训】 根据《袁州区2022年中小学教师培训计划》(袁教体通字〔2022〕29号),认真组织落实每期培训,全年共组织区级集中培训24期,参训教师4368人次。培训项目包括干部培训、班主任培训、学科培训、新入职教师培训、中小学德育培训等。

教学研究

【教学教研工作】 2022年是袁州教研长足发展的一年,区教研室继续秉承"继承、发展、创新"的工作理念,切实发挥"研究、指导、管理、服务"的工作职能。努力建设一支素质高、理念新、专兼职结合的教研队伍,充分发挥基层优秀教师在教育教学、科研、课改等方面的引领作用,定期与不定期相结合,采取"查""看""听""进""馈"等形式,组织教研员到基层学校进行教学调研,督查教学常规落实情况。认真落实《关于开展全区中小学教育教学常规管理专项督查的通知》精神,通过实地查看、检查资料和询问学生的形式,对学校在落实"双减"政策方面的做法有了第一手资料。

【教师成长】 认真组织全区教师参加全省基础课题的立项、结项等工作。2022年,省级基础教育课题成功立项10个,"十四五"规划课题2个;省级基础教育课题成功结项11个,"十三五"规划课题成功结项2个;全区市级"双减"课题立项共42个,其中7个为重点课题。积极组织教师参加各级各类教研和比赛活动,在江西省课例比赛活动中,袁州区参加的全省思政课和小学科学等课例获省级一等奖3个、省级二等奖1个、市级一等奖4个;在全市举办的优质课比赛活动中高中音乐、小学英语、初中信息技术均获市级一等奖;在2022年举办的宜春市小学语文教师素养大赛中,袁州区选派的两位教师均获得综合素养一等奖,另外,两位教师还获得素养答题单项奖和才艺展示单项奖;在2022年举办的宜春市2022年"送经典下基层"教师经典诵读比赛中,实验小学谢清松获小学(幼儿园)组一等奖,宜春十中崔佳妮、邹冰钰、彭蓉获中学组一等奖,南庙中学钟迦良获中学组二等奖。

举办了全区党史微课课例评比活动,共收到139件作品,其中89件作品获得区级一等奖。组织了全区中小学教师"同上党史课"课例评比活动,共收到79个教学课例,27个教学课例获区级一等奖。举办了首届青年教师基本功比赛,比赛内容包括了硬笔字、粉笔字、教案设计及普通话,共有43名教师参加比赛,其中一等奖13名,二等奖30名。

【服务教学研究】 城乡一体化中心教研和集中连片教研如火如荼,邀请陈韬、苏琪等专家参与其中,到彬江镇前白源小学共开展送课16节、讲座6场、专题研讨12场、学生活动展示课1节,近3000名教师参与活动并从中受益。各片区共开展教研活动24次,参与教师达800人次。

【语言文字】 区教研室开展了第24届全国推广普通话宣传周活动,2022年的主题是"普通话诵百年伟业,规范字写时代新篇"。袁州区开展了中小学教师经典诵读比赛活动和中小学教师软笔书法比赛,经典诵读活动参赛者共63名,其中26名获区一等奖,37名获区二等奖。软笔书法比赛中,共有196幅作品获奖,其中一等奖66幅,二等奖82幅。举办了学前教师普通话基础班培训,邀请全国普通话测试员罗雪艺举办讲座。

在2022年的江西少年诗词大会(第五季)全省总决赛中,一共300名学生参加。袁州区代表队20人参赛,其中,14人晋级前120名,6人晋级前30名,宜春实验小学学生吴涛至、林茜茜成功晋级前6名,最终,吴涛至获"优秀选手"奖,林茜茜获全省季军,成绩辉煌。

在2022年举办的学前教育教师普通话比赛活动中,袁州区选送的3名代表中,2人获市级一等奖,1人获市级二等奖。

电教装备

【学校设施设备建设】 2022年度采购资金共计4752.9万元。165万元用于宜春三小非遗创客实践综合室、书法教室、音乐室等功能室建设;1076.12万元用于赣西中等职业技术学校教学设备采购;分别下拨资金给宜春市第二小学250.55万元、崇文小学159.8万元、实验小学203.5万元、宜春十中1058.81万元、袁山学校398.96万元、袁河小学479.674万元用于教学设备设施采购;利用电教统筹经费25万元采购51个点位专递课堂设备。

【电教装备管理】 严抓实验室安全管理。下发了《关于做好中小学实验室安全检查的通知》(袁教体办函〔2022〕7号),多次组织开展教育设备设施安全检查,按照"全覆盖、零容忍"要求,做好全面排查,完成了过期废弃危化药品集中处置。强化网络安全管理。一是严格实行重要时期网络安全日报制度。二是排查了学校网站建设情况,建议文笔峰小学注销了缺乏安全保障的门户网站,落实了宜春市职业教育中心门户网站、宜春市天立学校IPv6升级改造。三是在保密工作到位前提下,组织学校做好虚拟货币挖矿清零行动。指导学校设备采购验收工作。为保障新建(改扩建)学校正常有序开学,确保电教设备设施如期采购,有效提高资金利用率,积极组织专家组对袁州小学、宜春二小、实验小学、宜春十中、赣西职业学校等学校设备采购进行了预算核减,节约率达10%以上。完成实验操作考试工作。2022年参考学生19000余人,面对疫情反复的特殊情况,积极做好疫情防控应对,制定了《2022年袁州区初中学业水平实验操作考试实施方案》,召开考办主任培训会和考务会。4月27—30日,6个考务组严密实施考试工作流程,全区44个考点圆满完成考试工作。积极推动智慧作业常态化应用。一是强化组织领导,成立了领导小组,组建了工作专班,制定实施方案,实行“每月一调度、每周一通报”制度。二是强化业务指导。对智慧作业应用薄弱学校,组织已参加省、市、区培训的智慧作业骨干教师精准把脉,以点促面,强化指导。三是突出总结反馈。及时推广“智慧作业”应用的优秀经验,2022年智慧作业应用基本能保证100%全覆盖应用,并在全省排名前列。

【教师业务培训】 2022年度组织开展电教装备培训6次,培训人数达6200余人次,组织参加市级以上培训4次。1月25日,组织了2022年学生信息素养提升实践活动(创意编程项目)教师培训,共计219名教师参训;3月4—5日,组织参加全市电教信息工作会暨信息化领导力培训,区教体局党委委员、副局长徐剑代表袁州区作电教活动经验交流汇报;3月10日,组织教师参加2022年宜春市学生信息素养提升实践活动培训,袁州区8名教师参加;3月17日,组织了2022年袁州区学生信息素养提升实践活动培训(数字创作类微视频项目、科创实践类项目)教师培训,共计280名教师参训;8月22日,举办了中小学教师网络学习空间交流会,共计336名教师参会;8月12—28日,组织了中小学教师信息化素养提升线上培训,累计参训教师人数5264人,培训结业人数4802人;11月1—4日组织教师参加“国培计划”——市县能力提升工程2.0管理者高级研修班培训,袁州区1名教师参训;11月5—20日组织教师参加江西省中小学教师“国家中小学智慧教育平台”应用全员培训的省级培训,袁州区7名教师参训;12月29日,组织了袁州区中小学教师“国家中小学智慧教育平台”应用骨干教师线上培训,共计300余名教师参训,同时各校于12月31日前完成教师全覆盖校级培训。通过各类教育信息化培训,有效地提升了教师信息化素养,增强了教师教育信息化的“造血能力”。

【信息化科研成果】 组织师生参加各类电教装备活动,共计获国家级奖8个;省级奖151个,其中一等奖13个、二等奖39个、三等奖99个;市级奖382个,其中一等奖88个、二等奖76个、三等奖218个。2022年度江西省中小学、幼儿园教育信息技术研究课题立项7个,2020年度江西省中小学、幼儿园教育信息技术研究课题结题2个。袁州区电教站共6次获市级最佳组织奖。

第二届全国书香校园阅读教育教学成果交流活动中,实验小学《书香满校园　经典伴成长》被评为示范优秀案例;袁州学校《书香校园阅读教育》、实验小学《狼王梦》阅读指导课、文笔峰小学《伊索寓言》阅读指导课被评为优秀案例。全国书香校园建设案例征集活动中,宜春四小《灵泉翰墨　文化孺子》、西村一中《读经典、感乡土、书绿色》被评为典型案例,芦村浒坑小学《浸润书香》、实验小学《书香溢满校园　经典浸润人生》被评为创新案例。2022年江西省中小学“书香校园”系列展示交流活动中,宜春市实验小学《书香满校园　经典伴成长》获省级“书香校园”建设案例作品一等奖,征文及诵读作品获省级一等奖1个、二等奖2个、三等奖12个。全市教育技术装备论文评比活动中,共计58篇作品获市级奖,其中27个获一等奖,31个获二等奖。第20届江西省中小学智能机器人技能提升活动中,获省一等奖2个、省二等奖9个、省三等奖4个。2022年宜春市中小学微视频征集展播活动中,获省二等奖2个、省三等奖3个,并获宜春市最佳组织奖。第28届江西省中小学、幼儿园教师优秀教学资源展示活动中,获省一等奖5个、省二等奖18个、省三等奖36个,市级一等奖

60个,市级二等奖58个,市级三等奖105个;袁州区电教站获最佳组织奖。第21届江西省学生信息素养提升实践活动中,获省一等奖4个、省二等奖8个、省三等奖13个，市一等奖46个、二等奖9个、三等奖163个,获宜春市最佳组织奖。2022年江西省中小学微视频征集展播活动中，获省级二等奖2个、省级三等奖3个，市级一等奖7个、市级二等奖33个、市级三等奖55个，袁州区电教站获宜春市最佳组织奖。市级实验教学课例展示活动中，八小易文湘涵、袁州学校杨虹、化成小学袁云梅被推荐参加省赛,获市级一等奖8个、二等奖13个;袁州区电教站获评2022年度教育技术装备工作先进单位;金瑞中学何锦科等4人获评2022年市教育技术装备先进个人;实验小学获评市级中小学实验教学管理示范点、四中获评市级中小学实验教学管理示范校，实验小学刘辉、宜春四中龙江云获评市级实验教学优秀管理员。

教育督导

【督学工作】　一是做好开学综合督查工作。2月、9月,在各校(园)开展开学前自查的基础上,组织挂点干部到挂点学校进行现场督查,对于在督查中发现的问题进行发文通报,累计发现九大类八十余个问题,均已责令学校限期整改,确保了全区各级各类学校春、秋季开学工作顺利有序进行。二是开展责任督学挂牌督导工作。将“双减”及“五项管理”督导作为2022年责任督学的“一号工程”,安排中小学责任督学,对全区212所村级小学及以上学校进行督导,同时组织各幼儿园督学开展幼儿园保育教育、幼儿园“去小学化”等的挂牌督导工作,加强对全区各级各类学校的管理,督促学校依法依规办学。三是加强督导队伍建设,11月开展了袁州区第四届区督学选聘工作,继续建设一支高水平、专业化、适应教育督导工作新形势的督学队伍。四是开展中小学校办学质量考核。在组织机关各股室对学校日常工作落实情况打分的基础上,组织责任督学和督导评估专家对照考核细则进校考核，表彰了25个学校办学质量考核综合先进单位及5个单项奖单位,并将办学质量考核评估结果同步运用于校长任免,进而推动全区学校形成你追我赶、比学赶超的良好氛围。

【督政工作】　一是完成了省高质量发展考核评价“教育发展”考评及县(市、区)党政主要领导履行教育职责考核工作，其中:省高质量发展考核评价“教育发展”考核全省第40名,县(市、区)党政主要领导履行教育职责考核被评为优秀等次。二是据区委、区政府关于印发《袁州区2021年度高质量发展综合绩效考核评价实施意见》的通知(袁字〔2022〕53号)要求,对20个乡镇、8个街道进行了2021年度区高质量发展综合绩效考核评价“教育体育发展水平”考核,并将考评结果同步作为袁州区乡镇(街道)党政领导干部履行教育职责督导考评结果。

【“两项”评估工作】　一是开展了义务教育优质均衡数据摸排工作。先后在3月、10月组织义务教育学校开展优质均衡数据填报，并组织责任督学11月进校开展实地核查,摸排袁州区义务教育优质均衡现状情况,12月将学校最新数据上报至宜春市教育体育云平台,根据上级通报情况,将不达标学校数据反馈至相关股室,为今后工作找准发力点。二是邀请市教育局、中心城区三区共同推进学前教育普及普惠工作，于6月24日召开学前教育普及普惠推进会,负责汇总三区情况上报至江西省教育督导信息化平台,根据指标差距,找到问题短板。

区属部分中小学校简介

【宜春市第四中学】　宜春四中创办于1971年,2008年被市政府认定为市级重点中学。2014年秋季,学校整合资源,与宜春二中联合办学,开启一校两区办学模式。2015年为传承昌黎文化,增挂“昌黎中学”校牌。2018年区委、区政府决定新建宜春四中初中部,2019年9月动工建设,2020年秋季正式搬入了新校区办学。

2022年秋季，学校有初中在籍学生2871人、高中在籍学生2183人,共有5054人。在编教职工278人,其中正高级教师1人,高级教师106人,省级学科带头人2人,市、区级骨干教师41人,市级名师8人。

学校以办有质量、有特色、有温度的“三有”学校为办学目标,以育有精神、有品质、有未来的“三有”学生为办学理念,紧紧围绕明智、明理、明德“三明”教育为立德树人根本任务。面对疫情考验和学校发展瓶颈的重大挑战，学校坚持以践行党的二十大精神为思想统领，加强党建引领，继续深化学校文化内涵建设，健全学校制度体系，全面深化教育体制及评价体制改革，全方位打造值得社会信赖的优质学校。

过去的一年，学校与宜春三中实行联合办学，完善了学校课程体系化建设，融合了市级优质学校的管理理念，尤其形成了初中部“教学目标化、德育特色化、课程精品化”、高中部军事化管理、特色化办学、自主化管理的“三化”办学模式，吸纳名校办学智慧，在课程设计与课时长度安排方面大胆改革，进一步彰显了校园教学活力。

2022 年，学校中考 7A 人数在中心城区名列前茅；高考方面，面对高中招生中考成绩 7000 名以外的生源现状，升学成绩再创辉煌，其中一本录取 5 人，文化生二本录取 10 人，艺术生二本录取 103 人。

学校综合管理能力持续提升，办学凝聚力进一步增强，办学业绩令人鼓舞。2022 年，有序组织承办教师资格证考试、成人高考、研究生考试、美术联考、高中学业水平考试等各项考试考务工作，考务管理工作规范高效，学校被评为“宜春市优秀考点学校”。2022 年师生获奖捷报频传：学校“十四五”省级规划课题立项 1 个，省级基础教育课题立项 1 个，市级教育信息技术研究课题立项 2 个；39 名教师参加江西省智慧作业微课征集活动，公开课录用 80 余节，其中 4 名教师获得优秀教学课例展示省级一等奖；第二十八届中小学教师优秀教学资源展示活动中，8 名教师获市级一等奖，5 名教师获市级二等奖，13 名教师获市级三等奖，1 名教师获省级一等奖，2 名教师获省级三等奖；学科优质课、精品课评选中，学校教师获省级二等奖 2 人、三等奖 3 人，市级一等奖 7 人，二等奖 8 人；学科论文、“双减”论文、各类征文评选活动中，2 名教师获省级一等奖，8 名教师获市级一等奖，7 名教师获区级一等奖，12 名教师获二等奖；学科作业设计评选活动中，3 名教师获区级二等奖；书香校园系列展示交流活动中，获省级一等奖 2 人，二等奖 4 人、三等奖 7 人；三色文化教育活动中，获省级一等奖 3 人、二等奖 6 人、三等奖 4 人；青少年科技创新大赛中，学生 12 人获市级一等奖、二等奖。学生积极参加各种竞赛活动，获得市级一等奖 16 人次，区级一等奖 17 人次；2022 年度有 20 余名教师获区、市级优秀教师荣誉。

学校获“全省三色文化先进学校”“宜春市中小学实验教学管理示范校”“宜春市创文知识优秀组织奖”“袁州区中小学作文大赛优秀组织奖”“学校设备设施管理与使用先进单位”等综合荣誉，并连续 9 年被袁州区人民政府授予“全区学校管理工作评估先进单位”“教学质量先进学校”等称号。

【宜春市第五中学】 宜春五中坐落在中心城区的东面，1959 年建校，前身为东方子弟学校，1982 年更名为宜春市第五中学，校园占地面积 21 亩，有 3 栋教学楼，现代化教学设备齐全。2022 年，在岗教师 101 人，30 个教学班共有学生 1460 人，是一所规模中、等历史悠久的中初级中学。

2022 年，在区委、区政府的正确领导和区教体局的关心指导下，在社会各界人士的鼎力支持下，宜春五中秉承“质量立校、文化兴校、科研强校、依法治校”办学理念，坚持“学生发展、教师幸福、家长满意、社会认可”办学方向，厚植“爱国诚信、厚善崇德、务实创新、敬业图强”五中精神，朝着“学会求知、学会运动、学会生活、学会做人”的育人目标，奋勇争先，各项工作都取得了可喜成绩，办学水平亮眼夺目，2022 年学考成绩再创新高。上重点高中线人数达到了 45%，上线率、平均分、优秀率、合格率均居袁州区前列。学校也先后获得“袁州区中小学教学质量优秀奖”“袁州区教学质量均衡发展奖”“袁州区教育质量先进单位”“袁州区学校工作综合考核先进单位”“袁州区中考突出贡献奖”“袁州区先进基层党组织”等殊荣。

一、强化党建统领，确保办学方向正确。加强党的组织建设，不断深化党建引领作用，切实提高党组织的凝聚力、创造力、战斗力，全力实践好党组织领导的校长负责制，做到把方向、管大局、作决策、抓班子、带队伍、保落实、促发展，把党的领导落实到办学治校全过程。一是坚持政治学习常态化，筑牢思想根基；二是党建活动多元化，激发党组织活力；三是“结对帮护”模式化，密切党群关系。

二、坚持立德树人，推动五育融合发展。坚持“党建统领立德育人”主线，坚持教育活动的育人价值，跨越“德、智、体、美、劳”边界，以德铸魂、以智启学、以体健身、以美育心、以劳树德，着力构建德智体美劳“五育融合”的育人体系，全面发展素质教育，为学生的终身发展奠定坚实基础。一是主题教育系列化。积极利用中华传统节日、国家重大节庆日、纪念日和主题教育日，挖掘其蕴含的丰富的教育内涵和教育资源，组织开展形式多样的系列主题教育。二是仪式教育活动规范化。每周举行升旗仪式，组织全体师生奏唱国歌，向国旗敬礼，开展国旗下讲话等活动，引导学生增强国家意识、强化国家认同感。三是校园节日活动特色化。学校通过举行体艺节、阅读节等丰富多彩的校园特色节日活动，为学生张扬个性、表现自我、激发潜能提供了一个平台，更有利于学生增长见识、陶冶心灵，培养良好的审美情趣和人文素养，让校园生活充满生机。四是劳动实践教育常态化。学校充分利用资源，实现劳动实践教育常态化，让学生体会劳动的价值与乐趣，养成劳动习惯，提升实践能力，同时引导学生树立正确的人生观、价值观。

三、坚持以人为本，筑牢校园安全屏障。认真贯彻落实上级的决策部署，按照高度重视、积极应对、依法科学管理的总体要求，坚持以人为本、及时、准确、适度的原则，充分准备，严防严控，加强各项安全教育，认真做好安全日常管理、防控工作，确保全校师生平安、校园和谐、社会秩序稳定，为全体师生营造良好的学习生活环境。

四、加强“三风”建设，打造一流教学团队。紧紧围绕学校教育教学工作，以党风促教风，以教风促学风，以学风促校风，强化“三风”建设，打造一流教学团队。坚持不懈抓党风建设。持续开展党风廉政建设系列活动，营造风清气正的校园生态，推动全体教师尤其是党员干部增强纪律规矩意识和勤政廉政意识，恪守师德，自觉担当，积极践行为党育人、为国育才的初心使命。持之以恒抓教风建设。一是常规督查促提升；二是师德讲堂提精神；三是质量分析添动力；四是作风研讨明方向；五是听课议课强素质。多措并举抓学风建设。一是家校共育促进学风；二是榜样带动引领学风；三是分层分类促进学风；四是社团活动激发学风；五是课间活动提振学风。

【宜春市袁州学校】 宜春市袁州学校是一所九年一贯制公立学校，自2014年建校以来，办学规模逐步扩大，教学质量逐年提升，社会美誉度向上向好。为化解大班额、大校额问题，区委、区政府高瞻远瞩，耗费巨额资金筹建袁州小学，2021年9月袁州小学正式开学，形成了一校两区的新格局。

学校位于宜春市袁州区政治、经济、文化中心——袁州新城东部，距宜春市高铁站仅500米，环境优美，交通便利。校园占地面积77.2亩，总建筑面积3万余平方米，建有综合楼、三幢相连的教学楼、综合体育训练馆、多功能报告厅、食堂、400米标准的塑胶田径运动场等。学校校舍建筑别致有序，环境优雅美观，办学条件一流。音体美教室、心理健康咨询室、综合实践等教学仪器配备达到省定标准。实验室、微机室、录播室、科学室等专业教室设施设备先进；舞蹈教室、书法教室、创客教室、图书阅览室别具特色，功能齐全，并建有室内游泳馆、室内外篮球场馆，较好地满足了教育教学和学生个性化学习要求。学校装备微机室2个，网络录播教室1个，普通教室、学科专用室和多功能活动室共有84间，教师办公室12间，实现了管理和教育教学的信息化、智能化。

多年来，学校始终秉承“和美教育”的教育教学理念，锤炼了一支“讲团结、讲奉献、懂管理、有担当”的领导班子。班子成员以身作则、率先垂范，做到上好一门课、挂好一个年级、带好一个部门，早出晚归、披星戴月是常态，通过以党风带教风、以教风促学风，逐渐形成党风廉、教风正、学风浓的优良校风。

袁州学校初中部2022年有在编教师179人，学生3097人，教学班62个；小学部有在编教师114人，学生1981人，教学班42个；代管村级小学（厚田小学）有在编教师21人，学生158人，教学班6个。一方面，加快推进教师队伍的新陈代谢，签约了10名优秀毕业生，同时选调了一批优秀教师，聚英才而用之，学历合格率达到100%。另一方面，致力于打造一支“会学习、会教书、会创新、会合作”的教师队伍，提出青年教师“三年合格，六年骨干，九年名师”的培养目标，通过校本培训、集体备课、教学比武、优课示范等教研形式，坚持“走出去，引进来”相结合，提高教师专业素养。一批青年教师脱颖而出，教师万芬丑获全国中小学优秀自制教具评展活动一等奖；党员教师蓝利娟获江西省物理、生物优质课比赛，中小学实验说课比赛一等奖；教师江达勇获湘赣边乡村振兴教育合作第一届课堂教学评选活动特等奖；教师范祺获宜春市中小学音乐教师基本功大赛一等奖；教师邹扬岚获宜春市班主任育人风采大赛一等奖；教师王金花获袁州区初中英语优质课一等奖；教师张瑜获袁州区物理优质课一等奖；教师敖梦涵获袁州区“诵经典下基层”活动一等奖；教师杨金龙获袁州区历史优质课一等奖。

抓实五育并举。一是加强思政教育。经常性开展课堂教学和社会实践等思政教育活动，使学生形成科学的世界观、人生观、价值观。组织学生参与社会实践、红色研学活动，培养学生家国情怀；组织学生在传统节日端午节包粽子、中秋节做月饼等实践活动，加强劳动技能培养；将党史学习教育作为“开学第一课”，得到“宜春发布”等媒体的大力报道。二是丰富体艺活动。非常注重学生的全面发展，将体艺活动融入日常教学当中，提升学生综合素质，促进学生身心健康。每年举办学校体育艺术节，自编自导大课间活动，保证学生每天至少一小时的体育锻炼；积极开展“阳光体艺 2+1”和“快乐周五”活动，创建足球、游泳、篮球等 10 多个精品社团；让游泳进入体育课堂，坚持每年举办“游泳节”，提出“袁州学校毕业的孩子没有旱鸭子”的口号。承办袁州区中小学体育艺术节，组织编排大型团体操，校运动健儿激情飞扬，奋勇争先，取得中学男子篮球、女子足球、合唱比赛一等奖等好成绩。

强化育人责任。一是落实五项管理。注重将学生管理与“全面发展健康成长”理念相结合，在确保各学科课程开足开齐的基础上，更加关注学生身心健康。通过心理团体辅导、减轻作业负担、开放书吧图书室、拒绝手机入校园等一系列举措，确保“五项管理”工作落实落地见实效。二是减轻教育负担。学校认真贯彻执行“双减”政策，分年级、分层次、系统性、个性化统筹开展课后延时服务，将学科辅导和社团活动相结合，丰富学生课外生活，解决家长接送难问题。2022 学年暑期首次开展托管服务，以游泳、阅读、书法、音体美等艺术活动课、红色教育课、学科补差等为主体内容，课程设置合理，课堂效果显著，既解决了家长暑假管理难问题，又使学生度过了一个安全、快乐、有意义的假期。

九年多来，学校秉承“质量立校、依法治校、创新兴校、习惯扬校”的办学思想，坚持“做大、做强、做精”的发展思路，先后获得了全国足球实验学校、全省首届文明校园、全省教育系统先进集体、全省平安校园、全市教育教学质量贡献奖、宜春市垃圾分类与减量先进单位、袁州区学校管理先进单位等多项殊荣。2022 年，又获 2021—2022 学年度办学质量先进单位、教学质量均衡发展奖、先进基层党组织、安全稳定工作先进单位、师德师风建设先进单位、学校设备设施管理与使用先进单位荣誉。

在全体教师的共同努力下，凝心聚力，共克时艰，2022 年学校初中学考取得可喜的成绩。其中录取 7A 达 13 人，居袁州区榜首、中心城区前列，达统招线以上 63 人，达宜春中学与宜春一中均衡线以上 234 人，录取到宜春中学与宜春一中特长生达 8 人。

【宜春市实验小学】 江西省宜春市实验小学坐落于宜春台东南麓，毗邻昌黎书院，其前身系江西省第五师范学校附属小学，创建于 1918 年，是一所具有百年历史的传统名校，也是江西省首批素质教育示范校。

学校以“宜如春、实日新”为办学理念，以“办人民满意的教育，创家长信任的学校，做学生喜欢的老师”为奋斗目标，在传承百年办学精粹的基础上着力构建“宜然管理、宜美校园，宜心德育、宜和家校，宜学课堂、宜生课程，宜雅教师、宜真科研”的品牌实践体系，在经典诵读、海量阅读、快乐作文、趣味数学、情境英语、七彩社团等方面形成了鲜明的办学特色，赢得了社会的广泛赞誉。“双减”之下学校开展了多姿多彩的社团活动有戏曲、舞蹈、合唱、播音主持、语言表演、围棋、武术、剪纸、版画、国画、书法、竖笛、葫芦丝、轮滑、足球、排球、羽毛球、篮球、乒乓球、无人机、航模、百拼图、3D 打印、编程、机器人等，取得了良好的效果。

学校占地面积 31300 平方米，校舍建筑面积 16418 平方米，有教学楼 5 栋，建有体育艺术馆和学术报告厅。学校拥有先进的教育教学设施，装配了 2 个计算机室和 2 个名师课堂直录播教室，建有校园电视台，图书室藏书近 7 万册，配备了创客室，数字科学实验室、音乐室、美术室、书法室、科学实验室、体育器材室、心理咨询室等多个功能教室，为师生提供了良好的学习、生活环境。

学校不仅办学条件日臻完善，还有一支业务精湛、敬业爱岗的师资队伍。有 72 个教学班，学生 3397 人，教职工 167 人。多名专任教师中,有省特级教师3人,省学科带头人1人,省骨干教师4人,市区级骨干教师近50人。

在各级领导的关怀指导下,学校取得了突出成绩,先后获全国少先队工作先进单位、全国经典诵读试点学校、全国优秀家教学校、江西省首批素质教育示范校、江西省文明单位、江西人民满意十大品牌小学、江西省现代教育技术示范校、江西省首届教学科研先进学校、江西省首批“红领巾”示范学校、宜春市“优秀示范性小学”、宜春市“实验教学管理示范校”、宜春市“创文工作先进单位”等称号。

【宜春市文笔峰小学】 古城文脉文笔峰,袁州新城新亮点。宜春市文笔峰小学是袁州区委、区政府重点打造建设的民生工程项目,于2018年秋季投入使用,2021年9月崇文校区开始招生。两个校区,一个屹立在袁州区行政中心圈,占地53.9亩,建筑面积18700平方米;一个屹立在悠悠秀水边,占地49亩,建筑面积20802平方米。两校区有94个教学班,在编教师232人,在校学生4518人。

两个校区同一法人、同一师资、同一理念、同一文化、同一制度,采取统一师资调配、统一管理培训、统一课程设置、统一活动安排的管理模式,按照“一流的管理、一流的师资、一流的设施、一流的质量”四个一流目标,形成“一校两区”管理架构,让两校区一脉相承,守正创新。学校秉承着崇尚科学、弘扬人文、发展个性、创造卓越的办学宗旨,一直致力于做最好的基础教育,以做江西省品牌示范性学校为目标,立足教师成长、学生进步和学校发展。

坚持党建统领,落实意识形态工作。将党建工作与教育教学、服务管理、教师发展、学生素养提升等工作深度融合,成立了袁州区第一家红领巾理论学习基地——少年党校,开展党、团、队知识的学习,注重对红色文化的实践探索;以党校的小学员为骨干,成立各类文明实践组织,开展志愿服务;结合“寻访江西”开展研学实践活动,丰富的红色活动涵养了学生的正气。

聚焦教师专业成长,培养“峰范”教师队伍。学校以校本培训为抓手,引领教师走专业发展之路,通过师徒结对、“峰范”课堂、课题研究、教学比武、主题沙龙等方式,让教研有实效、教师有成长,打造了一支青春活力、能征善战、家长满意、社会认可的教师队伍。仅2022年这一年,学校就有69名教师参加省、市、区级优质课、录像课、教学比武等获佳绩,18名教师获得省、市名师、骨干教师、先进个人等称号,200余名老师在优秀教学资源、论文、演讲等比赛中载誉而归;1个国家级、8个省级、1个市级课题立项或结题。

深耕课程育人,落实“双减”“五项管理”政策。学校打造精品课程,利用特色社团丰富课后服务,以点带面,全面提升学生的素养。开设了管乐、钢琴、古筝、架子鼓、中国舞、播音主持、合唱、绘画、啦啦操、篮球、足球、机器人创客等30多个社团课程,以最优的社团师资、免费的校本课程,为孩子们提供成长的平台。2022年,学校各类社团获省级荣誉6个,市级荣誉8个,区级荣誉18个;300余名学生在国家、省、市、区的比赛中获奖。

三大校园特色,助力五育并举。一是创建书香校园。学校依托校内图书馆、班级图书角,创设阅读环境,开发阅读课程,开展阅读活动。每学期一届的读书节,历时两个月,包括了“阅读马拉松挑战赛”“好书推荐”“亲子诵读”“经典诵读展示”“书中人物进校园”“晒晒我的读书空间”“作家读者见面会”等多项主题活动,涵养了学生的隽雅之气,成果显著。二是打造科技校园。学校成功举办两届科技节,科技节上的机器人、无人机、航模、3D打印、炫酷平衡车、创意科技服装秀表演……让孩子们大开眼界,创意科学的种子就这样牢牢地种在文小娃的心田。三是打造体艺校园。校园班级足球联赛、艺术作品展(绘画、手抄报、红色书画)、个人才艺大赛、校园歌手大赛、社团文艺会演等活动精彩纷呈,让孩子们充分展示自我、亮出风采。

2022年,学校先后获全国优秀少先队集体、全国青少年校园足球特色学校、中国科普联盟科普基地校、全国书香校园案例一等奖、江西省科普教育基地、江西省语言文字规范化示范校、江西省平安校园、江西省智慧校园示范校、江西省第二届文明校园等众多荣誉。

【袁州中心幼儿园】 袁州区中心幼儿园始建于1981年,原名宜春市幼儿园,2016年异地规划选址建成新园,更名为袁州区中心幼儿园。幼儿园现为一园三区,隶属于袁州区教育体育局。

幼儿园总园坐落于宜春市袁州新城东湖花苑西侧,毗邻风光旖旎的东湖公园,占地面积约

6000平方米。广润分园位于下浦街道广润小区内，占地面积约3000平方米。嘉豪分园位于袁州大道东南方向嘉豪花苑小区内，占地面积约8000平方米，为托幼一体化办园模式。三个园区共有幼儿1027人，教职工120人，在编教师30人。多年来，幼儿园秉承“汲明月山水之菁华，育健康快乐之儿童”的办园宗旨，以“规范办园、科学保教、特色发展、提升内涵”为工作目标，不断提高保教水平，各项工作都有长足进步。特别是2020年高标准、高质量创评“江西省示范幼儿园”成功，实现了袁州区省级示范园“零”的突破，得到了家长、社会广泛的认可。

创新管理，形成走动式管理机制。从抓好园级班子的政治理论学习入手，夯实理论基础，提升思想内涵，全体园级班子在学校管理中，探索出有利幼儿园发展的新管理模式——走动式管理。

园级班子要走进课堂、走进教师、走进幼儿，要全身心融入学校管理中去。走进课堂，与教师们一同进行活动会诊，找出授课教师集教与区域户外等活动的亮点与不足，提出改进建议，帮助老师反思，在点评中进步；走进教师，认真倾听他们的心声，并为其排忧解难，深入各年级组、活动室、备课组，听取大家对教育教学、管理、后勤服务等方面的意见，收集他们的建议，为园所的发展建言献策；走进幼儿，深入家庭贫困幼儿中、边缘生中、特殊幼儿中，了解他们的需求，对他们进行帮助。走动式管理，有效拓展了幼儿园的管理时空，消除管理盲区，使管理无处不在、无时不在。

凝心聚力，打造业务精湛教师队伍。园所走向内涵发展之路，教师队伍建设是关键。幼儿园始终坚持遵循保教并重的原则，把提高教师队伍建设、提高教师保教业务水平作为工作重点来抓，有效地保证了幼儿园的保教质量。全园教职员工能够做到以园为家，关心、爱护幼儿。紧密结合幼儿身心发展特点，精心备课，合理地组织幼儿一日活动。

同时幼儿园定期召开教职工大会，组织全体教职工开展师德师风和廉洁从教教育，进一步形成良好的师风、教风和园风；建立健全保育、教育、家园共育等教研活动的组织形式，直接推动各项工作优质高效开展；加强全园教师的梯队培训，为教师提供多种平台学习锻炼的机会，进一步加强师资队伍建设，推进园所内涵式发展。

科学规范，完善园本课程框架体系。在“汲明月山水之菁华育健康快乐之儿童”的办园理念引领下，幼儿园不断探索深化园本课程，积极分析课程建设现状，切实发挥袁州的丰富教育资源，启动实施了“月儿润童心乡情照童梦”的园本课程，逐步实现课程开发上的创新。

园本课程立足于袁州实际，从“袁州风景美如画、袁州美食美名扬、袁州文化润童心”三大主题入手，开发具有袁州特色、贴近幼儿生活的园本课程资源，将孩子们熟悉的、看的、听的、吃的、玩的都搬到活动室内，充分感受家乡文化的内涵。课程的实施开展，从自然环境育人、良好习惯奠基、自主探究成长、健康快乐养成等方面入手，让幼儿在直接感知、亲身体验、实际操作中获得学习体验，形成了许多具有实践意义的活动方案，这些活动方案的积累，形成了特有的特色园本课程。

在全体教职工的共同努力下，幼儿园先后被授予“江西省示范幼儿园”“江西省语言文字规范化示范校”“江西省首批学前教育质量提升实验园”“宜春市巾帼文明岗”“袁州区先进基层党组织”“袁州区学校建设和管理先进学校”等称号。

【宜春市黄颇小学】 宜春市黄颇小学创建于2018年，是一所全日制公办学校。学校占地36043平方米，规划42个教学班，可容纳1890名学生。学校拥有先进的教育教学设备，配备计算机室、图书室、音乐室、美术室、科学实验室、体育器材室、心理咨询室、VR教室、运动馆、录播教室等功能室，为师生提供良好的生活、学习环境。学校拥有一支业务精湛、敬业爱岗的师资队伍。有42个教学班，学生1886人，教职工67人。其中市级学科带头人1人，市级骨干教师2人，区级骨干教师1人，区级首届名师2人。

学校先后获得全国足球特色学校、全国校园冰雪特色学校、第二届江西省文明校园、全省围棋进校园试点学校、宜春市语言文字规范化示范校、宜春市文明校园、办学质量先进单位、先进党支部、宜春市城区教体系统“创文护卫”工作先进单位、学校德育工作先进单位、优秀少先队大队部、安全稳定工作先进单位称号。

全体师生积极参加各项比赛，成绩喜人。在2022年袁州区青年教师基本功大赛上教师潘娟获得“一等奖”；在袁州区体育优质课比赛中教师张传捡获得“一等奖”;在宜春市中、小学教师优秀教学资源展示活动中副校长陈诚的作品《红星闪闪 童心向党》、教师廖秋玮的作品《抗疫前行 致敬英雄》分别荣获“二等奖”。教师钟玲撰写的论文《谈国学经典教育与现代信息技术有效融合策略》在全市教育装备论文评选中,获“一等奖”。学校以“诗礼为学,上善成品”为校训,以培养“有家国情怀,有创造智慧,有健康体魄,能体验生命成长的未来公民”为育人目标,以“培人文教师,育君子学生,品全人教育,立特色学校”为办学目标,形成独具特色,浸润师生的“学·品”文化。

特色工作亮点。1. 智慧党建:为了加强党的自身建设、教师可随时随地政治学习,特搭建起由“信息发布、理论宣传、在线学习、交流互动、党务活动”五大类功能体系的智慧党建平台。2.礼尚邮局:为了进一步加强学生的文明礼仪养成教育,让每一个生命有品质的绽放,黄颇小学特搭建了礼尚邮局这个文明礼仪文化的传播平台。礼尚邮局服务于学校的师生、家长并面向社会,锻炼学生的动手能力,提高学生的写作能力,培养学生服务他人、知礼文明的理念。3.一班一品:为了加强学校文化建设,促进学校内涵发展,以素质教育理论为指导,以发展学生非智力因素为契机,为学生创造一个优良的成长环境。黄颇小学以“一班一品特色”为桥梁,提升学生人文素养,促进学生习惯养成,营造和谐的班级氛围,打造班级文化成长之品牌,从而促进学校文化建设的螺旋式上升。4.思政课堂:办好思想政治理论课,全面贯彻党的教育方针,解决好培养什么人、怎样培养人、为谁培养人这个根本问题,办好思政课堂,给学生心灵埋下真善美的种子,引导学生树立正确的理想信念。

五大体系促品牌建设。品牌管理体系:制定学校章程、学校三年规划、绩效工资考核、扁平化人事管理等。品质德育体系:以“向阳、向善、向上”的品质德育体系,形成全员育人、全过程育人、全方位育人的体制机制。搭建礼尚邮局文明礼仪文化传播平台,锻炼学生的动手能力,培养学生服务他人、学会倾诉、知礼文明、树立远大理想的良好品德。礼尚邮局德育形式已经成为黄颇人的一张育人名片。品学教学体系:通过学诗、学礼、学技、学艺课程体系培养学生德、智、体、美、劳全面发展。积极做好课程开设和课程评价的探索和研究。品式评价体系:能诵读10首古诗词、能快速计算50题、能用3句英语简单对话、能唱得好听2首歌曲、能弹出1首简单曲子、能下2种棋、能写好1手字、能画1幅画、有2项体育爱好、做10件好事、会种1种植物。这就是黄颇小学学生必修课程,根据学段学习并进行素质评价。品味校园文化体系:在“诗礼为学、上善成品”核心理念引领下,通过源起黄颇、始于诗礼、行达致远、止于致善四部分呈现校园文化。积极引导学生做一个品德高尚、奋发向上的君子,做一个有家国情怀、有健康体魄能体验生命成长的黄颇学子。

【南庙中学】 南庙中学坐落于城南之郊,北偎袁城,南通国家AAAAA级旅游景区明月山,东临钽铌之宝地,西接温泉之芳邻。仰明月之胜景,闻化成之晚钟。琼浆玉液醉千年之骚客,南拳武术誉九州之华夏。

南庙中学建于1968年,有五十多年的办学史,服务人口2万余人,服务半径10余千米,现有七、八、九三个年级,学生600余人,教师51人。学校是一所标准化校园,教学区、运动区、生活区划分明确,布局合理。校区占地面积60多亩,建筑面积近11000平方米,校园内绿树成荫,花草葱茏,环境宜人。

十多年来,学校教学质量不断提高,学校声誉与日俱增。尤其是近几年的发展,更是一步一个台阶,一年一个辉煌。连续多年获全区学校工作先进单位、教育教学质量优秀奖等荣誉,连续三年取得中考在农村中学排名第一的好成绩。

成功地承办了片区青年教师基本功比赛,在全区赛中教师钟迦良获区一等奖。市级教师朗读比赛在该校举办,受到了上级主管部门的充分肯定和高度赞赏。区体艺节上校武术队进行的南庙武术表演精彩纷呈。区教体局举行的工会活动中,学校获协调跑、跳绳二等奖,篮球一等奖。开展“品味书香、阅见美好”朗读比赛,成功举办了秋季运动会,完成学生劳动实践基地申报工作。

学校全面贯彻党的教育方针,结合实际,制定教学管理办法,实行奖惩制度,规范教师教学行为。坚持“五育并举”,开足开齐音体美劳课程,全面发展素质教育,突出因材施教,注重个性化教学和针对性辅导。合理安排学生作息时间,学校安排大课间活动和课外活动时间,保证学生每天在外活动不少于1小时;丰富校园文体活动,学校每年都会举行田径运动会、元旦文艺节目展演等活动，促进学生全面发展；重视学生劳动教育，利用校内劳动实践基地，开展丰富的劳动教育实践活动，培养学生吃苦耐劳精神；加强爱国、法治教育，每年开展学雷锋志愿活动、清明祭英烈活动，利用国旗下讲话、队会、班会开展爱国、法治、安全、心理健康等教育。提高教师教育教学水平，常态化教师集体备课、校本培训教研活动，积极安排教师参加区级、市级、省级培训，加强教师业务能力。在全校师生的共同努力下，学校教学成绩连年稳中有升，连续多年被袁州区委区政府、教育主管部门评为先进学校，连续三年中考农村中学排名第一，受到各级领导的好评和群众家长的赞许。

学校文化墙和教室醒目位置都印有社会主义核心价值观，学校楼道、走廊和立柱等都喷绘有关科技、人文、教育、诗词等方面的壁画，宣传栏张贴保健常识、体育运动、校园安全、禁毒教育等常识，校园文化遍布校园各个角落。

为全面贯彻素质教育，落实“双减”政策，丰富学生课外生活，学校成立了足球队、排球队、美术兴趣小组等，利用课后服务时间进行授课。

为宣传、普及、传承南庙当地的优秀传统文化，在南庙中学创建了南庙中学武术培训基地，充分发挥非物质文化遗产南庙武术教育基地优势，全校各班开设了武术课程，由江西省非物质文化遗产南庙武术传承人负责日常教学，并将武术融入校两操活动。有几十名同学获得武术段位证书，并在全区第一届体育艺术节中获表演节目特别奖，在省内外各项武术个人项目比赛中取得了第一、二名的优异成绩，南庙武术已经成为一张金字招牌。

【西村中心小学】 西村中心小学创办于 1933 年，在 2017 年，整体搬迁至新校区。新校区于 2016 年 10 月开工建设，2017 年 9 月 1 日主体工程竣工，2017 年 12 月 26 日投入使用。总投资 3280 万元，专项资金 1200 万元，总用地面积 41306 平方米（约 61.9 亩）。学校布局合理、色调和谐、设施完备、环境优雅，建有校园网络、教学辅助系统，拥有录播教室、舞蹈房、微机室、图书室、阅览室、实验室、多媒体教室、音乐室、美术室、体育器材室等一系列教育教学功能教室，为全体师生的学习、工作、生活提供了宜人的场所和充足的条件。西村镇有 1 所中心小学，10 所村小和 3 个教学点；全镇现有 106 个教学班，学生 2530 人，其中中心小学有教学班 34 个，学生 1488 人。全镇在编教师 184 人，退休教师 193 人，其中中小学高级教师 14 人，一级教师 82 人，具有专科以上学历 183 人。

2022 年获评袁州区办学质量先进单位，获 2022 年袁州区“工会杯”教职工运动会男子篮球一等奖、跳绳比赛一等奖、袁州区第四届中小学体育艺术节（文艺节目）一等奖、袁州区中小学体育艺术节田径比赛农村小学组团体总分一等奖、袁州区中小学体育艺术节篮球 U12 组二等奖，西村小学的教学常规、食堂管理工作在全区推广。一定程度上，西村小学已经进入了全区、全市农村教育队伍的第一梯队，成为袁州区农村学校的标杆。

面对师资力量不足的问题，学校集中优势力量，在守好六年级质量监测这道关口的同时，培养青年教师成为教学的主力军，让学校的经验丰富的教师能手做指导员，强化学校在培养青年教师方面的造血能力。一是开展青蓝工程，加强“传、帮、带”，重点培养青年教师。在新教师的培养上，学校极其重视。学校要求每一名导师既要“传、帮、带”，更要深入课堂。学科听课指导小组深入课堂，充分了解新教师是否上得好、做到因材施教，了解学生是否听得懂，达到课堂印象深。学校通过新教师教学跟踪听课活动，来掌握他们的教学全动态，有力地促进了新教师的快速成长。二是加强教师业务能力培养，提升造血能力。为了适应教学发展需要，提高教师业务水平，学校投入大量的人力、物力加强校本培训工作。同时，学校特别抽调精干力量组成教研处，全程制订教研计划，做到青年教师听课、备课、讲课、说课、议课全覆盖。三是加强考核，完善评价机制。学校制定出台了《西村小学教师教学工作考核制度》《教学常规检查考核细则》等方案，将教师的考核工作纳入教育管理的重点内容。其中一项就是把教师学习、培训、教研等业务能力作为重要方面纳入教师考核评价中。同时，通过建立教师、学生及家长多元参与的评价方式，督促教师不断成长。这一系列的措施有力地促进了教师整体素质的提升。近年来，学校教师在参加上级各类业务竞赛中，先后有 20 多人次获设区市以上竞赛荣誉，有 30 余人次获评市级优秀教师，6 人获评市区级骨干教师。

加快提升教研水平。一是严

格教学管理制度。建立领导集体巡课、教导处查课、教学常规月检、教研处打分听课等制度。巡课和听评课小组每天随机推门听课,通过不间断巡课及时掌握课堂动态;实行教师教学常规月检制度,以教研组、备课组为单位每月对教师教学工作的各个环节进行详细总结评估,做到青年教师“听、备、讲、改、议、学”全覆盖。同时,从校级领导开始,交叉检查教学常规,夯实教学的基础,规范教师动作。二是建立教学监测体系。通过开展互相听课、评课、观摩教学及召开学生座谈会、学情分析会等办法,形成教学质量监测体系。采取多种形式、多种途径,打通管理者、教师、学生之间的教学信息通道,对学生学习情况进行及时反馈,以便学校和教师及时调整教学目标和计划,确保学习效果。三是完善校本教研网络。注重完善备课组、教研组和校教研处三级教研网络、形成完备的校本教研格局。在同年级同学科设立备课组,每周开展一次活动,备课内容以分析教材、研讨教法为主,重点是“六备”(备课标、备教材、备学生、备教法、备学法、备重难点)。以学科为单位设立教研组,隔周开展一次教研活动,重点研究本学科的教学改革创新。优化校本教研内容。以教研组为单位,随意抽取一节课,进行全面解剖分析,通过教学案例研讨,形成案例分析报告,进一步优化教研内容。

2020 年袁州区教体系统开展“四比四争”主题活动以来,先后推出了优秀师德典型教师刘金生、优秀党员教师邱小海等一批在全区具有一定知名度的先进教师典型,以榜样的力量影响身边的教师。由学校教研室牵头,积极创建名师优师课堂。每月分学科组织骨干教师上好一节观摩课,并召开教学研讨会进行研讨分析。学校创办名师优师课堂以来,先后涌现了刘金生、谢秋宜、黄蕾、董丽娟、彭琼等一批教学能手。教学层次基本覆盖了低、中、高多个年级学段,对青年教师示范课起到了巨大的推动作用。

家校协同助推“双减”落地。一是开展丰富多彩的活动。(1)坚持每周一的升旗仪式。精心准备升旗仪式,利用国旗下讲话、班会等活动等对学生进行礼仪、行为习惯等养成教育。(2)为落实“双减”政策,提高学生的艺术修养,促使学生全面素质的提高,学校举办了手工制作作品展、手抄报展、书法作品展、图书角评比等各种丰富多彩的活动,充分展示了西小师生的素质与才能,使大家在同乐中感受到校园里浓浓的艺术氛围,营造了良好的育人环境。在开展好正常音体美等学科教学工作的同时,为了提高学生的综合素质,激发他们的学习兴趣,学校充分利用现有的教学设施和设备,强化了舞蹈、英语、书法、绘画、体育、电脑等兴趣活动小组。二是发挥“家长学校”的职能。为了孩子的健康成长,学校成立了家委会,家委会参与学校诸多工作,家长可以不打招呼进食堂,随时监督、调研、免费吃学校食堂饭菜。学校要求各位教师加强与学生父母或监护人进行交流与沟通;采取家访、电话访谈等形式,了解家长的需求,及时掌握好学生的学习动态。把家长请进来,进行经验交流,不断探索新方法、新措施,提高对学生的教育管理水平,对“家校”工作进行不断的探索、研究。

科技 文化 体育

科 技

【概况】 2022年,在区委、区政府的正确领导及省、市科技部门的指导下,袁州区科技工作聚焦科技赋能、增强科技创新驱动力,加快科技金融深度融合,探索构建科技创新基金体系,大力推行"科贷通"等业务,着力提升关键重点科技创新技术"揭榜挂帅"机制,开展前瞻性技术研究和"卡脖子"关键核心技术攻关,充分发挥科技引领作用,主动担当,积极推进科技创新,再创新佳绩。

【研发投入攻坚行动】 2022年,围绕袁州区高质量考核发展工作,年初目标是力争研发经费投入强度达全市平均水平,袁州区科技局积极推动研发投入工作宣传、对接及辅导工作,部门联动,精准发力,共同做好研发纳统工作。2022年共辅导规模以上企业106家,年度研发费用增长数和总量全市均列第一,全社会R&D经费总量达9.97亿元,占地区生产总值的比重突破到1.92%,列全市第二,该项工作在全市考评中综合第一。

【关键核心技术攻关】 2022年争取"揭榜挂帅"项目经费共计400万元,其中省级"揭榜挂帅"项目承担企业宜春大海龟生命科学有限公司100万元,市级"揭榜挂帅"项目承担企业江西天稻粮安种业有限公司、江西济民可信药业有限公司、宜春市炳晨农业科技发展有限公司、江西英大生物技术有限公司各50万元,宜春大海龟生命科学有限公司获得中央引导地方资金100万元。同时,推荐了5家企业申报市级"揭榜挂帅"项目,其中1项(江西海尔思药业股份有限公司承担的乳果糖原料药高效连续化异构关键技术研究项目)入围。推荐了6家企业申报省级"揭榜挂帅"项目,其中1项[宜春大海龟生命科学有限公司承担的植物甾(烷)醇酯高效制备及其应用关键技术项目]入围。推荐1家企业(江西缔缘康生物科技有限公司)申报国家级"揭榜挂帅"项目。在全市入围数量中名列前茅。

【"政产学研"项目】 2022年,袁州区科技局积极推进国内知名高等院所牵手企业合作,为企业引进柔性人才,共争取到特派员57名。其中省级科技特派员8名、省级科技特派团3个(油茶团、水稻团、金融团),共计29名专家与袁州区11家企业实现深度合作。市级企业特派员28名,已经全部与企业对接完毕。另外为国家信息库提供储备特派员121名,下一步将深入开展全方位的科技服务,为企业发展增加强劲动力。

【科技创新】 一是国家高新技术企业稳中有增:2022年经认真摸底、对潜在申报企业辅导,分2批共组织39家企业申报国家高新技术企业。共有18家企业通过获批,全年共新增高新技术企业8家,比2021年总量净增4家,现共有高新技术企业61家。二是高成长性企业不断壮大。2022年全区上下不断优化发展环境,进一步深化"产学研用金"合作,通过支持产业园区建设、引育壮大重点企业和鼓励重大项目落地等措施加快促进产业集聚,打造一批规模大、技术强、品牌响的"领航型"企业为全产业链升级赋能。2022年全区高成长性企业培育工作已全面完成,共申报省级瞪羚企业6家、省级潜在瞪羚企业2家。其中,2家成功入选省级瞪羚企业,分别是江西英大生物技术有限公司、江西汉尧富锂科技有限公司。三是科技型中小企业做大做强:经过优惠政策宣传、解读,入库操作流程讲解,研发费用归集和享受优惠政策宣讲等,大大提高了企业申报积极性,共培育入库国家科技型中小企业175家,创历史新高,较上年度增长数位列全市第一。

【科技成果】 宜春大海龟生命科学有限公司承担的“万吨级食用油较高附加值利用关键技术及产业化”项目2021年获得江西省科学技术进步奖一等奖,科技成果被院士专家团队鉴定为“填补国内空白,整体处于国际领先水平”,相关新产品技术已被列为江西省重点研发计划。该项目又作为2022年江西省唯一一家企业申报国家科技奖后备项目培育计划,以冲刺国家科学技术进步奖,并成功入库。此外,该公司承担的“烷”美容颜——植物角鲨烷护肤第一品牌项目在第五届“中国创翼”创业创新大赛全国总决赛中,以优异成绩,从全国30个服务业项目中脱颖而出,喜获第一名。该公司多年来坚持以绿色技术创新推动企业可持续发展,各项经济(社会)指标、产品质量等处于同行业先进水平,已入选2022年江西省绿色技术创新企业培育名单,为全省绿色技术创新体系的构建贡献了智慧和力量。另外,江西金海新能源科技有限公司承担的“耐高温透明聚苯砜PPSU产业化项目”获得第十一届中国创新创业大赛(江西赛区)成长组二等奖,填补袁州区该项目的空白,为全市争得了荣誉。

【企业科技平台】 2022年通过积极走访调研,邀请市级主管部门指导,经过不懈努力,共获批5家市级以上创新平台。其中,1家省级技术创新中心,1家市级重点实验室,3家市级技术创新中心,分别是宜春大海龟生命科学有限公司——江西省功能性脂质和精准营养技术创新中心。江西缔缘康生物科技有限公司——宜春市土壤重金属治理与植物活性硒重点实验室。江西壹金新能源科技有限公司——高比能锂离子电池硅基负极材料技术创新中心。江西星火生物有限公司——宜春市高质量油茶关键技术创新中心。江西好实沃生物技术有限公司——宜春市乳酸菌及代谢产物技术创新中心。

【队伍创新】 积极联合相关部门着力推进重大人才工程申报,秉持“不求所有、但求所用”的柔性引才理念,狠抓重大人才计划,统筹发力,通过“广泛宣传、精准培训、建立台账、跟踪指导”等形式,鼓励引导企业引才聚才育才用才。国家级人才计划在袁州区已实现“零”的突破。截至年底,已推荐申报国家级人才项目2个,推荐国家级人才计划1人,申报省级人才——学科带头人项目1个,柔性引进人才57名。

【企业帮扶】 为切实做优营商环境,为企业排忧解难,袁州区科技局积极为科技型中小企业解决融资难题。截至年底“科贷通”放贷共计8700万元(其中首贷4500万元,续贷4200万元),位列全市第二。累计贷款总额已达14790万元,惠及企业27家。

【全面推进“创新江西”工作】 深入贯彻落实省第十五次党代会、市第五次党代会部署要求,结合袁州区实际,就全面推进创新江西建设、打造综合实力强区工作进行了全面部署。成立了以区委副书记、区政府区长任组长的袁州区全面建设创新江西专项工作组,由袁州区科技局牵头定期调度工作开展情况。建立了调度机制,要求各相关单位对照台账,认真梳理,主动认领工作任务,定期将工作进展情况报送,袁州区科技局负责梳理汇总上报。全区各相关单位对照全面建设创新江西工作计划,共涉及18个牵头单位,共梳理34项年度工作任务。各项工作均有序推进,完成率为97%,取得了较好的成绩。

【科技培训交流】 一是先后组织企业技术人员、财务人员进行了3次高企申报及管理工作培训,共培训人员200余人次。二是组织科技创新座谈会2期,针对破难行动中的短板和弱项进行深入探讨、交流,借助专家、学者的眼睛来看清自身工作的不足,改进工作方法,推动工作再谋新发展,进一步提升服务水平。三是积极开展大院大所进袁州活动。着力扩大科技合作朋友圈,深化企业同高校、科研院所合作,推动校企间科技资源与人才共享,以提升企业自主研发水平。9月16日,组织国家级大院大所新能源(锂电)产业技术及高端人才进袁州活动,共邀请全国各地的专家、学者和企业代表40余人到袁州指导工作,促成科技合作项目现场签约2项,达成初步合作意向2项,为企业发展献策助力。同时,为提高全民科学意识、科技能力和科学素养,营造有利于科技创新的社会氛围,袁州区多措并举开展科技活动周系列活动。一是开展科技特派员下田地工作。科技特派员送技术下乡,对产业发展技术难题进行现场指导，为乡村振兴加油助力。二是开展科普活动入校园。在宜春四中开展科技活动周巡回展览，组织科普志愿者进入学校和学生一起普及科学知识，弘扬科学精神，激发学生创新活力，受到了师生们的欢迎与好评。三是开展科技政策进企业活动。赴科技企业进行惠企政策宣讲，为企业送上一揽子科技政策“大礼包”。通过宣传科技政策，督促企业做好技术攻关，为成果转化打下坚实的基础。

通过宣讲党的二十大精神，让更多人了解“科技是第一生产力，人才是第一资源，创新是第一动力”的发展战略，激励更多创新主体牢记党的嘱托，不忘初心，砥砺前行，让党的二十大精神走进企业、走进基层，走进职工心里，创造更多科技成果。在党的二十大精神指引下全面推进乡村振兴，积极为培育壮大特色产业、做优乡村品牌建言献策，探索发展新型农村集体经济，巩固拓展脱贫攻坚成果，全面推进乡村振兴。

【科技助力现代农业经济高质量发展】 一是紧紧抓住种子和耕地两大关键。扎实开展种业振兴行动，建设种质资源库、良种研发平台和良种繁育基地等现代种业基础设施，启动实施种业科技攻关项目。江西天稻粮安种业有限公司承担的水稻节本增效关键技术研究与示范项目已经申报了省级“揭榜挂帅”项目；江西缔缘康生物科技有限公司已经获批了市级创新平台——宜春市土壤重金属治理与植物活性硒重点实验室。二是深入实施农民和农业科技教育培训。结合农业企业种植生产中碰到的实际问题开展专项培训，切实通过科技创新实现增收致富。根据产业帮扶需求，邀请专家深入田间地头“把脉开方”，做好种植管理。根据乡镇特点及需求，围绕特色产业，推动农业新品种、新技术的推广及应用。共开展科技下乡活动30余次，累计服务农民100余人次。向上争取的省级农业特派团水稻团、油茶团等29名特派员已经开展培训指导4期，一对一现场辅导农业企业项目实施。积极帮扶挂点帮扶村(洪塘镇伊塘村)产业发展，2022年累计帮扶10余次。三是坚持做好农业科技示范园区整改工作。为切实做好农业科技示范园区的保障工作，与农业园区强力配合，狠抓整改，强化沟通。一方面，着力提升园区产业的建设，富硒水稻、富硒油茶、富硒蔬果三条产业链日趋完善。江西天稻粮安种业有限公司实施种业提升项目，建成后将实现从水稻科研育种、种植，到大米加工、销售为一体的全产业链。江西星火生物有限公司已获批宜春市高质量油茶关键技术创新中心，旨在发展成为行业先进技术研究和产业化推广的龙头。秀江园林、禾祥润等公司蔬果品质较高，种类也逐渐多样化。另一方面，持续做强特色产业品牌。园区紧紧围绕“富硒”做文章，以提高园区科技创新能力和发展特色产业为重点，完善基础设施，加快创新平台建设，不断促进园区主导产业发展。依托自然、资源优势，将富硒、加工和旅游观光结合，打造赣西农村一、二、三产融合发展示范样板。同时，用足用活强农惠农科技政策。促进园区产业融合发展，大力支持现代农业发展，引导园区企业抓住乡村振兴建设的良好机遇，积极组织各企业向上申报科技项目，争取更多的优惠政策和项目支持。已争取市级以上科技项目经费共计1169.98万元，其中农业类项目经费达50%以上。

（欧阳德斌）

社会文化活动

【群众文化活动】 一是积极开展各项文化艺术活动百余场。开展“百馆千万场　服务来共享”系列群众文化活动9场，约22000人次参与。开展送戏下乡和濒危剧种演出222场，累计服务约20万人次，开展线上古琴公益课授课12课时，开展袁州区第二届地方戏曲(曲艺)交流赛等“百姓大舞台”群众文化公益演出6场，开展世界读书日、暑期主题阅读、中秋节、重阳节等阅读推广活动6场，开展“墨韵宜春”喜迎党的二十大国画展、“绘印红心时代记忆”喜迎党的二十大宜春版画展等公益展示展览3场。二是积极备战江西省艺术节。宜春三小合唱团节目《让我们荡起双桨》获江西省第十三届少儿艺术节·第二届江西少儿合唱艺术节三等奖，袁河采茶戏《熊相公偷芋头》演员李啸东获第八届江西艺术节·第十二届江西玉茗花戏剧节小戏复排剧目表演奖。

【文化馆建设】 袁州区文化馆总馆及28个乡镇街道分馆常年免费开放，全年累计接待达7.08万人次。其中14个分馆已完成数字一体机的覆盖，剩下14个分馆的数字一体机覆盖工作正在推进中。

【社会化分馆建设】 2020年挂牌成立一米时光书屋分馆,利用书屋阅读空间和图书资源,开展免费阅览和读书推广活动。2022年一米时光书屋分馆利用书屋阅读空间和图书资源,开展免费阅览和读书推广活动,免费阅览服务约2000人次,是公共服务社会化管理的有益探索。全年开展读书推广活动6场次,1月23日"读书种子又发芽"主题阅读活动暨"文化进社区　共创文明城"新春送春联活动,4月23日"爱读书、会读书、读好书,争当书香袁州好少年"世界读书日主题阅读活动,受到孩子们的喜爱。

【袁河采茶戏】 一是挖掘整理袁河采茶戏传统剧目,并完成数字化记录。成功复排传统剧目3部《王三卖肉》《熊相公》《借米记》,开展袁河采茶戏展演70场。二是实现袁河采茶戏的创新性发展。对袁河采茶戏唱腔进行深入研究,将京剧板腔体和采茶戏曲调相结合,打破了原有的单一旋律模式,使戏曲唱腔更优美。创新后的袁河采茶戏深受群众喜爱,并被江西卫视《新闻联播》节目报道。

【非遗保护传承工作】 在非遗项目申报工作方面,区级红色非遗项目"湘鄂赣苏区红色歌谣"和"湘鄂赣苏区儿童游戏"列入宜春市第八批非物质文化遗产代表性项目名录。积极开展江西省第六批非物质文化遗产代表性项目申报工作,袁州区市级项目"袁州叶脉画"和"湘鄂赣苏区儿童游戏"推荐申报。在非遗保护创新方面,完善省级非遗项目数据库建设。挖掘整理省级非遗项目"宜春三星鼓"传统曲目,整理出版《宜春三星鼓传统曲目曲谱集》。数字化记录省级非遗项目"南庙武术"拳法套路16项、"宜春三星鼓"传统曲目16个、"袁河锣鼓戏"传统大戏剧目6部原始唱腔,实现了非遗数字化记录工程新突破。创作曲艺类节目宜春春锣《秀江桥礼赞》,并拍摄MV;编创了以苏区儿童游戏为背景的少儿舞蹈《红色童谣》。

文化遗产保护

【红色文化保护】 区文广新旅局积极向省市文物主管部门争取文物维修资金,重点对一批红色文物开展了维修,水江镇湘鄂赣苏维埃政府遗址群之交通站、指挥部,寨下镇孙氏宗祠、水江镇快荣村萍七区十七乡苏维埃政府遗址等均已经完成维修建设。投入省保护资金128万元用于湘鄂赣省苏维埃政府遗址群之建立中共赣西北特委维修,该项目已启动。扎实推进了革命文物保护工程实施,保护传承红色基因。按照省文物局工作安排,2022年公布了5处县保单位,积极申报省级红色革命文物9处。另外湘鄂赣苏区红色歌谣和湘鄂赣苏区儿童游戏列入宜春市第八批市级非物质文化遗产(红色主题)代表性项目名录。湘鄂赣苏区儿童游戏和袁州叶脉画两项力争申报江西省第六批非物质文化遗产代表性项目。为传承红色基因,赓续红色血脉增添更多力量,投入26万余元对水江镇列宁小学进行陈列布展,拟投入45万元对第一届苏维埃政府旧址(楠木官溪)进行陈列布展,开展红色研学活动。2022年,全区境内的可开放的文物保护单位累计接待约2万人次学习参观。传承革命力量,延续奋斗精神,发挥文物活用的效果。

【文物安全管理】 加强文物保护力度,延伸文物保护触角。联动乡镇做好文物和文化遗产保护等国家利益和社会公共利益的守护者。与区消防救援大队联合开展了消防演练和消防安全实操培训,完善救援预案。加快推动文物消防安全工作转型升级,推动全区文物保护事业高质量发展。同时,按要求开展辖区文物行业重大事故隐患排查整治,着力从根本上消除事故隐患、从根本上解决问题,坚决遏制各类文物安全和生产安全事故发生,确保人员和文物安全,推动文物事业高质量发展。

袁州区文化馆

【基层文化建设】 一是打造特色文化活动中心,稳步提升基层综合性文化服务中心设施功能。投入近140万元,统一配置文化器材,采购一批电脑、投影仪、音响等文化器材,统一配送至各文化服务中心(室),拟每年逐步进行更新,不断完善基层文化基础设施。二是稳步建设图书馆、文化馆总分馆。建成文化馆总分馆30个、图书馆总分馆30个,均面向社会免费开放,其中袁州区文化馆在第五次全国文化馆评估定级工作中喜获"国家一级馆"称号。

【群众文化活动】 实施文化惠民工程，丰富群众文化生活。一是丰富文化活动形式。文化馆、图书馆各分馆相继组织开展“百馆千万场　服务来共享”、“世界读书日”、“中华传统佳节”、“喜迎二十大　经典永传承”袁州区第二届地方戏曲（曲艺）交流赛、“奋进新征程　喜迎二十大”2022年全市残疾人文化周文艺演出、“夜”来“阅”好　夜间读书沙龙活动、“喜迎二十大·同心庆国庆——聚焦新中国73年”线下图片展等系列文化活动，举办“百馆千万场　服务来共享”系列群众文化活动30余场，两馆服务群众40万余人次。二是线上线下同步开放，自主建设“袁州区图书馆”公众号平台，刊发各类阅读推广文章200余期500余篇，累计浏览量突破7万次。依托公众号，通过各方面的资源整合，以零出资、零运营经费，搭建了“三大线上书库、三大特色平台”。外链中国国家图书馆“网络书香·阅见美好”书库、“读联体”书库、“超星”书库共计20余万册读物线上资源；搭建了党建书苑、少儿绘本、云读达人三个特色阅读资源平台，为读者提供专业的党建书籍、儿童绘本、最新读物查询阅读，并在线上坚持开展以“书香袁州，云享阅读”为主题的系列线上荐读活动。三是深入基层认真开展惠民活动，组织送戏下乡活动140场，覆盖全区各个乡镇（街道）；引导各乡镇、街道综合性文化服务中心建立2022年文化活动台账，与新时代文明实践队伍、文艺零距离等活动相融合，争取做到周周有活动，让文化活动走进千家万户，积极开展送文化下乡、文艺演出、节日会演等自办文体活动近1000场次，参观群众达10万余人次。四是持续创新基层文化发展新方式。结合新时代文明实践活动、阵地资源整合和文艺零距离等活动的开展，逐步转变由送文化下基层到基层主动开展文化活动的新模式，创新文化服务方式，筹备开展基层文化工作者培训，鼓励各乡镇街道组建文艺小分队，并引导基层组织28支文艺小分队，持续开展基层群众文化活动。五是推送精品力作。积极参加第八届江西艺术节，袁州区选送的节目《让我们荡起双桨》获三等奖，推荐作品袁河采茶戏《熊相公偷芋头》参加江西省玉茗花艺术节展演，并获得表演奖。踊跃参加喜迎“二十大·文物映初心”第三届湘赣边革命文物讲解大赛，选送的作品《红色精神引领我成长》《红色史迹—袁州会议旧址》均获三等奖。

（徐　良　陈　蕾　李　香　欧阳楚琪）

广播电影电视

【城市书角】 全区已建成区级城市书角18个，城区街道建成16个城市书角，城区社区层面建成66个，1个300～500平方米城市阅读美空间、7个中心点城市书房。强化城市书角建管运营，打造狮子山、昌黎书院、难禅阁等新型城市阅读空间，预计2023年12月底面向市民开放。城市书房建设目标，一是建设城市书房，为百姓提供读书看报的休闲阅读场所。二是打造有品位、有格调、有文化的城市阅读美空间。三是为宜春城区的文化提升、为“书香袁州”的纵深推进、为创建文明城市提供文化动力。

【应急广播建设】 袁州区文广新旅局应急广播建设项目自2021年开建，已有终端803个，截至2023年8月底，2023年待建任务615个。自开建始，明确将统筹利用已有融媒体资源，建设形成省、市、县、乡、村五级贯通，与各级预警信息发布系统有效对接的全省应急广播体系，实现纵向与上级应急广播平台对接、横向和本级政府预警信息发布系统连通、各类终端可自动唤醒和强制播出。

全区应急广播体系建设初步建成后，每天分三个时段，根据实际适时播放文明城市创建、疫情防控、时事新闻等内容，受到了干群的广泛好评。一是传达时政信息，有效传播党和政府声音。二是发布突发事件预警信息，保护人民群众生命财产安全。三是服务乡村振兴战略，助力精准脱贫。

【全民阅读活动】 结合“4·23”世界读书日，在“4·23”当天开展了“百书房联动”全民阅读活动。结合状元洲城市书房、一米时光书房、同心园书房，以及乡镇农家书屋开展了一系列内容丰富、形式多样的读书活动，群众积极参与，营造了良好的读书氛围。

（彭满生　黄文静）

群众体育

【概况】 2022年是袁州群众体育工作成果丰硕的一年，这一年大力组织“体育·惠民 100”系列全民健身活动，积极参加省、市各类群众体育赛事，将花溪谷体育公园、全民健身中心等重要建设项目的申报和建设等列入重点工作,群众体育活动蓬勃开展,全民健身基础设施不断完善。

【出台系列纲领性文件】 相继出台了《袁州区贯彻落实“体育强国建设纲要”实施方案》《袁州区全民健身实施计划(2021—2025年)》等一批纲领性文件,提出“持续推动群众体育‘六边’工程建设,到2025年,建成与袁州经济社会发展水平相适应的全民健身公共服务体系,城镇社区‘15分钟健身圈’实现全覆盖,全区人均体育场地面积达到2.6平方米，经常参加体育锻炼的人数比例达到38.5%,国民体质合格率达到92.5%,每千人拥有社会体育指导员达到2.6名”的具体工作目标，确立目标导向,全面系统谋划体育事业改革发展方向。下一步,还即将出台《2023年袁州区全民健身活动赛事方案》，为全区各单位举办和参与群众体育活动赛事提供指引,不断丰富袁州区体育赛事供给。

【全民健身活动赛事丰富】 2022年7月23日,区教体局与区总工会在宜春市羽众球馆联合举办了“2022年袁州区羽毛球混合团体赛”。7月27日,广州体院教授姚琼带领其学院武术研究生团队到袁州区调研南庙武术,宜春市教体局副局长吴朝军、袁州区教体局副局长刘勇、南庙镇党委委员杨娇陪同调研，此次调研活动成果丰硕,让外界对于袁州区南庙武术文化有了一次深入的了解,宣扬了南庙“武术之乡”这块金字招牌。7月31日,新坊镇举办了“全民健身、幸福江西、健康袁州”系列“八一杯”羽毛球混合团体联谊赛。8月5日,袁州区老年体协门球分会在区老年人体育活动中心开展了“全民健身日·门球大联动友谊赛”主题活动,40余名离退休老干部参加。8月6—7日,袁州区老年体协气排球分会在区老年人体育活动中心举行了“全民健身·幸福江西·健康袁州”系列气排球比赛。8月7—8日,南庙镇围绕“全民健身·幸福江西·健康袁州”这一主题,于8月8日“全民健身日”前后在南庙镇集市开展了南庙传统武术展演、广场舞比赛等系列群众体育活动。8月8日,为庆祝全国第14个“全民健身日”,区老年体协交谊舞分会在区老年人体育活动中心举办了一场别开生面的交谊舞展示活动。8月5—10日，珠泉街道围绕全国第14个“全民健身日”,以“全民健身·福江西·健康袁州”为主题,组织了为期6天的广场舞和篮球比赛。9月12日,由袁州区老年体协主办、老年人门球协会承办的2022“金秋九月”门球友谊赛在区老年体育活动中心举行。9月13—18日,2022年“江西银行杯”袁州区老年体协气排球分会秋季会员赛在区老年人体育活动中心举行。整个8月份,围绕“全民健身·幸福江西·健康袁州”这一主题,由袁州区教育体育局主办、袁州区体育总会指导、袁州区各单项体育协会承办的全民健身赛事活动单月场次达到15场，袁州区全年体育赛事活动达到21场，为近几年历史之最。

【全民健身场地设施不断完善】 完成2021年体育彩票公益金支持全民健身项目立项、建设和验收工作,袁州区湛郎街道东园社区城市社区全民健身场地设施示范工程和袁州区金瑞镇上桂村农村社区全民健身场地设施示范工程两个建设项目也陆续落地并投入使用。

根据宜春市袁州区财政局《关于下达2022年中央专项彩票公益金支持地方公益事业发展资金的通知》(袁财发〔2022〕3号)精神,制定了《2022全民健身场地器材配建方案表》，并会同区财政局等相关单位现场确认了全区28个全民健身路径建设点，结合各建设点实际情况，重点打造灵泉街道铜钱广场、珠泉街道明珠社区公园、三阳镇三阳社区公园、湛郎街道文笔峰社区沿河景观等4个城镇社区亮点工程,确定采购体育器材28套,采购费用合计120.639万元。

【群众体育工作再结硕果】 2022年袁州区1人被评为2018—2021年度全省群众体育先进个人,袁州区教育体育局被评为2018—2021年度全省群众体育先进单位。

竞技体育

【省运会创历史新高】 在九江市举办的江西省第十六届运动会青少年(青少年组)比赛中,袁州区取得30枚金牌、11枚银牌、20枚铜牌的历史最好成绩(不包括足球项目)，获2019—2022年县(市、区)竞技体育贡献二等奖。

【其他重要赛事】 2022年江西省青少年锦标赛上，袁州区乒乓球队取得U12女子单打第一名、U13男子团体第二名、U13男子单打第二名、U11女子团体第三名，跆拳道队取得男子乙组67公斤第二名、女子甲组44公斤第三名，武术套路队取得女子甲组传统太极器械第二名、女子甲组传统太极器械第三名、女子甲组单鞭第三名、男子甲组查拳第三名、男子丙组规定南拳第二名，游泳队取得U7组100米自由泳第三名、U10组100米自由泳第二名、U10组50米自由泳第三名、U13～14组100米仰泳第一名、U13～14组200米蝶泳第二名、U13～14组200米仰泳第一名、U13～14组800米自由泳第二名、U13～14组50米仰泳第一名的成绩。2022年宜春市青少年锦标赛只有乒乓球一支队伍参赛，获得10枚金牌、5枚银牌、3枚铜牌，名列团体总分第一。

卫生健康

综　述

【概况】 2023年，在区委、区政府的坚强领导和市卫健委的精心指导下，区卫健委紧紧围绕"高质量发展"这一永恒主题和"抓落实活动年"这一总体定位，聚焦"作示范、勇争先"目标要求，牢牢扛起首府卫健责任，卫生健康事业高质量发展，取得了积极成效。截至年底，共有干部51人，内设12个职能股室：办公室、区卫生健康行业党建工作指导委员会办公室（挂人事股牌子）、财务审计股、政策法规与综合监督股（挂行政服务股、园区赋权管理股牌子）、疾病预防控制股（挂卫生应急办公室牌子）、医政医管股（挂医药卫生体制改革股牌子）、基层卫生健康股、妇幼健康股、人口监测与家庭发展老龄健康股、中医药管理股、爱国卫生运动委员会办公室、袁州区卫生健康服务中心（挂卫生院财务中心牌子）。

【党风行风建设】 以抓落实活动年"三拼三促"工作为契机，深入开展袁州区卫健系统全面从严治党暨进一步深化医疗卫生领域突出问题专项治理工作，大力推进漠视侵害群众利益问题专项整治、医疗乱象专项整治等行动。加强公立医院党建指导，成立卫健行业党建工作指导委员会，全面运用基层党建信息化平台提升基层党建质量，进一步落实公立医院党建"七个全覆盖"重点任务要求。加强风险防控，建立健全相关制度，制定下发《关于规范发放津贴补贴、各项奖金福利工作的实施方案》和《袁州区卫生健康系统公务接待管理规定暂行办法》。坚持党建引领，凝聚奋进力量，提振文艺精气神。积极组织参加"携手喜迎二十大　首府同声颂党恩"歌咏比赛活动，获一等奖；参加"中国梦　劳动美　袁州情——喜迎二十大　展首府风采"创文工间操比赛，获二等奖。

【提升疾病预防控制能力】 袁州区共报告乙、丙类传染病3110例，发病率270/10万，同比下降4.11/10万，2022年未发生甲类传染病疫情。强化免疫规划，袁州区国家免疫规划类疫苗接种率90%以上，摸排漏种儿童6.4万人，补种率92.1%。开展艾滋病防治工作，2022年累计报告122例艾滋病感染者。做好贫困家庭艾滋病机会性感染者的检测、救治、随访等工作，并给予经费减免，减轻贫困艾滋病患者的医疗负担，2022年累计减免金额131.59万元。推进结核病防治工作，2022年登记结核病患者527例，结核病发病率46.98/10万。有序开展心血管病高危人群早期筛查与综合干预、死因监测、肿瘤登记等工作。

【卫生健康综合监督】 开展公共场所、医疗、放射、学校、消毒产品、生活饮用水等卫生监督工作，2022年共办理公共场所卫生许可证386份。持续强化"双随机、一公开"监管，加强事中事后监管，2022年完成国家"双随机"监督任务158件，完结率71.7%；完成省"双随机"任务75件，已全部完结。做好行政执法工作，落实行政执法公示、执法全过程记录、重大执法决定法制审核三项制度，2022年完成卫生行政处罚案件153件，罚款金额42.09万元，没收违法所得6.28万元。加强职业健康工作，开展《中华人民共和国职业病防治法》宣传周活动，惠及群众8万人。完成省卫健委下达的工作场所职业危害因素监测任务26家，完成主动监测粉尘300人，省级单纯噪声监测任务200人，完成228人。

【健康袁州建设】 扎实推进18个健康袁州专项行动，各项健康指标持续向好。袁州区婴儿死亡率 3.03‰,孕产妇零死亡,人均预期寿命达 81.57 岁,居民饮用水水质达标率继续保持 100%。广泛开展爱国卫生运动,印发《袁州区健康影响评价评估制度建设试点工作方案(试行)》(袁府发〔2022〕10 号),推动将健康融入所有政策。开展健康细胞创建工作,着力培养健康细胞精品亮点。2022 年建成健康社区(村)8 个、健康医院 5 个、健康学校 8 个、健康机关 16 个、健康企业 5 个、健康家庭 16 个。巩固扩大卫生乡镇创建成果,3 月份金瑞镇、南庙镇被省爱卫会命名为"江西省卫生乡镇"。

【提高"一老一小"服务供给】 持续提升托育服务能力,打造托育工作新亮点。出台《关于印发〈袁州区促进 3 岁以下婴幼儿照护服务发展实施方案〉的通知》(袁府办字〔2022〕57 号),分阶段推进"十四五"期间袁州区 3 岁以下婴幼儿照护服务事业发展。推动设立公办托育机构,增设 14 个公办托育中心,11 个公办托育中心已开始运营,共提供普惠性托位 800 个。袁州区 2022 年新增托位 907 个,共有托位 2670 个。这批机构成为宜春市首批公办托育服务机构,填补了宜春市空白,公办幼儿园托育服务工作走在江西省前列。深入推进医养结合,逐步满足老年人健康养老服务多样化、个性化、体系化需求。2022 年新增 1 个医养结合机构,新增养老床位 200 张、医疗床位 50 张。袁州区有 6 家医养结合机构,共有养老床位 4035 张、医疗床位 413 张。

【医药综合改革】 推进以市二医院为主的公立医院高质量发展,在完成三级胸痛、卒中中心创建的基础上,建成了三级创伤中心。落实国家基本药物制度,推进药品耗材集中带量采购,降低虚高药价,药品平均降价 50%,耗材平均降价 80%。区直医院基本药物使用率 50%,乡镇卫生院等基层医疗机构基本药物使用率 75%,高于省市标准比例,有效降低药占比,患者满意度进一步提升。开展 2021—2023 年度改善群众就医体验活动,进一步推广 6S 精细管理向基层医疗卫生机构全覆盖。

【推进重大项目和人才队伍建设】 规范发热门诊建设和管理,4 月市二医院建成达到国家标准的新发热门诊。总投资 1.02 亿元的湘赣边应急医疗救治中心项目于 2022 年 7 月开工建设,项目占地面积 37.41 亩,总建筑面积 27491.46 平方米。总投资 2000 万元的袁州区农村医疗应急中心新建项目于 2022 年 5 月开工建设,项目占地 12.75 亩,建筑面积 6468.95 平方米。加强人才储备工作,持续招录高层次人才。2022 年袁州区计划招聘卫生专业技术人员 80 人,实际招聘 39 人。呈报 15 名"三支一扶"医学生计划,实际招聘 14 人。

【衔接乡村振兴工作】 全面贯彻落实乡村振兴战略部署,促使健康扶贫成果与乡村振兴有效衔接。保持健康扶贫政策总体稳定,认真做好脱贫人口家庭医生签约服务,共签约履约 30480 人,签约率 2.78%,履约率 100%。区域内实施脱贫人口住院"先诊疗后付费"和"一站式"服务,实现即时结算。设置爱心病床,优化医疗服务。二级医疗机构按总床位的 5%设置爱心病床,乡镇卫生院设置爱心病床不少于 2 张。扎实做好城乡贫困人口重大疾病专项救治工作,上半年城乡贫困人口重大疾病专项救治 5 例。

【妇幼健康服务能力】 扎实推进孕产期保健和 0~6 岁儿童健康集中管理,切实保障母婴安全,1—10 月份袁州区孕产期管理率 92.3%、儿童健康管理率 86.3%,比 2022 年同期分别提高 2.1 个百分点和 1.3 个百分点。2022 年袁州区孕产妇死亡率为零,5 岁以下儿童死亡率 5.39‰,均控制在两纲要求之内。采取综合措施预防出生缺陷,强化孕产妇高危专案管理和贫困家庭孕妇免费基因检测,落实免费婚检优检,全面开展产前筛查和新生儿疾病筛查,袁州区婚优检率 99.24%、产前筛查率 92.3%、新生儿疾病筛查率 99.6%。深入推进城乡妇女两癌筛查,宫颈癌 TCT 筛查 11562 人,完成率 96.4%,TCT+HPV 联合筛查 1936 人,完成率 96.8%,查出宫颈癌前病变 130 例、确诊宫颈癌 3 例;乳腺癌筛查 6182 例,完成率 95.1%。

【计划生育优质服务】 袁州区 2022 年出生人口共 6698 人,人口出生率 6.12‰,人口自然增长率 2.44‰,出生人口性别比 117.64。办理生育登记回执 6697 例,其中一孩 2692 例,二孩 2368 例,三孩 1637 例。全面落实计生利益导向政策,2022 年共上报政策享受对象 19599 人,发放资金 2705.83 万元。其中国家奖扶助 3456 人、特别扶助

429人、阳光助学93人、独生子女保健费117人、手术并发症6人、城镇独生子女父母奖励15498人。高水平开展计生协重点工作,扎实推进“暖心家园”项目,袁州区已建成并投入使用的“暖心家园”共6个,经费投入约30万元,服务计生特殊群众300余人。在袁州现代医院设立优生优育指导服务中心,开展孕产妇健康咨询、优生优育咨询、妇幼保健咨询等工作。

【落实民生工程救治政策】 继续深入推进重大疾病免费救治和城乡贫困人口重大疾病专项救治工作,2022年共完成白内障复明免费手术15例、唇腭裂8例,尿毒症免费救治369例,儿童先天性心脏病免费救治43例,儿童白血病免费救治19例,贫困家庭重性精神病免费救治1782例,妇女“两癌”免费救治1例,城乡贫困人口重大疾病专项救治10例,全面完成民生工程2022年任务。 (熊 优)

卫生健康综合监督执法

【概况】 袁州区卫生健康综合监督执法局为区卫健委下属副科级全额拨款公益一类事业单位,核定财政全额补助事业编制31名,设局长1名(副科级)、副局长2名(股级)、专职副书记1名(股级)。股级职数7名(副股级)。袁州区卫监局依法开展公共场所卫生、生活饮用水卫生、学校卫生、职业卫生、放射卫生、医疗卫生、传染病防治、计划生育和中医服务等综合监督行政执法工作,查处违法违规行为。截至12月,袁州区卫监局在职职工32人。其中专业技术人员19人,管理人员8人,工勤人员5人。全局设综合股、法制法规股、监督一股、监督二股、监督三股、监督四股、监督五股7个股室。

【党组织建设】 袁州区卫监局党支部在上级党组织的坚强领导下,学习贯彻习近平新时代中国特色社会主义思想和党的二十大精神,带领全体党员干部职工大力开展“三拼三促”和“我为群众办实事”活动,抓紧抓牢疫情防控、创建全国文明城市等工作,以优异成绩为党的二十大献礼。

【“双随机、一公开”工作】 进一步完善了“双随机”抽查对象库、执法人员库,制定省双随机检查计划27项,双随机检查占比100%。随机抽取任务293件,其中国家双随机平台抽取任务218件,省双随机平台抽取任务75件,联合抽查任务3件。国家双随机任务监督完成158件,完结率71.1%;省双随机任务完成75件,完成率100%。检查结果将统一通过袁州区人民政府网、微信公众号进行公示。

【行政执法工作】 截至11月8日,共完成卫生行政处罚案件142件,一般程序13件,简易程序129件,罚款金额共计41.2万余元,没收违法所得6.28万余元。

【公共场所卫生】 办理公共场所卫生许可证386份,日常监督检查813户次。开展公共场所常态化疫情防控监督检查。组织2轮对辖区内“四小行业”拉网式疫情防控监督检查。总计检查公共场所2900多户次。

【医疗卫生】 开展日常监督及5轮医疗机构疫情防控督导工作。检查各类医疗机构200余家。对检查中发现的问题,依法立案查处。开展医疗废物废水卫生监督工作。1—8月共对袁州区10家公立医疗机构、3家民营医院、100多家诊所医疗废物收集、贮存、转运、处置情况及医疗污水设施设备运行、维护、污水自检、第三方检测情况进行了监督检查。

【职业卫生】 由于辖区内大量企业未能复工复产,同时袁州区委、区政府多次下达维护营商环境的通知,仅对5家企业开展职业卫生监督工作,其中,市级下达任务3家、省双随机任务2家。对存在问题的企业均已现场制作了现场笔录和卫生监督意见书,并责令企业根据监督意见限15日内整改到位。

【放射卫生】 对辖区内54家含放射诊疗作业的医疗机构开展了日常监督工作,其中乡镇卫生院20家、口腔诊所24家、民营医院9家、公立医院1家。对21家存在问题的医疗机构进行了立案查处,其中对20家机构进行了警告,对1家问题严重的医疗机构进行了罚款4000元人民币的行政处罚。

【学校卫生】 对袁州区各乡镇中学、中心小学及部分中心城区的学校进行了卫生监督。同时根据上级要求以及疫情防控形势的需要,加强了对辖区内学校的疫情防控专项检查。

【消毒产品卫生】 开展了消毒产品专项整治工作，对辖区内的4家消毒产品生产企业、30多家经营单位进行了检查。对1家存在消毒产品生产过程中违法添加违禁成分的生产企业进行了立案查处，对5家存在违规、违法行为的经营单位进行了立案查处。发现的57款违规产品涉及5个省、7个市的17个生产厂家，为了堵住违规产品的生产源头，共计向所涉及的各省市卫健委发去13份协查函，将涉案企业、产品情况进行通报，并请求属地卫健部门进行核查。

【生活饮用水卫生】 办理农村集中式供水单位卫生许可证2份，对现制现售饮用水经营单位进行了专项卫生监督检查，对城区现制现售饮用水设备进行了水质抽样检测，合格率100%。

【投诉举报受理】 受理投诉举报37件，其中“12345”转办27件，上级转办3件，来电来访7件。接诉后，第一时间组织调查，并及时将检查情况反馈投诉人，确保“件件有回应，事事有落实”。 （谭奕恺）

疾病预防与控制

【概况】 袁州区疾病预防控制中心位于宜春市袁州区坛前路22号，主要负责在袁州区范围内执行《中华人民共和国传染病防治法》等卫生法律法规所规定的疾病预防控制任务、向社会提供相关的预防保健信息咨询等专业技术服务、为解决公共卫生问题提供技术支持等工作。

【传染病防治】 随时监控和审核分析袁州区各医疗卫生机构及区外疫情网络报告情况，报告卡及时审核率100%。2022年无甲类传染病疫情发生。对手足口病、出血热、水痘、流感等传染病按要求进行了流行病学调查、现场消杀、采样检测、防控知识宣教工作。开展“全国疟疾日”“全民营养周”等宣传活动。

【地方病、慢性病防治】 开展袁州区疟疾监测，完成各项目标任务。开展袁州区儿童口腔疾病综合干预，对项目承担医院（宜春振兴口腔医院）和项目实施学校开展督导。开展心血管病高危人群、脑卒中高危人群的筛查与干预。开展心血管病及其危险因素监测，掌握袁州区心血管病患病及危险因素状况和变化趋势。

【推进免疫规划】 2022年开展袁州区免疫规划培训7次、督导4次，对象包括各预防接种门诊等。对城区哨点医院进行麻疹和AFP病例监测，2022年未发生免疫规划相关疾病的疫情。每月1次免疫规划、非免疫规划疫苗（每月1次为日常运转，如果有接种门诊出现接种人员过多、疫苗不足，则会安排增加运送），保障各接种门诊的疫苗供应。2022年袁州区新建设现代医院预防接种门诊、宜春学院第二附属医院预防接种门诊等6个预防接种门诊，中心对这6个预防接种门诊的相关工作人员进行培训与考核，确保其合格开展预防接种服务。开展“4·25”全国儿童预防接种日、“7·28”世界肝炎日等宣传活动，向公众普及预防接种知识。

【性病艾滋病防治】 开展HIV自愿检测、哨点监测与特定人群筛查。对新发现的艾滋病感染者进行防治知识教育、高危行为干预和江西省贫困家庭机会性感染救助政策告知等。通过新媒体微信和宜春“87.9”交通广播宣传艾滋病防治知识；联合街道社区、学校、福利院等单位开展“禁毒宣传进万家”等艾滋病宣传教育活动，并发放防治艾滋病宣传资料。

【慢病、地方病防治】 在袁州区所辖乡镇开展氟中毒检测、碘营养监测等检测工作，在中心城区开展儿童口腔疾病综合干预项目、心血管病高危人群早期筛查与综合干预项目、脑卒中高危人群筛查和干预项目等项目，掌握慢病、地方病实际情况并开展防治。通过举办“防治碘缺乏病日”“全民健康生活日”宣传活动向袁州区居民普及健康知识。结核病防治。2022年对袁州区24个乡镇督导共72次，在袁州区发展培养“百千万志愿者”9人。开展对在定点医院确诊登记的结核病患者的随访和耐药性筛查，对结核病患者的密切接触者、易患病重点人群进行筛查。2022年中心城区共发生结核病学生30例、教师2例，均在第一时间进行了处置，对患者所在班级密接师生开展了结核病检查，避免了公共卫生事件发生。

【公共卫生工作】 2022共对中心城区6个监测点和乡镇43个监测点开展饮水水质监测，同时开展农村饮水安全健康教育，提高农村居民饮水安全意识。联合袁州区卫健委、袁州区教体局开展2022年袁州区儿童青少年近视等学生常见病和健康影响因素相关监测，掌握袁州区儿童青少年近视、肥胖等主要常见病基本情况和发病原因，制定针对性干预措施，强化对学生常见病防控。

【职业卫生工作】 开展袁州区重点职业病、工作场所职业病危害因素等监测工作，并对监测数据进行统计。落实职业性尘肺病随访和回顾性调查工作，掌握袁州区尘肺病患者的基本情况。4月27日联合袁州区卫生健康委、袁州区卫生健康综合监督执法局在江特电机举办《中华人民共和国职业病防治法》宣传周活动，宣传《中华人民共和国职业病防治法》及职业病防治知识，提高企业职工的防治意识。

【从业人员健康体检】 2022年累计为从业人员办理健康体检发放健康证50007个。针对“乡镇居民来体检不便”与“部分企业人员较多，难以集体来体检”的难题，采取与企业进行预约、协商的方式提供上门健康体检。

【人员科室】 中心共有在编在岗工作人员43人，设有职能科室12个：行政办公室、健教科、财务科、免疫规划科、流行病科、结核病防治科、性病艾滋病防治科、职业病防治科、检验科、预防性健康体检中心、慢病科、公共卫生科。 （刘　垚）

袁州区人民医院

【概况】 袁州区人民医院（简称市二医院）又名袁州区人民医院，位于袁州区中山东路55号，始建于1934年，是一所集医疗、科研、教学、预防保健于一体的“二级甲等”综合性公立医院，是袁州区唯一一所综合性公立医院。

袁州区人民医院系江西省首批“群众满意医院”、“江西省平安医院”和市、区两级“文明单位”，以及市、区两级职工医保、城镇居民医保定点单位。2022年分别获宜春青年五四奖章、宜春市先进征兵单位、优秀先进基层党组织、袁州区平安建设先进单位、袁州区内保单位先进集体、优秀志愿服务集体等荣誉。

医院占地面积20.6亩，建筑面积36376平方米。设有门诊综合楼、住院部大楼、感染性疾病楼、体检楼、高压氧舱楼、官园社区卫生服务中心、袁州赣西康复医疗中心、发热门诊。2011年住院部大楼投入使用，共17层，病床700张。

2022年总收入29800.75万元，比上年同期增加2608.74万元，增长9.6%。其中业务收入25013.11万元，比上年同期增加1432.94万元，增长6.1%。门急诊225919人次，较上年同期增加11967人次，同比增长5.59%；出院人数21035人次，同期增加743人次，同比增长3.7%；手术人次9470人次，同期增加1887人次，同比增长24.9%。

2022年，医院共有科室65个，其中职能科室25个，医技科室13个，临床科室27个，分别为消化内科、呼吸与危重症医学科、心血管内科、神经内科、内分泌肾内血液风湿免疫老年科、血透科、肿瘤科、泌外胸外烧伤外科、普外科、骨科、神经外科、妇产科、儿科、急诊科、创伤急救中心、ICU、感染科、眼科、耳鼻喉科、中医科、康复科、手术室、门诊部、皮肤科、口腔科、官园社区卫生服务中心、发热门诊。

截至12月31日，医院在职职工801人（在编在岗464人），专业技术人员746人，其中高级职称74人，中级职称241人，硕士研究生17人（全日制14人，非全日制3人）。

医院基础设施完善，设备先进。拥有进口GE1.5T磁共振、螺旋64排CT、高端彩色多普勒超声诊断仪、高端超声多普勒剪切波诊断仪、数字减影血管造影、电子消化道内窥镜、支气管镜、腹腔镜、超声乳化治疗仪、进口钬激光、血液透析机、高压氧舱、关节镜、氩气刀、便携式B超机、移动DR、全自动免疫分析仪、全自动血液体液分析仪、口腔全景机、外科显微镜、双相波除颤仪、远红外线治疗仪、ICU中心监控系统、有创／无创呼吸机等先进医疗设备，有效地提高了对各类疾病的诊断和治疗水平。2022年，新购置自动荧光显微检测系统、全自动PCR分析系统等。

【强化医疗质量安全】 继续把医疗质量、医疗安全、服务体系作为医院头等大事来抓。2022年，医院共组织召开医疗质量安全委员会2次，组织MDT会诊80余次，开展10次处方点评工作。每月对重点药品使用金额，使用数量前十名的科室和医生进行排名、公示。

【优化联动救治流程】 继续完善巩固“胸痛中心、卒中中心、创伤急救中心”建设，优化各科室联动救治流程，畅通救治通道，提升急危重症抢救效率，提升综合救治能力。2022年8月“创伤急救中心”通过省级验收。2022

年11月启动国家房颤中心建设。

【加强医共体建设】 以学科建设为抓手,充分利用优质医疗资源和专业技术团队有效带动基层医疗机构发展,通过继续医学教育、新技术宣讲、教学查房、远程会诊、对口支援、双向转诊等方式提升医院和基层医疗卫生机构服务能力,联合周边卫生院,成立袁州区影像联盟。

【增强科技综合实力】 2022年申报市科技局科技计划指导性项目43项,已立宜春市社会发展计划项目30项。申报院内新技术新项目共16项,登记论文专著204篇。举办县级继续教育项目17项,单位级项目30项,各科室组织学术沙龙1067次。

【宣传工作】 2022年,在省、市、区各级媒体宣传报道71篇,视频拍摄10个,其中短视频《病毒走开》转发量10余万次,并先后登上了“学习强国”学习平台、江西组工微讯、五星党建、秀江微语等各级主流媒体,并获袁州区短视频作品最佳人气奖;防诈小视频获“平安袁州”二等奖;中医康复科主任甘俊林作为全国基层名老中医药专家,接受电视台录音采访,首次登上了江西卫视《新闻联播》。 (谢丽鹏)

袁州区妇幼保健院

【概况】 宜春市袁州区妇幼保健院是一所集医疗、保健、教学、科研、计划生育技术指导、婚前医学检查、社区卫生服务和预防接种于一体的二级甲等妇幼保健院。医院坚持“以保健为中心,以保障生殖健康为目的,面向基层,面向群体”的妇幼卫生工作方针,开展与妇女儿童健康密切相关的基本医疗服务,切实履行公共卫生职责,2022年门急诊3.53万人次。

【妇女保健】 认真做好孕产期保健工作,规范开展孕产妇保健服务,提高孕产妇系统管理率,降低孕产妇死亡率、覆盖率。2022年袁州区产科活产数9426人,产妇总数9256人,孕产妇系统管理8543人,孕产妇系统管理率92.3%;产后访视8932人,产后访视率96.5%;住院分娩9256人,住院分娩率100%;高危孕产妇住院分娩率100%。产妇早孕建卡率95.81%;产后访视率100%;新生儿疾病筛查9393人,筛查率99.62%;新生儿听力筛查8818人,筛查率93.55%;社区服务建立个人健康信息档案85813人,重点人群接受社区卫生服务30462次。

【儿童保健】 7岁以下儿童健康管理101514人,接受1次及以上随访的儿童数9.37万人,管理率92.32%;0~6岁儿童眼保健和视力检查9.36万人,检查率92.23%;6岁儿童视力检查1.73万人,视力不良检出2620人,检出率15.1%。儿童眼保健和视力检查覆盖率92.8%。袁州区5岁以下儿童死亡48例,5岁以下儿童死亡率0.76‰;婴儿死亡率21例,婴儿死亡率5.48‰。2022年对城区127所托幼机构的集体儿童进行了两次全面系统体检,共体检2.6万人次,体检率99.14%。

【“两癌”筛查】 2022年对35~64岁的适龄妇女进行了免费宫颈癌和乳腺癌筛查。完成适龄妇女免费宫颈癌TCT筛查12052人,完成率100%,TCT+HPV联合筛查2000人,完成率100%,确诊宫颈癌3例,癌前病变130人;完成乳腺癌免费筛查6531人,完成率100%。检出小叶原位癌2人、导管原位癌1人、浸润性乳腺癌1人、乳腺其他恶性肿瘤等恶性病变者2人。

【医疗惠民】 2022年婚姻登记人数9916人,婚检人数9822人,婚检率99.05%,检出患病人数2475人,疾病总检出率25.2%;完成国家免费孕前优生检查4728对,检出高风险人群608人,高风险比例6.43%。发放避孕套61.38万个,短效口服药318板,外用药5323支。完成国家免疫规划类疫苗7.65万人次,接种非免疫规划类疫苗6.35万人次;免费为孕前3个月至孕早期3个月服务对象发放叶酸1.11万人次,共发放叶酸28914瓶。袁州区助产机构免费为“三病”接受检测孕产妇筛查人数9656人,检出梅毒感染产妇43人,检出乙肝表面抗原阳性产妇827人,阳性产妇所生活产数883人,免费注射乙肝免疫球蛋白的婴儿数883人,注射率100%。 (彭爱发)

宜春市皮肤病防治医院

【概况】 宜春市皮肤病防治医院成立于1959年,原位于袁州区天台镇快石岭乌水凼,后搬至窑前;后又因修建明月立交桥,拆迁搬至袁山中路307号;2019年旧址拆迁,搬至高士路325号,是一所集医疗、麻风病防治于一体的皮肤病专科医疗机构,是一所全额拨款的事业单位。全院共有在职职工17人。大专及以上学历9人;专业技术人员13人,其中副高级职称1人,中级职称7人,初级5人、高级工3人。全院设有内科、儿科、皮肤科、中医科、美容皮科、办公室、财务科、护理室、药房、麻防科、检验室等科室。

【业务数据】 以习近平新时代中国特色社会主义思想为指导,以深化改革为动力,以防治结合为重点,以提高人民群众健康水平为目标,不断强化服务意识,深化医院内部管理,提高医疗服务质量,狠抓管理制度的改进和创新,强化医院管理与科室管理相结合,提高职工的积极性;强化职工的思想和素质教育,增强了职工的责任心,狠抓麻风病的防治工作,着重落实了医保制度。2022年较好地完成了主管部门下达的各项工作任务,取得了社会效益和经济效益双丰收,2022年门诊治疗1万余人次,住院300余人次,业务收入120余万元,与2021年相比,略有提高。

【麻风病防治】 在宜春市疾控中心和袁州区卫健委的正确领导下,袁州区的"麻风病可疑者筛查"项目、随访和监测工作每年都在进行。麻风病防治。医院共接到乡镇卫生院和门诊部报来的可疑者线索调查表70余份,并逐一进行了排查,调查未发现新麻风病人,有需随访的已愈者95人,全部进行了随访。截至年底,袁州区存活麻风病和已愈者共83人,没有现症病人。

医院完成了对麻风病人的密切接触者调查,定期对已愈麻风病人随访,并为他们发放防护用具与防护鞋。在2022年的麻风节上,代表党和政府深入各个乡镇看望畸残麻风治愈者,送去了慰问金和慰问品。

【医德医风教育】 随着群众就医需求的不断提高和卫生体制改革的不断深入,为进一步加强和完善以病人为中心的医院精神文明建设和"以人为本"的职工素质教育,紧紧围绕"以人为本,全面发展"的办院宗旨,树立"以病人为中心,以质量为核心"的服务理念,突出抓好质量控制、服务模式转换、合理用药三个重点,深入开展了思想素质教育、医德医风教育等工作,采取多种形式,加大教育学习力度,严格收费制度,医德医风呈现良好局面,为开展业务工作打下坚实的思想基础。同时还深入开展了对《中华人民共和国执业医师法》《护士管理办法》《医疗事故处理规定》等法律法规的学习,主导了业务知识的学习,广大职工真正懂法知法,医疗技术提高,从根本上增强法律意识、安全意识,避免了一些医疗差错、事故的发生。患者对医院的满意度明显提升。

【安全生产】 组织医务人员学习相关法律法规知识及医德医风和业务知识。认真检查重点科室和重点环节,特别是护理室和厨房,及时处理事故隐患。

【医保工作】 强化基金的管理使用,严格把关,认真审核。详细核实患者的身份。按要求执行江西省基本医疗保险药品目录诊疗项目目录、医疗设施范围和支付标准,并做到及时、准确地将药品、诊疗项目和医用耗材与医保系统中的名称一一对应。加强药品价格管理,严把药品质量关。按照区医保局的要求,及时为出院病人报销医疗费,并按月报送医疗费用记账报表。

【党建工作】 高度重视党风廉政建设,严格落实主体责任监督责任,通过院务会、党员大会,结合"三会一课"强化全院廉政警示教育工作;与各科室负责人签订党风廉政建设目标责任书,明确责任,增强党员领导干部遵纪守法、反腐倡廉意识,使全院党员干部职工牢固思想防线。严格落实上级党委安排的党建工作,开展"三拼三促"和优化营商环境大讨论活动、学习党的二十大精神知识竞赛并严格按照上级部署,认真落实每项程序;严格落实"三会一课"制度、民主议事日工作和党费收缴工作。组织党员集中学习12次,主题党日活动12次,发展一名预备党员。

(付丽群)

旅　　游

旅游管理

【概况】 袁州旅游发展主要以市场需求为导向,以节庆活动为抓手,充分调动政府、企业、农民三方力量,有效整合农业、林业等多种资源,并配合完善旅游基础设施建设,逐步形成乡村农家乐、乡村旅游示范点、旅游特色村等核心景区连线互动的乡村旅游发展格局,最终实现乡村旅游的规模化、差异化、品牌化发展。

【编制专项规划】 坚持把文化和旅游工作与区域经济发展大局统筹谋划,立足"文旅活区"战略,制定《袁州区"十四五"文化和旅游产业发展规划》《袁州区红色旅游专项策划》《袁州区乡村旅游发展专项策划》,充分挖掘绿色、红色、古色、特色旅游资源,着力发挥文化赋能、旅游带动作用,深入推进文旅融合,努力实现创新发展。

【出台发展政策】 围绕"把袁州打造成知名的休闲度假旅游目的地"的总目标,将休闲旅游作为全区旅游产业发展的重点。制定《袁州区推进旅游业高质量发展的实施意见》,按照城南抓"品质提升"、城北重"资源开发"、城东谋"工业旅游"、城西凸"农耕结合"、城中强"文旅街区"的发展思路,优化旅游产品供给,增强旅游发展动力,助推旅游发展升级。

【项目建设】 积极协调解决项目建设难题与难点,新增明月花溪谷国家AAAA级旅游景区1个,督导推进松鼠部落、田小狗田园生活综合体、西塘月色民宿等项目建设,其中松鼠部落有望创建国家AAAA级旅游景区。积极对接洽谈丰顶山自然观光项目、富硒"花海"景区项目、袁梅村的非遗传承基地、云上高富项目运营管理等项目。推进江特1958文创产业园项目,持续推进润达国际商贸综合体、万达广场、金桥市场等文旅商贸街区的打造;金桥市场已与奥特莱斯签约,正在进行内部装修和商铺招商,拟于10月份开业;同步拟在金桥市场打造袁州特色小吃一条街,正在进行方案的策划。与深圳红砖文化传播有限公司就南庙镇袁梅村的富硒温泉民宿项目签订了700万元的意向性合同。有序推进打造环中心城30分钟旅游圈8～10个精品旅游点,不断提升旅游品质和服务水平。

【旅游宣传活动】 坚持"引进来,走出去",加强与周边县市、赣湘边区等地旅游联动,精准开展市场营销推介和招商引资工作,努力打造赣湘边区、赣西北重要旅游节点。策划举办百合花旅游节、芳缘百里花海露营节、慈化烟花美食节、七彩向日葵花节等活动,有效加强推广、拉动消费。举办袁州区首届旅游摄影(短视频)大赛,出版袁州旅游画册,带动游客发现和欣赏袁州美景。编辑出版《袁州手绘旅游地图》《袁州区旅游景点导游词》《袁州乡俗》等,丰富营销宣传资料。

主要旅游景观介绍

【白马农庄】 位于南庙镇,国家级金牌农家乐、中国乡村旅游模范户、江西省AAAA级乡村旅游点,占地300余亩。设有水果蔬菜采摘、农家宴、篝火晚会、钓龙虾、钓甲鱼、打年糕、磨豆浆、走高跷、抽陀螺、碰碰车、蹦床、烧烤等活动项目。

【禅农庄园】 江西省AAAA级旅游点,为宜春市绿龙现代农业发展有限公司倾力打造的农业旅游休闲项目。庄园位于明月山风景区东面,距离宜春城区12千米,园区常年云蒸霞蔚、山涧清澈、松竹青翠、民风淳厚,是难得的休闲游览胜地。禅农庄园基础设施齐全,安全设施完备。园区已建设生态餐厅3000平方米,其中:餐厅设有包厢15个,200平方米多功能会议厅1个,1500平方米大型宴会厅1个,可以容纳600人同时用餐。庄园拥有停车场2座,总面积超过5000平方米。特色客房6间,烧烤野炊广场5000平方米,休憩花园6000余平方米,垂钓鱼塘60余亩,科普长廊300余米。庄园涵盖高科技农业种植、餐饮、住宿、表演、唱歌、会议、垂钓、农家柴火灶、烧烤、打麻糍、泡泡足球、喂羊、果蔬采摘等休闲项目,是商务会议、休闲体验、旅游度假及乡村购物的最佳场所。

【蓝玉蓝莓园】 位于洪塘镇,国家级金牌农家乐、江西省AAA级乡村旅游点,占地2000亩,是蓝莓育苗和种植示范基地。在这里,可观蓝莓花、摘蓝莓果、品蓝莓酒、购蓝莓盆景等。

【丰顶山户外探险地】 洪塘镇丰顶山旅游资源非常丰富,有百亩梯田、千亩石林、风电景观、古村落群和天坑、荷花溶洞群。春赏禾雀花、秋观枫叶林、夏避暑、冬赏雪,是户外探险、摄影采风的打卡地和好去处。

【英山稻田公园】 位于彬江镇英山村,江西省AAA级乡村旅游点,这里有着千亩连片的油菜花海,广利禅寺坐落在花海之中,还有原始山林中的南华山古村落,以及松竹园中的英山民宿、农耕文化展示区、乡村大舞台和文化广场、耕读书院等,是亲子旅游、乡村旅居、体验生活的好去处。

【云上高富】 位于新坊镇高富村,云上高富,将军故里。冬观冰雪,夏避炎暑。该村有几百余年历史,民风淳朴,崇文重德,耕读传家,红色历史文化渊源深厚,村里有中央苏区原宜二区苏维埃政府筹备处旧址,有开国中将周赤萍将军故居和将军陵园。

【明月花溪谷】 2022年,获评国家AAA级旅游景区,由月都花溪谷旅游有限公司投资建设,景区位于宜春市袁州区南庙镇梅花村。总规划占地5000亩,其中第一期用地2000亩,以靠近公路的丘陵和田园为主,以宜春明月山脉稀缺生态为基,以禅文化、养生文化为魂、以特色花卉产业为本,是巅峰游乐和动物体验为附加值,以高品质、高起点打造的集赏花、禅修、养生、美食、创业创艺、游乐游艺生态于一体的大型田园综合体。二期利用独特的环境优势打造千亩七彩园林、万亩林海氧吧、优质的矿泉水及温泉;深厚的佛教文化底蕴发展禅修养生产业。景区内有萤乡农场亲子乐园、萌宠园、亲水欢乐区、手工体验区、游乐设施区、水上游船、四季花海、农耕体验区、山地车俱乐部、蜂蜜园、富硒果园、盆景花卉加工培植园、红碧桃园、自助烧烤柴灶区、明月湖、锦鲤池等特色景点。

2022年,明月花溪谷举办了百合花旅游节、农趣运动会、向日葵花节、篝火晚会等丰富多彩的旅游活动,是赣西地区乡村休闲旅游的首选去处。

袁州园

国家AAA级旅游景区,位于袁州区国家农业科技园区、国家农业综合开发现代农业园区和省级现代农业示范园区(西村镇)内,规划面积20平方千米,东距宜春中心城区10千米,南邻国家AAAAA级景区明月山风景旅游区,西离萍乡城区50千米,320国道傍园而过,北靠沪昆高速西村出口仅6千米,距明月山机场12千米、高铁站18千米,交通便利,区位优势明显。

园区规划面积35.6平方千米,基本形成有机蔬果、优质种业、高产油茶、花卉苗木、休闲旅游五大特色产业,现有蔬果基地4500亩、设施大棚500余亩、高产油茶示范基地2500亩、花卉苗木基地5000亩。基本形成了主道路“三横八纵”相通,主渠道纵横相连,主线网依路而走的基础设施架构。

园区落户了江西星火农林科技发展有限公司、江西天稻粮安种业有限公司、江西和顺景观园林建设工程有限公司、宜春市东升有机种植有限公司等60家经营主体,其中国家级经营主体8家、省级经营主体9家、市级经营主体17家、其他经营主体26家。

2022年,园区道路、水网、村庄改造等基础设施建设不断改善,环境不断美化。鑫昌源硒养产业有限公司健康养生综合旅游示范基地建设项目、松鼠部落乡村旅游综合体、天稻粮安种业提升等项目相继落户园区。建立了“党支部+合作社+基地+农户”的生产经营模式,积极引导周边农户到基地工作，带动1200余户农户就业。积极组织开展农业技能培训，每年培训农村劳动力500余人次，帮助农村剩余劳动力就业，提升农民生产技术水平，辐射带动周边群众2万余人致富，实现人均年收入2万余元，园区群众获得感幸福感不断增强。

园区编制了总体规划，以做精一产、做强二产、做优三产，实现“一、二、三产融合发展”模式为产业发展思路，力争到2030年，将园区打造成国家现代农业产业园、国家AAAA级旅游景区、国家乡村振兴样板区和江西省中小学生富硒研学实践教育基地。星火农林、东升、秀江园林、天稻粮安4家园区企业被认定为宜春市富硒产业示范基地；宜春松鼠部落乡村旅游综合体正在创建国家AAAA级旅游景区。建成了一个占地面积4320平方米集生产、展示、科普、休闲、品种展销等多种功能于一体的富硒农业科普馆。以东升和星火为主的物联网建设基本完备，拥有远程展现、智能控制、农产品溯源和安保监控等功能，已成为袁州区现代农业的展示基地。园区正在启动富硒农产品加工园区建设。

富硒农业科普馆占地面积4320平方米，总投资700万余元，是一个集种植、展示、科普、直播、品种展销等多种功能于一体的富硒农业科普和现代农业展示馆。

江西星火农林科技发展有限公司成立于2008年10月，是一家集油茶科研、繁育、生产、加工、观光旅游等于一体的现代农业科技有限公司，系市级农业产业化龙头企业、省级林业龙头企业、省油茶产业重点企业，分别于2019年和2021年接受了中央政治局常委、中纪委书记赵乐际的考察和全国人大常委会副委员长吉炳轩的视察。

宜春松鼠部落乡村旅游综合体项目已获批省级田园综合体，坐落在西村镇分界村，总投资约3.4亿元人民币。项目共分二期：一期宜春松鼠部落森林假日公园，投资人民币1.4亿元。主要内容包括：森林亲子游乐区、水上亲子游乐区、亲子农场体验区、森林营地教育区，以及游客中心、餐饮等旅游配套设施；二期宜春松鼠部落民宿度假村，投资人民币2亿元，主要建设内容：沿湖竹楼特色民宿、森林特色民宿及配套设施。项目全部建成后，实现年均旅游人数约50万人次，实现年销售收入4000万元，上缴税收200万元以上，并创建国家AAAA级旅游景区。

江西天稻粮安种业有限公司成立于2013年，是一家以优质水稻种子科研、育种、制种、销售、种植技术服务及订单农业推广为主营业务的国家高新技术企业，注册资金3000万元。公司旗下基地分布在海南三亚、江西宜春、福建建宁、湖南怀化、四川绵阳，累计面积3万余亩，年杂交水稻种子生产加工销售能力达1000万公斤。

酌江风景区

【概况】 酌江溶洞群风景区位于袁州区三阳镇境内，距320国道6千米，距宜春市区18千米。景区是江西省旅游开发建设较早的旅游景区之一，经过多年的开发建设，已在全市甚至全省享有较高的知名度和美誉度。景区自开放之后，游客人数逐年增多。2010年获批国家AAA级风景区，为袁州区首批文艺创作基地。

【景区景观】 酌江风景区共有景点11处，其中自然景点5处，人文景点6处，以典型的岩溶地貌、罕见的喀斯特地貌景观溶洞为风景区的主要特色。酌江风景区的自然风景主要为溶洞，在景区内分布着大小10多个幽深曲折、各具特色的溶洞，组成了壮观的溶洞群，有的长达10千米，短的仅数十米；有的大洞套小洞，洞中又有洞。五颜六色的石钟乳、石笋、石柱密布在曲折离奇的洞穴中，组成飞禽、走兽、人物、花草、果木等诸般形状，千奇百怪，惟妙惟肖。酌江溶洞群是最具典型性的岩溶地貌，组成罕见的喀斯特地貌景观。地质专家对酌江溶洞群给予了高度评价，其观赏价值和科考价值极高。主要开发景点为白龙洞。

白龙洞是酌江风景区的一级景点，也是最有特色的溶洞，全长2118米，1992年开始正式对外开放。白龙洞是由地下河冲刷而成，自进洞到出洞地下河都伴随始终。洞内潺潺流水似蛟龙入海，声声泉鸣如玉珠落盘，水质清澈见底，水底群鱼游弋，并可乘船游览；白龙洞洞府大气磅礴，奇石异景、夺人心扉。白龙洞以“藏宝殿”最具特色，“藏宝殿”高26米，洞壁呈旋涡状向上旋转，在洞顶形成像中国的国宝“大熊猫”的天然图像，样子栩栩如生。这一绝景是大自然的鬼斧神工所造就的，在全世界都是难得的且绝无仅有的景观。一般溶洞洞内温度都保持在18℃左右的恒温,白龙洞洞内温度却与别的溶洞不同。虽然也是冬暖夏凉,但因白龙洞有多个“天窗”与地面相通,带动了洞内空气的流通,所以它不是恒温的,只是与洞外形成了一个10℃左右的温差。因此,多个形状各异的“天窗”也是白龙洞的一大特色。

【景区管理】 酌江风景区主要由福建客商投资建设的酌江风景区旅游发展有限公司负责日常管理。

水江红色文化教育基地

【概况】 水江镇位于宜春市袁州区西北部,与袁州区天台镇、慈化镇,上栗县鸡冠山乡、东源乡、桐木镇相邻。三水线贯穿全境,辖域总面积64平方千米。全镇山林面积5.85万亩,耕地面积1.28万亩。全镇辖10个行政村,144个村民小组,总人口26406人。水江地处湘赣边界,湘鄂赣苏区是土地革命战争时期建立起来的全国六大苏区之一,水江苏区是湘鄂赣苏区的重点苏区之一,为苏区革命斗争、夺取胜利作出了无私的奉献,从此奠定了水江在湘鄂赣历史上的重要地位。水江镇是革命老区,有无数的革命先烈,至今仍留存有大量具有极高价值的红色遗址遗迹,如水江红色文化广场、革命烈士陵园、飞夺泸定桥二十二勇士之一刘梓华故居、毛泽东故居、列宁小学、高枧大捷旧址,是红色研学教育、党员学习之旅的首选之地。

水江镇党委、镇政府充分认识到红色文化所蕴含的价值,抢救、挖掘、传承和发扬水江镇红色革命精神,致力打造“红色生态文明小镇”,深挖红色文化旅游资源。

【红色品牌创建】 2022年,在红色品牌创建方面,水江镇实现了新突破、大丰收,小洞村、上洞村两个红色名村对照“四个有、四个一”相关要求积极争取相关项目资金对村庄进行了规划建设,并开始开展乡村旅游游客接待相关业务。水江红色民谣《小洞村口送红军》合唱版唱响了市区各单位并唱到了海泰国春晚。水江革命烈士陵园成功获批全市第一批市级烈士纪念设施,正在积极申报省级烈士纪念设施(全市乡镇唯一)。作为全区唯一一个市委党校现场教学点,成功承接市委党校6个主题班红色教学任务,并获得市委党校的高度肯定。11月25日,宜春八中近1400名师生到水江镇红色文化教育基地开展研学活动,标志水江镇研学活动实现“零”的突破。2022年6月江西省第二批不可移动革命文物名录发布,水口镇4处文物入选,总数已达23处。2022年8月,由水江乡贤发起成立了宜春市首个文物保护志愿者协会公益组织,积极探索社会力量参与文物保护利用的新路,利用红色品牌向上争取区级以上资金900余万元,为水江发展赢得先机。

(吕健勇)

街道 乡镇

灵泉街道

【概况】 灵泉街道，位于江西省宜春市袁州区朝阳路二符巷222号，东临湛郎街道，南与珠泉街道接壤，西与凤凰街道毗邻，北与秀江街道隔河相望，地处中心地区。辖11个社区居委会、设73个居民小组、25个党（总）支部，党员1446名。面积4.5平方千米，耕地面积无，水面面积1.4公顷，林地面积3.9公顷，森林覆盖率为41.5%。常住人口22897人。灵泉街道下辖11个社区居委会：鼓楼社区、灵泉社区、龙泉社区、大坪社区、春台社区、考棚社区、朝阳社区、东城社区、鹧鸪社区、黄泥塘社区、五眼井社区。

【党建工作】 一是狠抓基层党建“三化”建设，投入资金300万元建设11个社区“党群服务+文明实践”综合体，为基层党建“三化”建设提质增效，截至2022年底，11个社区信息化平台建设所有工作已完成并开始运行，如期完成各项目标任务。二是以织密党的组织体系为基础，加强党对城市基层治理的全面领导，探索建立党组织引领、党员带头、多方参与、居民自治的小区治理模式，82个无物业小区已有11个成立了业主委员会或引进了物业公司管理，在网格里成立了33个党支部，曾经脏、乱、差、丑的无物业小区，正向平安、整洁、和谐、宜居的“新”小区迈进。三是赋予党建服务特色品牌新使命，依托原有特色品牌“一心四室”，创建“党建+网络”服务微平台，通过线上线下互动方式，为群众办实事、做好事、解忧难，2022年上半年，累计上户走访、服务5000余次，解决群众诉求300余个，密切了党群关系，构建了和谐家园，走出了城市党建引领社区综合治理的新路子。

【经济发展】 一是全力以赴抓好招商工作，截至2022年底，灵泉街道规模以上企业共44家，其中工业企业2家，批发零售16家，服务业8家，房地产3家，建筑业13家，其他投资企业2家。全年签订2个工业项目：江西国睿科技有限公司，投资1亿元的LED智能灯生产项目，该项目已落地，正在投产；宜春博胜药业有限公司，投资1.2亿元，正在规划场地设计；另有2亿元的江苏机器人项目即将签约，已完成工商注册登记工作。二是努力完成全年税收任务，2022年财税目标任务数9500万元，截至12月底已完成10800万元，超额完成。

【创文工作】 组织创文主要责任路段集中整治行动21次；提升城市颜值美化亮化，全面清洗朝阳路、东风路、平安路、明月南路等路段；清理小区“牛皮癣”等5318处，清理垃圾230余吨；对朝阳路、鼓楼路、背街小巷乱停乱放现象较为严重的重点地段进行地毯式整治；整治缆线乱拉乱搭现象，灵泉街道总计弱电整治点位267个，已完成151个；开展农贸市场专项整治达27次，每月对海纳西门、箭道过渡市场进行督查。与此同时，2022年争取到朝阳鼓楼片区、针织厂等老旧小区改造提升项目4个，总投资1700多万元，现已基本竣工；争取到城东佳园、明月广场、朝阳五区等创文改造项目7个，总投资3300多万元，已全部完工；争取背街小巷改造大项目2个，总投资983万多元，已竣工验收。

【棚改工作】 截至年底，灵泉街道征收约1.8万户、面积近200万平方米；累计拆除1.75万户，面积195万平方米，涉及宜春大道、春台公园、城南商业安置点、灵泉池、四中等重大项目14个，均已开工。自棚改扫尾攻坚以来，灵泉街道总任务为971户(全区1186户，占全区任务的81.2%)，截至年底，共完成签约926户，占总任务的95.4%(未完成的棚改征收户房屋均已拆除)。与此同时，全力做好凤凰台小区以及嘉豪小区分房工作。

【脱贫帮扶】 全街道7户11人脱贫户，确保脱贫不脱政策、不脱帮扶、不脱责任、不脱监管。截至2022年底，全街有城镇困难群众解困脱困对象372户588人，其中一般对象367户583人，重点对象5户5人，均已落实一户一档，且已结对帮扶；进一步健全低保动态管理机制，按照正常的申报、调查、审核以及公示程序，全街道现有城市低保对象644户996人，月保障金额533936元，农村低保对象5户8人，月保障金额3175元。

【环境整治】 组织社区干部、志愿者等对各无物业小区的“牛皮癣”、乱堆乱放、屋顶垃圾、走廊、过道等进行全面清理，幸福花园、城东佳园、崇儒巷、瑞宁花园、祥瑞名居、明月佳苑、旗盛广场等小区面貌焕然一新；对辖区内缆线乱拉乱搭现象进行整治，聘请专人对凌乱缆线进行整理，闲置线盒进行拆除；联合城管大队、派出所、社区，对辖区内主次干道的流动摊点、占道经营、乱堆乱放、“两车”占道乱停放等违法违规行为开展整治行动，共整治车辆乱停放600余次；修建辖区内五个公共停车场，分别为四中门口、一小门口、丽枫酒店门前、鼓楼西街、万德酒店，都已修建完毕，同时在各个人行道上划出非机动车停车位。

【综合治理】 因处老城区，人员密集，居民思想比较活跃，灵泉街道做好平时的日常沟通关怀，帮助其解决生活困难。同时，灵泉街道始终把平安建设、市域社会治理现代化试点工作放在突出位置，积极探索“六治融合”基层治理新模式，不断完善综治“三网”、宜春零距离、“四哥调解室”等特色品牌，壮大人员队伍，配齐专职网格员27人，主动融入群众生活日常，将社会矛盾解决在萌芽状态；加大平安创建、反电信诈骗宣传，制作宣传横幅268条，设置电子显示屏156条，发放一封信1万余份，印发宣传单4万余份，在鼓楼广场等其他人员流动量大的区域开展活动，发放防诈骗宣传单，面对面向居民讲解当前电信网络诈骗犯罪的新类型、手段和特点，在全辖区内掀起浓厚的反电诈宣传氛围。

(刘　茜)

凤凰街道

【概况】 凤凰街道办事处位于宜春城区西南部，东至宜春南路，南至浙赣铁路线，西至岐山社区的西南边界线，北至袁河主流中心线。辖区总面积10.8平方千米，总人口11.81万人，户籍人口3.79万户，常住人口58000余人。下辖滩下、凤凰、黄颇、岐山、林桥、柒家岭6个社区居委会，经区委、区政府批准，2022年计划新增4个社区。共28个居民小组，辖区内有23个驻片单位，共有党员人数1235人，其中在职党员89人。

【经济发展】 凤凰街道党工委、办事处积极主动作为，把实体经济和招商引资作为经济工作的“第一战场”。主要领导外出招商6次；对接企业洽谈项目22家。成功对接有投资意向企业7家，上报招商信息7条。工业项目招商完成入园签约项目1家，完成园外项目2家，签约数字经济项目2家，文化产业项目1家。为企业解决难题15起，帮助8家规模以上企业申请“财源通”续贷款、总金额2160万元人民币。辖区固定资产投资2.1亿元，同比增长20%；街道实现财政收入9698.4万元，完成全年任务的104.7%，比上年增长61.9%。

【民生事业】 聚焦老旧小区等重点区域和薄弱环节，针对道路破损、环境脏乱、线路凌乱等问题，街道争取上级资金3200万元，对9条背街小巷、27个老旧小区进行了改造，筹集资金200余万元对破损路面进行了小修小补，对约2.9万平方米污损墙面进行了粉刷。争资270余万元进行改造升级，在辖区新增设160多个公共停车位、386平方米电动车充电车棚，改造面积达到29161平方米，27个小区旧貌换新颜，惠及群众3000多户上万人，使老旧小区“面子”好看、“里子”好用。

凤凰街道以创文明城市为契机，对学生街进行改造，拓宽道路，重新铺设管道，架设路灯，整治杂乱电线、规范店面招牌等，学生街的整体面貌焕然一新。同时社区聘请中嘉物业进驻，对杂乱无序的小吃摊贩统一管理，有序出摊，打造特色亮点“学生美食街”。考虑到学生街摊贩大多数采用罐装煤气，存在安全风险，街道积极督促中嘉物业，将所有的摊位改造成电气加热，并对学生街24栋自建房进行排查，拆除危险性自建房50平方米，对经营性自建进行房屋鉴定，做到防患于未然。5月21日，省长叶建春，省政府秘书长、办公室主任王国强一行到学生街现场调研，省长叶建春仔细查看建筑安全，详细听取排查整治情况汇报，并就做好下一步工作进行再安排、再部署，提出了明确具体的要求。

2022年，街道在鸿运花苑投入资金700余万元，进行小区改造，居民小区新增相应智能安防设施，出入口均设置车辆自动识别设备，实现小区智慧安防管理；同步在小区内成立党组织、业主委员会，根据实际情况，将小区划分为1个网格，11个微网格，采取"网格长+专(兼)职网格员+微网格员+志愿者"模式，引导居民积极参与共商共建共治，彻底改变了鸿运花苑小区没有人管理、没有人服务、没有人关心的"三无"现状。

辖区林桥社区岭上片区是典型的"城中村"，纳入背街小巷改造项目后，全面推进雨污分流和管线下地，彻底解决乱排、化粪池冒溢等问题，并将居民生活配套设施建设作为改造重点内容，通过拆违让路、清障扩路，补齐道路标志线等交通设施，增设停车位，既解决了群众关心关注的"脏、乱、差"问题，又满足了市民停车需求，改善了居民生活环境。

【精神文明建设】 依托新时代文明实践所(站)，广泛开展社会主义核心价值观教育系列活动160余场。组建宣讲队伍开展"党员活动日"活动、座谈学习交流会、观看专题片等形式多样的教育实践活动，推动党的创新理论"飞入寻常百姓家"；常态化开展广场舞、地方戏曲会演、群众体育比赛、全民阅读等活动，大力弘扬时代新风，把移风易俗工作融入"道德模范事迹展""好人故事会""事迹报告会" 等活动中；打造一米月光文化角、润达城市书屋等7个市民文化活动场所。开展"袁州好人""身边好人"推荐和好邻居、好媳妇、好公婆评选。推动中国特色社会主义宣传教育融入日常生活。

【信访工作】 持续抓紧抓实信访工作，积极开展矛盾纠纷排查，定期组织高规格的信访联席会议，把做实做强信访工作作为当前的首要任务摆在突出位置，积极预防和化解信访问题隐患，加大信访积案的化解力度，努力营造安全有序的社会环境。年初以来，街道接待现场调解化解群众30余件，受理解决群众合理诉求65件；成功解决民情问题66件，调处矛盾纠纷30件。

【专建小区】 将党支部建在小区内，把"红色力量"扎在楼栋里，让党组织链条贯穿老旧小区改造和无物业小区治理的各环节、全过程，做到将"支部建在一线上、身份亮在岗位上、党旗飘在阵地上"，实现小区与社区、街道上下联动，形成了"合力共治"格局。辖区专建小区通过党建引领，激发"红色力量"，以党员为"领头羊"，业主做"管家"，切实做到"小区事务大家评、小区管理大家议、小区决策大家定"，实现小区民事民议、民事民管、民事民办。现在的专建小区，主路楼道宽敞明亮，红墙绿树交相辉映，治安防控更有保障，外迁居民纷纷回流，老旧小区人和气顺，党建给旧"专建"带来新面貌，小区变身网红打卡地，外在"颜值"和内在"气质"不断提升。2022年4月21日，市委书记于秀明深入凤凰街道专题调研基层社会治理工作，对凤凰社区专建小区推行"党建+和谐小区"建设试点做法予以肯定。

(刘　玉)

湛郎街道

【概况】 湛郎街道位于宜春中心城区东部，辖湛郎桥、五六川、状元洲、东园、日升、红星、文笔峰7个社区居委会，辖区范围6.26平方千米，总人口4.92万人，共设7个社区党委，30个党支部，党员1023人。2022年签约工业企业2家，签约金额1.8亿元，在谈项目6个，其中文旅项目1个、商业项目1个、数字经济项目4家，新增规模以上工业企业1家。完成财政收入4455万元；规模以上工业企业完成工业现价产值5.65亿元，同比增长32.4%；完成营业收入6.22亿元，同比增长30.1%。2022年，在区委、区政府的坚强领导下，在区直各单位和各部门的精心指导支持下，街道以开展"三拼三促"抓落实年活动为契机，团结协作，奋力拼搏，经济社会发展取得了一定成效：2月和8月分别迎接了省委组织部部长吴浩和省委政研室关于"党建+和谐小区"的调研；9月10日中央电视台新闻频道报道了街道利用智慧湛郎平台开展点单式精准服务助推城市治理的做法;10月26日，省委常委、统战部部长黄喜忠到街道文笔峰社区“侨之家”宣讲党的二十大精神并指导侨务工作;10月29日,市委副书记、市长严允到文笔峰社区造纸厂小区看新貌和宣讲党的二十大精神;11月3日,“学习强国” 学习平台《“对症”改造“老”居民乐享新生活》一文报道了文笔峰社区造纸厂小区改造成效。

【基础设施建设】 广泛开展“全民阅读　书香袁州” 品牌活动,结合实际,在状元洲公园创建1个示范城市书屋,在街道和七个社区共创建8个城市书角。着力推进全街道生态环境污染防治,强化宣传引导，加强扬尘治理,投入7万元新配置一辆吸尘车,督促外包公司每日洒水降尘,确保枯桐岭国家监测点各项指标达标;针对街道环境污染所存在的问题进行地毯式入户调查和梳理并进行整治。居家养老中心建设序时推进,建成了日升社区和东园社区居家养老服务中心。投入近120万元在湛郎街道东园社区建设城市社区全民健身场地,占地5.3亩,包含有足球场、篮球场、羽毛球场、乒乓球场,健身路径、管理用房、停车场等配套设施,填补了宜春城区东南广大区域缺乏综合性群众健身场地的空白。投入4260余万元实施老旧小区改造项目5个、创文项目3个、背街小巷改造项目1个,大力提升了城市品质。

【社会治理】 将党组织建在网格上,注重发挥网格作用,构建“网格长、网格指导员、网格管理员、网格法治员、网格信息员、N名志愿者”组成的“5+N”网格管理体系,加快成立无物业小区业主委员会步伐，引导社会工作者、志愿者等小区原生力量通过各种形式参与小区管理,积极组织开展电信网络诈骗违法犯罪宣传“敲门行动”,取得了较好效果。在湛郎桥张家巷、文笔峰小学对面打造近600米的法治长廊,落实法律顾问制度,打通法律服务“最后一千米”。推动先进信息化技术与大数据分析平台系统化融合，实现对金悦湾、嘉晨东郡、御景东方等小区治安管理要素的动态感知,让智能的触角延伸到小区的每个角落,从源头上预防和减少不安全因素。协助派出所打造视频指挥调度系统,大力推进公共安全视频图像的智能化建设,全面提升视频监控服务实战能力和水平。结合老旧小区改造,在文笔峰社区造纸厂宿舍打造“智慧家园”示范点,新增一个车辆道闸、两个人脸识别门禁,保障居民安全。

【就业助贫】 农村建档立卡贫困户共计24户60人;城镇解困脱困对象91户134人，均达到“两不愁三保障” 和饮水安全要求,且收入保持持续稳定。街道组织举办创业培训18期、技能培训1期,共计培训804人。与江西众嘉人力资源管理有限公司签订了劳务协议。为了更好地解决当地居民就业问题，通过“智慧就业” 平台开展送岗上门现场招聘,推荐就业等方式推荐当地劳动力到赣西农批市场和电子商务创业孵化基地就业,市场主要从事农副产品批发、零售等项目,在赣西批发市场从事保安、保洁岗位人员共有70余人,从事农产品批发零售人员共有200余人，主要从事搬运、分拣配送等岗位。通过在人员密集处设立招工点、发放宣传单、入户宣传、利用智慧湛郎平台等多种方式进行宣传，并积极组织返乡务工人员、建档立卡贫困户、残疾人、退役军人与企业用工对接,向园区推荐就业意向人员128人次,成功录用上岗人员73人。

【基层党建“三化”建设】 坚持上下联动、因地制宜推进文笔峰社区嘉晨支部、湛郎桥社区居委会支部2个市级基层党组织示范点建设。全面推行信息化平台使用管理,整合资源,打造“党群服务＋文明实践”综合体,新建东园社区办公场所,有效改善了社区办公条件。强化理论学习,坚持班子会第一议题学习习近平总书记重要讲话精神、中央和省市区重要会议精神。加强干部教育培训,邀请专家、区商务局领导和园区人员进行理论宣讲和讲授招商知识、写作培训、家风家教等,认真组织学习党的二十大精神。

珠泉街道

【概况】 珠泉街道位于袁州中心城区沪瑞铁路以南，辖一机、明珠、珠泉、窑前等11个社区,198个居民小组，总面积19.25平方千米。耕地面积74公顷,水面面积6.2公顷，有林地面积267公顷,森林覆盖率为17.5%,总人口约5.5万人。

【党建工作】 抓好落实年活动。按照“三拼三促”抓落实年活动要求,组织党员干部全面系统学习习近平总书记重要讲话和指示精神，深入巩固学习党的二十大和历届全会精神，跟进学习中央、省、市重要决策部署，开展宣传教育活动40余场次，党支部理论学习70余场次；夯实基层组织建设。发展党员14人，积极分子50余人，建立“珠泉街道后备干部人才库”，选拔登记社区后备干部87人；打造清廉珠泉。坚持反腐斗争永远在路上的韧劲，加强干部作风建设。全年共立案5件，结案5件，党内警告3人，开除党籍2人，给予诫勉谈话1人，受理信访举报1件，全面开展“码上监督”工作，规范社区“三资”管理，加强监督，防微杜渐，坚决惩治“微腐败”问题；巩固意识形态阵地。认真履行党管意识形态主体责任，加强和规范中心组理论学习，大力推进社区新时代文明实践站资源整合，创建了微信公众号“南泉涌珠”，已关注人数量破万，点击量达4万余人次。积极弘扬“好人文化”，树立先进模范典型，2022年共推选出“社区好人”26名、“珠泉好人”10名、袁州好人2名，由珠泉街道推荐的郝文汉43年对瘫痪妻子不离不弃悉心照顾的好人事迹，已被宜春日报公众号宣传报道，营造了昂扬向上的舆论氛围。

全面推动支部建在小区(网格)上，成立49个小区党支部，支部委员208人，许多离退休党员都积极回归社区发挥余热，成为社区建设的重要力量，在创文、反诈等工作方面均发挥了明显作用。街道重点打造了半边山社区日出康城第一和第二党支部，解决了其阵地建设问题，集思广益取名为“太阳花之家”。日出康城小区有1826户居民，人口复杂，管理滞后。长期以来，由于物业服务不到位，引发居民不满，不愿交物业费。2021年12月，因居民不交物业费，物业公司将小区居民告上了法庭。2022年年初，日出康城小区第二网格党支部书记卢安带领支部委员和楼栋长，积极与居民、物业公司沟通，促进居民和物业有事一起商量，有问题一起解决。小区党支部还广泛发动在职党员、热心居民参与小区管理。3个月不到，该小区37件涉及居民与物业纠纷的案子解决了14件，法院最终不予立案，由小区内部协商解决。该经验做法在光明日报客户端、《江西日报》、五星党建、宜春电视台等媒体中均有报道。

【经济发展】 招商引资硕果累累。2022年，街道已完成财税任务4925.1万元，完成全年任务计划的115.6%，共引进亿元企业2家，投资1.2亿元的江西锦上锂新材料科技有限公司，落户医药工业园，江西盛农生物科技有限公司，落户机电产业园。完成入统项目3家，分别是宜春申宜包装科技有限公司、宜春市城建建材有限公司、宜春碧桂园星钻。新增规模以上工业企业2家，非公企业上规6家。

【民生改善】 大力推进民生项目建设。积极推进老旧小区改造工作，2022年，全街道共完成23个改造项目，共花费8315.68万元；创新打造长青综合示范社区，在投入2600余万元对长青进行老旧小区改造的基础上，街道自筹资金100多万元对社区进行了改造升级；投资1000余万元全力推动珠泉农贸市场升级改造，打造新型智慧农贸市场典范，助力文明城市创建；做好宜井遂高速公路项目建设征迁工作，完成率100%；积极抓好公租房申请审核工作；完成1929户房屋普查，707套自建房安全隐患排查；对市容环境更是不留余力地进行常态化整治。结合优化营商环境工作，对辖区企业以及临街店面进行逐一宣传，督促店主做好门前“三包”。以主次干道、背街小巷、居民小区为重点整治范围，清除“牛皮癣”432处，清扫630吨垃圾，整理线路15948米，拆除违章建筑1610平方米，安装路灯260盏，修复路面315平方米，粉刷墙面17483平方米，增设消防设施192处，整治车辆乱停乱放、流动摊点、出店经营等120余次，并对不按要求停放的机动车辆进行贴单处罚，共发出350余张。

【综合治理】 信访工作稳步推进。严格落实矛盾纠纷每周排查制度，各社区每周召集辖区内小组长、楼栋长对辖区内进行矛盾纠纷排查，发现问题及时化解。2022年共排查调处各类矛盾纠纷171起，成功调处171起，调解率达100%。认真抓好积案化解工作，已化解积案7件，发放民情家访日记卡820张；深入开展打击治理电信网络诈骗犯罪专项行动。进行专题宣传活动20余次，制作广告宣传栏、横幅共计300余幅，成功劝返1名缅北自主摸排人员，通过抓实反电诈工作，2022年发案数较2021年下降76%；持续开展扫黑除恶专项斗争，共收集到涉黑涉恶线索11条，已全部办结；严格落实“接诉即办”工作制度。及时做好“12345”政府热线回复工作852件，已办结847件，办结满意率达到95%；扎实做好安全生产各项工作。共检查各类场所共 273 家,消除隐患 254 处。

全面深化网格化服务管理,探索推进构建"六治融合"治理体系。打造了长青社区"党建 + 网格"化服务管理示范小区。硬件上,以"老旧小区改造 + 智慧家园"为依托,投资约 2700 万元完成了老旧小区改造和社区平台改造,完成了路面黑化、屋面防水、路灯增设、雨污分流、立面改造、游步道等改造项目,完善了智能门禁系统,建设了多元化解平台、居家养老服务中心、新时代文明实践站、长青厂史馆、党员活动室、网格法庭、道德银行等各类功能室。软件上,以党建为引领,着力推进熟人社区建设,小区共有 5 个网格 8 个党支部 42 个微网格,每个微网格以楼栋为单位配备楼栋长和单元长,吸纳热心居民和各行各业志愿者,成立了人民调解、治安巡逻、文明宣传、卫生清扫、为民服务等不同类型的志愿服务队,开展"红马甲"志愿服务活动。建立兵工之家,成立红白理事会,义务服务辖区老人 9 年,免费操办红白喜事 200 余次。

化成街道

【概况】 化成街道位于袁州区中心城区西北部,宜春北路以西,规划路以东,秀江河以北,迎宾广场以南,属城乡接合部。街道下辖化成、新建、新苑、化成岩、袁河、江轴、牛王庙 7 个社区居委会,59 个居民小组,总面积 8.15 平方千米,其中水面面积 7.2 公顷,有山林面积 41.97 公顷,森林覆盖率为 23.9%,辖区常住人口 61507 人。境内环境优美,依山傍水,千年古刹化成岩寺屹立于化成岩峰,松江园、湿地公园、森林公园等八大公园镶嵌其中。辖区自古就是书香胜地,化成岩寺旁边至今留有摩崖石刻"卫公读书处",现有实验中学、宜春八中 2 所中学,宜春六小、化成小学、画眉小学、宜春市第九小学、袁山学校、袁河小学共 6 所小学,宜春学院北校区和宜春电大 2 所高等院校,宜春市委党校亦坐落于秀水之畔。

【党建工作】 坚持以习近平新时代中国特色社会主义思想为指导,紧扣迎接党的二十大、学习宣传贯彻党的二十大精神为主线,持续抓好街居党员干部思想教育,领导干部带头进社区宣讲习近平总书记七一重要讲话精神,组织中心组专题学习 12 次,邀请专家学者授课 8 次,全年共举办 6 期共 48 课时街居干部轮训班。持续推进"党建 + 和谐小区"建设,成立小区党支部 16 个、业委会 19 个,化成街道江轴社区党委迎接省委常委、组织部部长吴浩考察调研;其老旧小区改造前后对比图在北京"奋进新时代"主题成就展中央展厅亮相。统筹抓好新时期意识形态、思想文化宣传、统战、武装、群团工作,新建城市书角 7 处、城市书屋中心点 1 处、党史文化清廉文化长廊 5 条,《看这个封控区临时党支部》在《五星党建》上刊登,街道团委也获评"全市五四红旗团委"。

【经济发展】 组织党员干部成立招商小分队,建立企业台账,每月定期调度,切实优化营商环境。坚持高质量发展,出台了街道奖励办法,大力挖掘有效招商信息,落实营商环境长效机制。全年完成财税 1.06 亿元,同比增长 23.4%,首次突破亿元大关;固定资产投资 1.2 亿元,同比增长 21.3%;新引进山东省水发集团投资 3.1 亿元并购丰日冶金公司;新增规模以上企业 5 家,新增工业固定资产投资入统 1 家,新增入统亿元以下项目 1 个。

【文明创建】 开展创文宣传工作,成立创文宣传队 49 支,将"袁州是我家、文明靠大家"唱入人心;组建 15 支群众志愿服务队,开展文艺演出、志愿服务活动 100 余次,利用 14 辆宣传车,49 个流动小喇叭,60 余处临街商铺 LED 显示屏,2 处大型户外公益广告,电子显示屏等载体高频次宣传创文内容,引导居民转发创文宣传视频 10 万余人次。开展市容环境综合整治,共查处和纠正各类违章共 13000 余起,其中清理占道流动摊点 10000 余起,规范店外经营 3000 余起。强力抓好治违工作,拆除内容有误的广告 21 块,更换破损广告 170 余块,清洁污损广告 100 余块,增设新广告 260 余块;组织拆违行动共 35 起,拆除面积共计 526 平方米,其中拆除砖混结构附房 12 起,拆除违章搭建阳光棚 3 起、扩建入户门 20 起。

【民生事业】 关注民生服务,坚持人民至上、民生至上,针对学位、车位、厕位等问题进行专项短板提升,高效打赢疫情防控阻击战。樟树下安置点主体建设完成,画眉安置点主体框架基本完成;完成恰曦花园老旧小区改造,背街小巷 6 条;实验中学高中部扩建已完成;袁山学校、袁河小学顺利开学。

【综合治理】 按照“六治融合”要求，打造“六位一体”网格管理模式，将街道细分为69个网格、215个微网格，实现“人在网中走，事在网中办，问题在网格中解决”；发挥“红色物业”优势，用心打造“熟人小区”“熟人社区”“熟人社会”。践行“一线工作法”，开展“大调研、大走访、大落实”群众实践活动，走访群众13000余户，解决问题180余件，调处纠纷120余件。下大力气清存量，解决矛盾隐患80件，化解信访积案15件，解决潜在隐患3件；积极开展反电诈工作，联合派出所遣返涉缅人员3人。

秀江街道

【概况】 秀江街道地处中心城区的老城区，东接明月北路，西与宜春北路交界，北依宜阳大道，南邻秀江河，面积5.7平方千米。下辖12个社区居委会，有常住人口8.35万人，户籍人口5.77万人，流动人口2.58万人，驻片单位44个，中学2所、小学3所。党工委下设12个社区党委、66个党支部、82个党小组，共有直管党员1265名。

【党建工作】 在党建引领方面，将党建工作作为街道向前发展的“助推剂”和“压舱石”，推动各项工作质量、效率和效果同步提升、同频共振。做实“党建＋网格精细化管理”，共划分106个网格、806个微网格。探索将党群服务触角延伸至居民小区，建立“党群连心驿站”18个，着力打造“熟人宜阳、春天里、幸福袁山”等党建特色品牌。其中“熟人宜阳”“26℃服务”得到了省委常委现场调研及肯定。在作风建设方面，坚持以身作则、以上率下，以思想为引领，不管是大会还是小会，不断地灌输新观点、新理念、新思路，使干部群众思想、思维、思路大为改变，以制度为约束，出台了多项规章制度文件，匡正了干部行为规范，激励干部担当作为，街道上下想干事、会干事、干成事的氛围越来越浓。

【经济发展】 在经济发展方面，秀江街道经济社会发展稳中有进、稳中向好，地区生产总值、固定资产投资、工业投资、规模以上工业增加值等主要经济指标步步攀升。街道紧盯生物医药、锂电新能源、智能装备、电子信息等主导产业，2022年，新引进20亿元以上项目1个、数字企业1家；新增规模以上工业企业和非工企业8家。高度重视财税工作，2022年财税收入8370万元，同比增长13.5%。

【民生保障】 在财政收入增速放缓的情况下，着力办好就业、养老、社会保障等民生实事。一是打造袁山社区嵌入式养老服务中心。建设面积5000多平方米，设有床位100余张，配备了数字化系统，是集居家养老与机构养老于一体的新型养老服务中心。二是完成商城农贸市场改造提升。三是完成59个老旧小区、背街小巷、创文项目改造，小区环境焕然一新。四是探索打造袁山社区综治中心，实现矛盾纠纷多元化调解。该中心占地600平方米，实现“三官四员”入驻，通过“六治融合”形成了集人民调解、行政调解、司法调解为一体的矛盾纠纷多元化调解综合体，承接了省人大调研组和市委政法委领导的现场调研。五是深入抓好创建文明城市工作，除市区投入外，街道不惜加大人力、物力、财力的投入，进一步加强文明城市宣传及小修小补，在市区多轮检查评比中站位前列。

【综合治理】一是把牢安全稳定底线，确保安全事故“零发生”；二是强力推进反诈工作，使电信诈骗案发率同比下降85%；三是大力开展突出问题整治，排查调解矛盾纠纷106起；四是16件信访积案已化解14件。

下浦街道

【概况】 袁州区下浦街道位于宜春市中心城区东郊，为袁州区行政中心所在地，属城区规划的街道之一，是城乡接合部。辖下浦、厚田、徐田、东升、塅上、金桥、园艺场、东浦、东湖共9个居委会、100个居民小组。有17个党支部，825名党员。街道区域总面积30.6平方千米，耕地面积610公顷，水面面积130公顷，山林面积1400公顷，森林覆盖率67%。总人口6.2万人1.5万户。2022年财政税收总额为2.522亿元。主要农产品产量：稻谷2400吨（早稻900吨、中稻及一季晚稻1500吨），家猪存栏2800头，家禽存栏3.7万只。

【党建工作】 2022年，街道党政机关内设机构和下属事业单位进行科学合理整合设置，精简为“五办一中心”。各社区均成立社区党委,运行“一委一居一站”模式。实现服务平台建设标准化。街道先行打造东升、东湖两个社区示范点，通过以点带面，各社区结合自身实际和特点,严格按照统一标准规范社区服务平台,街道9个社区已经全面完成平台标准化建设。二是社区党员活动规范化。充分利用“三会一课”、“主题党日”、党员议事、组织生活会、户主会等形式,加强党员学习培训和政策宣传,提升党员素质。组织党员干部开展路口交通安全文明劝导、禁止秸秆燃烧宣传、村庄脏乱差整治、扫黑除恶宣传等系列活动20余次。同时,街道坚持把学习宣传贯彻党的二十大精神作为当前和今后一个时期的首要政治任务,按照区委部署,强化精神领悟、创新方式方法,持续在学习中领悟内涵、在宣传中凝聚共识、在贯彻中谋求实效,在全街道范围内迅速掀起了学习宣传贯彻党的二十大精神热潮,为营造浓厚学习氛围,街道利用LED屏,宣传标语、学习专栏、微信群、小喇叭、主题公益广告等载体大力宣传党的二十大精神,让党的二十大精神随处可见,使党员干部群众深切感受充满活力、创新进取的浓厚氛围。

【经济发展】 2022年，街道累计完成财政总收入2.522亿元,完成招商签约项目2个,一是入园项目投资1.2亿元的宜春市林氏玻璃砂有限公司年产5.6万吨玻璃微珠项目,二是文化体育类项目宜春乐羽体育传播有限公司,投资5800万元。正在洽谈项目有4个:泰顺建材有限公司,江西艾衡新材料科技有限公司,嘉豪综合楼建设项目、磁悬浮直轴风力发电建设与观光旅游乡村振兴一体化项目。培育1个工业入规项目:泰顺建材有限公司。工业企业拟待入规项目3个:育阳服饰有限公司、林氏玻璃有限公司、赣一环保有限公司。非公企业服务业有3个成功入统入规,拟待入规项目5个。

【项目推进】 2022年完成棚改扫尾攻坚战扫尾零星户5户,面积为292.04平方米,涉及下浦、厚田两个社区;在配套设施不完善、房型不配备的情况下,讲政治、顾大局,顺利完成下浦小区、嘉豪花苑、金桥社区未安置户的分房工作,共分房1572套、面积约13万平方米。2022年,共对下浦街道9个社区违章建筑和未取得相关建房手续的建房户,下发限拆通知。共拆除违章建筑物120多起，合计拆违面积3000多平方米。打击非法采砂8起,扣押非法采砂机械12台;上半年街道辖区内分类收集厨余垃圾2000余吨,其他垃圾1800余吨,可回收物800余吨,有害垃圾约0.3吨。组织城管大队、社区干部、环卫公司联合行动,对小区内外、中小学门口摆摊设点、占道经营、车辆乱停乱放等进行集中整治,共清理临时摊点1507个,整治乱停乱放机动车、摩托车、电瓶车1634辆。

【乡村振兴】 2022年，认真贯彻落实中央、省、市和区委的要求,进一步推进街道巩固拓展脱贫攻坚成果同乡村振兴有效衔接,严格执行“双线”责任制、控辍保学工作措施,义务教育阶段辍学学生实现“动态清零”,脱贫人口和监测对象户实现100%参保,继续开展农村房屋安全隐患排查和住房保障动态监测。2022年以来累计排查农村房屋3943户,没有符合条件实施危房改造的农户,实现农村住房保障问题动态清零,对农村住房262处装订了警示牌,对3处危旧房进行了拆除或封存,全街道7个合作社7个致富带头人带动脱贫户、监测对象217户724人,人均增收均达200元。

【综合治理】 2022年，全年共排查各类矛盾纠纷96件，调处成功92件（含上年转结4件),同比减少2件,下降10%;成功率为100%,同比上升10个百分点。未调处的矛盾纠纷为上年转结的4件。国家信访局治理重复信访化解信访积案专项工作交办的第一批、第二批交办件共7件全部化解到位。

开展“书记接访日”“周六书记进社区流动工作日”活动,每周二书记在街道书记接访室接访，每周六上午在各社区党支部书记流动工作室接访,“面对面”听取群众心声,“零距离”解决突出问题,及时化解和处置矛盾纠纷,切实把问题解决在基层一线。

2021年12月开始综治中心一体化建设,2022年5月底建成并投入使用,设立了“四室一区一庭”：调解室、法律援助室、心理疏导室、警务室、咨询便民区、巡回法庭,另有禁毒办、格格工作室、平安志愿者办、信息化调度指挥中心等。

推动“法治有序”,建立街道一站式司法服务平台和社区服务站,开展普法教育,加强法治宣传,提升群众法治意识。同时推进“袁州义警”建设,浦云豹中队已有200余名队员,在辖区内多次组织开展义务巡逻、护校安园、疫情防控、救援救护、反诈宣传等活动，守护了一方平安。

【文明建设】 结合疫情防控宣传、反诈App宣传工作，悬挂横幅、标语224条、宣传栏93处、宣传车2辆、小喇叭26个、电子显示屏23个、滚动横幅47条、开展活动405次（含社区），转发小视频6392个，发放《致全市人民的一封信》3083封，发放倡议书2569份，发放《文明宜春，享你所想》宣传册2880册，全方位、常态化持续宣传创文知识。进行常态化小修小补。共对小区管线线路整理7400米，粉刷墙体2616处，路面硬化4000多平方米，修补路面21650平方米，填补坑洼数1016处、复绿补绿铺绿29400平方米，制作公益广告4997处，整治出店经营、道路乱堆乱放136处，集中整治“两车”乱停乱放、流动摊点360处，清理楼道1610个，清理杂物、垃圾2675吨。（王　琴）

新康府街道

【概况】 袁州区新康府街道位于袁州西南部，辖新康府、新坪、馨苑、仙台、丁家台5个社区17个居民小组6个居民小区，辖区总面积10.67平方千米，耕地面积187公顷，森林覆盖率28%，总人口1.764万人。

【党建工作】 2022年，召开理论学习中心组学习宣传贯彻党的二十大精神13次，组织“干部夜校”学习21次，邀请党校老师授课6次，开展基层宣讲13场。深入推进基层党建“三化”建设，加强对社区工作的指导，推进“六有”规范建设，打造“党群连心室”“书记会客厅”“爱心时间银行”等联系服务群众平台。始终把意识形态工作作为党的建设和政治建设重要内容，明确分管领导和其他班子成员意识形态工作职责。加大外宣工作力度，在中央、省市区各级媒体上稿200余件。发展新党员5名，年龄均为35岁以下青年。打造“人才驿站”工作室，深挖各领域优秀人才30余名，举办人才座谈交流等活动20余场。深入推进勤廉袁州建设，切实抓好廉政警示教育。将巡察问题整改作为重要政治任务，按照市委、区委巡察组要求，按时保质完成阶段性整改任务。按照“一居一品”工作思路，打造“文明馨苑”“平安仙台”等社区党建品牌。持续深化党建引领“一网一线一单”城市基层治理工作模式，“连心家访”让干群结对子、交朋友、解难题，“新康府里党建红”党建引领基层治理做法被央视新闻频道、省委组织部、《江西日报》宣传推介。打造五星级人武部，完成装备器材室、武装办公室、各分队建设。

【经济发展】 开展“党建＋暖企”行动，实行“党建＋帮办代办”制度，树立“营商环境就是招商引资生命线”的理念，让最优服务成为新康府招牌。赴广东、福建、浙江等地洽谈企业13家，引进4家工业企业落户园区，投资额达4亿元。为落户园区企业提供“妈妈式”服务，帮助落户企业解决发展问题31个。培育工业规模以上企业1家，非工规模以上企业6家，入统企业4家，入库企业3家。

【民生事业】 2022年，将辖区分为五级网格进行管理，合理利用社区工作群、小区居民群建立起工作联系网，形成一张集党建、创文、综治于一体的基层治理大网，及时办理群众急难愁盼问题200余件。投资400余万元，全面升级街道、社区新时代文明实践所（站），建立64支志愿服务队伍，打造“城市书角”7个，全年开展活动200余场。打造“三官一律工作室”“乡贤调解超市”，严格落实班子成员接访制度，把各类矛盾防范在源头、化解在基层、消除在萌芽。培训基层各类人才500余人次，发布用工信息11次，成功介绍300余人上岗就业。申请电子医保凭证2934张，全区街道排名第一。赣服通注册4724人，完成率101%。

【城乡建设】 2022年，着力打造“让城里人羡慕，让农村人向往”的微田园生活，投入资金700余万元，完成2个居民小区、2条背街小巷提升改造和居民区“小修小补”“亮化美化序化”工程，极大改善了城乡面貌。以房前屋后作为整治重点，对“六乱”进行全力攻坚，清除垃圾、整理乱堆乱放100余处，清除小广告500余处，实现了居容居貌的大提升。持续巩固垃圾分类成果，连续五年全市考核排名第一。配合市、区生态环境保护局对“散乱污”企业开展集中整治“回头看”行动，对凤凰山安置小区、四方井水库安置房、宜遂高速项目工地扬尘、车辆清洗进行不定期检查，组织专人每日开展秸秆禁烧巡查。（彭幸赐）

彬江镇

【概况】 彬江镇位于袁州区东部,素有“袁州区东大门”之称。辖彬霞、江霞、霞塘、兴阳、大浦、前白、白源、横山、三星、小布、南源、东源、社树、英山、船坊15个行政村和彬江社区居委会、三姑桥社区居委会2个居委会,共257个村小组。区域总面积139平方千米,耕地面积0.38万公顷,森林覆盖率70%。总人口55474人,人口自然增长率5‰。2022年,彬江镇全年实现税收收入1.52亿元,增长6.5%。规模以上工业营业收入52203.4万元,同比下降20.61%;规模以上工业利润总额616.2万元,同比下降66.14%。粮食总产量25747.65吨,同比增长10%,其中谷物24960.59吨,豆类740.31吨,薯类233.77吨,油料1243.2吨,水产256吨,肉类1242.5吨。

【党建工作】 创新“支部+产业”模式,村级党组织将产业资金物化为温室大棚、农业基础设施等,以固定资产入股,与企业开展产业发展合作,打造了1200亩鹿茸草、900亩花卉苗圃、800亩观赏鱼基地等产业,为当地村级集体经济年增收10万元,500余名农民年增收1万元。设立党员先锋岗开展环境卫生整治,116名党员轮流巡查;开展创建全国文明城市党员擎旗攻坚行动,500余名党员投身创建全国文明城市浪潮。

围绕增强干部责任情怀,创新推出“四个一”红色文化工程,高标准打造社树村红色研学基地、红一方面军革命活动旧址等红色教育阵地。党的二十大召开后,组织召开党的二十大精神专题学习会3次,推动党的创新理论入脑入心。围绕强化干部工作作风,制定出台《彬江镇重点领域、重要岗位廉政风险管控制度》,持续推进专项领域整治。邀请区纪委到彬江镇召开干部警示教育大会,教育引导大家自省、自警,恪守纪律底线。2022年,全镇给予党纪、政务立案9件,给予3人党内警告处分,1人政务记过处分,5人开除党籍处分,诫勉谈话1人次,干部作风明显好转。

【经济发展】 以实现高质量发展为总目标,激活商会桥梁纽带作用,全年搜集有效招商信息12条,签约引进工业企业5家,新增规模以上企业5家,完成财政收入1.53亿元。坚持把支部建在项目一线,凝聚“首府意识”“首府担当”的思想共识,有力推进了工业园区征地拆迁、高速公路改扩建征地等攻坚任务。

彬江镇致力通过建设红色名镇、发展红色产业、擦亮红色名片等举措,以省委组织部驻村帮扶为契机打造乡村振兴省级示范点。以社树为例,积极探索和创新“红色革命文化+乡村旅游”的模式,以打造“红色名村”党建示范工程为突破口。一是在220国道旁入村口处建设一座红色驿站,占地面积约3333平方米,集红色教育、便民服务、志愿服务等功能于一体,打造群众身边“服务圈”,实现为民服务“零距离”。二是打造了店下组新农村改造示范点,通过道路两侧环境整治,融入党建、红色元素,充实和提升红色文化内涵,为打造红色名村奠定基础。三是打造800亩花卉苗木基地,以种植映山红为主。每到4—5月,火红的映山红在田间竞相开放,争奇斗艳,像燃烧的火炬,像燎原之火让红色基因融入血脉,让红色精神激发力量。

【环境保护】 综合整治集镇环境,划定非机动车停车位3000余个、机动车位1100余个,集中整治乱停乱放的车辆,共整治乱停乱放车辆4520辆。建立集镇道路清扫保洁制度,实现垃圾日产日清。清理农村生活垃圾杂物5300余吨、“牛皮癣”广告1650余处、公路沿线环境卫生130千米、村庄水沟52千米、水塘43口。坚持开展好环境综合整治卫生整洁户评比工作,评选出环境卫生最整洁户800余户、不整洁户700余户,有效地促进了村民的环境卫生意识,提升了家庭居住环境。

【民生事业】 2022年,发放农村低保1118户1579人,约750万元;切实筑牢老有所养、老有所依根基,全镇共有幸福食堂14个,涉及14个行政村、230个村小组,其中市级示范点1个、区级示范点3个。全镇共有80岁高龄老年人1057人,发放老龄津贴87万元,切实抓好各类人员救助工作,解决困难群众的急难愁盼问题。截至年底,发放临时救助19万元、残疾人两项补贴1447人约76万元。完成宜新公路彬江社区段路面硬化2800多平方米,新安装太阳能路灯24盏,新建彬江中对面污水管网320米,完成了集镇部分背街小巷的硬化及黑化共计

1200 平方米。

彬江镇积极探索“六治融合”治理新模式，将全镇 17 个网格进一步细化为 59 个网格，并选聘党员网格长 59 名，构建起网格党员、社区居民共同参与的共治格局，推动形成基层治理“六治融合·彬江样板”。2022 年以来，共调处涉及土地、婚姻、家庭等领域存在的各类矛盾纠纷 94 起，成功化解 70 起。全力做好信访工作。严格落实领导接访责任制，认真做好群众来信来访接待，仔细聆听群众诉求，认真解答群众疑问，深入开展释法说理。

新坊镇

【概况】 新坊镇位于袁州区东南部，下辖 12 个行政村，162 个村民小组，总面积 162 平方千米。耕地面积 0.127 万公顷，水面面积 0.035 万公顷，林地面积 0.871 万公顷，森林覆盖率为 73.9%。2022 年，全镇总人口 25428 人，其中城镇 3561 人。地区生产总值 78.52 亿元，其中规模以上工业生产总值 76.36 亿元，同比增长 233%；一般公共预算收入完成 20417.7 万元，一般公共预算支出 11586 万元；固定资产投资 4.67 亿元。农业总产值 2.2 亿元，增长 15.2%，主要农产品有水稻总产达 12625 吨、生猪 10000 头。在财税收入方面，完成税收收入 5.86 亿元，比上年同期增加 539.55%，居全区乡镇（街道）首位；在工业经济方面，成功引进 2 个亿元以上项目，18 家规模以上工业企业主营业务收入 68.15 亿元，比上年同期增加 285.3%。在工业固定资产投资方面，固投入库数 14 个，其中 500 万～5000 万元项目完成 9 个，5000 万元以上项目完成 4 个，工业固投（含技改）指标计划总投资 15.2 亿元，累计完成 9.35 亿元。在农业发展方面，积极保障粮食稳产增收，新增 16 户种粮大户，种植早稻 17100 亩、中稻 3950 亩、晚稻 14557 亩。种植杉树等经济林 2560 亩，其中高产油茶 686 亩，新增萱溪中药材种植基地 230 亩。全域推进高标准农田建设 12700 亩，已基本完成目标任务。村集体经济持续发力，全镇村级集体经济年收入 308.97 万元，其中超 20 万元的村 7 个、超 50 万元的村 2 个，路口村最高达 63.38 万元。

【秀美乡村建设】 加大集镇整治力度，乱堆乱放、违规搭建、占道经营等脏、乱、差问题得到有效解决。持续做好农村生活垃圾清理，投入 26 万元在集镇安装垃圾分类亭 52 座，各村组安装垃圾分类亭 27 座，清理垃圾 3074 吨。做好农村污水治理工作，新建农村生活污水处理设施 1 个，累计完成 9 个。不断推进秀美乡村建设，新建 5 个组 7 个秀美乡村建设点，全镇覆盖率超过 85%。大力开展“厕所革命”，完成改厕 326 户，农村户用卫生厕所普及率逐步提升。全面开展房屋安全隐患排查，完成排查 6892 栋，其中存在安全隐患 6 户，2 户已修缮加固，4 户已拆除。推进美丽公路建设，结合“党建＋示范路”品牌创建建设宜安公路示范路，打造一路一景、一路一品的一流路域环境。认真开展防止返贫监测帮扶集中排查，多次对照成效考核问题自查清单开展自查，认领问题 21 个，已全部整改到位。完成移民项目 10 个、危房改造 4 户，发放雨露计划补助 62 人 9.3 万元、小额信贷存量 45 户 186 万元、光伏扶贫电站收益 9.86 万元。严格开展水污染源监测检查，整改畜禽养殖企业 3 家，有效提升新坊河水质。抓紧抓稳环境信访，畅通反映渠道，全年接到群众投诉 26 件，已全部完成办结，满意度达 95%。加强大气扬尘治理和秸秆禁烧，强化建筑工地、道路扬尘、涉气企业等执法监管，空气质量排中心城区周边 19 个街道乡镇首位。生态底色不断擦亮。坚持走“生态立乡”之路，认真贯彻“绿水青山就是金山银山”的发展理念，加大生态环境保护、林地红线政策宣传力度，强化“两违”巡查防控，建立“无人机巡查＋网格化二级巡控”防控机制，“两违”防控态势持续向好。持续推进农业面源污染防治、林业图斑（30 个国家级森林督查图斑、66 个区级图斑）销号、违法用地图斑整改。生态保护全面加强。全面加强生态建设考核工作，发挥生态文明在村级综合目标考核中重要作用，倒逼树牢“绿水青山”的生态观。加大非法采砂打击和矿山生态修复力度，新增矿山复绿面积 300 亩，全镇矿山复绿总面积达到 3800 余亩，投入 500 余万元，用于矿山生态修复和环保硬件设施建设。

【民生事业】 全镇排查矛盾纠纷 181 件，调解成功 180 件。加大宣传力度，组织开展扫黑除恶、非法集资、电信诈骗、禁毒、打击传销等宣传 40 余次，发放宣传单 1 万余份。坚决打击私挖滥采,组建专班对矿山重点区域开展巡查，建立举报奖励制度,形成群防群治合力。强化基层应急救援能力,通过招考及部门组建方式成立专业消防队。深入开展“安全生产月”应急演练活动,压紧压实企业安全生产责任。开展安全生产检查 56 次，发现隐患 278 处，已全部完成整改,确保不发生安全生产事故。加大困难群体保障力度,新增低保户 13 户 17 人,累计发放低保、“五保”资金 194.72 万元,实施临时救助 62 人 3.23 万元。不断推进稳岗就业工作,积极与园区重点用工企业对接,82 人获得就业扶贫专岗,65 人被园区企业录用。精准施策打好防溺水“组合拳”,投入 45 万余元通过“技防 + 人防”等防控措施,织密织牢防溺水安全网。大力支持教育事业发展,完成利导资金上报,国家奖励扶助 134 人、国家特扶 7 人、阳光助学 5 人、独生子女保健费 9 人，总计利导资金 24.27 万元。积极响应各类民生诉求,精准精心精细做好项目谋划申报,累计投入资金 1.5 亿余元，实施南庙—萱溪—里睦产业公路、智慧停车场、宜安公路示范路等 17 个打基础、利长远民生项目建设。其中,南庙—萱溪—里睦专项公路已完成路基、涵洞建设,预计 2023 年底完工；袁州区城东智慧停车场项目主体工程已全部完工,待设备安装后可投入使用;宜安公路示范路建设项目已全部完成,正在验收。

【依法行政】 自觉运用法治思维,强化底线意识、风险意识,依法依规落实各项工作。强化科学民主依法决策,完善重大行政决策程序。加强政府和基层法律顾问工作,有效应对行政复议和行政诉讼。自觉和主动接受镇人大法律监督,重视司法、舆论和社会监督。大力推进“放管服”“政务服务”，全面落实上级各部门相关规定,对下放到乡镇的审批权限做到纵向同步、横向协调；切实推进政务公开,建立健全政府信息公开工作制度,发布政务信息 90 条，切实保障群众知情权和监督权。回复“12345”热线 324 件,满意率达 97%。扎实推进政府系统党风廉政建设和反腐败斗争,持续整治“怕慢假庸散”作风顽疾,警示谈话 1 人、提醒谈话 3 人、立案 13 件、处分 4 人,深入开展农村乱占耕地建房问题整治、优化营商环境等专项监督 20 余场，整改问题 27 个。

（陈　慧）

南庙镇

【概况】 袁州区南庙镇位于宜春市中心城南郊 12 千米处,毗邻国家 AAAA 级旅游景区武功山和国家 AAAAA 级旅游景区明月山,东连新坊镇,南界洪江镇,西接温汤镇,北邻珠泉街道。清乾隆年间建有古大庙,故得名“南庙”，是袁州区重要休闲、旅游服务点，江西省的生态乡镇，享有中国武术之乡的美誉。距离明月山机场及杭南长高速铁路宜春站仅 15 分钟的车程，距南昌昌北机场 200 千米、长沙黄花机场 150 千米。辖南庙、明教坊、绿源、双田、袁梅、梅花、邮桥、白马、坝源、中村、下市 11 个行政村,160 个村民小组，区域总面积 79 平方千米，其中耕地面积 0.143 万公顷，水面面积 0.135 万公顷,有林面积 0.48 万公顷，森林覆盖率为 59.9%。总人口 2.4 万人，其中城镇 0.46 万人，人口自然增长率 5.2‰。南庙地势东北低、西南高,主峰为双田紫云观,海拔 939.6 米,是典型的丘陵山区地貌。境内山清水秀,气候温和,四季分明,年平均气温 17.2℃，年平均降雨量 1630 毫米。因雨量充沛,水资源丰富;水源来自于明月山,水质优良且富硒。空气负氧离子含量高,水体热效应明显,有已探明的地热资源富硒温泉面积达 20 平方千米。镇域内共勘查文物点 3 处,传统工艺制作的“南庙三宝”豆腐、水酒、菜刀为地方特色佳品,白马农庄、禅农庄园、湖冈台山庄被评为江西省 AAAA 级乡村旅游景点;花溪谷乡村森林公园被省林业局正式命名为第三批江西乡村森林公园,成为袁州区首个江西乡村森林公园。

【党建工作】 党的建设全面加强。围绕学习贯彻党的二十大和习近平总书记系列重要讲话精神等内容，创新组织活动载体,开展“喜迎二十大·建功新时代”主题教育实践活动,先后 8 次召开班子会议和镇村两级干部大会,组织学习宣讲、专题部署研讨；依托乡镇党校、“干部大讲堂”等形式,坚持“自学、集中学、交流讲课”三结合,不断提升干部履职能力,全年共举办党课培训 12 期，覆盖党员干部人数 1660 人；严格落实意识形态工作责任制,加强“南庙明月映硒泉”公众号等思想宣传阵地建设,完善舆情管理工作机制。

【经济发展】 持续推进项目建设。2022 年,引进投资亿元以上企业4家，已签约落地过亿元项目4个，开工项目3个，列入市、区重点项目建设5个，新增规模以上工业企业1家、非工企业7家，较上年新增4家，主营业务收入7940万元，同比增长198.4%；新增入统固定资产投资项目3个，总投资1.23亿元。壹金新能源、江西众联半导体、宜春桃花源(一期)、星光五里等项目加速推进，推动全镇经济社会持续平稳健康发展。

【民生工程】 致力惠民生，人民生活不断改善。坚持教育优先发展，对中小学进行提档升级，南庙中学连续三年中考成绩排名居全区乡镇学校第一；投入资金176万余元对辖区敬老院进行升级改造，建设面积1214平方米，可容纳床位87张，受益52人；完成早稻种植面积1.67万亩，新增油茶种植面积300余亩，脐橙种植约2万株，惠及农户500余户；完成新农村建设示范点6个，新建农村公厕13座已投入使用，无害化户厕普及率达到92.4%，有效提高人居环境质量；投资190余万元抓好葛布水库和合作化水库的巩固提升工程，投入抗旱资金75万元，投入抗旱人数1100人，帮助1700余人解决因旱情导致的水稻受灾问题，解决饮水困难人口200余人；投入100余万元改善基础设施，新增停车位342个，解决了车辆乱停乱放的问题；实施城乡环卫一体化建设，实现全域的常态保洁、垃圾清运服务外包全覆盖。抓好“四好农村公路”建设，向上争资新改扩建道路7.9千米，其中4条已完成施工，中村至葛布头旅游公路全线通车，打通明月大道和省道531线，连接周边5个村，受益群众达万余人。

【综合治理】 严格落实“一岗双责”机制，签订安全生产责任书15份，全年共开展安全生产隐患排查325次，排查企业35家，烟花爆竹零售网点11处，排查隐患98处，整改98处，整改率达100%。关闭取缔机制砂企业1家。大力推进重点行业企业废水废气排放污染治理，指导企业制定完善重污染天气应急“一厂一策”，淘汰改造3台单段式锅炉；第二轮省生态环境保护督察组转办信访件共12件，已整改到位并申请销号共计11家，1家正在整改当中。中央、省环境保护督察组交办的3件群众举报环境问题，上半年已经全部销号完成。投资8万元新建空气检测站，辖区空气质量在全区排名第二。推动信访积案高质高效化解，21件信访积案已成功化解20件，化解率95.2%，其中省领导包案的某信访积案的成功化解，得到副省长、公安厅厅长秦义的肯定；时跨6年涉及545万余元的西海温泉拖欠农民工工资信访积案，成功化解。积极配合公安部门推广“国家反诈中心”App安装，反诈工作在上半年全区综合考评中排名第一。

【营商环境】 把群众反映强烈的痛点、堵点、难点问题作为主攻方向和关注重点，高效办理好“问政江西”交办事项，5天内办结“12345”热线投诉工单，确保问题及时发现、及时解决并形成长效机制；开展“营商环境大讨论大排查大整改大提升”活动，完成注册惠企通530家，完成率100%，赣服通注册5000余人，打通服务企业、群众“最后一公里”；整合办事服务窗口，实施“一站式”服务，精减办事流程，方便群众和企业办事；对招商引资和重大项目建设实行“一事一议”，提高工作效率和服务质量，确保项目顺利推进；同时畅通投资者合法维权渠道，收集梳理客商意见建议20余条，积极协调，及时反馈，为企业提供良好的投资环境。（陈　莉）

西村镇

【概况】 西村镇总面积150平方千米，辖16个行政村和1个社区居委会，335个村民小组，总人口近7万人(居全区第二)，距宜春中心城区18千米，毗邻明月山风景区，西面与萍乡市宣风镇交界。全年税收收入2.174亿元，比上年同期增加4700万元，增长31.6%。完成规模以上工业营业收入4亿元，本地工业税收稳定在4000万元以上，居全区前列。新增工业规模以上企业2家、非公企业4家，完成固投7个，引进1家亿元项目入驻产业园，以及园外项目2个。宜遂高速公路拆迁安置点三通一平基本完工；市应急救援中心已经全部完工并正式投入使用；启动了沪昆高速“四改八”征地拆迁工作，完成了综合站场230亩和便道40余亩征地工作，完成了1.7万亩总投资4300余万元的高标准农田改造建设项目；完成了900余亩低产油茶造林任务，超额完成500余亩。

【秀美乡村】 投资400余万元重点打造全国文明村——分界

村,形成示范带动效应。拆除破旧房屋近900平方米,硬化黑化村组主要道路1200余米,新安装太阳能路灯50余盏,新建健身广场和公交站台等便民设施各1个。全镇共划分15个重点网格116名网格员,全力助推宜春市创建文明城市工作。积极讲好创文故事,投资30余万元建造镇新时代文明实践所,已组织开展各类活动132场次,流动宣传车上路开展宣传350余次,更新公益广告220块,发放倡议书、宣传册6000余份。扎实推进美丽乡镇示范点建设,投入130余万元,对西村村西布组渠道维修以及社台村螺江组至石桥组河床维修,提高渠道输水能力,保障河道的安全运行。筹集资金30余万元购置洒水车和吸尘车,加大了对集镇的清扫管理力度。投入220余万元引入第三方外包公司,环卫一体化外包,实现了全区域长效保洁。加快推进集镇行政执法改革,整合西村城管、派出所、集镇办、创文办等多部门力量,清理垃圾杂物5000余吨、"牛皮癣"230处,整治"两车"乱停放310辆,拆除破旧房1.8万余平方米。持续有效地推进城乡环境综合整治工作,累计改水300余户,改路2.6万余米,改厕近600户,改沟1万余米,安装路灯500余盏。投入57万元,对淇田村洛江组污水管网进行提升改造,完善污水处理设施。积极督促企业、养殖场按环保要求进行生产,所有砖厂均已安装烟尘在线监控设施,各类畜禽养殖场基本做到了零排放和达标排放,严禁偷排漏排。老山正乾建材实现绿色矿山创建,顺利通过省级验收。修复480余亩耕地,提高了土地利用率。开展绿盾专项治理行动,加大治理恢复力度,涉及15个村,复绿面积达760亩,有效地改善了生态环境。

【乡村振兴】 不断优化农村路网结构,投资600万元的4.3千米鑫昌源产业路项目、投资400万元的7.6千米蚕塘至光田双车道项目,投资300万元的3千米大村至省道双车道项目,都已顺利通车。优化教育公共服务,推动西村一中和西村中学合并教学,投资1200余万元的西村中学教学综合楼及教职工周转房项目正在进行前期工作,2023年可报批开工建设。卫生院搬迁项目用地已基本纳入国土空间规划。积极动员青年应征入伍,持续推进社会救助兜底保障工作,农村最低生活保障对象共有1265户1897人,"五保户"348人,相关兜底资金均按时发放到位,切实保障了困难群众的基本生活。投资530余万元的8座水库除险加固已基本完工。完成了投资220万元的圳江村江东组地质灾害点治理工作,为12户59名群众消除了安全隐患。拨付资金抗旱救灾,科学调水放水,投入200余万元疏通井渠,累计打井56口,通渠3600余米,有效应对了近5个月的晴热高温干旱天气考验。

【综合治理】 投入50余万元整合司法、信访、综治等相关部门力量,筹建西村镇综治中心,集中力量解决社会治理的"难点痛点"和人民群众的"急难愁盼"。全年共接待群众来访1000余次,"12345"市长服务热线收到工单619件,均已办结,办结率100%。持续推行领导包案、会商研判、专班化解机制,17个信访积案全部化解。扎实开展风险隐患大排查,依托矛盾纠纷调处中心,坚持周二书记接访日、周五书记调解日制度,共接待调处群众来访56人次,接待群众纠纷56件,解决56件,化解率达100%。获全市"五无"乡镇称号。严格落实国务院安委会安全生产"十五条"硬措施,履行好"党政同责、一岗双责"安全生产责任制,全镇各类安全事故普遍下降,全年未发生较大以上安全生产事故。排查出各类隐患问题103次,排查安全隐患225处,下达整改文书218份,隐患复查整改销号223处,整改率达99%。开展烟花爆竹非法生产排查专项行动,排查经销点18家,收缴违规产品76箱。组织运管、交警、民警和镇干部,开展交通安全隐患整治,有力查处超限超载,并完善交通安全设施,确保了交通安全。制定"五个一律"机制,广泛开展森林防火以及秸秆禁烧宣传,与农户签订防火承诺书8000余份,发放禁火令宣传资料2万余份,出动宣传车300台次,悬挂宣传横幅80余条,张贴宣传标语500余条,在林区重要出入口安装警示牌340余块,真正做到了"冒烟就查、见火就罚、成灾就抓"。加强房屋安全检查,对全镇2.4万余户住房安全隐患进行摸排,对于存在安全隐患的房屋进行封存、拆除处理。

竹亭镇

【概况】 竹亭镇位于袁州区西南部,东连西村镇,西邻天台镇,北邻辽市镇,南与萍乡市赤山镇接壤,为四镇中心,交通便利。距离宜春中心城区37千米，距沪瑞高速出口8千米,距宜慈公路14千米,三水线公路纵贯銮坑、罗布二村。下辖9个行政村,147个村民小组，总面积52平方千米。耕地面积0.1032万公顷,其中水田0.0862万公顷，旱地0.017万公顷，林地面积0.28万公顷，其中油茶林0.2213万公顷,森林覆盖率为65%。总人口24624人，其中城镇人口6170人。有党员790人,下设13个党支部。

2022年,在区委、区政府的坚强领导下,竹亭镇坚持以习近平新时代中国特色社会主义思想为指导,以“三拼三促”为抓手,坚持稳中求进的工作总基调,立足新发展阶段，贯彻新发展理念,构建新发展格局,巩固拓展脱贫攻坚和经济社会发展成果,实现了竹亭镇各项事业的良好发展。

全镇完成财政总收入2729.1万元,一般公共预算收入1190.3万元。

截至2022年12月竹亭镇共有干部62人,下设党政办、农水办、林业办、综治(信访)办、企业招商办、交通办、卫生健康办、村镇规划建设办、环境综合整治办、便民服务中心、民政所、乡村振兴办、三资审计办、财税办、城管中队、应急安全办、退役军人事务站、纪委监察办等18个办公室。

【党建工作】 竹亭镇党委全面落实党建工作责任制,严格执行党要管党、从严治党方针,党委书记落实党建工作第一责任人制,切实履行抓党建工作第一职责,班子成员切实履行“一岗双责”，扎实做好党建各项工作。“三化”建设持续巩固。随着社江村部的建成,全镇9个农村党支部的村级党组织活动场所,以及服务大厅和办公条件得到大幅改善；按照信息化工作要求,准确录入各支部的基础信息,月使用率保证100%。严格按照党员发展十六字方针,把好党员入口关,2022年全年发展15名党员,其中35岁以下9人,大专及以上学历11人；加快干部队伍年轻化步伐,镇机关招录干部4名、各村储备35岁以下大专学历后备干部5人。2022年镇纪委查办案件共完成立案11件，11人，通过运用执纪监督四种形态,干部遵规守纪意识和干部作风建设得到了进一步加强。

【经济建设】 2022年已签约区主导产业项目3个,入驻工业园区。其中,昌泷电机已完成土地招拍挂，厂房图纸设计已完成,已动工建设；宜春精宇5月26日签约，厂房基本完成装修,10月份已投入试生产,从签约到试生产只用了4个多月。农业实现新突破。全镇申报高标准农田建设5014.37亩，完成早稻种植9100亩，发放稻谷补贴资金593151.99元、惠农资金3317281.52元;申报产业帮扶项目12个，申请奖补资金615万元；产业直补项目共批复183户,申请直补资金618860元。项目实现新飞跃。美丽生态文明示范路竹银公路，虎形里至松树坳,投资184万元,共9.2千米。集体经济持续改善。整合495万元产业帮扶资金,依托本地成熟肉牛养殖户的技术、市场资源,以村合作社流转土地和新建牛舍形成固定资产与建红肉牛养殖场合作，新建总投资达1200万元，占地约30亩，年存栏1500头,年出栏3000头的现代化肉牛养殖场,已建成并投入使用,预计每年可为9个村增加收益约40万元。

【民生事业】 2022年，投资229.4万元的西塘、深塘和竹鞭塘小(二)型水库除险加固工程全面完成，饮水安全得到保障;贫困学生均已享受国家资助政策，实现了全镇义务教育阶段“零辍学”的工作目标;争取各级衔接专项资金648.5万元,项目收益覆盖全镇脱贫户和监测对象552户2114人，可带动脱贫户户均增收1580元。全镇新农村建设点6个，共拆除破旧房5778平方米，房屋排查及信息录入共计7459栋，对经营性房屋鉴定122栋,确权4472户,已发证3136户；针对卫生死角进行排查整治,全镇全年清理农村垃圾4012吨,清理村内水塘15个，开展进村入户宣传教育36次,发放宣传资料1124份,确保农村环境面貌得到全面提升。2022年春季造林450亩，油茶低改提升项目8500亩，油茶新造项目申报了500亩;查处乱砍林木12起,采沙毁林1起;特别是森林防火工作,竹亭镇是全市首次采用无人机巡查并获得市区两级好评的乡镇;2022年下半年持续干旱,为保证群众饮水安全,共投入资金70余万元,新增深水井3个，同时筑坝两处，延伸管网5000米，保障了137户、578人用水安全，覆盖农田800余亩。全镇9个行政村147个村民小组划分为27个网格，明确网格长，定期梳理问题,压实责任、限期整改。共投入创文资金100余万元，开展创文宣传，累计发放倡议书4000余份，制作习近平总书记重要讲话宣传栏60余块，移风易俗宣传栏10余块，更换公益广告40余块；粉刷污损墙面300平方米，清理“牛皮癣”100余处，开展各类新时代文明实践活动80余场次。

2022年新增就业116人，园区重点企业招工59人，公益性扶贫专岗75人，光伏、水库管理员、林业管理员等45人，共计120人，共发放资金补助324200元。为外出务工发员发放交通补贴共计446人，发放资金212000元；农村劳动力摸底共计12104人；青年劳动力就业帮扶266人。农村低保对象共648户、876人，发放农村低保金498.76万元；享受临时救助98户，发放临时救助金148550元；发放孤儿生活补助34.56万元；享受“两项补贴”488人，残疾人无障碍改造18例，参加残疾人技能培训6人；火化人数共147人，火化率达到100%。发放临终慰问金1000元；为各类优抚对象累计发放优抚金144人次，发放补贴资金730310.4元。

【社会治理】 2022年，根据“六治融合”工作要求，全镇共划分为27个网格，聘请27个党员或者村干部为网格巡查员；全年开展反“电诈”常态化宣传等宣传90余次、共发放宣传单页30000余份、横幅70余条、利用电子显示屏共播放300余次；查处各类案件31起，全镇6600余人完成“国家反诈中心”App安装，超额完成区委、区政府工作目标；化解矛盾纠纷98起，化解率100%；信访积案4起，化解了4起，化解率100%。同时以“安全生产月”为契机，开展学习《中华人民共和国国家安全法》培训7场次，组织企业、中小学开展应急演练、抗震救灾演练20场次；先后投资6万余元，购置了机动泵、灭火器、消防服等消防救援器材100余件，极大地提高了安全处置能力；对全镇中小企业、超市等人员密集场所进行专项安全检查20余次，累计检查中小企业、超市、饭店30余家；打击非法开采，出警50次，夜间专项巡查50余次，有力地保护了国家的矿产资源和竹亭的青山绿水。（欧阳江帆）

湖田镇

【概况】 湖田镇位于袁州中部、中心城区西郊，辖坪田村、湖田村、林田村、樟树村、阳坑村、汗塘村、王华村、双塘村、店前村、一寺村、石湖村、康诚社区等12个行政村（社区），区域总面积85平方千米，耕地面积1042.27公顷，林地面积4600公顷，森林覆盖率73.5%，水产养殖面积402.31公顷，主要种植水稻、蔬菜。总人口38427人，其中城镇人口29834人、乡村人口8593人，人口自然增长率6.68‰。共有党支部19个，党小组45个，党员877名。2022年，湖田镇实现税收收入2.01亿元，同比增长8%。先后荣获“2017—2021年江西省平安建设先进集体”“宜春市党的二十大维稳信访安保工作先进集体”“宜春市信访工作‘五无’乡镇”等称号。

【党建工作】 湖田镇深入学习宣传贯彻习近平新时代中国特色社会主义思想和党的二十大精神，镇党委理论学习中心组学习研讨14次、举办干部学习大讲堂48次、党委书记及班子成员讲党课19堂。巩固深化“三化”建设，以湖田村为党建示范点，打造功能齐全、实用高效的党群服务活动阵地12个，规范录入19个党支部党建信息化平台数据，推广党建信息化平台手机App，为服务基层党建工作提供方便快捷平台。不断壮大党员队伍，改善党员队伍结构，提高党员队伍素质，在急难险重工作一线发展16名优秀青年为党员，配强2名村（社区）党支部书记，择优储备村后备力量、村党组织书记后备人选49人，开展党建相关业务培训4次。

【经济发展】 湖田镇围绕“拼理念、促比学赶超，拼作风、促担当实干，拼效能、促争先创优”的思路开展招商引资和营商环境提升工作。完成协议固投资金近12亿元，新增工业规模以上企业2家，服务业规模以上企业8家，成功招引“智慧药房”神农药业企业，进一步提升经济实力。2022年完成税收约2.01亿元，同比增长8%，其中房地产企业税收1.24亿元，重点项目税收0.13亿元，工业企业税收0.12亿元，总部经济0.29亿元，其他企业税收0.23亿元，完成全年税收目标。

【项目建设】 湖田镇按照“一个项目一套人马”模式，对每一个项目都安排班子成员全程对接服务。各大重点项目有序推进，顺利完成医药工业园对一寺村、店前村5个村民小组159户66842.52平方米房屋的拆迁及签约任务，帮助教体新区妥善处理6个村棚改拆迁后1576户安置房分配工作，完成西气东输项目征地132.82亩、拆迁5757.66平方米，店前段西气东输征地拆迁安置工作完成拆迁任务。服务宜春时代线路220千伏变电站93座基座在湖田落地建设。

【社会治理】 抓网格化治理模式，建立常态化网格治理工作机制，发挥基层党组织战斗堡垒和党员先锋模范作用，打造一支包括网格员、志愿者、党员、人大代表、政协委员等人员的网格队伍，在创建全国文明城市、社会治理等工作中发挥重要作用。在康诚社区开展“红色网格+智慧家园”示范点创建活动，初步打造成共建共治共享基本单元。抓安全稳定，在安全生产、交通、食品安全、电信网络等领域开展常态化风险隐患大排查。

【民生保障】 严格落实“雨露计划”、小额信贷、就业帮扶、教育帮扶等各项民生政策，成功介绍220人到园区重点企业就业。开设保洁员、图书管理员、道路安全员、森林防护员、水库巡视员等扶贫岗，安置贫困劳动力74人上岗。对辖区内的企业及餐馆等用人单位进行了拖欠农民工工资大检查，处理拖欠农民工工资及劳务纠纷50起。持续做好兜底保障，全年共计发放农村低保金393.4万元、分散特困供养金63.6万元、护理照料补贴11万余元。全面落实抗旱救灾各项措施，投入近120万元，把旱情对人民群众生产生活的影响和损害降到最低，确保农村饮水安全。

【民生工程】 聚焦民生关切，各项民生保障及民生政策均落到实处。有序推进新农村建设，完成6个新农村建设点“七改三网”建设，已进入验收、审计阶段，确保保质保量完成进度。通过开通“民呼我应”便民服务热线、举办屋场会等方式，收集意见建议、解决民生问题1000余条，解决群众急难愁盼问题，群众满意度不断提高。投入900余万元启动湖田镇中学教学综合楼建设，为优质教学打造良好环境。加快村组道路建设步伐，实现村村通基本全覆盖，投入870余万元启动组组通道路建设，投入1200余万元进行湖田至石湖县道升级改造，方便群众出行。

【城乡环境】 抓污染防治，加强空气质量监测，建立日常巡查机制，及时发现和处置各种污染源。开展入河排污口整治专项行动，封堵、取缔非法入河排污口，规范入河排污口管理。垃圾分类成效显著，举办50余场宣传活动，制作宣传横幅近160条，派发宣传资料7000余份。对垃圾分类工作进行常态化督查，全年共执法18处，罚款1750元，有效提升居民垃圾分类意识。人居环境提档升级，共清理卫生死角垃圾和建筑垃圾4300多吨，覆盖裸露地1万多平方米，清除墙体“牛皮癣”100余处，清理水沟50多千米，拆除违法建筑800多平方米。新改建问题厕所385座，整改问题户厕226个，人居环境明显改善。

新田镇

【概况】 新田镇位于袁州中部，辖新田、杨芽、龙源、射鹏、下桥、下山、施家、安祖缎、镜源、灿塘霞、里光、白竹、台洲、邬家14个行政村，241个村民小组，总面积97平方千米。耕地面积0.22万公顷，水面面积0.037万公顷，森林面积0.51万公顷，森林覆盖率为52.58%。总人口41939人，其中农业人口40507人、非农业人口1432人。2022年全镇财税完成4291.8万元。

【党建工作】 持续深化基层党建“三化”建设，明确16名信息员抓实信息化数据采集等前期准备工作；大力推进软弱涣散村白竹村整顿提升，坚持每月召开1次整顿提升推进会；严把党员入口关，择优发展党员37人。选派2名科级干部兼任“两新”组织党建指导员，助推“两新”组织党建规范提升。全年组织党委理论学习中心组集体学习12次，围绕重点内容开展专题研讨16次，通过周一工作例会、“三会一课”、“学习强国”学习平台等组织党员干部读原文、悟原理，撰写心得200余篇，邀请专家教授举办专题讲座，培训党员干部700余人次。积极开展“我为群众办实事”实践活动，发动党员干部深入一线听意见、找问题、察实情，聚焦群众急难愁盼，累计办理一般民生实事100余件，10个重点民生项目全部按期完成。认真执行定期研究基层党建工作制度，党委会围绕村级组织建设、村集体经济发展、党员队伍教育管理、人才队伍建设等重要内容先后4次开展专题研究，切实做到把“两个维护”落实到实际行动上。

【经济发展】 积极搭建自身招商推介平台，超前谋划自主招商活动。持续开展“精准招商、以商招商、以情招商”,营造招商引资的良好氛围。2022年重大项目重点推进类项目入统5个(宜春市代代果开发有限公司富硒水果种植销售项目,江西博创金龙五金制造有限公司年产500万把智能锁项目,江西立德工程机械有限公司挖掘机挖斗、大小臂生产项目,江西福升电机有限公司台风机生产项目,宜春康瑞祥建材贸易有限公司铝合金门窗生产项目)。

【乡村振兴】 大力推进农贸市场提升改造建设。投资60万元建设农贸市场升级改造工程项目,完善鱼类活禽、肉类、果蔬生鲜摊位划分,新建排水沟200余米。投资40万元改造修缮集镇人行道与道路路面、安装路灯、做好绿化美化,改善集镇人居环境。引入袁州区甘泉自来水厂,对新田原自来水厂供水管网进行提升改造,使居民用上放心水。扎实开展改厕工作,2022年完成新改建厕所339户。2022年,全镇稻谷种植面积共计48600亩,退耕还林559.5亩,新增高产油茶960亩,油菜扩种1023亩,做到了应耕尽耕、应播尽播、应种尽种。

【民生保障】 结合疫情防控、反电信诈骗等工作开展敲门行动,由党员志愿者上户宣传创文相关内容,发放各类宣传资料1.4万份,投放公益广告300余块。2022年新增养老保险参保185人,全年发放低保金(含补助金)共计约590万元、特困金及照料护理补贴160余万元、临时救助资金47000元、高龄补贴约70万元、残疾补贴791120元;投资64万余元完成敬老院消防设施改造,投资44万余元完成敬老院山体滑坡维修项目建设;推荐到园区企业务工人员127名,登记就业意向人员156人,安置脱贫劳动力86人,全年办理外出务工交通补贴304人,发放补贴14.24万元;2022年,处置棺木11口,死亡人员186人,火化186人,火化率达100%。全面完成全镇14个村的村级公益性公墓山建设并予验收投入使用。

【综合治理】 开展联合督查,对食品药品、燃气、消防、交通、农村经营性自建房等各类安全隐患进行排查治理,累计出动检查35次、检查人员7人、检查生产经营单位130个,整改隐患85处,打击查处非法生产8次;做好“水美家安”工作,全面完成49个水域防溺水“四个一”工程建设,安装58个摄像头全面覆盖所有水域;加强秸秆禁烧和综合利用,加大禁烧、禁燃、禁爆宣传力度,推进空气质量持续改善;有效推动森林防灭火工作,在重点防火区域、重点时段,高频次开展检查,及时消除火灾隐患,共劝导50余人,对野外违规用火罚款共计9000余元;2022年度,调处信访矛盾纠纷85起,息访信访积案7起,接受法院委派案件调解成功24起。

【作风建设】 依托镇廉政展厅,分批组织镇村干部开展3场警示教育活动,共150余人参观廉政展厅、观看警示教育片、聆听廉政党课。全面推进五型政府建设,完成便民服务中心规范化建设,形成“一窗式”综合服务平台,2022年,开展基层干部培训13次920人次。政务公开发布信息68条,“12345”便民服务热线处理投诉298件。

三阳镇

【概况】 三阳镇地处宜春市中心城区北郊,距离宜春中心城区15千米,毗邻宜春经济技术开发区、袁州医药工业园,是宜春市区的北大门。全镇辖区面积78.54平方千米,下辖三阳、银岭2个居委会,潘坊、彭坊、庄里、陈坊、天井、石塘、蔺坊、石岭布、下门、秆塘、泉塘、蕉溪12个行政村,以及石家屯林场和酌江水库服务站,共184个村民小组,户籍人口10890户58974人,集镇常住人口1.5万人。

2022年,在区委、区政府的坚强领导和上级业务部门的关心支持下,三阳镇领导班子坚持以顶格标准、满格状态、真格措施抓落实,全力推动各项工作高质高效开展,获评第十三届江西魅力乡镇生态宜居镇、宜春第二批高质量就业乡镇等。

【党建工作】 镇党委始终把理想信念教育贯穿于思想政治建设的始终,研究制订党委理论学习中心组学习计划,共集中学习5次(其中党的二十大精神学习2次,《习近平谈治国理政》第四卷精神学习3次),召开意识形态专题会议2次。严格落实民主集中制,不断提高街道领导班子的凝聚力和战斗力。班子成员之间牢固树立“一盘棋”思想,分工不分家,既各司其职,又团结协作;既沟通交流,又坚持原则。做到了讲党性、讲大局,重事业兴衰、轻个人得失,心往一处想、劲往一处使，有效保障和推进了各项工作顺利开展，营造了风清气正的政治环境。镇党委始终坚持新时代党的组织路线，贯彻新时期好干部标准，树立正确选人用人导向。年初对班子分工内容进行梳理，听取意见建议，充分发扬民主，科学合理调整分工，解决名实不副、职责交叉等问题。制定老班子带新班子的传帮带方案，并由4名老班子成员对4名新班子成员开展谈心谈话，帮助新班子成员尽快适应角色转变。

镇党委切实履行党风廉政建设的"两个主体责任"，把廉政建设工作纳入总体目标管理，加强领导干部廉洁自律工作。2022年以来，镇纪委累计办理案件28件，其中酒驾醉驾案件10件，已立案办结17件（开除党籍3人，党内警告处分10人、党内严重警告3人，留党察看1人），同时配合上级纪委做好信访调查处置2件。

【经济发展】 不断加大招商引资力度。2022年，全镇实现规模以上工业总产值6.7亿元，增长6.5%，新增规模以上企业1家（共15家），一般公共预算收入达到6000万元，增长4.85%，固定资产投资完成2.6亿元，其中制造业技改投资完成1.9亿元。完成新签约项目5个，总投资额达32亿元（分别为投资20亿元的彩鸿纺织有限公司、投资10亿元的江西赣宇锂业有限公司、投资1亿元的江西省华璨锂业有限公司、投资5000万元的起色电子材料有限公司和投资5000万元的宜租邦网络技术有限公司），入园企业达17家。

不断提高城乡融合水平。以创建美丽乡镇示范镇为契机，提升改造集镇基础设施。完成三阳公园和阳明大道路口路面修复项目，义山路维修改造项目。完成20千米道路养护，维修更换路灯60盏。规范集镇建房管理，共拆除危旧房屋35户，拆除面积4200平方米。规范农贸市场经营秩序，拆除违规商业广告、招牌20余处，拆除面积140余平方米。增设车位60余个，规整线路3000余米，多次开展整治乱停乱放集中行动，处罚违停车辆96辆。镇域生活品质不断提升。

不断改善农村人居环境。以创建爱国卫生城乡镇为契机。扎实推进农村"厕所革命"，新建无害化卫生户厕265户，无害化卫生户厕普及率96%。改造、新建卫生公厕2座，有效改善厕所环境卫生状况。完成184个自然村的人居环境综合整治。开展村庄清洁行动，实施沟塘渠坝、畜禽养殖粪污、乱搭乱建乱放、无功能建筑清理，落实人居环境突出问题整改，均已建立长效帮扶机制。

不断筑牢绿色生态屏障。加大水源保护力度，抓好集镇污水处理厂的管理，争取省市资金260余万元，对集镇及石岭布等村的25个村民小组生活污水进行治理，开展水源保护、重点地段的巡查工作，对巡查中发现的18个问题均建立台账，并已整改到位。

不断防范化解重大风险。抓好诉求办理工作，2022年办理上级交办信访事项64件，民情家访68件，均已办结，受理各类矛盾纠纷200余件，诉前调解17件，调处成功率100%。持续开展农村房屋安全隐患排查，完成2户农村危房改造；及时督促辖区内企业、站所、学校、餐饮等132家单位安装可燃气报警器，及时消除各类安全隐患。

（易雪东）

洪塘镇

【概况】 洪塘镇位于袁州西北部，辖洪塘社区和洒下、大岭、台洲等25个村委会，387个村民小组，区域总面积164平方千米，耕地面积0.43万公顷，森林覆盖率60%。总人口63133人，其中城镇人口8561人、乡村人口54572人。2022年，洪塘镇实现税收收入8153万元，粮食总产量2.42万吨。

【党建工作】 选定10个村，打造"一村一品，一村一亮点"党建新品牌；制订党委理论中心组学习计划，组织开展党委理论学习中心组学习36次，召开党建工作专题会议4次；以楼下村为试点开展"党建+村干部述职述廉评议大会"，督促村干部履职尽责；持续优化党员队伍年龄、学历结构，发展党员28人；探索"网格+党建"新模式，在58个网格设立了58个党小组，明确了党小组负责人及网格管理员；开展集中整治干部队伍作风顽疾的"五治"行动，发现线索7条；运用"四种形态"加大监督问责力度，2022年镇纪委立案审查案件11件，办结11件，15人受到党纪处分；镇纪委督查疫情防控工作26次，发现并督促整改问题52个，督查防溺水19次，发出通报9期；针对区委第三巡察组反馈的29个具体问题进行全面整改；完成宣传用稿中央级3篇、《江西日报》7篇、《宜春日报》18 篇，其他平台 30 余篇；依托洪塘镇微爱公益团平台，探索在村民小组组建志愿服务队，积极开展各类志愿服务活动；充分利用线上线下各种载体宣传党的二十大精神，领导班子带头深入挂点村（社区）开展宣讲；2022 年为部队输送 16 名优质兵员，其中 13 名为大学毕业生；打造大统战工作格局，全力支持商会发展，洪塘商会获评 2021—2022 年度全国“四好”商会称号。

【招商引资】 先后组织召开洪塘籍在京乡贤座谈会、洪塘镇商会第二届会员大会、“三请三回”新春恳谈会、“三拼三促”企业座谈会以及招商工作部署会等；全年签约亿元以上项目 4 个，省商务厅入统项目 1 个，培育规模以上工业项目 2 个，非工规模以上项目 4 个。

【乡村振兴】 加大对 5 个扶贫车间的运营管理，设立扶贫专岗 59 个，申报交通补贴 376 人 17 万余元；共计申报符合“雨露计划”条件的就读中高职学生 81 人，补助资金 12.15 万元；春秋季学期累计为 1086 人发放贫困学生资助金 72.56 万元；村级光伏电站 14 个，建设规模 823 千瓦，发电收益 25 万元，公益性岗位分配收益 5 万元；安排基础设施项目 12 个，涉及财政衔接资金 248 万元；47 户 157 人享受易地搬迁扶贫，其中脱贫户 24 户 82 人；完成早稻种植 1626.67 公顷，中稻种植 333.33 公顷，油菜种植 833.33 公顷；投入 400 余万元建设产业衔接项目基地 5 个、扩建 2 个，向区农业农村局申报 7 个产业扶贫项目奖补资金 253 万元；完成 2022 年高标准农田建设项目，建设面积达 824.6 公顷；宅改拆除破旧房屋 29682 平方米，新建改建卫生厕所 137 个；依托省级现代农业示范园，发展了中药材、果蔬、水产业、粮油等农业产业，带动了村级集体经济发展。

【优化发展环境】 对浩洁餐具厂、样路口污水处理厂等环保问题多次召开专门会议进行研究部署，厂内环保问题得到有效整改；申报建设污水处理项目 2 个，涉及资金 100 余万元；加强秸秆禁烧工作，在各村安装通告宣传牌 60 余块，违法处罚近 10 人次；组建 47 人的应急小分队、60 人的半专业化森林扑火队伍，确保群众生命财产安全和森林资源安全；累计完成清理背街小巷 2000 处，清运垃圾 4500 余吨，拆除破损店招、墙体广告 30 余处，消除“牛皮癣”广告 321 处，整治“两车”乱停乱放 1400 余次；清理一河两岸杂草、漂浮物 26 吨，整治一河两岸菜地面积 300 平方米；打击违法采矿和运输行为 6 起，拆除违法建筑 1000 余平方米；组织创文志愿服务队，定期在辖区市场、道路沿线、村（社区）开展创文宣传、环境卫生整治、交通秩序维护等志愿服务工作；将区级下放的 84 项权赋及服务延伸至村（社）便民服务点；筹资 130 余万元新建便民服务大厅，统筹民政、人社、卫健、劳保、信访登记等岗位集中办公；推行“立即办”“马上办”，2022 年为群众办理便民服务事项 1.9 万件，现场调处矛盾纠纷 21 个，满意率 100%；通过政企座谈、服务向前等方式，帮助企业解决好项目落地、代办手续、助企纾困、减税降费、招工用工等方面的问题，努力打造一流营商环境。

【民生建设】 排查化解各类矛盾纠纷 469 起，化解率达 100%；重拳打击刑拘倒卖“两卡”、参与电信网络诈骗 20 人，在缅人员 5 人已劝返；开展平安志愿者活动 648 次，事件上报 2 万余件；通过线下线上等方式开展反诈宣教，洪塘镇拍摄的防范养老诈骗短视频，获评市、区两级“守住养老钱　护好幸福家”短视频大赛一等奖；利用流动小喇叭、广播、宣传车等进行防溺水宣传，98 个重点危险水域均建设了“四个一”工程。各村每天安排专人巡查危险水域，重点关注低年级学生、农村留守儿童等群体，做到了 2022 年溺水事故“零发生”；累计发放低保补贴、残补、高龄补贴、临时救助、分散特困供养户补贴等民政资金 1290 万元；摸排独居（“空巢”）老人 59 人，留守儿童 49 人，散居孤儿 6 人，事实无人抚养儿童 15 人，指导督促村（居）委会落实包保责任，委托照料人落实照料责任；退役军人服务保障、双拥共建、档案、宗教、节能、保密、统计、农机、农技、工会、共青团、妇联、老龄等工作取得了新进展。

（彭爱平）

金瑞镇

【概况】 金瑞镇位于袁州西北部，辖金西社区 1 个社区和金瑞、由木、吼里布、庙前、西溪、下苑、小江西、水冲、利田、上桂、凤山、贯塘、前进、渓村、院前、余家坪 16 个村委会，289 个村民小组，总人口44276人。总面积108平方千米。耕地面积3.2万亩，其中水田面积2.8万亩；山林面积9.3万亩，其中油茶面积5.3万亩（高产油茶面积1.2万亩）；水面面积3400亩。2022年完成财政收入8419.9万元，较2021年增长649.8万元。

【党建工作】 推出“三抓三建”工作思路：抓党建、创品牌，重点打造庙前村“党旗红引领乡村美”品牌；抓服务、建阵地，新建休闲凉亭、健身广场、百姓舞台等31处便民场所；抓治理、建网格，划分大网格45个、小网格291个，吸纳志愿者862人，织牢织密金瑞平安网。举办“退休村书记、主任座谈会”，开展“半年工作大调度”“青年干部大讨论”“村书记大比武”等活动，围绕金瑞发展谈做法、讲经验、献计策。坚持重点工作一周一调度，电子屏幕公示“骏马”“蜗牛”晒成绩，激励全镇比学赶超。2022年开展廉洁教育6次，共立案6件，通报批评23人，持续净化政治生态。

【经济发展】 2022年，完成全年财政收入8419.9万元，较2021年增长649.8万元。农业，高标准农田18770亩，完成粮食播种面积53000亩，实现产量2150万公斤。新增富硒农产品基地面积0.5万亩，富硒农作物总面积达2.55万亩。富硒中药材种植5200亩，新增面积1500亩，同时与宜春市袁州区壮真中药材种植专业合作社种植黄蜀葵500亩。工业，金瑞辖区企业29家，规模以上工业企业15家。规模以上工业企业营收6.4亿元，工业固定资产投入1.4亿元。签约亿元以上项目2个（江西沃美新材料有限公司投资2.1亿元的项目、宜春市远东厨业有限公司投资1.2亿元的项目），新增规模以上企业2家（宜春嘉晨园林有限公司、宜春富创服饰有限公司），新增工业固投项目入统3家（江西沃美新材料有限公司、宜春宝威电子科技有限公司、宜春金顺木业有限公司），新增入统亿元以下项目1个。

【项目建设】 投入资金252万元完成铁炉前至芦塘寨旅游路改造，投入资金286万元完成贯塘至果大哥产业园产业路改造，投入资金380万元完成金瑞中学至宝山建制村通双车道项目，投入资金23万元对金瑞镇辖区内50千米乡道全覆盖养护，投入资金38万元安装标识标牌、减速带、透视镜以及对水毁塌方路段进行维修整治，投入资金45万元完成金瑞镇敬老院适老化改造提升，争取资金90万元对金西大道破损路段进行维修改造。

【脱贫攻坚】 2022年，金瑞镇投入特色产业发展资金318万元，全镇一半以上的村集体经济收入达到20万元。落实帮扶政策脱贫户510户、监测对象19户，累计办理小额信贷85户416万元，因地制宜开设公益性扶贫专岗105个，发放公益性扶贫专岗工资35万余元，累计为262名外出务工脱贫劳动力发放交通补贴11.9万元。

【秀美乡村】 2022年新增省级新农村建设点16个，新增自建农村建设点20个，并打造庙前村铁炉前组、芦塘组、下芦柏树组“秀美示范村庄”示范点。2022年完成主路改造12000余米、便道改造5210米、改水380户、改厕968户、改沟35000余米、拆三房23000余平方米、房相改造32000余平方米、环境改造18万余平方米、建设休闲广场13个，创建美丽庭院120余户。投入资金22万元推进庙前村市级、金瑞村区级公益性公墓示范点建设。2022年入公墓安葬226例，发放亡故人员入公墓安葬奖补资金28万元。

【社会治理】 2022年排查安全隐患76处，开展烟花爆竹打非治违“零点行动”6次、日常巡查12次，下达整改文书3份。完成多元化调解中心建设，辖区内投入使用监控探头219个，查处各行业违法案件5起，开展矛盾纠纷排查调处40起，常态化开展扫黑除恶斗争，严厉打击电信网络诈骗、涉毒等违法犯罪，发放反电信诈骗宣传资料13000余份，发放反邪教宣传资料1200余份，发放禁毒宣传资料1400余份。全年共受理“12345”政府公共服务热线284件，办结率达100%。

大力整治镇容村貌，2022年清理“牛皮癣”862处，整治乱停乱放2850余辆，整治出店经营、占道经营摊点1870余次，劝离流动摊点230余次，拆除高空广告153处、破损招牌380余个，清理破损横幅330余块，清理非机动车电动车3200余辆。

（罗嗣悦）

慈化镇

【概况】 慈化是革命老区，素有“红色之都”“人文胜地”“花炮之乡”等美誉,位于袁州区西北隅,地处赣湘边陲要冲,为赣湘两省三市四县八乡镇交会处,国土面积203.6平方千米,辖18个行政村、1个林场、1个社区,设458个村民小组,总人口10.5万人。2022年,全镇上下始终坚持以习近平新时代中国特色社会主义思想为指导,紧扣迎接党的二十大胜利召开和学习贯彻党的二十大精神这条主线,以“三拼三促”抓落实活动为抓手,团结带领全镇干部群众扎实做好抗旱情、抓发展、促改革、保民生、护稳定等各项工作,在“努力建设成为宜春中心城区发展的第三极,打造区域中心城镇”征程中迈出坚实有力的步伐。

【党的建设】 深学笃行习近平新时代中国特色社会主义思想,坚决落实党中央精神和省市区决策部署,切实增强“四个意识”、坚定“四个自信”、做到“两个维护”。廉政建设全面加强。深入整治“怕、慢、假、庸、散”等作风顽疾,严格落实中央八项规定精神,镇纪委共处理信访件18件,立案17起16人,作出诫勉谈话、谈话提醒、函询、教育处理共20人。2022年度获评全区纪检监察系统先进集体。干部活力不断迸发。积极探索推进“三个四”提升工程,以“四争”为目的,以“四好”为抓手,以“四评”立模范,不断提升干部素质和争先创优能力,2022年,获评“宜春市教育发展突出贡献集体”,进入“全区高质量考核第一梯队”。党群关系更加紧密。以网格化管理为抓手,常态举办“夜话民情”户主会400余次,宣传讲解好上级政策和各项工作,收集意见建议200余条,做到问政于民、问需于民、问计于民,拉近干群党群关系,让基层群众做家乡建设的主人翁。

【经济发展】 2022年全镇完成财政收入2.42亿元,固定资产投资达1.06亿元。全镇工业企业58个,规模以上企业25个,完成规模工业总产值9.41亿元,工业增加值同比增长23.1%,农村居民人均可支配收入增长8.5%。18个村集体经济总收入达到270万元,其中超30万元村1个、超15万元村11个,同比增长9%,村集体经济迈上新台阶。引项争资成果丰硕。全年接待企业考察86次,签约亿元以上项目6个,引进投资32.5亿元,同比增长49%。新增规模以上企业4家、小微企业13家,新增就业岗位1600余个,发展动能明显增强。营商环境明显改善。深入实施营商环境优化升级“一号改革工程”,大力开展营商环境大讨论、大排查、大整治、大提升活动,帮助企业解决发展困难问题80余件,帮助企业招工500余人。为群众代办事项2.6万件,“一次不跑”办结事项3900余件,错时延时服务办结事项3000余件。统筹疫情防控和经济发展,成功举办慈化镇第一届烟火美食节,吸引近30万人次参与其中,以消费拉动中小商户复苏,助推文旅发展。

【项目建设】 完成了集镇主次干道下水管道、落水井、暗河清淤;投资100余万元新建了生活污水处理设施,有效改善原法庭周边500余户居民的污水直排问题;完成了湘赣路和省道万东线集镇段管线、破损广告、飞线等整治工作。大力推进新农村建设。整合资金近810万元完成27个新农村建设点建设,对20个村组进行基础设施及人居环境整改提升,完成改厕410户、改水620户、改沟10.88千米,村庄内部道路硬化11千米,拆除破旧房8500平方米,直接受益群众1万多人,乡村面貌焕然一新。城乡环境总体改善。全年共清理“牛皮癣”1300余处,整理“飞线”230余处,清理卫生死角1500余处,清运生活垃圾1800余吨。整治临建违建128处、占道经营113次、户外广告847个;整治农村超高超大房屋29栋、水体岸坡16.5千米,人居环境得到有效改善。

【民生事业】 始终坚持民生是最大的政治,累计筹资2.6亿元,推进22项重点民生项目建设。其中,投资1.1亿元的湘赣边应急医疗救治中心,已完成主体工程建设,将有效改善慈化10万名群众看病难问题;投资1070万元完成“饮水回流”工程和7个水库加固项目,有效解决慈化缺水的历史问题。基础设施更加完善。投资2200多万元完成慈柳水上公园和27个新农村建设点建设,新建北岸新街广场,不断满足群众娱乐休闲需求,提升生活幸福指数。投资1100万元建设红色公园,打造慈化“党建+红色文化+廉政”教育基地。社会保障不断提升。全年城乡居民养老保险参保11300余人,发放保险金2000多万元;医保参保63000余人,参保率95.2%;享受医保代缴建档立卡户1299人,住院医疗报销1967人;发放低保、临时救助等保障资金1120万元,惠及1720户2671人。

【生态环保】 严格执行“生态准入”制度，加强“关口”及重点领域管控，拒绝3家有污染、高能耗的企业项目进驻，关闭3家对环境有破坏、有污染、生产工艺落后的企业。完成了所有环保信访件整改销号，坚决打好污染防治攻坚战。稳步推进黑臭水体治理，黑臭水体消除比例达到100%，确保锦江源头的水质达标。持续推进空气质量指数提升，群众生态环境知晓率和满意度显著提升。

【综合治理】 坚持“科技兴安”，创新运用烟花爆竹安全生产风险监测预警系统，发现隐患65处；集中开展“零点行动”34批次，常态化夜间巡查185批次，打击非法生产21起，刑事和治安拘留6人。加大矛盾纠纷调处力度，化解矛盾纠纷283件，信访积案全部“清零”。完成“国家反诈中心”App下载5万余人次。投入40余万元用于防溺水人防、物防、技防方面，聘请38名巡查员对各水域进行巡查、督促、宣传，实现全年无溺水事故，保障了群众生命安全。

【乡村振兴】 始终围绕“产业兴旺、生态宜居、乡风文明、治理有效、生活富裕”总体目标，建立健全防返贫监测机制，强化政策落实不断档，落实教育、医疗、交通等各项补助5000余人次2000多万元；完成危房改造5户；落实残疾人“两项补贴”、低保、临时救助共3300余人次。投入近7000万元完成2.45万亩高标准农田改造，新增耕地360亩，顺利完成2.76万亩早稻种植任务。

辽市镇

【概况】 辽市镇位于袁州西部，辖辽市、院前、西坑、肯塘、上陈、上西、寒岭、丰林、泽溪、上石共10个行政村，168个村民小组，区域总面积96平方千米，耕地面积1792公顷，水面面积122公顷，林地面积4956公顷，森林覆盖率为51.63%。总人口32974人，其中城镇人口1189人、乡村人口31785人。2022年实现国内生产总值8.18亿元，增长7%。全镇村级集体经济总收入157万元，增长11%。主要农产品水稻产量12810吨、油茶产量1500吨、鲈鱼82吨、瓜果类725吨、红薯4068吨、生猪31928头。地方财政收入0.32亿元，增长12%，支出0.49亿元，同比增长28%。农村居民人均纯收入8836元，同比增加575元。城乡居民年末储蓄余额5.26亿元，增长2.68亿元，增长20%。

【农业发展】 做深做实油茶产业，打造辽市油茶品牌，在农产品种植、畜牧养殖、水产养殖等方面转型升级，推动高效农业发展。全镇油茶种植面积46000余亩，其中新增低改5100亩、高产油茶350亩。恢复耕地190亩，粮食增收1.25万公斤，种植油菜6500亩，1.2万亩高标准农田建设项目已全面完工。鼎真农业项目一期投入2.52亿元已开工建设。以鲈鱼为主的特色水产养殖基地达700亩。

【工业发展】 牢固树立经济要发展、必须招商引资、必须招大引强的理念，及时协调项目引进、推进过程中的困难问题，促进在谈项目早签约、签约项目早开工、开工项目早投产。紧跟袁州区生物医药、锂电新能源等主导产业抓紧抓实招商引资“生命线”，2022年共引进项目5个，其中投资1亿元的中晶高科股份有限公司已经投产，投资10亿元的赣宇锂业和投资7000万元的恒发矿业已开工建设。

【民生事业】 科学谋划民生工程，投入180万元的辽市老集镇人行道改造工程已完成建设；投入60余万元的泽溪桥和70余万元的老街桥已改造完成；投入110余万元的辽市镇敬老室内、钢架棚改造项目已完工；投入120多万元用于集镇垃圾分类及集中转运工作。扎实推进教育事业，拆除辽市中学、中心小学危旧房，确保教职工、学生安全，增资598万元新建辽市中学教学楼工程，已完成规划，同时组织辽市商会和社会爱心人士筹集资金50余万元开展情系家乡、爱心助学活动。城乡居民医保社保全面发展，全镇城乡居民医保参保人数26810人，缴费总额达780余万元，人员参保率达到全镇常住人口的96%以上。

【乡村振兴】 实现脱贫攻坚成果同乡村振兴有效衔接。实现脱贫攻坚成果同乡村振兴有效衔接。全镇脱贫户383户1228人、监测对象8户38人、扶贫专岗总共有65人、脱贫劳动力756人，全年产业直补资金93户187012元。新农村建设稳步推进。全镇9个新农村建设点已完成建设，村内道路建设改路入户率、卫生厕所建设入户率、供水入户率均达到了95%以上，并投入140余万元用于农村人居环境整治，形成了长效管护机制。宅改工作有序推进。全年共拆除危旧房20000余平方米，强力推进宅基地改革工作，共拆除危旧房108栋10354平方米。产业帮扶力度加大。投入190万元用于5个产业项目，辽市、上西、寒岭村肉牛养殖各35万元、上陈村产业鱼塘加固10万元、辽市村北社组排污渠43万元、寒岭村石下组水渠25.8万元。全域推进高标准农田建设1.2万亩，投入680万元全面改善辽市镇农田灌溉设施。

【综合治理】 以党建为引领，夯实堡垒促稳定。在"月光夜谈"的基础上创新开展"月光夜校"教学活动，打牢社会和谐稳定思想根基、突出网格化管理。将全镇划分为36个网格，充分发挥基层党组织在纠纷解决机制中的第一道防线作用，组织321名年轻党员参与各项社会工作。投入30万余元建好矛盾纠纷多元化解中心、聘请"五老人员"参与矛盾化解，共调处矛盾纠纷120起，达到了100%的调处率，成功诉前调解案件38起。高位推进安全生产工作。全年开展零点行动5次，排查安全隐患30多处，处罚打击违法生产3起，行政拘留1起，下发限期整改执法文书6份。妥善处理群众上访问题。共处理信访件22件，化解率达100%。

【党管武装】 基础建设进一步提高。投入32万元规范了镇人武部"两室一库"和辖下10个村普通民兵连"一室一库一家"的正规化建设。配齐了民兵应急分队维稳、抗洪、灭火3类任务型装备器材。民兵整组工作进一步优化。整合基干民兵队伍，下辖10个村级民兵连。征兵工作进一步加强。完成兵役登记。全镇现有在册优抚对象203人，严格落实各项优抚政策，发放优抚对象抚恤补助金，全年共兑付发放专项资金110万元。获评袁州区"先进基层人民武装部""民兵工作双争先进单位"称号。

（夏　常）

天台镇

【概况】 天台镇位于袁州西北部，下辖26个行政村，409个村民小组，国土总面积160.77平方千米，耕地面积约3.92万亩，有林地面积16.86万亩，森林覆盖率达70%。总人口63327人。主要农产品有高产油茶、黄蜀葵、有机大米、番薯酒等。

【经济发展】 积极培育市场主体，新增主体400余家，增长数位居全区第一。全力拓宽税源渠道，提升税收质量。全年完成税收收入8033万元，超额完成全年任务。持续做大做强工业经济，积极培育规模以上企业。新增规模以上工业企业2家，培育工业规模以上企业2家。

【项目建设】 坚定不移推进招商引资，围绕主导产业和"专、精、特、新"企业，积极开展招商活动，着力发挥商会和在外乡贤平台人脉作用，共对接洽谈项目40多个，成功引进亿元以上入园工业项目2个，并于当年开工建设。

【农业农村基础建设】 新建高标准农田3651亩。完成黄蜀葵种植面积3000亩，新增烘干生产线一条，受益农户576户。新造高产油茶400余亩，改造低产油茶6000余亩。完成道路提升改造6千米；组织完成了14个行政村共133.7万元的高标准农田水毁工程维修加固工作；完成新农村建设点25个（其中省建点8个、自建点17个），分布在16个村，涉及项目建设资金750万元，受益农户909户，受益人口3676人。

【人居环境】 综合整治集镇环境，统一规划农贸市场摆摊设点，拆除集镇违章建筑12起、铁棚6个，总计面积约600平方米；综合治理违章停车60余起；对集镇乱停乱放、出店经营、违章搭建进行了70余次清理清查和整治；对集镇街道死角处垃圾进行常态排查，清除墙体小广告90余处；完成了沿河两岸路灯维修，开展了居民楼排污管道堵塞点维修；完成了主要路段、背街小巷50余处积水点维修。拆除危旧房12600平方米，改水800余户，改厕530余户。投资110余万元完成密石村地质灾害点治理。实行长效管护，年投入300万元购买第三方保洁转运服务，农村人居环境持续提升。

【生态环境】 加强对重点企业巡查监管，开展日常检查及不定期督查；对集镇污水处理厂管道破裂进行维修，保证了正常运转；加强生态修复治理，完成毁弃矿山生态修复2处、营造林约900亩；高标准打好"蓝天、碧水、净土"保卫战，着力开展污染防治攻坚行动，常态化开展秸秆禁燃专项整治和森林防灭火工作，紧盯环保问题整改，全镇空气质量指数稳居全区前列，辖区内责任断面水质全面达标。

【民生事业】　全面落实社会保障政策。新增低保 98 户 156 人，调整在保对象 121 户 279 人，取消 84 户 91 人；积极推进城乡居民养老保险，总参保人数达 29293 人。持续巩固拓展脱贫攻坚成果同乡村振兴有效衔接。在建 16 个乡村振兴补助资金项目，5 个产业帮扶项目落地见效。推动天台卫生院农村医疗应急中心有序建设，启动了天台中学综合楼、学生宿舍和中心小学教学楼项目；完成了镇综治中心提质改造、中心幼儿园升级改造；建造了 12 眼机井竖向钻孔抽水、38 眼大口井供水，有效缓解旱情，全力保障粮食生产安全。全面开展防溺水巡查，投入 40 余万元，构建“人防＋物防＋技防”的防控体系，确保了青少年生命安全。

【综合治理】　大力开展风险隐患大排查，深化网格化服务管理，探索“六治融合”治理模式，构建共建共治共享的基层社会治理新格局。高度重视诉源治理工作，调解成功案件 61 件，调解成功率 97%。全力做好反电信诈骗工作，增强预警和防范能力，提高反诈意识。坚持班子成员带班接访，高度重视“12345”热线工作，加强矛盾纠纷排查调处和安全隐患排查整改。强力开展安全生产专项整治三年行动和“打非治违”百日行动，不间断开展“零点行动”，持续巩固安全稳定形势，人民群众的幸福感、获得感和安全感进一步增强。

【依法行政】　全面推进法治建设，充实行政审批、综合执法队伍，增强执法队伍法纪观念，从严规范执法程序和执法行为，主动接受各方监督，重大决策和重要活动主动征询各方意见，确保权力在阳光下运行，不断提高政府公信力。认真贯彻落实“三重一大”事项集体决策制度，健全政务公开等一系列监督制约机制，推动行政工作逐步走上法治化轨道。

【营商环境】　用心用情服务企业。对已落户的企业持续做好跟踪服务。通过开通注册“惠企通”活动，切实提升政策知晓率和企业满意度，累计企业注册数达 200 余家。执行“驻企特派员”等企业帮扶制度，帮助企业解决用工难、融资难等实际问题 12 件。

【廉政建设】　严格执行中央八项规定，认真履行党风廉政建设“两个责任”，持之以恒正风肃纪。支持镇纪委监委立案审查 12 例处理 12 人，办理诫勉谈话 5 人，召开基层党风廉政建设工作专题会议 4 次，集中观看警示教育片 2 次；加强干部日常考核，建立奖惩机制，营造肯干事、能干事、干成事的浓厚氛围。

（项　娇）

水江镇

【概况】　水江镇位于袁州区西北部，东与天台镇相接，西与上栗县、鸡冠山乡相连，南邻上栗县东源乡，北靠慈化镇及上栗县桐木镇，属丘陵地带，地势自西北向南倾斜。辖区东西最大距离 10.78 千米，南北最大距离 12.08 千米，辖上洞、小洞、沧溪等 10 个行政村，142 个村民小组，总面积 64 平方千米。耕地面积 1266.7 公顷，林地面积 4739.8 公顷，森林覆盖率 74%。总人口 26673 人。2022 年水江镇规模以上工业营业收入 1.75 亿元，同比增长 0.5%，规模以上工业利润总额 0.2 亿元，同比增长 5%；规模以上服务业营业收入 1.3 亿元，同比增长 10%。2022 年，水江镇实现财政收入 0.5 亿元，增长 19.8%。2022 年粮食总产量 10235.91 吨，增长 6.8%；谷物 9420.97 吨，增长 7.2%；油料（油菜籽）1766.8 吨。

2022 年水江镇共有干部 68 人，下设党政办、文旅办、农业农村办、财政经济办、纪委监察办、便民服务中心、综合行政执法队、乡村振兴办、退役军人服务站、老干办、关工委等办公室。

【招商引资】　依托袁州区医药工业园和机电产业园共引入 2家企业，总投资 21 亿元，其中“5020”项目 1 个，创造了水江镇招商工作新纪录，同时有意向企业 5 家。

【农村产业】　坚持引导养牛为主的村级产业，2022 年新增养牛场 4 个，总投入 169 万元再次对肉牛养殖基础设施进行提升改造，全镇 10 个村集体经济收入全部突破 10 万元，新增富硒种植专业合作社 4 家，其中包括宜春市富硒品牌大米 4600 余亩、黄桃 600 余亩、金兰柚 500 余亩，新增设施蔬菜面积 167 亩，较上级任务相比增长 67%。完成改造低产油茶 100 亩，新造高产油茶 200 亩，落实好天保林计划6200亩。同时，鼓励水江籍企业人才回乡办厂，创办假发、弹簧钩、电子产品等加工型小微企业70余家，安排劳力1000余人。

【脱贫攻坚】 防返贫监测和帮扶工作有序推进，水江镇纳入防止返贫动态监测对象共5户23人，其中突发严重困难户4户19人、边缘易致贫户1户4人。针对监测对象落实帮扶责任人和监测责任人，强化分类施策、因户施策，落实兜底保障、就业帮扶、危房改造及改善住房条件帮扶、监测对象子女教育补助、监测对象医疗临时补助和购买商业补充医疗保险、城乡居民医疗保险、慰问等帮扶措施，持续推动脱贫攻坚成果同乡村振兴有效衔接，让低收入群众在乡村振兴中有更多获得感、幸福感。完成19个乡村振兴补助资金项目建设。落实了产业帮扶项目6个，投资资金667万元。加强了防返贫监测，进一步巩固拓展脱贫攻坚成果。

【民生实事】 按照落实应保尽保原则，把符合条件的城乡贫困居民纳入保障范围，现有城市、农村低保606户884人，特困老人137户145人的基本生活得到有效保障。完成镇武装部星级达标建设，推进民兵人员编组规范化，进一步优化组织结构，落实兵役登记，登记率100%；积极开展征兵宣传，圆满完成了征兵任务；加强对优抚对象、困难退役军人的走访救助，全面落实优抚政策。走访慰问退伍军人及优抚对象，并为他们送上慰问金，对退伍军人共发放救助金。

投入210万元完成6个秀美乡村建设点，大力推进"厕所革命"，农村户用卫生厕所普及率大幅提升；拆除危旧房面积近1万平方米；全镇5座中小型水库、山盆塘总体水环境质量逐步得到明显改善；完成3578亩高标准农田改造，改造提升人饮工程2处；下决心改善群众出行难问题，持续推进集镇至桐木县道升级改造，累计争取交通资金1800余万元，新修公路20.3千米。筹备成立江西省水江红爱心教育基金会，以此来激发广大教师的教育热情，激励莘莘学子奋发进取，厚植人才优势，助力水江教育振兴发展，200余万亩基金筹集及审批预登记已完成，正在向省民政厅进行注册登记与备案登记。

【综合治理】 共排查调处矛盾纠纷92起，调解成功率达到100%；办理办结网上信访案件39件，办结率100%，信访工作全区排名第一。2022年来共排查风险隐患问题24个，其中包括：社会公共领域14个、社会安全领域4个、安全生产领域6个，均已整改到位。积极开展反诈宣传，增强群众预警和防范意识，提高反诈能力；全力做好涉缅人员劝返工作，水江镇涉缅人员全部劝返核减。集中在农贸市场宣传20余次，增强群众的法治观念，完成法治长廊和红色法治公园建设。

【红色文化开发】 依托水江红色资源，打造红色水江品牌。成功申报成为全市三条红色研学精品线路之一，水江革命烈士陵园成功获批全市第一批市级烈士纪念设施，正在积极申报省级烈士纪念设施（全市乡镇唯一）。作为全区唯一一个市委党校现场教学点，成功承办市委党校6个主题班红色教学任务，并获得市委党校的高度肯定。11月25日，宜春八中近1400名师生来到水江镇红色文化教育基地开展研学活动，标志着水江镇研学活动实现零的突破。2022年6月江西省第二批不可移动革命文物名录发布，水江镇4处文物入选，总数已达23处。2022年8月，由水江乡贤发起成立了宜春市首个文物保护志愿者协会公益组织，积极探索社会力量参与文物保护利用的新路，利用红色品牌向上争取区级以上资金900余万元，为水江发展赢得先机。 （李 解）

芦村镇

【概况】 芦村镇位于宜春中心城区东北面，距城区18千米，东与分宜杨桥镇交界，西与三阳镇接壤，南与渥江镇相连，北与寨下镇毗邻，是市经开区的"后花园"，宜春中心城"辐射区"。辖有五星、老立、芦布、集凤、湖塘、双江、韩塘、荆桥、浒坑等9个行政村和一个农口单位（官塘梅水库管理所），有147个村民小组，总面积48.8平方千米，耕地面积0.127万公顷，水面面积0.028万公顷，山林面积0.27万公顷，森林覆盖率65%。总人口25910人，其中城镇人口5828人。2022年芦村镇规模以上工业营业收入18910.4万元，同比增长18.38%；新增固定资产投资19541万元，其中新增工业投资9331万元，同比增长897.2%。完成规模以上工业产值18910.4万元，同比增长18.38%；2022

年，芦村镇实现税收10018.8万元，增长5.5%；粮食总产量12873吨，增长3%。

2022年，芦村镇在区委、区政府和镇党委的坚强领导下，坚持以习近平新时代中国特色社会主义思想为指导，紧扣迎接和学习贯彻党的二十大精神这条主线，力求做到稳增长、促改革、调结构、惠民生、保稳定，坚持做到疫情要防住、经济要稳住、发展要安全，较好地完成了全年的工作目标，实现了全镇经济社会的稳定发展。

截至2022年12月底，镇机关单位实有工作人员62人，公务员17人，事业编制人员43人，编外聘用人员2人，设有党政办、党建办、督查办、信访办、平安建设办、应急管理办和消防站、环保办、招商营商办、财税办、农林水办、村镇规划管理所、新农村建设办、交通办、民政所、劳动与社会保障所、乡村振兴办、农医所、文旅教体办、退役军人事务管理站、卫生健康办、财经办和三资办、人武部、综合行政执法大队、园区协调办共24个办公室(站、所)。

【党建工作】 严肃党内政治生活，严格落实“三会一课”制度，规范各党支部学习、工作内容；每月发放党建工作提示，以清单明事项，围绕提示抓落实，全年累计发放党建工作提示12次，对照提示督导各党支部工作22次，发现问题43个，解决问题43个，先后接受市、区两级基层党建巡察，获得检查组一致好评；充分发挥党员能动性，全镇16个党支部累计开展主题党日活动70余次。持续优化党员队伍结构，全年新发展党员17人，其中35岁以下农村党员占比58.82%。

【经济发展】 千方百计抓经济促发展，2022年，共引进亿元以上项目3个，全年实现税收11618万元，其中入库税收10018.8万元，入库税收占全年目标的87.9%，在经济大环境下行的背景下，较好完成了该项工作。新增固定资产投资19541万元，其中新增工业投资9331万元，同比增长897.2%。完成规模以上工业产值18910.4万元，同比增长18.38%。新增规模以上统计入库企业4家，镇域经济稳中有进。因村施策，逐步壮大村级集体经济，2022年，水江镇所辖9个村村集体经济均达到15万元以上，1/3的村集体经济收入达到20万元以上，其中浒坑村集体经济收入达到35万元，五星村集体经济收入达到27万元，全年村集体经济收入达185.78万元。

【民生事业】 巩固拓展脱贫攻坚成果，坚持做好防返贫监测，全年通过排查纳入边缘户4户。申报脱贫户交通补贴102人共计4.98万元。多次组织就业创业培训。设立公益性岗位17个，共计申报符合“雨露计划”条件的中高职在读学生109人，补助资金7.2万元。总投资268.35万元打造全市唯一的示范点，强力推进敬老院适老化改造，全面提高了敬老院硬件水平和服务质量；投入360万元完成了中心小学教学楼一期改造项目，二期建设正在启动，正在办理手续中，中心小学改扩建带动了全镇基础教育的健康发展；民生保障按规定发放，全年共完成各项惠农资金兑付合计1036.05万元。其中包括农村低保金518.9万元；分散五保金49万元，分散照顾护理费6.7万元；残疾人生活补贴26.1万元；护理补贴23.1万元；镇级临时救助12万元；高龄补贴43万元。农业各项支持保护补贴资金352万元。

【环境建设】 推进生态文明建设，不断改善和保持集镇街道良好环境面貌，建立集镇垃圾日产日清、保洁常态化和考评机制，由城管大队定期巡逻，及时发现和整改道路周边“脏乱差”情况。将全国文明城建设和农村人居环境整治结合推进，充分发挥创文网格志愿者队伍力量，环境卫生条件大大改善；加强对辖区工厂和畜牧养殖户的排污监测，对环保不达标的生产单位做好停产整改工作，坚持不达标前不生产，全镇范围内的生产企业环保设施逐渐规范。落实中央、省环保督察信访件的销号工作。以信访诉求为导向，做好现场勘测，调查取证，确保问题早整改、矛盾早解决。加快秀美乡村建设，聘请有专业资质的施工队伍开展改路、改水、改厕、改沟等民生工程，全年各点位共计完成3.18千米，改水285户，改厕96户，改沟1.7千米，清理环境垃圾5.32吨，拆除破旧房2801平方米，清淤改塘4个。“七改一管护”工作已全面完成，有效改善了点位村组的整体面貌。

【综合治理】 紧盯安全生产，每季度对辖区范围内的企业、加工厂、加油站等开展消防安全检查，均建立台账；落实领导包案责任制，按照“一周一排查一调处”工作机制，有效化解矛盾纠纷和信访积案,维护平安;信访“四率”均为100%,排名全区前列。一年来,共排查调处矛盾纠纷73件,确保了“小事不出村,大事不出镇”;深入开展扫黑除恶专项行动,通过线索排查和整治工作,共收集线索14条,并逐一进行核实处理;全力开展了打击治理电信网络新型违法犯罪工作,组建12个反诈微信群共5000人,已引导9000余人安装了“国家反诈中心”App,“线上+线下”的反诈宣传做到家喻户晓。

(严　霞)

寨下镇

【概况】 2022年,在区委、区政府的坚强领导下,寨下镇聚焦“作示范、勇争先”定位,以开展抓落实活动年“三拼三促”工作为主线,攻坚克难、持续发力,推动经济社会平稳发展,各项工作取得一定成效。农业总产值509亿元,增长6%。主要农产品粮食27406吨、水果24380吨,蔬菜8400吨,猪牛22000头。地方财政税收收入完成6003万元,同比增长8.5%。农村居民人均纯收入20142元,同比增加954元。全镇16个村集体经济收入均达10万元以上,其中8个村已突破15万元。

【党建工作】 镇党委始终把加强意识形态工作扛在肩上,抓在手里,带头把好各类宣传文化阵地的导向。通过理论学习中心组学习、邀请专家授课、观看红色电影等多种创新形式,深入学习贯彻习近平总书记重要讲话精神和党的二十大精神。大力推进勤廉寨下建设,制定了《寨下镇各村党风廉政建设考核办法》《寨下镇纪检委员直报制度(试行)》《寨下镇纪检委员监督村组财务、项目管理实施细则》《寨下镇党员干部约谈、提醒实施细则》,并首次在全区把3万元以上组账在民生资金码上监督平台晒出,效果明显,信访量同比下降48%,寨下经验在全区推广。

【经济建设】 一是工业项目提标扩面。成功签约吉利科技集团投资25亿元年产10万吨磷酸铁锂材料及电池回收综合利用项目,实现全镇“20”项目“零”突破;江西环锂科技有限公司投资1.2亿元年产6200吨电池级碳酸锂生产线项目实现当年签约、进资、开工、投产。二是农业发展提速换挡。完成全镇1.3万亩高标准农田建设及700亩旱改水项目,新增耕地、水田1650余亩。高标准高质量推进28个新农村点建设。投资1000万元的13座小(二)型水库标准化建设正顺利推进。全年完成早稻产量9211.2吨,成功实现“十八连增”。打造艾草种植示范点,形成产供销一体化的“寨下艾草”产业链,让村民实现就近就业。

【综合治理】 配合开展全区集中“零点行动”2次及自主行动6次,对辖区内闲置厂房、租赁房、小生产经营场所进行拉网式清查和突击检查,严厉打击非法生产、储存、经营、运输等烟花爆竹违法行为;对全镇自建房进行安全隐患排查,对198户经营性自建房屋进行安全鉴定;开展食品安全执法检查22次、消防安全检查15次、校园安全联合巡查58次,排查道路安全隐患53起。稳慎推进基层应急管理安全体系和能力建设,完成寨下镇烟花爆竹生产企业监测预警系统建设3家。稳步推进信访溯源治理工作,化解上级核发信访积案7件,化解率100%。面对45千米长的边际线,深化“边际六联”合作机制,确保了边际稳定。其中,塘下村获评“江西省民主法治示范村”称号。大力开展“好人文化”“边际治理”“家风家训”特色品牌创建,推进志愿者之镇、边际六联、移风易俗示范点建设,让以文化人、正风化人成为乡村精神文明建设的亮丽底色、和美基调。其中市关工委在塘下村打造的家风家训示范点,通过让家训“上墙”,给家风“塑形”,赢得了市区领导的一致肯定。

【环境保护】 完成2021年中央生态环境保护督察交办信访件反映的长乐村进村路口破坏生态问题整改销号;对标对表实施梅岭矿山、东岭废弃采石场复耕复绿;倒排工期完成273个耕地流出图斑、9个林业图斑和47个耕地卫片图斑整改;关停宏晟、亿鼎泓2家机制砂企业;投资80余万元完成集镇雨污水排放管网改造,实现雨污水分流。加强耕地保护,坚决制止耕地非农化、防止耕地非粮化。加强护林员队伍建设,实现巡护出勤率、巡护有效率、事件发现上报率达90%以上。加强人居环境长效管护,建立健全集镇生活污水处理设施运营管护机制,累计处理污水1.5万吨。完成2600亩造林栽植,巩固新桃村等7个市级生态村资源优势,积极创建省级生态乡镇,其中塘下村获评全省森林乡村公园。全年PM2.5含量处于极低线，位居全区前列。

【民生事业】 运用“技防＋人防＋物防”手段，大力开展防溺水、森林防灭火巡查，累计投入200余万元完善巡防设施，组织500余名党员干部、志愿者日常巡查。全镇318处重点水域，配齐防溺水“四个一”救生工具、安装警示牌、标志。全力抗旱救灾，自旱情发生以来，全镇打井15口，修建渠道10千米，购置抽水机102台，投入资金210余万元。减少中晚稻受灾面积1.2万余亩，保险理赔累计90余万元。打好打响创文攻坚战。统筹布局、细化网格、健全队伍、明确职责，实现项目清单化、清单责任化管理。对标实施16个新时代文明实践站功能室改造升级，实现17个新时代文明实践站（所）文明实践员全覆盖。投资560余万元对集镇八杨线派出所至卫生院长1.7千米路段铺设沥青；投资10万元建设镇史馆、新建社工服务站。完成举逋村庙前组公路硬化工程、沙江村庙背组棚下组公路硬化、新桃村江边的道路硬化及带塘村农业专业合作社新建温室大棚12000平方米和葡萄棚维修项目；设立126个扶贫专岗，其中光伏公益性岗位53个。积极扶持扶贫车间，其中新桃村葡萄种植合作社吸纳脱贫户9人，带塘村天绿种养合作社吸纳脱贫户12人；“雨露计划”2022年春季已补助55人共计82500元，2022年秋季第一批第二批已补助56人共计84000元。

渥江镇

【概况】 渥江镇位于袁州区东北方向，距中心城区3千米，下辖渥江村、信南村、湾田村、石背村、上石村、信和村6个行政村，75个村民小组，区域总面积43平方千米，耕地面积800公顷，林地面积3133公顷，森林绿化覆盖率达70%，总人口17014人，其中城镇人口623人、农村人口16391人，人口自然增长率8.09‰。2022年，渥江镇规模以上工业营业收入4.66亿元，同比增长–8.8%；规模以上工业利润总额0.24亿元，同比增长–19.6%。规模以上服务业营业收入0.15亿元，同比增长27.4%；固定资产投资增长1.39亿元，同比增长–24.39%。2022年，渥江镇实现税收收入1.28亿元，增长8%。粮食总产量7538.5吨，增长5.2%；肉类2677吨，增长3.1%；油料920吨，增长6.3%。

【党建工作】 一是基层组织全面过硬。依托“党群致富合作社，支部带强合作社”，村级土地和资产被盘活，苗木等优势产业不断发展，全镇6个村村级集体经济收入均达到18万元以上，其中20万元以上村5个、30万元以上村1个。二是“清廉渥江”建设走深走实。严格落实党风廉政建设“一岗双责”，运用监督执纪“四种形态”，对党员干部违规违纪问题保持零容忍，镇纪委全年共查处案件3起，处理2人，诫勉谈话1人，通报2人。

【经济工作】 2022年成功引进招商引资项目2个，总投资2亿元，其中：江西皓思生物科技有限公司总投资1亿元，已在试投产；引进了7个一般纳税人企业和25家小规模企业。

【项目建设】 秉承“服务项目就是服务发展”理念，在服务重点项目建设中展现首府担当。为保障全市百亿级重点项目国轩高科、比亚迪顺利落地，成立专班、明确任务，倒排时限、挂图作战，仅用一个半月时间，完成了两个项目10余万平方米房屋和2600余亩土地的征迁任务，得到了市、区各级领导的充分肯定。同时，全力协助推进宜万同城快速通道、沪昆高速改扩建项目、天然气管网万载支线、宜春市疾控中心等多个重点项目建设，为重点项目顺利推进奠定了基础。2022年，共实施重点项目9个，总投资5000余万元。其中村布头组级道路维修升级改造已竣工验收，方便了群众的出行；启动渥江村罗家组、王家陂组安置房建设，完成建筑面积23000余平方米；完成了石背村白沙组农环项目，有效解决白沙农村生活污水乱排乱放问题，极大改善农村人居环境；渥江敬老院消防项目进入尾声，消除安全隐患；积极争取上级资金支持，抢抓机遇，借势借力，完成311省道升级改造，解决了多年来群众反映的热点难点问题。

【美丽乡村建设】 集中力量对乱堆乱放进行专项整治，共拆除农村乱搭乱建45处；出台秸秆禁烧暂行管理办法，强化乡村秸秆禁烧管控；投资28万元启动集镇生活垃圾分类亭建设，投资80余万元引进环卫服务公司进行保洁,村容村貌得到提升。同时,启动4个新农村点建设,拆除破旧房2100余平方米,改造房屋6000平方米;推进户厕改造,完成改厕238户;拆除违章建筑11处,面积600余平方米,基本实现“减存量、零增量”目标,为中心城区东扩规划高度留白。

【社会事务】 一是脱贫攻坚质量更高了。班子成员每月联系挂点村定期开展防返贫动态监测帮扶、“两不愁三保障”常态化监测等工作,做到早发现、早预警、早处置,确保了全镇脱贫户150户370人人均收入8000元以上,消除了返贫致贫风险。二是群众保障兜底更强了。强化基本生活救助,加强专项社会救助,确保实现困难群众兜底保障“不漏一户、不落一人”。统筹推进农村特困供养和社会救助工作,实现养老保险、医疗保险应保尽保,不断提升群众获得感和幸福感。三是精神文明建设内容更多了。依托新时代文明实践所(站)、移风易俗示范点等阵地开展群众文化活动,组织春节摄影展、七夕“重拍结婚照”、党的二十大精神宣讲等数百场活动。其中七夕“重拍结婚照”活动获得了宜春市融媒体优秀原创作品双月赛优秀奖,渥江村移风易俗示范点在迎接省民政厅一行检查时,得到了省民政厅领导的高度肯定。

【综合治理】 一是做细做实信访工作。全面落实矛盾纠纷定期排查、领导接访包案、“五包一”等工作机制,把苗头消除在萌芽状态,共排查了矛盾纠纷70余件,调处成功60余件,收到群众信访件32件,已化解26件。信访积案化解成效明显。二是切实防范安全隐患。全力推进防溺水“四个一”工程建设,开创“五措并举防溺水”做法,在暑期开设了假日课堂,多次开设VR防溺水体验课程,利用高科技手段丰富课堂内容。相关经验做法被《江西日报》、江西广播电视台、宜春市抓落实活动年“三拼三促”工作简报刊播;落实安全生产责任制,持续加强重点行业领域安全生产监管,营造了安全稳定的社会环境,群众安全感和满意度显著增强。

【特色工作】 一是聚才用才释放发展潜力。积极对接本土企业——宜春市炳晨农业科技发展有限公司,解决研发人员后顾之忧,从加多宝公司引进技术人才,助力该公司主产品鹿茸草实现从野生到人工种植技术的突破。2022年该公司申报了12项发明专利,带动了渥江镇脱贫户24户从事中药材种植,人均纯收入增加3000余元。2022年9月,渥江镇鹿茸草丰收丰产,被央视《东方时空》栏目报道。2022年10月,江西省人大常委会副主任张小平在渥江镇开展中药材产业发展情况调研,对鹿茸草产业在助推乡村振兴、实现群众增收致富方面发挥的积极作用给予充分肯定。2022年7月,宜春市委书记于秀明在渥江镇专题调研督导巩固拓展脱贫攻坚成果同乡村振兴有效衔接工作,在炳晨农业调研产业扶贫情况时,鼓励企业发挥技术优势、市场优势,带动农户就业致富。二是用好用活线上数字平台。镇人大依托“江西数字人大”平台,建好用好网上人大代表联络站。渥江人大代表联络工作站及时帮助村民在“江西数字人大”平台反映蔬菜滞销问题,被宜春市人大评为“2022年人大代表联络工作示范站”。该做法在省人大常委会一行实地调研时,得到了省人大常委会党组书记、副主任赵力平的充分肯定。

(杨成刚)

楠木乡

【概况】 楠木乡位于宜春西北部,距市区51千米,东与袁州区洪塘镇丰顶山交界,西与飞剑潭乡周源村接壤,北与万载县株潭镇、岭东乡毗邻,南与金瑞镇贯塘村相连。全乡区域面积79平方千米,东西长约30千米,南北长约5千米,辖石陂上、槐溪、荷溪、山田、楠木、官溪、小水、盘田、金山9个行政村,162个村民小组,21700余人,586名党员。耕地面积23366.48亩、森林面积74633亩、油茶林19200亩,主要农产品有水稻、油茶,辅以毛竹、杉木等经济林木。2022年财政总收入4203万元,实现财政收入稳定、高质量增长。

【经济发展】 新增入规工业企业2家,均为月度入规,规模以上工业企业达9家,共有规模以上企业16家。完成规模以上企业工业产值2.99亿元,同比增长10.5%;规模以上工业企业主营业务收入3.11亿元,同比增长14.1%;规模以上工业企业税收总量达1716.2万元,同比增长12.5%。工业固投1.33亿元,同比增长7.8%。积极对接招商引资项目,先后对接年产2万吨有机玻璃板产品及2万吨有机玻璃原料项目、年产1万吨无机活性墙体保温材料项目、年产8万立方米石材加工生产项目和年产1万吨碳酸锂项目等10余个项目，签约亿元以上项目3个。全力做好项目建设全方位保姆式服务，加快项目建设进度，江西旺达新材料有限公司有机玻璃板产品及有机玻璃原料项目正在办理环评和安评等前期手续，宜春市耀顺石材有限公司投资石材加工生产项目已开工，江西楠峰竹木产业综合利用项目和江西双茂节能科技有限公司无机活性墙体保温材料项目已开工建成并投产，投资1.2亿元的小水村辖建筑灰岩矿项目已启动建设。

【民生工程】 扎实推进民生工程，大力提升保障和改善民生水平，投资400余万元对集镇基础设施进行改造，新建河堤700米、加宽维修楠木桥1座、新增太阳能路灯400余盏、硬化路面3000余平方米、新增警示标语和防护网200余处等；投资150余万元新建便民服务中心大楼，主体工程基本完成，即将投入使用；投资120余万元新建10千伏楠木二线供电项目，已动工；投资100余万元对楠木中学运动场、中心小学基础设施提升改造等。共发放农村低保金437.21万元，涉及513户844人，发放分散特困金131.01万元，涉及105户121人，发放临时救助49户6.53万元。发放粮食一次性补贴126.3万元，耕地地力保护补贴4146户261.7万元。

【农业农村】 现有脱贫户、监测对象330户1126人，2022年以来，楠木乡立足自身实际和比较优势，以产业规模经营为抓手，向上争取财政衔接推进乡村振兴项目14个339万元，转变传统农业“提篮小卖”模式，规划建设了石陂上肉牛养殖、官溪村肉牛养殖、荷溪村特色种养、楠木村大棚蔬菜瓜果、高产油茶改造等项目。以第一届宜春县苏维埃政府旧址官溪村为核心，充分挖掘官溪村红色事迹及红色文化，项目主体修缮及附属工程已完工，正在布展。2022年9个村的村级集体收入全部达到10万元以上，其中20万元以上的有4个。夯实粮食安全根基，完成早稻种植14000亩，完成槐溪、楠木、官溪3个村1500亩的高标准农田改造项目扫尾验收。提升生猪生产标准化水平，生猪存栏2.8万头，出栏近2.4万头。做好植树造林工作，完成春季造林850亩，其中高产油茶580亩。

【城乡面貌】 2022年，楠木乡在全市美丽乡镇建设工作中获得了先进基础类乡镇荣誉称号，村民生活品质逐步提高。对“两车”乱停乱放、出店经营、道路乱堆乱放、乱扔垃圾等不文明现象进行集中整治，集中整治“两车”乱停乱放、流动摊点等100余次，新增机动车停车位50余个，非机动车停车位130余个，整理凌乱线路2000余米，清理垃圾杂物近60吨，配置垃圾清运车11台，聘请专职保洁员58名，清理农村垃圾1000余吨，清理村内水塘40余个。扎实推动森林违法图斑整改，创建省级绿色矿山1座，制定矿山生态修复方案3个，完成矿山生态问题销号3个，整治机制砂企业3家，整改矿山问题59个，开展综合执法巡查500余次，开展污染防治专项行动30余次，成功创建市级生态村4个，正在积极申报省级生态乡镇。

【综合治理】 全力排查矛盾纠纷，全力做好“减存量、控增量”工作，全乡排查各类矛盾纠纷100余起，实现矛盾排查调处成功率100%。全力推进反电信诈骗工作，6名滞留缅北人员已全部劝返，“两卡”线索处置完成率100%。全力开展反电信诈骗宣传和打击整治养老诈骗专项行动，组织现场宣传活动20余场，覆盖约1.2万人，确保了辖区人口“零发案”。每家企业都安排了1名班子成员挂厂和1名驻厂（场）安全监督员，驻厂人员每周至少2次到厂（场）排查安全隐患，开展烟花爆竹及非煤矿山专项整治等各类专项执法检查60余次，查出安全隐患和问题100余个，已全面完成整改，整改完成率100%。

（欧阳庭）

飞剑潭乡

【概况】 飞剑潭乡位于袁州区西北边陲，东连楠木乡、金瑞镇，西邻天台镇，南接辽市镇，北接慈化镇，属丘陵地貌，境内有国家大型水库——飞剑潭水库。辖10个行政村，166个村民小组，总人口25556人，有党员593人，15个党支部。总面积86.7平方千米，耕地面积0.07万公顷，水面面积0.04万公顷；林地面积0.5万公顷，森林覆盖率为67%。2022年，飞剑潭乡粮食作物总面积约1200公顷，其中水稻种植面积约580公顷,稻谷总产量7000余吨,油茶200余吨。2022年,完成财税收入5165.8万元,同比增长19.7%。

【经济发展】 飞剑潭乡有规模以上企业7家,新增入规工业企业1家,新增入库项目5个。完成固定资产投资1.196亿元、规模以上企业工业产值13.33亿元、规模以上工业企业主营业务收入13亿元。规模以上工业企业税收总量达2799.7万元,同比增长144.5%。先后引进投资1亿元的年产1000万只电子陶瓷制品项目和投资5000万元的年产50万平方米PCB印制电路板项目。2022年,航宇新材被评定为国家级专业化“小巨人”企业,航宇新材、中州米业被评定为省级专精特新企业。

【营商环境】 2022年,共受理各类服务事项5690件,办结事项5690件,办结率100%,帮助20余名农民工追讨欠薪70余万元。受理的“12345”政府热线诉求139件全部按时办结,有力解决了群众最关心最直接最现实的利益问题。

【民生保障】 2022年,群众期盼多年的环飞剑潭水库三级公路和白竹大桥已完工,乡域公路建设总长达160余千米,所有行政村实现双车道公路全覆盖。投入资金500余万元,加固小(二)型水库5座,维修水塘4口,维修渠道5000余米。投入抗旱资金130余万元,共打深水井5个,送水50余次、300余吨。投资780余万元的九年一贯制飞剑潭学校教学楼、宿舍楼建设已开工,9月已投入使用;投资50余万元完善乡、村新时代文明实践所(站)和矛盾纠纷多元化解中心建设;投资100余万元完成了社会敬老院消防、护理设施升级改造和卫生院中医馆内涵建设。2022年全年发放低保金440余万元,惠及群众659户928人,发放临时救助83户83人11.7万元,89名留守儿童和困境儿童得到关爱。

【乡村振兴】 2022年,持续巩固拓展脱贫攻坚成果同乡村振兴有效衔接,坚决守住不发生规模性返贫底线。2022年新纳入“三类”人员9户33人,申报春秋两季“雨露计划”补助157人次,补助金额23.55万元;申报村级基础设施项目11个160余万元、产业项目8个350余万元,申请产业直补54户19.7万元。因地制宜打造一村一品,大力发展陈源蔬菜种植、下坪肉牛养殖等特色产业。全乡共发展产业17个,为50余名残疾人、脱贫户解决就业问题。2022年,全乡10个村集体经济均达10万元以上,其中5个村达20万元以上、3个村达30万元以上、1个村超50万元。

【文明创建】 采取网格化管理模式,开展创文宣传和集中整治行动10余次,施划停车位100余个、摊点经营线1000余米。充分发挥新时代文明实践所(站)文化阵地作用,组织开展各项新时代文明实践活动和志愿服务400余次。大力推进违法用地、违法建设管控工作,农村乱占耕地建房违法行为得到有效遏制。综合行政执法队坚持对全乡各类违法用地违规建设保持常态化巡查,全年开展拆违控违专项行动10余次,严厉打击农村乱占耕地建房违法行为3起,拆除违章建筑10处、面积1000余平方米。大力整治人居环境,乡村面貌焕然一新。投资200余万元的柘源村、下塅村农村污水处理设备已交付使用;配备垃圾压缩转运车1辆、专职保洁员88名,基本做到垃圾“日产日清”;大力拆除影响乡容村貌的乱搭乱建和破旧房屋、废弃家禽家畜栏圈300余处。2022年,飞剑潭乡城乡环境综合整治工作综合排名全区第二,被评为全区城乡环境综合整治工作先进乡镇。

【综合治理】 坚持信访和安全生产“两手抓”“两手硬”。建成矛盾纠纷多元化解中心,实现接访、办访、反馈一条龙服务。投资100余万元,实现平安建设安防技防行政村全覆盖。2022年全乡排查各类矛盾纠纷100余起,矛盾排查调处成功率100%,6件信访积案也已全部化解到位;诉源治理成功调解24件,调解成功率80%以上。联合派出所开展打击非法生产“零点行动”和不定时巡查20余次,全年共打击非法生产烟花爆竹违法行为2起,刑事立案2起,2人被移送至公安机关治安拘留,有力保障了全乡人民生命财产安全,有效遏制非法生产烟花爆竹等违法行为及各类安全事故的发生。在全乡范围内开展风险隐患大排查大整治行动,共排查风险隐患20余处,并全面整改到位。排查危旧房300余栋,已拆除165栋、面积超30000平方米,张贴危房安全警示牌150余块,转移安置群众10余人;深入开展校园周边等治安环境和食品安全大整治行动10余次,完成全乡所有学校校园安防设施“八个一”工程建设。全年开展禁毒教育10余次，8名吸毒人员全部帮助管理到位，全年无一复吸人员；持续深入推进反电信诈骗工作，组织乡村干部走村入户，发放反电诈公告、条幅、告知信等宣传资料5000余份，帮助引导群众下载“国家反诈中心”App10000余人次，基本实现反诈宣传全覆盖，全年电信诈骗共发案1起，发案全区最少。

柏木乡

【概况】　柏木乡地处宜春市袁州区北部，距城区24千米，是宜春市区三线一体工业经济走廊发展重点区域，素有“北大门”之称。东接寨下镇，南靠三阳镇、芦村镇，西连洪塘镇，北邻万载县马步乡，面积72平方千米。2022年，辖柏木、石下、双院、布里、棠梅、苍前、更石、酌江、石湖、老塘、严岭、石井、西岭13个行政村，共142个村民小组。2022年末，辖区农业总人口26781人，其中集镇常住人口18358人，流动人口875人，外出从业人员8423人。集镇绿化率38%。有耕地面积1719公顷，其中水田610公顷，旱地1109公顷；林地面积共4560公顷，其中油茶林2140公顷，用材林2004公顷。粮食作物以水稻为主，2022年，生产粮食9573.25吨。主要经济作物有花生、生姜、辣椒、红薯等。其中，花生种植面积165.6公顷，产量1043.284吨；生姜种植面积19.2公顷，产量209.08吨；辣椒种植面积62.2公顷，产量765.3吨；红薯种植面积285.65公顷，产量9254.1吨。畜牧业以猪、牛、羊为主。2022年，生猪出栏量57164头，母猪2354头，年末存栏2354头；牛年末存栏1552头；羊年末存栏1212只；畜牧业总产值1.16亿元。

2022年是党的二十大召开之年，是进入全面建设社会主义现代化国家、向第二个百年奋斗目标进军的重要一年。过去的一年，在区委、区政府和乡党委的坚强领导下，在乡人大的监督支持下，全乡上下坚持以习近平新时代中国特色社会主义思想为指导，深入学习贯彻党的二十大精神，以日夜兼程的紧迫和担当、以披荆斩棘的决心和勇气、以风雨无阻的毅力和韧劲，凝心聚力、砥砺奋进、开拓创新，经济社会得到全面发展。

【经济发展】　一是经济运行平稳向好。全年税收总收入7563.8万元，完成年初制定的7169万元的目标，比上年同期增收938.4万元，同比增长14.16%，完成全年目标任务的105.5%。二是工业发展势头喜人。全乡规模以上工业企业主营业务收入13.64亿元，同比增长6.6%；工业用电量1.47亿千瓦时，在全区乡镇排名前列；工业税收完成5742.1万元，占比达75.9%。三是引项争资成果丰硕。全力抓招商、抓项目、抓产业，协议引资项目7个，签约亿元以上入园项目2个，合同金额2.2亿元。新增规模以上工业企业1家（通利建材），全乡规模以上工业企业总量达到9家。四是农业产业提质增效。全年水稻种植面积16513亩，总产量达712.62万公斤。完成400亩中药材种植，油菜种植4500亩。生猪复产增养现存栏量28013头，能繁母猪2280头，生猪出栏57164头。

【民生事业】　一是持续巩固脱贫成果。及时入户核实平台及上级部门推送数据，新纳入监测户2户9人。落实义务教育资助政策，“雨露计划”补助学生90名，补助金额13.5万元。动态监测脱贫人口和边缘人口就业务工状态，规范就业帮扶，全年为175人发放外出务工交通补贴8.25万元。积极对接脱贫人口信贷需求，累计发放小额信贷贷款305万元。做好光伏电站的运行和维护，确保正常发电，2022年乡村两级光伏发电收益共计95080元，全部用于村级开发公益性岗位，发展村级小微型公益事业和脱贫户、监测对象发展种植养殖产业奖励补助。二是不断推进民生事业发展。深入推进民生保障体系建设，全面落实基本医疗保险、养老保险、社会救助等社会保障政策。2022年城乡居民养老保险完成参保11216人，参保率为47.5%；集中征缴期内城乡居民医疗保险完成参保21541人，参保率达96.67%；积极对接各用工企业，及时掌握用工需求，为重点企业送工57人。精准救助社会困难群体，累计发放各类低保金410.6万元，发放特困供养金100.3万元，发放社会散居孤儿、事实无人抚养儿童保障金12.67万元，社会特殊人群生活得到进一步保障。累计发放拥军优属相关补助资金79万元，双拥工作稳步发展，军政军民团结进一步巩固。三是着力改善人居环境。加大基础设施投入与管理力度，推进集镇亮化美化工作。投资29万余元，在集镇国道两侧更换照明路灯56

盏;投资25万元,改造集镇人行道1470平方米; 拆除违规搭建15处, 清运生活垃圾3450吨, 杂物和各类建筑垃圾1280吨, 清理公路沿线和集镇水沟1200米; 整治占道经营或出店经营86次。持续提升乡村面貌,完成3个省级和2个自建新农村点建设,其中示范点1个。四是坚定发展文化教育。2022年柏木籍学子高考考取本科“211”院校7人、一本院校23人、二本院校70人,不断开创佳绩。柏木中学中考学生178人,录取各所高中40人, 义务教育办学质量不断攀升。柏木乡中心幼儿园顺利通过市级示范幼儿园评估。

【综合治理】 一是安全生产从严抓牢。守住安全底线、不越发展红线。全年进行企业隐患现场排查107次,发放责令限期整改通知书22份、现场处理措施决定书79份,整改隐患202处,开展企业负责人谈心谈话5次。给予企业警告处罚一次。取缔非法洗砂生产线1条、非法加油点1个,停业整顿小微企业3家。二是平安建设效果显著。坚持积案矛盾化解主动出击,区信访局交办的5个重点信访积案全部化解,化解率达100%,6月在全乡开展信访积案化解攻坚月活动,梳理29件信访积案, 化解21件,化解率72.4%。法院委派诉源治理案件26件,调解成功22件,调解率84.6%。三是污染防治纵深推进。牢固树立生态优先、绿色发展理念,坚持依法治污、铁腕治污、全民治污。全力抓好大气污染防治,加大秸秆综合利用及禁烧巡查力度,常态化推进森林防火工作,与村民签订防火承诺书,充分发挥学校森林防火宣传教育作用,开展“小手拉大手”活动,营造全民参与森林防火的社会氛围。加强宣传、压实责任、大力惩处,确保全乡防火禁烧工作保持高压态势。深入打好“碧水”保卫战,严格落实河湖长制, 加大河道巡查管护力度,加强柏木乡集镇污水管网及处理设施运维,推进柏木乡集中饮用水水源地保护工作。紧盯突出生态环境问题,针对中央、省、市督察反馈问题高标准整改,确保不反弹,完成销号中央环保督察信访件4件。

【政府建设】 一是加强党风廉政建设。全面落实党风廉政建设责任制, 构建廉政风险防范防线, 组织开展警示教育活动4次,办理案件5件,党风政风呈现新气象。二是提高政府服务能力。持续抓好便民服务中心工作人员素质水平提升和延时服务制度落实。全年共办理业务8753件, 村代办服务5961件, 受理回复“12345”政府热线诉求482件, 收到群众表扬信1封、锦旗1面。三是提升依法行政水平。坚持法治思维不动摇,始终把依法行政贯穿于政府决策、执行、监督全过程,自觉接受人大监督, 认真办好人大建议8件, 虚心听取社会各方意见。加强行政执法队伍建设,规范行政执法行为。 (苏　思)

官园街道

【概况】 2022年, 官园街道聚焦“作示范、勇争先”目标定位和“三拼三促”工作要求,主动优化服务、强化协调、树好形象,统筹做好稳增长、促改革、调结构、惠民生、防风险等各项工作,街道经济社会发展总体平稳。

【党建工作】 2022年, 街道把学习习近平新时代中国特色社会主义思想、党史等有关重要内容融入日常。以集中学习,举办座谈会、宣讲比赛,撰写学习体会文章等方式抓实读原著、学原文、悟原理,推动全面系统学、深入思考学、联系实际学,以学习促思想解放, 以学习促落实、促发展,进一步把学习成果转化为做好街道各项工作的强大动力。注重学先进。2022年以来,各基层党组织以“三会一课”“主题党日”等为载体,广泛开展学习“新时代赣鄱先锋”“二十大代表风采”等活动,促广大党员干部对标先进找差距, 比学赶超争前列。注重学时事。党的二十大开幕会当天,街道各基层党组织积极组织党员通过集中收听收看或通过电视、网络等传播平台收听收看党的二十大开幕会盛况,认真聆听习近平总书记所作的报告。

2022年,街道党工委按照1个片区1个亮点的原则,积极打造党建示范亮点6个。明月安居片区的 “党建+支部建在市场上”,通过加强党员“红色”教育、持续推进与行业领域合作、发挥“红色”物业的联动作用助推市场活力; 宜兴坤山片区的“党建+功能型活动党支部”,通过功能定位将类型相近、从业相近、兴趣相近、能力相近的党员编入同一个活动党支部中,充分调动党员积极性,提高党建活动“新鲜感”和“点击量”;官园桥头片区的“党建+红色业委会”,充分发挥小区党支部、红色业务会优势有效激活网格“红色细胞”，多方“同频共振”打通服务群众最后“一百米”；张家山先锋片区的“党建＋基层治理”，通过发挥“五员”共管机制作用，由网格员负责牵头协调、党员具体负责楼栋、警员负责治安管理、城管队员负责维护秩序、物业管理员负责后勤保障，真正实现了“小事不出网格，大事不出社区”；大塘景升片区的“党建＋健康养老”依托新时代文明实践站建设专用养老服务设施常态化开展爱心理发、义诊、教育讲座、节日庆祝等活动，让辖区老年人实现“老有所养、老有所乐”；枣树翰林片区的“党建＋综合夜市网红打卡地”，通过构建党建引领、统战助力的工作格局，创建多方交流合作机制，用基层党建带活楼宇经济。

“三拼三促”持续落实。一是做好氛围营造。为迅速营造“拼理念、促比学赶超，拼作风、促担当实干，拼效能、促争先创优”的“三拼三促”社会氛围，街道坚持“线上线下齐发力”，一方面在居民群转发“三拼三促”学习链接，一方面在辖区内主要路口、公共活动区域、办公场所悬挂横幅，制作专题宣传牌，播放电子屏等。二是开展以学促行。截至9月底，街道以“重实干、勇担当、谋发展”开展主题演讲比赛3场；邀请专家学者或工作突出干部进行经验分享及授课4场；开展调研评比活动并完成调研课题及调研报告10篇。三是厘清责任清单。为进一步理顺单位内部职责边界，街道根据上级出台的有关工作方案，对重点事项进行了梳理，并下发分工文件，新成立经济发展、物业管理两个工作专班，明确部门间职责，有效推进工作落实落细。

2月景升社区党支部完成换届选举工作，3月新成立桥头社区正荣物业党支部。2022年提交入党申请书34人，新发展积极分子12人。2022年计划发展党员13人，已完成11人。

【经济发展】 一是多措并举保财政增收。为有效应对叠加减税降费力度加大等因素带来的不利影响，街道积极开展财源增收攻坚行动，通过成立经济发展专班、制定《官园街道财税管理办法》、加强部门联动配齐协税员、组织税源清查等举措有效开源挖潜，截至10月中旬已核实辖区范围内企业1211户，个体工商户4441户，房屋出租户4954户，出租面积约55万平方米。截至10月底，街道完成财政总收入4873万元，同比增长10.9%；完成地方收入2012万元，同比增长26%。二是盘活资产促增值。通过街道资产运营公司统筹对各类资产分类分析，因地制宜出台盘活方案，分类施策进行处置管理，“存量效应”得以有效发挥，管理的544处共68111.49平方米，已出租442处计45303.06平方米，自用64处计18050.96平方米，其他17处面积计3375.61平方米（借用、养老中心、免费使用等），闲置21处面积1381.86平方米仍在继续盘活。截至10月底，资产运营公司完成资产收益834.78万元，同比增长8.64%。三是清查旧欠防流失。对街道办公楼1～3楼10家商户中7家通过协商已追回73.63万元租金，剩余3家正通过法律途径解决；对开发区医药园2栋房屋承租户艺元坊追回全部旧欠10.2万元；对宜阳小区西街74号楼B座8～9号店面原玛丽画廊已追回旧欠7.344万元，剩余部分正通过法律途径解决；对天工小区旁店面已追回旧欠6.28万元，剩余部分正向法院申请强制执行。四是街居联动抓招商引资。立足精准招商、街居联动全民招商，街道制定了《官园街道招商引资实施方案》严明考核奖惩机制，以调动招商引资积极性、提升签约项目质量。截至年底，共梳理有效招商线索25条，与1家金融类企业进行项目洽谈对接并已正式签约，正积极与6家电子科技型企业开展洽谈。五是惠企纾困为实体护航。为全面落实上级减税降费政策，稳住经济发展基本盘，街道已累计为138户个体经营户、小微企业等减免房租共116.56万元。

【民生事业】 一是民生资金发放方面。截至11月24日，街道共发放惠民资金1000.61万元，同比增长15.87%，惠及受益群众5200余人次。其中：农村低保178.51万元、城镇低保220.77万元、教育扶贫支出29.21万元、抚恤优抚210.28万元，社会福利70.03万元、残疾人事业56.74万元、临时救助4.13万元，水库移民资金2.13万元，计划生育资金189.3万元，其他补助39.51万元。二是全国文明城市创建方面。2022年以来，街道、片区累计发放创文宣传册近5万份，上户填写文明城市满意度调查问卷83800余次。对标创文迎国检要求，街道已完成全域42个弱电整治点位的弱电线缆整治，对辖区187个迎检点位（较2021年新增34个）定人、定岗、定责、定期督查，对市创文办、国调队、新区创文办督查反馈问题已明确时间表、责任人，倒排工期、对账销号，确保不留死角、不留盲区，对整改进度慢的片区开展约谈督促，切实为创文迎国检做好充足准备。针对辖区内人行道与背街小巷车辆乱停乱放等问题，街道已于8月起对辖区乱停乱放行为进行处罚，截至10月15日开出违停罚单4183张，有效助力全国文明城市创建；2022年以来，街道在全市中心城区城市管理工作考评中，取得了1月份、4月份全市排名第一，8月份一类管理区域考核排名第三，9月份一类管理区域考核排名第二的好成绩。三是物业管理全覆盖方面。街道制定《官园街道物业管理全覆盖工作方案》，成立物业管理工作专班，现辖区131个小区(77个有物业小区，1个新交房小区，53个无物业管理区域)已完成物业覆盖131个，覆盖率100%；已成立业委会或物管会73个，占比55.73%。四是老旧小区改造方面。全力配合做好城镇老旧小区改造协调工作，2022年以来完成了瑞发小区、科鹏花园、申庄花园等18个老旧小区的改造任务，18个老旧小区改造已全部完成招投标，4个已进场施工。五是网格化管理服务方面。街道辖区现有常住人口16万余人，已对辖区网格重新优化调整为139个，并按照一网格一员的要求补齐专职网格员。按照中共宜春市委办公室、宜春市人民政府办公室印发的《关于加强和改进城镇社区网格化管理服务的若干措施(试行)》的通知(宜办发〔2022〕18号)文件精神，每个网格原则上覆盖常住人口300~500户或1000人左右。为推进网格化管理服务工作精细化、规范化运行，街道联合新区综治办多次组织各片区对网格重新调整划分情况进行专题研究讨论，现正筹划将现有网格优化划分为139个。六是“12345”热线工作方面。2022年以来，街道累计受理“12345”热线转办工单2741件，回复率100%。

【综合治理】　一是信访方面。街道坚持全力做好信访积案攻坚、矛盾纠纷化解等重点工作。二是全民防溺水工作方面。街道已投入30余万元在秀江河重点水域完成了13套防溺水预警系统建设，录入辖区内27000余名中小学生信息，并聘用28名防溺水安全巡查员对辖区25个重点点位在内的水域落实巡查全覆盖，实现了辖区水美家安。三是安全隐患摸排处置方面。针对自建房领域可能存在的安全隐患，街道前期已完成对辖区1070栋自建房的摸排和部分老旧房屋鉴定，并建立台账，正对辖区249栋经营性自建房开展房屋安全鉴定工作，已鉴定30栋。针对森林防灭火工作方面。自2022年7月以来全市高温干旱少雨，为有效应对可能存在的风险隐患，街道积极组织各片区对辖区火灾隐患开展彻底排查，建立日巡查、管理台账，同时严格实行森林防火包保责任制，确保思想认识到位、安排部署到位、责任压实到位、措施落实到位、应急准备到位，切实筑牢森林防灭火安全屏障，坚决遏制森林火灾发生。为有效提升街道应急管理能力，街道积极推进应急管理所建设，现街道应急管理所已出台“八有”制度，制定修改了《官园街道应急管理体系和应急能力建设工作方案》《官园街道突发事件总体应急预案》《官园街道森林灭火行动方案》《官园街道防汛排涝应急预案》《官园街道安全生产事故救援应急预案》并组建了由街道主要负责同志为指挥长的30人救援队伍，加强了救援队伍的培训。同时，街道投入近2万元采购了一批救援器材，制定了物资器材库的管理规定，街道已具备半专业的救援能力，正督促各片区应急管理站实现“六有”制度。

【党风建设】　认真落实全面从严治党主体责任，切实履行党风廉政建设第一责任人职责和“一岗双责”责任制。一是强化制度建设。2022年以来陆续制定印发《官园街道2022年党风廉政建设和反腐败工作要点》《官园街道全面从严治党党工委主体责任、纪工委监督责任工作清单》，明确党风廉政建设主体责任，突出从严管党治党。同时建立党风廉政建设工作提示机制，每月向各部门、各片区发送工作提示，系统、科学、有序推进街道党风廉政建设。二是强化监督监察。积极推进监察职能向基层延伸，在街道所辖6个片区设立片区纪检书记和纪检信息监察员共18人，形成新区、街道、片区多级监督链。加大监督检查力度，定期开展监督检查，对发现的问题建立巡查台账，及时纠正提醒，督促各部门、各片区做好整改，确保上级部署的各项措施落到实处。2022年以来围绕疫情防控、全国文明城市创建等中心工作开展专项督查10余次；辞退酒后驾车干部1名。三是强化宣传教育。突出廉政教育，着力提高党员干部自我约束能力和管理意识，组织街道、社区党员干部认真学习党规党纪。每逢节假日等重要时间节点，向全体街、居党员干部发放《廉洁警示提醒函》，2022年累计已发放提示函2000余份；组织层层签订廉洁自律承诺书300余份，提醒广大党员干部时刻遵守纪律，廉洁过节；同时深化反腐倡廉教育，开展“勤廉官园”建设，印发张贴廉洁宣传海报10000余份，组织开展廉洁过节承诺集中签名活动，打造廉洁文化示范小区1个。定期组织干部观看廉政教育系列专题片，充分利用自媒体、网格管理系统优势，开展反腐倡廉宣传工作，营造风清气正的良好氛围。四是强化“码”上监督信息管理。截至年底，6个片区和5个社区理事会新录入公开10568条村级资产、资源、资金（其中：村级收入2156条，村级支出7811条，村级财务总账明细348条，村级资产253条），居务信息触手可及。五是开展财务审计工作。对37个二级理事会进行了财务审计，初步发现梳理财务管理、内部控制等方面问题39个，对审计发现问题出具书面审计报告并上交审计领导小组督促限期整改，基层党风廉政建设监督网日益紧密。六是树立鲜明的选人用人导向，注重在疫情防控、社会稳控、基层治理、服务群众等重大任务中发现培养使用干部，优化了片区党委班子。

金园街道

【概况】 金园街道位于中心城区北部，紧邻市中心区，东连湿江乡，西界湖田乡，南至沪昆高速公路，北邻三阳镇，处在320国道与沪昆高速公路交会处。辖马王塘、厚村、枫林、江丰、宝利、金园6个居委会，辖区面积42平方千米，65个居民小组。耕地面积3600亩，水面面积308亩，林地面积1094亩，森林覆盖率2%。总人口16648人，其中农业人口10572人、非农业人口6076人。2022年农业总产值3901.12万元，同比增长10.2%；农村居民人均可支配收入18700元，比上年增加3000元。

【脱贫攻坚】 2022年，教育帮扶政策方面，春季共资助在校生1110人，发放教育资助金541075元；健康帮扶政策方面，脱贫户和边缘易致贫户已全部参保；饮水安全政策方面，目前除待安置的3个居民小组外，均已实现自来水入户。同时，抓牢工作落实，严格落实“三线预警”机制，做好防返贫监测。做实产业帮扶，通过租赁双创基地厂房，2022年已拨付壮大村级集体经济资金12万元，发放资产收益分红99500元；继续推进消费帮扶，共计采购消费帮扶产品42242元；落实就业帮扶，辖区内脱贫劳动力人员共134人，就业率达92%。

【综合治理】 常态化开展农业农村和水利资源领域扫黑除恶专项工作，开展打击整治养老诈骗行动，针对辖区电信网络诈骗案件持续高发情况，引导群众下载安装“国家反诈中心”App共计14326人，与居民签订反诈承诺书7000余份。

【民生工程】 重点加快推进十四号安置地、十五号安置地、十六号安置地以及罗家、王家陂安置地建设，持续提升城市品质。

【社会事务】 优化便民服务评价，便民服务中心各窗口均设立全市政务窗口评价设备，已接入全市“好差评”系统，实现办理政务服务事项“一事一评”。截至年底，各窗口共办理573件业务，已办理的业务事项均得到群众满意评价。提升就业保障水平。多方位大力宣传企业招聘信息，开展助力就业、送岗上户，将岗位需求信息及时传达给求职者，2022年新增就业人数742人，辖区内居民在园区企业就业人数共3651人。加大社会保障力度，推进“一老一小”服务设施建设，已建设2个嵌入式养老服务中心及1个居家养老服务中心；托育服务共设有托位数125位。

【安全生产】 抓好“九小”场所排查，除按要求落实每月安全隐患排查外，联合区消防救援大队对各社区“九小”场所开展安全隐患大排查。全年共排查安全隐患20处，现场处置14处，限期整改6处。抓好森林防火，按要求落实森林防火、违规用火巡查，多方位扩大宣传，做好应急物资储备，未出现野外违规用火及森林火灾。抓好防汛工作，年初成立了防汛抗旱指挥部，建立了一支人数为30人的防汛抗旱抢险队伍。按要求落实河长制巡查、水库巡查以及汛期每日一巡查，同时做好了防汛物资储备。抓好防溺水工作，在各重点水域包括水库周边竖立防溺水警示牌及安排相关救援设备，落实防溺水巡查公益性岗位，安排防溺水巡查员进行防溺水巡查。

【环境整治】 扎实开展环境整治，全年共拆除违法建设4起，面积约2130平方米，清理屋前屋后垃圾杂物1000吨、清理“牛皮癣”1500处、整治“线乱拉”15处、清理户外大型广告20处。开展老旧小区改造，开展马王塘社区马王塘巷、王家段巷自建房老旧小区改造，完成新增70个车位规划、28栋房屋外墙粉刷以及6处地面硬化。开展“厕所革命”专项攻坚，对枫林社区、厚村社区、江丰社区进行农村旱厕改造，共完成改造238户，农村厕所脏臭差问题得到有效解决。

温汤镇

【概况】 温汤镇位于宜春市城南15千米处，是明月山温泉风景名胜区管委会驻地。东连袁州区南庙镇、明月山风景区洪江镇，南接吉安市安福县章庄乡，西接袁州区西村镇和萍乡市芦溪县万龙山垦殖场，北邻袁州区湖田镇。

截至2022年，温汤镇在岗人员69人，内设党政办、农业农村办、社会事务办、财政经济办、社会治理办、移民办、便民服务中心7个机构。

【基层党建】 全年召开党建工作专题会议5次，开展各类谈心谈话60余人次，现场检查指导18次，农村基层党建工作局面全面打开。结合“三拼三促”抓落实活动，健全完善“我为群众办实事”长效机制，45件实事民生项目，15项重点任务，33件事项、224个阶段目标均已完成。2022年各村（社区）年收入均达10万元以上，其中温泉社区收入达36万元。依托潭下村红色游击区的资源优势，新建温汤烈士陵园、改造村史馆，打造潭下红色旅游线路。2022年昌坑村被命名为市级党员科普示范村。创新基层治理新模式，新温汤人党支部建立“2+1”互助养生队，让“党建+基层治理”真正服务于民、造福于民，做法被《人民日报》等媒体重点报道。

【项目建设】 明月山彭坊片区棚户区（江源小区）改造项目有序推进，2022年，前期项目招投标工作已完成，江源小区安置房已开工建设。玉泉花苑、温汤温泉公寓、地税局宿舍小区等老旧小区改造工作顺利完成。刘坊、仙巩、潭下三所村小的危房改建加速推进，各项目标计划稳步落实。高效完成四方井水利枢纽工程移民安置房分配工作，已顺利完成2184套房源分配，安置移民户4670人，安置完成率99.7%。

【城乡面貌】 2022年顺利完成明月山国家AAAAA级旅游景区复核和温汤国家级旅游度假区整改提升，全面治理“脏乱差”，补齐业态短板，提升了温汤品位。对社埠贾溪自然村进行秀美乡村建设，拆除“三类房”、危旧房2万多平方米，贾溪在全市新农村检查评比中荣获第三名；对大布村长丰组、社埠村神山组进行房相外立面改造，为美丽宜居温汤打下干净整洁的坚实基础。对全镇4828栋自建房进行安全监测，相关整改通知及拆除工作全部落实到位。对全镇农户厕所重新进行摸排采集，共摸排户厕6381户，发现问题厕所3144个，立行立改问题厕所72个，召开问题整改促进会3次，针对留守老人改厕难问题，统一购置化粪池160个，并邀请施工团队，逐村逐户进行上户整改服务。

【农林业】 全镇共完成早稻栽种面积2200亩，中稻面积13216.71亩，晚稻面积2200亩，粮食产量取得全面丰收。坚持扩种油菜，共扩种油菜面积2668.4亩，让冬闲田不再“闲”，全镇处处可见金黄花海，随地遇见游客驻足赏花，为乡村添颜值、增价值。坚持落实国家农业补贴政策，提高农民生产积极性，按时发放地力补贴154万余元、水稻种植补贴116万余元、冬油菜扩种补贴34.6万元。

【社会保障】 2022年共发放低保金、“五保”金、残疾人“两项补贴”、高龄老人补贴、孤儿补贴等各项民生保障资金581.22万元；为水库移民发放资金补贴6.9万元。全镇医保参保人数共计22027人，其中脱贫户、监测对象668人全部参保；针对369名特困、低保、未消除风险易致贫、重残等人员，全部代缴相关医保费用；为314名符合条件的困难群众，免费办理社保。此外，扎实开展就业帮扶，让困难群众稳岗又稳心，共举办就业培训班7期，涉及参训人员230人次；为脱贫户发放外出务工交通补贴2.25万元；设置公厕卫生、农家书屋等公益性岗位30个，惠及就业困难人员48人。

【信访工作】 全年累计调处矛盾纠纷82件，调解成功率高达99%；接待来信来访群众131人次，成功疏导群众126人次；宣传引导群众下载“国家反诈中心”App1330 个，完成率达 84.85%；累计受理网上信访事项 50 件，同比下降 27%，办理来信 11 件，办结网上信访事项 53 件，及时受理、按期办结率、责任单位满意率均为 100%；做好重点事项交办化解信访件 21 件，其中国家信访局交办 16 件，进京信访专项治理信访件 5 件，均已全部化解。

【安全生产】 2022 年，基本健全乡镇和行政村（社区）应急管理体系，全镇基层应急管理能力明显增强。共下达执法文书 37 份，37 处隐患全部整改到位。在“水美家安、全民防溺水”工作中，在重要路口、重点水域悬挂横幅 52 条，发送短信提醒 23000 余条；学校通过召开防溺水主题班会、开展“万师进万家”、家校联席会等方式，签订承诺书 2400 余份。紧紧围绕森林防火、防洪防汛等重点工作任务，与各村护林员签订 2022—2023 年管护协议及防火责任状，督促各村严格做好森林防火督查，禁止一切野外用火，各项工作任务落实落细，切实筑牢人民群众生命安全防线。

【乡村振兴】 2022 年共有脱贫户 288 户 633 人，“三类对象”7 户 26 人。举办就业培训 7 期 230 人次，安排公益性岗位 124 个，发放就业补贴 0.68 万元，发放公益性岗位工资 77 万元，全镇 350 名脱贫劳动力已就业 320 人，就业率达 91%以上。积极组织申报各类乡村振兴衔接项目，落地实施基础设施项目 4 个，其中投入 100 万元用于彭坊村富硒食用菌厂房厂地建设；投入 20 万元做好昌坑村道路改建及余土区配套基础设施建设；投入 10 万元建设田心村公共厕所项目。加大产业资金投入，向彭坊、田心、昌坑三个行政村投入各类乡村振兴衔接资金 130 万元；向 23 户特色种养业农户发放各类产业奖补资金 6.7 万元，变“输血”为“造血”，不断实现农户和村集体经济持续稳定增收。申报“雨露计划”补助 40 人次共 6 万元，抓好教育帮扶。继续执行原保障帮扶政策，低保提标 45 元 / 月；“五保”提标 85 ~ 110 元 / 月，做好了社会帮扶。全年累计购买扶贫产品 31.86 万元，超额完成 5391 元，做好消费帮扶。

洪江镇

【概况】 洪江镇是江西省宜春市明月山温泉风景名胜区管委会下辖镇。位于袁州区南部边陲，东邻新坊镇，南靠安福县章庄乡，西接温汤镇，北接南庙镇；辖区总面积 171 平方千米，全镇辖 11 个行政村，120 个村民小组，总人口 13986 人；南北最长 18.7 千米，东西最宽 9.35 千米，总面积 91.058 平方千米，合 136587 亩，其中耕地 14610 亩，占总面积的 10.7%，山地 102327 亩。2022 年，实现一般公共预算收入 1753.9 万元，农民人均可支配收入 1.9952 万元；接游人数达 353.6 万人次，旅游综合收入 3.54 亿元，同比增长 26%。在 2022 年度江西省森林乡村评价认定中，洪江镇汤溪村、梅州村、古庙村荣登榜单，其中古庙村同时获评 2022 年江西省水生态文明村；宜春明月山栖隐谷被评为国家 AAAA 级旅游景区，有效提高洪江镇知名度，促进洪江产业转型升级。

【经济发展】 2022 年，招商 20 余次，已签约项目 4 个，其中亿元以上 2 个。1.飞地经济——欣旺达电子宜春项目投资 165 亿元，实现明月山招商项目 50 亿元、100 亿元“零”的突破；2.与江西联合能源有限公司签订 5 亿元的明月山风电项目，已顺利列入省级规划库，完成了测风塔安装，进入为期一年的测风阶段；3.与上海晟地集团签订 3000 万元的明月山富硒生态有机农业项目，待农户与企业签订租地协议后开工建设；4.与江西漂源旅游开发有限公司签订 2000 万元的明月山大峡谷漂流项目。

【民生项目】 1. 完善公共配套设施：派出所及辖区外单位项目于 2020 年 5 月开工建设，2022 年 5 月邮政、农商行已投入使用，派出所于 2022 年 10 月投入使用，幼儿园于 2022 年 9 月正式开园。2.集镇建设、推进棚户区改造：明月山洪江集镇交通道路（及附属工程）通过公开招投标方式确定了项目施工单位，投资金额为 30160 万元，共设有 10 座桥（涵），6 条道路，2 个公园，2022 年底已完成投资约 7000 万元。明月山三观磨下片区棚户区改造（明月嘉苑小区）项目通过公开招标确定了施工单位，所有地块清表，建设 1 号地块和 4 号地块独立基础等，已完成工作量 770.24 万元。3.宜井遂高速公路项目顺利推进。宜井遂高速途经洪江镇 11.3 千米，已于 12 月顺利通车，在洪江镇设立武功山动（洪江）出口，该项目建成对洪江镇旅游事业的快速发展提供了强有力的支持。4.明月山温泉生态康养产业项目进展顺利。2022年该项目已投入建设资金约2.3亿元,该项目共计8个地块，其中,3号地块仰山书院于2022年7月已投入使用,4号地块风情商业街已完成桩基础施工,2号地块主体已完成建设，正在进行墙体砌筑,8号地块主体已完成建设,部分楼栋外架已拆除,正在进行内外墙抹灰处理,7号地块正在进行模板安装;1号地块运动中心、5号住宅地块、6号地块温泉中心预计于2023年动工建设。5.全域道路建设养护。洪江镇列入农村公路养护计划107.4千米,其中县道26.6千米,乡道11.3千米,村道69.5千米,2022年全镇产业路旅游路公益事业路2.6千米均已完成设计并招投标,正在进行基础设施建设。

【农村工作】 年内,全镇水稻种植面积5007.05亩,其中早稻种植面积1843.74亩,共补贴发放资金430208元；新建农村饮水及灌溉水渠3处,投入资金40.4万元；规范动物产地检疫程序,实施动物申报检疫制度,动物检疫300头次。2022年春、秋两季发放动物防疫疫苗600余剂。

【社会事业】 2022年已对69处饮水点进行了水质检测;组织就业技能培训，通过农业技术员、中式面点、母婴护理和家政服务等培训,为待就业人员择业提供了多方面帮助,全镇脱贫劳动力212人，无就业意愿9人，已就业203人，就业率95.8%；城乡居民养老保险已参保6558人,参保率达73%,其中待遇领取人员1577人。2022年度中断补缴114人,新参保36人,新增待遇领取77人,注销115人,办理信息变更11人。城乡居民医保参保率达97%,脱贫人口和监测对象户实现100%参保由政府代缴城乡居民医疗保险250人，每人320元，共代缴费用8万元，顺利完成了2022年度居民医保缴费工作任务。

2022年春季“雨露计划”培训补助14人21000元,2022年秋季“雨露计划”培训补助16人24000元。为加强未成年学生防溺水安全，排查14个重点危险水域,设置警示牌和护栏等防范设施，完成了危险水域13套防溺水点位建设设备的安装调试以及后端平台接入等工作,13套点位25个画面整体上线。

【乡村振兴】 共申请乡村振兴项目9个,古庙村斜油岭组级公路加宽及会车点项目、古庙村路灯亮化项目、布星村杉木垅组饮水工程项目、汤溪村五坑组饮水工程项目、梅州村源头组梅州至源头公路两边护坡及水圳项目、丹溪村龙家组丹溪村玫瑰园育苗基地大棚建设项目、梅州村源头组新建桥梁项目、古庙村白云组滑坡简易治理工程项目、洪江居委会骆家组至月山下组农田灌溉水渠项目,共计申请投入资金132万元，其中省级资金80万元。 （谭宜斌）

人物　荣誉

中共宜春市袁州区委员会

中国共产党宜春市袁州区委员会

书　记:江伟斌

副书记:胡　勇

李云平(任至8月)

熊厚胜(9月任)

区委常委:赵　云

刘逸飞

沈　郅

李　翔

江海滨

杨卫勇

傅　鹏

谌卫锋

张　希(3月任)

区委一级调研员:

胡梅金(6月任)

何　彬(1月任)

熊能生(1月任,8月退休)

刘湖南(1月任,10月退休)

区委四级调研员:鲁旭东

宜春市袁州区人大常委会

主　任:陈　彬

副主任:舒建设

李日耀

刘卫国

谌　勇

邓　琪

梁福军

宜春市袁州区人民政府

区　　长:胡　勇

常务副区长:谢春松(任至4月)

江海滨(4月任)

副　区　长:杨　宜(三调)

副区长党组成员:

谌卫锋(3月任)

蒋晓青

晏　军

罗嗣佳妮(任至11月)

谢翠洪(9月任)

甘辉华(9月任)

党组成员:熊能生(任至9月)

晏　军(任至9月)

熊华生(三调)

二级调研员:王春玲

党 组 成 员:袁德明

中国人民政治协商会议宜春市袁州区委员会

主　席:熊爱国

副主席:袁春平

敖志海

易清松

钟文锋

袁宝贵

张艳玲

曹少鹏

区委各部门、区直各单位及有关单位领导干部名录

中国共产党宜春市袁州区纪律检查委员会　袁州区监察委员会

纪 委 书 记:赵　云

纪委副书记:王　平

陈世恩

袁会明

纪 委 常 委:袁　安

易临军

柳水根

李勇平

黄德华

区监委主任:赵　云

区监委副主任:王　平

陈世恩

袁会明

区 监 委 委 员:袁　安

易临军

钟林福

李勇平

易引辉

王　萌(12月任)

办公室负责人:李宇飞

组 织 部 部 长:李　莉

宣 传 部 部 长:江　帆

党风政风监督室主任:黄　晶

信访室主任:廖红霞(任至8月)
杨　群
(9月任负责人)
案件监督管理室主任:
邹暐威(1月任)
第一纪检监察室主任:
陈博仁(1月任)
第二纪检监察室主任:潘　赢
第三纪检监察室负责人:
袁尚庆
(1月任,任职至9月)
龙　珍(9月任)
第四纪检监察室主任:
甘后贵(1月任)
第五纪检监察室主任:
廖　媛(1月任)
第六纪检监察室主任:黄　玮
第七纪检监察室主任:熊　巍
第八纪检监察室主任:袁树华
第九纪检监察室主任:
欧阳艳兰(1月任)
第十纪检监察室负责人:
范　丰(任职至6月)
李文坤(9月任)
第十一纪检监察室主任:
袁　安(任职至12月)
第十二纪检监察室主任:
罗　弘(1月任)
案件审理室主任:
王　萌(任职至12月)
纪检监察干部监督室主任:袁玉玲
机关党总支专职副书记:
张耀军(任至9月)
简　艺
(9月任负责人)
纪检监察智慧监督保障中心主任:
周　杨(6月任)
区纪委区监委第一派驻纪检监察组组长:叶　海(任至8月)
张耀军
(9月任负责人)
区纪委区监委第二派驻纪检监察组组长:桂武丽图(任至6月)
高　静(6月任负责人)
区纪委区监委第三派驻纪检监察组组长:张　斌
区纪委区监委第四派驻纪检监察组组长:胡常东
区纪委区监委第五派驻纪检监察组组长:文　英
区纪委区监委第六派驻纪检监察组组长:李　祥
区纪委区监委第七派驻纪检监察组组长:徐淑琴(1月任)
区纪委区监委第八派驻纪检监察组组长:许　娟
区纪委区监委第九派驻纪检监察组组长:邹清洲
区纪委区监委第十派驻纪检监察组组长:邓国林

区委巡察办公室

区委巡察办主任:柳水根
区委巡察办副主任:钟兰英
区委第一巡察组组长:李水明
区委第一巡察组副组长:
简　艺(9月任)
区委第二巡察组组长:谢　娇
区委第二巡察组副组长:邓　涵
区委第三巡察组组长:钟　舷
区委第三巡察组副组长:彭仁勇
区委第四巡察组组长:潘象国
区委第四巡察组副组长:
刘加庚(任至12月)
李炳富(12月任)
区委巡察组正科级巡察专员:
刘文光、彭浩宇、
叶　海(8月任)
廖红霞(8月任)

宜春市中心城区管理委员会

党工委书记:(缺)
管委会主任:(缺)
党工委副书记:刘未生(主持工作)
党工委委员、管委会副主任:
刘　琪
胡鸿俊
党工委委员:邱丽丹
党工委委员、党政办主任:陈剑荣
正科级干部:袁　峰
社区建设与管理科科长:
尹　军
法制科(行政、督查科)科长:
冯竹生
公用事业科科长:刘　洋
垃圾分类管理科科长:曾　斌
房屋征收管理科科长:赖柳如
公用事业科副科长:曾　峰
垃圾分类管理科副科长:何　璐
社区建设与管理科副科长:钟小林
党政办副主任:苏　莉
法制科(行政、督查科)副科长:
黄　浪
副科级干部:李国荣
江春梅

区委办公室

主　任:钟文锋
副主任、信访局局长:蔡玉芳
副主任:晏自平(任至12月)
副主任:易鹏(8月任)
正科级督查专员:袁莉
改革办专职副主任:周琼霞
保密委专职副主任:刘江平

区政策研究中心

主　任:钟世庚(6月任)
副主任:袁云刚(6月任)
何　聪(6月任)

区委组织部

区委常委、组织部部长:沈　郅
常务副部长:钟文锋(任至9月)
袁宇东(9月任)
四级调研员:武志强
副部长、区非公经济与社会组织党工委书记:王　琴
副部长、区委编办主任:陈美谷
部务委员:程元红
黄晨希
唐仁洪
派驻纪检监察组组长:文　英

区委宣传部
区委常委、宣传部部长:傅　鹏
常务副部长:京方勇
副部长:钟宪斌(任至12月)
　　赵木根
网络应急指挥中心主任:
　　胡　霞(6月任)
网络应急指挥中心副主任:
　　韩善玲(6月任)

区委统一战线工作部
部　　长:李　翔
常务副部长:李安玲
副　部　长:姚素华
　　翟旭平
　　欧阳礼文

区委机构编制委员会办公室
区委编办主任、区委组织部副部长:
　　陈美谷
区委编办副主任:汤　勇
区委编办副主任:江琴浪
区机构编制实名制中心主任:
　　陈　觅(6月任)

区委信访局
党支部书记、局长:蔡玉芳
正科级信访督查专员:易安平
机关党支部纪检委员、副局长:
　　李炳富
机关党支部组织委员、副局长:
　　欧阳磊
区人民来访接待中心主任:
　　杨丽琼
区委信访局二级主任科员:
　　龚益群

区史志工作办公室
主　任:李艳平(任至6月)
副主任:张金波(任至6月)
　　袁春花(任至1月)

区档案馆
馆　长:何贵阳(任至6月)
副馆长:漆慧萍(任至6月)

区史志办(档案馆)
主　任:李艳平(6月任)
副主任:张金波(6月任)
　　漆慧萍(6月任)

区委党校(行政学校)
校　长:李云平(兼,任至9月)
　　沈　郅(兼,9月任)
行政学校校长:
　　谢春松(兼,任4月)
　　江海滨(兼,4月任)
常务副校长:黄　琼
副校长:陈晓阳(任至6月)
　　曾艳红(8月任)
行政学校副校长:
　　易永春(任至6月)
校务委员:陈晓阳(6月任)
党校校务委员:易维波

区人大常委会工作机构
办公室主任:龙　鸣
副　主　任:李　丹
监察和司法委员会主任:
　　刘文蔚
副主任委员:黄圣良
财政经济委员会主任委员(预算审查工委主任):彭园华
副主任委员:刘绍华
教育科学文化卫生外事侨务民族宗教工作委员会主任:
　　周德忠(1月任)
副　主　任:宋长荣(1月任)
农业农村和城乡建设环境资源保护工作委员会主任:张耀平
副　主　任:邓　懿(正科)
选举任免联络工作委员会主任:
　　张绍勇
副　主　任:江春莉
社会建设委员会主任:杜丹波
副　主　任:易南宇
预算审查工作委员会副主任:
　　邹王萍
备案审查工作委员会副主任:
　　赵海斌

区政府办公室
党组书记、主任:袁德明
党组成员、副主任:
　　邹　炜
　　刘　勇
　　彭　珊(6月任)
正科级督查专员:易　红
营商服务中心主任:
　　甘韶东(6月任)
营商服务中心副主任:
　　谭　刚(6月任)

区应急管理局
党委书记、局长:黄伟忠
党委委员、副局长:黄　琰
党委副书记、副局长:罗国军
党委委员、副局长:张增明
党委委员:李传忠
党委委员、区应急管理综合行政执法大队:杨细古
党委委员:梁　契
副科级干部:周涛根
　　梁雪峰

区机关事务管理中心
党组书记、局长:黄　霞(任至6月)
党组书记、主任:何贵阳(6月任)
副主任:李　晨
党组成员、副主任:桂武丽图
　　(6月任)

区行政服务中心
党组书记:易小斌
主　　任:陈　侃
党组成员、副主任:陈　军
　　黄玉明
党　组　成　员:晏旻娜

区接待处
主　任:周　芬

区消防大队

党委书记、政治教导员:武晓忠
党委副书记、大队长:黄安根
党委委员、副大队长:周　燚

区政协工作机构

秘 书 长:黄德平
副秘书长:黄　芳
提案委员会主任:何烈浪
提案委员会副主任:
陈　侃(任至6月)
黄英平(8月任)
经济委员会主任:易　战
农业和农村委员会主任:黄雪徽
农业和农村委员会副主任:高　勇
教科卫体和文化文史学习委员会主任:唐元海
教科卫体和文化文史学习委员会副主任:江　红
社会法制和港澳台侨外事委员会主任:吴建玉
社会法制和港澳台侨外事委员会副主任(正科):汪　皎
区政协办公室主任:刘科元
区政协办公室副主任:谢运文

中国国民党革命委员会袁州区总支

主　委:易南宇
副主委:辛红海
孙　蓉
刘　伟

中国民主同盟袁州区总支

主　委:张世冬
副主委:付九洲
梁正芬
张文俊

中国民主建国会袁州区总支

主　委:李　晨
副主委:黄海燕
黄传美

中国民主促进会

主　委:曹少鹏
副主委:喻　虹
袁　昆
彭　琅
委　员:易秋艳
彭成平
高　喆

中国农工民主党袁州区总支

主　委:谌　勇
副主委:晏　萍
翟长云
彭　宇
晏　萍

九三学社袁州区支社

主　委:杨发云
副主委:易铁凤
柳海林
黄　芳

区总工会

党组书记、主席:邓　琪
党组副书记、常务副主席:何发庚
党组成员、副主席:陈爱萍
邓　科(12月任)
党组成员、经费审查委员会主任:
晏　鮵
党组成员、四级调研员:钟甫华
一级主任科员、机关党支部书记:
唐　瑜
区职工权益保障中心主任:陈冬平
原区工人文化宫主任:廖海静

共青团袁州区委

书　记:陈石玉
副书记:龙　鑫
陈静怡
挂职副书记:彭爱平(任至1月)
袁家伟(2月任)

区妇女联合会

党组书记、主席:尹　珊
党组成员、副主席:孙园园
龙海琴
挂职副主席:黄薇(2月任)

区科学技术协会

主　　席:周庆江
副 主 席:郭　敏
挂职副主席:李　沁(6月任)

区归国华侨联谊会

主　席:张全英
副主席:付金林
邹雯靓

区工商联

主席(会长):廖文丙
党组书记:翟旭平
党组成员、副主席(副会长):
钟文清
邓志斌

区文联

党组书记:黄　磊
主　　席:喻　红(6月任)
党组成员、副主席:刘艳红
党组成员、挂职副主席:孙　瑜
蔡玉芳
刘小平
刘青春
黎绍华
练继圣

区残疾人联合会

支部书记、理事长:袁　庆
支委委员、副理事长:何秋明
副理事长:黄海峰(7月任)

区哲学社会科学界联合会

区社联主席:李　红
区社联副主席:刘建平
区社联副主席(挂职):高小玉

区红十字会

党组书记:傅　鹏(兼任)

会　　长:杨　宜(兼任)
常务副会长:吴　妮(任至8月)
党组成员、专职副监事长:龙海波
挂职副会长:朱雅旻(任至8月)

区退役军人事务局
党组书记、局长:袁露(任至8月)
易淑元(7月任)
党组成员、副局长:陈　波
彭平华
二级主任科员:黄新凤

区委政法委
区委常委、政法委书记:杨卫勇
常务副书记:潘世宏
副书记:黄金德
政治处主任:何艳敏
综治中心主任:龚怡静(12月任)
法学会副会长:杨嘉琪
汪泽宇

市公安局袁州分局
党委书记、局长:蒋晓青
党委副书记、政委:谭雪松
党委委员、森林分局局长:岳　耘
党委委员、副政委:袁林华
党委委员、副局长:刘　斌
彭冬阳
党委委员、副政委:黄彦孟
党委委员、情指中心主任:王南江
党委委员、副局长:李　欣
党委委员:黄　俊
党委委员、纪委书记:鲍　剑

区人民检察院
检 察 长:陈文强
副检察长:陈　健
陈蔚国
易志刚
党组成员、检委会专职委员:
江　蓝
党组成员、政治部主任:周蓉
温汤检察室主任:彭彦辉

区人民法院
党组书记、院长:吴子牛
政协副主席、副院长:敖志海
党组成员、副院长:漆建忠
党组成员、政治部主任:肖正国
党组成员、执行局长:揭春龙
审判委员会专职委员:曹　昆
周小燕

区司法局
党组书记、局长:邹清云
党组成员、副局长:易永斌
李　旸
朱小辉
党组成员、政工室主任:邹显卫

区民政局
党组书记、局长:施学明
党组副书记:陈福井
党组成员、副局长:游　峻
王　亮
党组成员、救助局局长:
兰秋平(任至6月)
党组成员、副局长:戴松华
党组成员、救助中心主任:
邹红勇(6月任)

区医保局
党组书记、局长:
袁宇东(任至12月)
江戈军(12月任)
党组成员、副局长:
陈红星(任至12月)
杨　东(12月任)
副局长:童晓燕
一级主任科员:陈红星
四级主任科员:易　昀

区乡村振兴局
党组书记、局长:刘汉青
党组成员、副局长:
易　玉
黄海峰(任至7月)
周林海(7月任)

党组成员:欧阳兆招(7月任)
陆　海(7月任)
二级主任科员:李钊开

区发展和改革委员会
党组书记、主任:彭东(7月任)
党组副书记:杨军生(6月任)
党组成员、副主任:陈灿军
邓金平
大数据中心主任:李　进
二级主任科员:袁新安
袁斌胜

区市场监督管理局
党组书记、局长:张家清
党组成员:邱干洪
党组成员、副局长:易卫东
涂　寅
副科级领导:郭竣豪
一级主任科员:贺平华
三级主任科员:肖　翔

市自然资源局袁州分局
党组书记、局长:林小明
党组成员、纪检组组长:
彭庆平(任至7月)
党组成员、副局长:
易金明
唐仁勇
谢　尼(任至4月)
党组成员:任花根
土地收储中心主任:周　军
不动产登记中心主任:易梅芳(女)
自然资源执法大队大队长:胡　波
自然资源执法大队副队长:
仇婉娜(女)
国土空间调查中心负责人:刘春江

袁州调查队
队　长:徐少卿
纪检员:胡小蓉
副队长:陈　维

区审计局
党组书记、局长:钟少平
党组成员、副局长:严景昱(8月任)
副局长:汪　雯(女)
党组成员、总审计师:高云华
经济责任审计工作联席会议办公室主任:严景昱(任至8月)
　　胡强小(8月任)

区农业农村局
党委书记、局长:
　　欧阳琨(任至12月)
党委副书记、副局长:
　　卓松礼(任至12月)
党委委员、副局长:
　　肖　晗(任至12月)
　　易华生(任至12月)
　　周　海
　　万坤国
　　袁尚兵
　　练继军
　　潘洪来
党委委员:林　健
党委委员、副局长:何文福
　　易小林
　　欧阳凌
党委委员:冯云玲
　　赵云来(任至12月)
袁州区硒资源开发利用中心主任:
　　杨发云
袁州区硒资源开发利用中心副主任:刘少华
宜春市农业综合执法支队袁州大队大队长:彭素龙
二级主任科员:周咏怀
袁州区农业技术推广服务中心主任:梁正芬
党委委员(2021.12月退二线一级主任科员):邹顺国
党委委员(2021.12月退二线一级主任科员):钟增文
党委委员(2021.12月退二线一级主任科员):易自生
党委委员(2022.12月退二线一级主任科员):徐　明

区商务局
党委书记:邹海洋
局长:吴　妮(8月任)
党委委员、副局长:
　　谢明启(任至12月)
　　冷琛琼
　　徐　良
党委委员:刘劼洋(12月任)
　　晏招平
　　兰　菁
区贸促会副会长:汪明生
　　谢　林
副科级干部:李卫林

区文化广电新闻出版旅游局
党组书记、局长:丁晓薇
党组成员:李　刚(任至11月)
党组成员、副局长:
　　晏辉群(任至12月)
党组成员:林　旭
党组成员、副局长:彭满生
　　李　悦
宜春市文化市场综合执法支队袁州大队大队长:李　霞

区融媒体中心
总编辑:熊高军
副总编辑:刘劼洋(任至7月)
副主任:晏小丽
　　彭　励(7月任)

宜春市袁州生态环境局
党组书记、局长:汤冬根
党组成员、副局长:苏光生
　　曾志成
　　彭焕清
一级主任科员:刘彬生
二级主任科员:邱治宁
综合执法大队大队长:叶芃铖
生态环境监测站副站长:江　利

区交通运输局
党委书记、局长:袁新宇
党委委员、副局长:朱东升
　　袁玉华
党委委员:王晓华
　　敖　勇
党委委员、副局长:彭　鹏

区林业局
党委书记、局长:黄德平
党委副书记、副局长:张广丁
党委委员、副局长:温大洪
　　李德兵
　　黄晓鹏
党委委员:陈丽文
　　彭建青
副局长:李铁明
二级主任科员:尹友生
四级主任科员:黄新国
四级调研员:胡爱良
区林业油茶发展中心八级职员:
　　马章贵
区林业油茶发展中心主任:
　　袁　春
区生态林场场长:彭　松

区水利局
党委书记、局长:
　　刘泉忠(任至12月)
　　刘勇(12月任)
党委委员、副局长:
　　汤绍春(任至1月)
　　黄祖兵(6月任)
党委委员、人武部部长:杨美江
党委委员、副局长:
　　况智斌(任至1月)
　　郭　健
党委委员:彭鸿信
副科级干部:袁小春

袁州区现代农业示范园
党工委第一书记:
　　刘　勇(7月任)
党工委书记、主任:
　　易汉和(任至6月)
主持工作:袁庆根
副主任:刘　刚

苏长红

袁北灌区服务中心

主　任:张发学

副主任:徐小燕

　　彭振军

副科级干部:邝景海

　　颜安耀

区供销社

党组书记、主任:刘劼洋

副主任:袁　晶

区原中央苏区振兴办公室

主　任:唐岚玫(7月任)

副主任:杨晶晶

　　梁成敏

　　李　辉(7月任)

区工业和信息化局

党委书记、局长:袁立军

党委副书记、副局长:邓志群

党委委员、副局长:李富生

党委委员:林雪春

　　潘　卫

区工业和信息化融合推进中心主任:胡　蓉

工会主席、二级主任科员:何小清

区住房和城乡建设局

党委书记、局长:彭家伟

党委委员、副局长:陈　琳

党委委员:陈　波

党委委员、副局长:陈冬生

党委委员:范瑜峰(9月任)

副科级干部:殷世信

　　袁　云(7月任)

党委委员:曾石发(任至6月)

区财政局

党组书记、局长:王永江

党组副书记:彭绍文

党组成员、副局长:刘文云

财政公共服务中心主任、财投公司总经理:钟秋洪

党组成员、总会计师:邹汝明

一级主任科员:黎　萍(任至11月)

乡镇财政管理局局长:陈文军

二级主任科员:张宜兵

财政公共服务中心副主任:

　　陈　健(7月任)

　　陈　琼(7月任)

四级主任科员:刘劲涛(6月任)

国家税务总局袁州区税务局

党委书记、局长:

　　黄力鹏(任至3月)

　　杨　帆(3月任)

党委副书记、副局长:袁建军

党委委员、副局长:

　　聂爱民(任至8月)

　　黄勇辉(任至7月)

　　朱晓如(任至8月)

　　付国民(8月任)

　　曾勇灵(8月任)

　　王浩祥

党委委员、纪检组组长:张东林

农行宜春袁州支行

党委书记、行长:徐禄梅(女)

党委委员、纪委书记:熊　群

党委委员、副行长:

　　帅黎明

　　任　丰(任至11月)

　　杨文娟

　　余　星(11月任)

　　陈祖玉(11月任)

　　钟　铜(任至6月)

区教育体育局

党委书记、局长:易绍连

党委副书记、副局长:谢明

党委委员、派驻纪检监察组组长:

　　张　斌

党委委员、副局长:刘　勇

　　彭　舜

　　徐　剑

　　熊国庆

党委委员:易冬云

　　钟平军

党委委员、总督学:万志荣

主任科员:易红铃

区卫生健康委员会

党委书记:梁福军

党委委员、副主任:张　嵩

党委委员:唐剑华

党委委员、副主任:孙文燕

党委委员、区纪委监委第四派驻纪检监察组组长:胡常东

副主任:翟长云

计生协会办主任:

　　陈　蓓(任至8月)

袁州区计划生育协会常务副会长:

　　陈　蓓(8月任)

宜春市卫生职工学校校长:

　　唐春秀(任至6月)

袁州区计划生育协会副会长:

　　唐春秀(6月任)

一级主任科员:彭江成

二级主任科员:谢会生

副科级干部:冯军平

二医院党委书记:

　　熊晶辉(任至12月)

　　涂德幸(12月任)

二医院院长:涂德幸

妇幼保健院党支部书记:余位兵

妇幼保健院院长:

　　余位兵(任至7月)

　　郑　伟(7月任)

疾控中心主任:

　　钟福军(任至7月)

　　易　定(7月任)

卫监局党支部书记、局长:

　　易红庆(7月任)

皮肤病防治医院院长:何广平

区粮食局

党委书记、局长:周绍辉

党委委员、副局长:刘国平

党委委员:付永良

区城市综合执法局
党组书记、局长：吴德绍（12月任）
教导员：郭绍亮（任至1月）
　　卢从涛（1月任）
党组成员、副局长：陈兰香
副局长：易红平
党组成员、副局长：
　　刘　辉（任至12月）
党组成员、总工程师：潘辉
四级主任科员：苏　林
　　刘　海
　　胡　堃

袁州医药工业园管理委员会
袁州医药工业园党工委第一书记：熊华生
袁州医药工业园党工委委员：
　　刘　胜
袁州医药工业园党工委委员、管委会副主任：易　勇
　　彭莎琦
　　熊　涛
袁州医药工业园纪检监察工委书记：彭富全（6月底任职）
综合执法大队长：万　超
袁州医药工业园开发建设有限公司董事、副总经理：彭圣全
袁州医药工业园开发建设有限公司副总经理：袁建文
袁州医药工业园开发建设有限公司副总经理：龙建新（7月任职）
袁州医药工业园开发建设有限公司财务总监：刘劲涛（任至7月）
袁州医药工业园开发建设有限公司财务总监：曹　晶（7月任）
四级主任科员：郑　宇（8月派驻医药园工作）

区机电产业基地管理委员会
党工委书记：徐　海
党委委员：杨　霞
党委委员、副主任：余文林
副主任：李　文
袁州区自来水管理所所长：
　　何　柳

区行政服务中心管理委员会
党组书记：易小斌
主　　任：陈　侃
党组成员、副主任：陈　军
　　黄玉明
党组成员：晏旻娜

区城镇发展服务中心
党组书记：易小斌
主　　任：陈　侃
党组成员、副主任：陈　军
党组成员、副主任：黄玉明
党组成员：晏旻娜

区工业和信息化局
党委书记、局长：袁立军
党委副书记、副局长：邓志群
党委委员、副局长：李富生
党委委员：林雪春
　　潘　卫
区工业和信息化融合推进中心主任：胡　蓉
工会主席、二级主任科员：何小清

区供电公司
经　　理：胡　春
党委书记：徐　娟
四级职员：漆乔松
副经理：孙乐善
纪委书记、工会主席：王　瑜
副经理：赖兵兵
　　陈　涛
五级职员：王　虹
　　曾碧标

宜春市公路事业发展中心袁州分中心
组织委员、主　任：陈玉麟
党总支书记：付新成
纪检委员、副主任：张相仁
生活委员、副主任：
　　魏晨宇（8月任）
宣传委员、副主任：罗　浩

区烟草专卖局
党支部书记、局长（经理）：
　　聂卫民
副局长：李　栋
副经理：李书铭
副科级纪检员：刘　列

中国电信宜春分公司袁州区分局
党委书记、总经理：汪祖源
副总经理：刘淑玲
　　贺卓华
　　张　闽
总经理助理：张　俊
督　导：陈琪斌

区科学技术局
党组书记、局长：张　荣
党组成员、科创中心主任：
　　乔南红（7月退居二线）
党组成员、副局长：徐启生
党组成员、分管副局长：
辛红海（2023年2月任命副局长）

街道、乡镇党政负责人名录

灵泉街道
街道党工委书记：吴德义
街道党工委副书记、办事处主任：
　　李辉宇
人大工委主任：周红艳

凤凰街道
党工委书记：张耀亮
党工委副书记、办事处主任：陈　健
人大工委主任：易炳有

湛郎街道
党 工 委 书 记：徐勇良
办 事 处 主 任：叶爱军

人大工委主任:陈　玲

珠泉街道

党工委书记:易加会

办事处主任:何　磊

人大工委主任:曹生兰

化成街道

党工委书记:高如龙

党工委副书记、办事处主任:龙　玥

人大工委主任:彭明耀

新康府街道

党委书记:钟　芳

党委副书记、办事处主任:刘付彦

人大工委主任:苏　章

秀江街道

党工委书记:谢剑飞

党工委副书记、办事处主任:谢文锋

人工大委主任:晏和庚

彬江镇

党委书记:欧阳韵

党委副书记、镇长:温敬睿

人大工委主任:黄　赟

新坊镇

党委书记:周　欣

党委副书记、镇长:宋绍波

人大工委主任:易剑锋

南庙镇

党委书记:彭　娜

党委副书记、镇长:陈　军

人大工委主任:黄永发

西村镇

党委书记:刘　勇

党委副书记、镇长:晏志刚

人大工委主任:刘建庚

竹亭镇

党委书记:刘　荣

党委副书记、镇长:陈雪芳

人大工委主任:袁　龙

湖田镇

党委书记:钟学锋

党委副书记、镇长:丁　磊

人大工委主任:彭柳生

新田镇

党委书记:黄　皓

党委副书记、镇长:沈　洁

人大工委主任:黄　鸿

三阳镇

党委书记:潘少锋

党委副书记、镇长:罗庆师

洪塘镇

党委书记:曾　宪

党委副书记、镇长:应道斌

人大工委主任:彭建斌

金瑞镇

党委书记:姚绍军

党委副书记、镇长:郑　翀

人大工委主任:易志勇

慈化镇

党委书记:宋小海

党委副书记、镇长:廖金平

人大工委主任:张文根

辽市镇

党委书记:欧阳晓红

党委副书记、镇长:王　鑫

人大工委主任:田祥瑞

天台镇

党委书记:刁　彪

镇　　长:钟宜兵

人大工委主任:李洪明

水江镇

党委书记:唐　科

镇　　长:苏城杰

人大工委主任:万全红

芦村镇

党委书记:黄章涛

党委副书记、镇长:梁小毛

人大工委主任:刘小辉

寨下镇

党委书记:辛　建

党委副书记、镇长:刘振华

人大工委主任:晏振洪

渥江镇

党委书记:付艳芬

党委副书记、镇长:刘泰江

人大工委主任:刘发生

楠木乡

党委书记:刘志彬

党委副书记、乡长:袁　宇

人大工委主任:刘景林

柏木乡

党委书记:辛忱峘

党委副书记、乡长:肖洪波

人大工委主任:易小兵

金园街道

党工委书记:张雪丰

党工委副书记、办事处主任:叶和平

温汤镇

党委书记:胡小明

副书记、镇长:肖育彬

人大工委主任:揭兆战

洪江镇

党委书记:欧阳韵

党委副书记、镇长:温敬睿

人大工委主任:彭　辉

先进个人

“2022 年度全国红十字志愿服务先进典型”吴湖兰　女，41 岁，就职于宜春市第二人民医院。2016 年一颗公益种子在她心中发芽，她利用休息时间自费购买设备在小区内为居民群众免费看诊。2020 年，她肩负着爱与责任加入宜春市袁州区南丁格尔志愿服务队并成为副队长，在她的带领下袁州区南丁格尔志愿服务队逐渐发展成为一支技术过硬、富有活力和战斗力的志愿服务队伍，还先后成立了下浦社区分队、下水关社区分队、慈化镇中心卫生院分队。

她是团队的“领头羊”。两年来，吴湖兰团结带领 220 多名服务队志愿者秉承“人道、博爱、奉献”的红十字精神，发扬践行“爱心、耐心、细心、责任心”的南丁格尔精神，深入基层为老年人义诊，宣传健康知识、急救技巧；积极参与抗疫、“三献”普及等各项公益活动 50 余场，受益群众达 2000 多人。

她是百姓的“邻家医生”。在投身志愿服务事业的六年中，吴湖兰跟踪服务 200 余名老年病患，提供各种医疗帮扶 2200 次，结合经验率先提出“志愿者—社区—家庭”三位一体的志愿服务模式，力求建立以家庭为基础、以社区为依托、以公益性志愿组织为支撑的社会群体性服务体系，让南丁格尔志愿服务队进驻示范社区，将“空巢”、失能、患有慢性病老人的用药情况、生活习惯、家庭情况建档立案，进行一对一、点对点的医疗帮助，受到患者和家属广泛信任和好评。

她是幸福生活的“播撒者”。为保障“一老一小”的幸福生活，把服务“一老一小”落到实处，吴湖兰创新开展“5 分钟亲子阅读公益行”社会实践活动，积极运用心理学知识为留守儿童、问题少年提供心理帮助，在她的坚持和努力下，数十名孩子的心理问题得到有效缓解。

通过系统的学习和锻炼，吴湖兰还考取了江西省红十字会养老服务师资格证书，并充分发挥自身作用，积极参与到社区养老护理员培训中，培育了一批批养老护理员，用热情和热爱为社区养老事业注入新鲜血液。她认为，只有越多的人掌握养老护理技巧，才能让更多的老年人得到专业的服务，从中享受到幸福。

志愿展现担当，善良铸就底色。吴湖兰总是把“身体力行把每件小事做好，把每件好事办好，是作为一名志愿者最大的光荣。”挂在嘴边，并以实际行动弘扬红十字精神和志愿服务精神，为社会文明增添温暖和力量。

江西省三八红旗手付艳芬　女，1977 年出生，袁州区渥江镇党委书记，中共党员。她始终心系群众、勤奋工作、砥砺前行，讲政治顾大局，团结带领广大党员干部群众攻坚克难，推动经济社会发展，深受党员干部群众尊敬。1.履行“第一职责”，当好党建工作“领头羊”。她始终把党建作为最大的政绩，毫不动摇地落实党委书记抓党建第一责任。一是提升党建水平。认真学习习近平新时代中国特色社会主义思想精髓，用习近平新时代中国特色社会主义思想武装头脑、指导实践、推动党建工作。二是夯实党建基础。从严从实抓队伍建设，以村“两委”换届为契机，配优配强村党支部书记，从退伍军人、专业合作组织负责人、外出经商人员中选拔配备村“两委”干部，为村“两委”注入新鲜血液，提升了基层党组织尽责履职、带动致富和为民服务的能力。2.紧扣发展第一要务，当好乡村振兴的“总指挥”。她在工作中雷厉风行、善谋实干，重点工作连创佳绩。一是善谋经济工作“大手笔”。加大招商引资力度，成功对接引进炳晨农业科技有限公司、湖南锦峰建设集团有限公司、江西双云新能源有限公司等 6 家企业，总投资近 20 亿元。大力培植新税源，财政收入逐年稳步增长，2021 年渥江镇财政收入达 1.2 亿元，镇域经济后劲明显增强。二是敢啃重点工程“硬骨头”。为全力抓好总投资 18 亿元、省调度重点项目红狮水泥近 2300 亩厂区及矿区征地拆迁、项目落地，发挥“5+2”“白 + 黑”吃苦精神，深入征地拆迁一线带领干部及时平稳完成征地拆迁任务；在服务百亿级投资重点项目国轩高科的过程中，带领广大党员干部攻坚克难，快速打开了工作局面，仅用一个多月完成征地拆迁 7.4 万平方米，提前交付 900 余亩净地，为项目顺利开工奠定了坚实的基础，得到了市委、市政府、市经开区以及企业的高度认可。同时全力推进西气东输、宜万同城、宜春市疾控中心等重点项目建设。三是打好乡村振兴“主动仗”。以创建全国文明城市为契机，在城乡环境整治上下功夫，顶住压力，动真碰硬，几年来，共拆除破旧房面积 10 余万平方米，镇村面貌得到改善。她带领班子成员和镇村党员干部，围绕产业抓“造血”、围绕民生抓保障，纵深推进脱贫攻坚，确保了全镇158户382人如期脱贫。大力实施“一村一策”，发展村级集体经济，有效破解村级增收难的问题，全镇各村村级集体经济收入均达到10万元以上，其中收入20万元以上的村有2个，30万元以上的村有1个。3.坚守第一底线，当好党员干部的“好榜样”。她严格遵守中央八项规定，坚决落实党风廉政建设制度，自觉接受党和人民群众的监督，保持自身清正廉洁，强化家风家教建设，筑牢拒腐防线，以实际行动为党员干部作表率。

江西省三八红旗手杨凤　女，2013年2月至2020年3月，在江西东荣医药有限公司担任总经理助理兼工会主席。在企业工作七年的时间中，工作上求真务实，兢兢业业、勤奋踏实、扎扎实实地开展各项工作，全心全意为企业和员工谋利益，能够充分发扬民主，注重企业团队精神的发挥。为人光明磊落，襟怀坦荡，严于律己，宽以待人。能以实事求是的工作态度创造性地开展工作，为公司成就袁州区标杆性企业作出了突出贡献，同时，企业工会也连续七年被评为“宜春市先进单位”，2016年度被宜春市政府评为“宜春市劳动模范”及“园区最信赖的工会主席”“优秀工会主席”“最美娘家人”等称号。2022年，她被评为江西省三八红旗手。2020年5月，她作为一名工会协理员到区总工会基层组织部工作，并于2021年的5月份当选袁州区新业态工会联合会兼职工会主席。作为一名新业态工会联合会主席，杨凤时刻从新业态会员的根本利益出发。在管理上，总是以与人为善的心态对待每一位会员，用自己的暖心让他们感受到工会组织给予的关爱，给新业态劳动者送去温暖、关心、关怀，提供法律援助，帮助他们解决急、难、愁、盼等问题，让新业态劳动者真正感受到了工会“贴心娘家人”的温暖。

先进集体

江西佑美置业有限公司荣获中国红十字会总会颁发的“中国红十字奉献奖章”　“中国红十字奉献奖章”是中国红十字会总会为表彰国内外对红十字人道公益事业作出重大贡献的捐赠人而设立的荣誉，对捐款100万元以上、500万元以下的捐赠人授予“中国红十字奉献奖章”，由曾任十三届全国人大常委会副委员长、中国红十字会会长陈竺签名颁发，是中国人道公益事业的最高荣誉之一。江西佑美置业有限公司是由广东江门怡福房地产公司在江西成立的分公司，怡福房地产开发公司是从1992年成立以来，一直秉持“用心筑福”的企业理念，先后在广东江门、中山、鹤山等地开发了丰东花园、中山怡福花园、凤山水岸等20多个项目，开发面积超1000万平方米。凯怡半山是怡福地产在江西开发的第一个楼盘，总占地面积约314亩，总建筑面积约60万平方米。该公司一直秉持让公益成为一种企业文化的理念，让企业承担社会责任，使员工在心理上产生凝聚力，尽自己的能力帮助弱势群体，回馈社会。江西佑美置业有限公司承诺向袁州区红十字会每年捐赠100万元、连续捐赠五年共计500万元支持袁州区公益事业，至2022年底，已连续三年共捐款300万元。

宜春市袁州区袁山学校荣获中国红十字会总会表彰的“全国红十字模范单位”称号　宜春市袁州区袁山学校是袁州区人民政府批准创办，市、区两级政府重点打造的高起点、高标准的九年一贯制学校。学校位于宜春市袁州区化成街道牛王庙社区，占地面积26240平方米，建筑面积18869平方米，共建有启迪楼（综合楼）、启智楼（小学楼）和启臻楼（中学楼）三栋大楼，内设食堂、多功能报告厅，建设了具有浓郁红十字元素的博爱舞蹈室、博爱音乐室、博爱医务室、博爱阅览室、博爱图书室等专用功能室。办学规模小学教学班30个，初中教学班15个，标准学位2100个。

学校以“山品”文化为理念载体，以教育性、趣味性、艺术性、特色性作为办学方向，以山的精神品格教育人，在山的精神涵养中浸润、塑造学校特色品牌。学校秉持“明德礼孝，慎独笃思”的校训，顺应时代教育需求，着力打造一所教育品质高、教育质量强、教育服务好的名校，努力让每个孩子都享有公平而有质量的教育资源。学校力争创立袁山学校特色与品牌，力争将袁山学校打造成“全区旗帜、全市品牌”的九年一贯制示范学校，力争位列宜春中心城区教育第一梯队，打造成领导认可、家长期盼、学子向往的重点学校。

学校红十字会架构：为进一步弘扬“人道、博爱、奉献”的红十字精神，袁山学校进一步完善了学校红十字会组织机构,选举产生了彭焕根担任会长,陈兰为常务副会长,彭焕磊同志为副会长,彭丽平担任秘书长,彭静、蔡晓楠、姜春香、吴海艳担任副秘书长的校红十字会八名教师为第一届理事会成员。

开展红十字工作主要情况:红色博爱行, 童心向未来。袁山学校红十字会以“救死扶伤,扶危济困,助人为乐,敬老助残”的精神教育学生,开展了一系列的救助教育活动和志愿实践活动。一是打造“救”在身边品牌。在袁州区红十字会的指导下,袁山学校积极开展人道救助生命教育活动,用爱心呵护儿童健康成长,助力学校提高应急处置、应急救援水平。组织全体教师参加应急救护培训,学校红十字会会长彭焕根详细讲解红十字运动、心肺复苏技术、气道异物梗阻和自救互救基本知识。开展“救在身边+生命教育”宣讲活动,给孩子们进行防溺水安全教育科普,以专业的技术操作和生动形象的语言为大家演示了实用的溺水救护方法。二是开展博爱暖童心活动。琴声诗韵醉花香,四月春光读书忙。为大力推进书香校园建设,袁山学校红十字会秘书长彭丽平等同志带领留守儿童到牛王庙社区新时代文明实践中心开展了“悠悠书香润心灵,滴滴温情伴成长”关爱留守儿童活动。邀请袁州区红十字会工作人员一同陪伴留守儿童过六一儿童节,孩子们收到区红十字会送去的爱心大礼包,露出了甜甜的笑容。三是开展志愿“童”行活动。袁山学校红十字会积极组织师生开展各类志愿活动。组织学校志愿队、红十字少年队在学校、街道社区进行清扫活动,共创文明校园。学校红十字会班子带领三年级师生一起走进学沁书屋,与同学们一起整理图书,打扫书桌,陪伴孩子们一起走进书的海洋。牵手牛王庙社区组织留守儿童开展以“品宜春红色历史,读红色家书”为主题的参观红色教育基地活动,重温革命岁月。党史学习教育中,前往化成街道红色历史小巷爱国主义教育基地实地参观学习,进行革命传统教育和爱国主义教育,组织班上学生看红色电影,抒爱国情怀。清明节开展以“祭英烈牢记使命 战疫情踏春而行”为主题的综合实践活动。四是开展德育活动伴成长活动。六一儿童节以班为单位组织“疫路有你、疫路生花”活动,开展巧手童心、粽情端午活动,参加市纪委、市监委举办的“圆梦儿童微心愿”进社区活动,举行少先队入队仪式、创建文明餐桌活动、口腔健康知识讲座、国防教育讲座、心理健康教育讲座、阳光大课间、垃圾分类进校园等一系列相关活动。

表 8　2022 年宜春市袁州区取得高级专业技术职称人员一览表

姓　名	工作单位	系列	取得资格	从事专业
陈小军	江西省宜春市第二人民医院	卫生技术人员(医)	主任医师(县区类)	肾内科
谭启林	江西省宜春市第二人民医院	卫生技术人员(医)	主任医师(县区类)	心血管内科
陈　方	江西省宜春市第二人民医院	卫生技术人员(医)	主任医师(县区类)	神经内科
吴　俊	江西省宜春市第二人民医院	卫生技术人员(医)	主任医师(县区类)	普通外科
刘　晶	江西省宜春市第二人民医院	卫生技术人员(医)	主任医师(县区类)	内分泌
吴　渊	宜春市袁州区新坊镇卫生院	卫生技术人员(医)	主任医师(乡镇类)	学校卫生与儿少卫生
唐永安	宜春市袁州区湖田镇卫生院	卫生技术人员(医)	主任医师(乡镇类)	学校卫生与儿少卫生
段小琴	宜春市第八小学	中小学教师	中小学正高级教师	语文(小学)
王卫平	江西江特电机有限公司	工程系列	正高级工程师	机电一体化
周会玲	宜春市文笔峰小学	中小学教师	中小学高级教师	语文(小学)
袁春香	宜春市文笔峰小学	中小学教师	中小学高级教师	语文(小学)
易海升	宜春市文笔峰小学	中小学教师	中小学高级教师	语文(小学)
李　琦	宜春市文笔峰小学	中小学教师	中小学高级教师	体育
钱木群	宜春市新康府学校	中小学教师	中小学高级教师	语文(小学)
刘　莹	宜春市新康府学校	中小学教师	中小学高级教师	英语(初中)
袁晓安	宜春市第五中学	中小学教师	中小学高级教师	物理
敖历瑜	宜春市第五中学	中小学教师	中小学高级教师	语文(初中)
彭　波	宜春市明珠学校	中小学教师	中小学高级教师	语文(小学)

续表 8

姓　名	工作单位	系列	取得资格	从事专业
潘宜娟	宜春市第一小学	中小学教师	中小学高级教师	语文(小学)
张传根	宜春市袁州区天台山中心小学	中小学教师	中小学高级教师	语文(小学)
梁　瑜	宜春市袁州区三阳镇中心小学	中小学教师	中小学高级教师	语文(小学)
漆晓敏	宜春市实验小学	中小学教师	中小学高级教师	数学(小学)
李晨艳	宜春市实验小学	中小学教师	中小学高级教师	数学(小学)
胡　蓉	宜春市袁州区湖田镇中心小学	中小学教师	中小学高级教师	数学(小学)
彭　英	宜春市袁州区湖田镇中心小学	中小学教师	中小学高级教师	语文(小学)
黄宜红	宜春市袁州区楠木乡中心小学	中小学教师	中小学高级教师	数学(小学)
王　萍	宜春市袁州区西村镇中心小学	中小学教师	中小学高级教师	语文(小学)
袁红秀	宜春市袁州区西村镇中心小学	中小学教师	中小学高级教师	语文(小学)
甘晓彬	宜春市袁州区西村镇中心小学	中小学教师	中小学高级教师	语文(小学)
曾路峰	宜春市袁州区天台中学	中小学教师	中小学高级教师	思想政治
刘中华	宜春市袁州区水江镇中心小学	中小学教师	中小学高级教师	数学(小学)
黄水根	宜春市袁州区慈化中学	中小学教师	中小学高级教师	物理
彭　东	宜春市袁州区彬江镇中心小学	中小学教师	中小学高级教师	数学(小学)
周江娥	宜春市袁州区彬江镇中心小学	中小学教师	中小学高级教师	体育
林　玮	宜春市第六小学	中小学教师	中小学高级教师	数学(小学)
罗满香	宜春市第六小学	中小学教师	中小学高级教师	数学(小学)

续表 8

姓　名	工作单位	系列	取得资格	从事专业
钟园生	宜春市袁州区南庙镇中心小学	中小学教师	中小学高级教师	数学(小学)
郭荣华	宜春市袁州区慈化镇中心小学	中小学教师	中小学高级教师	语文(小学)
李祖坤	宜春市袁州区慈化镇中心小学	中小学教师	中小学高级教师	语文(小学)
黄丽平	宜春市袁州区慈化镇中心小学	中小学教师	中小学高级教师	数学(小学)
刘晓芬	宜春市袁州区慈化镇中心小学	中小学教师	中小学高级教师	语文(小学)
邓国波	宜春市袁州区慈化镇中心小学	中小学教师	中小学高级教师	语文(小学)
罗琪儿	宜春市袁州区柏木乡中心小学	中小学教师	中小学高级教师	语文(小学)
方浏生	宜春市袁州区芦村中心小学	中小学教师	中小学高级教师	语文(小学)
徐金刚	宜春市袁州区天台镇中心小学	中小学教师	中小学高级教师	语文(小学)
邹清平	宜春市袁州区慈化镇伯塘中学	中小学教师	中小学高级教师	物理
易春华	宜春市第四中学	中小学教师	中小学高级教师	化学
唐金根	宜春市第四中学	中小学教师	中小学高级教师	生物
蒋晓峰	宜春市第四中学	中小学教师	中小学高级教师	体育
易新平	宜春市袁州区新田镇中心小学	中小学教师	中小学高级教师	语文(小学)
谢运平	宜春市袁州区新田镇中心小学	中小学教师	中小学高级教师	语文(小学)
易　好	宜春市袁州区渥江镇中心小学	中小学教师	中小学高级教师	数学(小学)
易国辉	宜春市袁州区珠泉小学	中小学教师	中小学高级教师	数学(小学)
李剑英	宜春市第二中学	中小学教师	中小学高级教师	语文(初中)

续表 8

姓　名	工作单位	系列	取得资格	从事专业
易琼丹	宜春市第七小学	中小学教师	中小学高级教师	数学(小学)
刘代明	宜春市特殊教育学校	中小学教师	中小学高级教师	数学(小学)
欧阳发	宜春市画眉小学	中小学教师	中小学高级教师	英语(小学)
易　林	宜春市画眉小学	中小学教师	中小学高级教师	语文(小学)
漆艳玲	宜春市袁州学校	中小学教师	中小学高级教师	英语(初中)
杨江虹	宜春市袁州学校	中小学教师	中小学高级教师	历史
邓艳芳	宜春市袁州学校	中小学教师	中小学高级教师	语文(初中)
易活梅	宜春市袁州学校	中小学教师	中小学高级教师	英语(初中)
彭海清	宜春市袁州学校	中小学教师	中小学高级教师	物理
陈永秀	宜春市袁州学校	中小学教师	中小学高级教师	英语(初中)
余建峰	宜春市袁州学校	中小学教师	中小学高级教师	英语(初中)
陈平忠	宜春市袁州学校	中小学教师	中小学高级教师	地理
易风梅	宜春市袁州学校	中小学教师	中小学高级教师	语文(小学)
彭绍华	宜春市袁州学校	中小学教师	中小学高级教师	化学
习春红	宜春市袁州学校	中小学教师	中小学高级教师	思想政治
彭小兵	宜春市袁州学校	中小学教师	中小学高级教师	英语(初中)
袁　慧	宜春市金桥小学	中小学教师	中小学高级教师	数学(小学)
陈　诚	宜春市黄颇小学	中小学教师	中小学高级教师	语文(小学)

续表 8

姓 名	工作单位	系列	取得资格	从事专业
钟美林	宜春市康诚小学	中小学教师	中小学高级教师	语文(小学)
谢国兰	宜春市幼儿园	中小学教师	中小学高级教师	学前教育
姚美丽	宜春市第九小学	中小学教师	中小学高级教师	语文(小学)
彭军梅	宜春市崇文小学	中小学教师	中小学高级教师	英语(小学)
钟 艳	宜春市崇文小学	中小学教师	中小学高级教师	语文(小学)
易礼华	宜春市崇文小学	中小学教师	中小学高级教师	语文(小学)
易步艳	宜春市第十中学	中小学教师	中小学高级教师	地理
韩丽春	宜春市第十中学	中小学教师	中小学高级教师	物理
晏智辉	宜春市第十中学	中小学教师	中小学高级教师	数学(初中)
何 玲	宜春市第十中学	中小学教师	中小学高级教师	思想政治
柳香兰	宜春市第十中学	中小学教师	中小学高级教师	语文(初中)
谌校清	宜春市第十中学	中小学教师	中小学高级教师	生物
刘建芬	宜春市第十中学	中小学教师	中小学高级教师	英语(初中)
刘 琼	宜春市袁山学校	中小学教师	中小学高级教师	语文(小学)
邱景凤	宜春市袁山学校	中小学教师	中小学高级教师	数学(小学)
孙玉梅	赣西中等职业技术学校	中小学教师	中小学高级教师	英语(初中)
郑 舜	宜春市袁州区飞剑潭乡中心小学	中小学教师(艰边)	乡村中小学高级教师	语文(小学)
张国华	宜春市袁州区飞剑潭乡中心小学	中小学教师(艰边)	乡村中小学高级教师	数学(小学)

续表8

姓　名	工作单位	系列	取得资格	从事专业
王小英	宜春市袁州区三阳中学	中小学教师	乡村中小学高级教师	数学(初中)
李英刚	宜春市袁州区水江中学	中小学教师(艰边)	乡村中小学高级教师	体育
彭　浪	宜春市袁州区水江中学	中小学教师(艰边)	乡村中小学高级教师	物理
易翠华	袁州区洪塘镇中心小学	中小学教师	乡村中小学高级教师	语文(小学)
黄云南	袁州区洪塘镇中心小学	中小学教师(艰边)	乡村中小学高级教师	数学(小学)
易晓辉	袁州区洪塘镇中心小学	中小学教师(艰边)	乡村中小学高级教师	语文(小学)
何富宗	宜春市袁州区水江镇中心小学	中小学教师	乡村中小学高级教师	语文(小学)
陈福生	宜春市袁州区金瑞镇中心小学	中小学教师	乡村中小学高级教师	语文(小学)
易德生	宜春市袁州区金瑞镇中心小学	中小学教师	乡村中小学高级教师	数学(小学)
周冬连	宜春市袁州区慈化中学	中小学教师	乡村中小学高级教师	美术
刘友发	宜春市袁州区慈化中学	中小学教师	乡村中小学高级教师	物理
余海艳	宜春市袁州区慈化中学	中小学教师	乡村中小学高级教师	英语(初中)
易长生	宜春市袁州区慈化中学	中小学教师	乡村中小学高级教师	数学(初中)
谢春生	宜春市袁州区彬江镇中心小学	中小学教师	乡村中小学高级教师	语文(小学)
钟汉成	宜春市袁州区慈化镇中心小学	中小学教师(艰边)	乡村中小学高级教师	数学(小学)
阳万勇	宜春市袁州区慈化镇中心小学	中小学教师(艰边)	乡村中小学高级教师	语文(小学)
刘志明	宜春市袁州区慈化镇中心小学	中小学教师(艰边)	乡村中小学高级教师	数学(小学)
周龙发	宜春市袁州区柏木乡中心小学	中小学教师(艰边)	乡村中小学高级教师	语文(小学)

续表 8

姓　名	工作单位	系列	取得资格	从事专业
袁志平	宜春市袁州区芦村中心小学	中小学教师(艰边)	乡村中小学高级教师	语文(小学)
彭正根	宜春市袁州区辽市镇中心小学	中小学教师(艰边)	乡村中小学高级教师	语文(小学)
万　鹏	宜春市袁州区辽市镇中心小学	中小学教师	乡村中小学高级教师	数学(小学)
易顺华	宜春市袁州区天台镇中心小学	中小学教师(艰边)	乡村中小学高级教师	数学(小学)
邓建梅	宜春市袁州区天台镇中心小学	中小学教师(艰边)	乡村中小学高级教师	语文(小学)
黄来金	宜春市袁州区天台镇中心小学	中小学教师(艰边)	乡村中小学高级教师	数学(小学)
钟次华	宜春市袁州区天台镇中心小学	中小学教师	乡村中小学高级教师	语文(小学)
袁莲英	宜春市袁州区寨下中心小学	中小学教师	乡村中小学高级教师	数学(小学)
袁会香	宜春市袁州区寨下中心小学	中小学教师(艰边)	乡村中小学高级教师	数学(小学)
袁子华	宜春市袁州区寨下中心小学	中小学教师(艰边)	乡村中小学高级教师	数学(小学)
袁　玲	宜春市袁州区寨下中心小学	中小学教师(艰边)	乡村中小学高级教师	数学(小学)
黄宗平	宜春市袁州区慈化镇伯塘中学	中小学教师	乡村中小学高级教师	数学(初中)
陈冬根	宜春市袁州区慈化镇伯塘中学	中小学教师	乡村中小学高级教师	数学(初中)
易　柏	宜春市袁州区竹亭镇中心小学	中小学教师(艰边)	乡村中小学高级教师	语文(小学)
黄　琳	宜春市袁州区新田镇中心小学	中小学教师	乡村中小学高级教师	语文(小学)
梁　钰	宜春市袁州区市政公用事业服务中心	会计	基层类高级会计师	会计
邬保文	宜春市袁州区水利事业服务中心	工程系列	基层高级工程师	水利水电工程
宗焕青	宜春市袁州区农业技术推广服务中心	农业	高级农艺师	农学

续表 8

姓　名	工作单位	系列	取得资格	从事专业
刘　敏	江西华龙水利工程建设有限公司	工程系列	高级工程师	电气工程
罗洪庚	宜春通达路桥建设有限公司	工程系列	高级工程师	公路与桥梁工程
何　敏	宜春通达路桥建设有限公司	工程系列	高级工程师	公路与桥梁工程
陈建文	宜春通达路桥建设有限公司	工程系列	高级工程师	公路与桥梁工程
吴波波	宜春通达路桥建设有限公司	工程系列	高级工程师	公路与桥梁工程
黄　亮	江西省宜春市水利水电工程监理有限公司	工程系列	高级工程师	水利水电工程
周梨军	江西省广润建设有限公司	工程系列	高级工程师	建筑施工
彭志平	天工建设工程有限公司	工程系列	高级工程师	建筑工程管理
揭志成	江西宜春京能热电有限责任公司	工程系列	高级工程师	热能与动力工程
段晋林	江西省桂能综合设计研究院有限公司	工程系列	高级工程师	电气工程
袁良生	宜春市袁州区林业油茶发展中心	工程系列	高级工程师	林业生态建设
赵　山	宜春市袁州区交通运输服务中心	工程系列	高级工程师	公路与桥梁工程
钟少珍	宜春市袁州区彬江镇中心卫生院	卫生技术人员(医)	副主任医师(乡镇类)	学校卫生与儿少卫生
谢伟为	宜春市袁州区西村镇中心卫生院	卫生技术人员(医)	副主任医师(乡镇类)	普通外科
杨家嵩	宜春市袁州区慈化镇中心卫生院	卫生技术人员(医)	副主任医师(乡镇类)	普通外科
赵梅生	宜春市袁州区辽市镇卫生院	卫生技术人员(医)	副主任医师(乡镇类)	消化内科
吴元华	宜春市袁州区洪塘卫生院	卫生技术人员(医)	副主任医师(乡镇类)	学校卫生与儿少卫生
何苑生	宜春市袁州区寨下镇卫生院	卫生技术人员(医)	副主任医师(乡镇类)	消化内科

续表 8

姓 名	工作单位	系列	取得资格	从事专业
谭光琼	袁州德康口腔门诊部	卫生技术人员(医)	副主任医师(乡镇类)	口腔颌面外科
龚志龙	江西省宜春市第二人民医院	卫生技术人员(医)	副主任医师(县区类)	耳鼻喉(头颈外科)
黄 燕	江西省宜春市第二人民医院	卫生技术人员(医)	副主任医师(县区类)	超声医学
潘冬梅	江西省宜春市第二人民医院	卫生技术人员(医)	副主任医师(县区类)	心血管内科
李 瑾	江西省宜春市第二人民医院	卫生技术人员(医)	副主任医师(县区类)	呼吸内科
易超亮	江西省宜春市第二人民医院	卫生技术人员(医)	副主任医师(县区类)	神经外科
邓晓玲	宜春市袁州区妇幼保健院	卫生技术人员(医)	副主任医师(县区类)	麻醉学
陈 丽	宜春市袁州区疾病预防控制中心	卫生技术人员(医)	副主任医师(县区类)	传染病
晏艳艳	宜春袁州现代医院	卫生技术人员(医)	副主任医师(县区类)	妇产科
韩国华	宜春市袁州区金瑞镇中心卫生院	卫生技术人员(药)	副主任药师(乡镇类)	医院药学
易城国	宜春市袁州区南庙镇卫生院	卫生技术人员(技)	副主任技师(乡镇类)	临床医学检验临床基础检验技术
张 起	江西省宜春市第二人民医院	卫生技术人员(技)	副主任技师(县区类)	临床医学检验临床基础检验技术
魏绍芳	宜春市袁州区彬江镇中心卫生院	卫生技术人员(护)	副主任护师(乡镇类)	内科护理
孙金兰	宜春市袁州区三阳镇中心卫生院	卫生技术人员(护)	副主任护师(乡镇类)	妇产科护理
汤志宜	宜春市袁州区慈化镇中心卫生院	卫生技术人员(护)	副主任护师(乡镇类)	妇产科护理
李艳兰	宜春市袁州区新田镇卫生院	卫生技术人员(护)	副主任护师(乡镇类)	妇产科护理
陈艳秀	宜春市袁州区柏木乡卫生院	卫生技术人员(护)	副主任护师(乡镇类)	妇产科护理
袁 晶	宜春市袁州区渥江镇卫生院	卫生技术人员(护)	副主任护师(乡镇类)	妇产科护理

续表 8

姓　名	工作单位	系列	取得资格	从事专业
晏庆玲	袁州区官园街道春台社区卫生服务中心	卫生技术人员(护)	副主任护师(乡镇类)	妇产科护理
杨梅香	江西省宜春市第二人民医院	卫生技术人员(护)	副主任护师(县区类)	内科护理
吴　敏	江西省宜春市第二人民医院	卫生技术人员(护)	副主任护师(县区类)	外科护理
巫玉婷	江西省宜春市第二人民医院	卫生技术人员(护)	副主任护师(县区类)	内科护理
曾慧玲	宜春市袁州区妇幼保健院	卫生技术人员(护)	副主任护师(县区类)	儿科护理
李玉玲	宜春袁州现代医院	卫生技术人员(护)	副主任护师(县区类)	内科护理
闻美茹	袁州明月医院	卫生技术人员(护)	副主任护师(县区类)	外科护理
刘小春	江西特种电机股份有限公司	非国有企业(工程系列)	非国有企业高级工程师	机电工程
袁艳琴	江西锦宏建设工程有限公司	非国有企业(工程系列)	非国有企业高级工程师	给排水工程
黄小华	江西锦宏建设工程有限公司	非国有企业(工程系列)	非国有企业高级工程师	给排水工程
易得根	江西锦宏建设工程有限公司	非国有企业(工程系列)	非国有企业高级工程师	装饰工程
熊冬萍	江西硒泉建设有限公司	非国有企业(工程系列)	非国有企业高级工程师	给排水工程
黄　晶	江西盛世建业集团有限公司	非国有企业(工程系列)	非国有企业高级工程师	给排水工程
龚美华	江西中科建设监理有限公司	非国有企业(工程系列)	非国有企业高级工程师	给排水工程
彭　娜	江西江特电机有限公司	非国有企业(工程系列)	非国有企业高级工程师	机电工程
张东明	江西江特电机有限公司	非国有企业(工程系列)	非国有企业高级工程师	电气工程及其自动化

统计资料

表 9　2022 年宜春市袁州区行政区划和人口情况表

指　标　名　称	单位	2022 年	2021 年	增长
一、土地面积	平方千米	2538	2538	持平
其中:建成区面积	平方千米	90.9	89.4	1.7%
二、行政区划				
街道个数	个	10	10	持平
镇个数	个	19	19	持平
乡个数	个	3	3	持平
居委会个数	个	92	91	1.1%
村委会个数	个	289	289	0
其他	个	7	7	0
三、人口变动情况抽样调查				
年末常住人口	人	1129843	1128600	0.1%
其中:男	人	577566	577507	0
女	人	552277	551093	0.2%
其中:城镇人口	人	762077	753905	1.1%
乡村人口	人	367766	374695	-1.8%
城镇化率	%	67.45	66.80	0.65%

表 10　2022 年宜春市袁州区各街道、乡镇人口情况表

单位名称	年末总户数（户）	年末总人口（人）								
		合计	城镇人口	乡村人口	性别		年龄			
					男	女	0~17 岁	18~34 岁	35~59 岁	60 岁及以上
合计	351449	1178290	515483	662807	614880	563410	292180	258217	423613	204280
灵泉	17080	43845	43845	0	21617	22228	6668	7653	17698	11826
湛郎	8783	21928	21928	0	10805	11123	4089	3861	9057	4921
秀江	15146	44393	44393	0	21810	22583	9918	8638	18022	7815
珠泉	12961	30029	28419	1610	14988	15041	5223	5293	12397	7116
芦洲	4542	11492	11492	0	5607	5885	2087	2149	4807	2449
西村	18466	65477	20601	44876	34340	31137	16016	15691	22583	11187
官园	7394	22665	22665	0	10931	11734	5950	4836	8635	3244
三阳	11453	43599	23806	19793	22760	20839	11864	10506	14720	6509
温汤	8775	27149	17412	9737	14126	13023	7142	5761	9600	4646
慈化	20675	87452	18865	68587	46397	41055	25229	21881	27912	12430
楠木	5792	22026	0	22026	12042	9984	6164	4972	7449	3441
南庙	7600	24641	4664	19977	12981	11660	6214	5236	8884	4307
彬江	16657	55358	7894	47464	29077	26281	14093	12082	19500	9683
渥江	5350	16979	8850	8129	8883	8096	4468	3789	5876	2846
洪塘	16811	63133	8561	54572	33984	29149	15938	14771	22104	10320
金瑞	11372	44407	6570	37837	23796	20611	11496	9643	15317	7951
新坊	7856	25439	3527	21912	13681	11758	6383	4860	9512	4684
洪江	4003	14305	3657	10648	7664	6641	3595	2976	5390	2344
竹亭	6154	24004	6144	17860	12862	11142	5776	5774	8365	4089
湖田	11873	38427	29834	8593	19615	18812	10200	8337	13562	6328
新田	11323	42276	8058	34218	22613	19663	10792	9323	14772	7389
寨下	14225	48396	4876	43520	26209	22187	12278	11025	16915	8178
柏木	6981	26783	0	26783	14561	12222	6867	5927	9501	4488
飞剑潭	6473	25859	0	25859	13879	11980	6673	6186	8721	4279
水江	7146	26908	3055	23853	14765	12143	6159	6451	9644	4654
天台	17498	63508	7134	56374	34331	29177	15009	15258	22129	11112
芦村	7192	26178	5939	20239	13965	12213	6950	5882	9077	4269
下浦	9234	31506	31506	0	15781	15725	8494	7109	10942	4961
辽市	8418	32993	6467	26526	17674	15319	8254	7357	11449	5933
宜阳	8559	24125	24125	0	12035	12090	7179	4684	9370	2892
金园	5250	16629	4815	11814	8398	8231	4726	3994	5668	2241
凤凰	13862	37846	37846	0	18663	19183	7855	6833	14903	8255
化成	10412	30166	30166	0	14844	15322	7247	5640	12050	5229
北湖	6133	18369	18369	0	9196	9173	5184	3839	7082	2264

注:此表数据来源于区公安部门统计年报

表 11 2022 年宜春市袁州区人口变动情况表

单位:人

单位名称	2022 年度人口变动									
	出生			死亡			迁入		迁出	
	合计	男	女	合计	男	女	省内迁入	省外迁入	迁往省内	迁往省外
合计	9692	5227	4465	3731	2273	1458	1711	1181	1051	3056
灵泉	167	80	87	155	98	57	41	40	63	228
湛郎	155	80	75	72	43	29	73	31	30	118
秀江	277	146	131	67	34	33	122	64	70	210
珠泉	184	97	87	85	51	34	69	33	35	144
芦洲	66	35	31	20	12	8	9	31	24	88
西村	536	303	233	381	218	163	32	65	30	158
官园	265	150	115	40	28	12	171	53	40	84
三阳	397	216	181	142	84	58	30	32	16	65
温汤	187	102	85	67	49	18	16	14	12	39
慈化	893	473	420	297	186	111	55	73	70	180
楠木	205	101	104	75	43	32	12	14	19	35
南庙	202	107	95	79	49	30	10	13	8	23
彬江	433	249	184	217	119	98	31	52	41	113
渥江	135	67	68	48	29	19	16	10	15	20
洪塘	579	312	267	218	131	87	23	27	34	90
金瑞	390	220	170	163	91	72	16	25	35	74
新坊	187	100	87	96	55	41	1	19	15	48
洪江	104	55	49	54	32	22	8	9	8	15
竹亭	201	119	82	93	55	38	4	7	14	51
湖田	294	163	131	88	57	31	32	17	18	27
新田	336	177	159	139	86	53	8	29	24	85
寨下	359	197	162	110	71	39	31	28	43	86
柏木	212	125	87	148	84	64	16	19	20	47
飞剑潭	204	117	87	66	45	21	6	26	15	36
水江	208	113	95	83	61	22	21	17	33	68
天台	577	305	272	217	136	81	26	39	52	134
芦村	219	120	99	62	40	22	11	18	31	53
下浦	313	166	147	67	42	25	87	43	24	72
辽市	237	127	110	102	69	33	9	13	10	70
宜阳	295	140	155	33	19	14	213	65	30	58
金园	174	96	78	81	49	32	35	16	7	19
凤凰	261	129	132	81	52	29	138	101	66	272
化成	239	133	106	54	34	20	169	84	56	164
北湖	201	107	94	31	21	10	170	54	43	82

注:此表数据来源于区公安部门统计年报

表 12 2021 年、2022 年宜春市袁州区国民经济主要指标情况表

指 标 名 称	单位	2022 年	2021 年	增长
生产总值(绝对值)	万元	5604155	5203619	5.6%
第一产业	万元	453540	431250	4.6%
第二产业	万元	2094622	1839890	9.1%
# 工 业	万元	1695201	1485442	9.5%
第三产业	万元	3055993	2932479	3.6%
生产总值(结构)				
第一产业	%	8.09	8.29	-0.19%
第二产业	%	37.38	35.36	2.02%
# 工 业	%	30.25	28.55	1.70%
第三产业	%	54.53	56.35	-1.82%
一般公共预算收入	万元	684812	581070	17.9%
# 袁州区	万元	264315	252247	4.8%
全区固定资产投资增长	%	9.80	12.20	-2.4%
社会消费品零售总额	万元	3515771	3330906	5.6%
城镇居民人均可支配收入	元	46522	44054	5.6%
农村居民人均可支配收入	元	19833	18647	6.4%

表 13　2022 年宜春市袁州区城镇居民总收入、总支出与可支配收入情况表

指　标　名　称	单位	2022 年	2021 年	增长
一、家庭总收入	元 / 人	52477	51341	2.2%
(一)工资性收入	元 / 人	22302	21923	1.7%
(二)经营性收入	元 / 人	14612	14292	2.2%
(三)财产性收入	元 / 人	3749	3720	0.8%
(四)转移性收入	元 / 人	11814	11404	3.6%
二、非收入所得	元 / 人	1623	6403	–74.7%
三、借贷性所得	元 / 人	65	130	–50.1%
四、家庭总支出	元 / 人	40493	42543	–4.8%
(一)消费性支出	元 / 人	27967	26626	5.0%
1.食品烟酒	元 / 人	8372	7141	17.2%
2.衣着	元 / 人	1711	1469	16.5%
3.居住	元 / 人	5601	5428	3.2%
4.生活用品及服务	元 / 人	2098	1516	38.4%
5.交通通信	元 / 人	4758	2724	74.7%
6.教育文化娱乐	元 / 人	2940	3045	–3.5%
7.医疗保健	元 / 人	1999	4298	–53.5%
8.其他用品和服务	元 / 人	487	1005	–51.5%
(二)生产经营费用支出	元 / 人	3548	4719	–24.8%
(三)财产性支出	元 / 人	206	160	28.5%
(四)转移性支出	元 / 人	2410	2039	18.2%
(五)部分商业保险支出	元 / 人	233	219	6.4%
(六)购置资产及非经常性转移支出	元 / 人	4653	5037	–7.6%
(七)借贷性支出	元 / 人	1205	3742	–67.8%
五、可支配收入	元 / 人	46522	44054	5.6%
(一)工资性收入	元 / 人	22302	21923	1.7%
(二)经营净收入	元 / 人	11146	9239	20.6%
(三)财产净收入	元 / 人	3553	3557	–0.1%
(四)转移净收入	元 / 人	9522	9334	2.0%

表 14 2022 年宜春市袁州区农村居民总收入、总支出与可支配收入情况表

指 标 名 称	单位	2022 年	2021 年	增长
一、家庭总收入	元/人	22281	21349	4.4%
(一)工资性收入	元/人	13413	12164	10.3%
(二)经营性收入	元/人	5278	5533	-4.6%
(三)财产性收入	元/人	131	164	-20.4%
(四)转移性收入	元/人	3460	3488	-0.8%
二、非收入所得	元/人	2898	2689	7.8%
三、借贷性所得	元/人	340	643	-47.1%
四、家庭总支出	元/人	27016	25902	4.3%
(一)消费性支出	元/人	19409	18085	7.3%
1.食品烟酒	元/人	6703	6309	6.2%
2.衣着	元/人	1153	959	20.2%
3.居住	元/人	4081	3814	7.0%
4.生活用品及服务	元/人	1240	911	36.0%
5.交通通信	元/人	2391	2304	3.7%
6.教育文化娱乐	元/人	2122	2104	0.9%
7.医疗保健	元/人	1444	1289	12.0%
8.其他用品和服务	元/人	275	393	-30.2%
(二)生产经营费用支出	元/人	2068	1543	34.0%
(三)财产性支出	元/人	15	53	-72.5%
(四)转移性支出	元/人	777	989	-21.4%
(五)部分商业保险支出	元/人	58	84	-31.0%
(六)购置资产及非经常性转移支出	元/人	3504	3671	-4.6%
(七)借贷性支出	元/人	1186	1477	-19.7%
五、可支配收入	元/人	19833	18647	6.4%
(一)工资性收入	元/人	13413	12164	10.3%
(二)经营净收入	元/人	3473	3822	-9.1%
(三)财产净收入	元/人	119	114	4.4%
(四)转移净收入	元/人	2828	2547	11.0%

表 15 2022 年宜春市袁州区固定资产投资完成情况表

指 标 名 称	单位	2022 年	2021 年	增长
一、固定资产投资完成额		2728644	2485104	9.8%
其中:基础设施投资	万元	421103	350964	20.0%
其中:国有投资	万元	569031	593529	-4.1%
非国有投资	万元	2159613	1891575	14.2%
# 民间投资	万元	1600699	1317576	21.5%
其中:新建	万元	2100269	1938429	8.3%
扩建	万元	288808	198876	45.2%
改建和技术改造	万元	306699	316589	-3.1%
其中:建筑安装工程	万元	2325087	1983306	17.2%
设备工器具购置	万元	245366	244022	0.6%
购置旧设备	万元	16	5885	-99.7%
其他费用	万元	158191	257776	-38.6%
其中:第一产业投资	万元	37122	34292	8.3%
第二产业投资	万元	1003291	767394	30.7%
# 工业投资	万元	1003291	767394	30.7%
第三产业投资	万元	1688231	1683418	0.3%
# 批发和零售业	万元	10042	18245	-45.0%
交通运输、仓储和邮政业	万元	279275	186570	49.7%
住宿和餐饮业	万元	9624	8257	16.6%
房地产开发	万元	884273	938811	-5.8%
二、施工项目个数	个	356	413	-13.8%
2021 年投产项目个数	个	128	173	-26.0%
三、2021 年施工房屋面积	平方米	8823514	8660326	1.9%
其中:住宅	平方米	6868068	6802709	1.0%
2021 年竣工房屋面积	平方米	763199	266983	185.9%
其中:住宅	平方米	677185	209264	223.6%

表 16 2022 年宜春市袁州区从业人员、耕地面积、农林牧渔业总产值和增加值情况表

指 标 名 称	单位	2022 年	2021 年	增长
乡村常住人口	人	367766	374695	-1.8%
年末耕地面积	公顷	39927	40004	-0.2%
农林牧渔业总产值	万元	732164	687176	6.5%
1.农业产值	万元	286157	270913	5.6%
2.林业产值	万元	96253	97718	-1.5%
3.牧业产值	万元	245965	230199	6.8%
4.渔业产值	万元	88967	75513	17.8%
5.农林牧渔服务业产值	万元	14822	12833	15.5%

注:年末耕地面积来源于宜春市国土资源局袁州分局

表 17　2022 年宜春市袁州区主要农作物及水果、水产品生产情况表

指　标　名　称	单位	2022 年	2021 年
一、主要农作物			
粮食			
播种面积	公顷	941987	941350
产量	吨	345807	355500
棉花			
播种面积	公顷	619	600
产量	吨	38	38
油料			
播种面积	公顷	201253	200100
产量	吨	21956	20319
油菜籽			
播种面积	公顷	154540	153045
产量	吨	18437	16419
二、水果、水产品			
果园面积	亩	41919	41490
园林水果产量	吨	15217	5680
其中:柑橘产量	吨	4912	3412
养殖面积	亩	61532	52562
水产品总量	吨	40513	38511

表 18　2022 年宜春市袁州区规模以上工业企业主要产品产量表

指　标　名　称	单位	2022 年	增长
石灰石	吨	7205613	80.4%
建筑用天然石料	立方米	3484983	-10.1%
高岭土(瓷土)	吨	3542969	8.4%
大米	吨	38595	6.8%
饲料	吨	263446	44.4%
精制食用植物油	吨	7308	31.7%
鲜、冷藏肉	吨	17892	13.0%
熟肉制品	吨	1391	-1.5%
饲料添加剂	吨	1386	-19.1%
饮料	吨	76008	-3.3%
纱	吨	4899	-32.4%
布	万米	570	58.5%
服装	万件	511	-24.5%
鞋	万双	209	0.2%
家具	件	116536	-16.5%
纸制品	吨	33258	69.6%
单色印刷品	令	1337	-3.8%
多色印刷品	对开色令	43410	0.5%
涂料	吨	2092	-0.9%
初级形态塑料	吨	4391	-77.1%
化学试剂	吨	28755	1.9%
表面活性剂	吨	29894	0
合成洗涤剂	吨	5961	-13.5%
化学药品原药	吨	2585	21.8%
中成药	吨	16924	63.4%
塑料制品	吨	16231	-40.5%
硅酸盐水泥熟料	吨	1642235	-9.8%
水泥	吨	2128879	-12.9%
商品混凝土	立方米	4217970	-16.5%
水泥混凝土排水管	千米	44	2.8%
水泥混凝土电杆	根	92572	-34.4%
预应力混凝土桩	米	8708	-38.3%

续表 18

指　标　名　称	单位	2022 年	增长
砖	万块	7712	–27.9%
天然花岗石建筑板材	平方米	30249	–7.2%
沥青和改性沥青防水卷材	平方米	303318	–15.1%
隔热、隔音人造矿物材料及其制品	吨	9004	25.6%
夹层玻璃	平方米	152100	–49.3%
中空玻璃	平方米	595000	12.7%
日用玻璃制品	吨	29211	–15.1%
石墨及碳素制品	吨	11127	41.5%
钢材	吨	445	–76.5%
铝材	吨	142306	–10.9%
钢结构	吨	5557	5.8%
金属门窗及类似制品	吨	40780	4.5%
金属切削工具	万件	1066	–0.6%
金属包装容器	吨	9917	6.9%
铸铁件	吨	19297	–7.9%
铸钢件	吨	2494	–40.1%
铸造机械	台	43	–2.3%
起重机	吨	37578	75.7%
电梯、自动扶梯及升降机	台	3050	85.5%
液压元件	件	31219571	–21.3%
金属紧固件	吨	7834	–28.0%
炼油、化工生产专用设备	吨	1015	–21.3%
电动机	千瓦	2510842	–19.6%
变压器	千伏安	125250	–98.5%
锂离子电池	只	266140434	–12.6%
铅酸蓄电池	千伏安时	465210	40.9%
家用洗衣机	台	8833	–92.4%
3D 打印设备	台	70	–47.8%
数字激光音、视盘机	台	12792	0
电子元件	万只	280931	104.6%
表	只	98	–2.8%
自来水生产量	万立方米	10427	4.8%

表 19 2022 年宜春市袁州区规模以上工业增加值情况表

指　标　名　称	增长
全区总计	9.5%
#轻工业	0.1%
重工业	12.3%
#国有企业	-2.3%
集体企业	0
股份制企业	10.9%
外商及港澳台商投资企业	-2.1%
#国有控股企业	8.0%
私营企业	14.0%
#非公有制工业	9.7%
#大型企业	4.8%
中型企业	22.5%
小型企业	2.4%
煤炭开采和洗选业	—
有色金属矿采选业	-0.2%
非金属矿采选业	16.0%
农副食品加工业	2.0%
食品制造业	0.9%
酒、饮料和精制茶制造业	0
纺织业	-2.6%
纺织服装、服饰业	-1.4%
皮革、毛皮、羽毛及其制品和制鞋业	0.8%
木材加工和木、竹、藤、棕、草制品业	-3.4%
家具制造业	-2.6%
造纸和纸制品业	-1.0%
印刷和记录媒介复制业	4.9%
文教、工美、体育和娱乐用品制造业	-6.2%

续表 19

指　　标　　名　　称	增长
石油、煤炭及其他燃料加工业	-8.9%
化学原料和化学制品制造业	1.3%
医药制造业	2.4%
橡胶和塑料制品业	-2.9%
非金属矿物制品业	-0.4%
有色金属冶炼和压延加工业	5.8%
金属制品业	-2.5%
通用设备制造业	-5.3%
专用设备制造业	-1.7%
汽车制造业	11.3%
铁路、船舶、航空航天和其他运输设备制造业	-1.4%
电气机械和器材制造业	-2.3%
计算机、通信和其他电子设备制造业	64.3%
仪器仪表制造业	-9.1%
其他制造业	-1.7%
废弃资源综合利用业	2.8%
金属制品、机械和设备修理业	-7.5%
电力、热力生产和供应业	4.4%
燃气生产和供应业	3.1%
水的生产和供应业	-0.7%
区本级总计	9.3%
# 轻工业	1.8%
重工业	12.1%
# 集体企业	0
股份制企业	10.0%
外商及港澳台商投资企业	1.9%
# 国有控股企业	5.0%
私营企业	12.0%
# 非公有制工业	9.5%
# 大型企业	-4.9%
中型企业	21.5%

续表 19

指　标　名　称	增长
小型企业	6.0%
煤炭开采和洗选业	—
有色金属矿采选业	-5.5%
非金属矿采选业	15.3%
农副食品加工业	2.0%
食品制造业	1.9%
纺织业	15.9%
纺织服装、服饰业	-4.6%
皮革、毛皮、羽毛及其制品和制鞋业	-0.8%
木材加工和木、竹、藤、棕、草制品业	-2.4%
家具制造业	-0.9%
造纸和纸制品业	-1.3%
印刷和记录媒介复制业	10.7%
文教、工美、体育和娱乐用品制造业	-0.5%
石油、煤炭及其他燃料加工业	-17.4%
化学原料和化学制品制造业	11.0%
医药制造业	4.8%
橡胶和塑料制品业	-7.3%
非金属矿物制品业	-1.2%
有色金属冶炼和压延加工业	46.1%
金属制品业	-0.2%
通用设备制造业	-3.4%
专用设备制造业	-0.2%
汽车制造业	-4.8%
电气机械和器材制造业	-9.2%
计算机、通信和其他电子设备制造业	32.5%
其他制造业	-3.3%
废弃资源综合利用业	5.6%
电力、热力生产和供应业	16.2%
燃气生产和供应业	6.1%
水的生产和供应业	-0.9%

表 20 2022 年宜春市袁州区规模以上工业企业主要经济指标情况表

指标名称	企业单位数（个）	亏损企业（个）		营业收入		利润总额	
		2022 年	2021 年	2022 年（万元）	增长	2022 年（万元）	增长
全区总计	394	64	52	729.6	67.0%	86.5	136.1%
# 国有企业	2	0	0	1.0	-6.2%	0.2	-24.0%
集体企业	0	0	0	0	0	0	0
股份制企业	360	59	49	688.6	74.8%	84.6	149.0%
外商及港澳台商投资企业	16	4	2	32.4	-5.0%	1.4	-33.7%
# 国有控股企业	17	4	3	70.5	34.9%	18.5	206.4%
# 非公有制工业	376	60	49	658.4	71.5%	68.0	122.8%
私营企业	324	50	40	549.5	103.5%	56.6	140.9%
# 大型企业	5	0	0	70.0	16.3%	18.5	166.0%
中型企业	28	6	4	360.3	164.1%	44.9	197.3%
小微企业	361	58	48	299.3	24.5%	23.1	58.3%
# 轻工业	119	23	20	103.2	1.2%	9.7	34.1%
重工业	275	41	32	626.4	87.0%	76.8	161.2%
# 六大高耗能行业	120	14	6	186.7	38.6%	30.2	112.8%
有色金属矿采选业	2	0	0	22.0	146.5%	15.6	474.2%
非金属矿采选业	32	0	0	23.3	38.3%	3.2	410.1%
农副食品加工业	16	0	0	20.5	18.7%	0.6	67.7%
食品制造业	2	3	2	1.0	21.8%	0	0.5%
酒、饮料和精制茶制造业	1	1	0	0.9	1.7%	0.2	28.5%
纺织业	9	0	0	3.1	-25.1%	0	221.6%
纺织服装、服饰业	12	10	2	2.2	-28.2%	0.1	-19.9%
皮革、毛皮、羽毛及其制品和制鞋业	4	5	2	4.6	8.0%	0.2	32.7%
木材加工和木、竹、藤、棕、草制品业	16	24	0	8.4	-19.6%	0.6	-43.2%
家具制造业	5	5	2	3.8	-24.1%	0.1	-22.5%
造纸和纸制品业	8	7	1	2.8	-14.4%	0	-33.9%
印刷和记录媒介复制业	4	5	1	1.6	12.1%	0.1	89.6%
文教、工美、体育和娱乐用品制造业	7	7	0	2.4	-42.4%	0	-76.3%
石油、煤炭及其他燃料加工业	2	2	2	0.3	-34.4%	0	-45.5%
化学原料和化学制品制造业	33	30	0	22.9	20.4%	1.2	-7.2%
医药制造业	10	11	3	23.8	14.1%	8.8	33.0%
橡胶和塑料制品业	8	5	0	3.4	-19.8%	0	177.2%
非金属矿物制品业	71	74	3	54.8	-1.3%	3.0	-14.2%

续表 20

指标名称	企业单位数(个)	亏损企业(个)		营业收入		利润总额	
		2022 年	2021 年	2022 年(万元)	增长	2022 年(万元)	增长
有色金属冶炼和压延加工业	13	10	0	105.1	83.6%	25.6	161.4%
金属制品业	23	25	0	9.0	–16.5%	0	–100.2%
通用设备制造业	9	10	4	12.4	–41.4%	0.6	–63.6%
专用设备制造业	11	10	1	7.5	–8.6%	0.6	128.7%
汽车制造业	9	8	1	6.4	85.0%	–0.2	–14245.2%
铁路、船舶、航空航天和其他运输设备制造业	1	1	4	0.6	–8.2%	0	–59.5%
电气机械和器材制造业	35	30	0	83.5	39.4%	2.5	185.4%
计算机、通信和其他电子设备制造业	18	38	6	279.2	267.4%	22.5	312.4%
仪器仪表制造业	1	1	9	0.1	–68.2%	0	–46.9%
其他制造业	1	1	1	0.2	–7.9%	0	–23.1%
废弃资源综合利用业	2	1	1	11.1	34.8%	0.1	–88.3%
废金属制品、机械和设备修理业	1	0	0	0.2	–57.9%	0	–130.4%
电力、热力生产和供应业	4	1	0	3.6	53.7%	0.4	–212.9%
燃气生产和供应业	2	1	1	7.1	28.8%	0.3	–29.2%
水的生产和供应业	4	1	1	2.0	3.9%	0.2	8.9%
区本级总计	267	32	28	270.8	31.3%	40.3	116.4%
# 集体企业	0	0	0	0	0	0	0
股份制企业	245	31	27	255.1	32.7%	39.2	115.6%
外商及港澳台商投资企业	7	0	0	9.4	18.9%	0.8	298.5%
# 国有控股企业	8	3	3	10.7	25.9%	0.6	–1301.4%
# 非公有制工业	258	29	25	259.3	31.7%	39.5	113.1%
私营企业	229	26	21	212.0	43.0%	34.3	118.4%
# 大型企业	1	0	0	7.1	–13.1%	0.7	–14.7%
中型企业	8	1	1	80.9	75.0%	24.6	168.5%
小微企业	258	31	27	182.8	20.4%	14.9	73.9%
# 轻工业	72	9	9	53.9	3.3%	9.5	33.6%
重工业	195	23	19	216.9	40.8%	30.8	167.7%
# 六大高耗能行业	94	11	5	108.7	54.0%	22.0	205.8%
有色金属矿采选业	1	0	0	0.3	–0.1%	0.1	–0.8%
非金属矿采选业	32	3	2	23.3	38.3%	3.2	410.1%

续表 20

指标名称	企业单位数（个）	亏损企业（个）		营业收入		利润总额	
		2022 年	2021 年	2022 年（万元）	增长	2022 年（万元）	增长
农副食品加工业	10	2	2	9.9	8.2%	0.1	51.7%
食品制造业	2	1	0	1.0	21.8%	0	0.5%
纺织业	4	1	2	1.2	−8.6%	0	−197.2%
纺织服装、服饰业	6	1	1	1.3	−19.4%	0.1	−19.9%
皮革、毛皮、羽毛及其制品和制鞋业	4	0	1	0.9	−12.7%	0.0	−42.3%
木材加工和木、竹、藤、棕、草制品业	23	2	0	6.2	−8.7%	0.2	−2.1%
家具制造业	2	1	1	0.3	−41.4%	0	−32.0%
造纸和纸制品业	5	0	0	2.4	−13.9%	0	−38.2%
印刷和记录媒介复制业	4	0	0	1.3	17.1%	0.1	69.6%
文教、工美、体育和娱乐用品制造业	4	1	1	0.6	−39.1%	0	−127.5%
石油、煤炭及其他燃料加工业	2	0	0	0.3	−34.4%	0	−45.5%
化学原料和化学制品制造业	21	2	2	10.1	22.9%	0.8	33.2%
医药制造业	11	1	0	23.8	14.1%	8.8	33.0%
橡胶和塑料制品业	2	1	1	0.9	−0.3%	0.0	−14.8%
非金属矿物制品业	63	8	2	39.8	−4.2%	2.5	10.4%
有色金属冶炼和压延加工业	5	0	0	55.5	198.0%	18.4	279.3%
金属制品业	13	1	1	3.7	−8.2%	0.1	−6.0%
通用设备制造业	3	0	0	1.9	−14.2%	0.1	−17.1%
专用设备制造业	5	1	2	3.2	−10.4%	0	−97.6%
汽车制造业	2	1	1	0.4	−17.3%	0	155.0%
电气机械和器材制造业	13	1	2	17.9	−6.1%	2.0	162.5%
计算机、通信和其他电子设备制造业	19	1	4	41.4	61.4%	2.9	58.3%
其他制造业	1	1	1	0.2	−7.9%	0	−23.1%
废弃资源综合利用业	2	0	0	11.1	34.8%	0.1	−88.3%
电力、热力生产和供应业	3	1	1	2.9	82.7%	0.3	−150.6%
燃气生产和供应业	2	1	1	7.1	28.8%	0.3	−29.2%
水的生产和供应业	3	0	0	1.7	6.7%	0.2	48.1%

表 21　2022 年宜春市袁州区居民消费价格指数情况表

（以上年同期为 100）

指　标	宜春城区	指　标	宜春城区
居民消费价格指数	102.1	(2)窗帘门帘	100.0
服务价格指数	101.2	(3)其他家用纺织品	100.9
消费品价格指数	102.6	4.家庭日用杂品	99.0
一、食品烟酒	101.8	(1)洗涤卫生用品	99.0
1.食品	102.0	(2)厨具餐具茶具	100.9
(1)粮食	100.1	(3)其他家庭日用杂品	98.1
(2)薯类	105.9	5.个人护理用品	101.5
(3)豆类	101.9	(1)化妆品	101.7
(4)食用油	111.0	(2)其他护理用品类	101.1
(5)菜及食用菌	105.8	6.家庭服务	100.6
(6)畜肉类	92.3	五、交通和通信	106.6
(7)禽肉类	100.8	1.交通	108.5
(8)水产品	105.4	(1)交通工具	99.1
(9)蛋类	110.5	(2)交通工具用燃料	121.2
(10)奶类	99.7	(3)交通工具使用和维修	100.4
(11)干鲜瓜果类	108.1	(4)交通费	101.3
(12)糖果糕点类	106.0	2.通信	99.6
(13)调味品	102.2	(1)通信工具	98.6
(14)其他食品类	101.5	(2)通信服务	100.0
2.茶及饮料	99.9	(3)邮递服务	100.0
3.烟酒	103.1	六、教育文化和娱乐	101.6
(1)卷烟	104.5	1.教育	101.8
(2)酒类	98.4	(1)教育用品	104.6
4.在外餐饮	100.8	(2)教育服务	101.6
二、衣着	100.6	2.文化娱乐	101.2
1.服装	100.8	(1)文娱耐用消费品	100.0
(1)男式服装	101.0	(2)其他文娱用品	99.7
(2)女式服装	101.7	(3)文化娱乐服务	100.7
(3)儿童服装	99.4	(4)旅游	103.1
(4)衣着材料及配件	97.2	七、医疗保健	99.9
(5)衣着服务费	96.6	1.药品及医疗器具	99.5
2.鞋类	99.5	(1)中药	100.2
(1)鞋	99.5	(2)西药	100.2
(2)鞋类服务	100.0	(3)滋补保健品	96.8
三、居住	101.8	(4)医疗卫生器具	100.1
1.租赁房房租	99.9	(5)保健器具	100.1
2.住房保养维修及管理	108.8	2.医疗服务	100.0
(1)住房装潢材料	104.5	(1)综合医疗类	100.0
(2)住房维修管理费用	112.3	(2)诊断类	100.0
3.水电燃料	101.9	(3)治疗类	100.0
(1)水	100.0	(4)康复类	100.0
(2)电	100.0	(5)中医医疗服务类	100.0
(3)燃气	108.7	(6)其他医疗保健服务	100.0
(4)其他水电燃料类	100.9	八、其他用品及服务	101.2
4.自有住房	99.8	1.其他用品	99.6
四、生活用品及服务	100.0	(1)首饰手表	97.8
1.家具及室内装饰品	99.4	(2)母婴用品	105.7
(1)家具	99.3	(3)其他杂项用品	99.7
(2)室内装饰品	99.7	2.其他服务	102.9
2.家用器具	100.2	(1)在外住宿	101.5
(1)大型家用器具	100.0	(2)美容美发洗浴	108.6
(2)小家电	101.2	(3)养老服务	100.0
3.家用纺织品	100.0	(4)金融及保险服务	100.0
(1)床上用品	99.9	(5)中介法律及其他服务	100.0

索　引

说　明

一、本索引供读者按栏目、分目、条目名称的首字查检。

二、栏目、分目、条目名称按首字汉语拼音字母排列，同音字按声调，同音同调按笔画顺序。首字相同者，按第二字排列，以此类推。

三、条目后的数字，表示该条目在本书中的页码。

D

E

F

K

L

M

N

P

Q

Y

Z